MAM-GU, SIÂN HWÊL A NAOMI

Hanes a hudoliaeth Bro Maenclochog

GRANDMA, VICAR HOWELLS AND MADAME TUSSAUDS

Past and present magic of Bro Maenclochog

Mam-gu, Siân Hwêl a Naomi

Grandma, Vicar Howells and Madame Tussauds

Golygydd/Editor :

Hefin Wyn

Llun clawr: Ceffylau ym mhen ucha' Maenclochog ar ddiwrnod ffair ar ddechrau'r ganrif ddiwethaf. Y gŵr â'r hat bowler a'r wisgers yw John James, Garden, Castell Henri. Siop Gwilym Eynon yw'r sied sinc ar y chwith.
Llun o'r Llyfrgell Genedlaethol.

Cover photograph: Horses at the top end of Maenclochog on fair day at the beginning of the last century. The gentleman with the bowler hat and whiskers is John James, Garden, Henry's Moat. Gwilym Eynon's shop is the zinc building on the left.
Photograph from the National Library.

Clychau Clochog

Argraffiad cyntaf: 2006

ISBN 0-9549931-1-X

Cyhoeddwyd gyda chymorth Amcan 1 yr Undeb Ewropeaidd
a Llywodraeth Cynulliad Cymru trwy Gronfa Allweddol,
dan reolaeth Cymdeithas Gwasanaethau Gwirfoddol Sir Benfro.

Published with the aid of the European Union Objective 1
and the Welsh Assembly Government through Keyfunds,
managed by Pembrokeshire Association of Voluntary Services.

CYMDEITHAS GWASANAETHAU GWIRFODDOL SIR BENFRO

PAVS

PEMBROKESHIRE ASSOCIATION OF VOLUNTARY SERVICES

YR UNDEB EWROPEAIDD AMCAN I

EUROPEAN UNION OBJECTIVE I

Llywodraeth Cynulliad Cymru
Welsh Assembly Government

Cyhoeddwyd gan Glychau Clochog, Maenclochog

Argraffwyr E. L. Jones, Aberteifi

Mae'r hen chwedlau ar sodlau'i gilydd ar lethrau Presely a'r oesoedd wedi'u plethu'n un cawdel o reffyn. A dyna'n hetifeddiaeth ni yn y profiad o fyw o dan gysgod y bryniau hen.

(The old tales are on each other's heels on the Presely slopes and the ages intertwined in one mixed lanyard. And this is our heritage as we experience life under the shadow of the old hills.)

E. Llwyd Williams
(*Crwydro Sir Benfro*, Cyfrol II, tud. 117)

Cynnwys / Contents

Rhagair

Oni bai fod ardal Maenclochog yn dioddef o amddifadedd lluosog fyddai'r llyfr hwn ddim wedi gweld golau dydd. Yn ôl ystadegwyr a gweision sifil, mae'r ardal yn brin o freintiau am fod rhaid i'r trigolion deithio cryn bellter i ganolfan hamdden neu bwll nofio. O'r herwydd neilltuwyd swm sylweddol o arian y Gronfa Ewropeaidd ar gyfer prosiectau i hyrwyddo ansawdd bywyd yn yr ardal. Un o'r prosiectau hynny yw'r llyfr hwn a rhaid cydnabod cymorth ariannol hael y Gronfa Allweddol tuag at gostau'r cyhoeddiad.

Diolch i Margaret Brooks o PAVS (Cymdeithas Gwasanaethau Gwirfoddol Sir Benfro) am weinyddu'r cymorthdal ac am ei hanogaeth gyson er mwyn dwyn y maen i'r wal. Cymdeithas Clochog sy'n rhan o Gymdeithas Cleddau Ddu, a sefydlwyd gan PLANED (Rhwydwaith Gweithredu Lleol Sir Benfro Er Menter a Datblygu), er mwyn hyrwyddo gweithgareddau diwylliannol, amgylcheddol a chynaladwy sy'n gyfrifol am gomisiynu ac arolygu'r gwaith. Ymddiriedwyd y gwaith i Glychau Clochog, y gymdeithas a ffurfiwyd i hyrwyddo gweithgareddau diwylliannol yn yr ardal.

Mae'r diolch pennaf i bawb sydd wedi cyfrannu at y gyfrol. Hyderaf y gwna'r plethwaith o atgofion, cerddi, traethodau ymchwil swmpus, ysgrifau tafodieithol, argraffiadau ac ymdriniaethau o gynnyrch creadigol sicrhau y bydd y gyfrol i'w gweld ar silff lyfrau pob aelwyd yn y gymdogaeth. Diolch i Denzil Edwards, Keri Evans, Glyn Gibby, Ken Williams, John Nicholas, Beatrice Bell, Marina Williams, Llinos John, Ken Thomas, Arianwen Williams, Roy Davies, Wycliffe Cheetham a May Morris am rannu gwybodaeth a rhoi benthyg lluniau a dogfennau oedd yn eu meddiant. Diolch i Barbara Edwards am ymgymryd â'r gwaith teipio ac i Ian Jebbett am dynnu nifer o luniau'n benodol ar gyfer y gyfrol. Diolch i Elfrys Blunt a Ceri Ashe, swyddogion anrhydeddus Clychau Clochog, am eu cefnogaeth. Diolch i Eirwyn George am fwrw golwg dros y cynnwys a chadw'r golygydd rhag dalgwympo a chafflo'n ormodol. Diolch i'r rheiny fu'n pwyso ar gydwybod y golygydd trwy ofyn yn gyson 'pryd fydd y gyfrol yn barod?'

O dderbyn bod dros 40% o boblogaeth yr ardal yn brin o'r gallu i ddarllen Cymraeg, roedd yn anorfod fod llyfr cymunedol fel hwn yn cynnwys cyfraniadau yn y ddwy iaith gymunedol. Rhoddwyd gwahoddiad i bawb gyfrannu yn yr iaith o'u dewis. Wrth lunio polisi golygyddol teimlwyd rheidrwydd i oleuo newydd-ddyfodiaid ynghylch gogoniant hanesyddol yr ardal ac i'r perwyl hwnnw aed ati i ddarparu crynodeb, os nad cyfieithiad lled gyflawn, o'r cyfraniadau Cymraeg eu hiaith.

Barnwyd nad oedd diben cyfieithu'r cyfraniadau Saesneg a ddaeth i law a hynny er awydd nifer o'r cyfranwyr hynny i weld eu gwaith wedi ei drosi i'r Gymraeg. Hyderwn y gwna'r gymwynas o ddarparu crynodebau Saesneg ysgogi newydd-ddyfodiaid i fynd ati i feistroli iaith hanesyddol yr ardal er lles ei pharhad fel iaith gymunedol. Mae yna enghreifftiau gwiw o unigolion sydd wedi cyflawni'r gamp. Er pwysau'r Saesneg fel iaith dorfol o bob cyfeiriad, dengys dyfalbarhad yr uchod fod meistroli a defnyddio'r Gymraeg o hyd yn bosib.

Diolch i fechgyn E. L. Jones am eu gwaith glanwedd arferol wrth argraffu, ac yn olaf, os caiff y darllenydd yr wythfed ran o'r pleser a gafodd y golygydd wrth baratoi'r gyfrol, yna fe fydd iddi le cynnes yng nghalonnau llawer o drigolion. Er yr amddifadedd lluosog ymddengys fod yna ruddin a dogn helaeth o rinweddau'r gymdogaeth dda yn bodoli o hyd. Nid oes gan ystadegwyr na gweision sifil yr arfau ar gyfer mesur y fath gyfoeth.

Er mwyn llwyr werthfawrogi'r gyfrol hon dylai'r llyfr *O Gwmpas Maenclochog Mewn Lluniau,* gan Eirwyn George, fod wrth eich penelin. Diolchir hefyd i'r gweisg hynny sydd wedi caniatáu ail-gyhoeddi deunydd a gyhoeddwyd yn wreiddiol mewn mannau eraill. Cydnabyddir pob ffynhonnell.

Hefin Wyn

Cadeirydd Clychau Clochog

Foreword

This book would not have been published if it were not for the fact that Maenclochog suffers from multiple deprivation. According to statisticians and civil servants, the area is short on amenities because inhabitants have to travel some distance to a leisure centre or a swimming pool. As a result a substantial sum of money from the European Fund was earmarked to be spent on projects that would enhance the quality of life in the area. This book is one of those projects, and the generous financial support of Keyfunds towards the publishing costs must be recognised.

Thanks are due to Margaret Brooks from PAVS (Pembrokeshire Association of Voluntary Services) for administering the grant and for her constant encouragement to ensure the successful completion of the project. Cymdeithas Clochog, a branch of Cymdeithas Cleddau Ddu, set up by PLANED (Pembrokeshire Local Action Network For Enterprise And Development) to encourage cultural, environmental and sustainable activities was responsible for commissioning and monitoring the work. Clychau Clochog, the cultural association set up to encourage cultural activity in the area, was charged with the work.

The main vote of thanks is due to all those who have contributed to the publication. We hope the mixture of reminiscences, poems, well-researched essays, articles written in dialect, impressions and analysis of creative activity will ensure the volume has a place on the bookshelf of every home in the area. Thanks to Denzil Edwards, Keri Evans, Glyn Gibby, Ken Williams, John Nicholas, Beatrice Bell, Marina Williams, Llinos John, Ken Thomas, Arianwen Williams, Roy Davies, Wycliffe Cheetham and May Morris for sharing information and for lending photographs and documents. Thanks are due to Barbara Edwards for all the typing work and to Ian Jebbett for several photographs taken specifically for the volume. Thank you also to Elfrys Blunt and Ceri Ashe, Clychau Clochog honorary officers, for their support. Thank you to Eirwyn George for shedding an eye on the contents and ensuring the editor did not commit any gross errors or undue indiscretions. Thank you to all those who impressed upon the editor's conscience by constantly asking 'when will the volume be ready?'

On recognising that over 40% of the population do not have the necessary skills to read Welsh, it was inevitable that a community publication such as this would include contributions in both community languages. All contributors were invited to write in the language of their choice. On forming an editorial policy it was felt a necessity to enlighten all recent settlers of the rich historical heritage of the area and to that end a précis, if not a full translation, of Welsh language contributions would be provided.

It was decided it would be a futile exercise to translate the English language contributions even though many of the contributors wished to see their work in translation. We hope the favour of providing English précis will encourage recent settlers to master the historical language of the area so that it continues as a community language. There are splendid examples of individuals who have done just that. Despite the all-pervading influence of English as a dominant language, the perseverance of the above proves it is still possible to master and use the Welsh language.

Thank you to E. L. Jones for their usual thorough work as printers, and lastly, if the reader gains only an eighth of the pleasure derived by the editor when preparing the volume, the book will find a warm place in the hearts of many inhabitants. Despite the multiple deprivation it appears the community still possesses a certain tenacity and a great deal of the attributes of a closeknit community. Statisticians and civil servants do not have the tools to measure such wealth.

In order to fully appreciate this book the volume *Around Maenclochog In Photographs*, by Eirwyn George, should be at your side. Thanks are also due to those publishers who have allowed material originally published elsewhere to be re-published. Every source is acknowledged.

Hefin Wyn

Cadeirydd Clychau Clochog

Maenclochog

Beth yw'r sŵn sy'n siglo'r awel
Fel sŵn cloch ar hwyrnos dawel?
Sŵn y gwynt ar waun a mawnog
Yw sŵn clychau aur Maenclochog.

Beth yw'r twrf ar hwyr o Fedi?
Sŵn yr hwyl mewn Ffair Gyflogi.
Cyffro'r cof a ias hen ddoeau
Sydd o hyd yng nghân y clychau.

Yn y Llan mae daffodiliau,
Engyl Mawrth uwch oerni'r beddau;
Yn y Llan mae'r gwin a'r bara,
Delw'r groes, a Christ Golgotha.

Ar y Sgwâr mae maen a godwyd
I goffáu y gwŷr a gollwyd
Mewn rhyfeloedd tân a brwmstan.
Pris eu gwaed oedd angau'i hunan!

Merlyn dof a dafad fynydd,
Buches laeth, a grug ar gernydd,
Daear ffarm, a braich cymydog
Ydyw asgwrn cefn Maenclochog.

Tir y saint, a maes capelwyr,
Gwyrda'r Iôr yn henfro'r clegyr,
Cewri'r Ffydd drwy'r storm a'r niwloedd
Yw cynheiliaid Craig yr Oesoedd.

Gwŷr â rhuddin i'w cymeriad
Sy'n y fro, gwŷr dewr eu safiad,
Gwŷr a droes, er rhaib y Fyddin,
Fryniau'r grug yn gartre'r werin.

Hen yw'r graig ar fanc y Castell,
Hen yw'r gwynt â min fel cyllell
Sy'n ymwáu drwy frwyn y llethrau,
Hen fel galar a gofidiau.

Eto'n fyw ar iard yr ysgol
Y mae plant, mor chwim â'r wennol,
Hwy yw blagur ein hyfory,
Egni'r iaith, – a'r ddôl yn glasu!

Tra bo dŵr yn afon Llonwen,
Tra bo tresi aur ar goeden,
Tra bo gwlith ar waun a mawnog
Canaf fawl i fro Maenclochog.

Eirwyn George

'Maenclochog' is a poem of homage written as a series of 'Penillion Telyn' (stanzas to be sung to the accompaniment of a harp). The opening stanza compares the sound of the wind to the sound of bells with the obvious reference to the 'cloch' (bell) in the name of the village. The following stanzas refer to the Hiring Fair held in bygone days in September; the crop of daffodils that grow every year in the churchyard; the memorial stone on the square to those who sacrificed their lives in recent wars; agricultural characteristics of the area; – the land and farm animals; the Nonconformist tradition associated with the chapels; the resistance to the War Office's intention to turn the whole area into a permanent firing range following the Second World War; the rock on the Castle bank; the children on the schoolyard who are also a symbol of the survival and future of the Welsh language. The homage to the area and the world of nature are brought together in the last stanza. The intention was to compose a simple poem to reflect the style of the old 'Pennill Telyn'.

Cyflwyniad

Flynyddoedd lawer yn ôl yn nyddiau dedwydd plentyndod, cofiaf fynd am dro teuluol, yn dilyn ein trwynau, ar ddydd gŵyl, mewn cerbyd A30 bach melyn, OLF 123. Rhyfeddod y diwrnod wrth iddi nosi oedd cyrraedd cyfres o bentrefi bychain prydferth. Mewn un man ni ellid mynd ymhellach. I grwtyn nad oedd wedi cyrraedd ei arddegau roedd hynny'n gyfystyr â chyrraedd pen draw'r byd. Mae'n rhaid gen i mai'r fynedfa i Eglwys Sant Meilyr, Llys-y-frân, oedd diwedd y byd y diwrnod hwnnw. Ac mae'n rhaid mai'r pentrefi eraill a greodd argraff oedd Y Mot, Castell Henri a Threfelen. Ychydig a feddyliais ar y pryd y buaswn ryw ddiwrnod yn dychwelyd i fyw i'r ardal.

Pan ddychwelais, un o'r profiadau hynod cyntaf a ddaeth i'm rhan oedd codi petrol gyda Glyn Lewis yn Y Mot. Roeddwn ar ychydig o frys ond doedd dim hast ar Glyn. Llenwyd y tanc hyd at y fyl ond ni chawn ddim hwyl ar Glyn i ddweud wrthyf faint oedd fy nyled. Roedd y llyfr siec gen i'n barod ond, na, ni ddatgelai Glyn yr union swm oedd angen ei nodi. Roedd ganddo fwy o ddiddordeb mewn holi fy mherfedd am fy mod yn ddyn dwâd. Fe'i hysbysais fy mod yn byw yn Llys-y-frân yn Y Ddraenen Wen, neu Hawthorn Villa fel y'i hadwaenid ar un adeg, ond doedd hynny ddim yn plesio. 'Faint sy arna i i chi nawr?' myntwn i. Ond dim yn tycio. 'Ond o le i chi wedi dod?' ymbiliai'n daer. 'Wel, geswch te', mynte fi a finne wedi hen arfer â thalu am betrol yng ngorsafoedd Caerdydd trwy ffenestr, heb gynnal sgwrs â neb, a'i sgidadlan hi oddi yno'n weddol sydyn.

Mentrodd Glyn yn y diwedd trwy fynnu fy mod yn hanu o Gwm Tawe. Atebais nad oeddwn i'n caledu'r un gytsain ac nad oeddwn i'n mynd i unman 'acha bws' nac yn bwyta 'potsh acha rhaw'. Ond mynnai fy mod yn dod o'r Glais neu Drebanws neu Graigcefnparc. Ceisiais ei ddarbwyllo fy mod yn gallu dweud 'wês' a 'wêr' yn weddol naturiol a mod i'n gyfarwydd â gweld y Frenni Fawr bob dydd yn ystod fy mhlentyndod. Ond doedd e ddim wedi ei argyhoeddi. Gesum i'r argraff y byddai'r sgwrs yn parhau ar yr un trywydd y tro nesaf y buaswn yn codi petrol. Gyda llaw, cefais wybod union swm fy nyled ac fe'i sgrifennais ar y siec a'i chyflwyno i Glyn. Ond ni tharodd ei olwg arni ac ni ofynnodd am yr un garden er mwyn nodi manylion ar gefn y siec. Wêdd ceisio dyfalu pwy wêdd y 'foreigner Cwmrâg 'ma' yn bwysicach iddo na sicrhau dilysrwydd y siec.

Cofiaf ddigwyddiad hynod arall bymtheng mlynedd nôl yn ymwneud ag un o'i gymdogion, sef Jac y Gof. Fe'i codais ryw brynhawn pan oedd ar ei ffordd i Faenclochog. Sgwrsiwyd yn gyffredinol am y tywydd a'r hyn a'r llall yn ddigon jycôs nes cyrraedd Twmpath. Yn sydyn dyma Jac yn edrych arna i'n syn ac yn fy hysbysu 'i chi'n siarad Cwmrâg'. Ni fedrwn anghytuno ag ef gan fod y sgwrsio gydol y daith wedi bod yn 'Gwmrâg'. Unwaith eto pan holodd o ble oeddwn i'n dod fe ddywedais 'Llys-y-frân'. Bu tawelwch am ychydig cyn iddo wneud cyhoeddiad syfrdanol arall. 'O, ma lawer gwell Cwmrâg yn Y Mot na sy'n Llys-y-frân', meddai. Cyn i mi gael cyfle i'w holi am gywirdeb ei ddatganiad roeddem wedi cyrraedd drws Tafarn y Globe a doedd dim amser i barhau â'r sgwrs.

Ie, mewnfudwr wyf finne. O'm rhan i roedd y ffaith bod fy nhad yn gyfarwydd â phulpudau'r ardal a llawer o'm cyfoedion yn Ysgol y Preseli yn hanu o'r ardal yn gwneud i mi deimlo'n lled gartrefol. Hwyrach na fyddwn i'n defnyddio geiriau fel 'cewn' na ffurfiau anarferol y ferf megis 'hana i' bob dydd. Ond fydden i fawr o dro yn dysgu. Bonws oedd canfod fod gweddw un o'm prifathrawon yn Ysgol Gynradd Hermon yn gymdoges i mi. Yr un modd roedd chwaer un o'm ffrindiau pennaf yn Ysgol y Preseli a chwaer un o'm ffrindiau yng Ngholeg y Brifysgol Aberystwyth yn byw ar draws y ffordd i mi. Ac o fewn chwarter milltir roedd un o aelodau fy nhad yn ei ofalaeth gyntaf yng Nglyncorrwg, yng Nghwm Afan, yn cartrefu. Mae'r byd yn fach.

Os mewnfudwr, o ochr draw i'r 'mini', hyderaf fy mod wedi gwerthfawrogi traddodiadau gorau'r ardal ac wedi anwesu ei hynodrwydd. Teimlaf hi'n fraint eich bod wedi ymddiried y cyfrifoldeb ynof i baratoi'r gyfrol hon. Gwerthfawrogaf eich croeso a'ch 'shwd mae heddi?' Mae'r ardal yn gyfoethog o ran ei hanes a'i thraddodiadau a'i chwedlau. Mae'r dyfyniad agoriadol o eiddo E. Llwyd Williams a phenillion telyn Eirwyn George yn tanlinellu hynny. Fe gofiwn bod rhan o hanes y Trwch Trwyth o'r chwedl 'Culhwch ac Olwen' wedi ei lleoli ar Foel Cwm Cerwyn. Mae'r ffaith fod yr ardal yn rhan o'r Mabinogion, sef cyfres o chwedlau sydd gyda'r hynaf a'r hynotaf o holl chwedlau Ewrop, yn brawf o hynafiaeth y traddodiad Cymraeg yn yr ardal. Rhan o Gymru yw Maenclochog a Chymry yw ei phobl.

Un o atyniadau pennaf yr ardal heddiw yw Parc Gwledig Llys-y-frân a phriodol mai 'foreigner o Ben Llŷn', Alun Ifans, sy'n ein tywys o gwmpas y saith milltir a hanner o lwybr sy'n amgylchynu'r llyn. Onid y mewnfudwr yn aml iawn sy'n gweld gogoniant yr hyn sy'n orgyfarwydd i'r brodor? Un arall sydd wedi symud i'r ardal sy'n cyfeirio at y traddodiad o ysbrydolrwydd Celtaidd. Gwêl Anthony Bailey berthnasedd elfennau o'r traddodiad i'n byw bob dydd cyfoes. Oes mae yna bobl gywir eu ffyrdd wedi troedio'r hen ddaear yma ganrifoedd lawer yn ôl. Nid ofer fyddai dilyn ôl eu traed.

Cyffiniau Llundain oedd cynefin plentyndod Margaret Ward ond mae eu disgrifiadau o'r hyn a gofiai am Faenclochog yn ystod ei mynych ymweliadau yn hanner cyntaf y ganrif ddiwethaf yn rhyfeddol. Rhaid diolch i Denzil Edwards am dynnu ein sylw at ei hargraffiadau. Mae Denzil ei hun, wrth gwrs, wedi cyfrannu'n hael o ran ei atgofion am ffordd o fyw sydd bellach wedi diflannu. Ymhlith y pennaf o gymwynaswyr y gyfrol y mae'r diweddar Athro T. J. Jenkin. Mae ei bapurau yn y Llyfrgell Genedlaethol yn gloddfa gyfoethog o wybodaeth am ei hen ardal. Rhaid diolch i'r Llyfrgell, a'i fab, David, am bob rhwyddineb wrth ddidoli deunydd i'w gyhoeddi. Cafodd y crwt o Budloy yrfa academaidd ddisglair a does yna'r un ffermwr yng Nghymru nad yw'n ddyledus iddo am ei waith yn bridio trasau newydd a rhagorach o borfeydd. Mae ei rygwellt parhaol S.23 yn nodedig. Ac mae'n debyg, oni bai iddo dderbyn ergyd yn ei ben-glin gan garn caseg pan oedd yn ifanc, a'i gwnaeth yn anodd iddo ymaflyd mewn gwaith trwm ar y fferm, ni fyddai wedi dilyn gyrfa golegol.

Mae disgrifiad T.J. o gefndir crefyddol ei deulu yn agoriad llygad o ran deall gafael gynnar Anghydffurfiaeth ar yr ardal. Ni ellid cyhoeddi cyfrol fel hon heb gyfeirio'n helaeth at hanes y capeli enwadol a'u goroesiad dros ddau can mlynedd a rhagor. Codwyd nifer o gewri'r pulpud Anghydffurfiol yn yr ardal ond rhyfedd taw yn Lloegr y bu'r rhan fwyaf ohonyn nhw'n gwasanaethu. Mewn cyfnod pan fod yna drai bellach ar grefydda cyfundrefnol, priodol yw atgoffa'n hunain o rywfaint o'r hanes cynnar. Fyddai pregeth fel yr eiddo'r Parchg Rhys Williams yn cael ei gwerthfawrogi heddiw? Ymddengys bellach mai eithriad yw'r capel sy'n medru cynnal gweinidog a hwyrach bod yna atebion i'w canfod yn hanes cynnar y capeli o ran llunio patrwm cyfoes i gadw drysau'r addoldai'n agored.

Mae'r gyfrol yn pwyso'n drwm ar gyhoeddiadau E. Llwyd Williams o ran yr hanes crefyddol cynnar yn Rhydwilym, buchedd Thomas Phillips, Bloomsbury, ac yn wir nifer o gymeriadau lliwgar yr ardal. Diolch fyth mae ambell stori am Wil Canän, Twm Martha Fach a John Penrhos, a'u tebyg, yn cael eu hadrodd o hyd pan fydd dau neu dri'n seiadu. Pan beidia hynny fe beidia'r Gymraeg fel iaith gymunedol. Chwithig fyddai adrodd storïau o'r fath yn Saesneg. Chwaraeodd y Lein Fach a'r Ffair ran ganolog yn economi'r ardal. Ni wna'r naill na'r llall ddychwel mwyach, ond da cael blas o fwrlwm y ddau gan Titus Lewis, Tom Evans a John Evans.

Mae cyfraniadau Lester Mason a Christine Jones yn batrwm o ymchwil ysgolheigaidd, y naill yn olrhain rhan bechgyn lleol ar faes y gad yn ystod y Rhyfel Byd Cyntaf, a'r llall yn olrhain pennaf drysor yr ardal, sef ei thafodiaith. Aeth Lester i'r drafferth o ymweld â llawer o feddau gwŷr lleol mewn mynwentydd rhyfel ar y cyfandir. Ni ellid trylwyrach ymchwil. A'r hyn sy'n rhyfeddol am Christine yw nad y Gymraeg oedd iaith ei haelwyd yn Y Mot ond bellach hi yw'r awdurdod pennaf ar dafodiaith Sir Benfro. A gresyn fod y treiglad trwynol yn cilio. Faint o blant heddiw a glywir yn dweud 'ma' tad fi' yn hytrach na'r hyn sy'n naturiol 'ma 'nhad i'? Dylai'r ysgrifau tafodieithol sydd yn y gyfrol fod yn ddarllen gorfodol i blant yr ardal.

Daw ysgrif Idris Davies am gyfnod yr Ail Ryfel Byd ag atgofion lu i lawer o ddarllenwyr, a'r un modd croniclad y Parchg Moelwyn Daniel am y frwydr i wrthsefyll bwriad y Swyddfa Ryfel i droi rhan helaeth o ardal y Preselau yn faes ymarfer parhaol i'r fyddin. Gwedd go wahanol fyddai i'r ardal heddiw petai hynny wedi digwydd. Tebyg y byddai Maenclochog yn dlotach ardal pe na bai'r un ddafad yn pori'r Preselau a thanciau fyrdd yn crwydro'r llethrau.

Mae'r ardal wedi magu ac wedi denu pobl greadigol. Cyfoethogir ein gwerthfawrogiad o dirlun yr ardal trwy ddarllen ysgrifau Eirwyn George, Elizabeth Haines, Tim Fudge a Linda Norris. Cawn gip ar hiwmor Dil Hafod Ddu a oedd yr un mor greadigol yn y modd y medrai drin cynulleidfa a'i goglis i chwerthin. Mae yma ysgol o hyd ac mae'n amlwg fod dau gyn-bennaeth wedi elwa o'u profiadau ymhlith y plant yn gymaint ag oedd y plant yn elwa o'u harweiniad nhw. Bleddyn Rees yw'r cyfrannwr ieuengaf ac er ei fod yn bwriadu llunio gyrfa iddo'i hun ymhlith y byd bancio rhyngwladol yn Llundain, gwêl iddo fod yn freintiedig yn ei fagwraeth yn yr ardal.

Mae yna eraill sydd yn cyfrannu atgofion ac argraffiadau gan gynnwys un, Wendy Sturgess, a anfonodd ysgrif nodedig o Astana yn Kazakhstan. Maent oll mewn ffyrdd gwahanol, ac am resymau amrywiol, yn talu teyrnged i'r hyn sy'n arbennig am yr ardal. Mae'n bosib y byddwch am ddychwelyd at ambell gyfraniad dro ar ôl tro am fod y dweud yn taro tant yn eich calon. A gyda llaw, ystyriwch eilwaith pan glywch nesaf mai brodor o Fethesda yng Ngwynedd yw Gruff Rhys, lleisydd y Super Furry Animals. Mae yna lun ohono yn y gyfrol ar ddiwrnod pen-blwydd ei chwaer, Non, yn saith oed ym 1970 pan oedd y teulu'n byw ym Maenteilo, Llandeilo. Hwyrach bod yna berlau bach eraill yn y gyfrol ond i chi chwilota. Mae alltud-ddyn o Iwerddon, Jim Ashe, mewn cyfraniad treiddgar sy'n cloi'r gyfrol, yn cynnig her i bawb i ddiogelu ac i adeiladu ar yr hyn sydd gennym.

Ein braint ni yw ymhyfrydu yn yr holl amrywiaeth sy'n rhan o wead y gymdeithas gyfoes. Adleisiwn gerdd Eirwyn George, sy'n cloi'r gyfrol, wrth inni ganu clodydd yr ardal a cheisio cynnal ei nodweddion gorau. Mae'n hen bryd i'w benillion telyn, sy'n agor y gyfrol, fod ar gof pawb ohonom, a hynny ar alaw gyfarwydd i'w canu ar amrant pa bryd bynnag y byddom yn dathlu. Er mileinied y gwynt, rhaid bwrw 'mlân â'r gwaith.

Hefin Wyn

Hydref 2006

Introduction

Many years ago during blissful childhood days I remember a family car trip to nowhere in particular in a tiny yellow A30, OLF 123. The highlight of the day, as the shadows began to fall, was driving through a series of small and beautiful villages. At one place one could not venture any further. To a boy yet to reach his teens that was akin to reaching the end of the world. The end of the world that day must have been the entrance to Saint Meilyr's Church, Llys-y-frân. And the other villages must have been New Moat, Henry's Moat and Bletherston. Little did I think at the time that I would one day return to live in the area.

When I returned one of the first unusual experiences was buying petrol with Glyn Lewis at his single pump garage in New Moat. I was in a hurry but Glyn was totally at ease. The tank was filled to the brim but no amount of persuading made Glyn tell me how much I owed him. I had my chequebook at the ready, but, no, Glyn would not divulge the exact amount I ought to write down. He was far more interested in finding out who I was since I was obviously a stranger. I informed him that I lived at Llys-y-frân at Draenen Wen, or Hawthorn Villa as it was formerly known, but, no, Glyn was not satisfied. 'How much do I owe you now?' I again asked. But nothing doing. 'But where have you come from?' he persisted. 'Well, have a guess,' I told him eventually, reminding myself that I was used to paying for petrol in Cardiff through a window, without holding a conversation with anyone, and scampering from the forecourt fairly briskly.

Glyn eventually ventured that I probably came from the Swansea Valley. I replied that I didn't harden any consonants and that he wouldn't hear any such peculiarities of speech such as 'acha' from my lips. Yet, he still insisted that I came from either Clydach, Ynysmeudwy or Abercraf. I tried to convince him that I could say 'wês' a 'wêr' almost like a native of this area and that I could see the Frenni Fawr every day during my childhood. He would not be convinced and I sensed that this conversation would continue the next time I would stop for petrol. By the way, he eventually did tell me how much I owed him and I wrote the sum on the cheque and handed it to Glyn. However, he did not even look at what I had written and neither did he ask to see any card in order to note the details on the back of the cheque. He was far more embroiled in working out who this 'Welsh speaking foreigner' might be than in verifying the validity of the cheque.

Another unusual experience fifteen years ago involved one of his neighbours, Jack y Gof. I gave him a lift one afternoon as he was on his way to Maenclochog. The conversation rattled on about the weather and such inanities until we reached Twmpath. Suddenly Jack looked at me bemused and made the startling pronouncement 'you are speaking Welsh'. I could not disagree with him since our conversation had been throughout the journey through the medium of Welsh. When he asked me where I came from, I replied 'Llys-y-frân'. There was a long silence before he made another startling pronouncement. 'Oh, there is far better Welsh spoken in New Moat than in Llys-y-frân', he said. Before I had a chance to question the validity of his statement we had reached the front door of the Globe Inn and the conversation could not be continued.

Yes, I am an in-migrant or a settler or a foreigner. From my perspective the fact that my father was familiar with the pulpits of the area and that many of my contemporaries at Ysgol y Preseli hailed from the area made me feel fairly at home. Perhaps such words as 'cewn' and the unusual verb conjugations such as 'hana i' were not part of my daily vocabulary but I was a willing learner. It was a bonus to realise that the widow of one of my former headmasters at Ysgol Gynradd Hermon was an immediate neighbour. Similarly the sister of one of my best mates at Ysgol y Preseli and the sister of one of my friends at University College Aberystwyth lived opposite. And within a quarter of a mile one of my father's chapel members at his first ministry in Glyncorrwg in the Afan Valley had set up home. It's a small world.

Yes, as an in-migrant from the other side of the mountain, I hope that I have appreciated the best of the area and taken its idiosyncracies to heart. I look upon the task that has been bestowed upon me to prepare this volume as an honour. I appreciate the welcome shown and the regular 'how do you do?' greeting. The area is rich in its history, its traditions and its tales. The opening quotation by E. Llwyd Williams and Eirwyn George's 'penillion telyn' underline that richness. We remember that part of the Twrch Trwyth story from the 'Culhwch and Olwen' tale is set on Foel Cwm Cerwyn. The fact that the area features in the Mabinogion, those series of tales that are among the oldest and most remarkable of all European tales, proves the longevity of the Welsh tradition in the area. Maenclochog is a part of Wales and its people are Welsh.

One of the area's major attractions today is Llys-y-frân Country Park and it is apt that 'a foreigner from the Llŷn Peninsula', Alun Ifans, takes us on the seven and a half mile trek around the dam. Is it not the 'foreigner' very often who sees the majesty of what might be overfamiliar to the native? Another person who has moved to the area refers to the tradition of Celtic spirituality. Anthony Bailey believes many of the traits of the tradition are relevant to our current daily lives. Yes, many people of integrity have trod this land many centuries ago. It would not be in vain to follow their footsteps.

Margaret Ward was brought up in the London area but her graphic descriptions of life in Maenclochog during her numerous visits in the first half of the last century make riveting reading. Denzil Edwards must be thanked for drawing our attention to her reminiscences. Denzil himself, of course, has contributed vastly to this book by sharing his memories of a way of life that has now gone. Among the most formidable of contributors is the late Professor T. J. Jenkin. His papers at the National Library in Aberystwyth are a rich source of information about his native area. Both the National Library and his son, David, must be thanked for their ready co-operation when sifting through material to be published. The boy from Budloy had a distinguished academic career and there is no farmer in the whole of Wales who is not grateful to him for his work in breeding new and better strains of grasses. His perennial ryegrass S.23 is notable. And apparently, if it were not for the kick he received on his knee by a mare's hoof, which made any heavy farmwork almost impossible for him, he would never have embarked on an academic career.

T.J.'s description of the family's religious background is an eye-opener as far as understanding the grip that early Nonconformism had on the area. Such a volume could not be published without substantial reference to the history of the various denominational chapels in the area, and their existence for well over two hundred years. A number of eminent preachers were raised in the area but, strangely, most of them became pulpit stalwarts in England. At a time when organised religion seems to be at an ebb it is apt to remind ourselves of some of its early history. Would a sermon such as that delivered by the Revd Rhys Williams be appreciated today? It appears that by now a chapel that can afford to employ a full time minister is an exception and, perhaps, answers can be found within the early history of the chapels, to form a pattern that would address current day needs to keep the doors of places of worship open.

The volume is extremely indebted to E. Llwyd Williams' writings for the early religious history of Rhydwilym, the life of Thomas Phillips, Bloomsbury, and indeed some of the area's most colourful characters. Thank goodness stories are still told about Wil Canän, Twm Martha Fach and John Penrhos whenever two or three congregate. When such storytelling ceases then Welsh itself will cease to be a community language. Such stories would sound awkward if told in English. The railway line and the Fair played a significant part in the area's economy. Neither will return but Titus Lewis, Tom Evans and John Evans provide a taste of their vitality.

The contributions of Lester Mason and Christine Jones are models of academic research, as the former traces the part played by local boys in the front line during the First World War, and the latter traces the area's main treasure which is its dialect. Lester has even visited the graves of many local men in war cemeteries on the continent. Such research could not be more thorough. And what is amazing about Christine is that Welsh was not the language of her hearth in New Moat and yet, today, she is regarded as the foremost expert on the Pembrokeshire dialect. It is a pity that the nasal mutation appears to be disappearing. How many of today's children can be heard saying 'ma tad fi' rather than the far more natural 'ma nhad i'? The dialect contributions in this volume should be mandatory reading for all children in the area.

Idris Davies' article about life during the Second World War will bring memories to many readers as will the Revd Moelwyn Daniel's chronicle of the campaign to halt the War Office's intention to turn the Preseli hinterland into a permanent practice area for the army. The area would be drastically different today if that had happened. Maenclochog would be a much poorer community if tanks rather than sheep roamed the slopes

The area has nurtured and attracted creative talents. Reading the contributions of Eirwyn George, Elizabeth Haines, Tim Fudge and Linda Norris will enhance our appreciation of the landscape. We see a glimpse of Dil Hafod Ddu's humour who was just as creative in the way he could work an audience and draw laughter. There is a school here still and it is obvious that two former headteachers profited from the time spent among the children just as the children profited from their leadership. Bleddyn Rees is the youngest contributor and though he intends forging a career for himself within international banking in London, he is aware of his privileged upbringing in the area.

There are others who have contributed memories and impressions including one, Wendy Sturgess, who sent a notable contribution all the way from Astana in Kazakhstan. All in different ways, and for a variety of reasons, pay a tribute to what is special about the area. It is possible that you will return to some contributions again and again because some comment will pull at the strings of the heart. And by the way, think twice the next time you hear that Gruff Rhys, the Super Furry Animals' vocalist hails from Bethesda in Gwynedd. There is a photograph of him in the volume on the occasion of his sister Non's seventh birthday when the family lived at Maenteilo, Llandeilo. Perhaps there are other little pearls in the volume, if only you do some foraging. An Irish emigré, Jim Ashe, in a refreshing final contribution, offers us all a challenge to secure and build upon what we have.

It is our privilege to delight in the vast variety which is part of the texture of the current community. Let us echo the sentiments of Eirwyn George's closing poem as we sing the praises of the area and hence do our part to maintain its best attributes. It is high time that his opening 'penillion telyn' are known to us all, to be sung on a familiar tune, at an instance, whenever we celebrate. However severe the wind, the work must be done.

Hefin Wyn

Autumn 2006

Mae Cerdded yn Datrys Problemau

Alun Ifans

Dwi'n argyhoeddedig fod cerdded yn gymorth i ddatrys problemau. Fel pawb dwi wedi cael fy siâr o broblemau ac wedi cael yr heddwch i'w datrys wrth gerdded y saith milltir a hanner o gwmpas cronfa ddŵr Llys-y-frân. Mae yna resymau eraill pam fyddaf yn cerdded yn aml iawn, iawn o gwmpas y llyn, yn bennaf yr awyr iach, yr ymarfer corff, gogoniant byd natur a'r tangnefedd i enaid gael llonydd. Ceir nifer o fynegbyst sydd yn eich cyfeirio at gronfa ddŵr Llys-y-frân, sydd tua thair milltir i'r de-orllewin o bentref Maenclochog.

Adeiladwyd y gronfa ddŵr yn 1971 i gyflenwi dŵr i'r purfeydd olew yn Aberdaugleddau ar gost o £3.3 miliwn. Mae'r argae tua 33 medr o ddyfnder a milltir a hanner o hyd ac yn dal uchafswm o 2,004 miliwn o alwyni o ddŵr. Daw nifer fawr o bysgotwyr yno i geisio dal brithyll yr enfys a'r brithyll brown. Mae'n debyg mai brithyll yr enfys 14 pwys yw'r brithyll mwyaf a ddaliwyd yma hyd yn hyn, ym 1980. Gallwch bysgota â mwydyn neu bysgota â phluen o'r glannau neu o gwch. Mae siop, caffi a safleoedd picnic ym Mharc Gwledig Llys-y-frân hefyd, ond yr atyniad mwyaf i mi yw'r llwybr sy'n mynd o amgylch y llyn, taith o saith milltir a hanner. Mae angen esgidiau addas i gerdded y llwybr hwn, a chymer y daith tua dwy awr a hanner i dair awr i'w chwblhau.

Gan amlaf byddaf yn parcio wrth ochr y siop a'r caffi ac yn cerdded ar hyd y llwybr, ac i lawr heibio i'r argae a heibio i adfeilion Dan-y-coed, cartref William Penfro Rowlands (1860-1937), cyfansoddwr yr emyn-dôn 'Blaen-wern'. Ceir cofeb iddo ger yr adfeilion a ddadorchuddiwyd ym mis Mawrth 1993. O'r gofeb byddaf yn cerdded i fyny'r rhiw serth ac i faes parcio arall. Wedi cerdded dwy filltir ar hyd y llwybr, heibio i fraich orllewinol y gronfa, dewch at fynedfa'r goedwig dderi. Mae yno arwydd yn dangos bod pum milltir a hanner i fynd. Yn y fan yma yn aml iawn gallwch weld mulfrain (enw arall yw bilidowcar) yn sefyll yn y coed yn tacluso'u plu ac yn ymestyn eu hadenydd i'w sychu. Nid yw'r fulfran yn cynhyrchu olew naturiol sy'n cadw dŵr rhag glynu wrth ei blu – a dyna pam y gofala sychu'r plu bob tro y daw o'r dŵr.

Wrth gerdded y llwybr hwn gwelir amrywiaeth o bethau diddorol i lygad naturiaethwyr a cherddwyr. Yng nghynefin Parc Gwledig Llys-y-frân gwelir llawer o fywyd gwyllt a golygfeydd dros y dŵr rhwng canghennau'r coed. Y frân yw arwyddlun y parc gwledig oherwydd amlygrwydd teulu'r frân yn yr ardal, ac yn wir gwelir cigfrain, brain tyddyn, jac-do, ydfrain a phiod yn amlwg iawn o gwmpas y gronfa ddŵr.

Yr hydref a'r gwanwyn yw'r adegau gorau i weld yr adar dŵr, pan fydd yr hwyaid gwyllt, megis y wiwell, yr hwyaid pengoch, yr hwyaid copog a'r hwyaid llygaid-aur i'w gweld. Gwelir yr alarch gwyllt a'r alarch Bewick yno ambell waith, ynghyd â'r ŵydd fronwen a'r trochydd. Mae yna adar anarferol megis yr wylan fach, y forwennol ddu, y pibydd bach a'r pibydd torchog wedi eu cofnodi fel adar mudo, gan wneud Llys-y-frân yn gyrchfan i'r gwyliwr adar brwd yn yr hydref.

Yn y goedlan dderi mae'r cudyll glas, y boda, cnocell y coed, sgrech y coed a thelor y coed yn nythu, ac yn y coedydd Sitka yn y gornel ogledd-ddwyreiniol gwelir yn aml y dryw eurben ac adar eraill y coedydd conifferaidd. Gallwch hefyd weld y crychydd yn chwilio am bysgod yn y llyn gydol y flwyddyn, ac yn y darnau porfa garw gwelir nifer o ieir bach yr haf. Os byddwch yn lwcus cewch gip ar famaliaid megis y mochyn daear, y llwynog, y wenci, y ffwlbart a'r wiwer lwyd.

Mae'r wiwer lwyd yn gyffredin iawn erbyn heddiw yng nghoedlan Parc Gwledig Llys-y-frân. Daeth rhywun ag ychydig ohonyn nhw i'r wlad yma o Ogledd America, ac roedd hynny'n drueni mawr. Erbyn heddiw ymledodd a lluosogodd y greadures fileinig yn ddirfawr. Mae'n dringo mor fedrus fel nad oes yr un nyth yn ddiogel rhagddi yn y coed. Bydd yn bwyta wyau a chywion adar gwylltion ar bob cyfle. Mae hi'n hoff o gnoi blagur suddlawn a difrodi rhisgl coed ifanc yn arbennig. Bydd yn bwyta cnau, mês, ffrwythau a gwreiddiau. Ond eto rhaid cyfaddef ei bod yn greadur bach pert iawn. Mae ei chynffon flewog, hardd yn mesur 23 centimedr a'i chôt ffwr llwydlas yn wir ddeniadol.

Un o'r blodau sy'n gyffredin ar y llwybr yn yr haf yw clatsh y cŵn (enw arall yw bysedd y cŵn). Un flwyddyn roedd gweithwyr y gronfa wedi torri coed a chlirio darn o dir. Roedd degau o glatsh y cŵn wedi tyfu lle roedd y coed. Gall had clatsh y cŵn gysgu yn y ddaear am hanner cant o flynyddoedd. Wedi clirio'r coed roedd yr haul wedi cynhesu'r pridd ac egino'r hadau. Er bod clatsh y cŵn yn blanhigyn gwenwynig iawn mae'n ddefnyddiol i greu'r cyffur *digitalin*. Defnyddir hwn yn helaeth i drin anhwylderau'r galon.

A thina'r meddilie sy'n dwad ichi, pan fo'ch chi'n cerdded o gwmpas Cronfa Ddŵr Llys-y-frân.

☆☆☆☆

Fe fu'n rhaid i ffarmwr o ardal Llangolman fynd i Ysbyty Llwynhelyg i gael llawdriniaeth. Ar ôl cyrraedd dyma dwy nyrs yn tynnu ei ddillad oddi amdano a'i olchi'n loyw lân.

Wrth iddo adael yr ystafell ymolchi dyma fe'n troi at y nyrsys gan ddweud: 'Wel, wir, dwi'n falch fod hwnna drosto. Wêdd e ddim rhy ddrwg wedi'r cyfan wa'th man a man i fi gyfadde wên i'n becso'n imbed am y llawdrinieth 'ma ers pum mlyne' a rhagor.'

Bwthyn Dan-y-coed, Llys-y-frân, cartref Penfro Rowlands, cyfansoddwr yr emyn-dôn, 'Blaen-wern' sy'n adnabyddus ar draws y byd lle bynnag y cenir emynau. Mostyn Phillips, sydd bellach wedi ymgartrefu yn Hillcrest, Clarbeston Road, yw'r plentyn wrth y drws. Tynnwyd y llun tua diwedd 30au'r ganrif ddiwethaf. Y fenyw sy'n godro un o'r gwartheg duon corniog wedyn yw Hannah, chwaer Penfro Rowlands.

Dan-y-coed Cottage, Llys-y-frân, the home of Penfro Rowlands, composer of the hymn-tune 'Blaen-wern', well-known all over the world wherever hymns are sung. The child at the door is Mostyn Phillips who has since made his home in Hillcrest, Clarbeston Road. The photograph was taken during the late 30's of the last century. The lady milking one of the black horned cows is Hannah, Penfro Rowlands' sister.

Walking Solves Problems

Alun Ifans

I am convinced that walking is of assistance to solve problems. Just like everybody else I have had my share of problems, and I have sought solitude to solve them as I walk the seven and a half miles around Llys-y-frân dam. There are other reasons why I walk around the lake so often, mainly the fresh air, the exercise, the beauty of nature and the tranquillity that gives peace to the soul. There are several fingerposts that point you in the direction of Llys-y-frân, which is found about three miles to the south-west of Maenclochog.

The dam was built in 1971 at a cost of £3.3m to serve the needs of the oil refineries in Milford Haven. The dam measures about 33 metres in depth and a mile and a half in length and it holds a maximum of 2,004 million gallons of water. A large number of fishermen are attracted there to catch the rainbow trout and the brown trout. Apparently the largest trout caught there to date was a 14lb rainbow trout in 1980. Fishermen can use either worms or flies as bait and fish either from the water's edge or from a boat. Llys-y-frân Country Park also has a shop, a café and picnic facilities but the biggest attraction for me is the seven and a half miles long path around the lake. Strong boots are required to walk the path and it will take about two and a half to three hours to complete.

Usually I park my car close to the shop and café and walk along the path past the dam and past the ruins of Dan-y-coed, the home of William Penfro Rowlands (1860-1937), who composed the hymn-tune *Blaen-wern* and whose memorial, unveiled in March 1993, can be seen near the ruins. From the memorial I walk up a steep path to another parking ground. Two miles further along, past the western arm of the dam, you will enter the oak forest. There is a sign there noting that another five and a half miles have to be walked. Here, very often, you will see cormorants in the trees preening their feathers and opening their wings to be dried. The cormorant does not secrete natural oil preventing water from clinging to its feathers and that is why it dries its feathers every time it leaves the water.

To the eyes of the naturalist and the rambler, a myriad of interesting sights are to be found along this path. An abundance of wildlife and views across the water through the tree branches can be seen within the Llys-y-frân Country Park habitat. The crow is the emblem of the country park because of the proliferation of the crow family in the area, and indeed, you can see ravens, carrion crows, jackdaws, rooks and magpies quite prominently around the water dam.

The autumn and spring seasons are the best times to catch a glimpse of water birds when wild ducks such as the widgeon, pochard, tufted ducks and golden eye duck can be spotted. The wild swan and the Berwick swan are to be seen occasionally, along with the white-fronted geese and divers. There have been sightings of unusual migratory birds such as the lesser black headed gull, black tern, little stint and the ruff. Visiting Llys-y-frân is a must for the ardent birdwatcher during the autumn.

The sparrow hawk, the buzzard, woodpecker, jay and the wood warbler all nest in the oak forest, and in the Sitka trees, in the north-east corner, you will often see the gold crested wren and other birds of the coniferous trees. You can also see the heron preying for fish all the year round, and in the coarse grassland several butterflies can be seen. If lucky you might catch a glimpse of mammals such as the badger, the fox, the weasel, the stoat and the grey squirrel.

The grey squirrel by now is very common in the Llys-y-frân Country Park woodland. Someone brought a few of them to this country from North America and that was a great pity. By now the ruthless creature has spread and multiplied greatly. She is such a skilful climber that no nest is safe from her in the trees. She will eat the eggs and the nestlings of wild birds at a glance. She likes to gnaw saplings and destroy the bark of young trees especially. She will eat nuts, acorns, fruit and roots. Yet it must be admitted that she is a very pretty little creature. Her bushy tail measures 23 centimetres and her greyblue coat is really attractive.

One of the common flowers along the trail in the summer is the foxglove. One year the workers at the dam cut down some trees and cleared a piece of land. Tens of foxgloves grew where the trees had been. Foxglove seeds can sleep in the ground for half a century. Once the trees had been cleared the sun warmed the soil and the seeds grew. Although the foxglove is a very poisonous plant it is useful to develop the drug *digitalin.* This is used widely to treat heart diseases.

These are just some of the observations to be made as you walk around Llys-y-frân dam.

Mae Alun Ifans yn frodor o Sarn Bach ym Mhen Llŷn ond wedi treulio ei oes waith yn athro yn Sir Benfro. Er 1976 fe yw pennaeth Ysgol Gymunedol Casmael ac mae'n awdur nifer o gyfrolau i blant yn ogystal â llyfr taith, *Swyn Sir Benfro*. Ymgartrefodd ers tro ym Maenclochog.

Alun Ifans is a native of Sarn on the Llŷn Peninsula but has spent his working life as a teacher in Pembrokeshire. Since 1976 he is the headmaster of Puncheston Community School and the author of numerous children's books as well as a travel book around the Pembrokeshire coast, 'Swyn Sir Benfro'. He has made his home in Maenclochog.

Our Celtic Spirituality

Anthony Bailey

In March 1948, on my release from the Royal Air Force, I had then spent three years away from my studies. I was faced with the choice of either waiting 15 months until October, 1949, to take up a place at Oxford University, or going up to Saint David's College, Lampeter, in October 1948. Not wishing to lose any more time I chose to do this and read for a degree in History. From hindsight this was probably not the most sensible course to take, but it turned out to be fortuitous in another way, for it lead to three influences which gave me a lasting interest in the Celtic world. First, my History Professor – Danny Dawson as he was known – in one tutorial whetted my appetite for Celtic history with a paper on Owain Glyndŵr. Second, I regularly attended the Welsh Eucharist in the College Chapel, and although I could not speak the language I found the flow and cadence of the words very inspiring.

It was at the end of my time at Lampeter, when an event occurred which made me determined, at some point in my life, to make a study of the Celtic culture. I have no great facility for learning languages but I knew that there was much I could discover without knowing any Welsh. It was 1951 when a group of students from Lampeter, myself among them, camped out in the Cathedral Close at Saint Davids in order to steward at the Festival of Britain celebrations there. The atmosphere of the city and of its cathedral had a great influence on me, and I determined that one-day I would have some part in the life of the area.

From 1960 my connection with Pembrokeshire began in earnest with holidays spent here, first at Strumble Head and then at St Davids. This connection was enhanced with my move to Llangolman in 1982 even though my duties as priest in charge of Maenclochog and the surrounding churches limited me to only a minor study of the area. However, on retirement in 1992, I was able to build on my feelings of kinship with the countryside and the people of the Preseli's. I began some serious research into their history and culture, with the result that I have been able to publish four books highlighting some of those aspects, and of the communities which, growing in their shadow, have influenced me.

This research has also furnished the material to write this essay. It has not been possible to include alternative interpretations of some of the history; instead I have put forward views which seem to be the most tenable.

Teilo, Dogmael, Meilyr, Brynach, Colman! The names of the Celtic Saints of the immediate area are but a few from the many named in the Celtic Calendar. The Churches of St Nicholas, New Moat, and St Mary, Maenclochog were also probably dedicated to Celtic Saints before the Norman Conquest, but their names have been lost in the mists of time. We must, however, remember that during the Dark Ages, as they were called, Celtic Christianity and spirituality were at the height of its influence. It was built upon earlier non-Christian cultures, all having their distinct traditions. Indeed the Celts brought with them from their home in central Europe a rich culture with religious practices going back many thousands of years, and centred to some degree around stones and stone circles. These sacred sites were very often taken over by a succession of religious leaders such as the Druids, and afterwards by the Christians.

Tradition asserts that the Christianity of the Celts of Wales was exported from this area to Ireland with Saint Patrick. From there it found its way through Saint Columba and Saint Aidan to Iona, the mainland of Scotland, Lindisfarne, and even to the continent. However, with the withdrawal of the Roman occupation forces at the end of the 4th and the beginning of the 5th centuries, the Goidel invasions from Ireland into west Wales brought with it other influences. Brychan, the son of one of these invaders, who ruled much of the area around Brecknock at the time, sent his emissaries out to conquer and influence much of the territory that became known as the Kingdom of Dyfed. Many of these emissaries, members of the large family of Brychan, came to be regarded as saints. Brynach, an Irishman, a most important saint of the time, though not a member of the family, had strong connections with the area as Brychan's Chaplain, and, if tradition is correct, by marrying one of his daughters.

Eglwys Sant Brynach, Castell Henri. Pwy yw'r addolwyr tybed?

St Brynach Church, Henry's Moat. Who could the worshippers be?

We will now dwell for a moment on some of these leaders of Celtic Christianity. Teilo, who was perhaps the most important of them, gave his name to Llandeilo Llwydarth, a small hamlet to the southeast of Maenclochog. Its tiny pilgrimage church was probably established there as part of the cult of St Teilo in the 5th or 6th century. It became quite famous in the 18th, 19th and early 20th centuries when the neighbouring farm of Llandeilo Uchaf became the home of what was claimed to be Teilo's skull. Sacred wells had been part of the fabric of Celtic society inherited from earliest times, and the well at Llandeilo Llwydarth was no exception. During those years the Melchior family who lived in the farm at Llandeilo Uchaf, were the skull's custodians, and pilgrims from many parts of Wales visited the well of St Teilo adjacent to the Church, seeking a cure for their ills with waters drawn from it.

There is one story told about the cockle pickers of Penclawdd who had visited the well and returned home. It was only then that they learned that the waters were supposed to be particularly efficacious if drawn from the well by the heir of the Melchiors using the skull. They immediately turned round and made their way back to the well to receive the waters in the prescribed way. Eventually in 1927 the skull was sold back to the Mathews family, the original custodians since it had been given to them in the 15th century for their work in the defence and restoration of Teilo's tomb in Llandaff Cathedral. The Church was abandoned in the second half of the 19th century and nothing now remains but its ruins and an overgrown and neglected well. The skull became much travelled after 1927, first to Winchester, then to Devon, Hong Kong, and Australia. From there in 1994 the family returned it to Llandaff Cathedral, its original home

It is also from some stones from Llandeilo that we learn something of the Ogham script which seems to have originated in Ireland and was brought here by the invasion of the Goidels. One of these stones was used as a gatepost into the churchyard at Llandeilo, and another was erected outside the eastern wall of the Church; a third was found at Temple Druid, an important early settlement with a long history. This stone has ended up in Cenarth Churchyard, while the other two were moved to Maenclochog Church where they can be found today. Interestingly the three stones are thought to be unique because they are all memorials to members of the same family.

Where does the name Ogham come from? One tradition says that it was named after Og, the god of writing, who is depicted as pulling along some men chained to each other by their tongues. Ogham stones, prevalent in southern Ireland, the Isle of Man and the old kingdom of Dyfed, were inscribed in Latin and often also the Ogham script. This was carved into one of the edges of the stone in a series of marks at right angles or diagonals to the edge, each group of marks representing a particular letter.

These Ogham monuments are evidence of the chain of evolution in man's use of stones, from the time of early standing stones to Celtic and market crosses. At first a rude cross was inscribed on some of the Ogham stones, but others dating from a much earlier period, were also used. After this the stones were shaped and carved as simple crosses becoming more and more elaborate as the years went by. Examples of these stages can be found in the area. The Trehowel Ogham stone at Glandŵr has a small carved cross on it and in Llanglydwen Churchyard there is a part of a simple 6th or 7th century cross. At Nevern there is the famous and very elaborate 9th century cross, as well as the nearby pilgrim carved cross on the rock. The influence of these Celtic crosses is still with us, for we can find a modern one at the junction of Station Road and St James Street in Narberth. Much of the ornamentation of today's jewellery, fabric and sculpture has been greatly influenced by early Celtic art.

Brynach, too, was important in the area. There are eight churches dedicated to him in Wales, one of these is at Llanfrynach near Brecon, a second is at Llanfrynach near Cowbridge, while the other six are in this area with the most noted one at Nevern. This community at Nevern dominated the area until the Norman period. Under Brynach's influence, with the vision given to him as he prayed on Carningli, Nevern became the last port of call for pilgrims from the north of Wales making their way to St Davids. However, he gave his name to many places besides the Churches of Llanboidy, Llanfyrnach, Henry's Moat, Pontfaen and Dinas. Bernard's (Brynach's) Well Farm is thought to be the original site of Henry's Moat church, and Fenton tells us that on his visit in the early 1800's he saw a rude cross carved into a stone near the well which was part of a ruined chapel. The route across the mountain bears testimony to Brynach's importance to the area. At one point can be found Buarthbrynach (Bernard's Fold) mentioned by Geraldus Cambrensis and he reports in his journal that it could be found in the rocks above Cernydd Meibion Owen. George Owen, writing in the 17th century, mentions a chapel in the parish of Morvil dedicated to St Brynach, as well as the one at Henry's Moat.

It is also possible that with the withdrawal of the Irish settlers from the area, who, we are led to believe, had become quite unpopular, Brynach, himself an Irishman, felt threatened and chose to leave the area. Did he end up in North Devon? At Braunton, on the north coast of that county, the church is dedicated to St Brannock, and many of the symbols depicting Brynach's life in west Wales are duplicated there. Carvings of the cow, and the wolf which herded it, as well as the white sow and piglets, can be found in the Church at Braunton as well as in the St Brynach Churches of Pembrokeshire

For several centuries Celtic Christianity dominated the life of the people of Wales. Even after the Council of Whitby in 695, when the western form of Christianity was adopted for the whole of England, Scotland and Wales, the Celtic form still flourished. It was only after the Norman Conquest that it finally gave way to the western tradition until renewed interest in it in the 20th century.

We know nothing of the Church in Maenclochog until after the Norman Conquest, but with its raised churchyard, it is reasonable to assume it had links with the Celtic community that had, until then, surrounded it. Like all churches it had a chequered history during the Middle Ages and had also suffered at the hands of the Puritans in the 17th century. However, it seems that after the Restoration of the monarchy in 1660, the church in the community was quite strong. At that time 17 people put their signatures to a petition to the Bishop of St Davids asking for financial assistance for the poverty-stricken priest who looked after the church and its chapelries of Llandeilo and Llangolman. Another petition, very different in content, was sent to the Bishop 70 years later. Then, showing their concern, the parishioners petitioned him to do something about the Vicar, William Crowther, whose irregular life and neglect of his ministry was bringing shame upon the church. It is not recorded whether either of these appeals was answered.

In the 18th and early 19th centuries the church in Wales, as well as in England, suffered from the indifference of many of the clergy and laity. Many church buildings of this area began to decay through neglect. Pontfaen and Llanerchllwydog were examples of this, for we learn from an article and illustrations in *Archaeologica Cambrensis* in 1858, that the roofs of both churches had large holes in them. In the 1890's, though many of the churches had by then been restored, Llangolman was still in a very dilapidated state. In *Nooks and Corners of Pembrokeshire,* published in 1895, H. Thornhill Timmins writes:

> 'Llangolman Church, perched on its isolated monticle, presents a sorry spectacle of desecration and decay: its windows battered and broken, its roof open to the vault of heaven, while the rusty bell hangs cracked and useless in the dilapidated turret.'

The Evangelical Movement and the Oxford Movement began to bring about a change in the attitude of both clergy and people, and by the 1870's many churches in the area were being restored. Henry's Moat, Maenclochog, Mynachlog-ddu are examples of this, but it was not until the end of the century that Llangolman Church was fully restored with the help of a local farmer, so that his daughter could be married there.

Little is known of Saint Dogmael, the saint to whom the present day church in Mynachlog-ddu is dedicated. By the 12th century there were three chapelries in the parish, outposts of the monastic foundation at Llandudoch (St Dogmael's) which owned much of the land of the area. Two of these on Capel Farm and Cwm Garw, fell into ruins centuries ago, but one, on the boundary of the parish, was doubled in size in the second half of the 19th century. In the 1980's, however, the church again fell into disuse, but at the end of that decade it was reopened, and for several years had a regular congregation of 20, while at Christmas the candlelit midnight Eucharist attracted over 100 people.

The second half of the 19th century was a period of recovery for Christianity in Wales, first the Chapels, and then the Churches went through a period of expansion. Many Churches were rebuilt and restored to the extent that they bore little resemblance to the original. They were for the most part, plain, solidly built with little architectural merit, and in this they perhaps reflected the ruggedness and economic poverty of the area at that time. With the religious revival of the early 1900's the chapels became the centres of Christianity in Wales, but the churches had a part in this revival and a number of mission churches were built in the area, for example in Abercych and Jameston. Another of these was built at New Inn with corrugated iron sheets. When I spoke to Denzil Edwards, he told me that his parents met there and worshipped there until the church was sold for 25 guineas to become the Crosswell shop, across the mountain, which served that community for many years.

The disestablishment of the Church enacted in 1914 and carried through in 1920 did bring about a revival in the Church in Wales – as it then became known. The disestablishment, however, brought financial benefits to the chapels and communities of Wales, for the considerable funds of the Church were removed and vested in the County Councils who made grants from them for community projects. In the second half of the 20th century, there has been a move away from traditional Christianity, and a greater emphasis on secular and material values. Society has become less critical of those who do not conform to traditional Christian teaching; there was a greater freedom in relationships, and much of Christian morality began to be questioned. The churches suffered from this greater freedom, and this, with other pressures, saw a rapid decline in Church and Chapel membership. The resulting closure of many churches and chapels, and nowadays, village schools, has taken the heart from small communities with the result that they have become impoverished without any focus essential to community life.

In recent years, there have, however, been signs of a revival in Celtic spirituality and this has affected the lives of many people, lifting them out of the materialism mentioned above. This renewal has shown itself in the finer appreciation of the literature, culture and religious faith of our Celtic forbears. Today there is an increased awareness and greater appreciation of the environment and this has resulted in an increased awareness of the need to preserve it. This was also part of the early Christian Celtic tradition and as a result there is a renewed interest in the Celtic tradition shown us in the lives of many of those early saints and in the poetry and literature of our past.

I end this essay with a quote from Patrick Thomas's book, *The Opened Door: A Celtic Spirituality* published in 1990,

> 'The vision of harmony between the human race and the natural world which Brynach, Silyn and other hermit saints derived from Christ and set at the centre of Celtic Christianity has to be rekindled if our despoiled and cruelly exploited planet is to survive and be restored. The rediscovery of this vision may prove to be one of the most significant contributions which Celtic spirituality can make to the future of humanity'.

Yr Esgob a'i Glerigwyr / The Bishop and Clergy

Mynwent Eglwys y Santes Fair, Maenclochog, cyn torri'r coed

St Mary's Church Cemetery, Maenclochog, before the trees were cut

Here are two of the earliest historical references to Maenclochog from the Church in Wales manuscripts. The situation at Maenclochog was similar to that of the majority of parishes at the time in the late 17th and 18th centuries.

1670 July 18 – Maenclochog

The inhabitants of Maenclochog to William (Lucy), Lord Bishop of St Davids.

[Petition]

We the inhabitants of the parish of Maenclochog in the county of Pembroke do certify your lordship that John Griffiths, clerk, being by your lordship appointed sequestrator in and over the said parish and the chapels thereunto annexed, has for the space of four years last past and upwards demeaned himself religiously in his place and calling by oppressing (what in him lay) all dissenters from the public liturgy of the Church of England and living holily and soberly in his life and conversation. And further upon our personal knowledge we aver that the said John Griffiths, clerk, could not nor has not made above the value of five pounds per annum out of the profits of the said parish church and the chapels annexed during the term of the late rates and assessments. And that further he is the father of eight children now upon his charge, living without any subsistence or maintenance for himself, his wife and family but the bare revenue of this poor vicarage, whereof if he be destitute he and his family in all probability without your lordship's favour are like to perish if they happen to be evicted from their habitation against the cold of winter. In witness whereof we have hereunto subscribed our hands.

Subscribed (Seventeen signatures and ten personal marks of people who supported the petition)

Church in Wales MS. SD / MISC / 115

1743 September 3 – Maenclochog

The Churchwarden and Inhabitants of Maenclochog to Edward (Willes), Bishop of St. Davids.

[Petition]

We whose names are hereunto subscribed, being inhabitants and landholders of the several parishes of Maenclochog, Llangolman and Llandilo in the county of Pembrock, send greeting.

When we seriously consider the great negligence of William Crowther, clerk, the minister of the several parishes above mentioned, in the discharge of his ministerial function, and the great progress that (through his ill conduct and misbehaviour) schism has made in these parishes, we cannot avoid laying our grievances before your lordship in the following articles with this assurance, that all or most of them will at any time, when required, be made good by the testimony of all or most of his parishioners. And we humbly hope your lordship will grant us such immediate relief as the nature and circumstances of our deplorable case require and deserve. And we shall (as in duty bound) be ever obliged to pray for your lordship's health and welfare.

1. Has not at any time visited the sick within his several parishes.
2. The sacrament has not been administered within the parish of Llangolman for three years past.
3. That a shopkeeper in the parish of Maenclochog was by him much disturbed for not exposing goods to sale for his use on the Lord's day.
4. That there was no divine service in either of the churches on Easter Day or Whitsunday last.
5. That he has been seen repairing the churchyard fence and with a sack of wool on his back on two several Lord's days.
6. That he keeps a woman in his vicarage house (where he often frequents) of a lewd immoral behaviour, who has had 2 base children.
7. That he has been found sleeping in church during the time of divine service.
8. That he has never performed divine service in either of his parishes in a known tongue, the parishioners being wholly illiterate save in Welsh, and he an utter stranger thereto
9. That he has not attended his churches on the last fast day and for several Sundays successively.
10. That he was seen so drunk in the parish of Maenclochog in last November that he could not marry a couple that attended there for that purpose.
11. That upon the whole he is a person of so irregular a life and conversation and so subject to all manner of excesses as are quite unbecoming a minister of the gospel.

Signed: William Philpin, churchwarden of Maenclochog, John Thomas, churchwarden of Llangolman, Evan Griffith, William Lewis, R. Edwards, Simon Protheroe, Thomas Melchior, William Wilkin, Richard Lewis, Thomas Evans, John Jones, Lewis Lewis, James David, Lewis David, Simon Owen.

Church in Wales MS. SD / MISC 1199

Mam-gu, Siân Hwêl a Naomi

Margaret Ward

Mae'n rhaid fod bywyd yn y pentre ar ddechre'r 20fed ganrif rhywbeth yn debyg i'r hyn oedd yn ystod y 150 mlynedd blaenorol. Doedd yna ddim dŵr pibell, dim carthffosiaeth go iawn, dim trydan, dim ond lampe a chanhwylle, dim ceir na bysus a dim adloniant ar wahân i'r ffair gyflogi flynyddol neu'r eisteddfod a gynhelid yn ysgol y pentref.

Tua 1880 aeth fy nhadcu, Essex Rees, o amgylch y pentre yn cynnig cario dŵr o Ros-y-bwlch at ddrws pawb ar yr amod fod pawb yn talu £5 yr un, ond wêdd pawb yn credu ei fod yn rhy ddrud. Rhedai chwe thrên y dydd rhwng Clunderwen ac Abergweun, tri lan a thri i lawr, yn cario nwyddau, teithwyr a glo. Wrth gyrraedd yr orsaf bydde'r tawelwch yn eich taro ac yna'n cael ei dorri gan glegar gwydde a hwyed. Bydde'r diwrnod yn dechre pan gyrhaeddai'r post – yn cael ei gario ar gefn beic o Glunderwen. Ar ôl didoli yn Swyddfa'r Post bydde tri phostmon yn dechrau ar eu teithiau – Dan Francis ar gefn ei geffyl i ddosbarthu i'r ffermydd gwasgaredig ar lethrau'r mynydd, Gwilym Eynon o amgylch y pentre, a George James lawr y rhiw i'r Felin a Temple Druid. Wedyn deue'r gwydde, hwyed a ffowls i hala'r diwrnod ar y cilcyn glas o amgylch yr eglwys. Doedd Jane neu Siân fel y'i gelwid, a oedd yn byw dri drws oddi wrth fy mam-gu, Marged Rees, ac yn ei hwythdegau, ddim yn ffrind arbennig, achos, trwy ddamwain, wrth gwrs, bydde un o hwyed mam-gu yn ffeindio ei ffordd i gefen tŷ Siân Hwêl. Clywid mwstwr a termo mowr ar yr achlysuron hynny.

Bydde'r rhan fwya o fenywod yn gwisgo clocs, y rhai trwm o ledr gyda gwaelodion dur, ac yn ymarferol iawn i'w gwisgo ar hyd feidiroedd mwdlyd ac yn y gerddi. Fy nhasg i bob bore wêdd moyn llaeth o Step Inn, yn dwym o deth y fuwch ac yn costio dwy geiniog y cwart. Wedyn i'r ffynnon, rhyw ddeg munud o siwrne, i lenwi dau fwced dur, mawr a thrwm, yn llawn i'r ymylon. I ymolchi bydden ni'n defnyddio'r dŵr yn y gasgen yn yr iard. Wêdd y bwyd a fwytaem yn ardderchog. Torthau pedwar pwys crwn wedi eu pobi mewn ffwrn frics gan Eliza Thomas, menyn ffres, hufen a chaws o'r ffarm, llysie o'r ardd heb anghofio'r wye brown i'w casglu oddi wrth ffowls mam-gu. Bob dydd Gwener deuai Mr Richards yn ei drap-a-poni o Ros-y-bwlch yn gwerthu ŵyn wedi eu lladd getre, a bydde cig mochyn yn hongian o'r nenfwd.

Ar ôl brecwast o flawd ceirch a llaeth enwyn bydde mam-gu'n cymhoni'r ddau dân gyda 'phele' o gwlwm, sef llwch glo wedi ei gymysgu â chlai a dŵr, ac wedi ei osod yn drefnus er mwyn cael digon o lewyrch i ferwi'r tecyl neu i dwymo'r ffwrn. Ar ôl gwneud hynny bydde'n bwrw golwg ar y byd a'r betws o'r drws ffrynt ac yn setlo lawr i ddisgwyl ei ffrindie i alw am sgwrs. Dwi'n cofio taw menyw 100 oed oedd un ohonyn nhw yn cerdded yr holl ffordd o Ros-y-bwlch unwaith yr wythnos. Bydde'r ddwy'n adrodd straeon gered ac yn wherthin eu gwala. Bydde'r ficer, y Parchg Stephen Howell, hen lanc, yn galw'n amal i flasu ei theisen geirch a wnaed ar blanc uwchben y tân. Fe fu'n aelod cyson yn yr Hen Gapel ond fe berswadiodd e hi i ymuno â'i eglwys, Eglwys y Santes Fair, ar gilcyn glas y pentre. Felly, pan wêdd hi'n 84 wêd fe gafodd ei chonffirmio.

Wêdd mynd i'r capel ar ddydd Sul yn ddigwyddiad cymdeithasol. Bydde pob drws ffrynt a fydde ar agor ar hyd yr wythnos ar gau'n dynn ar ddydd Sul, ac am 10.15 a.m. bydde'r orymdaith hir ac araf o addolwyr wedi eu gwisgo mewn du, ar eu ffordd i un o'r tri lle o addoliad. Yn yr eglwys bydde'r dynion yn eistedd ar un ochr o'r eil a'r gwragedd ar yr ochr arall. Bydde'r bregeth foreol yn Saesneg a'r bregeth hwyrol yn Gymraeg. Yn oedfa'r nos bydde'r enw 'Iesu Grist' yn cael ei ddweud yn gyson. I fi roedd hyn yn swnio fel 'Essex Rees' ac roeddwn yn ffaelu deall pam roedden nhw'n gweddïo dros fy nhadcu mor aml. Yn ystod y bregeth deuai losin cryf eithriadol i'r golwg i'w rhannu ymhlith y gynulleidfa. Bydde unrhyw ddieithryn yn denu sylw am mai ychydig o ymwelwyr ddeuai i'r pentre yn y dyddie hynny. Ar ôl y gwasanaeth fe fyddem yn sefyll tu fas yn y fynwent tra bo fy mam-gu yn bwrw golwg dros y gynulleidfa ac yn cynnig sylwadau am eu gwisgoedd yn lled uchel ac weithie'n codi cywilydd arnom.

Roedd yn ymddangos fod yna wnifeintoedd o hen lanciau canol oed a hŷn yn y pentre. Ar wahân i'r ficer, y Parchg Stephen Howell, roedd Caleb John, a ddywedodd pan ofynnwyd iddo yn 1914 a wêdd e'n bwriadu ymuno â'r fyddin. 'Nadw, mae'n rhy ddansheris'! Wedyn wêdd Ben Gibby, y melinydd, a ddysgodd i mi sut oedd gwneud chwisl o bren sycamor, ac fe fyddwn i wrth fy modd yn mynd i'r felin i weld y malu. Roedd y Parchg Willie Rhys, wedyn, gweinidog y Bedyddwyr, a'm dysgodd i whare whist, ar y ddealltwriaeth gadarn petai unrhyw un o'r plwyfolion yn galw y bydden ni'n cwato'r cardiau o dan y ford. Essex wêdd yn gyfrifol am ffald y pentref ble fydde anifeilied strae yn cael eu cadw nes y bydde rhywun yn eu hawlio, a hyd y dydd heddi fe'i gelwir yn Parc Essex.

Wrth fynd am wâc i Temple Druid fe fydden ni'n cwrdd â'r hen Evan George a fydde'n rhoi fale a phlwms i ni o'i berllan. Yn yr eisteddfod flynyddol bydde'n sefyll ar y llwyfan, yn bictiwr gyda'i whisgers gwyn hir, ac yn canu ei bishyn, fynycha dim ond 'Amen' ar alaw rhyw emyn neu'i gilydd. Fe fu'n briod deirgwaith a bu byw nes ei fod yn 90 wêd. Mlân wedyn at William Melchior a'i ddwy chwaer, i gyd yn ddi-briod, a chael dŵr o'r ffynnon sanctaidd yn eu gardd i'w yfed o benglog, y credid, yn gamarweiniol, ei fod yn eiddo i sant. Lladdwyd William gan darw o'i eiddo ei hun.

Ffair mis Medi oedd uchafbwynt yr haf pan fydde gweision, yn ddynion gwartheg, yn dorrwyr pen cloddie a gwterwyr, yn sefyll ar y cilcyn glas yn disgwyl cael eu cyflogi tra bo ffermwyr yn ysgwyd llaw ar ôl taro bargen yn dilyn gwerthu buwch neu geffyl. Ond yn gopsi ar y cwbl wêdd y stondine'n gwerthu cŵn a chwpane tsieina o bob lliw neu wlanenni coch wedi eu gwneud yn y meline lleol. Ar ôl iddi dywyllu bydde'r siglenni a'r cylchdroeon yn dechre chwyrlïo a bydde ieuenctid y pentre yn mwynhau noson o gyffro na cheid ei thebyg weddill y flwyddyn.

Un tro yn ystod yr haf fe adawon ni'r gwasanaeth yn yr eglwys a cherdded yr ychydig filltiroedd lan y ffordd i weld bedyddio mewn afon. Wêdd yr afon wedi ei chronni hyd at dair troedfedd o ddyfnder ac un wrth un cerddai'r bechgyn a'r merched, yn eu dillad gorau, i mewn i'r dŵr. Wêdd y gweinidog yn eu dal o dan y dŵr am eiliad neu ddwy – yn sydyn wedyn bydden nhw'n mynd i mewn i fwthyn gerllaw i sychu eu hunen. Ni chlywem sôn am unrhyw droseddu yn y pentre. Wêdd, wêdd dwy gell garreg yn nhŷ'r orsaf heddlu ond ni weles i erioed neb wedi cael gormod i'w yfed. Byddwn wrth fy modd yn ymweld â Siop y Castle am y bydde fy ffrind, Florence, yn gadael i fi sefyll tu ôl i'r cownter, tra bydde'n pwyso'r siwgir a'i roi mewn bagie papur glas neu'r india corn mewn sache. Gallech brynu unrhywbeth o ddillad gwaith i nodwydd ac ede. Wêdd bwydydd o bob math ar werth yno a chlyme o fananas yn hongian o'r nenfwd. Dyna'r lle i gloncan hefyd, a bydde'r pentrefwyr yn galw i brynu ac i glywed y newyddion am y marwolaethe a'r genedigaethe. Bydde angladde bron yn wylie cyhoeddus â phawb wedi eu gwisgo yn eu du, wrth gwrs, yn ei theimlo'n rheidrwydd i fod yn bresennol.

Un pictiwr sy'n fyw iawn yn fy nghof yw gweithio ar y cynhaea gwair ar ddiwrnod poeth o Awst. Dwy neu dair o wragedd y pentre a rhocesi'n gwisgo capanau i gwato'r haul, a phob un ohonon ni â bobo raca yn troi'r gwair neu'n ei godi yn fwdwle. Wêdd Elias Stephens wedyn ar ben y rhic yn derbyn y gwair o'r ceirt. Mrs Feetham a'i merch, Martha Bowen, yn cario hamperi o sgons a bwns a chacen ffrwythe a jareidi o de llaeth a seidir. Wedyn fe fydden ni'r plant yn dod nôl i'r ydlan ar ben y llwyth diwethaf.

Gair neu ddau am fy mam-gu a oedd yn dipyn o gymeriad. Ei hunig fwyd am flynydde wêdd blawd ceirch a llaeth enwyn i frecwast a swper, a chawl wedi ei wneud o esgyrn dafad a thipyn o gennin ynddo i ginio. Bob nos bydde'n cydio yn y Beibl teuluol, ac yng ngole cannwyll, yn darllen ohono am awr neu fwy. Ni wnâi unrhyw waith ar ddydd Sul a bydde hyd yn oed y cabets a'r tato yn cael eu berwi ar nos Sadwrn. Ddarllenodd hi erioed bapur newydd a nes ei bod yn 84 wêd prin iddi erioed adael y pentre. Ond y flwyddyn honno aeth gyda chriw o'r eglwys i Lunden a fe aethon ni â hi i weld yr atyniade. Creodd Eglwys St Paul tipyn o argraff arni ond wêdd sŵn yr organ yn rhy uchel a wêdd yn well 'da hi'r harmoniwm. Ei ffefryn wêdd *Madame Tussauds*, ac yn arbennig y *Chamber of Horrors* achos roedd hi'n cofio Charlie Peace. Doedd ganddi fowr o Saesneg a wêdd rhai o'i dywediade yn ein goglis ni'n imbed – 'Can you hear a smell?' fyddai'n gofyn. Bu farw'n 93 wêd ar ôl torri ei chlun wrth godi tato o'r ardd.

Pe bawn i'n paentio llun o gymeriade'r pentre cyn 1914 dwi'n credu mai'r hen Naomi fydde'n cael y lle blaena. Wydden ni ddim beth wêdd ei henw teuluol a wêdd neb fel se'n nhw'n gwybod os fuodd hi'n briod neu beidio. Wêdd hi'n byw mewn bwthyn carreg dwy ystafell ar bwys llyn y felin wêdd yn arllwys i nant y felin. Yn un stafell wêdd ei 'gwely mowr' a wêdd y stafell arall bron yn llawn o gwêd tân a ddefnyddiai i gynhesu'r bwthyn ac i goginio. Gwisgai siol Gymreig am ei hysgwydde a chrwydrai ar hyd y feidiroedd a thrwy'r pentre wastad yn gweu wrth iddi gerdded. Medrai weu'r patryme mwya cymhleth i'r sane fyddai'n eu gwneud a deuai'r rheiny â pheth arian iddi. Wêdd pobol yn garedig iawn tuag ati ac yn mynd â phryde bwyd iddi'n amal. Un diwrnod fe dorrodd ei bawd chwith yn grwn wrth dorri cwêd ar gyfer y tân. Rhoddodd gadach am y briw a hasti i'r ficerdy i ofyn caniatâd i gladdu'r bawd yn y fynwent, am na fedrai odde meddwl am fynd i'r nefoedd heb ei bawd. Fe wnaed hynny a dwi'n siŵr os yw hi yn y nefoedd nawr ei bod yn dal i weu gered – falle sane ar gyfer yr angylion.

Pan fydde'r Shoni Winwns yn croesi i Abergweun neu Milffwrd o Lydaw fe fydden nhw'n seiclo o amgylch y pentre bob haf gyda rhaffeidi o winwns yn hongian oddi ar ben blaen y beic. Tipyn o ryfeddod i fi wêdd clywed mam-gu'n bargeinio 'da nhw'n Gwmrâg a nhw'n ateb mewn Llydaweg, a hwythe'r ddau'n deall ei gilydd gan mor debyg yw'r ddwy iaith. Bydde ambell drempyn yn ymweld â'r bythynnod yn gyson. Fe fydden nhw'n dechre galw ar waelod y pentre ac yn y tŷ cynta'n mofyn diferyn o de i'r can fydden nhw'n ei gario, dŵr twym yn y lle nesa, llaeth, siwgir, bara a chaws wedyn – un eitem ymhob tŷ – ac wedyn ishte ar y cilcyn glas i fwynhau'r pryd o fwyd am ddim. Wên nhw'n onest a byth yn cymryd mantes, yn cysgu yn y cloddie yn yr haf, ac yn mynd nôl i'r wyrcws yn y gaea.

Wêdd yr Athro Quiggin o Gaergrawnt neu Rydychen, sai'n cofio p'un, yn dod i aros yn yr haf yn y Castle er mwyn dysgu Cwmrâg a bydde fe'n siarad â phlant y pentre er mwyn perffeithio'r acen. Bydde pob mam ifanc yn y dyddie hynny'n cario ei babi mewn siol. Rhoddid y siol dros yr ysgwydd chwith a'r babi wedyn ar ei braich chwith, tra bo gweddill y siol yn mynd o amgylch y gwast ac o dan y plentyn. Cadwai hyn y babi'n gynnes tra bo'r fraich dde yn rhydd. Tybed a yw'r siol yn cael ei defnyddio rhywle yng Nghymru heddi? Talodd y ficer Stephen Howell am ffenest wydr i'w rhoi uwchben yr allor er cof am ei dad a'i wncwl ac fe ychwanegodd ei enw ei hun. Mae'n rhaid mai dyma'r tro cyntaf erioed i ficer edrych ar ei ffenestr goffa ei hun mewn eglwys.

Mae'r Cymry'n naturiol yn llawn chwilfrydedd, ac ar ddiwrnod cyntaf ein gwylie fe fydden i a'm rhieni'n diddori ein hunain trwy roi prawf ar faint eu chwilfrydedd. Fe fydden ni'n cerdded lan trwy'r pentre heb weld yr un enaid yn yr un drws. Ar ôl cyrraedd y pen ucha fe fydden ni'n troi ac yn sydyn wrth bob drws a gât wêdd gwragedd y pentre'n sefyll yn cadw llygad arnon ni. Mae'n rhaid eu bod nhw'n pipo trwy'r llenni wrth i ni gerdded heibio.

Bydde mam-gu'n adrodd straeon rhyfedd am ei dyddie cynnar yn y pentre. Nawr, wêdd Bwlch-y-clawdd – Temple Druid – yn le a fyddai'n codi ofan arna i. Wêdd y ffordd yn gul, y cloddie bob ochr yn uchel iawn a'r cwêd yn cwrdd â'i gili uwchben. Ar noson dywyll o hydref pan oedd y gwdihŵs yn sgrechen a slumod yn hedfan, gellid dychymygu ei fod yn gartre i ysbrydion. Wêdd Temple Druid yn blasdy eitha helaeth, yn sefyll dipyn nôl o'r hewl ac ar un adeg wêdd y gŵr a oedd yn byw yno bant ar fusnes yn amal. Un noson dywyll, medde mam-gu, fe benderfynodd whare tric ar ei wraig a dychwelodd yn ddirybudd ac ymddangos yn ei hystafell wely gyda chynfas dros ei ben gan wneud rhyw swne ochen. Cafodd y fenyw shwd gymaint o ofan nes iddi golli ei phwyll yn ôl y sôn.

Soniodd mam-gu am ddigwyddiad rhyfedd ar fferm ei rhieni yn Llanfihangel-ar-arth pan wêdd hi'n rhoces ifanc. Pan wêdd hi'n gweithio yn y llaethdy un diwrnod fe glywodd sŵn sgrechen ar y ffordd o dan y ffarm. Rhuthrodd lawr i weld beth wêdd yno ond doedd neb i'w weld, ac felly daeth nôl i'r ffarm. Y diwrnod dilynol ar yr union un amser clywodd y sgrechen eto. Rhuthrodd lawr i'r hewl a gweld bod trap a phoni wedi cael damwain, a'r ddau deithiwr wedi eu lladd. Mae'n debyg fod gan bobol o waed Celtaidd y gallu i ragweld a falle bod hynny'n enghraifft ohono.

Mae'r hen gymeriade a adwaenwn i wedi mynd, ond falle bod un neu ddau o hyd i'm hatgoffa o'r gorffennol. Un cymeriad cymharol ddiweddar wêdd George a fu farw tuag ugain mlynedd nôl. Arferai dreulio'r haf yn cysgu'n y cloddie ond heb unrhyw fodd o wybod faint o'r gloch oedd hi ar wahân i wrando ar ei stumog wag. Bydde'n galw yng nghartre fy nghefnderwyr yn aml, ac yn gosod ei hun yn gyffyrddus wrth dân y gegin i ddisgwyl basned o gawl neu damed o gig neu bwdin. Ar ôl swper bydde'n mynd draw i'r glowty lle fydde godro ar waith ac yn bwrw iddi i ganu'r holl emyne Cwmrâg a wyddai. Mynnai fy nghefnder y bydde'r gwartheg yn rhoi eu llaeth yn dipyn rhwyddach pan fydde'n canu.

Ym 1918 fe werthodd Willie Davies, y ffowlswr, ei drap a phrynu fan a dyna ddechre'r newid yn y pentref. Bydde Annie, poni fy nhadcu, yn ein cario lan i'r mynydde i gasglu llusi i'w gwerthu ac ym 1920 fe rowd yr hen gartre teuluol ar osod i ddieithriaid a weles i mo'r pentre wedyn tan 1953. Erbyn hynny wêdd y rheilffordd wedi cau a bws preifat digon sigledig yn teithio unwaith yr wythnos i Hwlffordd. Wêdd oes y car wedi cyrraedd. Wêdd shwd gyment o'r hen ffrindie wedi marw a phan holwn hanes hwn a'r llall, yr ateb bob tro wêdd, 'wedi marw'.

Bydde perci a chloddie'n gyforiog o flode ac ar ddiwedd yr haf a'r hydref roedd yna fwyar duon, mafon, mefus gwyllt, madarch ac yn ddiweddarach cnau cyll i'w casglu. Fy ofan penna oedd y teirw gwyllt a redai'n rhydd gyda'r gwartheg y dyddie hynny, a fwy nag unwaith tra fyddem yn casglu ffrwythe wêdd rhaid i ni neidio dros y clawdd i jengyd rhag eu cynddaredd. Un atgof olaf o garedigrwydd pawb yw gwragedd ffermydd neu gydnabod. Fe fydden ni wastad yn cael ein croesawu gyda gwydraid o laeth ewynnog neu laeth enwyn, tafell o gacen fferm a llond bagie o fale neu blwms aeddfed.

Arferai Margaret Ward dreulio gwyliau ei phlentyndod yn rheolaidd yn ystod blynyddoedd cynnar y ganrif ddiwethaf ym Maenclochog ar aelwyd ei thadcu a'i mam-gu, Essex a Marged Rees yn Gwalia, ar sgwâr y pentref drws nesaf i Dafarn y Globe. Roedd ei thad, Oliver, a fagwyd yn y pentref, yn byw yn Llundain. Ymgartrefodd hithau yn Eastbourne. Roedd Siân Hwêl (Jane Howells) yn byw yn Ash House.

Dyma sut yr edrychai Maenclochog pan ddeuai Margaret Ward ar eu hymweliadau yn ystod ei phlentyndod. Mae'n ddiwrnod ffair unwaith eto. Sylwch ar yr hwyad ar y dde. Ai hon fu'n plagio Siân Hwêl?

This is Maenclochog as it was when Margaret Ward spent her childhood holidays in the village. It's fair day once again. Note the duck on the right. Would she have plagued Jane Howells?

Grandma, Vicar Howells and Madame Tussauds

Margaret Ward

Life in the village during the early part of the 20th century must have been much as it was in the previous 150 years. There was no piped water, no proper sanitation, no electricity, only lamps and candles, no cars or buses and no entertainment other than the annual hiring fair, or the eisteddfod held in the village schoolroom.

Around 1880, my grandfather, Essex Rees, canvassed all the village residents offering to bring water to the door from Rosebush if each would pay £5. But all considered it too expensive. Six trains a day ran between Clunderwen and Fishguard, three up and three down, carrying goods, passengers and coal. When one alighted at the station, the silence just hit one, silence only broken by the cackle of geese and ducks. The day began with the arrival of the post – brought up on a cycle from Clynderwen. After sorting at the Post Office, three postmen started out on their rounds – Dan Francis on his pony to deliver round the scattered farms on the mountain side area, Gwilym Eynon around the village, and George James down the hill to the mill and Temple Druid. Next came the geese, ducks and hens on the green around the church where they spent the day. Jane Howells, who lived three doors away from my grandmother, Marged Rees, and in her eighties, was not a particular friend, because, all by accident off course, one of grandmother's ducks would be found in Jane's back yard. A noisy argument in Welsh followed these episodes.

Most women wore clogs, the heavy kind of leather, supported by a steel base, and very practical to wear in muddy lanes and gardens. My task each morning was to fetch milk from Step Inn, warm from the cow, at tuppence per quart. Then to the well ten minutes' walk away, to fill two large and heavy galvanised bucket's full. For washing we relied on the water butt in the yard. The food we ate was splendid. Round four pound loaves baked in a brick oven by Eliza Thomas, fresh butter, cream and cheese from the farm, vegetables from the garden, and not forgetting brown eggs to be collected from Grandma's hens. Every Friday Mr Richards came in his pony and trap from Rosebush, bringing home killed lamb, and there were sides of bacon hanging from the kitchen ceiling.

After her breakfast of raw oatmeal and butter milk grandma would make up the two fires with 'balls', culm coaldust mixed with clay and water – and arranged neatly to give a glowing fire to boil the kettle or heat the oven. After that she would survey the scene from the front door, and settle down to await cronies for a chat. One of these I remember was a lady of 100 years, who walked once a week from Rosebush. The two of them would tell jokes in Welsh roaring with laughter. The vicar, the Revd Stephen Howell, a bachelor, often called, and sampled her oat cakes made on the plank over the fire. She had been a regular member of Hen Gapel but he persuaded her to join his church, St Mary's, on the village green. So at age 84, she was confirmed.

Church on Sunday was a social occasion, every front door open on weekdays was firmly closed, and at 10.15 a.m. there began a long slow procession of worshipers, all in black, to one or other of the three places of worship. In church, the men sat on one side of the aisle, and the women on the other. Morning sermon was in English and evening in Welsh. In the evening service the name 'Iesu Grist' was said frequently. This to me sounded like Essex Rees, and I wondered why my grandfather was prayed for so often. During the sermon extra strong mints were pulled out of pockets, and passed round the congregation. Any stranger was the centre of attention, for few visitors came to the village in those days. After the end of the service, we stood outside in the churchyard, while my grandmother surveyed the congregation, and made loud and sometimes embarrassing remarks on their attire.

There seemed to be a preponderance of middle aged and elderly bachelors in the village. Apart from the Revd Stephen Howell, the vicar, there was Caleb John, who was asked if he intended to join the army in 1914 and said, 'No, it's too dangerous!' There was Ben Gibby, the miller, who taught me how to make a whistle from a sycamore branch; how I loved to go to the mill and watch the grinding. There was the Revd Willie Rhys, Baptist minister, who taught me how to play whist, with the strict instruction that if any of the parishioners called we were to hide the cards under the table. Essex was in charge of the village pound where straying animals were kept until claimed, and to this day is called Essex Field.

On a walk to Temple Druid we would meet old Evan George, and he would give us apples and plums from his orchard. At the annual eisteddfod, he would stand on the platform with his long white beard, and singing his piece, usually only 'Amen' to the tune of a Welsh hymn. He had three wives and lived to be 90. Then on to William Melchior and his two sisters, all unmarried, to be given a drink out of a skull, thought, mistakenly, to be that of a saint, from the holy well in his garden. William was later killed by his own bull.

The September Fair was the highlight of the summer, when cowmen, hedgers and ditchers would wait on the green to be hired, whilst farmers shook hands after bargaining over the sale of a cow or horse. Best of all were the stalls selling coloured china dogs and mugs or red flannel made in the local mills. After dark, the swings and roundabouts began to whirl, and the village youngsters enjoyed an evening of excitement not known during the rest of the year.

Once during the summer we abandoned the service in church to walk a few miles up the road to watch a baptism in the river. The river was dammed to a depth of three feet and one by one the boys and girls, in their best suits, stepped into the water to be dipped quickly under by the minister, then to a nearby cottage to get dry. We never heard of any crime in the village. To be sure, there were two stone cells in the police house, but not once did I see anyone the worse for drink. A visit to the Castle Shop was my delight, for my friend Florence would let me stand behind the counter, while she weighed the sugar into blue paper bags, or the maize into sacks. You could buy anything from workers' clothes to needle and thread. Groceries of all kind were for sale, and hands of bananas hung from the ceiling. It was the centre of gossip too, and villagers came to buy, and to hear news of any happenings, deaths or births. Funerals were almost a public holiday, and everyone in black, of course, felt obliged to attend.

One picture most vivid in my mind was the haymaking scene on a hot August day. Two or three village women and girls in sun-bonnets, all of us with rakes turning the hay, or piling it into haystacks. Elias Stephens was on top of the rick lifting the hay from the carts. Mrs Feetham and her daughter, Martha Bowen, arrived with hampers of scones and buns, and fruit cakes and stone jars of tea, milk and cider. Then we children rode back on top of the last load. The blacksmith carried on his trade as his forbears must have done for generations.

A word or two about my grandmother, who was quite a character. Her only diet for many years was oatmeal and buttermilk for breakfast and supper, and at midday 'cawl', a broth of leeks and mutton bones. Every evening she would pull down the family Bible, and with a candle between her and the book, would read steadily for an hour or more. No work must be done on Sunday, and even the cabbage and potatoes were boiled on Saturday night. She never read a newspaper, and until she was 84, hardly ever left the village, but that year she joined a church party to visit London, and we took her to see the sights. St Pauls impressed her, but the organ was too loud; she liked her harmonium better. Her favourite was Madame Tussauds, and especially the 'Chamber of Horrors', for she remembered Charlie Peace. She spoke only broken English, and some of her remarks amused us immensely. 'Can you hear a smell?' she would ask. She died at 93 after breaking her hip while digging potatoes in her garden.

If I were to paint a picture of the interesting characters who were alive pre 1914 days, I think the centrepiece would be old Naomi. I never knew her family name, and no one seemed to know whether she had ever been married. She lived in a small two roomed stone cottage by the mill pond which fed the mill stream. One room contained her big bed, the other almost filled with logs of wood to supply her only means of heating and cooking. She wore a Welsh shawl round her shoulders, and wandered round the lanes and through the village, always knitting as she walked. She could knit the most intricate patterns into socks she made, and they brought her a little money. People were very kind to her, and took her food quite often. One day, whilst chopping sticks for her fire, she chopped her left thumb clean off. Bandaging the wound up, she hurried to the Vicarage to beg permission to bury the thumb in the churchyard, as she could not bear the idea of going to heaven without it. This was done, and I am sure if she is now in heaven, that she is still knitting away, maybe at socks for the angels.

When the onion sellers crossed to Fishguard or Milford Haven from Brittany, they cycled round the village every summer with strings of onions on their handlebars. It intrigued me greatly to hear my grandmother bargain with them in Welsh, while they replied in Breton, and each understood the other, so alike are the two languages. Tramps, rarely found these days, were regular visitors to the cottages. They would begin their calls at the bottom of the village, and at the first house would beg a little tea for their cans, hot water at the next, milk and sugar, bread and cheese, one item from each, and finally sit on the green, enjoying their free meal. They were honest and never intruded, slept under the hedge in summer and retreated to the workhouse in the winter.

Professor Quiggin from Oxford or Cambridge, I forget which, was a summer visitor to the Castle Inn, where he came to learn Welsh, and would speak to the village children to get his accent perfect. Every young mother in those days carried her baby in a shawl. The shawl was over her left shoulder and the baby on her left arms, while the rest of the shawl went round her waist, and was tucked under the child. This kept the child warm, and left the right arm free. I wonder if this is used anywhere in Wales today? The vicar, Stephen Howell, paid for a named glass window to be put up above the altar in memory of his father and uncle, and added his own name. This must surely be the first time that a vicar looked at his own memorial in church.

Welsh folk are naturally curious, and on the first day of our holidays my parents and I would amuse ourselves by testing this curiosity. We would walk up the village without seeing a soul at any door. When we reached the top, we would turn around suddenly, and there at every door or gate stood one of the village women watching us. They must have been peeping at us from behind curtains as we passed.

Grandma told us some strange tales of her early days in the village. Temple Druid was in my mind a very eerie place. The road was narrow and the hedge either side very high and trees met overhead. On a dark autumn night, with owls hooting, and bats flying, one could imagine it to be the haunt of ghosts. Temple Druid was quite a large mansion that stood well back from the road and at one time was occupied by a particular husband and wife and he was often away on business. One dark night, my grandmother said, thinking to play a trick on his wife, he returned unexpectedly and appeared in her bedroom with a sheet over his head, making moaning noises. This so terrified the poor woman that she is said to have gone out of her mind.

My grandmother told me about a curious incident that happened when she was a young woman on her parents' farm in Llanfihangel-ar-arth. While working in the dairy one day she overheard terrific screams coming from the road below the farm. Rushing down to investigate, there was nobody there so she returned. The following day at exactly the same time, the screams were heard gain. Again she rushed down to the road and found a pony and trap had crashed, and the two passengers were killed. People with Celtic blood are supposed to have second sight, so this might be an example of it.

All the old characters I knew have gone, but there may still be one or two to remind me of the past. A more recent one was George, who died about twenty years ago. He spent the summer days sleeping in the hedgerows, but with no means to tell the time except his empty stomach, and would turn up regularly at my cousin's door, settle himself by the kitchen fire, and wait for a bowl of broth or a helping of meat or pudding. After supper, he would wander across to the cowshed where milking was beginning, and would sing all the Welsh hymns he knew. My cousin declared that the cows gave their milk more freely while he was singing.

In 1918, Willie Davies, the poulterer, sold his trap and bought a van, and that was the beginning of change in the village. My grandfather's pony, called Annie, carried us up to the mountains to pick winberries to be sold, and in 1920, the old family house was let to strangers, and I saw the village no more until 1953. By then the branch line was closed, and a rickety private bus ran once a week to Haverfordwest. The age of the car had arrived. So many of my old friends had died, and nearly every enquiry, one after another, the reply was the same, 'wedi marw'.

Fields and hedgerows were lush with flowers and in late summer and autumn there were blackberries, raspberries, wild strawberries, mushrooms and later hazelnuts to be gathered. My terror was the savage bulls that ran with the cows in those days and more than once whilst picking fruit, we had to leap over the hedge to escape their fury. One last memory of the kindness of everyone, farmers, wives or colleagues – we were always made welcome, with a glass of foaming milk or buttermilk, a slice of farmhouse cake, and bagsfull of ripe apples or plums.

Margaret Ward would regularly spend her childhood holidays in Maenclochog during the early years of the last century with her grandfather and grandmother, Essex and Marged Rees, who lived at Gwalia on the village square next door to the Globe Inn. Her father, Oliver, who was brought up in the village, lived in London. She later made her home in Eastbourne. Jane Howells (Siân Hwêl) lived in Ash House.

★★★★

Glywsoch chi am y ddynes honno wêdd in byw yn y pentre yn gwneud trefniade i gladdu'r gŵr? Wêdd rhaid torri bedd yn y fynwent a mynte hi wrth y torrwr bedde, 'claddwch e'n ddigon dwfwn wa'th dwi ishe gorwe ar i ben e rhyw ddwarnod os bydda i'n fyw ac iach'.

Maenclochog – 1840-1900

Michael Francis

Talfyriad ac addasiad, gyda pheth deunydd newydd, o'r erthygl a baratowyd ar gyfer llyfryn a gyhoeddwyd ar achlysur dathlu canmlwyddiant Ysgol Maenclochog ym 1980 yw'r cyfraniad hwn, yn edrych yn bennaf ar agweddau o hanes y plwyf a'r pentref yn y bedwaredd ganrif ar bymtheg, ac yn fwyaf arbennig y cyfnod o 1840 tan 1900. Edrychwn yn gyntaf ar dwf y boblogaeth yn sgil datblygu'r rheilffordd a'r chwarel yn y cyfnod o 1870 ymlaen cyn cael cipolwg ar fyd amaethyddol yr ardal tua chanol y ganrif.

POBLOGAETH

Yn ystod blynyddoedd cynnar yr ysgol yr oedd poblogaeth y plwyf ar ei uchaf, ac yn wir roedd yn llawer uwch nag ydyw heddiw. Dengys y tabl niferoedd poblogaeth y plwyf, gan gynnwys Vorlan, ar hyd y bedwaredd ganrif ar bymtheg; er mwyn cymhariaeth nodwyd niferoedd y boblogaeth ym 1971 a 1981.

Blwyddyn	*Poblogaeth* gyfan	*Gwryw*	*Menyw*
1801	220	-	-
1811	249	-	-
1821	362	-	-
1831	466	225	241
1841	503	230	273
1851	455	212	243
1861	396	182	214
1871	413	191	222
1881	510	236	274
1891	426	193	233
1901	404	198	206
1971	303	155	150
1981	352	170	168

Ar ôl 1974 newidiwyd y ffiniau ar gyfer cyfrif poblogaeth yr ardal; felly, nid oes modd cymharu ffigurau 1991 a 2001 gyda'r rhai cynharach.

Bu cynnydd naturiol anferth ym mhoblogaeth Cymru a Lloegr yn ystod hanner cyntaf y bedwaredd ganrif ar bymtheg. Er bod hyn yn rhannol o ganlyniad i ymborth cyson o ansawdd gwell, ac absenoldeb heintiau marwol, nid oedd y cynnydd ond yn gwneud cyflwr y dosbarth gweithiol yn fwy anobeithiol. Yn syml, roedd mwy o bobl yn ceisio gweithio'r un mesur o dir, a chan fod meibion ffermydd yn cael eu gorfodi i ymuno â rhengoedd y tlodion gwledig, mudodd llawer i'r canolfannau diwydiannol oedd yn datblygu yn Ne Cymru i chwilio am gyflogau uwch.

Yr allfudo a'r mudo i'r glofeydd sy'n gyfrifol am y gostyngiad ym mhoblogaeth y plwyf o ganol y ganrif. Hyd yn oed yng Nghyfrifiad 1871 disgrifir mwy nag un o wragedd y pentref fel 'gwraig colier' – y gwŷr i ffwrdd, yn amlwg, yng nghymoedd y de.

Serch hynny, mae'r boblogaeth yn codi'n sylweddol erbyn 1881 a hynny'n deillio'n gyfangwbl o ddau ddatblygiad cysylltiedig – chwareli llechi Rosebush, a rheilffordd Maenclochog. Prynwyd y chwarel adfeiliedig ym 1869 gan Edward Cropper, cyn-aelod seneddol yn Swydd Caint, a'i lysfab, Joseph Macaulay, a'r ddau yma a ddatblygodd y rheilffordd hefyd, gyda'r bwriad o redeg gwasanaeth teithwyr yn ogystal â chludo llechi o Rosebush. Byrhoedlog oedd llwyddiant y ddwy fenter ac fe leihaodd y boblogaeth ar ôl Cyfrifiad 1881. Erbyn 1905 roedd gwaith y chwarel wedi pennu'n llwyr, a chau, ailagor a chau eto oedd hanes y rheilffordd ar ôl 1882.

Yn y tymor byr, cafodd y rheilffordd a'r chwarel effaith arwyddocaol ar fywyd yr ardal yn nhermau gwaith, poblogaeth a digwyddiadau anarferol neu gyffrous. Daeth datblygiad y rheilffordd â'r *navvies* – Cymry, Saeson a Gwyddelod – i'r ardal. At ei gilydd, dynion garw oedd yn gweithio'n galed ac yn diota'n helaeth oedd y *navvies.*

Dechreuodd y rheilffyrdd gludo nwyddau, llechi yn bennaf, ym mis Ionawr 1876, ac yna teithwyr ym mis Medi'r un flwyddyn. Swllt oedd y gost am y daith o Glunderwen i Rosebush ac yn ôl gan aros ym Maenclochog, Llan-y-cefn a Beag. Ym 1876 gwnaed incwm o dros £650, rhyw 80% ohono o gludo nwyddau, ac erbyn 1877 dyblwyd yr incwm i bron £1,300, gyda rhyw 60% ohono o gludo nwyddau.

Tua diwedd yr 1870au priododd Margaret Cropper â'r Cyrnol John Owen, mab tirfeddiannwr lleol, gan ymgartrefu yn y 'Villa' yn Rosebush. Trwy eu haelioni yr adferwyd Eglwys Maenclochog yn 1881. Codwyd Precelly Hotel, oedd yn cynnwys ystafell *billiards*, ale ceilys neu sgitls, a lle i chwarae coets. Gwnaed llynnoedd a mannau cerdded, rhaeadr, ffownten a phagoda i ddenu ymwelwyr.

Yng nghyfnod ffyniant y chwarel adeiladodd Edward Cropper fythynnod i'r chwarelwyr gan gludo dŵr mewn pibellau i'w cartrefu o gronfa yn y chwarel. Erbyn 1882 roedd incwm y rheilffordd yn disgyn a chafwyd anhawster i ddenu teithwyr yn arbennig yn y gaeaf. Effeithiwyd ar gynnyrch y chwarel pan gaewyd y rheilffordd a symudodd nifer o chwarelwyr o'r ardal. Erbyn hyn, unig fab Edward Cropper, sef Edward Denman Thornburgh-Cropper, oedd y perchennog a'i ddiddordeb pennaf oedd dilyn gyrfa yn y fyddin. Rhoddwyd y cyfrifoldeb o ofalu am y chwarel i Joseph Macaulay.

Diddorol yw dadansoddi'r Cyfrifiadau. Ym 1861 pedwar yn unig oedd yn disgrifio eu hunain fel chwarelwyr, ond enwir dros ugain ym 1871 gan gynnwys dau oedd wedi eu geni yn Llanddeiniolen a Llandwrog yn Sir Gaernarfon. Roedd y ddau yma o ran eu hoed yn eu 50au ac efallai'n cynnig profiad ac arbenigedd o fewn y diwydiant. 'Töwr' neu 'slater' yw'r disgrifiad a roddir i eraill.

Erbyn 1881 cynhwysir Teras Rosebush a Wooden Row yn y Cyfrifiad ac erbyn hyn nodir ystod eang o swydd ddisgrifiadau gan gynnwys hyfforddwr ceffylau, gwehydd, masiwn, gwaddotwr, seiri coed, plisman, labrwyr a ffermwyr. Roedd llawer hefyd yn gysylltiedig â thwf y rheilffordd a'r chwarel – gorsaf-feistr, dynion tân, gyrrwr trên ac ati. Hefyd roedd yna grydd, oriadurwr, gwerthwr ffowls a dilledydd ynghyd â nifer yn cadw siopau bwyd neu'n cadw tafarndai neu westyau. Tipyn o newid er 1851.

Tirfeddianwyr

Roedd y tirfeddianwyr mwyaf yn arglwyddiaethu ar gyfundrefn gymdeithasol ac economaidd cymunedau gwledig megis Maenclochog yn rhinwedd eu swyddogaeth fel meistri tir, cyflogwyr, ynadon a gweinyddwyr. Roedd bron holl dir y plwyf yn eiddo i chwech o bobl.

Tirfeddiannwr	*Cyfer*
Richard Le Hunte	573
Syr Richard Bulkeley Philipps Philipps	504
William Henry Scourfield	486
Y Parchg Charles Barham	347
Hugh Owen	291
Charlotte Jones	261

O'r chwech doedd ond un sef Hugh Owen, tad y Cyrnol John Owen, yn byw yn y plwyf. Richard Le Hunte a Syr Richard Bulkeley Philipps Philipps oedd yn berchen ar yr holl dir ym mhentref Maenclochog a'r ardal oddi amgylch. Roedd y tir lle safai'r ysgol yn eiddo i Richard Le Hunte. Hanai'r teulu o Iwerddon ac roedden nhw'n berchen ar ystadau yn Artramond yn Swydd Wexford. Ond teulu'r Philipps oedd prif dirfeddianwyr Gorllewin Cymru ac roedd ystâd anferthol Castell Pictwn yn rhan o'u heiddo. Preswyliai Sir Richard Bulkeley Philipps Philipps yn y Castell ym mhlwyf Slebets ond roedd yn meddiannu tir mewn tua 30 o blwyfi.

Perchennog y cyfan o'r Vorlan ym mhlwyf Maenclochog oedd William Henry Scourfield. Roedd ei brif ystad yn Y Mot lle'r oedd yn berchen ar 3,000 o erwau gan gynnwys Plas-y-Mot, Park East a Park Robert yn ogystal â Robeston Hall ym mhlwyf Robeston West. Nid oedd teulu'r Barhams yn berchnogion tir ar yr un raddfa ond roedd ganddynt ystad eang yn Nhrecwn ym mhlwyf Llanfair-nant-y-gof. Ym mhlwyf Maenclochog roedd gan deulu'r Barhams 1,800 cyfer.

Amaethwyr

Bu amaethu'n amlwg yn yr ardal erioed a medrwn dalu sylw i faint y daliadau a'u natur, cyn archwilio'r gymdeithas leol fel cyfanwaith, a'r berthynas rhwng y ffermwyr a gweddill y gymuned.

Nid yn aml y ceir ystadegau boddhaol am faint ffermydd yn y bedwaredd ganrif ar bymtheg a phan y'u ceir maent yn ddyrys i'w dehongli. Erbyn 1882 gwyddom fod dwy ran o dair o ffermydd yng Ngorllewin Cymru yn llai na 50 cyfer mewn maintioli, a dengys astudiaeth o batrwm dal tir ym mhlwyf Maenclochog ym 1842 mai bychan oedd y ffermydd ar y cyfan.

Er bod deiliaid tiroedd o naw cyfer a llai yn disgrifio'u hunain yn aml fel ffermwyr, 'does dim amheuaeth eu bod hwy, a llawer gyda daliadau mwy o faint, yn ddibynnol ar waith ychwanegol i helaethu eu henillion. Trwy ddileu'r rhain gwelwn fod 58 yn ffarmio daliadau o 10 cyfer neu ragor ym 1842, ac o'r rhain dim ond 6 oedd yn dal dros 100 cyfer o dir. Dim ond dau ddaliad oedd rhwng 70 a 100 cyfer a naw arall rhwng 50 a 60. O'r 41 o ffermydd oedd yn weddill roedd bron eu hanner yn llai na 20 cyfer. Am fod gan rai ffermwyr sawl blocyn o dir mae'n rhaid bod peth cyfnerthiad wedi digwydd ymhlith y deiliaid a bod daliadau cynharach yn dipyn llai. Dyna oedd hanes Daniel John, Mynydd Crwn; Anne John, Pen-gwndwn, a John Davies, Rosebush. Yr oedd llawer o'r ffermydd, yn enwedig y rhai agosaf i'r pentref, yn cynnwys blociau pur wasgaredig o dir er gwaethaf yr ymgais i atgyfnerthu. Roedd Benjamin Howells, er enghraifft, yn dal tir i'r gogledd, gorllewin a'r dwyrain o'r pentref er nad oedd ei holl diroedd yn fawr mwy na 50 erw i gyd. Ailadroddir y patrwm hwn o flociau gwasgaredig o dir o amgylch y pentrefi drwy'r wlad. Parhad ydyw o'r canol oesoedd pan fyddai pentrefwyr yn trin stribedi gwasgaredig o dir ar hyd caeau agored.

Amcangyfrifir mai hanner y deiliaid hyn oedd yn dibynnu ar ffermio i wneud bywoliaeth. Crefftwyr neu fasnachwyr oedd y deiliaid eraill yn cadw mân-ddaliadau a byddai gweision ffermydd yn rhentu rhai caeau. Yn ogystal â rhentu peth tir ym Maenclochog roedd gan rai deiliaid ffermydd ym mhlwyfi Morfil, Nanhyfer, Castell Hendre neu blwyfi cyfagos eraill. Un yn unig o'u plith oedd yn berchen ar dir.

Yn ystod y bedwaredd ganrif ar bymtheg gwelwyd cryn amrywiaeth yn y telerau a'r amodau ynghylch rhentu tir. Yn yr 80au cynnar byddai prydles am dri bywyd yn gyffredin; rhoddai hyn gryn sicrwydd i'r amaethwr am y parai'r daliad hyd at farwolaeth y trydydd bywyd a enwyd. Er enghraifft roedd gan John Lewis 25 cyfer yn Westland ym 1857 o dan brydles a roddwyd ym 1804 dros fywydau Griffith Howell, 47 oed, a John ac Ann Howell, 8 a 6 oed. Am fod y ddau olaf a enwyd yn dal yn fyw ym 1857 daliai'r brydles mewn grym. Telid rhent blynyddol ar y prydlesi yma ar Ŵyl Fair a Gŵyl Mihangel ynghyd â rhai trethi arferol eraill. Talai'r Parchg John Foley £168 y flwyddyn am brydles Forlan a roddwyd iddo am dri bywyd yn 1804. Yn ychwanegol rhaid oedd iddo gyflwyno bwysel o geirch a 'dau gwpwl o ffowls' yn flynyddol i'r tirfeddiannwr ac, ar ben hynny, roedd yn rhaid iddo falu ei lafur ym melin Maenclochog.

Cytunodd hefyd i gadw ci neu ast ar ran y perchennog. Eiddo'r perchennog, fel arfer, oedd yr hawliau i fwynau, chwareli llechi a choed.

Cafwyd cynnydd ym mhrisiau bwyd a gwerth tir ar ddechrau'r bedwaredd ganrif ar bymtheg o ganlyniad i'r Rhyfeloedd Napoleonig. Ni allai'r tirfeddianwyr ymateb i'r cynnydd mewn prisiau drwy godi rhenti uwch oherwydd natur y prydlesi am dri bywyd. O ganlyniad i hyn trefnid prydlesi am nifer penodol o flynyddoedd – 21 fel arfer – ac yn y diwedd gan ddaliadau blynyddol. O safbwynt y ffermwr roedd hyn yn fargen wael am na chai fawr o sicrwydd a phrin oedd y cymhelliad i ymgymryd â gwelliannau. Gallai wynebu'r posibilrwydd o renti uwch yn gyson.

Serch hynny, amrywiai'r patrwm lawer o le i le, a gwelwn brydlesi am 21 o flynyddoedd yn cael eu caniatáu yn eithaf diweddar yn y bedwaredd ganrif ar bymtheg. Gosodai George Le Hunte diroedd ym Mhenuchaf-y-dre, Broadmoor a Star i William Phillips am un mlynedd ar hugain o Ŵyl Mihangel 1871 am y rhent blynyddol o £35. Ym 1871 tua £1 y cyfer, ar gyfartaledd, a dalai William Phillips a hynny'n awgrymu cynnydd cyson ond nid mawr ar hyd y blynyddoedd. £9/1/- y flwyddyn a dalai William Nicholas ym 1833 am 19 cyfer o dir yn y pentref, tra talai John Reynolds £4/12/8 am 11 cyfer yn Cornel Bach. Fodd bynnag roedd ansawdd y tir bob amser yn ffactor wrth bennu pris. Mor gynnar â 1834 talai Ann Foley £44 am 56 cyfer yn y Forlan. I'r gogledd o Fynydd Crwn wedyn talai Evan Harris ond £12 o rent ym 1867 er bod ganddo dros 100 cyfer. Ymddengys i Evan Harris fod yn ffodus, oherwydd sylwir ei fod o dan rybudd i ymadael, ac amcangyfrif o werth blynyddol y tir yn £20. Cynhwysai'r prydlesi'n aml gymalau'n cyfyngu rhyddid y ffermwyr, ac, yn arbennig, gofynnid am ganiatâd y tirfeddiannwr cyn aredig tir pori.

Awgryma llyfrau rhent Castell Pictwn ei bod yn bur galed ar ffermwyr i dynnu dau ben llinyn ynghyd yng nghanol y bedwaredd ganrif ar bymtheg. Talodd Benjamin Howells, a weithiai dir y Star, £35/6/9 y flwyddyn am 54 cyfer o dir ond erbyn 1849 roedd ganddo ôl-ddyled o dros £10. Bygythiwyd cymryd peth o'i eiddo i wneud iawn am ei ddyledion. Erbyn Gŵyl Mihangel roedd ei ôl-ddyled wedi dyblu a rhagor. Roedd tenantiaid yr ystad ym Maenclochog bron i gyd mewn trybini o'r fath ar y pryd. Ychydig iawn a drowyd o'u ffermydd am ei bod mor anodd dod o hyd i denantiaid boddhaol a hithau'n gyfnod economaidd anodd. Hyd at ddiwedd y ganrif y tirfeddianwyr mawr oedd yn rheoli amodau byw'r ffermwyr a'u teuluoedd.

Ym 1902-03 y daeth y newidiadau mawr pan dorrwyd nerth ac awdurdod y perchnogion yn ardal Maenclochog wrth i rannau helaeth o ystadau Castell Pictwn a Le Hunte gael eu gwerthu. Gwerthwyd dros 30 o fythynnod a ffermydd sylweddol gan Ystad Castell Pictwn o fewn ychydig fisoedd. Yn eu plith roedd Pen-gwndwn, Rhyd-fach, Gilfach Lloi, Westland, Rhiw, Pen-terfyn, Ysgol Hill, Tŷ Newydd, Pant-bach a thafarn y 'Farmers'. Amrywiai'r prisiau o lai na £50 i dros £1,000. Er i'r gwerthiant dynnu rhai dieithriaid i'r ardal - rhai o gyn belled â Llanelli – prynwyd bron y cyfan o'r tir gan y deiliaid neu drigolion lleol eraill.

Maenclochog a'i Phobl

Amaethyddiaeth oedd prif ffynhonnell bywoliaeth y gymuned gyfan yn ystod y rhan fwyaf o'r bedwaredd ganrif ar bymtheg. Mae'n bosib bwrw golwg fanwl ar natur y plwyf a'r pentref yn ystod y cyfnod rhwng 1841 a 1871.

Ym 1851 yr oedd 49 o deuluoedd yn byw yn y pentref, a theulu o ddeuddeg Stephen Howells oedd y mwyaf. Trigai un person mewn pum tŷ. O gyfrif y teuluoedd yng ngweddill y plwyf hefyd deuai'r cyfanswm yn 104 o deuluoedd o fewn yr holl blwyf. Ychydig llai na 200 o'r 455 o drigolion yr holl blwyf oedd yn byw yn y pentref ym 1851. Bu gostyngiad o bron i 20% yn nifer poblogaeth y plwyf ym 1871, sef saith o deuluoedd yn llai a phump ar hugain o drigolion yn llai yn y pentref ei hun.

Mae'r rhestr o swydd ddisgrifiadau yng Nghyfrifiad 1851 yn dangos i ba raddau y rheolid y plwyf a'r pentref gan anghenion amaeth. Roedd 23 o deuluoedd (22%) yn ffermwyr a 25 o deuluoedd (24%) yn disgrifio eu hunain fel gweithwyr amaethyddol o ran ennill bywoliaeth. Yn ychwanegol, roedd pedwar saer maen, tri saer coed, gwneuthurwr clocsiau a theulu melinydd yn gofalu am anghenion yr amaethwr (11%).

Ceid saith teulu'n ymrannu'n siopwyr neu'n werthwyr bwyd, yn ogystal â theiliwr a gwehydd (9%). Rhydd hyn gyfrif am ddwy ran o dair o'r boblogaeth. Roedd yna offeiriad, curad ac athro yn cynrychioli'r dosbarth proffesiynol. Pedwar penteulu yn unig y gellid dweud eu bod yn ennill eu bywoliaeth o unrhyw fath o ddiwydiant – tri chwarelwr a gweithiwr rheilffordd.

Dengys yr wyth ar hugain sydd ar ôl (27%) y fath galedi a thlodi oedd yn rhan anorfod o fywyd gwledig y cyfnod. Cynhwysai'r grŵp hwn drigolion oedd naill ai'n rhy hen neu'n rhy wael i weithio'n gyson ynghyd â gweddwon gyda phlant ifanc. Fel tlodion y disgrifid hanner y bobl hŷn a gwnâi'r gweddill fywoliaeth brin trwy ymgymryd â gwaith achlysurol ar ffermydd neu yn y pentref. Ychydig iawn o le oedd i'r llesg o fewn y gymdeithas yng nghanol y bedwaredd ganrif ar bymtheg, a gallai gwaeledd sydyn, neu farwolaeth, ddarostwng hyd yn oed ffermwyr sylweddol, i ddibynnu ar y plwyf. Doedd dim llawer o gysur i'w ddisgwyl o dan Ddeddf y Tlodion ar y pryd.

Ym Maenclochog ym 1851 disgrifir pedwar a arferai fod yn ffermwyr yn 'dlodion' – Theophilus Edwards a Walter Hugh yn Chwarel a Chwarel Bach, a Thomas Foley a Martha Lloyd yn y pentref. Dim ond 41 oed oedd Foley a mwy na thebyg yn ffarmio rhan o Forlan yr adeg hynny. Ond roedd Martha Lloyd druan wedi ei dosbarthu ymhlith y tlodion ers oedd hi'n saith oed. Tystia'r ffaith fod yna wyth gwraig weddw gyda phlant ifanc bod bywyd nid yn unig yn galed ond yn fyr iawn. Pe gadewid gwraig fferm yn weddw byddai ganddi siawns go dda o gadw'r brydles fferm yn arbennig os oedd ganddi feibion mewn oed. Serch hynny, wynebai gweddwon gweithwyr amaethyddol fel Mary David, 34 oed o Faen-gwyn neu Charlotte Morgan, 44 oed o Flaen-y-ffos, galedi mawr wrth fagu teuluoedd.

Hyd yn oed mewn plwyf bychan fel Maenclochog roedd y patrwm cyflogaeth yn amrywiol.

	Pentref	*Plwyf*
Ffermwyr	8	15
Gweithwyr	10	16
Crefftwyr, etc.	14	7
Proffesiynol	2	1
Chwarelwyr llechi	-	3
Gweddwon, tlodion etc.	15	13

Ar wahân i'r chwarelwyr yn Rosebush, enillai bron bob teulu y tu fas i'r pentref eu bywoliaeth yn uniongyrchol o'r tir. Yn y pentref y cartrefai'r rhan fwyaf o'r crefftwyr a'r masnachwyr a gyflenwai anghenion y gymdeithas amaethyddol. Nid yw hyn yn syndod, oherwydd yn *Slater's Directory 1868*, a chyhoeddiadau tebyg, edrychid ar Faenclochog fel y ganolfan leol i blwyfi Castell Hendre, Y Mot, Llan-y-cefn, Llandeilo, Mynachlog-ddu, Llangolman, Llys-y-frân, Trefelen a Llandysilio. Pwysleisia'r *Directory* y ddibyniaeth ar amaethyddiaeth:

> There are no manufactures of any description. Placed in the heart of an agricultural district, Maenclochog commands good attendances at its fairs, of which there are about six in the year.

Trigai'r gwas fferm di-briod fel arfer ar y fferm a hynny'n fynych iawn mewn tai mas. Ym 1851 roedd 17 o weision ffermydd a 6 o weithwyr eraill yn byw ar y ffermydd. Yn y flwyddyn honno roedd Enoch Jenkins yn trin 200 erw yn ardal y Forlan gyda chymorth tri gweithiwr; roedd dau weithiwr, 18 a 16 oed, yn byw ar y fferm fel y gwnâi tair morwyn, 22, 17 a 14 oed, a ddisgrifir fel gweision cyffredinol. Ar y llaw arall, gallai John Evans drin 40 erw yng Nghefn-eithin gyda chymorth ei fab 16 oed, John, yn unig. Ffurfiai'r gweision ran o uned deuluol glòs gan rannu prydau bwyd gyda meibion yr amaethwr a chrefftwyr symudol a gweithwyr. Serch hynny, gwael iawn oedd ansawdd y bwyd a fwyteid ac ym 1843 cafwyd adroddiad ym mhapur y *Times* yn disgrifio amgylchiadau byw'r Cymry – 'the poor Welsh live as miserably as the poor Irish'. Potes (cawl) o ddŵr, blawd ceirch a thatws oedd yr ymborth cyson gyda llaeth enwyn, bara barlys cras a chaws i'w helaethu, ac yn achlysurol bacwn neu gig eidion.

Ar wahân i'r ffermwyr a'u teuluoedd, a'r gweision a'r morwynion oedd yn byw i mewn, roedd 25 o weithwyr amaethyddol yn y plwyf. Fel rheol rhwng 15 ac 20 oed oedd y gweision a drigai ar y ffermydd. Pan briodai byddai gwas fferm yn mynd i fyw mewn bwthyn gweithiwr. Er y gallai'r gweithiwr priod fwyta rhai o'i brydau ar y fferm roedd ei fwyd, mae'n debyg, hyd yn oed yn waelach – cymysgedd o flawd ceirch a dŵr, a adawyd i suro cyn ei hidlo, ac yna ei ferwi nes ei fod yn gymysgedd tew tebyg i uwd.

Roedd cryn wahaniaeth rhwng telerau cyflogi gwas fferm a thelerau cyflogi gweithiwr fferm priod. Amrywiai'r cytundeb anffurfiol a gynigid i was fferm yn ôl ei oedran, ei ryw, ei brofiad a'r gwaith a wnâi. Tua 1850 derbyniai'r morynion a breswyliai yn y ffermdy rhwng £1/10/- a £5 y flwyddyn yn ychwanegol i'w bwyd a'u llety. Derbynient hefyd gydnabyddiaeth neu freintiau o bryd i'w gilydd boed yn bwys o wlân, brat neu hyd yn oed rhych o datws. Yr oedd y morynion fel arfer yn gaeth i'r fferm, ac yn gorfod gwneud cais i'r ffermwr am daliadau ariannol, ac am ganiatâd i fynychu gweithgareddau lleol. Ar y llaw arall yn y tai mas y byddai'r gweision yn byw, ac o'r herwydd roedd ganddynt fwy o ryddid yn ogystal â rhagor o arian, er eto byddent hwythau'n gwneud cais am eu harian fel yr oedd arnynt ei angen. Enillai'r prif weithiwr i fyny at £7 y flwyddyn a gweision llai rhwng £2 a £6. Gallai bechgyn 12, 13 neu 14 oed ennill cyn lleied â 10/- neu £1.

Rhywle rhwng 6c a 1/3c y dydd a delid i weision yr adeg honno a hynny'n dibynnu a fyddent yn dod â'u bwyd eu hunain ai peidio. Enillent fwy ar adeg y cynhaeaf ac achlysuron prysur eraill am fod bron yr holl gymdeithas yn ymuno yn y dasg o gwblhau'r gwaith. Yn fynych, byddai gweithiwr yn rhentu ei fwthyn a pheth tir oddi wrth ei gyflogwr.

Cynhwysai'r teulu amaethyddol cyffredin fel arfer y ffermwr, ei briod a'u plant, a'r gweithwyr a oedd yn byw i mewn. Anghyffredin iawn fyddai i rieni oedrannus neu berthnasau dibynnol eraill fyw ar y fferm hefyd. Dengys hyn nodwedd o'r gymdeithas wledig o gwmpas 1850 sy'n peri syndod, sef yr arfer o adael i'r oedrannus, y llesg a'r rhai wedi ymddeol i ofalu amdanynt eu hunain. Rhieni a phlant neu rieni, plant a gweision oedd 90% o deuluoedd ym 1851. Dyna sydd i gyfrif bod llawer o dlodion, a rhai wedi ymddeol, yn byw yn y pentref. Roedd gweddw i ffermwr, Sara Phillips, 70 oed yn byw ar ei phen ei hun, a Martha Lloyd, 86 oed, cyn-ffermwraig ond a ddisgrifid fel un o'r tlodion, yn byw gyda'i merch, Ann, a oedd yn wniyddes.

Yn ail i'r ffermwyr fel elfen bwysicaf y gymdeithas oedd y crefftwyr. Yn ôl yr ystadegau roedd gwŷr a ystyrid yn grefftwyr yn gyfrifol am gynnal 11% o deuluoedd y plwyf. Yn ychwanegol at y rhain roedd dau saer coed, un saer maen a thri theiliwr yn byw gyda'u teuluoedd. Y crefftwyr oedd y rhai a ystyrid y gorau ymhlith y gweithwyr lleol a derbyniai'r seiri a'r masiyniaid rhwng 9 a 13 swllt yr wythnos yn dibynnu a oedden nhw'n darparu eu bwyd eu hunain neu beidio. Yr oedd bron yn amhosibl i weithwyr cyffredin ddod yn grefftwyr am fod medrusrwydd y grefft yn cael ei throsglwyddo o dad i fab. Ym 1881 gwelwn fod David Davies a'i fab pymtheg oed, William, yn cael eu disgrifio fel seiri. Masiyniaid oedd Benjamin Morgan a'i fab John, 25 oed, yn y Gilfach er bod mab arall, Thomas yn cael ei ddisgrifio fel gwas fferm. Nid peth anghyffredin oedd i'r crefftwyr hyn weithio ffermydd eithaf sylweddol eu maint.

Mae'n fwy na thebyg bod cryn amrywiaeth yn ffyniant grŵp o bentrefwyr a ddisgrifid fel groseriaid, gwerthwyr te, siopwyr, neu werthwyr bwyd a diod. Ymddengys mai dilledydd a groser o'r enw Stephen Howells oedd y masnachwr mwyaf llewyrchus. Roedd ganddo wyth o blant ym 1851 ond cyflogai hefyd ferch 13 oed fel morwyn gyffredinol, ac Ann Williams, 22 oed, fel morwyn deuluaidd. Cyflogai John Howell, groser arall yn y pentref, forwyn at ddibenion cyffredinol hefyd.

Yr oedd y ddau offeiriad a drigai yn y plwyf yn cyflogi gweision teuluaidd. Cyflogid George Harris, 54 oed, a Mary Evans, 25 oed, gan ficer Maenclochog a hynny er bod ganddo bedair o ferched dros 21 oed. Hanai'r clerigwyr yn aml o deuluoedd bonheddig bob amser yn cyflogi gweision i ofalu amdanynt. Roedd curad Y Mot, Lewis Davies, yn byw yn Temple Druid ac roedd ganddo ef hefyd forwyn 16 oed o'r enw Mary Howell er bod ganddo ferched mewn oed.

Tarddiad

Gwyddom i gannoedd o bobl ymfudo o Ogledd Sir Benfro ac o Sir Aberteifi i chwilio am fywyd gwell yng Ngogledd America. Mae'n eithaf posib bod rhai teuluoedd o Faenclochog wedi ymuno i chwilio am fywyd gwell; yn sicr, ymfudodd llawer i rannau diwydiannol De Cymru. Disgrifir rhai menywod yn y plwyf yng Nghyfrifiad 1851 fel gwragedd i weithwyr er nad oes sôn am eu gwŷr. Ni fedrwn ddweud ai wedi teithio i'r ardaloedd diwydiannol yr oeddynt neu yn aros noson mewn ffermdy mewn plwyf arall. Serch hynny, ceir llawer o dystiolaeth bod ffermwyr, gweithwyr a chrefftwyr wedi hen arfer mudo er nad oedd trafnidiaeth i'w gael. Dengys dadansoddiad o Gyfrifiad 1851 ym Maenclochog bod 61% o'r trigolion wedi eu geni yn y plwyf, ond i'r gweddill hanu o blwyfi eraill o fewn cwmpas o tua deg milltir.

Y plwyfi mwyaf cyffredin oedd:

Maenclochog	278
Castell Hendre	22
Y Mot	16
Llan-y-cefn	13
Llandysilio	10

Ni hanai mwy na naw o unrhyw blwyf arall. Gellir olrhain patrymau anheddu pobl yn eithaf manwl; er enghraifft, daeth John Evans i ffermio Cefn-eithin rhwng 1849-1851 ar ôl treulio tua 14 mlynedd neu ragor yng Nghastell Hendre. Bu David Morris yn byw yn Y Mot cyn symud i'r Galchen i ffermio, tra ganwyd John Luke yn Llanfyrnach a bu'n byw ym mhlwyfi Llandeilo a Llangolman cyn symud i Faenclochog tua 1847. Er bod Maenclochog yn dynfa i bobol o Sir Benfro a ffiniau Siroedd Aberteifi a Chaerfyrddin yr oedd hefyd beth dylifiad o ardaloedd pellach, llawer ohono'n gysylltiedig â datblygiad y chwareli llechi. Symudodd William Jones a'i wraig, Ann, i Iet-newydd o Lanberis, Sir Gaernarfon yn yr 1840au cynnar. Deuai Thomas Jones, a ddisgrifir fel gwerthwr bwyd a diod, o Lanllyfni, er ganwyd ei wraig yng Nghasnewydd.

Newidiadau 1851-1880

'Doedd dim amheuaeth bod cyfnod o newidiadau mawr ar fin cychwyn ym Maenclochog yn ystod ail hanner y bedwaredd ganrif ar bymtheg, wedi cyfnod o dros 200 mlynedd pryd y bu'r patrwm cymdeithasol, economaidd ac amaethyddol yn weddol sefydlog. Soniwyd eisoes am chwalfa'r ystadau mawrion ym 1902-03.

Mae'r astudiaeth yma o'r plwyf a'r pentref wedi ein harwain at gyfnod lle gwelir dechreuadau newid mawr o fewn y gymdeithas wrth i'r ffermwyr o'r diwedd berchnogi eu tiroedd eu hunain. Daeth cyfleoedd newydd o ran swyddi a daeth strwythur cymdeithasol newydd i fodolaeth. Ymhell cyn diwedd y ganrif roedd Ysgol Fwrdd newydd Maenclochog hefyd yn dysgu ieuenctid y fro i wynebu'r her newydd ac i achub ar y cyfleoedd newydd i ddatblygu sgiliau gwahanol. Ymhen ychydig mwy na degawd byddai'r Rhyfel Byd Cyntaf yn arwain at chwalu'r hen gyfundrefn yn llwyr ... ond mae honno'n stori arall!

Nodyn

Mae'r rhan fwyaf o'r wybodaeth uchod yn seiliedig ar ffynonellau sydd i'w gweld yn y Llyfrgell Genedlaethol a hefyd, i raddau, yn y Llyfrgell a'r Swyddfa Gofnodion lleol. Y Cyfrifiad Cenedlaethol Degawdol, 1801-1901, map a rhestr Degwm Maenclochog, tua 1840, ynghyd â chofnodion ystâd, a chatalogau arwerthwyr o'r cyfnod yw'r seiliau pennaf.

Michael Francis gives a description of the economic life of the Maenclochog area during the second half of the 19th century based on the Census returns. The working of the Rosebush quarry and the arrival of the railway saw the local population increase substantially. There had already been an increase in the rural population generally all over Wales during the first half of the century, mainly due to the absence of any major plague or disease. This meant that there were more people earning a meagre living from the same parcels of land, and as a result rural poverty remained and many young men left to seek work in the industrial valleys where wages were much higher.

The 1861 census shows there were only four quarry workers in the area but by 1871 over 20 registered themselves as quarrymen including two from the quarrying districts of Caernarfonshire. The 1881 census shows a plethora of occupations reflecting the general growth of the area – horse trainers, carpenters, builders, weaver, molecatcher, policeman, station-master, firemen, train-driver, shop-keepers, draper, watchmaker, cobbler as well as farmers and inn-keepers. The population of 510 was the highest registered throughout the century. There were always more women than men reflecting the fact that men were prone to die younger and men more than women were likely to leave the area to seek work. Many women were described as 'a collier's wife'.

Almost the whole of the parish was owned by six landowners with Richard Le Hunte and Sir Richard Bulkeley Philipps Philipps owning 1,077 acres and the remaining four owning 888 acres between them. Only one of the landowners, Hugh Owen lived within the parish. The Philipps family lived at Picton Castle and were by far the largest landowners in West Wales. Le Hunte were an Irish family and owned large tracts of land in County Wexford. The whole of the Vorlan hamlet was owned by the Scourfield family who resided at Moat Grange where they owned 3,000 acres of the surrounding land. As landowners, employers, justices and administrators they, to all purposes, governed the economic and social fabric of the area.

Farmsteads of the area on the whole were very small usually less than 50 acres. A few described themselves as farmers even though they only owned nine acres of land but they inevitably depended on other work in order to earn a living. In 1842 there were 58 holdings of 10 or more acres but only six of these were over a 100 acres. Only two holdings were between 70 and 100 acres and nine were between 50 and 60 acres. Of the other 41 holdings almost half were less than 20 acres. Many of the holdings, particularly near to the village, were in various scattered blocks of land as had been the pattern since the Middle Ages.

A lease would usually be given for three lives and this would give the leaseholder some security since he knew the land could be worked until the death of the third person. Rent would be paid twice a year at St Mary and St Michael's Fair. Particular clauses could be stipulated as part of the lease arrangement such as the keeping of a dog or a bitch, possibly a hunting dog, on behalf of the landowner or a rule that all corn should be ground at a particular mill and a bushel of oats was to be given to the landlord annually.

As a result of the Napoleonic War there was a sharp rise in the price of food and land. Landowners could not respond by increasing rents because of the nature of the three lives tenure. As a result a lease would now be arranged for a set number of years, usually 21, and later annually. This was not to the liking of the farmer since he would be open to annual rent increases and could hardly plan ahead as far as farm improvements were concerned. Rents would differentiate according to the quality of the land. William Phillips paid £35 rent for prime land near the village in 1871, which worked out at about a £1 per acre. Evan Harries in 1867 paid only £12 rent for 100 acres that was inferior land on the mountainside. By the middle of the century many leaseholders were in arrears but few were turned out since it would be equally difficult for the landowners to find alternative tenants who could pay the increased rent.

But by the early years of the 20th century the stranglehold of the landowners on their tenant's quality of life was broken when large estates were sold. Both Le Hunte and the Philipps family of Picton Castle sold tracts of land in Maenclochog for sums of £50 for the lesser tracts and as much as £1,000 for the larger tracts. The leaseholders or other local people bought most of these.

Undoubtedly, agriculture was the mainstay of the economy throughout the 19th century. The 1851 census showed that 57% were either directly involved in agriculture or were suppliers to the industry as tradespeople. Around 16% could be described as merchants, quarry men and professional people within the church. The remaining 27% lived in poverty as they were unable to work either because of age or infirmity or they were widowed with children. There was little comfort to be gained from the Poor Law Act at the time. The unmarried male farm servant would usually sleep in one of the outhouses but the female servants would sleep in the farmhouse. The quality of food was miserable and the staple diet would be a watery broth, oatmeal and potatoes occasionally supplemented by buttermilk, barley bread, cheese and bacon or beef.

When a male servant married he usually moved to a worker's cottage and his diet would probably be even less nutritious and consist of oatmeal and water left to sour before being filtered and then boiled until it became a thick porridge. Wages fluctuated according to age, experience and responsibilities. A maid could earn anything from £1/10/- to £5 a year in addition to her food and board. There would be other perks such as a pound of fleece or a row of potatoes. They would usually be tied to the farm and would have to ask their employer for payment and permission to attend local activities. Men servants would earn up to £7 per year and as they lived in the outhouses they were able to come and go as they pleased. One of the main attractions for all servants would be the six or so fairs held at Maenclochog during the year that drew a large number of people from the surrounding villages and hamlets.

Craftsmen, on the other hand, could earn between nine and 13 shillings a week depending whether they provided their own meals or not. It was almost impossible for ordinary labourers to become craftsmen because sons usually followed their fathers as carpenters, tailors or stonemasons. Some of the most successful merchants as well as the clergy would employ servants.

Many rural people emigrated to North America during the latter part of the century in search of a better life and no doubt some would have gone from this area. Others would have moved temporarily to the industrial coalfield. Migration was common even though there was no form of organised transport. The 1851 census shows that 61% of the population had been born within the parish and others were born in parishes within a ten-mile radius.

After 200 years of almost unaltered lifestyle the break up of the large estates and the establishment of a board school led to new challenges and opportunities at the turn of the century. But within twenty years the First World War would lead to another social upheaval ... but that is another story.

☆☆☆☆

Slawer dydd golygfa gyffredin wêdd gweld ffowls, hwyed ac ambell i fochyn yn cered ar hyd y pentre. Amser godro wedyn bydde sŵn cyfarwydd 'trwy fach, trwy fach' i'w glywed wrth i blantach annog da'r gwahanol dyddynnod i gyfeiriad y glowtai. A'r un mor huawdl fydde gweiddi 'how, how' wrth hala'r da mas i bori 'to. Erbyn heddi dim ond da Arfryn sydd i'w gweld yn mynd ling di long i berci pen ucha'r pentre.

Blynydde lawer nôl mae'n debyg bod roces ifanc wedi ei gweld yn arwen treishad neu anner lan trw'r pentre. Wêdd hi'n gorffod dala'n go sownd wrth y penwast wrth iddi ga'l ei hanner llusgo lan hibo'r eglws. Cwmint y galle hi neud wêdd atal y creadur rhag jengyd. Lan ar bwys yr ysgol ffor'na wêdd rhyw ŵr bonheddig yn seso'n jogel arni.

'Merch fach i, gwedwch y gwir, be sy mlân 'da chi te?' holodd.

'O, dwi'n mynd â hon i ga'l tarw,' mynte hi tra'n ca'l i llusgo'n gwres yr hewl.

Dal i seso wnai'r gŵr bonheddig heb feddwl cynnig help. Ar ôl pwslo am damed a sylwi ar y rhoces yn strwglan ma fe'n cynnig gair o gyngor.

'Fyse hi ddim yn well i'ch tad wneud y job 'na,' medde fe.

'O na, na, ma rhaid ca'l tarw at y job 'ma,' wêdd yr ateb fel bwled.

Mawn, Eithin a Grug

Atgofion am ardal Maenclochog, Sir Benfro, yn nechrau'r 20fed ganrif.

Dr T. J. Jenkin

Aeth y grefft o drin mawn at danwydd bron yn llwyr ar goll yng Nghymru erbyn hyn. Ond hyd yn oed o fewn fy nghof i yr oedd paratoi mawn yn danwydd yn rhan bwysig o waith yr haf ar rai ffermydd nad oedd ganddynt fawn ar eu tir hwy eu hunain, fel y Barnaswil[1] Uchaf (Bernardswell). Ar Gors Tir Rhyg yr oedd hawl gan Barnaswil Uchaf, ond hwyrach mai nid hen hawl ydoedd hon ond hawl caniatâd y sgweier, oblegid yr oedd Barnaswil a Chors Tir Rhyg ar ystâd Trecwn.

Nid oedd mawn cymwys at 'dwarch'[2] ar ffarm Budloy, ond dywedai fy nhad bod Hawl Mawnog yn perthyn i'r ffarm yng Nghwm Ceudrym – un o'r cymoedd a red o gyfeiriad Rhos-y-Bwsh (Rosebush) i gesail y Preselau. Bu ffarm Budloy ei hunan un adeg yn rhedeg ymhell i gyfeiriad y cwm hwnnw pan oedd yn rhan o Ystad George Le Hunte, a chyn gwneud y ffordd haearn ar draws y rhos. Ond ni fu Budloy yn cyrchu mawn o Gwm Ceudrym o fewn fy nghof i.

Er hynny, yr oedd mawn bas ar y tir grug caregog ar ben 'mynydd' Budloy. Nid oedd y mawn yn ddigon dwfn i ladd tywarch arno, ond heblaw hynny nid oedd y mawn o'r math iawn – yr oedd yn rhy sych a brau. Eto, nid oeddem yn hollol heb dân mawn yn Budloy. Llosgid y grug ar y mynydd yn rheolaidd, ac aildyfai yn araf ond yn dew o dan ddannedd y defaid a'r gwartheg, fel ym mhen rhai blynyddoedd (4-6 gallwn feddwl) byddai yno drwch byr iawn ond cyson o rug. Dyma'r pryd yr oedd yn addas i wneud matau (*turves*) drwy ei ddigroeni gyda'r wth-aradr i ddyfnder o tua dwy fodfedd neu dair tra oedd maten tua 10-12 modfedd o led a thua phedair troedfedd o hyd. Nid oedd llawer o waith trin ar y matau hyn i'w sychu. Gadewid hwy lle y'u trowyd a'r grug oddi tanynt i ddechrau. Yna tynnid hwy allan ar y grug byw a'r grug ar y matau tuag i fyny. Os byddai'r tywydd yn dda, sychent drwyddynt a byddai'r grug arnynt yn marw.

Defnyddid y matau hyn mewn un o ddwy ffordd yn Budloy. Yn gyntaf, wrth gladdu tatws ar y trwch cyntaf o wellt neu redyn, gydag ymyl y faten uwch dros ymyl y faten is, gyda'r grug yn hytrach na'r mawn yn agosaf at y tatws. Byddai trwch o bridd dros y rhai hyn drachefn cyn toi'r cladd. Yn ail, yn danwydd yn fwyaf arbennig yn yr awyr agored i gynhesu llaeth i wneud caws. Ambell dro hefyd yn y gaeaf defnyddid matau i wneud tân ar garreg aelwyd y gegin.

Ar ffermydd lle yr oedd tywarch, fe ddefnyddid matau hefyd i doi'r rhic dywarch, a dim ond hwy, gyda'u pennau a'u hymylon yn croesi ei gilydd.

Fel yr awgrymais eisoes, nid oedd pob mawn yn gymwys at wneud tywarch. Rhaid i'r mawn fod dros droedfedd o ddyfnder ar ôl symud yr wyneb. Anfynych yr oedd yr wyneb hwn yn gymwys i wneud matau oblegid bod y tyfiant yn arw, a theflid yr haenen wyneb i waelod y pwll mawn. Mawn lle cymharol wlyb oedd yn taro at ladd tywarch am mai araf iawn mewn lle o'r fath y byddai gweddillion y planhigion yn pydru. Eto rhaid iddo beidio â bod mor wlyb fel mai dim ond Gwlân y Gors (mwsw *Sphagnum*) a fyddai yn tyfu arno. Rhaid i'r dywarchen, wedi iddi sychu, fod yn ddigon gwydn fel na fyddai yn torri na malu yn ddrwg wrth ei thrin a'i chywain.

Yr oedd yr haearn tywarch yn offeryn arbennig at y gwaith, gyda chyllell ddwy-ochr ar flaen coes gymharol hir, a'r ddwy ochr yn un â'i gilydd ar ongl gywir fel yr oedd pob tywarchen tua phedair modfedd o drwch ac yn ysgwâr yn ei thraws-doriad. Yn gyffredin byddai'r dywarchen tua 15 modfedd o hyd.

Wrth ladd tywarch teflid pob tywarchen ddigon o bellter o'r pwll tywarch fel na fyddai ar y ffordd wrth fynd ymlaen â'r gwaith. Am y tro, ac am dipyn o amser, gadewid y tywarch ar eu lledorwedd hyd nes y byddent yn hanner-sych, ac yna deuai diwrnod mawr 'codi'r twarch' – a diwrnod mawr ydoedd, oblegid yr oedd yno lawer iawn o waith i'w wneud. Yr oedd ystyr arbennig i'r term 'codi'r twarch', sef eu gosod ar eu bonau yn erbyn ei gilydd, yn debyg i'r ffordd y gwneir stacanau ŷd yn awr ond bod y gwynt yn gallu mynd rhyngddynt yn haws. Fy atgof yw y byddai tuag wyth dywarchen ym mhob twr, ond gan na fûm i erioed fy hunan yn 'codi'r twarch' nid wyf yn sicr o'r nifer.

Anfynych, mi gredaf, y byddai galw am wneud dim ymhellach hyd at gywain y tywarch, a gwneud hynny yn ôl fel y byddai'r tywydd a'r cyfle, ond rhaid i'r tywarch fod yn sych drwyddynt i'w cywain.

Yn fy ardal i, beth bynnag, codid y tywarch yn rhiciau hir ar ben cloddiau a drefnid ar gyfer hynny ond yn ddigon uchel heb y tywarch at amcanion cyffredin. Yr oedd pen y clawdd yn gymharol wastad, a gosodid y tywarch ar eu lledorwedd gydag un pen tuag i mewn ond yr oedd lled y rhic, mi gredaf, tua hyd tair tywarchen. Rhywle tua llathen o uchder ydoedd y rhic cyn dechrau codi pen, ac yna ar ôl tynnu pen hyd at y cribyn, töid y rhic a matau a byddai yn ddiddos dros y gaeaf. Rhedai'r rhiciau hyn i lawer iawn o lathenni ar ffermydd, fel y Barnaswil Uchaf, Y Dafarn Newydd[3] a Thŷ-llosg, gan fod trin tywarch yn rhan bwysig iawn o waith y tymor ar y ffermydd hyn.

Dim ond yn Barnaswil Uchaf y cofiaf fi weld defnyddio tywarch yn danwydd, ac yno yn fy nghof cyntaf nid oedd lle i dân o fath arall yn y gegin (oddieithr tân coed, ac yr oedd coed yn brin iawn ar y ffermydd hyn). Yr oedd aelwyd eang y tu mewn i fwa'r 'Shime Fawr' a charreg aelwyd enfawr yn gwneud y llawr. Yr oedd carreg felly yn Budloy yn fy nghof cyntaf. Carreg lwyd o ryw fath lleol o gerrig tân ydoedd, ond nid oedd hi wedi gallu gwrthsefyll y tanau tywarch mawr a fu arni rywbryd ac yr oedd wedi hollti'n ddarnau, fel yr ymddangosai fel palmant o gerrig bras.

Ni wn pa fath garreg aelwyd oedd yn Barnaswil oblegid ni welais i hi heb dân arni, a hwnnw yn hwyrnos gaeaf yn dân mawr. Cedwid y tân a'r lludw, i gryn fesur o leiaf, rhag gwasgar yn ddilywodraeth gan hen gylch haearn olwyn cart, fel yr oedd gan y tân hawl ar gylch oedd yn bedair troedfedd a mwy ar ei draws. Gyda thywarch da byddai yn dân poeth iawn, a'r gwres yn llanw'r gegin fawr fel na ellid bod yn agos iawn ato. Cymharol ychydig o ludw a adewid gan dywarch da, ond pan arddodd fy nhad-cu gae a dynasai i mewn o'r mynydd, cliriodd holl domenni lludw tai a thyddynnod bychain yr ardal i'w achlesu!

Gwn fod tân tywarch Barnaswil Uchaf yn mynd ymlaen yn gyson haf a gaeaf, ddydd a nos, flwyddyn ar ôl blwyddyn, ac felly yr oedd hefyd, digon tebyg, ar ffermydd eraill, a thai a thyddynnod, lle y llosgid mawn. Clywais sôn, wrth gwrs, am fenthyca tân, lle yr oedd y tân tywarch rywfodd wedi digwydd diffodd yn ystod y nos.

Nid oeddwn i yn gyfarwydd â bwyd wedi ei baratoi ar dân mawn, a thrwy hynny nid oeddwn ychwaith yn gyfarwydd â blas mawn ar fwyd. Ar wahân i hynny yr oeddwn yn hoffi mynd i Barnaswil Uchaf i weithio ar y gwair, ond yr oedd y cawl i ginio wedi ei ferwi ar dân mawn yn y gegin, a hwnnw drachefn yn gawl cig eidion a minnau yn fwy hoff o gawl cig mochyn, yn amharu cryn dipyn ar y pleser!

Fe soniais am yr arfer o losgi'r grug. Yr oedd ar 'fynydd' Budloy, ar ôl ei gyfyngu, tua chwech erw ar hugain o dir grug, ond ni chai'r grug dyfu i fwy na thua deng modfedd o uchder, a thrwy hynny rhaid oedd llosgi rhywfaint ohono bob gaeaf. Ar dywydd rhew y gwneid hynny, a rhaid ydoedd cadw'r tân o fewn terfynau oherwydd bod tir grug ffermydd eraill, a hefyd blanhigfa binwydd, yn cydio. Y peth pwysig ydoedd llosgi'r grug yn erbyn y gwynt yn hytrach nag ym môn y gwynt i ddechrau. Hawdd ydoedd llosgi gwanaf ar flaen y gwynt, a chadw'r tân rhag dianc tuag ymlaen, ac ar ôl cael y wanaf honno nid oedd berygl ond gofalu am yr ochrau oherwydd yn erbyn y gwynt llosgai'r tân yn gymharol araf ac yn fwy llwyr o lawer na phes llosgid gyda'r gwynt.

Gellid meddwl mai peth elfennol fyddai hyn, ac eto gwelais droeon ar ôl hynny bobl a ddylai wybod yn amgenach yn dechrau tân ym môn y gwynt, a'r tân yn dianc yn ddilywodraeth.

Yn y dydd, bob amser, y llosgid y tir grug, ond un o hwyliau mawr canol gaeaf ydoedd llosgi eithin yn y nos ar noson serennog rewllyd. Gellid bod yn gymharol ddiofal wrth wneud hyn oherwydd bod terfynau cyfyng i'r perthi eithin, a'r borfa yn fyr rhwng y perthi. Byddai'r teulu cyfan yn mynd i'r mynydd i losgi eithin. Dyna'n *fireworks* blynyddol, yn hytrach na dydd gŵyl Guto Ffowc! Ac nid oedd bleser arall o'i fath, yn enwedig os byddai'r eithin i lawr yn y cwm yn agos i raeadrau'r Syfnau, gyda sŵn yr afon a sŵn y perthi'n llosgi yn ymdoddi i'w gilydd, a ninnau gyda hwy yn canu – emynau, wrth gwrs.

Ar ôl blino wrth redeg gan gario tân o'r naill berth i'r llall mewn ffaglen o gropyn eithin, a'r tanau bellach yn diffodd, melys ydoedd mynd adref drwy'r tywyllwch â'r awel rewllyd yn cydio yn eich bochau a'ch clustiau. Ac yna i'r gwely yn hwyr ond gyda rhyw fwynhad godidog yn rhedeg drwy'r holl gorff blinedig. Ie, hyfryd ydoedd blino mewn gwaith a oedd wrth fodd eich calon, a gorffwys o'r blino hwnnw. Ond peth arall ydoedd mynd i'r mynydd drannoeth i dorri eithin yn fwyd i'r ceffylau!

Ie, torri eithin a wnaem er ein bod yn lladd gwair a thwarch ac yn taro llafur (gyda'r gader). Byddai'r grepach yn fynych ar fy nwylo wrth gasglu'r eithin yn 'bentyllau'. Defnyddid ambell dro 'pantell' am yr unigol ac elai hwnnw yn 'pentyll' yn y lluosog, ond fynychaf 'pentyll' oedd yr unigol a 'pentyllau' oedd y lluosog. Hyd y gwelaf, ni chlywodd Bodfan am na phantell na phentyll!

1—Bernardswell
2—Twarch = tyweirch = mawn wedi'u torri ac yn barod i'w rhoi ar y tân.
3—Clywais mai hen enw'r ffarm hon ydoedd Nantyddwylan, ond fe aeth yr enw hwn yn angof.

(Adargraffwyd o *Gwyddor Gwlad,* Rhif 3, Hydref 1957)

In the above article, published in 1957 in a magazine called Gwyddor Gwlad (Country Lore), Dr T. J. Jenkin discusses the harvesting of peat, gorse and heather in the Rosebush area during his boyhood days in the early years of the 20th century. Many farms burnt peat fires, and cawl boiled on a peat fire had a distinct taste that would not be to everybody's liking. These fires would seldom extinguish year in year out and, if overnight, a fire would inadvertently extinguish itself then a 'peat fire' would be borrowed in order to rekindle the cold hearth. He describes in detail how and when the turf would be cut and allowed to dry. Matted heather placed on a bed of straw or ferns would be used to cover large quantities of potatoes for the duration of winter. The heath would be burnt every winter on a cold frosty day in order to control the growth of heather. Acres of gorse would be burnt on a cold starry night and carried out almost as a family or community ritual. Dr Jenkin refers to several words, possibly peculiar to the area, that were part of the vocabulary of executing such tasks. These words are now extinct.

★★★★

Wêdd Martha'n dathlu ei phen-blwydd yn gant wêd a hithe'n dal i fwynhau iechyd da.

Wrth i hwn a'r llall alw i ddymuno'n dda iddi, dyma un ohonyn nhw'n dweud: 'wel, er cystel y'ch iechyd synno chi'n dishgwl byw am gan mlyne' arall sbo.'

Dyma Martha'n pwslo tipyn cyn ateb.

'Wel, a gweud y gwir, pwy all ddweud, wa'th wi'n teimlo'n gryfach heddi na phan ddechreues i ar y cant cynta.'

Yr Athro Emeritws T. J. Jenkin, C.B.E., D.Sc.,
Cyfarwyddwr y Fridfa Blanhigion, Aberystwyth 1942-1950.
Cafodd ei eni a'i fagu yn Budloy ac fe gofnododd llawer o hanes yr ardal.

Emeritus Professor T. J. Jenkin, C.B.E., D.Sc.,
Director of the Welsh Plant Breeding Station, Aberystwyth 1942-1950.
He was born and bred at Budloy and he wrote extensively
about the history of the area.

Cŵn, Merlod a Defaid y Preselau

Dr T. J. Jenkin

Cododd y cwestiwn i'm meddwl, pa bryd gyntaf erioed y daeth cŵn casglu defaid i'r Preseli. Y cyntaf yn Budloy oedd Prince, a gefais i yn gi bach gan Evan Jones, Penrhiw. Yr oedd hwn yn fab i ast ddu â dau bâr o lygaid a ddaethai o rywle ym Mynachlog-ddu. Nid oedd ond ychydig (os dim) defaid ym Mhenrhiw fel nad oedd gyfle iddi ddysgu a gweithio yno. Tad 'Prince' oedd 'Bob', hen gi blewog melyn Tom Pantmeinog, a chyfrifid hwnnw yn gi defaid campus.

Un peth rhyfedd am 'Prince' Budloy ydoedd, y gallwn ddysgu pob math o gampau iddo ac nid wyf yn sicr nad 'dysgu' i fod yn gi defaid da a wnaeth er iddo ddysgu yn dda ac nid oedd dim yn fwy wrth ei fodd na gweithio gyda'r defaid. Nid oedd dim o elfen y corgi – elfen 'sawdlo' yn Prince, ac ni chydiodd mewn dafad erioed pa mor gyndyn bynnag y byddai'r ddafad, ond cofiaf ef yn croesi ar draws dafad a'i tharo â'i ysgwydd nes ei bod yn ei hyd pan yr oedd hi wedi gwylltio ac yn carlamu ar ei heithaf i lawr llechwedd Parc-yr-Allt. Ond casglu defaid at ei gilydd a'u cadw gyda'i gilydd i'm canlyn i a wnelai Prince er ei fod yn barod i yrru gwartheg drwy afael yn rhawn eu cynffonnau!

Yn anffodus, cafodd Prince ei ladd ar y 'lein' tra yr oedd eto yn gi ifanc, ac ar ôl hynny, cŵn o Sir Aberteifi (Pumlumon) a'u hachau a fu yn Budloy. Un o'r rhai hynny oedd gast fechan goch – Nel wrth ei henw – ac yr oedd hi yn ast ddefaid hollol naturiol, fel na chafodd fy mrawd ddim trafferth o gwbl i'w dysgu. Ond fy mhwynt pennaf i yw, pa fath gŵn oedd gennych chwi yn y Dafarn Newydd (Nant-yr-wylan yw'r enw iawn) yn Nhyllosg, ym Mhantmeinog (cyn i Dafydd Jones ddod yno), a thros y mynydd. Fe gofiaf ryw fath o ast ddefaid yn y Barnaswil Isaf a rhyw fath o gi defaid yn Nhrebengych ac efallai un neu ddau arall, ast ddu gydag Elias y Gotty, ond nid oedd o lawer o werth.

Ysgwn i a oedd cŵn defaid gwirioneddol gennych chwi yn eich cof cyntaf neu a oes gennych syniad pa bryd ac o ba le y daeth cŵn defaid iawn i gefnau Foel Eryr, Y Mynydd Du a Moel Cwm Cerwyn? Ofnaf fod hanes pethau fel hyn yn mynd ar goll yn gyflym. Yn wir, y mae hanes ceffylau, a pha fath rai oeddynt bron iawn â mynd ar goll. Fe gofiwch chwi, efallai, fel y cofiaf fi am William Rees, Y Garn, Llanychaer, yn arwain ceffyl coch o'r hen deip oddi amgylch. Yn anffodus, methasom ni gael ebol bach oddi wrtho ef a'r gaseg fach (â'r goes gam), Jewel, yn Budloy, ac y mae hen deip 'Y Gaseg Fach' erbyn hyn wedi llwyr ddiflannu.

Peth arall, ni ddisgrifiodd neb, cyn belled ag y gwn i, hen ddefaid penwyn (neu benfrith) cyrnig y Preseli. Cofiaf rai ohonynt yn dda iawn – un a brynodd fy nhad yn arwerthiant Dafi Dafis pan aeth o Bantmeiniog i Frynllechog, ac un o'r pethau pertaf a welais erioed ydoedd, er nad oedd blewyn o wlân iawn ar hyd ei thorr.

Buaswn yn falch iawn i glywed oddi wrthych am un neu ragor o'r pethau hyn ond yn enwedig ynglŷn â'r cŵn. Ond, gyda llaw, a ydych chwi yn cofio ym mha flwyddyn y disbaddwyd bron yr holl hyrddod penwyn cyrnig ar y Banc Ddu, Foel Eryr, Mynydd Du ac oddiyno ymlaen?

Hyderaf y cewch y llythyr hwn yn ddiogel ac y cewch rywfaint o bleser wrth ei ddarllen. Os na ellwch anfon ateb, peidiwch poeni dim, ond byddai yn drueni pe'r elai pob peth a wyddoch chwi am ddefaid a chŵn y Preseli ar goll.

The above is an extract from an undated letter written by Tomos or Twm Budloy – as he referred to himself to his boyhood friend, Peter Edwards of Tafarn Newydd (New Inn). 'Pît Tafarn Newy' was regarded by all and sundry as the undisputed 'Shepherd of the Preseli' and would hardly ever be seen without his 'pastwn' (stick). Dr T. J. Jenkin was keen to glean information from him about the history and pedigree of sheepdogs in the area. Similarly ponies and the old type of speckled or white-faced horned Preseli sheep. In those days Prince and Jewel, the sheepdog and pony respectively, at Budloy, would be just as familiar by their names within the vicinity as the household occupants of the farm. Prince, apparently, was the son of Bob, who resided at Pantmaenog. In order to improve general husbandry a great deal of interest and pride would be taken in the pedigree of working sheepdogs and ponies.

And if lineage of animals was championed, then most people could also be meticulous when tracing their family tree. In another letter to the Edwards family, Dr Jenkin was at pains to emphasise the family connection. Apparently Peter Edwards' grandmother and T.J.'s father were cousins. The 'grandmother', therefore, was a grand-daughter and the 'father' was a grandson of David and Elizabeth Jenkin who lived at Gotty Isaf in the 1780's. And Elizabeth Jenkin was the sister of Daniel Williams who was known as 'Y Bardd' (The Bard). And the Edwards family of Tafarn Newydd believed one of their ancestors once owned large tracts of land in New York, including the area known today as Manhattan, and indeed they believe they are still the legal owners and are owed trillions of dollars in compensation. American lawyers are still pursuing the matter. But that is another story.

To return to Maenclochog, T.J. remembers attending the Harvest Service at St Mary's Church in the company of Peter Edwards, who was about six years his senior. The guest preacher was the vicar of Pontfaen Church in the Gwaun Valley and his sermon was based on the words 'Whatever a man soweth, that he will also reap'. As he repeated the words several times Peter turned to Twm and whispered in his ear 'what about the basic slag?'!

Plentyn

Blentyn bychan, O mor brydferth
Wyt yn cysgu yn dy grud
Ac yn gwenu fel pe'n gweled
Angel gwyn o arall fyd;
O mor dawel rwyt yn gorphwys,
Heb un gofid byth yn troi
Oriau'r nos i ti'n ddifaethwch
Nac yn gyrru cwsg i ffoi.

Gwyn yw gwedd y lili hawddgar,
Gwyn yw gwedd y seren dlos
Pan yn gwenu yn y gwagle
Uwch tywyllwch oer y nos;
Ond diflannu wna eu gwynder
Ger dy galon fach ddi-sen
'R hon sydd wynnach, ie, na'r eira
Gan ei bod yn ddwyfol wen.

Prydferth ydyw y cwningod
Yn cyd-chwareu yn y pant ,
Prydferth ydyw y brithyllod
Yn chwim-chwareu yn y nant;
Ond prydferthach ydwyt blentyn
Pan yn chwareu ger y drws;
Pan mae'th galon fach mewn cydgord
Â'r blodeuyn – O mor dlws.

Peraidd ydyw murmur cyson
Yr afonig yn y glyn,
Brefiad oen ym mysg y meillion
Pan yn prancio ar y bryn;
Cân foreuol yr aderyn
Oddiar y deiliog lwyn,
Ond pereiddiach im yw clywed
Dy chwerthiniad melys, mwyn.

Gloew ydyw y ffurfafen
Ar ryw hafddydd, pan fo'r tes
Yn gwneud copa'r bryn yn gribog –
Pawb yn cilio rhag y gwres;
Etto gloewach yw ffurfafen
Dy gydwybod ieuanc di:
Nid oes gwmwl byth yn taflu
Duon nodau arni hi.

Nid wyt heddyw ond eginin
Egwan o ryw ddyn i ddod;
Pwy a ŵyr pa beth a fyddi
Pan a ddeui i lawn ôd.
Pa mor droiog ydyw'r llwybr
Wyt i dramwy ar ei hyd,
Faint o ddwfr chwerw (Mara)
Wyt i'w yfed yn y byd.

Nid wyt ti yn gweled heddyw
Ynddo ddim ond dwfn fwynhad,
Arno'n tyfu y mae meillion
A pherlysiau hardda'r wlad;
Drain gofidiau a thrafferthion
Byth ni weli ar un llaw,
Ceryg miniog dioddefaint
'Ynt i gyd yn sefyll draw.

Ond diflannu wnaiff y llwybr
Megis cysgod cyn bo hir;
Syrthio'n ôl i'r du orphenol
Wna'th fwynderau mwyaf pur.
Byddi'n edrych 'nôl fel finnau
Ryw ddiwrnod braidd mewn ing,
Ac yn wylo braidd wrth gofio
'R llais fu'n galw arnat 'dring'.

Byddai'r Tomos Siencyn ieuanc wrth ei fodd yn cyfansoddi barddoniaeth a byddai'n cystadlu mewn rhai o eisteddfodau'r cylch. Cafodd y gerdd delynegol uchod, sydd yn amlwg yn y traddodiad rhamantaidd, ei dyfarnu'n ail mewn Eisteddfod ym Maenclochog ym mis Awst 1903. Dywedodd y beirniad, Cenech, wrth y cystadleuydd 18 oed fod y pennill olaf, gyda'i awgrym y byddai cymylau duon rhyw ddiwrnod yn amgylchynu'r plentyn pan fyddai'n hŷn, yn tynnu oddi ar burdeb bodolaeth plentyn a gyflëir yn y penillion blaenorol.

The young Thomas Jenkin took delight in writing poetry and would enter some of his compositions at local Eisteddfodau. The above lyrical poem entitled 'Child', very much in the romantic mould, was pronounced second best at an Eisteddfod held at Maenclochog in August 1903. The adjudicator, Cenech, told the 18 year old contestant that the last stanza, with its inference that dark clouds would one day encroach upon the grown child, detracted from the purity of a child's existence portrayed in the previous stanzas.

Dyletswydd Deuluol Slawer Dydd

Dr T. J. Jenkin

Pe nas ganesid fi ar ffarm a phe na chawswn fy ngeni mewn man arbennig ac i rieni arbennig a hynny yn Sir Benfro nis gallwn fod wedi datblygu fel y gwnes, oblegid o'm hamgylch yn dynn o'r dydd y'm ganwyd yr oedd traddodiadau canrifoedd yn ymwybodol neu yn anymwybodol i'm rhieni. O du fy nhad, o du ei dad yntau yr oedd cenedlaethau o Annibynwyr; o du ei fam, cenedlaethau o Fedyddwyr; o du fy mam ac o du ei thad hithau yr oedd y Trefnyddion Calfinaidd yn y cenedlaethau agos, ac yn y cenedlaethau pellach, y Crynwyr a chreithiau eu herledigaeth hwy yn aros yn eu calonnau; o du ei mam hithau, yr oedd Presbyteriaeth Iwerddon. Nid rhyfedd, felly, os wyf yn rhywfaint o Biwritan er nad oedd crefydd fy nghartref yn or-gaethiwus.

Wrth gwrs, yr oedd rhaid osgoi pob math o waith y gellid ei osgoi ar y Sul – cario dŵr o'r ffynnon, trefnu bwyd ar gyfer yr anifeiliaid, a hyd yn oed paratoi bwyd i'r teulu. Ond ni wnâi hyn y Sul yn ddydd segura ond yr oedd yn ddydd o newid – newid dillad a newid arferion. Rhaid oedd gofalu am yr anifeiliaid, ac os oedd dafad ar goll rhaid oedd dod o hyd iddi hyd yn oed ar draul colli'r cwrdd neu'r Ysgol bore Sul, ond anfynych iawn y digwyddai hyn. Y rheol ydoedd, mynd i'r Tŷ Cwrdd (sylwer, nid i'r Capel) dair gwaith ar y Sul yn ddi-feth beth bynnag a fyddai y tywydd. Un o effeithiau hyn ydoedd naill ai creu neu ddatblygu y syniad o ddyletswydd ar wahân i'r syniad o orfodaeth.

Ond, pan oeddwn yn ifanc iawn rhaid oedd i fy mam a ninnau, y plant lleiaf aros gartref o gwrdd y nos yn y gaeaf, a gallai hynny fod yn broblem i fy mam. Nid oedd chwarae i fod, wrth gwrs, ond yr oedd gennym rai llyfrau a chyhoeddiadau. Yr oedd yn rhwydd i ni ddarllen unrhyw beth Cymraeg ar y Sul oblegid y pryd hwnnw nis gallai bod dim byd amheus yn y Gymraeg – yn y Saesneg yr oedd y perygl. Cyn iddi briodi yr oedd fy mam fel Methodist da wedi arfer derbyn *Trysorfa y Plant*, ac yr oedd y rhai hynny wedi eu rhwymo yn gyfrol a'n henw ni ar y gyfrol honno ydoedd *Beibl Darluniau*.

A chyn i ni ddysgu darllen yr oedd y *Beibl Darluniau* hwn yn hoff iawn gennyf oherwydd y darluniau. Ond tra yr oeddwn yn dysgu darllen ac yn dechrau dod i ddeall geiriau, cefais y syndod rhyfeddaf yn y *Beibl Darluniau* (*Trysorfa y Plant* cofier). Yr oedd yno erthygl gan rywun ar 'Diogi'. Ni chofiaf pa mor dda neu pa mor ddrwg ydoedd, ond dechreuai fel hyn: 'Diogi-diog, di-awg, di-awch'. I ni, yr oedd y gair 'diawch' yn un cwbl waharddedig ond dyma ef (yn ôl fy marn anaeddfed i) yn glir ac yn gyflawn yn y *Beibl Darluniau*. Y mae hi'n wir bod y geiriau 'diafol', 'Satan', a 'chythraul' yn y Beibl iawn ond yr oedd ganddynt hwy hawl i fod yno – dyna eu lle, a'u hunig le. Ond nid oedd 'diawl' na 'diawch' yn y Beibl, ond dyma 'diawch' yn y *Beibl Darluniau*, a bûm yn amheus o'r llyfr fyth ar ôl hynny.

Ond pan fyddai fy mam yn llai blinedig nag arfer ar nos Sul, – y drws mas wedi ei gloi, a Boss y ci yn gorwedd wrth odre'r grisiau a minnau wrth y tân yn y parlwr, deuai'r Beibl iawn allan. Yr oedd hwn wrth law o hyd oblegid darllenid ohono bob dydd 'Sul, Gŵyl a Gwaith', ar ôl brecwast. Hwyrach mai darllen bob yn ail yn unig a wnaem. Yr oedd fy nhad ar hyd ei oes wedi bod yn chwilio am ryw lwybr i wneud defnydd o rywbeth ag oedd ynddo, a'r unig ffordd y gwyddai amdani ydoedd drwy ysgrifennu traethodau a rhyw fath o benillion ar gyfer cystadlaethau eisteddfodau a chyrddau llenyddol lleol. Yr oedd ganddo allu i drin ffeithiau ac er efallai nad oes lenyddiaeth yn ei *Hanes y Bedyddwyr yn ardal Maenclochog* (*Y Piwritan Newydd*), y mae ynddo ffeithiau, ond nid oedd gan fy nhad y dychymyg gofynnol i wneud bardd. Ar waethaf hynny, yr oedd wedi ennill cryn lawer o wobrwyon, a'r prawf o hynny ydoedd y cydau bychain gyda'u rhubanau hir a oedd yn y 'drôr clo' yn y parlwr. Ac ambell nos Sul, deuai y rhai hynny allan i ni'r plant eu gweld. Yr oedd balchder fy mam ynddynt yn fawr iawn, ond ni welais hwy allan erioed yng ngŵydd fy nhad.

Gwyddai fy mam eu hanes, ond ei phwynt mawr ydoedd ceisio codi'r uchelgais ynom ni y plant i godi i'r un uchelderau. Medrai hi ddarllen Cymraeg ond ni chofiaf iddi erioed 'sgrifennu gair o Gymraeg. Cyn y gallwn ni efelychu fy nhad yn y pethau hyn, rhaid oedd i ni fedru sgrifennu Cymraeg, ac nid oedd hynny yn rhan o waith yr Ysgol Sul, ac, wrth gwrs, ni chlywyd sôn am y fath beth yn yr ysgol-bob-dydd oblegid yno yr oedd yn drosedd i ynganu gair o Gymraeg. Ond yr oedd y Beibl wrth law ac yr oedd hwnnw yn berffaith yn ei Gymraeg fel ym mhob peth arall. Chwareu teg i bawb, yr oeddwn yn yr Ysgol Sul yn dysgu deall y Beibl, a rhaid i mi yn bendant iawn gydnabod fy nyled i'm hen athrawon ac yn enwedig i Ben Edwards, Pant-y-gwynfyd (ym mha le arall yn y byd y ceir enw fel yna ar dyddyn bychan?) a Dan Thomas, y gof. Gwawdiwyd gormod o lawer ar y cwestiwn, 'Pwy yw yr "Efe" yma yn y frawddeg hon' a rhai tebyg, ond gan na wyddai neb ddim am ramadeg ffurfiol, pa ffordd arall oedd i ddysgu cysylltiad y naill frawddeg a'r llall, ac i gael rhyw fath o grap am gystrawen?

Felly ar ôl cyrchu'r Beibl ar noson ystormus yn y gaeaf, rhaid oedd cael i bob un bensil a phapur. Paham yn y byd, nis gwn, ond yn fwy mynych na pheidio, i Lyfr Job yr elai fy mam ac yna darllenai hi nifer o adnodau yn araf, araf, tra ysgrifennem ni hwy i lawr, ac yna ar y diwedd sillafai hi hwy drosodd o'r Beibl – ac erbyn hynny byddai Boss y ci yn anesmwytho ac yna sŵn fy nhad a'u chwiorydd yn nesáu a thros y bont fach at y tŷ. Nid oedd sôn dim am yr hyn a fuom yn ei wneud, ond dyna fel y dysgais i 'sgrifennu Cymraeg.

Nid yw hyn i gyd o ddim pwys meddech. Ond arhoswch funud. Bu yn bwysig iawn i mi yn ystod fy holl fywyd. Oherwydd hynny, nid ysgrifennais ond Cymraeg at neb o'm perthnasau a fedrai ddarllen Cymraeg, a daeth y Gymraeg yn rhan gyflawn o'm bywyd – yn fwy cyflawn o lawer nag y gallai fyth fod pe nas gallwn ni 'sgrifennu. Ceisiais ddilyn ôl traed fy nhad mewn rhai pethau ond nid fel traethodwr. Tom Cei (Thomas Davies, ysgolfeistr Trefdraeth, wedi hynny) ydoedd pen draethodwr yr ardaloedd ac ni waeth i neb gystadlu ag ef. Ond enillais ambell wobr am benillion, am gyfieithu o'r Saesneg i'r Gymraeg (a hynny cyn y gwyddwn ddim am ramadeg y Gymraeg), a phrinnach fy ymdrechion ydoedd ennill am englyn ar ôl i Brynach mewn rhyw eisteddfod fy nghymell i, ymhlith eraill, i ddarllen *Ysgol Farddol Dafydd Morgannwg.*

Ond fel y tyfwn deuai dylanwadau eraill, un ohonynt oedd Caleb James y teiliwr (tad-cu Mrs Llwyd Williams, Rhydaman). Ni chawsai ef, rhagor fy nhad, gyfle erioed i wybod dim byd am lenyddiaeth Gymraeg, ond trawai ambell ddarn ac ysgrifennai ef mewn llyfr. Yr oedd ganddo amryw o'r llyfrau hyn a chopïais i rai pethau ohonynt oblegid cawn eu benthyg ganddo pan ddeuai i'm cartref i deilwria. Ond y siarad a'r ymgomio ag ef am bethau o'r fath oedd o bwys i mi a deuwn yn fwy o Gymro bob dydd. Yna, daeth Ben Phillips, y gof, i'm bywyd drwy fynd â'r ceffylau i efail Y Mot i'w pedoli. Ganddo ef y clywais gyntaf am *Y Geninen* ac o hynny ymlaen, drwyddo ef (am y pris a gostiai iddo) y derbyniwn hi yn gyson. Yr erthyglau oedd yn fy niddori fwyaf. Nid oedd gennyf lawer o flas at farddoniaeth yn gyffredin ond yr oeddwn bob amser yn hoff o englynion, ac un a ddylanwadodd arnaf ynglŷn â hwy ydoedd y diweddar Barchg J. D. Evans, Goginan /Pencader /Tal-y-bont – ef ei hun, wrth gwrs, yn bencampwr ar saernïo englyn. Deuthum i gysylltiad gyntaf ag ef pan oeddwn tua phymtheg oed ac yntau yn dod i bregethu i Horeb, Maenclochog.

Wrth gwrs, Cymraeg yn unig oedd iaith fy nghartref, ond yr oedd hynny yn hollol naturiol ac anymwybodol. Yr oedd iaith fy nghartref hefyd yn hollol lân – ni chlywais fy nhad na'm mam erioed yn dweud gair drwg. Yn wir, yr oedd dylanwad yr hen Biwritaniaeth mor drwm fel y gwaherddid un i ddweud hyd yn oed 'Do'n wir' neu 'Naddo'n wir'. Y safon bendant ydoedd 'Bydded eich "Ie" chwi yn "Ie", a'ch "Nage" yn Nage",' ond goddefid i ni ddweud 'Ie'n siŵr', neu 'Nage'n siŵr'. Yn y Blaenwern Uchaf (Benjamin a Martha Perkins a'u plant) y ffurf a oddefid ydoedd 'Ie'n seriws' a 'Nage'n seriws', ond ofnaf na chadwem ni'r plant yn bendant at y rheol hon ond yn ein cartrefi. Ni chofiaf y gweision a'r morwynion a fu yn Budloy ychwaith yn defnyddio geiriau amheus – ni wnaent, yr wyf yn hollol siŵr, yng nghlyw fy nhad. Ond nid oedd iaith yr ysgol lawn cyn laned â hynny, yn arbennig oherwydd y plant a ddeuai o Ros-y-bwsh (Rosebush) i'r ysgol, oblegid yno yr oedd llawer o ddylanwad y *navvies* a fu yn gwneud y ffordd haearn.

Cofiaf, o'r ochr arall, am dro a wnaeth argraff ddofn iawn arnaf. Yn y gwanwyn ydoedd, a ninnau y plant ar ein ffordd naill ai i'r ysgol neu o'r ysgol. Daeth yn storm o fellt a tharanau (gole a thrwste), a gofynnodd rhywun beth oedd yn achosi'r mellt a tharanau. Atebodd Jac Higion (John Higgon), yr Holmws, yn hollol syml a naturiol: 'Duw sydd yn dweud wrth yr hadau i egino', ac nid oedd mwyach le i ddadl. Nid oedd yr esboniad yn fy nghartref i mor gyflawn â hyn, ond yno hefyd yr oedd i'r un perwyl, 'Duw sydd yn siarad'. Ac yn hollol sicr, nid ofn y mellt a'r taranau oedd ar fy nhad pan orchmynnai i bob gwaith sefyll, pa beth bynnag a fyddai hyd nes yr elai y storm o fellt a tharanau heibio, ond parch didwyll i'r hwn a oedd yn 'siarad o'r Nef'.

Yn fy nghartref, yn Budloy, ni chofiaf i ni erioed gael Gwasanaeth Teuluol yn hwyr y dydd, hyd yn oed pan fyddai pregethwr yn aros yno, ond o'r ochr arall ni welais fore erioed yn mynd heibio heb wasanaeth teuluol hyd yn oed pan oedd fy nhad yn wael iawn yng ngaeaf 1904-05. Nid oedd unrhyw orchwyl ar y ffarm yn ddigon pwysig i ymyrraeth â hwn ond, yn unig, os byddai fy mrawd a minnau allan yn lladd gwair (gyda'r peiriant), ni elwid ni i'r tŷ at y gwasanaeth. Ond cofiaf yn iawn – un o'r pethau cyntaf a gofiaf – bod lladd gwair yn Budloy, a rhyw wyth neu ddeg o bladurwyr yno, a'u bod i gyd wedi dod i mewn i'r gwasanaeth.

Gwasanaeth diolch am y gofal a fu trosom yn ystod y nos a chydol ein hoes, ydoedd y gwasanaeth hwn – nid gofyn am ofal a nodded yn wyneb y nos oedd yn dod. Ond troai hefyd yn wasanaeth gofyn am nerth a chyfarwyddyd yn y dydd a oedd yn awr yn dechrau, ond os oedd rhywbeth arbennig i ddigwydd – megis taith oddi cartref, gofynnid am ofal am ein personau. Yn fy nghof cyntaf, fy nhad a fyddai yn darllen pennod – a gwnâi hynny bennod ar ôl pennod o ddechrau Genesis hyd ddiwedd y Datguddiad ond yn unig pan nad oedd ond enwau. Eithr gwyliai rhag colli dim fel yr adnod honno 'A Jabez a weddïodd ar Dduw' (neu rywbeth tebyg) a ddigwydd yng nghanol rhes o enwau.

Yr oedd yn reol sefydlog yn y teulu hefyd i fynd i Dŷ Cwrdd Horeb (Bedyddwyr) dair gwaith ar y Sul, ac i'r Cwrdd Gweddi ar nos Wener. (Nid oedd sôn am y peth fel o dan reol wrth gwrs). Yn y gaeaf yn unig, o'r cof cyntaf sydd gennyf, y torrid y 'rheol' honno, a hynny pan oeddem ni, y plant, yn fychan iawn. Bu fy nhad yn athro yn yr Ysgol Sul bron ei holl fywyd; gwnaed ef yn ddiacon yn 23 oed ac yn Ysgrifennydd yr Eglwys ychydig cyn hynny neu ychydig ar ôl hynny, a bu yn ddiacon ac ysgrifennydd hyd ei farw Gorffennaf 18, 1924.

Gartref, ac yn fwyaf arbennig yn yr Ysgol Sul yn Horeb, y dysgais ddarllen Cymraeg. Nid oedd lle arall y gallwn ddysgu am mai Saesneg yn unig oedd yn yr ysgol-bob-dydd. Nid wyf yn sicr pwy oedd fy athro cyntaf yn yr Ysgol Sul – digon tebyg mai fy mam oedd, oblegid bu hi am flynyddau yn athrawes ar y plant lleiaf. Ni chofiaf ychwaith pwy oedd yn athro ar y dosbarth pan gofiaf gyntaf, ond cofiaf fod ein dosbarth ar lawr y Tŷ Cwrdd yn y seddau croes ar yr ochr ddehau i'r pulpud ac mai dau o'r disgyblion yn y dosbarth hwnnw oedd Owen Young a'i frawd, Lewis Young. Rhaid nad oedd James Jubilee Young yn ddigon hen i ddod i'r Ysgol Sul cyn i'r teulu ymadael o Faenclochog.

Nis gwn a oedd y brawd hynaf (hanner-brawd) i'r tri hyn eisoes wedi dechrau pregethu. Bu ef, Jabez Jacob Young, yn weinidog am flynyddau yn Llanidloes. Bu Owen Young yn weinidog ar Gaersalem a Jabez, Dyffryn Gwaun, Sir Benfro, a bu Lewis (a adwaenid erbyn hynny fel L. Glasnant Young) yn weinidog am flynyddau ym Methel, Mynachlog-ddu, ond credaf mai yn Llanymddyfri yr oedd yn weinidog pan fu farw. Y pennaf o'r pedwar fel pregethwr oedd J. Jubilee Young sydd ar hyn o bryd (ac ers blynyddau bellach) yn weinidog Seion, Llanelli. Ymhen blynyddau (ym 1909) y deuthum i gysylltiad agos ag ef yn ysgol yr Hen Goleg, Caerfyrddin (Y Parchg Joseph Harry a'r Parchg J. B. Thomas oedd yr athrawon).

Ni chofiaf am neb arall yn y dosbarth hwnnw wrth ei enw, ond fy nghyfoedion yn yr Ysgol Sul (neu'r rhai agos ataf fi o ran oedran) oedd fy mrawd,

Willie, a Ben Williams, Holmws Fach; John Owen, Blaenllechog; John Thomas, Prysg; Benjamin John Davies, Brynmorris; Benjamin a Tommy Morris, Twmpath; Tommy ac Evan Harries, Galchen Fach (y ddau hyn yn gyfyrder i mi); Daniel Rowland John, William Christmas John a Pryse John, Penrallt. Nis gallaf ar y funud gofio ond pedwar a fu yn athrawon arnom yn y dyddiau cynnar hynny, ac ni chofiaf ym mha drefn y buont. Yr oedd John Davies, Plas y Mot, yn un – efallai yr hynaf ohonynt, ac nid oedd yn llwyddiant mawr er ei fod yn gwneud ei orau. Cofiaf ei fod wedi gwobrwyo'r dosbarth i gyd yn ôl eu haeddiant am ddysgu y bennod gyntaf o Efengyl Marc a chofiaf fod fy mrawd wedi ennill gwobr uwch na mi. Yn wobr, cafodd ef lyfr Saesneg gyda'r teitl *Shucks,* ac roedd i'r llyfr glawr coch. Ni chofiaf beth oedd yn y llyfr. Ni chofiaf pa fath o lyfr a gefais i.

Bu Stephen Davies, Brynmorris, yn athro arnom am gryn gyfnod. Yr oedd yntau yn rhy hen at oedran y dosbarth ac ni chaem lawer o hwyl. Un o'r rhai cyntaf a gofiaf ydoedd Daniel y Gof (David Thomas os nad wyf yn camgymryd). Un wedi dod i'r ardal i wneud gwaith gof ynglŷn â'r ffordd haearn o Ros-y-bwsh i Dreletert ydoedd ef. Nis gwn o ba le y daeth, nac i ba le yr aeth oddi yno. Hwyrach y gellid cael gwybodaeth yn hen lyfrau Horeb. Yn ystod ei arhosiad, gwnaeth fwa prydferth o *wrought iron* dros y fynedfa i'r Tŷ Cwrdd i ddal lamp, yn rhodd i'r Eglwys. Ni chofiaf a yw yno o hyd ai peidio – ar ôl tua 60 mlynedd. Yr oedd Dan y Gof yn athro da iawn, ac yr oeddwn i yn hoff iawn ohono a charwn pe gwyddwn fwy o'i hanes, oblegid y mae yn sicr ei fod yn fachgen gwerth ei adnabod.

Y pedwerydd a gofiaf ydoedd Benjamin Edwards, Pant-y-gwynfyd. Un yswil iawn ydoedd Ben, ond o ran gallu meddyliol naturiol, credaf ei fod yn un o'r rhai mwyaf a fagwyd yn Horeb. Clocsiwr ydoedd wrth ei alwedigaeth, ond bu hefyd yn gweithio yn y chwareli. Yr oedd yn rhy yswil at lawer o ddim o waith cyhoeddus, ond cymerai ran yn y cyrddau gweddi. Yr oedd Ben ymlaen dipyn pan briododd â Mary (Polly) Lewis, merch Ben Lewis, un o ddiaconiaid (a chodwr canu) Horeb. Bu iddynt un mab, Gwilym, oedd yn fachgen dymunol iawn. Ymunodd â Heddlu Caerdydd, ond torrodd ei iechyd a bu farw yn ifanc.

Beth bynnag, cefais i Ben yn athro da iawn, ac er y gwahaniaeth mawr rhyngom o ran oedran, buom yn ffrindiau mawr am lawer o amser. Rhywbryd ar ôl y cyfnod cynnar hwn bu Ben yn fy nghymell yn daer i fynd yn bregethwr – yr unig un a wnaeth ag eithrio i'r Parchg W. J. Rhys, a ddaeth yn weinidog i Horeb ym 1906, ofyn i mi yn ryw hanner ofnus ar ôl i mi basio arholiad y *Matriculation* ym 1910 a oeddwn wedi meddwl am fynd i'r weinidogaeth neu a ystyriwn hynny yn awr. Erbyn hynny, beth bynnag a fu yn rhedeg drwy fy meddwl o'r blaen, nid oedd awydd arnaf i fynd i swydd pregethwr a gweinidog. (Gwn fy mod yn crwydro, ond cystal yma fynd ymlaen â'r pwynt.) Cofiaf pan oeddwn yn fychan iawn bod rhywun dieithr wedi dod i Budloy, ac iddo ofyn i fy nhad beth a fyddwn i pan dyfwn – ai pregethwr? Gwenodd fy nhad, ac atebodd, 'Na, wnaiff ef byth bregethwr, nid yw ei safn yn ddigon llydan'. Rhaid bod yr amgylchiad wedi gwneud argraff ar fy meddwl, oblegid y mae'n sicr fy mod lawer tro wedi hynny wedi dychmygu fy mod yn bregethwr, ac oni bai fod y peth wedi gwneud argraff arnaf, ni fuaswn wedi cofio yr amgylchiad ei hun.

Ond am dymor o ryw chwe wythnos yn y flwyddyn, newidiai gwaith yr Ysgol Sul yn gyfan gwbl. Yr amser ydoedd rhwng y Pasg a'r Sulgwyn. Rhoddai yr ysgol y cyfnod hwn yn llwyr i baratoi ar gyfer y Gymanfa Bwnc a gynhelid yn ei thro yn un o'r pum Tŷ Cwrdd (pum ysgol) yng nghylch y Gymanfa – Horeb, Maenclochog; Rhydwilym; Blaenconin; Y Gelli, a Charmel. Dysgu rhan o ryw Holwyddoreg a wnâi plant Horeb, ond gyda hynny yr oedd dysgu hefyd ddwy anthem fechan a chaem help rhai mewn oed at y tenor a'r bas. Ni fuom erioed yn canu'n unllais.

Yn fy nghof cyntaf, a gwn yn sicr fod hynny wedi parhau hyd 1908 onid hyd 1910 – neu yn wir efallai ymhellach na hynny – yr unig Ddydd Gŵyl yn Budloy (a'r ardal) ydoedd hen Ddydd Calan. Yn ein hardal ni, Ionawr 12 ydoedd y dyddiad, ond yn ardal Y Mot Ionawr 11 ydoedd y dyddiad, ac ym mhlwyf y Morvil, Ionawr 13. Nis gwn sut y digwyddodd hyn, ond felly yr oedd. Fe all mai trefniant ydoedd fel y gallai rhai gweithwyr ar y ffiniau gael cyfle ar ddau Ddydd Gŵyl yn olynol.

Erbyn yr amser wyf fi yn cofio, nid oedd 'ffest y wrach' ar ddiwedd y cynhaeaf mewn bod, ac yr oedd Cinio Hen Ddydd Calan yn gyfle i wahodd pawb o'r rhai a fu yn cynorthwyo gyda'r cynhaeaf i ddod i wledd am ddeuddeg o'r gloch. Yr unig waith a wneid y diwrnod hwnnw y tu allan i'r tŷ (yn y tŷ yr oedd mwy o waith nag arfer) ydoedd gofalu am yr anifeiliaid. Y cinio ganol dydd oedd y peth mawr, ond yr oedd pob ffarm yn macsu (h.y. gwneud cwrw gartref) ar gyfer y dydd, ac yfid cryn dipyn, ond yr oedd y cwrw hwn (o frag, hopys a berem) mor wan fel nad oedd berygl i neb feddwi arno. 'Tablen' oedd yr enw lleol arni, neu ambell dro, 'diod fain'. Tybed ai 'Table' (Saes.) sydd wrth wraidd y gair 'tablen', a'i fod yn golygu yn y man cyntaf 'Table Ale' – h.y. cwrw neu ddiod i'w yfed ar bryd bwyd. Beth bynnag, cai pawb gymaint ag y fynnent o 'dablen' ar yr Hen Ddydd Calan gyda bwyd neu rhwng prydau.

Yn Budloy, o leiaf (a chredaf fod hyn yn lled gyffredin hefyd), y prif beth ydoedd cig eidion (yn llafar, cig eidon – ni ddefnyddid fyth 'biff' am 'beef'), a chig marem (cig maharen) ydoedd yr enw ar 'mutton', ond byddai ham wedi ei ferwi i'r rhai na fynnent gig eidion. Ar ôl y cig a'r tato, deuai plwm pwdin a/neu boten reis ac yr oedd hon yn wir wledd i bawb. Rhaid cofio yn y cysylltiad hwn bod yr amseroedd yn ddrwg, ac mai cig mochyn – *home cured bacon* – ydoedd bron yr unig gig a welid ar fyrddau ffermydd yr ardal o'r naill ben o'r flwyddyn i'r llall, ac eithrio ambell ffowlyn neu hwyaden a hynny yn anghyffredin iawn. Magem wyddau yn Budloy y pryd hynny – ryw bymtheg neu efallai bump ar hugain, yn ôl pa un a fyddai yr ŵydd yn un lwcus, a pa un a fyddai ganddi ail-lin neu beidio. (Gwyddau ail-lin ydoedd y rhai diweddar, pan ddechreuai yr ŵydd ddodwy ac yna ori ar ôl dechrau magu y llin cyntaf). Ond er y magem wyddai, ni fwytaem yr un ohonynt – nis gallem fforddio, oblegid rhaid oedd eu gwerthu, ac yr oedd prynu cig eidion yn rhatach. Dylwn bwysleisio yn bendant nad cybydd-dod na dim yn ymylu ar hynny ydoedd hyn ond rheidrwydd oherwydd prinder arian i gwrdd â gofynion. Ie, blynyddoedd caled ydoedd, dyweder,1890 hyd 1900 neu dipyn ym mhellach na hynny, o leiaf yn ardal fy nghartref i.

Un tro yn unig y gwelais i ŵydd ar fwrdd cinio Budloy, ac un a gafwyd yn rhodd gan ewythr fy mam, James Parsons Bushell, Park East, Plwyf Y Mot, ydoedd honno. Yr oedd ef yn ffermwr cefnog a'i ffarm yn un fawr a da, a'r telerau ynglŷn â'r rhodd ydoedd, ein bod yn ei bwyta ein hunain. O dro i dro yn ystod y flwyddyn, ar wahân i ambell ffowlyn neu hwyaden, caem hefyd ambell wningen, a daliem ambell frithyll yn afon Syfnau, ond os digwyddem ddal ysgyfarnog, neu saethu ambell ffesant (yr oedd hyn yn anfynych iawn) neu betrisen, rhaid oedd eu gwerthu hwy. Ac er fy mod yn crwydro oddi wrth fy mhennawd, cystal, efallai, ymhelaethu eto ar ein bwyd yn gyffredin. Gan y bydd rhai yn barod i amau fod yr hyn a ddywedaf yn wir ac, felly, cystal dweud yn bendant ei fod yn llythrennol wir.

Diwrnod arwerthiant Budloy ym 1953 pan werthwyd y fuches o dda duon Sir Benfro. Wês rhai o'r wynebau'n adnabyddus?

The sale held at Budloy in 1953 when the Pembrokeshire black cattle were dispersed. Are any of the faces familiar?

Yn fy nghof cyntaf, cawn i frecwast yn y parlwr gyda'm rhieni ac ni chofiaf beth a fwytawn y pryd hynny. Fy nghof pendant cyntaf yw cael brecwast yn 'rhwmford' (ac yr oedd fy mrawd a'm dwy chwaer yno gyda'r gwas a'r forwyn cyn hynny). Te, a hwnnw yn de heb fod yn rhy dda, oedd y gwlybwr a chydag ef, yr unig beth ydoedd bara a chaws. Gallaf ddweud hyn am y caws, er mai o wneuthuriad cartref ydoedd, ei fod yn gaws da digamsyniol, ac y mae dŵr yn rhedeg o'm dannedd heddiw wrth gofio amdano – caws wedi ei wneud a'i aeddfedu yn berffaith. Am y bara, rhaid cydnabod nad oedd yn debyg o ddenu neb o archwaeth wan. Bara barlys (haidd – *barley*) y gelwid ef ond mewn gwirionedd yr oedd ynddo rywfaint o flawd gwenith yn gymysg â'r blawd barlys, ond nid digon i'w wneud yn ddim ond bara brown a hwnnw mor dywyll fel yr haeddai yr enw bara du lawn cymaint ag a wna bara rhyg y Cyfandir. Ond ofnaf fy mod yn cofio'r bara barlys ar ei waethaf yn well nag y cofiaf ef ar ei orau. Nid gwahaniaeth yn y lliw oedd yn bwysig, ond a fyddai wedi codi yn dda a'i pheidio. Os na fyddai, yna bara gwir wael ydoedd, ond os byddai wedi codi yn dda, byddai yn fara gwerth dod at y bwrdd i'w fwyta.

Ar adegau o'r flwyddyn, caem ychydig o newid drwy gael ysgadan hallt (*bloaters*), ac ar y bore Sul cyntaf ar ôl i'r wyau ostwng yn eu pris i ddimai yr un, caem wy i frecwast. Rhywle tuag at ddiwedd mis Medi prynem flwch cyfan o *bloaters* (credaf fod tua 144 yn y bocs) a chaem yr ysgadan hyn yn gymharol fynych i ginio – fynychaf, hwyrach, gyda thato mân wedi eu berwi yn eu crwyn. Gallaf nodi yma hefyd rhag i mi anghofio y byddem yn saethu Adar y Ddrudwy (drudwns – *starlings*) pan ddeuent heibio yn heidiau yn y gaeaf. Nid peth anghyffredin a fyddai cael chwech neu ragor gydag un ergyd o'r dryll o ddefnyddio shot mân. Yr oedd eu cig ychydig yn chwerw, ond er hynny yn flasus.

Fe grwydrais ymhell. Sôn yr oeddwn am Hen Ddydd Calan. Yn y prynhawn, efallai yr âi rhai ohonom am dro gyda dryll, ond nid oedd llawer o ddim byd arbennig yn mynd ymlaen yn ystod y prynhawn ond siarad a segura hyd amser te pan y byddai digonedd o gace bach (rhyw fath o buns, ond eu bod yn gymharol lawn o ffrwythau – cwrens yn fwyaf arbennig) i'w bwyta.Yna, fel pob diwrnod arall, rhaid oedd godro, clymu a bwydo'r anifeiliaid ac ati. Yn yr hwyr gallai rhai o fechgyn ieuainc yr ardal alw am ysbaid a chaem y storïau a thriciau fel yr oedd yr amser yn ddigon difyr. Neu, yn ein tro, aem ninnau i alw mewn ffermydd eraill, ond nid oedd hyn yn ôl gwahoddiad nac yn ôl rheol.

Soniais, mi gredaf, nad oedd y Nadolig yn ddydd gŵyl, ond cofiaf un tro am John Bowen, y Bla'cnwc Uchaf, a Benjamin Nicholas, Gilfach Isaf, Llan-y-cefn, yn dod i Budloy am ddiwrnod o saethu. Ni chofiaf faint o helwriaeth a gawsom, ond cofiaf i mi ar y Dydd Nadolig hwnnw ladd neidr (gwiber) fenyw yng nghornel uchaf Parc-y-pant. Yr oedd yn ddiwrnod heulog a'r man lle yr oedd mewn cysgod ac yn wynebu'r haul.

Yr oedd rhywfaint o ganu gan blant o'r naill le i'r llall hefyd ond nid oedd ganddynt ddim gwerth ei ganu – rhywbeth fel hyn a ganent:

Wel dyma Ddydd Nadolig, Wel dyma Ddydd Nadolig,
Wel dyma Ddydd Nadolig, Llawenydd drwy bob lle.
Llawenydd drwy bob lle, Llawenydd drwy bob lle,
Fe anwyd Iesu'n Geidwad, Fe anwyd Iesu'n Geidwad,
Fe anwyd Iesu'n Geidwad, Llawenydd drwy bob lle.

Yr oedd hefyd wedi dod yn arferiad i ddanfon cardiau Nadolig i gyfeillion a pherthnasau ond peth ffurfiol hollol ydoedd hyn. (Yr oedd y Folant ym mis bach wedi diflannu). Yr oedd Dydd Calan (Newydd) Ionawr 1, er hynny, a heb fod yn ddydd gŵyl ar y ffermydd, yn ddydd Calennig a byddai canu yn dechrau (gan rai mewn oed) yn union ar ôl taro deuddeg ganol nos. Cofiaf bod rhai, fel John James, Rhoshill, yn mynd wrth ei hunan, ond yn gyffredin yr oedd partïon bychain o fechgyn, er na chofiaf i mi erioed ymuno ag un o'r partïon hyn. Arian a gai y rhai hyn. Yna pan ddelai'r bore, byddai plant yn mynd oddi amgylch. Ceiniogau garent hwythau eu cael ond caent hefyd gacen fach neu ddarn o deisen i'w fwyta ar y ffordd.

Ond ar wahân i hyn, yr oedd yr arferiad o gasglu Calennig gan bobl dlawd yn parhau, ac nid oedd rhaid cyfyngu hyn i Ddydd Calan ei hunan. Y peth cyffredin a gesglid ydoedd blawd – blawd ceirch a blawd haidd (barlys) ond hefyd caent ambell ddarn o gaws, torth o fara, neu ddarn o gig mochyn. Nid oedd dim yn ddiraddiol mewn tlodi nac mewn casglu Calennig i rai a oedd mewn angen. Ond ni chofiaf i mi fynd oddi amgylch ond rhyw unwaith i gasglu calennig (gan obeithio cael ceiniogau) oblegid er bod ein byd ni ar y ffarm yn galed, nid oeddem mewn angen ac, felly, nid oedd yn taro i mi hyd yn oed pan oeddem yn blant i fynd oddi amgylch.

Ar nos Dydd Calan, daeth yn rheol bod Cwrdd Llenyddol yn yr Hen Gapel (yr Annibynwyr), Maenclochog, a'r noson honno yr oedd y tŷ cwrdd yn llawn, oblegid dyna un o amgylchiadau mawr y gaeaf yn yr ardal. (Rywbryd ym mis Chwefror, mi gredaf, y cynhelid Cwrdd Llenyddol Horeb, ond nid oedd dyddiad cydnabyddedig eto). Bu hiraeth arnaf gydol fy oes am y byd a adewais er ei fod yn fyd caled. Yr oedd rhywbeth ynddo oedd yn taro fy natur – carwn unigedd y mynydd y pryd hynny; carwn yr anifeiliaid, a charwn goed a llysiau ac adar y wlad. Ond ar ôl cael fy addysg, nis gallwn fforddio mynd yn ôl i'r hen fyd, ac, wrth gwrs, erbyn hynny yr oedd bydoedd eraill wedi eu hagor i mi.

The above reminiscences by T. J. Jenkin give a fascinating insight into life in the Maenclochog area during the early years of the 19th century. Life at Budloy centred around the farm and the chapel. A short service consisting of a reading from the Bible and prayers acknowledging blessings received and requesting God's speed for the coming day would be held every morning. T.J. remembers almost a dozen men employed to cut the hay with scythes being summoned to the house for the 'morning meeting'. The only legitimate reason for an absence was when hay cutting with a machine had already begun earlier in the morning. Was this an early sign of how industrialisation would later, in many people's views, mar and destroy family and community morals? Or was it merely a recognition of valuable time wasted if a machine was left unattended for any period of time and then the resultant re-starting process?

Attendance at Horeb Chapel was a must three times every Sunday for all the family although during the winter months, the mother and children would be excused from attending the evening service if the weather was inclement. On those occasions the children would be led into the parlour for a lesson in dictation. They would write verses from the Bible as they were read very slowly by the mother. And since little heed was given to the teaching of Welsh within formal education in those days, T.J. was forever indebted to those 'grounding' Sunday evening lessons to enable him to write Welsh with confidence throughout his career. It was an offence to utter a single word of Welsh at Ysgol Garnochor. Needless to say no work or play was allowed on Sunday but if a lamb or an ewe went missing a concession was made to permit looking for the errant animal. The strict Sunday attendance was not an enforcement as such; it was just an accepted habit. Mr Jenkin senior had been made a deacon when only 23 years of age and for most of his life he was a Sunday School teacher and chapel secretary.

On those Sunday evening occasions as well, the children were shown the small bags with long ribbons won by their father in various Eisteddfod essay competitions. These were kept in a locked drawer and the father was never told his siblings had seen them. This was a ploy by the mother to induce a sense of achievement in the children. Swearing, not even of a mild nature, was never allowed around the home. But T.J. was made aware of uncouth language on the schoolyard mainly through contact with children from Rosebush whose vocabulary had been tainted by the presence of navvies amongst them when the railway was built. Thunderstorms and lightning were accepted as God's command to the seeds to propagate and whenever such a storm was experienced all work stopped as everybody stood still in reverence to the 'one who spoke from Heaven'. He refers to the famous Young family of whom four became Baptist ministers and well known pulpit orators. He refers to the strong influence of such characters as Ben Phillips, Daniel y Gof and Ben Pant-y-gwynfyd. He recollects his father's comment that his mouth was not 'wide enough' in response to someone's enquiry whether he was destined to become a preacher.

He recollects the New Year's celebrations held on January 12th when neighbours and all those who had helped on the farm throughout the year were invited to a mid-day feast of beef, mutton, potatoes, plum pudding and rice pudding all washed down with gallons of ale purposely brewed too weak to make anyone drunk. Although geese were kept they were always sold rather than killed for the home table. Goose once appeared on the table when received as a gift from his mother's uncle, James Bushell of Park East, New Moat, with the specific instructions it was to be eaten by the family. Bread and cheese was the staple diet and occasionally eggs were eaten for breakfast when their market price had hit rock bottom. Every September a boxful of bloaters were bought and they were invariably eaten with the mid-day meal. Starlings would be often eaten since it was easy to shoot about half a dozen with a single gunshot.

On New Year's Eve (January 1), at the stroke of midnight, parties would visit the surrounding homesteads singing for Calennig. At daybreak children would start their rounds collecting Calennig, usually money and cakes to eat on their way. Calennig was also collected at various times of the year by the poor when they would ask for victuals and sustenance. On New Year's Day the celebrations were concluded with a literary festival at Hen Gapel. T.J. Jenkin concludes by confessing his deep hiraeth and yearning for the experiences of those early years. Despite their hardship they gave him a lifelong sense of discipline and duty. The solitude of the mountain slopes, the relationship with animals and nature remained with him as an indelible experience. But education opened a new furrow and there would be no turning back as other worlds beckoned.

Ffermio ar Y Preselau

Peter Denzil Edwards

Cefais fy magu yn Nhafarn Newydd. Roedd fy nheulu hefyd yn berchen ar fferm dri chan erw yn ymestyn at odre Foel Eryr. Roedd gennym hefyd hawliau tir comin, traddodiad sy'n ymestyn nôl i'r cyfnod Normanaidd. Ond nôl yn 30au'r ganrif ddiwethaf roedd ffermio yn wynebu argyfwng dwfn. Âi fy nhad â'i ddefaid ag ŵyn i ffeiriau Maenclochog a doedd neb yn eu prynu. Wrth i'r gaeaf nesáu, ac roedd y gaeafau bryd hynny yn llawer mwy gerwin na nawr, roedd yr argoelion yn hynod o ddu. Byddai fy nhad yn cyflogi bwtsiwr i ladd yr ŵyn er mwyn gwerthu'r cig yn yr ardal oddi amgylch. Fodd bynnag, o gofio bod dwy filiwn a hanner o bobl yn ddi-waith ar draws y wlad doedd gwerthu'r cig ddim yn hawdd. Roedd coes wên yn rhy ddrud i lawer am swllt a chwech!

Y Ffald

Lleolid y ffald ychydig islaw Tafarn Newydd a 'nhad oedd Ceidwad y Ffald, neu i roi iddo ei enw swyddogol, Beili'r Ffald. Petai anifeiliaid yn tresmasu ar diroedd rhyw ffermwr roedd ganddo'r hawl i'w tywys i'r Ffald. Byddai hawlio merlod a gwartheg yn costio hanner coron yr un i'w perchennog a defaid ac ŵyn yn costio swllt yr un. Telid grot i fy nhad am ofalu am y ffald. Oni chai'r anifeiliaid eu hawlio o fewn 24 awr roedd yn ofynnol i'r ceidwad ofalu eu bod yn cael eu gwala o fwyd tan y byddai rhywun yn eu hawlio. Rhoddid hysbysebion yn y papurau lleol ac anfonwyd hysbysiadau i'r ardaloedd cyfagos yn nodi dyddiad eu harwerthiant oni fydden nhw'n cael eu hawlio cyn rhyw ddyddiad arbennig. Fe'u gwerthid wedyn mewn arwerthiant cyhoeddus. Byddai Beili'r Ffald wedyn, ar ôl cadw digon o arian i'w ddigolledu am ei wariant, yn anfon yr arian at Arglwydd y Faenor neu fel yr oedd ar y pryd at Arglwyddes y Faenor, sef Lady Withington.

'Y Stra'

Nodwedd arall o ffermio defaid yn y 30au oedd 'Y Stra' fel y gelwid y dasg o gasglu'r defaid oddi ar y mynydd. Trefnid y casglu yma ddwywaith y flwyddyn a hynny ym misoedd Gorffennaf a Hydref. Byddai fy nhad yn dewis dyddiad arbennig ar gyfer holl ffermwyr Mynydd y Preseli i gasglu eu defaid. Pwrpas y Stra gyntaf oedd gwneud yn siŵr fod y defaid i gyd wedi eu cneifio. Byddai'r cneifio, wrth gwrs, yn digwydd ym mis Mehefin. Pwrpas yr ail Stra oedd tynnu'r defaid oddi ar y mynydd dros y gaeaf. Rhoddid rhwydd hynt i'r defaid i bori tir comin y mynydd yn ystod misoedd yr haf ond dros y gaeaf fe'u cedwid ar dir yn nes at y ffarm er mwyn i'r bugeiliaid gadw golwg arnyn nhw'n ystod y tywydd garw. Byddid yn bwrw golwg yn ystod Stra'r Hydref i weld a oedd yna ddefaid neu ŵyn heb eu clustnodi'n gywir. Os byddai yno ddefaid na wyddai neb pwy oedd eu perchnogion byddai Arglwyddes y Faenor yn eu hawlio wedyn. Roedd gan bob ffermwr ei nod clust ei hun ar gyfer ei ddefaid. Nod defaid fy nhad oedd 'cwart ar y dde, bwlch plyg ar yr aswy'. Un arall dwi'n ei gofio yw 'toriad blaen ar y dde a thwll ynddo, picwarch ar yr aswy'. Cadwai fy nhad lyfr yn cynnwys yr holl nodau clust.

Trochi defaid, 'Dipo Mowr'

Er mwyn atal y defaid rhag dal clefydau fe'u golchwyd yn flynyddol mewn dŵr â diheintydd ynddo. 'Coopers Dip' oedd y diheintydd mwyaf adnabyddus ar y pryd. Yn ddiweddar bu cryn bryder ynghylch y diheintyddion a ddefnyddir i drochi defaid, o ran iechyd a diogelwch y bugeiliaid yn bennaf. Rhwng 1908 a 1911 poenwyd defaid Mynydd y Preselau gan glefyd y sgab yn ddrwg iawn. Aflwyddiannus fu pob ymdrech i'w ddileu. Diffyg gofal adeg y golchi blynyddol oedd yn gyfrifol am yr aflwydd yn ôl pob tebyg. Cynt unig ddyletswydd y ffermwr oedd hysbysu'r plismon lleol ei fod wedi trochi ei ddefaid. Ond mewn nifer o achosion doedd y ffermwr ddim yn golchi ei ddiadell gyfan. Ym 1911 gorchmynnwyd codi chwe trochfa o amgylch Mynyddoedd y Preselau gan Heddlu Sir Benfro ac fe godwyd un ar ein ffarm ni ychydig islaw Tafarn Newydd. Byddai plismyn wedyn yn cydweithio gyda'r bugeiliaid a'u cŵn i glirio'r mynydd o ddefaid ar ddiwrnod yn ystod yr ail wythnos ym mis Awst fynychaf.

Byddai'r plismyn a'r bugeiliaid yn dringo i ben Foel Eryr a Foel Cwm Cerwyn a phan godid baner wen ar y ddau gopa byddai'r corlannu'n dechrau. Cedwid y defaid mewn siediau dros nos a'r diwrnod canlynol fe'u trochwyd ym mhresenoldeb y plismyn. Teflid pedair dafad i'r drochfa ar y tro a'u gwlychu am hanner munud. Byddai'r plismyn yn amseru pob trochiad ac roedd ambell un yn fwy brwd na'i gilydd ynglŷn â'r amseru a dwi'n cofio ambell ddadl go boeth rhyngddyn nhw a'r ffermwyr. Yn ystod y cyfnod yma byddai'r plismyn yn aros yn Nhafarn Newydd. Ym 1911 trochwyd 24,000 o ddefaid ac yn ystod y flwyddyn honno dim ond tri achos o'r clefyd y daethpwyd ar ei draws. Ym 1912 roedd yn ofynnol trochi'r defaid ddwywaith o fewn pythefnos i'w gilydd ac ni chafwyd yr un achos y flwyddyn honno. Ym 1932 codwyd trochfa newydd yn agos i'r gronfa ddŵr newydd a godwyd gan Gyngor Dosbarth Trefol Aberdaugleddau. Codwyd tanc dŵr concrid mawr yn rhannol o dan ddaear uwch i fyny yn y cwarre uwchben baddon y defaid ac roedd hwn yn darparu digon o ddŵr ar gyfer y trochi.

Cwrt Lît

Cynhelid y Cwrt Lît ddwywaith y flwyddyn yn Nhafarn Newydd. Dyna pryd fyddai perchnogion y defaid yn tyngu llw i Arglwyddes Barwniaeth Cemaes. Hysbysid y Beili gan yr Arglwyddes i alw ynghyd, ar ddyddiad arbennig, ddwsin o ffermwyr oedd â defaid yn pori tir comin Mynydd y Preselau. Byddai bob amser yn anodd denu dwsin o ffermwyr ynghyd ym mis Awst am fod y cynhaeaf gwair ar ei anterth. Byddai'r Cwrt Lît yn cael ei gynnal o gwmpas bwrdd hir yn yr hen ran o'r dafarn a elwid yn Nant-y-ddwylan. Er mwyn sicrhau'r nifer digonol byddid weithiau'n gorchymyn pwy bynnag oedd yn y dafarn i eistedd o gwmpas y bwrdd er na wyddai'r pŵr dabs fawr ddim am yr hyn a oedd yn mynd mlân.

Trafodid unrhyw fusnes a wnaed ers y cyfarfod blaenorol a byddai arian priodol yn cael ei gyflwyno i Arglwyddes y Faenor. Petai unrhyw un am godi tŷ ar dir comin byddai'n rhaid iddo gael caniatâd y deuddeg ffermwr. Doedd gan hyn, gyda llaw, ddim cysylltiad â'r arfer o godi tŷ unnos ar dir comin dros nos a'r hawl i'w berchnogi petai mwg i'w weld yn ei simne cyn toriad gwawr, ynghyd â'r tir o'i gwmpas cyn belled ag y gellid taflu carreg o'r drws ffrynt.

Ar ôl cwblhau'r holl drafodaethau byddai'r Beili'n darllen affidafid i'r perwyl y byddai pawb a oedd yn bresennol yn ffyddlon i Arglwyddes y Faenor, yn barod i'w gwasanaethu ac yn ei chydnabod fel Arglwyddes y Faenor. Byddai rhaid i bawb yn eu tro lofnodi'r ddogfen a chusanu'r Beibl. Rhoddid dau beint o gwrw'r un i'r ffermwyr neu beth bynnag fyddai'n cyfateb i hynny mewn sigaréts neu arian. Heddiw mae'n braf gweld cymaint o ddefaid ar y mynydd, ond i mi mae diflaniad y cymeriadau hynny a arferent amaethu'r mynydd yn fater o dristwch. Dwi'n cofio William Pritchard yn byw yn Nhyllosg. Roedd carreg ffin y plwy ar waelod yr ardd ger y nant ac, felly, roedden nhw'n byw o fewn plwyf Nanhyfer. Roedd yna risiau anarferol o lydan yn y tŷ fferm heb unrhyw garped na leino arno ac wedi ei sgrwbio'n wyn. Pan fyddai'r tywydd yn rhy wael i weithio tu fas bydde William yn ishte ar y grisiau yn wynebu'r drws ffrynt yn cadw llygad ar bwy bynnag a ele heibio. Fe fydde fe'n mynd mas i gael sgwrs gyda hwn a'r llall wedyn.

John a Margaret Owens, Fagwr Goch, ac un o'r merched, Irene neu Nellie. John oedd yr olaf yn yr ardal i glymu llafur yn sgube â llaw.

John and Margaret Owens, Fagwr Goch, and one of their daughters, either Irene or Nellie. John was the last in the area to tie corn in sheaves by hand.

Byddai William Thomas, Trinant, yn dod lawr â'r tsiyrns lla'th bob bore i gwrdd â'r lorri yn Nhafarn Newydd. Yn ystod blynyddoedd y rhyfel bydde William yn galw gyda ni bob bore i gael unrhyw newyddion am nad oedd weierles gyda nhw getre. Roedd hi'n anodd iawn cael gafael ar batris pryd hynny. Meredith Lewis oedd yn byw yn fferm fach Dolau. Roedd e'n aelod o'r *Observer Corps* ym Maenclochog. Roedd yna gyntedd yno o ddwy garreg slât dal ac un arall ar eu pen a hwnnw'n gyforiog o rosyn dringo o'r enw Saith Chwaer. John Owens, Fagwr Goch, oedd y ffarmwr diwethaf yn yr ardal i ddefnyddio pladur i dorri llafur. Byddai ei wraig, Margaret a'i ddwy ferch, Irene a Nellie, yn clymu'r llafur yn ysgube. Gwaith digon anodd oedd hwnnw yn enwedig os oedd ysgall yn y llafur. Roedd y rhan fwyaf o ffermwyr yn defnyddio beinders mecanyddol erbyn 1930au.

Prynwyd fferm David Harries, Blaenpant, gan Gyngor Gwledig Ardal Aberdaugleddau ym 1928 er mwyn codi argae. Cafodd David y swydd o ofalu am y gronfa ddŵr. Dim ond defaid gai bori'r tir o amgylch y dŵr a dim ond gweryd artiffisial geid ei wasgaru arno; dim dom naturiol o gwbl. Gan David oedd y dasg o ddarllen y ddau fesurydd dŵr, y naill ger bwthyn y Gors a'r llall ger Pantmaenog.

Y dyddie hynny bydde bron pob ffarm yn macsu cwrw ar gownt y cynhaea gwair a dyma'r rysait oedd gyda ni yn Nhafarn Newydd ar gyfer gwneud 40 galwyn. Twymo'r dŵr mewn bwyler copr mawr nes ei fod bron yn berwi ac ychwanegu pedwar winshin o frâg a'i adael wedyn am bedair neu bum awr. Ei hidlo ac ychwanegu pedwar pwys o hops ac 20 pwys o siwgir ciwb ac ailferwi'r cwbl am awr. Ei adael i oeri. Arllwys llond bwced ohono i gasgen gan ychwanegu cwart o ferem yr un pryd. Unwaith y bydde'r cwbl yn dechre gweithio fe fydde'r gweddill yn cael ei arllwys i'r gasgen. Ei adael am ddeuddydd (falle bydde owns o siwgir glass yn cael ei ychwanegu i'w helpu i glirio) a'i hidlo, a wedyn ei botrelu. Iechyd da!

✯✯✯✯

Wêdd ddim lot o ddileit ffarmo 'da Shincin. A gweud y gwir wêdd hi'n dipyn o annibendod a thrâd moch 'da fe. Ond wedyn wêdd e'n eitha craff yn 'i ffordd.

Digwyddodd Sais rhonc alw ar y clos rhyw ddiwrnod gan feddwl prynu'r lle'n weddol tsiep.

'Diwrnod da i chi. Mae gen i ddiddordeb mewn prynu'r fferm,' meddai'n llawn hunan-hyder.

'O, ie, faint ma fe'n folon gynnig,' medde Shincin.

'Dros bum mil o bunne,' medde'r Sais yn frest i gyd.

'Popeth yn iawn. Deued e nôl fory a deued e â whilber 'da fe.'

Preseli Sheep and Characters

Peter Denzil Edwards

As a child I lived at the New Inn, Rosebush. My family also owned a three hundred acre farm that stretched to the foot of Foel Eryr. We also had rights to the common land, a tradition that goes back to Norman times. However, in the 1930's farming was in deep crisis. My father would take his sheep and lambs to the Maenclochog fairs, and no one would buy them. With the approaching winter, which seemed to be far more severe than nowadays, the prospect was pretty grim. My father would employ a local butcher to kill the sheep and lambs, and sell their meat in the surrounding district. However, with two and a half million people unemployed, selling was not easy. People would find a leg of lamb too dear at one shilling and sixpence!

The Pound

The Pound was situated just below the New Inn, and my father was the Keeper of the Pound, or to give the official name, Bailiff of the Pound. Should animals trespass on a farmer's land, he had the right to bring them to the Pound. Ponies and cattle cost the owner two shillings and sixpence each, and sheep and lambs a shilling each. Four pence was paid to my father as Keeper of the Pound. If animals were not claimed within twenty four hours, the pound keeper would have to see they were properly fed until they were claimed, then the stray animals were advertised in the local newspapers, and notice sent to various districts, fixing the date of the auction, if still not claimed by a certain date. They were then sold by public auction. The Pound Keeper, after keeping sufficient to defray his expenses would send the money to the Lord Marcher, in those days it was a Lady Marcher (Lady Withington).

The Stra

Another feature of sheep farming in the thirties was The Stra. This took place twice a year, in July and October. My father would appoint a certain date for farmers on the Preseli Mountains to gather in their sheep. This was to see that all sheep had been sheared (sheep shearing took place in June). The second Stra was held in October. During the summer months the sheep were allowed to graze on the common land on the Preseli Mountains but as winter drew near they were brought down to the farms, so that the owners could keep a watchful eye on them during the winter's severe weather.

The object of the Stra in October was to find any lambs or sheep that had not been properly earmarked, and if any lambs or sheep were found on the mountains without any owner, then the Lady Marcher would claim the animals. Every farmer had different ear markings for his sheep. The ear marking belonging to my father was 'cwart ar y dde, bwlch plyg ar yr aswy' – quarter off right, v shape gap on the left. Another I remember was 'toriad blaen ar y dde, a twll ynddo; picwarch ar yr aswy' – tip of the right cut off, and a hole in the remainder; a pitchfork on the left. A book containing all the ear markings was kept by my father.

Sheep Dipping (Dipo Mowr)

To prevent disease, sheep were dipped annually in water to which a disinfectant was added. The most well known at that time was 'Coopers Dip'. Recently there has been considerable concern about the health and safety of disinfectant used in sheep dipping. Between 1908 and 1911 a disastrous disease called 'sheep scab' broke out on the Preseli Mountains. Various methods failed to check it. The reason for this outbreak seemed to be the lack of supervision at the annual sheep dipping. Previously, all that was required of the farmer was to report to the local police that he had dipped his sheep. In many cases the farmer did not dip all their sheep.

In 1911 the Pembrokeshire Constabulary ordered six baths to be built around the Preseli Mountains, one was built on our farm just below the New Inn. The police were then organised with all sheep owners and their dogs to take one day, usually in the second week of August, to clear all the sheep off the mountains. The police and the farmers would proceed to the top of Foel Eryr and Foel Cwm Cerwyn and at the showing of a white flag from each mountain summit the drive began. The sheep were gathered in and kept overnight in farm outhouses. Next day dipping took place under supervision of the police officers. Four sheep were placed in the bath at the same time, and allowed to soak for thirty seconds. Some of the police, with their stopwatches, were keener than others about the time the sheep were in the bath, and I remember some very bitter arguments between them and the farmers.

During the sheep-dipping period the police were accommodated at the New Inn. In 1911, 24,000 sheep were dipped, and during that year, only three cases of sheep scab were reported. In 1912, double dipping was introduced, with a fortnight between each dipping, and that year no complaints were received. In 1932 a new sheep dip was situated outside the catchment area of the new reservoir which had been built by the Milford Haven Urban District Council. A large concrete water tank was built partly underground, up in the quarry above the sheep bath, and this provided enough water for the sheep dipping.

Court Leet

The Court Leet was held twice a year. Then the sheep owners swore allegiance to the Lady Marcher of the Barony of Cemaes. The bailiff of the Court received notification from the Lady Marcher to call twelve homagers or sheep farmers whose sheep grazed on the common land of the Preseli Mountains. Notices were duly sent to the homagers and on the day appointed they would congregate at the New Inn. It was always difficult to get twelve farmers to attend in August, as this was the height of the haymaking season. Here they would sit at a long table in the old section of the New Inn called Nant-y-Ddwylan Arms.

Any business transacted since the previous court was discussed and the appropriate money handed over to the Lady Marcher. Should anyone wish to build a house on the common land, consent of the twelve homagers would have to be obtained.

This by the way has no connection with the building of a 'tŷ unnos'. If someone built a cottage on common land overnight, and it drew smoke through the chimney by dawn, he could claim the plot for himself along with land as far as he could throw a stone from his front door – thus the one night house. After all the transactions were completed, the Bailiff of the court read out an affidavit to the effect that all present would be faithful and serve the Lady Marcher and regard her as the true Lady Marcher. Each homager in turn signed the document, at the same time kissing the Bible. Each homager received two pints of beer, or its equivalent in cigarettes or money. Today, it is a pleasant sight to see so many sheep on the mountains, but to me the passing of so many of the characters that farmed on the mountains is a source of considerable sadness.

Roedd y criw yma wrth y gwair yn Nhafarn Newydd adeg yr Ail Ryfel Byd. Rhes gefn o'r chwith: Charles Martin, Blaenpant; William Morgan, Slade; William James, Lodor Fawr; Aneurin George, Casmael; David Salmon, Trepant a Denzil Edwards, Tafarn Newydd. Rhes flaen o'r chwith: Dewi Nicholas, Blaenpalis ac un o'r plant; Nellie Owen, Fagwr-goch; Elizabeth Nicholas, Blaenpalis; Margaret Owen a'i merch Irene, Fagwr-goch.

Neighbours assisting with the hay harvest at New Inn during the Second World War

I remember William Pritchard at Tyllosg. The parish boundary stone stood below the garden by the stream and the homestead was, therefore, within the parish of Nevern. They had an exceptionally wide staircase in the house scrubbed white and without any lino or carpet. When the weather was too bad to work outside, William would sit on the staircase, facing the front door. He could see who was passing on the road and would go out to have a chat. William Thomas, Trinant, would pass down every morning with milk churns to meet the lorry at New Inn. During the war years he would call in with us to get the latest news since they did not have a wireless at home because batteries were very difficult to obtain at the time.

Dolau nearby was a much smaller farm and Meredith Lewis was a member of the Observer Corps at Maenclochog. They had a porch constructed of two vertical slate slabs with another across the top. This, I remember, was covered with climbing roses, a variety called Seven Sisters. John Owen, Fagwr-goch, was the last farmer to use a scythe to harvest the corn. His wife, Margaret, and two daughters, Irene and Nellie, used to tie the corn into sheaves. This was a very arduous task especially if there were thistles in the corn. Most farmers used mechanical binders by the 1930's.

Roedd y criw yma wedi digwydd cwrdd ar groesffordd Tafarn Newydd rhywbryd ym 40au'r ganrif ddiwethaf. O'r chwith: May Thomas, Trinant a'i meibion Owen a Beni; Ruthie Jenkins, Tyllosg a Nance; Annie Lewis, Dolau a'i meibion David, Merfyn a Vincent; Denzil Edwards, Tafarn Newydd; Tyssul Jenkins, Tyllosg, ar gefn y poni, a Hugh Edwards, Tafarn Newydd.

A gathering at New Inn sometime during the 1940s

David Harries, Blaenpant, had his farm taken over by the Milford Haven Rural District Council to build a reservoir in 1928. David was given the job of caretaker of the reservoir. Only sheep were allowed to graze on the land that had not been covered by water. Only artificial fertiliser was allowed and no farmyard manure. He also had the job of reading the two water meters, one of which was situated near Gors and the other by Pantmaenog.

In those days Tafarn Newydd used to brew its own beer just like every other inn. This was our recipe for making 40 gallons of homebrew. The ingredients were one quart of barm, four bushels of malt, four pounds of hops and 20lb of cube sugar. The water would be brought almost to the boil before the malt was soaked for four to five hours and then drained. The hops and sugar would be added and boiled for about an hour, and allowed to cool. A bucketful would be poured into an open-end cask whilst adding the barm. The remainder would be poured, once the fermentation had begun, and left for two days, and then drained and bottled. Sometimes an ounce of icing glass would be added to clear the beer. Iechyd da!

✩✩✩✩

Wêdd bachan o'r Mot yn whilo am waith yn Ffair Gyflogi Maenclochog. Dyma fe'n dechre siarad â ffarmwr o Drefelen gan weud wrtho na fydde fe byth yn blino a do'dd dim ofan gwaith arno.

'Fachgen, dyna'r union fath o was dwi'n whilo amdano. Sdim llawer o dy siort di ar ga'l, gwlei. Dere â dy focs bore Llun,' mynte'r ffarmwr.

Mewn cwpwl o ddiwrnode dyma'r ffarmwr yn gweld y gwas newydd yn gorwe' yn ei hyd pan ddyle fe fod yn torri pen clawdd.

'Bachan, be sy mlân 'da ti? Wên i'n meddwl hanot ti byth yn blino?' holodd y ffarmwr.

'Wel, fydda i ddim nawr, a onibai modi i'n ca'l bach o whe nawr ac yn y man fydden i'n blino'n tshwps.'

Teithwyr Tafarn Newydd

Denzil Edwards

Er nad yn dafarn bellach fe saif Tafarn Newydd neu Nant-y-ddwylan i ddefnyddio'r hen enw arno mewn man strategol tua hanner ffordd rhwng Hwlffordd ac Aberteifi ar heol y mynydd ar gyrion Rosebush neu Rhos-y-bwlch. Arferai'r goets fawr aros dros nos yno ar ei thaith rhwng y ddwy dref ac mae Richard Fenton yn sôn am y lle yn ei lyfr *Tour Through Pembrokeshire* a gyhoeddwyd yn 1810. Tan yr Ail Ryfel Byd fe fyddai amrywiaeth o bobl yn aros ac yn galw yno ac yn eu plith sipsiwn a chrwydriaid. Dwi'n eu cofio'n cyrraedd wrth iddi nosi ac yn gofyn am ganiatâd fy nhad i gael llety dros nos.

Fe fyddwn i'n aml yn eu tywys i'r stafell tsiaffo lle fydden ni'n amal yn cadw ychydig o wellt. Pan oeddwn i'n blentyn fe synnwn i eu gweld yn cysgu yng nghwmni'r llygod mawr ddeuai mas o dyllau yn y wal. Ond fe welwn i nhw'n gosod y bag a gynhwysai eu holl eiddo bydol o dan eu gwegilau ac yna'n cysgu'n braf. Fe ddeuai'r crwydriaid, neu'r tramps, i ddrws y gegin yn y bore i ofyn am ddŵr berw. Fe fydden nhw'n cario can bach gyda dolen iddo ac ynddo fe fydden nhw'n cymysgu ychydig o de a siwgwr. Fydde dŵr berwedig ar gael bob amser yn y tegell haearn mawr o dan y simne fawr.

Byddai fy mam bob amser yn hael wrth bwy bynnag ddeuai i gnocio ar y drws yn begian am hyn a'r llall ac fe roddai ddarn o facwn neu pa lysiau bynnag oedd ar gael iddyn nhw. Byddai fy nhad yn holi pob trempyn i adael unrhyw fatsus oedd ganddyn nhw yn y tŷ dros nos cyn eu hebrwng i gysgu yn y tai mas a dychwelyd eu heiddo iddyn nhw bore trannoeth. Ar un noson o aeaf tua wyth o'r gloch, pan aeth fy nhad mas i fwydo'r creaduriaid, roedd un o'r crwydriaid wedi cynnau cannwyll ac wedi cwympo i gysgu heb ei diffodd. Pe na bai fy nhad wedi sylwi gallai'r coed a'r gwellt fod wedi cynnau gan arwain at drychineb.

Byddai'r sipsiwn yn parcio eu carafanau mewn arhosfan tua hanner milltir o Dafarn Newydd ar y ffordd i Abergweun ger Fagwr-goch. Roedd yna lyn yno i ddwrhau'r ceffyle a digonedd o le ar gyfer y carafanau yn ogystal â lle ar gyfer cynnau tân agored er mwyn coginio. Bydden nhw'n defnyddio'r coed o amgylch er mwyn hongian eu dillad ar ôl eu golchi. Erbyn heddi mae'r ffordd wedi ei llydanu a'r safle wedi ei orchuddio â thyfiant. Bydden ni'r plant yn sglefrio ar y llyn yn y gaeaf. Pan fyddai'r tywydd yn ddychrynllyd o oer fe fyddwn i wastad yn meddwl y bydden nhw'n siŵr o rewi i farwolaeth ond roedden nhw i weld yn ddigon jycôs. Mae'n debyg ei bod hi'n gynnes tu fewn i'r carafanau Romani hynny.

Bydde'r sipsiwn yn mynd o amgylch y ffermydd yn gwerthu sosbenni a chanhwyllbrenne ac ati o'u gwneuthuriad eu hunen tra byddai eu gwragedd yn gwerthu pegiau dillad wedi eu gwneud o bren helyg, a blodau wedi eu gwneud o bapur. Cyrhaeddai ambell garafán yn gyforiog o fasgedi o bob siap a maint yn cael ei thynnu gan geffyle peibol. Gollyngwyd y ceffyle i bori yn y parc o dan y tŷ. Yn y dyddie hynny cynhelid ffeiriau misol ym Maenclochog a bydden nhw'n gwneud busnes da yno.

Ymhlith y crwydriaid roedd y rhai hynny a oedd ar y ffordd fawr heb iddyn nhw gyflawni unrhyw gamwedd. Roedd rhai mor wan a llesg fel na ellid disgwyl iddyn nhw wneud yr un diwrnod o waith beth bynnag. A doedd yna fawr o waith ar gael yn 20au a 30au'r ganrif ddiwethaf. Roedd hyd yn oed y ffermwyr yn dioddef yn enbyd o ganlyniad i'r dirwasgiad economaidd. Er yn dlawd roedd gan bob trempyn ei falchder. Pan glywodd un ohonyn nhw fi'n ei alw yn 'dramp' dyma fe'n dweud wrtha i 'paid â fy ngalw'n dramp ond yn frenin y ffordd fawr'.

Roedd yna lawer o gymeriade a phobol ddiddorol ymhlith y teithwyr yma. Dyna chi'r Gwyddel, Patrick Creenon, a fyddai'n mynd lawr i afon Syfnwy ar ôl cael tamed o frecwast ac yn ymolchi yn y dŵr rhewllyd ac ynte'n hanner noeth cyn rhedeg nôl lan y rhiw i gael ei wres. Wedyn roedd Twm Shot a fyddai'n adrodd rheffyn o farddoniaeth am hanes suddo'r *Titanic*. Deuai Jim Herrington neu Marloes Jim fel y'i gelwid yntau yn ei dro. Gwyddel a fu'n ymladd yn Rhyfel y Crimea yn 1853 oedd Jim, a bu farw ym 1906 yn 75 oed, yn un o dafarndai Abergweun. Wedyn bydde yna roces tua 14 oed yn dreth ar amynedd fy nhad am ei bod hi'n torri'r llwyni ar hyd y cloddie. Liz oedd ei henw hi a bydde hi'n cario llif bob amser. Ai mewn i'r perci i lifio'r coed i'w defnyddio'n danwydd i goginio bwyd. Doedd dim llawer o groeso iddi hi o ran fy nhad, beth bynnag.

Fe fyddai gan y sipsiwn filgi neu ddau wastad yn dilyn eu carafanau. Am nad oedden nhw'n berchen tir doeddwn i ddim yn deall pam oedd angen y cŵn arnyn nhw. Ond tybed a oedd yna ychydig o botsian am ambell gwnigen i osod yn y crochan ar y tân agored yn digwydd gyda chymorth y milgwn? Weithiau fe fyddai ganddyn nhw gart fflat yn cael ei dynnu gan ferlen. Weithie fe fydden nhw'n prynu rhai o'n ponis mynydd a bob amser yn talu mewn arian gleision.

Cyhuddwyd y crwydriaid a'r sipsiwn o bob math o droseddau ond ar un achlysur roedden nhw'n gwbl ddi-fai. Pan sylwyd bod ceirch yn diflannu o Dafarn Newydd penderfynodd un o'm wncwliod ddodi trap a fyddai'n rhoi naid y tu fewn y drws. Agorid y drws trwy roi eich bys mewn twll a chodi'r lats. Pan aed mas i odro bore trannoeth roedd yna ddyn yn sefyll wrth y drws â'i fys yn sownd holbidag yn y trap. Doedd e ddim yn byw yn bell iawn o Dafarn Newydd chwaith !

Jim Herrington, neu Marloes Jim,
a fyddai'n lletya yn ei dro yn Nhafarn Newydd

Jim Herrington, or Marloes Jim,
who would often stay overnight at the New Inn

New Inn Itinerants

Denzil Edwards

Up until the outbreak of the Second World War in September 1939 the New Inn Farm at Rosebush was a station or lodging place for gypsies, tramps, and various travelling people. The hostelry, of course, was strategically placed half way between Haverfordwest and Cardigan. The highway coach used to stop overnight and Richard Fenton refers to the place in his book *A Tour Through Pembrokeshire* published in 1810. In my time the itinerants would arrive in late evening and seek my father's permission to stay for the night. I often had to take them up to the chaff-room, where we usually stored some straw. As a child it amazed me that they could sleep among the rats that came out from holes in the wall, but I watched them place the bag that contained all their worldly belongings under their heads, and drop off to sleep.

The tramps would usually come to the kitchen door in the morning, and ask for some boiling water. They had a small can with a handle, in which they had placed some tea and sugar already mixed. Hot water was always available, because it was customary to keep a large cast iron kettle on the hob in the old 'simne fawr'. My mother was always generous to these people who came begging at the door, and would often spare them some bacon and other farm produce.

My father was very strict in asking the tramps, before they went up to sleep, whether they had any matches in their possession, and if so they had to leave them in the house, to be called for in the morning. This was because one winter's night, when my father went out to feed the cattle at about 8 p.m. one of the tramps had lit a candle, and dropped off to sleep without putting it out. If my father had not seen this, it would have reached the wood and straw with catastrophic results.

The gypsies would park their caravans in a lay-by about half a mile from New Inn, near Vagwr-goch Farm. There was a pond to provide water for the horses, and ample room for the caravans, as well as space for an open-air fire to do the cooking. The trees alongside were used to dry their clothes. Today, the road has been widened, and the site is covered in vegetation. The pond was also used by us children for skating in wintertime. During extreme cold weather, I used to think they would perish in their caravans, but they seemed to survive all right. In fact, it seemed quite warm inside those Romany caravans.

The gypsies would go around the farms selling saucepans, candle-holders, etc., which they had made themselves, whilst the gipsy women sold clothes pegs made from willow wood, and flowers made from crepe paper. The plastic variety, so familiar today, had not been heard of in those days. Some caravans would come along covered with baskets of all shapes and sizes, the caravan being drawn by a team of piebald horses. These were allowed to graze in the meadow below the house. There were monthly fairs in Maenclochog in those days, and they would do a brisk trade at these events.

Among the tramps were those who were destined to walk the road through no fault of their own. Some were so weak and feeble, they could never do a day's work, and anyway, there was very little employment available in the 1920s and 1930s. Even farmers suffered because of the economic recession. Although poor, the tramps had their pride. When one of them heard me refer to him as a tramp, he said, 'Don't call me a tramp; call me king of the highway'.

There were some very interesting and eccentric characters among these travelling people. There was the Irishman called Patrick Creenon who, after he had his meagre breakfast, would go down to the icy waters of the Syfnwy river, strip to the waist and wash, then run up the hill to get warm. Then there was Twm Shot, who would recite a long poem in Welsh about the sinking of the Titanic, and Jim Herrington, an Irish tramp known as Marloes Jim. *The Haverfordwest and Milford Haven Telegraph* reported on September 5th, 1906, that Jim, who was six feet tall, had been found dead in the coach house of the Royal Oak Inn, Fishguard. He was 75. He was one of many who walked the roads from Fishguard to Maenclochog and Mynachlog-ddu during the early part of this century. Jim had fought in the Crimea War. There was also a little girl aged about 14 who used to annoy my father, who thought a lot of the few trees that grew along the hedgerows. However, Liz, as the girl was called, had a little saw, and she would go into the fields to cut the trees to provide wood for the fire to cook dinner. She was not one of the most welcome visitors as far as my father was concerned.

The gypsies often had one or two greyhounds following their caravans. I often wondered about this, as they did not own any land. Could it be there was some discreet rabbit-poaching going on? They sometimes had a flat-bottomed float, drawn by a pony, and occasionally they bought some of our mountain ponies and always paid in silver. The tramps and gypsies were blamed for many things, but were quite innocent of one incident. Many years ago, some very valuable oats went missing from New Inn Farm. One of my uncles decided to place a sprung gin trap just inside the door, which opened by pushing a finger through a hole in the door and lifting the latch. The following morning, when they went out to milk the cows, there was a man at the barn door with his finger in the gin trap! He turned out to be someone who did not live far from the New Inn!

The Vanished Homes of Preseli

Beyond those lonely, distant hills
Where river Syfnau flows,
Where often mist the valley fills
And purple heather grows.
Today I walked the rugged path
That twisted to and fro
Amongst those very ancient stones
Set there so long ago.

The skylark rose in joyful song
Up to the bright blue sky;
The cuckoo sang from morn till dusk
On this fine summer's day.
I travelled onward step by step
And stopped awhile to rest,
For walking on these stoney paths
Had put my strength to test.

Again I stopped and asked myself,
Where have the people gone?
For there is no one to be seen –
Whatever have they done?
For here and there I came across,
As onward I did go,
The ruins of a cottage small –
Abandoned long ago.

I counted eight, then nine and ten
And in the distance, more,
But why did all the people leave
These homes in days of yore?
I think I know the reason why
They left and ne'er came back:
No road did lead towards their home
But just a rugged track.

How hard it must have been those days –
Bring food and fuel here,
With horse and cart along a track
In weather foul and fair.
They bid farewell and went away,
A better place to find –
These heaps of stones which once were homes
They went, and left behind.

Gone are the happy, joyful sounds
Of children at their play,
And in the garden at the back
No flowers grow today.
Penbwlch, Penboyr and Pistyll Pwg:
Some of their names I knew –
Dolau Isaf, Cwarre, Gors:
To name but just a few.

Trinant Uchaf and Lan'rafon,
Ddolwen Isaf I could see
Down beside the Syfnau river
As it winds towards the sea.
No more we see the distant lights
That from their windows shone,
And darkness now pervades the night
For all the lights are gone.

Denzil Edwards

☆☆☆☆

Wêdd hi'n amser eitha twff ar y ffermydd yn y dyddie cyn bod y siec lla'th misol yn dod i'r tŷ a wêdd rhaid bod yn garcus o bob diferyn. Gwas newy' ar un ffarm yn sarnu bwceded o la'th ar y clos o fla'n lliged 'i fishtir. Ma'r mishtir yn dechre termo gan ddweud, 'na fe, wheugen ar y llawr fan 'na 'to'.

'Wel, pîg e lan gloi te,' wêdd ateb disymw'th y gwas.

Ben Dan-Garn a Pit Tafarn Newydd

Dau gyfaill clòs oedd Ben Evans a Peter Edwards, y naill yn fardd gwlad a'r llall yn ben bugail. Cyhoeddodd Ben gyfrol o dan y teitl *'Cerddi'r Cerwyn'* yn enw 'Gordon'. Ymhlith y deunydd mae baled 'Tro i Ffair Maenclochog' i'w chanu ar alaw 'Codiad yr Ehedydd'. Ei fab oedd W. R. Evans (Wil Glynsaithmaen) a amlygodd yr un doniau wrth ffurfio Parti Bois y Frenni a chyfansoddi deunydd ar eu cyfer. Peter Edwards, gyda'r bib yn ei geg, oedd tad Denzil Edwards sydd wedi cyfrannu'n helaeth at gynnwys y gyfrol hon. Tynnwyd y llun tu fas i Fferm Pantmawr, Rhos-y-bwlch, ym 50au'r ganrif ddiwethaf.

Two close friends, Ben Evans and Peter Edwards, the former a country poet and the latter a master shepherd. Ben published a volume of compositions entitled 'Cerddi'r Cerwyn' (The Cerwyn Poems) under the pseudonym 'Gordon'. One of the compositions is a ballad about Maenclochog Fair. His son, W. R. Evans (Wil Glynsaithmaen), used his literary and musical talents to form Bois y Frenni, the renowned concert and Noson Lawen party. Peter Edwards, with the pipe, was Denzil Edwards' father who has contributed extensively to this volume. The photograph was taken outside Pantmawr, Rosebush, in the 1950s.

Tro i Ffair Maenclochog

(*Alaw :* Codiad yr Ehedydd)

Es am dro i Ffair Maenclochog,
Gwelais beth crand ardderchog
Gweld y plant i gyd yn dwre,
Drych ar ddyn yn torri pibe

Roedd 'na wartheg a da hespon,
Defaid magu, moch, ebolion,
Ponis mini ac asenod,
Merin blwydded, ŵyn a hwrddod.

Mi ges gynnig lot o arian
Fynd yn was i Morfa Lacharn:
Uwd a llath roedd 'na i ginio,
Pallu'n lân wnes i fynd ato.

Dyna'm neges oedd cael meinwen:
Gwelais ferch o Lanycefen.
Gwir fod hon yn drych yn serchog,
Goreu oedd yn Ffair Maenclochog.

Fu ddim llai 'da fi na threio,
Er cael gweld ffordd oedd yn shapo.
Gofyn imi wnaeth am ffeirin –
Prynes iddi chwech sgadenin.

Row'n yn meddwl bod yn hapus
Gyda merch fach lân ddifyrus,
Ond fe gefais wir fy mhoeni –
Roedd un arall am ei charu.

Ceisio llawer gwaith ei denu
I gael noswaith yn ei chwmni.
Ond pan oeddwn i yn gofyn,
Hwn o hyd oedd yn ei chanlyn.

Ond o'r diwedd bu rhaid ildio:
Bachgen arall oedd hi'n leicio.
Wedi i fi hala'r arian,
Bachgen arall fwyto'r sgadan.

Roedd 'na dwyll yn ei gwefusau
Wedi i mi boeni oriau;
Hefyd wedi hala swlltau,
Stranded oeddwn rhwng standine

Gordon (Ben Dan-garn)

☆☆☆☆

The place derives its name 'Maen-clochog' from a large stone, several tons in weight, so nicely poised upon three small upright stones, as to vibrate on the slightest touch, and, upon its being struck, to sound like a bell. This curious relic was destroyed by some of the inhabitants, who, induced by the vain expectation of finding some hidden treasure, blew it up with gunpowder. The parish, which is situated in a mountainous district, comprises a considerable extent of land, the greater portion of which is unenclosed and uncultivated. Part of the Precelly mountain, which is the highest in South Wales, is within its limits: the ancient Welsh name of this mountain is Preswylfa, signifying 'a place of residence,' and is derived from its having been the resort of the natives, as a place of security, in the intestine wars by which this part of the principality was agitated during the earlier periods of its history.

This mountain was anciently well clothed with forest timber, affording shelter to such as took refuge in its recesses, but now presents a bare and sterile aspect, dreary in its appearance, and exhibiting some small vestiges of ancient encampments, which were probably those constructed by the natives. The village, which is of considerable size, occupies the summit of a bleak and barren eminence, and the inhabitants, with the exception of such as are employed in agriculture, are engaged in working some quarries of slate of good quality, which is found in the parish. Fairs are annually held on March 10th, May 22nd, August 5th and the first Monday after the 29th of October; they are large cattle fairs, and are in general well attended.

The living is a discharged vicarage, in the archdeaconry and diocese of St Davids, endowed with £400 royal bounty, and £400 parliamentary grant, and in the patronage of Hugh Webb Bowen, Esq. The chapels of Llandilo and Llangolman were formerly chapels of ease attached to the vicarage, but they have been endowed, and subsequently augmented with Queen Anne's bounty, and are now perpetual curacies, the two districts having been erected into distinct parishes. The church, dedicated to St Mary, and situated in the centre of the village, is a neat edifice, rebuilt by subscription within the last forty years. A schoolroom has been erected in the churchyard, and is now occupied by one of Mrs Bevan's circulating charity schools, for the gratuitous instruction of poor children. St Mary's well, in this parish, is stated to afford relief to such as are afflicted with rheumatism. The poor are maintained by an average annual expenditure amounting to £65/17/-, of which sum, £63/7/- is assessed on the hamlet of Maenclochog.

From Lewis' *Topographical Dictionary of Wales* (1833)

Dau o gartrefi Rosebush neu Rhos-y-bwlch sydd wedi diflannu: Teulu'r Cwarre – Elizabeth a Fred Bell ynghyd ag Ellen Harries (mam Elizabeth) a'i hŵyr, Edward Bell.

Teulu'r Gors – Marina Morris (Williams, Caerludd, Rhosfach heddiw) yng nghôl ei mam-gu, Elizabeth Lewis a'i mam, Sarah Mary yn sefyll.

Two Rosebush homes that have disappeared: Cwarre – Elizabeth and Fred Bell along with Ellen Harries (Elizabeth's mother) and her grandson, Edward Bell. Gors – Marina Morris (Williams, Caerludd, Rhosfach) in her grandmother's arms, Elizabeth Lewis, and her mother, Sarah Mary standing.

Dwy o gymeriadau'r ardal: Leisa'n gwisgo capan a byddai'n ei wisgo yn y gwely hefyd, ac Ellen Harries, Cwarre

Two local characters: Leisa wearing the cap which she also wore in bed, and Ellen Harries, Cwarre

Peg Tafarn Sinc

Un arall o gymeriadau mwy diweddar Rosebush oedd Margaret Ann Lewis neu Peg Tafarn Sinc fel y'i hadwaenid gan bawb. Bu'n cadw tafarn croesawgar a chartrefol am 52 o flynyddoedd o 1939 tan 1991. Ni fu yna erioed jiwc bocs na bwrdd pŵl yn ei thafarn i amharu ar y sgwrsio. Ond roedd yna organ yn y gornel petai rhywun am roi tonc. Gwyddai sut i gadw trefn a byddai pwy bynnag a ddigwyddai ei thramgwyddo yn cael blas ei thafod yn ddiymdroi. Ond fe fyddai yna faddeuant a byddai'n arllwys o'r jwg unwaith eto.

Another of Rosebush's most recent characters was Margaret Ann Lewis or Peg Tafarn Sinc as she was universally known. She kept a friendly and welcoming pub for 52 years from 1939 until 1991. There was never a jukebox nor a pool table to distract from the conversation. But there was an organ in the corner for whoever felt like a singsong. She knew how to keep order and whoever went beyond the pale would soon be told off in no uncertain terms. But there was always forgiveness and she would once again pour from the jug.

Beni Maes-yr-haul

Roedd Beni Maes-yr-haul, Twffton, yn adnabyddus yn yr ardal nid yn unig fel masiwn ond fel canwr gwerin a baledwr. Fyddai'n ddim iddo dorri mas i ganu 'Bwmba', 'Y Gwcw' neu 'Fy Morwyn Ffein I' cyn hawsed â rhoi siment ar drywel. Hwyrach y buasai eraill yn adnabod Benjamin Thomas yn well fel Beni Pencnwc am mai yno gyda'i ewythr, Andrew Thomas, yng Nghwm Gwaun, y cafodd ei fagu. Yn wir, roedd ei wncwl yn gantor gwerin heb ei ail ac mae ei lais ar gof a chadw yn archifau'r BBC ac yn Sain Ffagan. Cyfeirir ato hefyd mewn llyfr o'r enw *Folksongs of Britain and Ireland* a gyhoeddwyd gan Cassell yn 1975. Doedd Beni ddim yn brin o'r ddawn i adrodd ambell stori dal chwaith a phrin fod ei well i ddifyrru'r cwmni wrth ddathlu'r Hen Galan ar Ionawr 13. Medrai adrodd rhigymau wrth y llatheidi ar batrwm llafarganu'r pwnc. Bu farw ym 1979 yn 72 oed ac mae Myfanwy Bowen, Pentalar, Rosebush, a Ionwy Thorne, Fferm Studdolph, Steynton, yn ferched iddo.

Beni, Maes-yr-haul, Tufton, was well known in the locality not only as a stonemason but also as a folksinger and balladeer of note. It would not be unusual to hear him break into a rendition of 'Bwmba', 'Y Gwcw' or 'Fy Morwyn Ffein I' as easy as placing cement on a trowel. Some might remember Benjamin Thomas as Beni Pencnwc as it was there, in the Gwaun Valley, his uncle, Andrew Thomas, brought him up and from whom he learnt most of the songs. Andrew's voice has been kept for posterity in the BBC archives and at St Ffagans (National Folk Museum). A reference can also be found to him in a book entitled 'Folksongs of Britain and Ireland' published by Cassell in 1975. Beni was not without the ability to tell the odd tall story and there would be nobody better to entertain the company when Hen Galan was celebrated on January 13. He could recite endless doggerel on the pattern of the pwnc chant. He died in 1979 aged 72 and Myfanwy Bowen, Pentalar, Rosebush and Ionwy Thorne, Studdolph Farm, Steynton, are his daughters.

Rhamant Rhydwilym

John Absalom a'r Parchg E. Llwyd Williams

Yr oeddwn ar fanc Ffynnon-Samson, ac wedi cyrraedd yno heb gyfri'r milltiroedd a heb sylwi ar ddim, ond wedi gweld popeth. Yr oedd y wlad yn ysgafn gan haf, a minnau yng ngafael yr ysbryd a wêl ac a glyw ac a ddeall y pethau sydd ddieithr i gnawd. Syllwn i'r cwm islaw, a chlywn afon Cleddau yn canu'n isel wrth gadw Sir Benfro a Sir Gaerfyrddin ar wahân yn y gweundir mawnog. Safwn ar ffordd Llangolman, a gwelwn heolydd cul Llan-y-cefn a Llandysilio yn croesi'r afonydd ac yn gwau dros y rhiwiau, wrth ymgodi o'r meingwm. Chwythai'r awel o gyfeiriad Meini Gwŷr – cysegr y derwydd, a theimlwn dangnefedd mynyddoedd y Preselau, 'seintwar hen dduwiau a chewri'r cynfyd', yn gadernid i'm cefn.

Yma yr oeddwn yn yr ysbryd, yn mwynhau'r fraint o fyw am ysbaid yn yr awyr denau sy'n ieuo ffeithiau a breuddwydion. Cerddaswn heibio i Eglwys a godwyd i goffáu ymweliad Sant Colman â'r henfro, a safwn yn ymyl ffynnon a honno'n fwrlwm o atgofion am Samson, un o archesgobion Llydaw. Lladdwyd yr arth olaf yng Nghymru lle saif ffermdy'r Llwydarth heddiw – yr arth lwyd olaf, beth bynnag! Gwelwn ar yr ochr arall i'r cwm lwybrau ysbrydion brawychus yr oesoedd o'r blaen yng ngelltydd gwyllt Cilau-fawr, Clyngwyn a Llwyn-yr-ebol. O edrych ar hyd y cwm, gwelwn niwl yr haf a'r pellter yn cau dros diroedd bras Lawrenny, Slebech, Cannaston a Landshipping yn y 'Lloegr Fach tu hwnt i Gymru'.

O dynnu'r llygaid yn ôl a syllu trwy frigau'r ynn a'r deri, gwelwn gapel Rhydwilym ar lan yr afon yn y cwm. O'i weled, aeth y ddaear yn sanctaidd dan fy nhroed, a gwelwn y ffyrdd a'r llwybrau yn ddu gan bobl; hen wŷr a hen wragedd, gwŷr ifainc a phlant yn cyrchu tua'r cysegr tawel. Euthum yn ddyfnach i'r ysbryd a daeth y geiriau hyn o rywle ...

Arglwydd, sanctaidd ydyw'r llwybrau
  Tua'r capel yn y cwm;
Dyma lwybrau ein harloeswyr
  Draw yn nyddiau'r erlid trwm.
    Dyma'r ddaear
  Sydd yn glod i'w haberth hwy...

Ond â minnau yno'n syn, ymgasglodd y niwl hwnnw a berthyn i bellter blynyddoedd i bylu'r olygfa. Cuddiodd y cyfan, diflannodd y capel, symudodd y cloddiau, ciliodd llawer fferm a bwthyn, heb ddim ond murmur yr afon yn aros. Aeth fy mro gynefin yn ddieithr imi, ac fe'm cefais fy hun yn tramwy daear breuddwyd a hanes, ac yn mwmian rhif blynyddoedd rhamant yr henfro... 1662 ... 1668... 1701...

Wedi ymddiswyddiad y Parchg Henry Price, aeth eglwys Rhydwilym i chwilio am olynydd iddo. Methwyd â chytuno ynghylch rhyw ddau neu dri, ond wele newid sydyn yn y sefyllfa. Clywsai rhai o'r blaenoriaid am ryw fyfyriwr pengoch yng Ngholeg Hwlffordd, a rhaid oedd ei glywed. Bu ei glywed yn ddigon. Ordeiniwyd y myfyriwr John Jenkin Evans yn Rhydwilym ar Awst 6 a 7, 1889. Dechreuwyd yr oedfa nos Fawrth gan fyfyriwr o goleg Llangollen (Thomas Phillips, Prifathro Coleg Caerdydd ar ôl hyn). Pregethwyd gan Dafis Login a Daniel Jones, Hendy-gwyn. Dechreuwyd yr oedfa fore Mercher gan D. C. Davies o Goleg Hwlffordd, a phregethwyd siars i'r gweinidog gan J. E. Griffiths, Sgiwen, a siars i'r eglwys gan E. T. Jones, Blaenwaun (Llanelli). Dechreuwyd oedfa'r prynhawn gan Hughes o Brifysgol Aberystwyth, a phregethwyd gan y Dr Witton Davies, E. T. Jones a J. B. Griffiths. Dechreuwyd oedfa'r hwyr gan Ben James, Aberdulais (Tymbl), a phregethwyd gan J. E. Griffiths ac E. T. Jones. Dyna ddechrau'r weinidogaeth a barhaodd am dair blynedd ar ddeg ar hugain.

Priododd J. J. Evans â Miss Charlotte Harries, merch y Cothi Vale Nurseries, Llansawel, a ganed iddynt chwech o blant. Y mae Mrs Evans yn fyw heddiw gyda'r merched, Olwen ac Esther, yng Nghlunderwen. Gwelodd y teulu ei ran o ofidiau'r byd. Bu farw Maud, y ferch hynaf, pan oedd y teulu ar eu gwyliau yn Nhrefdraeth. Collwyd y bachgen talentog, Gwilym, yn y Rhyfel Mawr ym 1916. Claddwyd David Rees a John, y ddau fab arall, yn ddiweddarach. Effeithiodd ergyd 1916 yn fawr ar Mr Evans, a bu farw heb i'r clwyf llwyr wella.

O ddilyn ei gwrs yn y weinidogaeth, gwelir iddo ymdaflu i'r gwaith yn ei ffordd ddihafal ei hun. Etholwyd wyth o ddiaconiaid newydd ym 1890, ac urddwyd hwy i'r 'barchus arswydus swydd' gan Henry Price a Jenkins, Trefdraeth. Bu farw Henry Price ym 1892, ac aeth yr eglwys yn gyfrifol am dreuliau'r claddu a chodi carreg i nodi man ei fedd. Adeiladwyd tŷ newydd i'r gweinidog, sef Bryngwilym ym 1899. Ymwelodd Cymanfa Caerfyrddin ac Aberteifi â'r eglwys yn 1895. Glanhawyd a phaentiwyd y capel ym 1905. Prynwyd darn o dir Allt-y-pistyll ym 1907 i wneuthur mynwent newydd ohono.

Mynwent mewn man dymunol – dan y coed
Yn y cwm cysgodol,
Hunell addfwyn a lleddfol,
Ac erw Duw ar gwr dôl.'

Dan Phillips (Cleddian).

Cafwyd yr organ – yr organ gyntaf i'r Capel – ym 1912. Adeiladwyd festri newydd ym 1922. Dyna fraslun o weithrediadau'r eglwys yn ystod gweinidogaeth y Parchg J. J. Evans. Bedyddiwyd rhyw ddeg ar gyfartaledd am bob blwyddyn o'i weinidogaeth.

Yn Nhachwedd 1914 dathlwyd pum mlynedd ar hugain ei weinidogaeth yn Rhydwilym, a chyflwynwyd iddo rodd sylweddol gan yr eglwys. Cynhaliwyd cyfarfodydd arbennig a chymerwyd rhan ynddynt gan Dafis, Login, Jubilee Young, Phillips Nebo (A), Williams, Llandilo (A), Rhys Williams, Maenclochog (A), Joseph James, B.A., Llandysilio (A), Ll. Humphreys, Gelli; D. J. Michael,

BA., Blaenconin, Glasnant Young, a'r Cynghorydd David Davies, Maengwyn. Siaradwyd ar ran yr eglwys gan y ddau ddiacon, William Edwards ac Enoc Jones.

Cyhoeddwyd pregeth gyntaf J. J. Evans yn *Seren Gomer,* Tachwedd, 1917. Wele ychydig sylwadau ohoni:

> 'Ioan xviii, 23. "Paham yr wyt yn fy nharo i ?" Iesu Grist yn y llys. Nid yw yn un syndod fod Iesu yn y llys. Efe yw'r "Barnwr Cyfiawn." Dylai gael ei le mewn mwy o lysoedd ... Yr hyn sydd yn syndod yma yw bod "Barnwr yr holl ddaear" mewn llys yn cael ei farnu... Dygwyd Iesu Grist i'r llys heb achwyniad yno yn ei erbyn. Dylai'r achwyniad fod yno o'i flaen... Meddyliodd un o blant y tywyllwch ei fod wedi cael achwyniad yn erbyn Iesu yn ei ateb. Cymerodd y gyfraith yn ei ddwrn... (1) Y weithred – taro. Pwy yw y person ? ...Mae'n dra thebyg nad Malchus ydoedd. Yr oedd clust hwnnw yn pregethu trugaredd Iesu iddo ... Fe fyn yr ysbryd drwy rywbeth i'w daro o hyd... taro ymgorfforiad o Gariad. Rhoddodd Duw lawer i ddyn ... ond ni roddodd iddo awdurdod i daro.
> (2) Y Gwrthrych – "Fy nharo i". Y llythyren leiaf yw'r "i" ond y mae'n cynnwys yma "Yr Hwn na all nef y nefoedd ei gynnwys" ... Os na wyddai pwy ydoedd, gwyddai nad person i'w daro ydoedd ... Tarewir Iesu Grist o hyd. Amharch yn dod i'r golwg yw taro .. Y Gŵr a fu'n wylo dros Jeriwsalem a darewir yn ei llys. Nerth trugaredd oedd peidio â tharo ...
> (3) Y Cwestiwn – "Paham?" ... Cwestiwn i gydwybod. Nid eisiau gwybod oedd yr Iesu, ond eisiau i'r dyn ei hun wybod ... Cwestiwn i reswm... "Tystiolaetha" ... Dadl y creadur direswm yw taro ... Bu asen Balam yn greadur mwy rhesymol na'r hwn oedd ar ei chefn, un tro, er bod enw proffwyd arno ... Cwestiwn na fynnai ei ateb oedd hwn ... Daw'r pahamau i'r golwg yng ngoleuni'r argyhoeddiad neu yn nydd y farn ... Ni all na rheswm na chydwybod roi ateb boddhaol am wrthod Mab Duw. "Efe a aeth yn fud." Amen.'

Defnyddid y darllenydd ei ddychymyg gyda'r sylwadau hyn, gan ychwanegu profiad y blynyddoedd atynt, a chaiff ryw syniad am bregethu J. J. Evans.

Traddododd ei bregeth olaf yn Rhydwilym, fore Sul, Hydref 22, 1922. Ei destun oedd Luc xiii, 7, 8. Aeth i ragberfformiad y Gymanfa Ganu ym Mlaenconin yn y prynhawn a'r hwyr. Trawyd ef yn wael ym Mlaenconin, a chludwyd ef oddi yno i'w wely. Bu farw ymhen wythnos.

Cadd oedfa o ganu Blaenconin
Yn oedfa ar geulan y bedd,
Ac atswn yr oedfa fu'i gordial pur
Drwy'r dyffryn mewn llonder a hedd;
Gollyngwyd ef adref mewn tangnef,
Â'i law ar yr aradr o hyd,
Gofalodd yr Hwn fu'n bugeilio'i gam
Nas siomwyd wrth newid ei fyd.

Harding Rees

Pregethodd yn ei hen gartref ym Mlaenwaun (Llandudoch) y Sul cyn y trawyd ef yn wael yn oedfa'r Cymun.

Claddwyd ef yn Rhydwilym, Sadwrn, Tachwedd 4, 1922. Gwasanaethwyd gan Glasnant Young; W. J. Rhys, Horeb; J. Jones, Hermon; E. Lawrence, Pope Hill; D. J. Michael, B.A.; J. T. Phillips, Nebo (A) ; W. P. Jones, M.A., B.D. (M); W. Herber Jones, Birchgrove; T. E. Gravelle, Cold Inn; Morgan Jones, B.A.; Hugh Jones, Llanelli, John Williams, Aberteifi; B. Thomas, Penfro, a Gwynfi Davies. Ni welwyd y fath dorf mewn angladd yn Rhydwilym erioed, a bu rhai'n ymgiprys â'i gilydd am gyfle i gario'r arch, gan gymaint eu parch i'r ymadawedig. Traddodwyd pregeth goffa iddo gan y Parchg Glasnant Young, brynhawn Sul, Tachwedd 26, 1922. Y testun oedd, 'Canys Dafydd, wedi iddo wasanaethu ei genhedlaeth ei hun trwy ewyllys Duw, a hunodd, ac a ddodwyd at ei dadau.' Eithr byw yw Ifans Rhydwilym...

Gŵr cymedrol o dal a thenau ydoedd, â chnwd da o wallt melyngoch tonnog ar ei ben. Yr oedd ei wyneb yn hir a chul, â barf sidanaidd yn ei addurno. Trwyn Rhufeiniwr oedd ganddo, a dau lygad byw a direidus, a'r naill ag ychydig o duedd ynddo i edrych ar y llall. Yr oedd ei ddwy ben-lin yn or-hoff o'i gilydd hefyd. Gwisgai ffrog-côt a legins ar dywydd garw. Medrai farchogaeth beisicl cystal ag unrhyw fachgen yn yr ardal. Cadwai ddwy neu dair buwch, llo a mochyn, a gwnâi ei orau ohoni fel ffermwr. Deuai i helpu ei gymdogion i gywain gwair, ac ef oedd bywyd y cwmni ar y cae neu yn yr ydlan. Yr oedd yn gyfaill i bob math o ddynion, a pherchid ef gan bawb. Os oedd iddo falchder, gwreiddioldeb ydoedd. Yr oedd yn bregethwr heb fod yn bregethwrol, ac yn sant heb fod yn snob.

Deil ei hiwmor i dramwy'r wlad hyd heddiw, a gosodwn yma ryw enghraifft neu ddwy o'i ffraethineb diarhebol. Galwodd un dydd yn un o siopau'r fro, ac aeth y siopwr ati i'w gymell i brynu math o fwyd arbennig i besgi lloi bach, gan ddangos lluniau gwahanol o loi wedi eu magu ar y bwyd hwnnw – a'r gwahaniaeth rhwng y lloi yn chwe wythnos oed ac yn dri mis oed – gwahaniaeth dirfawr. 'Wnaiff y bwyd 'na ddim tro i fi,' ebe Ifans. 'Pam ?' gofynnodd y siopwr. 'Dyw'r twlc 'co ddim yn ddigon o faint i fagu llo fel 'na,' oedd ateb Ifans.

Yr oedd allan yn saethu cwningod un tro gyda phregethwr arall. Llwyddai hwnnw i ladd bob tro, tra methai Ifans bob ergyd. 'Os gelli di saethu yn well na fi,' ebe Ifans, 'mi alla'i bregethu yn well na thi.' 'Gelli,' oedd ateb hwnnw, 'ond iti weld talcen coffin.' A gwir oedd y gair.

Daeth rhywun heibio i Fryngwilym un haf gan fwrw golwg dros yr ardd yn gellweirus o feirniadol. 'Y mae rhychau'r tatws yn boenus o gam,' meddai ef. 'Na,' ebe Ifans, 'dyw nhw ddim yn gam, wedi warpo yn yr haul y mae nhw.'

Mewn cyfarfod ordeinio gweinidog gyda'r Annibynwyr yn yr ardal, dywedodd eiriau tebyg i hyn wrth groesawu'r bugail newydd: 'Yr wyf am i fugail Llandilo gofio bod ei ddefaid ef a minnau yn cyd-bori yn yr ardal hon. Fe gaiff yntau ryddid i'w cneifio i gyd ond i fi gael yr hawl o'u golchi nhw yn gyntaf.'

Troai ei hiwmor yn watwareg pan fyddai galw am gerydd. Mewn cyfarfod ymadawol cyflwynwyd rhodd i weinidog oedd yn newid ei faes, a diau bod rhagrithio grymus yn y cwrdd hwnnw. Dywedodd yntau, 'bod y rhodd yn ei atgofio am yr hen arferiad o glymu sospan wrth gynffon ci er mwyn cael ei wared.' Gwelodd pob un yr ergyd, eithr ni ddigiwyd neb. Yr oedd ei hiwmor yn halen oedd yn llosgi clwyf wrth ei wella. Gŵr melys ei ysbryd a difyr ei gymdeithas oedd Ifans Rhydwilym. Dyn mawr ydoedd a'r cyfan ohono yn y golwg. Ni freuddwydiodd am guddio gwendid, ac ni chafodd demtasiwn i ragrithio. Llywodraethid ef gan onestrwydd a bu'n drech na'i gyhuddwyr ymhob tramgwydd. Yr oedd yn ŵr Duw ac yn ddyn pawb.

Gwisgai'r Efengyl a thlysni ei ddychymyg gan draddodi ei neges mewn cyfaredd a hwyl. Pwy a'i clywodd heb gael bendith, ac yntau'n sôn am 'Y Lleidr ar y Groes,' neu'r 'Mab Afradlon' ar lwyfan Cymanfa neu bulpud y Cwrdd Chwarter? Rhoddwyd iddo'r ddawn i ddal awgrym adnod o'i chlywed mewn pennod ar ddechrau'r cwrdd gweddi, a medrai droi'r awgrym hwnnw yn anerchiad eneiniedig. Gwnâi hyn weithiau ar y Sul, gan bregethu 'ar y pryd,' eithr nid dyna'i arfer. Gwnaeth ddefnydd ymarferol o'r *Geiriadur Groeg*, a hyn oedd i gyfrif yn ddiau am fod ei bregeth mor ffres â'r wawrddydd bob Sul. Ni bu neb cyflymach ei feddwl i weled y lliwiau gwahanol yn ystyr gair neu ymadrodd. Cadwodd ddiddordeb ei gynulleidfa ar hyd y blynyddoedd. Os na byddai oedfa fawr yn y bore, deuai'r bobl yn ôl i oedfa'r hwyr â'u disgwyl yn fwy o lawer. Eithriad rhyfedd a fyddai Sul cyfan fflat. Fel pregethwr, cadwodd ei hiwmor o dan ddisgyblaeth, a ffrwynodd ei ddychymyg i dramwy llwybrau'r pur a'r cain.

Ni bu ei debyg fel pregethwr angladd. Pwy ond Ifans a fyddai'n taro ar eiriau fel, 'och fi, fy meistr, canys benthyg yr oedd,' yn destun pregeth angladd plentyn bach? Wrth graffu ar blant amddifaid ar lan bedd tad neu fam, fe welai ef 'gefn llydan yr Arglwydd a miloedd o blant bach yn cael eu cario arno, a digon o le i fwy o hyd,' a gofynnai i'r dyrfa 'gynorthwyo a chodi'r rhai bach i gefn Duw.' Mewn un angladd soniodd y gweinidog am yr ymadawedig fel 'cymeriad dipyn yn arw.' Cododd Ifans ar ei ôl gan ddywedyd rhywbeth tebyg i hyn, 'yr wyf wedi bod yn dilyn hanes y daearegwyr yn ddiweddar – y bobl sy'n chwilio creigiau'r byd yma, ac wedi dysgu llawer oddi wrthynt. Pan welant graig lefn, esmwyth, ni wnânt lawer o sylw ohoni, ond os gwelant graig arw, ysgythrog, byddant yn sylw i gyd – yno y mae'r perlau – yn y garw. Mi welais i'r garw ym mywyd – ond gwneuthum sylw manwl ohono, a gwelais berlau yn y garw. Gwelais gymwynas a charedigrwydd, gwelais addfwynder a haelioni.' Do, fe welodd Ifans Rhydwilym y gorau ym mhawb. Sonnir amdano o hyd ar aelwydydd yr ardal, clywir ambell stori o'i eiddo yng nghyfeillach y difyr, ac adroddir darnau o'i bregethau pan dry hiraeth ei gydnabod yn atgof.

Tra parabl 'Cleddau' ar raean
 Rhydwilym a'i sanctaidd ro,
Bydd enw fy eilun dan wyrddlas dw'
 A'i acen a'i ddawn mewn co';
Gorffwysed yn nhangnef yr erw
 A wlychodd â'i ddagrau ei hun,
A sued yr afon uwch beddrod hwn
 Fu'n gyfaill i Dduw ac i ddyn.

Harding Rees

Dau o gewri pulpud Capel Rhydwilym, y Parchg Henry Price (ar y chwith) a'r nodedig Parchg J. J. Evans

Two pulpit stalwarts at Rhydwilym Chapel, the Revd Henry Price (on the left) and the renowned Revd J. J. Evans

---

The above is an extract from a book entitled 'Rhamant Rhydwilym' (The Romance of Rhydwilym), co-edited by John Absalom, J.P., a leading light at Rhydwilym Chapel, and the Revd E. Llwyd Williams, an ordained Baptist minister at Ammanford at the time, who received his early religious instruction at Rhydwilym. The book, published in 1939 by Gwasg Gomer, chronicles the history of the Baptist congregation in the remote valley on the banks of the Cleddau since its inception in 1668. Baptists were baptised in the river at the time of religious persecution and two of the early leaders, William Jones and Griffith Howells, were jailed for preaching the gospel beyond the confines of the established church. The early Puritans, as they were known, refuted the tenets of the Common Prayer Book and would only swear allegiance to Jesus as the one and only irrefutable king. They were driven from the established church following a series of Parliamentary Acts in the early 60's designed to curb the religious fervour of the dissenters by forbidding holding meetings in secret and insisting on uniformity of religious beliefs. By 1689 a total of 118 members had joined the 'cause' established at Rhydwilym from a total of 40 parishes spread across the three West Wales shires.

With this scenario in mind Llwyd Williams' opening paragraphs set the scene of a romance of epic proportion as he imagines himself looking down on the valley so steeped in history, with the inference that a Breton archbishop, Samson, gave his name to a nearby well, and that the last grey bear in Wales was slain at nearby Llwydarth farm. He then sets about chronicling the latest of the epic stories associated with the area as he imagines the road to Rhydwilym black with worshippers of all ages. And that would have been the case every Sunday during the ministry of Revd J. J. Evans between 1889-1922, during what was probably the heyday of Nonconformism generally throughout Wales. At his ordination service held over two days, a total of nine sermons were preached from the pulpit. The following year eight new deacons were elected and such was the responsibility associated with the privilege that they were ordained and instructed by both the former newly retired pastor, Revd Henry Price and Revd Jenkins, Newport.

The growth of the 'cause' was to be clearly seen over the next few years as a new manse was built, the Three Shires Festival was welcomed, the cemetery was enlarged, the first organ installed and a new vestry built. An average of ten new members were received annually through baptism by total immersion. Special services were held when J.J. had completed 25 years in the ministry. As was the norm at the time several of his sermons were published for public consumption. He and his wife Catherine had six children of whom one lost his life in the First World War and from whose loss the father never really recovered.

It was said that J.J.'s funeral was unprecedented as members of the overflowing congregation vied to carry his coffin such was the respect in which he was held. The following day the Revd Glasnant Young preached a memorial sermon in his honour and hence the expression was coined 'Evans Rhydwilym lives'. Apparently his distinctive features were a Roman nose, lively penetrating eyes, a mop of gingery hair and a well-groomed beard. He often rode a bicycle and kept a few cows and a pig, as was the custom in those days. He would give his neighbours a helping hand at harvest time and would be the life and soul of the haymakers. If he had any foibles then it was originality. His wit was well known and he glorified in his ability to provide a ready answer with the one line put down.

A shopkeeper tried to persuade him to buy a new food nutrient on the market for calves. The advantages were emphasised and photographs of a calf before and after were shown. But J.J. announced the nutrient would not do for him. 'Why?' implored the shopkeeper. 'My shed is not large enough to accommodate such a calf,' was the reply. Again, at a service to ordain a minister in a neighbouring Congregational chapel he gave the following advice to the new incumbent: 'You must remember that your sheep and mine share the same grass. You can shear them all as long as I have the privilege of washing them all first'. Again, when a service was held to honour a minister who was leaving to take up another vocation and was given a farewell gift, 'this reminds me of the old habit of tying a saucepan to a dog's tail in order to get rid of him'. Because it was a J.J. comment he got away with it and nobody felt embarrassed. His humour was regarded as salt on a wound that would aid its healing.

J.J.'s sermons on the 'Thief on the Cross' and the 'Prodigal Son' were well known. He had the ability to draw a relevant inference from almost any verse in the Bible and his funeral orations were regarded as second to none. He would always find positive sentiments to mention about the deceased. He was regarded as a man of God and a man of the people who was never tempted to hypocrisy and never dreamt of hiding a weakness. It would be unusual for any of his sermons to be below par and if he had not achieved the intended 'hwyl' in the morning service the congregation would return for the evening service all the more keen to be entertained and enlightened.

Capel Rhydwilym fel yr oedd rhwng y cyfnod 1841-1875
ac fel yr oedd ar ddiwedd 30au'r ganrif ddiwethaf

Rhydwilym Chapel as it was during the period 1841-1875
and as it was in the late 30's of the last century

William Jones, Rhydwilym

Cilanwr (James Griffiths)

Ei Amserau

Yr olygfa gyntaf ymegyr o'n blaen y waith hon ydyw dienyddiad Charles I. Wedi i'r brenin ddiosg ei glogyn, ac ymddiried ei gorff i'r offeiriad, plygodd i lawr yn ddefosiynol a rhoddodd ei ben ar y blocyn. Estynodd allan ei freichiau i arwyddo fod popeth yn barod, a chododd y dienyddiwr ei fwyell drom, finiog, ac ysgarodd y pen oddi wrth y corff ag un ergyd! Yna ei gyd-ddienyddwr a ruthrodd ymlaen ac a ddaliodd i fyny ben y brenin yng ngolwg yr holl bobl, ac a lefodd â llais uchel: 'Dyma ben bradychwr'. Fel yna y bu farw Charles I, yr archormeswr hwnnw a fynai lywodraethu y wlad heb y bobl.

Yr ail olygfa a hawlia ein sylw ydyw Oliver Cromwell a'i Ochrau Dur yn dal awenau'r Llywodraeth. Bu hyn o 1653 hyd 1658, neu, a chyfrif o Charles i Charles, bu'r wlad hon heb frenin am un-mlynedd-ar-ddeg, sef o 1649 hyd 1660, dyddiad yr Adferiad.

Yn ystod y cyfnod addawol ond siomedig hwn yr oedd Eglwys Loegr mewn cyflwr rhyfedd iawn! Gyda llaw, rhoes John Milton gyngor i Oliver Cromwell i roddi i'r Eglwys, hunan-lywodraeth – buasai'r baich yn llai iddo ef a'r fraint yn fwy i'r eglwys. Cynghorodd ef hefyd i beidio â chodi arian trwy orfodaeth i gynnal crefydd yn y wlad. A phe buasai Cromwell, yr Anibynnwr, yn gwrando ar John Miltwn, y Bedyddiwr, yn darllen arwyddion yr amserau, buasai Eglwys Loegr wedi ei dadgysylltu a'i dadwaddoli dros 250 o flynyddau yn ôl. Ond fel arall y bu. Ymgymerodd Oliver Cromwell â llywodraethu byd ac Eglwys.

Penododd nifer o ddynion enwog a da yn Brawfwyr (Triers) i edrych i mewn i gymhwysderau ac anghymwysderau yr offeiriaid. Aeth y rhai hyn o gwmpas i bwyso'r offeiriaid – a chafwyd ugeiniau ohonynt yn brin! Yr oedd yn Sir Aberteifi 16 o offeiriaid a dim ond tri ohonynt yn pregethu, a thraed digon drwg meddir oedd ganddynt hwythau. Nid oedd yng Nghymru benbaladr, fwy o offeiriaid duwiol a da nag oedd o siroedd – rhyw ddeuddeg neu dri apostol ar ddeg. Trowyd llawer o'r rhai anghymwys allan a rhoddwyd meysydd eu llafur i ereill ag oeddynt dduwiolach a mwy galluog. Penodwyd Annibynwyr, Presbyteriaid, Eglwyswyr, a rhai Bedyddwyr hefyd, yn weinidogion yn Eglwys Loegr.

Rhoddwyd bywoliaeth Llandysilio, er enghraifft, i David Jones. Mewn gair, gwnawd Eglwys Harri i gynnwys pob credo ac enwad, ac aeth fel llenllian Pedr yn gymysgfa o bopeth. A chyfaddefa Richard Baxter fod y drefn newydd hon wedi dyrchafu y weinidogaeth yn feddyliol ac ysbrydol. Dylid nodi yn y fan hon fod yr offeiriaid a drowyd allan wedi dwyn gyda hwynt yn ôl ewyllys Cromwell, un ran o bump o'u cyflogau blaenorol. Sylwa'r Parchg Silvester Horne, M.A., yn ei draethiad ar y cyfnod hwn, y gall fod ychydig erwinder yn nhroad allan rai o'r offeiriaid fod y lywodraeth filwrol fel yr un offeiriadol yn tueddu i erwinder (harshness). Ond eto dywedir fod Oliver Cromwell ei hun yn fwy hyfwyn na'i gynorthwywyr, y rhai a garient i ffwrdd ar adegau awenau y llywodraeth.

Yn awr yr ydym yn dyfod at gyfnod gwahanol yn hanes y genedl. Mynnai y Presbyteriaid adfer y Frenhiniaeth. Cenfigenent wrth yr Annibynwyr, a galwent yn uchel am orseddiad Charles II. Yr hyn hefyd a fu. Dechreuodd y creulonddyn penwag hwn deyrnasu yn 1660. A chyda golwg ar y Presbyteriaid a alwent mor uchel am dano ni fu gwell eglureb erioed o wirionedd y ddihareb: 'Cenfigen a ladd ei pherchennog.' Os curodd Charles I hwynt â ffrewyllau, curodd ei fab, Charles II, hwynt ag ysgorpionau.

Un o'r pethau cyntaf yr amcanwyd ei wneud gan y brenin newydd ydoedd adfer Episcopaliaeth. Rhaid oedd adfer yr Eglwys i'w hen drefn, a'r offeiriadaeth i'w hen safle cyn dyddiau Cromwell. Felly, pasiwyd ym 1662 ddeddf enwog CYDFFURFIAETH. Yr oedd i'r perwyl a ganlyn:

1. Fod y gweinidogion na fuasent dan ddwylaw esgob i ymostwng i ailordeiniad neu adael yr Eglwys.
2. Fod gwasanaeth yr Eglwys i fod yn ôl y Llyfr Gweddi Cyffredin.
3. Nad oedd yn gyfreithlon dan unrhyw amgylchiadau i godi arfau yn erbyn y brenin.

Pasiwyd y gyfraith ofnadwy hon Mai 19, 1662, ac yr oedd i ddod i rym ar y Sabboth, Awst 24 – Dydd St. Bartholomew – yr un flwyddyn. Y Sul cyn hynny gadawodd Richard Baxter ac ychydig eraill yr Eglwys er mwyn dangos i'w brodyr llai enwog pa beth a fynnent hwy wneud. Y Sul penodedig a ddaeth! Rhaid gadael y 'fywioliaeth' neu fod yn anffyddlon i gydwybod. Pa un sydd i fod? Sylwer, yn hytrach nag ymostwng i ailordeiniad, a darllen y Llyfr Gweddi Cyffredin, etc., trodd dwy fil allan o'r Eglwys a wasanaethent. Troisant allan i dlodi, newyn, a charcharau: ond eto lawer ohonynt i waith a defnyddioldeb. Ymhlith y ddwy fil hyn a drowyd allan mor greulawn yr oedd William Jones, Rhydwilym.

Gallem enwi ereill, fel Stephen Hughes, Meidrym, a David Jones, Llandyssilio, etc. y rhai a fuont o werth mawr i grefydd ysbrydol yn y dyddiau enbyd ddilynodd. Dilynwyd adferiad y frenhiniaeth gan wyth-mlynedd-ar-hugain o erledigaeth. Bu farw wyth mil mewn carcharau, a dioddefodd dros 60,000 ym mhob rhyw fodd. Bu Joseph Wright, gweinidog i'r Bedyddwyr, yng ngharchar Maidstone am ugain mlynedd. Llusgwyd Vavasor Powell o garchar i garchar am un-ar-ddeg o flynyddau. Bu farw mewn carchar yn 53 mlwydd oed. John Bunyan a gadwyd yn y carchar am ddeg mlynedd i gynyrchu i'r byd *Daith y Pererin.*

Aeth miloedd dros foroedd i'r Planhigfeydd yn America, ac ymguddiodd ereill yn ogofau'r ddaear – a'r 'byd nid oedd deilwng ohonynt'. Wedi troad allan y ddwy fil dechreusant bregethu i'r plwyfolion y tu allan i furiau'r Eglwys. I'w rhwystro pasiwyd y Conventicle Act, yr hon a waharddai i fwy na phump o bersonau, heblaw y teulu, fod yn bresennol mewn gwasanaeth crefyddol ar wahân i Eglwys Loegr. Y flwyddyn ddilynol (1665) pasiwyd Deddf y Pum Milldir, yr hon a rwystrai yr Ymneillduwyr ddyfod yn agosach na phum milldir i'r lleoedd y buasent yn gweinidogaethu ynddynt yn amser Cromwell. Bu'r deddfau hyn yn greulawn ac heb dosturi.

Yr oedd nifer o ysbiwyr a 'detectives' maleisddrwg, y rhai a dderbynient ran o'r dirwyon, yn gwylio yr Ymneillduwyr ym mha le bynnag y byddent. Eisteddent yn y Gwestai yn amser bwyta i glustfeinio, &c. Ac os byddai ar y cwmni arogl Anghydffurfiaeth dilynent hwy i'w cêl gyfarfod, ac fel y Saul o Tarsus hwnnw, llusgent hwy yn wŷr ac yn wragedd o flaen yr awdurdodau. Cawn fod carcharau y wlad y blynyddau hynny yn rhy lawn o bobl dda i fforddio lle i ladron a llofruddion. Ni fu carchar Caerfyrddin, meddir, heb ryw Fedyddwyr ynddo yn ystod yr wyth mlynedd a'r hugain. Oblegid hyn ymgyfarfyddai ein tadau yn y nos a chynhalient eu cyrddau yn holltau'r graig. Ymgilient i leoedd unig a dychwelent cyn y boreu. Yn ystod hyn oll ymsuddai'r wlad i bechod ac i aflendid, a cheid yn Charles a'i Lys gyflawniad o bob pechod yn un chwant. Dyma'r dyddiau – a dyddiau blin oeddynt – yn y rhai y blodeuodd William Jones, Rhydwilym.

Griffith Howells, Rushacre

Dyma un o hen Buritaniad yr ail ganrif ar bymtheg, a dyma'r gŵr y mae ei enw yn gyntaf ar hen register Rhydwilym. Pwy fydd â'i enw yn olaf yno? Duw yn unig a ŵyr. Dechreuodd Griffith Howells ar ei yrfa grefyddol pan oedd nerth gorsedd yn ei erbyn, ac erlidwyr beiddgar, fel gwaedgwn yn gwau trwy y wlad, ac yn chwythu bygythion a chelanedd yn erbyn pawb a gaed o'r 'ffordd honno,' ac na chydymffurfient â defodau a chwareuon yr Eglwys Wladol. Do, dechreuodd ar ei fordaith grefyddol pan oedd y storom yn ei nerth, a'r tonau yn ymgodi yn fynyddoedd, ac yn lluchio gyda ffyrnigrwydd yn erbyn y creigiau ar bob ochr, ac yn ewynnu allan eu cynddaredd ar y traethleoedd. Ond diolch i Dduw pob gras, daliodd Griffith Howells lymder yr erledigaethau o bob natur am dros ugain mlynedd, nes tirio o honno yn ddiogel yn awyrgylch rhyddid crefyddol.

Codwyd Griffith Howells gan Dduw i fod yn dyst i'w enw mewn gwasanaeth pwysig a neillduol. Cafodd ei fedyddio ar y 4ydd dydd o fis Mehefin 1667, a phump eraill gydag ef. William Jones oedd y gweinyddwr, yr hwn oedd newydd ddychwelyd o Ddyffryn Olchon, ger Abergavenni, wedi bod o dan y don ei hunan. A oedd rhyw berthynas neu gyfeillgarwch yn bodoli rhwng William Jones a Griffith Howells? Y mae yn ddigon posibl bod un o'r ddau, ac awgryma y diweddar Barch Henry Price, yn ei lyfr ar *Hanes Gardd Gladdu Trefangor,* fod Griffith Howells yn un o'r ddwy fil a drowyd allan o'r Llanau, a dichon felly eu bod yn gweinidogaethu mewn plwyfydd cyfagos.

Cafodd William Jones a Griffith Howells eu hordeinio yn gyd-weinidogion, ar yr un dydd, sef trannoeth i'r dydd y corffolwyd yr eglwys, Mai 13, 1668. Y brodyr fu yn gweinyddu ar yr achlysur oeddynt William Prichard a Thomas

Watkins. Diacon oedd Thomas Watkins a byddaf yn meddwl weithiau mai efe draddododd yr anerchiad i'r gweinidogion, a'm barn i ydyw mae un o'r swydd hon ddylai draddodi anerchiadau i'n dynion ieuanc pan yn cael eu hordeinio, oblegyd y maent mewn safle a phrofiad i ddweyd y drefn yn fwy eglur a didderbyn wyneb, a dichon hefyd pe bai hyn yn cymryd lle y byddai yn foddion i ddwyn y ddwy swydd i fwy o gydymdeimlad ac ysprydolrwydd i weithio o blaid y ffydd, yr hon a roddwyd unwaith i'r saint.

Profodd Griffith Howells ei hun yn weinidog da, gweithgar a ffyddlon i Iesu Grist. A does dim ond goleuni y farn ddiweddaf a ddengys fawredd y gwaith a gyflawnodd a'r aberth offrymodd ar allor crefydd. Yr oedd yn ŵr cyfoethog, cyfrifol yn y wlad, ac yn haelionus ac yn lletygar iawn tuag at y tlodion, ac yn neullduol tuag at bererinion Seion. Ac yr oedd cael dyn o safle ac egwyddorion Griffith Howells, yn fendith fawr i eglwys Rhydwilym ar ei chychwyniad. Bu ei dy ef fel tŷ Obededom gynt, yn gartref i arch yr Arglwydd, yn fan cyfarfod yr eglwys i addoli am dros ddeugain mlynedd, a lletyodd gannoedd o'r pererinion a ddeuent i'r cymundeb o siroedd Caerfyrddin ac Aberteifi, a bu ei dŷ hefyd yn ymguddfan i lawer rhag llid eu gelynion.

Gwir iddo golli llawer o'i feddiannau, ei ddirwyo a'i garcharu, ond dioddefodd y cyfan yn llawen yn niddanwch yr Yspryd Glân. Pregethwr ysgrythyrol iawn oedd a medrai bregethu gyda rhwyddineb ymadrodd yn y ddwy iaith. Ai tybed nad ydoedd yn un o fechgyn Rhydychain? Nod pennaf ei bregethau oedd egluro y gair a dysgu yr eglwys yn egwyddorion sylfaenol crefydd – ei gwneud yn gadarn yn y ffydd, a'u gwreiddio yn dda yng ngwybodaeth ein Harglwydd Iesu Grist, 'fel y byddent barod bob amser i ateb i bob un a ofynnai iddynt reswm am y gobaith oedd ynddynt.' Ysgrythyrwyr mawr ydoedd holl weinidogion Rhydwilym o'r dechrau hyd yr awr hon, dynion wedi eu llenwi â'r doethineb sydd oddi uchod. Dyma fel y disgrifia Henry Price Thomas Jones yn ei farwnad:

> Nid oedd byth eisiau concordance
> Yn un man lle byddai ef,
> Pob gair braidd o'r Beibl fe'i gwyddai
> A dywedai pa lyfr a phle.

A thyna y rheswm mawr fod yr eglwys wedi dal ei thir, ac wedi lledu ei phebyll ac estyn cortynau ei phreswylfeydd.

Barnwn fod Griffith Howells wedi gwneyd mwy ym mhob ystyr o blaid llwyddiant eglwys Rhydwilym nag un o'i gweinidogion. Efe oedd ei hysgrifennydd cyntaf, ac efe hefyd oedd yn gofalu ac yn trefnu ei hamgylchiadau. Rhoddodd ddarn o'i dir yn rhad ac am byth yn feddiant i'r eglwys i gladdu ei meirw. Hwn a elwir ar lafar gwlad yn fynwent fach Trefangor, ac o fewn i furiau hon yr huna yn dawel.

> Hen sylfaenwyr achos crefydd,
> Y Bedyddwyr yn ein gwlad.

Ac yn eu plith Griffith Howells. Ai tybed nad yn hon hefyd y claddwyd yr enwog William Jones? Rhoddodd Griffith Howells hefyd, wrth dynnu ei draed i'r gwely i farw, yn ei ewyllys £40 i ofal ymddiriedolwyr, llog y rhai oedd i fyned at gynnal y weinidogaeth, ond y maent er ys blynyddau lawer bellach wedi mynd yn ysglyfaeth i ddiofalwch. Y peth agosaf at feddyliau ein dynion goreu wrth farw ydyw llwyddiant yr eglwys, ac y maent o'r fan honno – glan yr Iorddonen – yn ceisio ei helpu. Trueni mawr fod rhoddion mor gysegredig yn cael eu dibrisio ac yn myned i golli. Bu Griffith Howells yng ngharchar Hwlffordd, a thra yno bedyddiwyd ei wraig a'i fab – enghraifft o sêl ddi-ofn yr hen Fedyddwyr. Frodyr, meddyliwn am ein blaenoriaid.

Y Parchg Thomas Williams, Vagwrowen

Yr oedd y dyn da hwn yn hen ŵr, ac yn hen bregethwr pan yr ordeiniwyd ef a Morris Morris yn gydweinidogion yn Rhydwilym. Brodor ydoedd o gymdogaeth Login, a chafodd ei eni yn y flwyddyn 1738. Barnwn oddi wrth hanes Eglwys Rhydwilym iddo gael ei fedyddio gan y Parch David Thomas, pan oddeutu deuddeg ar hugain mlwydd oed. Cawn ei enw yn rhestr y pregethwyr cynorthwyol yn y flwyddyn 1771, felly rhaid ei fod wedi dechreu pregethu y flwyddyn ganlynol. Ffarmwr ydoedd, a dyna ydyw hanes y rhan fwyaf o hen weinidogion yr eglwys. Nis gallwn gyfrif paham y bu mor hir cyn cael ei ordeinio, os nad ei wyleidd-dra a'i bryder mawr wrth feddwl cymryd arno yr enw sanctaidd o weinidog i'r Duw goruchaf, ond o'r diwedd penderfynodd yr eglwys ei ordeinio, a rhoddodd yntau ffordd, ac ymwrolodd megis un yn gweled yr anweledig, gan ymorffwys yn gadarn a ffyddiog ar yr addewid werthfawr honno a gafodd yr Apostol Paul gynt pan yn ymladd â'r 'swmbwl'. 'Digon i ti fy ngras i, canys fy nerth i a berffeithir mewn gwendid.' Ac y mae yr addewid hon wedi bod yn bob peth i holl weinidogion yr efengyl trwy yr oesau, ac i barhau yn ei nerth a'i sylweddolrwydd hyd at y proffwyd olaf a glywir yn traethu am y gwaed ar y ddaear hon.

Cynghorwr mawr ydoedd fel pregethwr. Cynghorion oedd baich ei holl bregethau. Pregethodd braidd ar bob cyngor a geir yn yr epistolau, ac yr oedd yn hoff iawn o Lyfr y Diarhebion a gwnaeth ddefnydd lawer o'r Diarhebion fel cynghorion cymwys i'w traethu wrth wahanol gymeriadau. Nid oedd byth yn pregethu ar bwnc o athrawiaeth fel yr arfera rhai o'r hen weinidogion wneud, ond yr oedd cynghori yn elfen wreiddiol ac ysprydol yn ei enaid. Llais cryf ac i raddau yn drymaidd oedd ganddo, ond yr oedd ei ddidwylledd a'i ddifrifoldeb amlwg yn ei wneud yn wir dderbyniol fel llefarwr. Bywyd o nerth a dylanwad ei weinidogaeth oedd ei dduwioldeb a'i gymeriad pur. Doedd neb yn yr eglwys nac yn y wlad yn amau duwioldeb Thomas Williams, ac yr oedd yn ofn mawr i holl annuwiolion yr ardal.

Yn ei amser yr oedd bonheddwr cyfoethog yn byw yn Llangolman, ac yr oedd ef yn barchus iawn o hono. Y 'Cristion cloff' y galwai ef, am ei fod yn gloff o glun trwy ryw ddamwain a gyfarfyddodd pan yn llanc. Cafodd ugeiniau o gymwynasau oddi ar ei law, a llawer ohonynt heb eu ceisio. Un cynhaeaf medi pan oedd yn dychwelyd adref o Gwrdd Paratoad dydd Sadwrn o Rydwilym, ar hyd y llwybr sydd yn arwain trwy gaeau Llangolman, a phan oedd y medelwyr yn mynd i giniaw gwelodd Captain Griffiths ef yn dod a dyma fe'n gweiddi ar y bobl 'arhoswch am funed' a gyda hyn yr oedd Thomas Williams yn y man a'r lle. 'A wnewch chwi geisio bendith ar y bwyd yma,' meddai Mr Griffiths wrtho. 'Ceisiwch fendith arno eich hunan, mae yn llawn bryd i chwi ddechreu ac yr ydych yn fwy o ysgolhaig na mi,' meddai yntau.

Yr oedd y bonheddwr hwn ar rai prydiau yn rhedeg i ormod rhysedd gyda'r pethau meddwol, a byddai'n aflonydd ac yn gynhyrfus yn y tŷ, a gorfu i un o'r gweision redeg i fyny i Vagwrowen ddegau o weithiau i ymofyn Thomas Williams, ar munud y deuai i'r tŷ a dechreu ei gynghori, byddai mor dawel a llonydd â'r oen bach. Ofn ei gymeriad a'i weddiau grymus oedd arno. A phan oedd y bonheddwr hwn ar ei wely cystudd, dyma oedd yn ei ddweyd wrth ei ferch, sef y diweddar Mrs Davies, Maes-y-dderwen. 'O, na bai Thomas Williams yn fyw yn awr, iddo gael gweddio troswyf a chyda mi.'

Y dynion pwysicaf yn y byd yma ydyw dynion Duw, ac nid yn unig y mae yr eglwys yn teimlo colled ar ei hôl ond y mae y gwrandawyr a'r holl ardaloedd. Y golled fwyaf welodd Sodom oedd y dydd yr aeth Lot allan o honi. Dyma y bobl sydd yn cadw y byd i fynd. Bu farw yr hen Batriarch hwn ar ôl gweithio diwrnod cyflawn o waith yn y winllan, Mawrth 11, 1826, yn 88 mlwydd oed. Eisteddodd mewn blinder a gwendid am rai misoedd ar lan yr afon ddu, ond yr oedd ei lamp yn ei law ac yn goleuo ar y llu, ac yng ngoleu hon fe diriodd yn ddiogel yr ochr draw. Mae ei feddrod ym mhlith enwogion y ffydd, yn Rhydwilym, hyd fore mawr yr agor.

Y Parchg Morris Morris, Dolbettws

Ganwyd y dyn mwynaidd, y cymydog caredig a'r gweinidog diwyd a duwiol hwn i Iesu Grist, mewn ffermdy o'r enw Glynsaithmaen, ym mhlwyf Llangolman, wrth odreu Foel Cerwyn, cainc o fynydd Preseli, ger Maenclochog. Cawn fod ei rieni yn amaethwyr cryfion ac yn bobl barchus yn yr ardal, ac o dueddiadau crefyddol, a gwnaethant bob ymdrech drwy eu cynghorion a'u cyfarwyddiadau i grefyddoli meddyliau eu plant rhag cael eu llygru a'u llenwi â chwedlau yr amseroedd, a'u dwyn i fyny yng ngwybodaeth ein Harglwydd Iesu Grist. Pan oedd yn llanc ieuanc iawn dangosodd awydd gref am ddysgu darllen Y Beibl, siarad am bethau crefyddol, a gwrando yr efengyl, a mynychai gyfarfodydd Rhydwilym bob Sabbath, drwy bob tywydd, er fod ganddo lawn pedair milltir i gerdded, ac arhosai yn y gwasanaeth drwy y dydd.

Deuai i'r mynydd i addoli fel yr â y chwarelwr i'r chwarel i gloddio am lechau, a'i gwdyn bwyd gydag ef, yn arwydd fod y dydd i gael ei dreulio ganddo yn mwyngloddio ar y brynedigaeth. Tynnodd ei ffyddlondeb sylw yr eglwys. Cafodd ei fedyddio gan y Parchg George Rees pan oedd yn bedair-ar-ddeg oed, yn y flwyddyn 1787, a dechreuodd fynegu am rinweddau yr hwn a'i galwodd o dywyllwch i'w ryfeddol oleuni ef, ym mhen dwy flynedd ar ôl hynny. Dyma y pregethwr cyntaf ar diweddaf hefyd hyd yr awr hon, a gododd yn y plwyf hwn mewn cysylltiad â Rhydwilym er dyddiau William Jones, a does yr un offeiriad erioed wedi codi yn y plwyf er dyddiau Saint Colman, yr hwn a fu ar ymweliad â'r plwyf o'r Ynys Werdd yn y saithfed ganrif. Rhyw fodd, nis gallwn gyfrif paham na bai yr yspryd pregethwrol wedi ymaflyd yn rhai o ddynion ieuanc y plwyf rhyw adeg, fel yr ymafla mewn rhai ardaloedd oes ar ôl oes, oblegid y mae yn blwyf crefyddol iawn, ac yn dwyn mawr sêl dros ogoniant yr Arglwydd, a dynion ieuanc yn llawn talentau wedi, ac yn, cael eu magu ynddo.

Wedi bod yn ymdroi yn gyhoeddus yn yr eglwys a'i changhenau gyda derbyniad a llwyddiant am dros bymtheg mlynedd, cafodd ei ordeinio i gyflawn waith y weinidogaeth yn y lle yn y flwyddyn 1807. Fel pregethwr yr oedd yn dyner, melys a bywiog, a therfynau bob amser pan fyddai yng nghanol yr hwyl. Rhyw ugain munud fel rheol oedd ei amser yn pregethu. Fel cyfansoddwr yr oedd yn wreiddiol ac yn gryno, pob gair a brawddeg yn ei le, ac yr oedd yn hoff iawn o brofi ei sylwadau trwy adrodd emynau. Prif faes ei fyfyrdodau oedd y Salmau, ac Epistolau Ioan. Teimlai ei hun yn gartrefol ac yn llawn o yspryd pan fyddai'n gwneud sylwadau ar rai o weddïau Dafydd. Yr oedd rhyw gydnawsedd rhyfeddol rhwng ei enaid a Llyfr y Salmau. A pham lai? Oblegid yr oedd yn weddïwr mawr ei hunan. Rhan bwysig o waith gweinidog ydyw ei fod yn meddu ar allu a dawn i ddwyn cynulleidfa i agosrwydd gweddïgar ger bron Duw.

Fel gweinidog yr oedd yn ofalus iawn am gadw deddfau y Tŷ, bywyd sanctaidd deiliaid y Tŷ a babanod y Tŷ yn cael eu porthi a digonedd o laeth y gair. Roedd ei weinidogaeth yn effeithiol iawn o dan fendith y Nefoedd i ddychwelyd llawer o bechaduriaid. Efe oedd Apolos Carmel. Dyn i raddau o gyfansoddiad gwan ydoedd, a bu am rai blynyddau yn ymladd ag afiechyd. Bu farw Tachwedd 19, 1831, yn 59 mlwydd oed mewn diogel obaith o adgyfodiad gogoneddus. Cyhoeddodd Mr John Thomas, Lambro, Carmel, marwnad ar ei ôl. Dyma rai penillion ohoni:

Yn Rhydwilym nawr mae galar,
Mae pob un â'i fron yn brudd
Collasom un o'n gweinidogion
'Rhwn fu'n ffyddlon yn ei ddydd.
Ac mae Bethel yn ei thrystwch
Carmel hefyd gyda nhwy,
Am na welir Morris Morris
Yn y pwlpud byth y mwy.

Rwy'n dychmygu fod gorfoledd
Gan y brodyr aeth o'r blaen,
Pan y gwelsant Morris Morris
'N dod i mewn i Salem lân.
Gabriel Rees yn gofyn iddo
P'odd mae yn Rhydwilym nawr,
A oes llwyddiant ar yr achos
Obri y'ngwlad y cystedd mawr?

William Jones, pan glywai siarad
Am Rhydwilym yn ddilai,
Nesu wnae e' i'r gyfeillach
I gael gwybod p'odd y mae
Erbyn hyn roedd deg ar hugain
Eto'n rhagor yn y lle,
Yn cydgroesaw Morris Morris
Ddod i mewn i'r Sanctedd le.

Codwyd yr ysgrifau uchod o gyhoeddiad a sefydlwyd gan y Bedyddwyr yn Nyffryn Cleddau ym mis Mehefin 1904 ac a ddaeth i ben yn yr un mis ymhen pedair blynedd. 'Cyhoeddiad misol at wasanaeth y Bedyddwyr yn siroedd de-orllewinol Cymru' oedd disgrifiad *Y Piwritan Newydd* ohono'i hun. Roedd y Parchgn David Evans, Blaenconin a J. J. Evans, Rhydwilym, wrth y llyw yn ogystal â Gwilamus Williams, ewythr y bardd Waldo Williams. Awdur yr ysgrifau a gyhoeddwyd o dan yr enw 'Cilanwr' oedd James Griffiths o Rydwilym 'â'i eirfa a'i arddull yn drwm dan ddylanwad ei wybodaeth anhygoel o'r Ysgrythur', yn ôl Ben G. Owens. Cyflwynir darlun byw iawn o'r amgylchiadau a arweiniodd at dwf Piwritaniaeth mewn cyfnod pan oedd offeiriaid yr Eglwys Wladol yn esgeuluso eu dyletswyddau ysbrydol. Nodir ymdrech y wladwriaeth i ddal ei gafael ar gyfundrefn grefyddol trwy gyfres o ddeddfau a chlywir gorfoledd yn y modd y traethir am yr Anghydffurfwyr cynnar a wynebent gyfnodau hir o garchar yn enw eu ffydd. Cyfeirir at yr arweinwyr cynnar a gododd o blith y bobl i sefydlu'r achos Bedyddiedig yn Rhydwilym fel gwŷr bucheddol ac arweinwyr cymdeithas nad oedd modd diystyru eu dylanwad llesol.

The above articles were originally published in a short lived monthly journal, 'Y Piwritan Newydd'(The New Puritan) established by the Baptists along the upper reaches of the Eastern Cleddau between 1904 and 1908. The Revds David Evans, Blaenconin and J. J. Evans, Rhydwilym were two of the leading lights along with Gwilamus Williams, uncle of the poet Waldo Williams. James Griffiths wrote under the pseudonym 'Cilanwr' and his vocabulary and style according to Ben G. Owens reflected his immense Biblical knowledge. A vivid description is given of the circumstances that led to the growth of Puritansim at a time when clergy neglected their spiritual roles. The attempts of the state to take hold of organised religion by means of a series of laws is noted, and a distinct joy can be heard in the telling of the exploits of the early Noncomformists who faced long jail sentences in the name of their faith. The early leaders who rose from among the people to establish the Baptist cause at Rhydwilym are looked upon as devout community leaders whose beneficial influence cannot be disregarded.

Y Sgweier a'r Fwled yn Nrws y Capel

(HANES CAPEL LLANDEILO)

Hughie James

Dechreuwyd yr achos ym 1714 yn nyddiau'r Frenhines Ann. Ceir sôn fod pobl yr ardal yn addoli yn y ffermdai cyn hynny, ac fe enwir Crofft y Crydd, Pont-y-pwdel, Penbeudy a'r Hendre. Nid oedd rhyddid i addoli, ac er mwyn cael llonydd roedd gwyliwr neu *sentries* yn gofalu am ddiogelwch yr addolwyr. Codwyd y capel cyntaf ryw filltir o'r fan lle saif y capel presennol, ond bellach does dim yn aros ond ychydig o gerrig beddau yn olion o'r fan. Nid yw yn hawdd iawn i gyrraedd y fan lle safai gan fod y llwybr wedi cau, ond trwy y Feidr Faen sydd ar bwys Maenteilo yr eir yno. Deugain troedfedd wrth bymtheg oedd mesurau y capel hwn. Mr Lloyd, gweinidog Henllan, ac eraill ddechreuodd, neu sefydlodd yr Eglwys yn Llandeilo neu yng Nghrofft y Crydd pryd hynny. Yr oedd trwydded priodasau i'r capel yma pryd hynny.

Mae tipyn o sôn heddiw am *jerry work* yn ein tai newydd, ond credaf fod rhywbeth o'i le pryd hynny hefyd, gan na fu oes hir i'r capel cyntaf. Fe'i hadeiladwyd yn 1714, ond wedi oes o bedwar ugain mlynedd namyn pedair dymchwelodd y to. To gwellt oedd i hwn mae'n debyg. Deuai y rhan fwyaf o'r aelodau o ardal Maenclochog, ac am y rheswm hynny, roedd 'na awydd i adeiladu'r ail gapel ym Maenclochog, ac felly y bu. Fe ddechreuwyd adeiladu ac ar ôl cael y muriau hyd at y to, fe gymhellodd gweinidog Henllan, y Parchg R. Morgan pryd hynny, fod yn rhaid cael y capel ym mhlwyf Llandeilo. Gan fod Mr Morgan yn ddyn penderfynol fe lwyddodd i gael ei ddymuniad i ben. Fe ymrannodd yr aelodau.

Aeth aelodau ardal Maenclochog ymlaen â'r adeiladu, a thrwy hynny fe gychwynnodd yr achos yn Hen Gapel, a dechreuodd y rhan arall adeiladu capel lawr fan hyn yn y Cware, neu Gapel y Cwm fel ei gelwir. Gyda llaw, dywed rhai mai o Frynberian y cychwynnodd yr ysgol ddyddiol hefyd yng ngofal William Phillips o Blaensawd a Henry Price, gweinidog Rhydwilym – ac yn ddiweddarach dan ofal y gweinidog sefydlog cyntaf ar yr achos, y Parchg Benjamin James. Aeth yr ysgol ddyddiol o Gapel y Cwm i fferm y Prysg gerllaw ac o dan ofal Mr Morse a oedd yn gofalu am yr ysgol a hefyd yn ffarmio'r lle. O'r Prysg aeth yr ysgol wedi hynny i bentref Maenclochog.

Fel y dywedais, Benjamin James, o'r Gilfach, oedd y gweinidog cyntaf ar yr achos yn Llandeilo, ac ym 1837 y sefydlwyd ef yma. I fyny hyd at 1837 gweinidog Henllan oedd yn gofalu am yr achos. Bu'r Parchg Benjamin James yn gweinidogaethu yma am bedair blynedd ar ddeg ar hugain, hyd at ei farw yn 1873. Bu tylwyth y gweinidog cyntaf yn bileri i'r achos yma ar ôl hynny a chofiaf yn dda am lawer ohonynt.

Llun cynnar o Gapel Llandeilo wedi ei dynnu gan John Thomas, ffotograffydd o Lerpwl. Pont gerdded oedd ar draws Afon Llonwen pryd hynny

An early photograph of Llandeilo Chapel taken by John Thomas, Liverpool. Notice the footbridge across Afon Llonwen

Erbyn heddiw, does neb o'r teulu yn aelodau yma, ond fe gawn glywed perthynas i'r Parchg Ben James cyn diwedd y cwrdd yma – Mr John Nicholas, o Orseinon.

Cyn gorffen â hanes Capel y Cwm roedd 'na sgweier yn byw yn Ffarm Llangolman ac yn anffyddiwr. Roedd ef a'i gwmni wedi bod allan yn hela ar y Preselau a dod yn ôl yn weddol waglaw heibio'r capel un prynhawn Sul, saethodd ergyd drwy'r drws ar adeg oedfa, ond nid anafwyd neb. Roedd y drws deri trwchus ar gael pan oeddwn yn blentyn, a gwelais dwll y fwled ynddo. Yn y flwyddyn 1836 digwyddodd hyn.

I ddod yn awr at y capel presennol, adeiladwyd hwn ym 1845, ac fel mae'n amlwg fe'i gwelwch wedi ei adeiladu ar ganol y rhiw mwy neu lai. Y diben i hyn oedd gwneud cyfiawnder ag aelodau a ddeuai o'r ddwy ffordd, a gallai neb wedyn rwgnach fod yn rhaid iddynt gerdded lan ac i lawr y Rhiw Goch i gyd.

John Peregrine o Felin Ficer a Dafydd Phillips o Faenclochog oedd y ddau saer maen. £18 oedd iddynt am eu gwaith ynglŷn ag adeiladau. Mae gennyf gof o'r weithred a wnaed rhwng y ddau saer maen ynglŷn ag adeildu, ac yr oeddynt yn cael eu clymu yn weddol gaeth ynglŷn â'r telerau; nid oedd colli diwrnod o waith i fod arwahân i afiechyd neu'r tywydd. Dyma fesurau'r capel yn ôl y weithred – ei hyd yn un droedfedd ar bymtheg ar hugain; ei led yn wyth troedfedd ar hugain, a'i uchder yn un droedfedd ar bymtheg i'r to. William Melchior a Benjamin Thomas oedd yn arwyddo dros yr Eglwys. Gwnaed y gwaith coed gan Dafydd Reynolds, Blaenllwydarth, a Benni'r saer, aelod arall o Landeilo, ac fe gostiodd y gwaith coed £14. Faint fyddai'r gost heddi, tybed?

O gware Dandderwen cafwyd y cerrig adeiladu ynghyd â'r llechi i doi'r capel. Ni thalwyd dim amdanynt, ac fe gludwyd y llechi i'r fan yn y fargen gan berchennog y chwarel, Beti Dandderwen. Cludwyd y cerrig adeiladu gan geirt a cheffylau Blaenllwydarth, Llandeilo a'r Gilfach. Dywed un hanes fod gan Beti Dandderwen neu Elizabeth James gwarel llechi yn yr Abbey, Hendy-gwyn ar Daf, a bod y llechi wedi dod oddi yno. Cyflwynodd Benni Llwynyrebol y coed ynghyd â'u cludo o borthladd Blackpool i Landeilo. Erbyn 1881 daeth angen adnewyddu'r capel, ac fe wnaed y gwaith y tro yma gan Buckley, contractwr o Cross Inn am £300. Cafwyd y pulpud yn rhodd gan un o'r diaconiaid, Evan Thomas, Gilfach, Llan-y-cefn.

Ym 1931 fe ailadnewyddwyd y capel eto, a hefyd newid dull y pen, gan fod y pedair ochr yn tynnu i mewn. I Michaels o Gilgerran yr ymddiriedwyd y gwaith y tro yma a ffyrm o Ddowlais a addurnodd y tu fewn. Fe gostiodd hyn tua mil o bunnoedd. Nid oedd gwaith yr addurno wedi ei wneud yn foddhaol, ac aed ati eto i'w addurno ym 1951-52 (ynghyd â phethau eraill a oedd yn galw). Cwmni o'r ardal, Young Bros. & Lewis, a wnaeth y gwaith y tro yma, ac fe gostiodd y cyfan tua £1,300. Roedd yn glir o ddyled ar ddydd yr agoriad pan sefydlwyd y Parchg W. J. Rees yma.

O gael capel, rhaid hefyd oedd cael tŷ gweinidog, a chyda chydweithrediad y Tabernacl, fe adeiladwyd Maenteilo ym 1878 a'r gost oedd £300. Cafwyd tir gan y Melchiors, Llandeilo Isaf, ond bu'r eglwysi yn talu prydles hyd 1939. Cyflwynodd Miss Dinah Melchior ac eraill y brydles i'r Eglwysi ym 1939, ond nid oedd gweithred i gael hyd yn ddiweddar.

Dyma rai dyddiadau pwysig eraill yn hanes yr Eglwys. Adeiladu'r Festri ym 1891. Ym 1903 cafwyd yr adroddiad argraffedig cyntaf, a diddorol yw ei gymharu ag adroddiad 1963. Chwech o'r aelodau oedd â'u henwau ar yr adroddiad hynny sydd byw heddiw – Maria a Rachel Willimas, Penrhos; Lena Gibby, Winifred Davies, B. Rees a John Nicholas, Gilfach. Rhif yr aelodau yn y flwyddyn hynny oedd 146. Rhyw 115 sydd yma heddiw. Bu 175 ar lyfr yr eglwys yn 1922.

The above is an excerpt from an essay written by Hughie James, New House, Maenclochog and presented at the fifth jubilee services held at Llandeilo Chapel in 1964. He states that the cause was established in 1714 during the reign of Queen Anne. Previously believers would meet at various homesteads such as Crofft y Crydd, Pant-y-pwdel, Penbeudy and Hendre and sentries would be on duty lest the authorities be told of their whereabouts and arrest them for worshipping outside the confines of the established church. The first chapel, measuring some 40 feet by 15 feet, was built about a mile from the current chapel and can be accessed by a lane, now overgrown, leading from Maenteilo. A few gravestones remain. The thatched roof collapsed in 1790.

Because most of the worshippers lived in Maenclochog it was initially decided to build a new chapel in the village. But when the walls had been built to roof level the Revd R. Morgan, Henllan, near Whitland, declared the chapel must be built within the parish of Llandeilo. Henllan was regarded as the mother chapel of Llandeilo. The Revd Morgan was a very determined man and he eventually got his way and two chapels were therefore built. The chapel at Maenclochog was completed and became known as Pergamus and later Hen Gapel. In 1795 the new chapel at Llandeilo was built and known as Capel y Cwm. William Phillips, Blaensawd, and the Revd Henry Price, Rhydwilym, established a day school that was later run by the chapel's first full time minister, the Revd Benjamin James, who was inducted in 1837. The school later relocated to Prysg Farm nearby and was run by the farmer, Mr Morse, and was eventually relocated to Maenclochog.

The Revd Ben James ministered for 34 years until his death in 1873 and one of his descendants, John Nicholas from Gorseinon, took part in the jubilee service. One notable incident occurred in 1836 when a local squire who lived at Llangolman Farm fired a gunshot at the chapel doors one Sunday afternoon. He and his party had been out hunting on the Preseli mountains but had returned empty handed. He was known as an atheist and in his frustration he took a pot shot at the chapel oak doors. A service was being held at the time but no one was injured. The bullet hole remained in the door for a long time for all to see.

The present chapel was built in 1845 half way up the hill so that no one could complain they had to walk up or down the whole hill. John Phillips, Felin Ficer, and Dafydd Phillips, Maenclochog, were the stonemasons and they were paid £18. The carpenters were Dafydd Reynolds, Blaenllwydarth, and Benni the Carpenter, and they were paid £14. Elizabeth James, known as Beti Dandderwen, provided the stones and slates free of charge. Benni Llwyn-yr-ebol gave the timber free of charge which he carted all the way from Blackpool mill. The chapel was renovated in 1881 by a contractor named Buckley from Cross Inn who charged £300. A new pulpit was donated by one of the deacons, Evan Thomas, Gilfach. Further renovations took place in 1931 and around £1,000 was spent. Michaels from Cilgerran and a firm from Dowlais were responsible for the work. A local firm, Young Bros. and Lewis carried out further work in 1951-52 at a cost of around £1,300. The bills had all been paid by the induction of the Revd W. J. Rees.

With the aid of Tabernacl a manse was built in 1878 on land donated by the Melchior family. £300 was paid for building Maenteilo. A vestry was built in 1891 and in 1903 the first printed annual report was produced. Six of those whose names appeared on the first report appeared also in the 1963 report: Maria and Martha Williams, Penrhos; Lena Gibby, Winifred Davies, B. Rees and John Nicholas, Gilfach. There were 146 members in 1903 and 115 in 1963. In 1922 membership was as high as 175.

Saboth Stiward Y Mot

(HANES YR HEN GAPEL)

John Evans

Tua'r adeg yma eto, cawn hanes un cymeriad lleol hynod yn ymwneud â'r Eglwys hon, sef Evan Blaenffos (y gweddïwr mawr) fel y gelwid ef, ac yn ôl yr hyn a adroddir amdano, yr oedd yn ddyn mawr mewn llawer ystyr. Dywedir fod ymryson rhwng dyn cyfoethog a dyn tlawd, a phawb yn gwybod mai'r cyfoethog oedd ar fai, ond ni chydnabyddai hynny, ac ni fynnai neb ddweud hynny wrtho. Cymerodd Evan y peth mewn llaw, a daeth â'r cyfoethog yn ddigon gwylaidd yn fuan iawn, ac ni chollodd Evan ddim o'i barch yng ngolwg y cyfoethog; yn wir, parchwyd ef yn fwy.

Trueni na fuasai mwy o gymeriadau fel yr hen Evan yn ein heglwysi heddiw, mae mawr angen amdanynt. Cawn hefyd hanes am gerydd eglwys ar rai o'r aelodau am weithio gyda'r cynheuaf ar y Saboth ym Mhlas y Mot. Yr oedd yno stiward lleol anystyriol, a digwyddai fod yn dymor eithriadol o wlyb, y glaw yn disgyn bob dydd ond ar y Sul. Rhoddodd y stiward orchymyn pendant i bob gweithiwr ddyfod yno y Sul dilynol, os byddai yn sych; os na ddeuent, collent eu gwaith.

Trodd y Sul allan yn ddiwrnod sych, ac aeth y gweithwyr yno i gyd 'ond tri' (fel y tri llanc yn gwrthod plygu). Bore Llun aeth y tri hyn at eu gwaith fel arfer, wedi bod yn addoli y diwrnod cynt, ac wedi iddynt roddi eu rhesymau dros beidio â dyfod ar y Sul, y mae'r stiward yn talu'r lleill i ffwrdd ac yn cadw'r tri hyn, gan ddweud os oeddynt yn ffyddlon i'w Duw, byddent yn ffyddlon iddo yntau. Ceryddwyd y rhai a dorrodd y Saboth, ac meddai Mr Henry George, 'yr ydych wedi colli eich cymeriad, ac wedi colli eich crefydd ynglŷn â'r Eglwys hon', ac ychwanegodd yr hen Evan gyda phwyslais, 'ac yr ydych ar eich ffordd i golli eich enaid'.

Cafodd yr achos ym Maenclochog afael gref ar bobl yr ardal, o bell ac agos. Tyrrent yma nes oedd y Capel yn orlawn; a chan fod y mynediad i'r llofft dros risiau cerrig o'r tu allan, yr oedd y rhain eto yn orlawn a thorf yn methu myned i mewn – yr oedd y canu yn atyniad mawr i'r bobl ieuainc. Gallwn feddwl bod rhywbeth yn awyr iach Preseli i buro lleisiau ac i ddwyn cân allan o'r rhai sydd yn byw wrth ei godre, am fod canu yr ardal yn para yn ei boblogrwydd hyd heddiw. Gan gymaint y dyrfa a addolai yma, llawer iawn yn dyfod o ardal Penffordd ac yn is i lawr, a hefyd o gyfeiriadau eraill – pregethid yn lleol yn rheolaidd yn Llandre a Holloway, a mannau eraill. Yr oedd Holloway yn fan cyfleus i'r adran isaf i ymgynnull.

Tua'r adeg yma, credir yn gryf fod Williams o'r Wern wedi ymweld â'r lle. Ceir a ganlyn yn llyfr cofrestru y capel – 'John Owen, son of John Owen and Mary his wife, of Galchen, in the parish of Maenclochog, was born February 7th 1830 and was baptised March 17th 1830 by the Revd William Williams, Denbighshire'. Wedi ymchwil lled fanwl, mae cystal â sicrwydd nad oedd yr hwn a weinyddodd yr ordinhad yn neb llai na'r anfarwol Williams o'r Wern. Ymysg pobl o ddylanwad a fynychai'r capel yr adeg honno, ceir enwau lleoedd fel Llandre, Holloway, Felindre, Sychpant, Blaenwaun, Llys-y-frân, Glyncemaes, ac eraill. Bu William Bowen o Lys-y-frân yn ddiacon ac ysgrifennydd yr eglwys am flynyddoedd. Mae hanes bod John Bowen, tad y William Bowen uchod, wedi bod yn nodedig o garedig i Mr John Owen, o Drefdraeth, yr hwn a gafodd ei ddewis yn gyd-weinidog â Mr Henry George, a oedd wedi treulio pedair blynedd a deugain o waith caled a llwyddiannus yn y cylch.

Cafodd John Owen ei urddo ar Ionawr 15, 1834. Pregethwyd ar natur Eglwys, gan y Parchg J. Davies, Glandŵr, holwyd y gofyniadau gan y Parchg J. Evans, Penygroes, offrymwyd yr urdd-weddi gan y Parchg Henry George, a phregethwyd siars i'r gweinidog gan ei ewythr, y Parchg J. Griffiths, Hawen, ac i'r Eglwys gan y Parchg D. Davies, Aberteifi. Yn y flwyddyn 1836 cymerodd Mr George a Mr Owen ofal Trefdraeth at y pedair eglwys a oedd ganddynt yn barod. Daeth Mr Owen i fyw i'r gymdogaeth am ei bod yn fwy cyfleus, a bu'n lletya yn Llys-y-frân hyd nes y cododd dŷ yn y plwyf.

Wedi marwolaeth Mr George, rhoddodd Mr Owen i fyny eglwysi Trefdraeth, Brynberian a Felindre. Dyn gwannaidd ydoedd, ond gwnaeth waith mawr dros ei Feistr yn yr eglwysi. Bu farw yn niwedd 1842 yn 41 oed a'i gladdu ym mynwent Ebeneser, Trefdraeth. Gwasanaethwyd yn ei angladd gan y Parchg H. Davies, Arberth a'r Parchg D. Davies, Aberteifi.

O hynny hyd 1844 bu'r eglwys yn dibynnu ar gynorthwy gweinidogion y cylch. Yna rhoesant eu bryd ar gael Mr Robert Thomas yn weinidog. Yr oedd hwn yn fyfyriwr yn Rhyd-y-bont. Yr oedd yr eglwys yn rhanedig iawn â phob ochr yn gryf yn eu syniadau croes. Y canlyniad oedd i liaws ymadael a ffurfio eglwys arall. Dyma ddechrau Eglwys y Tabernacl. Dyma'r ail ymraniad, y cyntaf yn Llandeilo mewn cysylltiad â'r lle mwyaf cyfleus i adeiladu capel, a'r tro hwn ynglŷn â dewis gweinidog.

Urddwyd Mr Robert Thomas ar Fedi 19, 1844, a phregethwyd ar Natur Eglwys gan y Parchg D. Stephens, Llanfair; holwyd y gofyniadau gan y Parchg J. Thomas, Bwlchnewydd (Dr John Thomas, Lerpwl ar ôl hynny) ac offrymwyd yr urdd-weddi gan y Parchg S. Thomas, Trefdraeth; pregethwyd siars i'r gweinidog gan y Parchg J. Jones, Rhyd-y-bont, ac i'r eglwys gan y Parchg J. Thomas (Dr Thomas). Bu Mr Robert Thomas yn llafurio yma'n llwyddiannus am chwe blynedd, wedyn derbyniodd alwad o Benrhiwgaled a Phisgah yn Sir Aberteifi, a symudodd.

Cyn diwedd 1851, rhoddodd yr eglwys alwad i Mr Rees Perkins, pregethwr cynorthwyol yn Hebron. Urddwyd ef ar Ionawr 27, 1852. Pregethwyd ar Natur

Eglwys gan y Parchg J. Davies, Glandŵr; holwyd y gofyniadau gan y Parchg E. Lewis, Brynberian; offrymwyd yr Urdd Weddi gan y Parchg B. James, Llandeilo; pregethwyd ar Ddyletswydd y Gweinidog gan y Parchg S. Evans, Penygroes, ac ar Ddyletswydd yr Eglwys gan y Parchg G. Rees, Abergwaun. Bu'r eglwys yn llwyddiannus a chysurus o dan weinidogaeth Mr Perkins. Bu Mr Benjamin Perkins, mab y gweinidog, yn arweinydd y gân yma am dros hanner can mlynedd a hefyd yn ddiacon ac yn ysgrifennydd am flynyddoedd (y mae amryw o deulu Mr Rees Perkins yn aelodau yma yn awr). Wedi i Mr Benjamin Perkins roddi i fyny y gwaith o arwain y gân, cymerwyd at y gwaith gan ei fab-yng-nghyfraith, sef Mr J. Rees, Llys-y-frân. Roedd yntau'n hynod o weithgar gyda'r canu am agos i ddeugain mlynedd.

Ym 1858-59 adnewyddwyd y capel a rhoddwyd pen newydd arno yn costio £113 heb y cludiad. Ailagorwyd Mai 17 a'r 18, 1859. Ym 1870 adnewyddwyd y capel yn hollol oddi mewn am fwy na £200, ac erbyn hyn yr oedd yn un o'r capeli gorau yn y sir. Ailagorwyd ef Hydref 11 a 12, 1870. Parhaodd Mr Rees Perkins i wasanaethu'r eglwys gyda ffyddlondeb mawr hyd 1889 pan ymddeolodd. Bu ei frawd, William Perkins, yn ddiacon a phregethwr cynorthwyol yma yn ystod ei weinidogaeth, ac ar ei ôl bu ei fab, Mr Jonathan Perkins, eto yn bregethwr cynorthwyol ac yn nodedig o wasanaethgar yn yr eglwys. Dechreuodd bregethu yn Gideon gan ei fod ar y pryd yn ysgolfeistr yn Dinas.

Codwyd yn yr eglwys hon amryw o fechgyn a ddaeth yn enwog yn y pulpud a'r weinidogaeth, er nad yma y dechreuodd y ddau gyntaf bregethu. Y cyntaf oedd y Parchg James Phillips, Clapham, yr hwn a gyrhaeddodd safle uchel iawn gyda gwaith crefydd yn Lloegr. Ganwyd ef yn y Maenordy, neu'r Castell (erbyn hyn y Castle Hotel), yn y flwyddyn 1759.

Y nesaf oedd Mr James Rowlands; er mai yn Hwlffordd y dechreuodd bregethu, cyrhaeddodd yntau safle arbennig gyda'r gwaith da, a chafodd ei gydnabod fel un o'r arweinwyr. Cawn eto enwau Mr Levi Lawrence a fu'n weinidog yn Llantrisant, Mr John Thomas, a fu'n bregethwr cynorthwyol yng Nghwmbran, a Mr Abednego Jenkins, a fu'n weinidog yng Nghana a Gibeon, Sir Caerfyrddin, a hefyd Hen Gapel, Llanybri, a Bethesda.

Ym 1889 anogwyd dyn ieuanc o'r enw Edward Nicholas i ddechrau pregethu gan Mr Jonathan Perkins. Wedi marwolaeth Mr Perkins, daliwyd breichiau Mr Nicholas i'r lan gan William Davies. Dyma'r ddau oedd yn gyfrifol am Gwrdd Gweddi'r Bobl Ieuanc. Yn un o'r cyfarfodydd hyn yr amlygodd Mr Nicholas gyntaf ei deimlad i siarad yn gyhoeddus. Wedi iddo gael cymeradwyaeth yr Eglwys, aeth i Hendy-gwyn ar Daf o dan addysg y Parchg Lewis Evans, B.A., Capel-y-Wig (ymhlith ei gyd-ysgolheigion yr oedd y diweddar Brifathro Dr Thomas Rees, Bangor). Ar ôl cwrs o addysg ym Mhrifysgol Caerdydd a Choleg Aberhonddu lle'r oedd y Parchg J. J. Williams, Treforys, yn yr un dosbarth ag e, derbyniodd alwad gan eglwys Saesneg yn Llansawel, ac ar ddydd ei ordeinio cyflwynodd eglwys yr Hen Gapel iddo nifer o lyfrau a swm o arian. Symudodd o Lansawel i Abertawe, o Abertawe i Lundain, o Lundain i Sheffield, ac oddi yno i Sandown, Ynys Wyth. Diddorol ydyw sylwi bod y rhan fwyaf o'r rhai a ddechreuodd bregethu ym Maenclochog wedi treulio'u hoes ymysg y Saeson gyda llwyddiant.

Ar y 10fed a'r 11eg o Dachwedd 1891, urddwyd Mr Rhys Williams o Goleg Caerfyrddin yn weinidog ar yr eglwys hon. Pregethwyd ar Natur Eglwys gan yr Athro D. E. Jones, Caerfyrddin; holwyd y gofyniadau gan y Parchg J. G. Morris, Trefdraeth; offrymwyd yr Urdd Weddi gan y Parchg O. N. Owen, Glandŵr; rhoddwyd siars i'r gweinidog gan y Parchg W. Thomas, Llanybri, a siars i'r eglwys gan y Parchg T. Lewis, Berea. Ym 1904 adeiladwyd y capel presennol, a chostiodd dros £1,300 heb y cludiad, a chliriwyd y cwbl ar ddydd yr agoriad, er clod mawr i'r gweinidog yr hwn a weithiodd mor galed, a hefyd i'r eglwys. Yr adeiladwyr oedd Young Bros. a Mr Llewelyn Rees, Llanbed, Arberth. Mae yr hwn oedd yn gyfrifol am y gwaith plastro yn ddiacon ac yn arweinydd y gân yma yn awr, sef Mr Wyn Richards.

I mi diddorol yw edrych dros restr cyfraniadau yr aelodau tuag at y draul o adeiladu'r capel. Mae yn amlwg bod llawer wedi gwneud aberth mawr iawn o'u prinder er mwyn yr achos, ond cawsant gyflawn-dâl am eu haberth pan agorwyd y capel yn ddiddyled. Erbyn hyn mae y darn tir sydd o dan y capel wedi ei brynu a'r oll yn eiddo i'r eglwys.

Ym 1935 fe ordeiniwyd bachgen ieuanc o'r eglwys hon, Mr Elfed J. Edwards, yn weinidog ar eglwys Siloa, Maerdy. Erbyn hyn, mae yntau wedi mynd at y Saeson i Bootle yn Lerpwl, ac yn ôl pob hanes yn llwyddiant mawr yno. Fe gafodd y Parchg Elfed Edwards yr un fath â'r Parchg Edward Nicholas nifer o lyfrau a swm o arian ar ddydd ei ordeinio gan yr eglwys.

The above is an extract from an essay written by John Evans, Huanfa, Maenclochog, on the early history of Hen Gapel. He refers to Evan Blaenffos who was renowned for his ability to pray and who was also admired for his wisdom. In an altercation between a wealthy man and a less well off man, the public at large knew the wealthy man was at fault but no one had the temerity to approach him. However, Evan took the matter in hand and the wealthy man soon redeemed himself without losing face. As a result Evan gained the respect of the wealthy man as well.

On another occasion members of the chapel who worked at New Moat Grange were asked to work on Sunday. The weather had been foul and the hay could not be gathered. The steward insisted that all workers turned up if Sunday proved to be a dry day or else they would be sacked. All but three turned up and when the three presented themselves on Monday morning they said they had spent Sunday worshipping. The steward rather than dismissing them sacked the others who had turned up on Sunday, reasoning that if the three were true to their God then they would be loyal to him as well. The chapel minister, Henry George, admonished those that had gone to work stating they had stained their good character and let their chapel down and Evan added for good measure that they had also stained their souls.

Hen Gapel attracted large congregations partly because of the quality of the singing. Entrance to the gallery in those days was from the outside, up a series of stone steps. Many travelled from Penffordd and beyond and sermons were often preached at such places as Llandre and Holloway. One of the leading lights of the Welsh pulpit, Williams o'r Wern – the Revd William Williams – apparently baptised a child at Hen Gapel on 17th March, 1830. Leading local lights were William Bowen of Llys-y-frân who was a deacon and secretary for many years. His father, John, proved something of a benefactor to John Owen of Newport who became joint minister of the chapel with Henry George in 1834. The Revd George had already served for 44 years. The Revd Owen continued to minister at Newport, Brynberian and Felindre but gave up these chapels when the Revd George died. However, he himself died in 1842 at the age of 41.

Two years later a young student from Rhyd-y-bont, Robert Thomas, was ordained much to the consternation of some members who left to form a rival chapel at Tabernacl. Hen Gapel itself had been formed as a result of bickering as to where the new Llandeilo chapel should be built, and now another chapel was to be built because of a disagreement amongst members. The Revd Thomas remained for six years before he moved to Penrhiwgaled and Pisgah in Cardiganshire. In 1852, a lay preacher, Rees Perkins, became the next minister. His son, Benjamin, served the chapel as precentor for over 50 years and was also a deacon and secretary. His son-in-law, J. Rees of Llys-y-frân, succeeded him as precentor for another 40 years.

The chapel was renovated at a cost of £113 in 1858-59 when a new roof was built. A further renovation, mainly inside, in 1870, cost over £200. The Revd Rees Perkins retired in 1889. During his ministry his brother, William, and his son, Jonathan, both became lay preachers and served the chapel well. Several chapel members became preachers in their own right. James Phillips, who was born at the Castle Hotel in 1759, became a minister at Clapham. James Rowlands also became well known within his denomination. Levi Lawrence became a minister at Llantrisant, John Thomas a lay preacher at Cwmbran and Abednego Jenkins served at Cana and Gibeon and also Llanybri in Carmarthenshire. Edward Nicholas was ordained at Briton Ferry before moving to Swansea, London, Sheffield and later Sandown on the Isle of Wight.

The present chapel was built in 1904 at a cost of £1,300, which was all paid by the day the opening services were held under the guidance of the Revd Rhys Williams. The contractors were Young Bros. and Llewelyn Rees, Narberth. In 1935 another member, Elfed J. Edwards was ordained minister of Siloa, Maerdy; he later moved to Bootle, Liverpool.

Hen Gapel has now closed and has been de-consecrated by the Revd Geoffrey Eynon who is himself a former member. Around half of the 50 members joined the congregation of Tabernacl nearby, but most of the others decided that chapel membership was not for them anymore.

Mab Y Bwthyn

E. Llwyd Williams

Mab y bwthyn oedd Thomas Phillips. Safai'r bwthyn lle y ganed ef mewn cwm cul o dan gysgod bryniau Preselau, uwchlaw dyffryn Cleddau ym mhlwyf Llan-y-cefn, Sir Benfro. Enw'r tŷ oedd Y Lan, ond erbyn heddiw, nid oes yno garreg ar garreg yn sefyll. Yno y ganed Thomas Phillips yn y flwyddyn 1868. Lefi Phillips oedd enw ei dad. Gwerinwr duwiol ydoedd ef, ac un o ddiaconiaid ffyddlonaf yr Annibynwyr yn Llandeilo. Dim ond pedair blwydd oed oedd Thomas pryd y bu farw ei dad, a dywedir iddo holi'r galarwyr ar ôl iddynt ddychwelyd o'r angladd, 'Beth oedd y testun yn angladd 'nhad?' Nid yw'r cwestiwn hwn mor rhyfedd o gofio iddo dreulio dyddiau lawer o amgylch gwely ei dad, ac iddo glywed hwnnw'n gweddïo'n ddyfal drosto mewn cystudd. Gweddïwr oedd ei dad iddo. Bedyddwraig selog oedd ei fam, ac i Gapel Rhydwilym, yn y cwm coediog islaw, yr âi hi a'r plant i addoli.

Cynhelid ysgol y pryd hwnnw mewn llofft uwchben y stabal, a dyna festri'r capel. I'r ysgol honno yr aeth Thomas Phillips yn bum mlwydd oed. Y prifathro oedd John Salmon, gŵr yn meddu dawn arbennig i ddeall ac adnabod pob plentyn, ynghyd â medr eithriadol i lunio gwersi yn rhyw fath o ddramâu cofiadwy. Syrthiodd Thomas Phillips i'r afon yn ystod ei ddiwrnod cyntaf yn yr ysgol, ond achubwyd ef rhag boddi gan un o'r bechgyn mwyaf, John James, Blaensawd. Ni ddaeth Tom unwaith ar ei wyliau o na Llundain na Chaerdydd heb alw heibio i John a diolch iddo am achub ei fywyd. Dyna'r sgwrs bob tro. A dyna ddiwrnod cyntaf Tom yn yr ysgol. Dywedir nad oedd dim arbennig yn amlwg ynddo fel ysgolor yn ystod ei flynyddoedd cyntaf. Yr oedd yn ormod o freuddwydiwr i'w gyfrif yn ysgolor, yn ystyr ryddieithol y gair.

Tua'r adeg hon, symudodd y teulu o blwyf Llan-y-cefn i blwyf Llandysilio. Priododd Marged, ei chwaer hynaf, ac aeth ei fam a'r mab hynaf, Ben, i gadw siop groser mewn lle o'r enw Tycoch. Daeth cyfundrefn newydd o addysg i'r fro hefyd. Symudwyd Ysgol Rhydwilym i Lan-y-cefn (Nant-y-cwm), o dan ofal J. B. Harries, ac aeth John Salmon i ofalu am Ysgol Nebo, yn ymyl Efailwen. Dilyn ei hen athro i Nebo a wnaeth Thomas Phillips. A bu'r newid o les iddo, oblegid dywedir iddo ddihuno fel ysgolor ar 'gopa bryn Nebo.' Dechreuodd gael blas ar ddarllen yn y cyfnod hwn, ac adroddir yr hanes am gymydog o ffarmwr yn galw yno a cheisio'i help gyda'i anifeiliaid, a'i gael yntau'n fud a byddar uwchben llyfr. 'Beth ddaw o'r crwt 'ma'? meddai'r ffarmwr. 'Ddaw dim byd ohono, mae e' yn 'i lyfre o hyd!' ychwanegodd. Ond yr oedd yn y fro flaenor Methodist a roddodd bob cefnogaeth iddo. 'Dim ond iti lynu wrth ddarllen, fe ddoi di'n ddyn mawr,' meddai William Williams, Dyffryn-isaf, wrtho, 'ac os oes gen i ryw lyfr o werth iti, dere ar i ôl e'.

Symudodd y teulu drachefn i gadw siop Llan-y-cefn, a dychwelodd Tom i ysgol ei hen blwyf. Daeth John Salmon yn ôl yno hefyd fel prifathro, a chyn hir gwnaethpwyd Tom yn fonitor yn Ysgol Nant-y-cwm. Yn Chwefror 1882, apwyntiwyd ef yn fonitor ym Maenclochog. Bu am rai wythnosau hefyd yn Ysgol Henllan, o dan ofal David James, ac yn nechrau Medi 1882, aeth i Hendy-gwyn ar Daf, yn ddisgybl-athro o dan John Scourfield. Brawychwyd Mr Scourfield y diwrnod cyntaf y daeth Tom ato i'r ysgol fel athro. Credodd mai llanc anobeithiol ydoedd ond cyn diwedd yr wythnos yr oedd wedi ei argyhoeddi'n llwyr fod y breuddwydiwr anhrwsiadus yn fachgen o athrylith. Treuliodd bedair blynedd yn Hendy-gwyn, ond dychwelai i'w henfro bob diwedd wythnos i fwrw'i Sabothau yn Rhydwilym. Yr oedd yn fedrus iawn fel athro Ysgol Sul, ac yn meddu ar ddawn ddihafal i baratoi'r plant ar gyfer y Gymanfa Bwnc.

Yn ystod blynyddoedd yr Hendy-gwyn y cyfarfu â Martha John, yr athrawes a ddaeth yn wraig iddo ym 1892. Bu hi yn bopeth iddo ar hyd y blynyddoedd. Ganed iddynt saith o blant, ac fe ddengys y rhestr a ganlyn fod y plant yn deilwng o'u rhieni duwiol a diwylliedig.

Margaret: M.A., Llundain.
Idris: M.A., Glasgow. Darlithydd mewn Athroniaeth ym Mhrifysgol Glasgow.
Olwen: (Mrs George Lloyd) B.A., Caergrawnt. Cyd-brifathro â'i phriod yn y Mount Vernon Seminary, Washington, U.D.A.
Myfanwy: M.D., Llundain.
Edward Lloyd: B.A., Caergrawnt. Cenhadwr gyda'r Bedyddwyr. Aelod amlwg ymhlith athrawon prifysgol Cheeloo, Tsinan, cyn y rhyfel rhwng Tsieina a Japan.
Esther : (Mrs S. W. Saunders).
Gwilym: Bu farw yn faban.

Bu Mrs Phillips farw ym 1932, ac ym 1934 ail-briododd ef â Miss Annie Saunders, mamaeth Coleg y Bedyddwyr, Caerdydd, a bu hi'n gymorth cadarn iddo ym mlynyddoedd yr iechyd bregus.

Bedyddiwyd Thomas Phillips yn afon Cleddau gan y Parchg Henry Price, Gorffennaf 21, 1883. Ac yn fuan ar ôl hyn wynebodd ar argyfwng cyntaf ei fywyd. Dylanwadau syml ardal grefyddol a'i harweiniodd i'w dröedigaeth eithr fflach moment ar y ffordd i Gapel Rhydwilym a wnaeth bregethwr ohono. Traddododd anerchiad ymhen hanner awr ar ôl ei alw, trwy fod y gennad apwyntiedig wedi methu â dyfod i'r cwrdd hwnnw. A dyna ddechrau'r pethau mawr. Yr oedd ei fam a'i frawd, Ben, am iddo fyned yn *Excise Officer,* ond ar gais ei weinidog a rhai o frodyr craffaf yr Eglwys, penderfynodd droi ei wyneb i gyfeiriad y Weinidogaeth. Cefnogwyd ef gan yr Eglwys, er bod rhai o'r aelodau'n methu gweled llun pregethwr arno. Rhai'n disgwyl i bob pregethwr fod yr un fath oedd y rheini. Cyd-gerddai Bet Lanhwnt a Mrs Evans, Drefelen, o'r oedfa y traddododd ei bregeth gyntaf ynddi, a dyma ateb Mrs Evans i holi Bet yn ei gylch, 'He will become a great man or a clever rogue.' Cafodd hithau fyw i weled Thomas Phillips yn ddyn mawr.

Y Prifathro Thomas Phillips, B.A., D.D. / Principal Thomas Phillips, B.A., D.D.

Eisteddodd arholiad Coleg Llangollen ym 1886, ar ôl paratoi ar ei chyfer yn ei gartref, yn sŵn crintach ei fam a'i frawd, a hwythau'n methu â'i gyffro i sgubo'r clos a rhedeg ar neges. Ond daeth allan ar ben y rhestr yn yr arholiad hwnnw. Aeth o Langollen i Goleg Bangor ym 1888. Cafodd B.A. Llundain ym 1890. Yn y flwyddyn 1888 hefyd y penodwyd ef yn arolygwr ar gapel y Bedyddwyr Saesneg yn y Ponciau. Ordeiniwyd ef yn weinidog yn Kettering ym 1891. Symudodd i Norwich ym 1900. Gwahoddwyd ef i lunio arbrawf gyda math newydd o Eglwys yn Bloomsbury ym 1905, a bu yno hyd 1928, pryd yr etholwyd ef yn brifathro Coleg y Bedyddwyr, Caerdydd. Anrhydeddwyd ef â swyddi urddasol a chyfrifol. Ef oedd prif bregethwr Cynghrair Bedyddwyr y Byd yn Philadelphia ym 1911. Ef oedd llywydd Bedyddwyr Llundain ym 1913, a llywydd Undeb Prydain ac Iwerddon ym 1916. Etholwyd ef yn Llywydd y *Christian Endeavour Union* ym 1921 a'r *Peace Society* ym 1927, a'r *National Free Church Council* ym 1929. Anrhydeddwyd ef â gradd D.D. prifysgol McMaster ym 1928. Yn ystod ei flynyddoedd olaf, dioddefai oddi wrth ddolur y galon, dolur anffodus iawn o gofio bod arafwch yn beth mor ddieithr iddo. Trawyd ef yn wael wrth lywyddu cyfarfod o'r *Peace Society* a bu farw'n sydyn yn Ebrill 1936. Claddwyd ef ym Mynwent Dinas Caerdydd.

Bro-garwr twymgalon oedd Thomas Phillips. Deuai'n gyson ar ei wyliau i'r henfro i adennill nerth corff ac adfywiad ysbryd. Torrai lwybr llygad iddo'i hunan o ffarm i ffarm ac o dŷ i dŷ; croesai'r afon heb gymryd sylw o na phont na phompren, gan gario'i esgidiau a'i hosanau o dan ei gesail. Mynnai ail-fyw ei blentyndod bob gwyliau haf. Galwai heibio i'r rhai a gyd-chwaraeai ag e'n blentyn, a nefoedd iddo oedd stori ddifyr ar aelwyd rhyw hen gegin. Galwai heibio i'r sipsiwn ar y comin hefyd, a hoffai sôn am yr hen wraig honno a'i cymhellodd i mewn i'w charafán, gan ofyn iddo, 'Ai chi yw offeiriad y sipsiwn?' Ceir ymhlith ei bapurau nodiadau diddorol yn disgrifio'i ddyddiau cynnar. Cesglais y nodiadau hyn at ei gilydd a'u gosod yn stori ar ei wefus ef ei hun. A dyma'r stori:

> 'Fe'm ganed yng nghanol y wlad, a chanolfan y fro oedd y capel. Y Sul oedd diwrnod mawr yr wythnos, a theirgwaith y Sul y cerddwn y ddwy filltir i'r cysegr. Cerddwn yno yn llaw fy mam i'r cyrddau gweddi, ac i'r cyfarfod deg o'r gloch bob bore dydd Mercher, ac i'r cwrdd paratoad ar fore Sadwrn, unwaith y mis. Nid oeddwn, yn deall arwyddocâd popeth a glywn ac a welwn, ond y mae'n wir mai yn un o'r cyrddau hyn y teimlais gyntaf bresenoldeb Duw. Noson hyfryd o haf oedd hi, a minnau'n eistedd yn ymyl fy mam yn y festri fach, yn grwt rhwng naw a deg oed. Penliniodd gŵr cyhyrog gerbron y ffwrwm bren, a dechreuodd weddïo'n grynedig, nes peri i minnau sylweddoli ei fod yn siarad â'r Rhywun hwnnw sy'n anweledig ym mhob man. Agorwyd drws y byd ysbrydol imi yn y cyfarfod hwnnw, er bod edrych ar lili gynta'r gwanwyn, a gweled y borfa'n glasu, a gwrando ar sŵn dŵr rhedegog wedi effeithio arnaf lawer gwaith, cyn hynny.
>
> 'Yr oedd y fro'n llawn ysbrydion a bwganod. Arferwn gau fy llygaid a rhedeg nerth fy nhraed heibio i'w trigfannau yng ngoleu'r cyfnos. Credwn ynddynt.

Hyd at ddeg oed fel llawer plentyn arall, rhith-welwn bethau. Deuai personau i'm cyfarfod ar hyd y ffordd, a gwelwn wynebau hwnt ac yma yn y perthi. Pan oeddwn yn chwarae gyda'r plant ar iard yr ysgol un bore, daeth gwraig yr arferwn redeg drosti ar neges, i'm galw gan sefyll wrth glwyd yr ysgol. Dywedais wrth y plant eraill ei bod hi yno, ond ni welodd yr un ohonynt rith ohoni. Dysgeidiaeth y capel oedd yr unig esboniad ar y pethau hyn imi'r pryd hwnnw.

'Sôn am Dduw a Iesu Grist a glywn yn y capel. Cleddid y meirw i gyd yn y darn tir o amgylch y capel, ac yn eu plith, rai y bûm yn cyd-chwarae â hwynt, ac nid oedd modd i blentyn gredu eu bod hwy o bawb, ymhell i ffwrdd. Heblaw hyn, cartref Saint oedd yr ardal. Ffarm gyfagos oedd Ffynnon Samson, a dau blwyf cyfagos oedd Llan-golman a Llan-deilo. A'r adeg honno cedwid penglog Sant Teilo'n barchus iawn yn nrôr seld ffarm Llandeilo.

'Yr oedd bro fy mebyd yn fan cyfarfod i ddau neu dri gwareiddiad. Gwareiddiad anifeiliaid oedd un. Enw ar ffarm yn ffinio â'm cartref oedd Llwyd-Arth. Llwyn-yr-ebol oedd enw'r ffarm gyferbyn, a thu draw'r afon. Yr oedd gwareiddiad llwyni yno hefyd. Y mae Maes-y-dderwen yn ffarm enwog, a cheir mwy nag un Llwyn-celyn yn yr ardal. Ond gwelais wareiddiad blodau'n ennill tir yn y fro. Enwau'r tai newydd yw Leilac a Lili, Rose Cottage, Laburnum Villa a Fern Hill, ac erbyn heddiw y mae godre Preselau'n adnabyddus fel 'Rosebush.'

'Tyddyn bychan yn perthyn i ffarm fwy oedd fy nghartref. Gweithiai fy nhad ar y ffarm fawr, a mam a ofalai am y tyddyn bach. Cynorthwyai'r *landlord* ni i aredig a chynhaeafu. Ei gart ef hefyd a ddeuai â chwlwm (llwch glo) inni, o bwll ugain milltir i ffwrdd. Yr oedd gennym ddwy fuwch, a'r ddwy mor annwyl â bodau dynol imi. Yr oedd y lle bach bron â bod yn hunan-gynhaliol. Caem ein bara o ŷd y maes, ar ôl ei falu'n y felin yn y cwm islaw. Tyfai'n dillad ar gefnau'r defaid, ac yr oedd gan mam ei rhod nyddu ei hun. Deuai'r teilwr ar ei dro i weithio dillad y bechgyn, a hithau'r wniadyddes i wisgo'r merched. Cadwai'r mochyn ni mewn cig, a cheid digon o ddeunydd cawl yn yr ardd. Nid oedd prinder canhwyllau gwêr o waith cartref ychwaith ar ôl lladd y mochyn. Moethau oedd te a choffi, a chofiai mam yr adeg pryd na wyddai fy nhad y gwahaniaeth rhwng y naill a'r llall.

'Y cartref a'r capel oedd yr iwnifers imi'r adeg hon. Y Deml oedd y capel, ac afon Iorddonen oedd honno a lifai heibio'i dalcen. Ioan Fedyddiwr oedd y pregethwr. Emynau oedd yr unig ganeuon a wyddwn, a llyfrau crefyddol yn unig a ddarllenwn. Dim ond y papurau a ddeuai trwy ddrws y capel a ddarllenid yn yr ardal. Nid oedd na theatr na sinema na chonsart na darlith. Dim byd ond capel.

'Yr oedd y bedyddiadau i gyd yn yr afon, a ninnau'r plant ar y bompren yn gwylio'r ddefod gysegredig. Ni chofiaf yr adeg pryd nad oedd chwant arnaf i ddilyn yr Arglwydd. Adeg y Cymun byddem ni y plant yn aros i mewn ar lofft y capel i weled torri'r bara a rhannu'r gwin. Yr oeddwn yn awyddus i fod yn aelod cyflawn. Yn wir, teimlwn yn euog am nad oeddwn yn aelod. Dim ond sôn am y capel a'i bethau a wnâi pob un ar y ffordd adref. Perchid y gweinidog fel gŵr Duw, ac weithiau byddai'r parch hwn yn troi'n ofn sanctaidd. Neidiwn dros y berth rhag ei wynebu ar y ffordd pryd na byddai gennyf gydwybod hollol glir.

'Bu farw fy nhad pan oeddwn yn bedair oed, ond y mae gennyf atgof hyfryd ohono, yn penlinio mewn gweddi wrth y gadair freichiau ar aelwyd y gegin, ac yn fy ngosod innau i benlinio wrth y stôl fach. A dyna un o'r darluniau sydd wedi fy nilyn i bob man. Pan ddywedodd un o ddiaconiaid y capel wrthyf, "Yr ydym yn disgwyl rhywbeth oddi wrthyt ti," nid oedd modd imi beidio ag ymaelodi yn y capel, heb wadu ac anwybyddu holl awyrgylch fy mywyd. Yr oedd fy nhröedigaeth mor naturiol â ffurfiad defnyn gwlith ar flodeuyn.

'Ond os bu fy nhröedigaeth yn raddol, fe ddaeth yr alwad i wasanaethu'n sydyn ac annisgwyl. Ychydig o gyfleusterau darllen a gefais, gan fod y llyfrgell agosaf ugain milltir i ffwrdd a'r siop lyfrau agosaf wyth milltir i ffwrdd. Fe'm gorfodwyd felly i ddysgu'r grefft o fenthyca, a llwyddais i berswadio ŵyr y gweinidog i gario llyfrau allan o'r Mans. Daeth â *Darlithiau Spurgeon* imi pan oeddwn yn un ar bymtheg oed, a chofiaf imi dreulio un prynhawn Sul yn eu darllen ar goeden lydanfrig uwchben nant soniarus. Anodd iawn yw dilyn cynhyrfiadau enaid gyda manylrwydd gwyddonol, ond ar y ffordd i'r capel y nos honno fe'm cynhyrfwyd gan awydd angerddol i bregethu'r Efengyl i bechaduriaid – i bechaduriaid, cofier. Efallai mai effaith y darllen oedd y cyfan. Ond yr oeddwn mewn penbleth gan fod bron pob un yn yr ardal yn Fedyddiwr, ac ni allwn gofio ond am un neu ddau nad oeddynt gapelwyr. Ac eto yr oedd y cyffro mor glir â'r heulwen ar feidr y wlad. Nid dyhead i fod yn bregethwr mawr ydoedd, nac yn weinidog ychwaith, ond rhyw deimlad o dosturi tuag at bechaduriaid. Teimlwn fel pe bawn yn ymgodymu ag angel. Cyrhaeddais y capel, ac er syndod imi, nid oedd yno bregethwr. Cododd hen frawd o ddiacon ar ei draed ac ar ôl rhoddi pennill allan i'w ganu, cyhoeddodd y byddai Thomas Phillips yn pregethu, ar ôl gair a gweddi.

'Ni chefais na gair o rybudd nac o gyfarwyddyd cyn pregethu fy mhregeth gyntaf, a phe bawn wedi ei gael, mwy na thebyg mai dianc a wnawn. Syfrdanwyd y gynulleidfa hefyd wrth glywed cyhoeddiad o'r fath. Ond euthum i'r pulpud a siaradais am ugain munud heb gryndod nerf. Credaf mai'r cyffro a gefais ar y ffordd i'r capel oedd yn fy nal o hyd. Bydd rhai dynion yn sôn am eiliad eu tröedigaeth, ond byddaf innau'n hoffi sôn am y profiad hwn. Rhoes gyfeiriad i'm bywyd. Bob tro y gwyraf oddi wrtho, af yn ddiflas, ond pan gerddaf yn ei olau, yr wyf yn hapus ryfeddol.'

The above is an extract from a book entitled 'Thomas Phillips 1868-1936' written by E. Llwyd Williams and published by the Union of Welsh Young Baptists. The book is a remarkable story of a child prodigy who rose from humble beginnings to the highest echelons of Baptist divinity. Thomas Phillips was born in Llan-y-cefn in a cottage known as Y Lan, which has long been reduced to rubble. He lost his father when he was four and reputedly his first question to the mourners on their return from the funeral was, 'What was the text at my dad's funeral?' His father, Lefi, was a faithful deacon with the Congregationalists at Llandeilo and the son's abiding memory of his father, as he played around his bed, was of a man of ardent prayer. His mother was a faithful worshipper with the Baptists at Rhydwilym and it was there that she took her three children. On his first day at the school held in the Chapel Vestry the five year old Thomas fell into the river and was only rescued from drowning by John James, Blaensawd, one of the older boys.

John Salmon, the headteacher, initially regarded Thomas as a dreamer rather than a scholar. When a school was opened at Nant-y-cwm nearby, John Salmon set up a school at Nebo Chapel Vestry near Efailwen, and the young Thomas followed him there since his family had now moved to keep a shop at Tycoch near Llandysilio. It was around this time that Thomas began to take a keen interest in books and became such an avid reader that he would be deaf to all requests for help with various chores. One farming neighbour who delighted in the boy's new found vocation, William Williams, Dyffryn Isaf, was keen to nurture his talent and lent him many books. The family again moved back to Llan-y-cefn to keep a shop and soon John Salmon returned as headmaster at Nant-y-cwm where Thomas was made a monitor. He became a monitor at Maenclochog and Henllan schools for a while before becoming a pupil teacher at Whitland in September 1882. John Scourfield, the headmaster, initially thought he would be a disaster as a teacher but by the end of the week he was convinced that the somewhat unkempt dreamer was something of a genius.

Thomas spent four years at Whitland but returned home every weekend and was regarded as an exceptional Sunday School teacher at Rhydwilym particularly when preparing the children for the annual Pwnc Festival. In 1892 he married one of the Whitland schoolteachers, Martha John, and seven children were born, most of whom excelled themselves academically. Idris became a lecturer in Philosophy at Glasgow University; Olwen was a Co-Principal, with her husband, of Mount Vernon Seminary, Washington, and Edward Lloyd became a missionary and spent some time at Cheelo University whilst Margaret gained an M.A., and Myfanwy an M.D.

Llwyd Williams refers to Thomas' own reminiscences of the early years particularly the occasion of his conversion soon after he was baptised in July 1883. On his way to a service at Rhydwilym he received a flash of revelation and within half an hour that evening, in the absence of the expected preacher, he delivered a twenty-minute oration with the glow of 'the angel-like presence' experienced earlier very much on his mind. Apparently it was without warning that one of the deacons announced that Thomas Phillips would deliver a sermon that evening. Thomas himself recalls he had spent most of the afternoon reading 'Spurgeon's Lectures' perched on the bough of a well laden tree above a singing brook. He reflects such thoughts would probably have contributed to his later sudden urge on the way to Rhydwilym to preach the gospel to sinners and the unconverted. On the way home from Rhydwilym that evening Bet Lanhwnt and Mrs Evans, Drefelen, were overheard discussing young Thomas' performance as a preacher and Mrs Evans declared, 'He will become a great man or a clever rogue'.

However, his mother and brother, Ben, wanted him to become an Excise Officer and, as there were so many chores to be done around the home, he was given little encouragement when he studied for the entrance examinations to Llangollen College. After two years at Llangollen he moved to Bangor University in 1888 and by 1890 he had graduated as a B.A. Also in 1888 he was made a superintendent of an English Baptist chapel at Ponciau near Wrexham and in 1891 he was inducted a minister at Kettering where he remained for nine years before moving to Norwich. In 1905 he moved to Bloomsbury and in 1928 he became the Principal of the Baptist College at Cardiff. He was often honoured within his field. He delivered the main sermon at the World Baptist Association Convention in Philadelphia in 1911; he was the president of the London Baptist Association in 1913, and the president of the British and Irish Baptist Union in 1916. He became the president of the Christian Endeavour Union in 1921, the Peace Society in 1927 and the National Free Church Council in 1929. He received an honorary D.D. degree from McMaster University in 1928.

In his own reminiscences Thomas Phillips refers to his spiritual awakening when he heard a well built man praying on his knees with a trembling voice at Rhydwilym Vestry. At around nine or ten years of age he says the experience made him realise there was an ever-present Being wherever one looked. At the same time he was not immune to the presence of ghosts and bogeys and would run past their supposed abode at night with his eyes closed. He recalls the occasion on the school playground when he informed the other children that a certain lady was at the gate but none of them could see anybody. The appearance of phantom figures would be a constant topic of conversation in those days and would be a matter of mystery and magic to the ears of a young boy. But without doubt the life that evolved around Rhydwilym was the most significant influence by far on the young Thomas Phillips.

He does not recall a time when he did not want to follow the Lord. The river baptisms and the act of communion, as he watched the breaking of bread and the distribution of wine, filled him with awe and awakened in him a desire to become a full member. Main topics of conversation were to do with the life of the chapel. The reverence shown to ministers occasionally became almost sanctity as he would scarper over a hedge rather than meet a minister on the road if his conscience for some reason had been tarnished. He recalls his abiding memory of his father kneeling by the kitchen armchair to pray, and place him, his son, on his own knees by a smaller chair. All these experiences he explains led to a conversion that was as natural as the appearance of dew on a flower.

Whenever he visited Pembrokeshire he would never leave again without calling to see John James, Blaensawd, in order to thank him for saving his life as a five-year-old child. Other chapters in the book chronicle his remarkable achievements as a minister, particularly in London, where people from all walks of life testified to his influence.

ELOR GERBYD

Elor gerbyd! Hwn wyliaf, – a golwg
Galar arno welaf;
Yn ei gôl, yn unig af
I nyth wael fy nhaith olaf.

Y MESUR ADDYSG

Bil hynod, heb ei ail eni – a Bil
Y Baw, Bil drygioni;
Bil a wnaiff drwbwl i ni
Eto wir, yw Bil Tori.

BUDDAI

Buddai der, llestr, offeryn – i'n harchwaeth
Cynyrcha'n prif enllyn;
Yr hufen dry'n ymenyn
I'w roi ar deg fara'r dyn.

GWADDOTWR

Un ar rawd yn dlawd wladwr, – yn deall
Daear yw'r gwaddotwr,
Yn gudd fyth, gwadd ddifethwr
O gae i gae yw y gŵr.

Awdur yr englynion uchod oedd Glan Syfnau, sef Thomas Phillips o Rosebush. Ymddangosodd yr englynion ar dudalennau *Y Piwritan Newydd*.

The above englynion were composed by Thomas Phillips of Rosebush whose bardic name was Glan Syfnau. They were published in 'Y Piwritan Newydd' (The New Puritan).

Cyrddau Bach Nos Sul

(HANES CAPEL TABERNACL)

Hugh Edwards

Nid dymunol pob dechrau, ac felly ceir yn hanes Eglwys Tabernacl. Dechreuwyd yr achos yn y flwyddyn 1844 gan ran luosog o'r Eglwys yn yr Hen Gapel a anghytunent â'r mwyafrif yno gyda golwg ar ddewisiad Mr Robert Thomas yn Weinidog. Nid oes angen manylu ynglŷn â'r anghydweledidad hyn, ac ni wnâi aros gydag ef ond agor hen glwyfau y sydd erbyn hyn wedi cwbl iacháu. Nid oes neb o'r rhai hynny oeddent yn gyfrifol am rwyg yn fyw heddiw, ond mae llawer o ddisgynyddion o'r hen deuluoedd yn aros, a llu ohonynt yn golofnau achosion crefyddol drwy'r ardal a'r wlad.

Gwnaed ymdrech deg gan amryw o weinidogion y Sir i atal dyfodiad Mr Thomas yn Weinidog yr Hen Gapel er mwyn arbed yr ymraniad; ond ofer fu'r cwbl. Penderfynwyd, gan y rhai a anghytunent, sefydlu achos newydd yn y pentref. Dechreuasant gynnal gwasanaeth yn Blacknuck-Isaf, amaethdy rhyw filltir o'r pentref, a ffurfiwyd hwy yn Eglwys gan Mr Mortimer, gweinidog Solfach. Wedi bod yn addoli yn Blacknuck am rai misoedd symudasant oddi yno i dŷ arall yn y pentref a elwid y *Farmers' Arms,* yr hwn sydd erbyn hyn yn dŷ yr heddgeidwad.

Ni fuwyd yn hir cyn blino ar y *Farmers' Arms* fel man cyfarfod, a threfnwyd gan y rhai mwyaf blaenllaw gyda'r achos, i gael darn o dir er mwyn adeiladu capel teilwng arno a neilltuo darn ohono i fod yn gladdfa i'r Eglwys. Cafwyd y tir ar brydles am bunt y flwyddyn o ardreth, gan yr Yswain Le Hunt. Ym 1845 penderfynwyd adeiladu capel ar y tir o eiddo'r Yswain Le Hunt, yr union fan lle saif y capel presennol, a galwyd y capel o'r cychwyn 'Y Tabernacl'.

Y cyntaf un i'w gladdu yn y gladdfa newydd oedd Mr Gad Jenkins, ac ar ei garreg fedd ceir y geiriau canlynol:

Y cyntaf un a gladdwyd yma,
Ac ar ei ôl yn wir daw tyrfa;
Blaenffrwyth yw bod llu yn dyfod
Ato i orwedd yn y beddrod.

Enwau y rhai fuont fwyaf blaenllaw gyda chychwyniad yr achos oeddynt Benjamin James, Patshin; Thomas Rees, Cware; Richard John, Mountian; David Morris, Maenllwyd; David Williams, Blacknuck; David James, Dyffryn; Enoch Jenkins, Forlan, a John Howells, Maenclochog. Yr oedd y pedwar olaf a enwyd yn ddiaconiaid yn yr Hen Gapel cyn yr ymraniad, a diau y gellid casglu fod yr oll a enwyd uchod yn ddiaconiaid yn yr eglwys newydd er nad oes gennym sicrwydd o hyn.

Bu y ddau flaenaf a enwyd, sef Benjamin James a Thomas Rees, farw yn fuan wedi sefydlu'r achos newydd, eithr bendithiwyd y gweddill â nerth ac iechyd i fod o wasanaeth amhrisiadwy drwy sicrhau fod seiliau'r Tabernacl yn sicr a diogel. Dywedir am Enoch Jenkins, er enghraifft, na fu ei ffyddlonach i foddion gras, a phrawf o hynny yw'r ffaith na chollodd yr un Oedfa Gymundeb am bum mlynedd ar hugain. Dygir yr un dystiolaeth i'r olaf a enwyd uchod, sef John Howell Bach, fel yr adnabyddwyd ef y blynyddoedd hynny. Rhoddwn yr hyn a ysgrifennwyd gan y diweddar David Jenkin, Budloy, amdano. Dyledus ydym i Dr T. J. Jenkin, Aberystwyth, am drysori hyn o hanes. Cofiwn mai tad Dr Jenkin fu'n cofnodi y canlynol.

> 'Tebyg fod o gant i chwech ugain mlynedd oddiar pan anwyd John ym mhentref Maenclochog. Cysylltwyd "Bach" wrth ei enw, nid yn gymaint am ei fod yn fychan o gorffolaeth, er nad oedd o daldra neillduol, ond am fod John Howell arall tua'r un oedran yn y pentref a hwnnw yn dalach nag ef. Ffermwr bychan oedd John ac yn cadw un gwas ac un forwyn, tra y bu ef ei hunan yn ddyn sengl drwy ei oes. Yr oedd ei hynafiaid wedi bod yn ddarbodus neu yn anturiaethus, neu bob un o'r ddau, ac wedi prydlesi'r ffarm fach am ardreth isel, ac yna wedi ei gwrteithio fel yr oedd John yn gallu cael dau ben y llinyn i gwrdd heb weithio yn galed, ac yn gallu hebgor ychydig bunnoedd i brynu llyfr da pan glywai amdano. A chan ei fod yn hoffi myfyrio a deall y Beibl yr oedd ganddo yn agos pob esboniad Cymraeg y gwyddai amdano, ynghyd â rhyw ddau neu dri o eiriaduron.
>
> 'Yr oedd John, yn fy nghof i, yn aelod a diacon yn y Tabernacl, Maenclochog, ond yr oedd mor ddirodres fel nas gallai dyn dieithr feddwl ei fod yn ddim ond dyn lled gyffredin er ei fod yn ddiamheu yn un o ddiwinyddion gorau os nad y gorau yn yr ardal. Cadwodd Ddosbarth Beiblaidd yn y Tabernacl lawer gaeaf a chadwai un hefyd mewn tŷ ryw dri chwarter milltir allan o'r pentref lle y preswyliai gŵr a gwraig di-blant a gwahoddid pob enwad yn ddiwahân i hwnnw, a chredaf fod hwnnw wedi creu cymaint o awydd ynof a dim i geisio deall yr Ysgrythurau.'

Dywed Dr Jenkin ymhellach i'w ddiweddar dad ateb cwestiwn o'i eiddo ynghylch y 'Cyrddau Bach' a gynhaliwyd ym mlynyddoedd cynnar yr achos yn y Tabernacl. Diolchwn, am ganiatâd i gyhoeddi yr ateb yn gyflawn:

> 'Gan fod y boblogaeth yn deneu yn ardal Maenclochog, y mae'r capeli ymhell oddiwrth ei gilydd, ac ymhell oddiwrth lawer o'u mynychwyr, er, o achos rhyw achosion terfysglyd yn y dyddiau gynt fod gan yr un enwad ddau gapel yn agos iawn i'w gilydd; a chan yr ystyrid yn ormod o aberth i ddisgwyl i rhai pell i ddyfod i'r capel dair gwaith ar y Sul yr oedd Cyrddau Gweddi yn cael eu cynnal ar nos Suliau yn y mannau pell, gan gael eu cynnal ar gylch yn nhai yr aelodau gan symud yn rheolaidd o Sul i Sul oddieithr fod rhyw rwystr neillduol ar ffordd rhywun i'w dderbyn, neu fod rhywun o dan

amgylchiadau neillduol yn ei geisio yn gynt nag y byddai eu tro yn dyfod yn ôl cylch rheolaidd.

'Gwnaed ceisiadau felly yn fynych pan fyddai rhywun yn y teulu oherwydd henaint neu hir nychdod yn methu myned i'r capel o gwbl, a mantais arall perthynol i'r cyrddau hynny oedd bod llawer yn myned iddynt nad oeddynt yn myned i'r capel o gwbl. Yr oedd dau o'r cyrddau hyn gyda dau gapel y pentref i'r cyfeiriad gogleddol o gylch godre'r Preseli. Llywydd y cwrdd perthynol i'r Hen Gapel oedd Twm Huw, yr hwn a feddai gymhwyster neillduol at hynny yr hyn na fedrai llywydd cwrdd y Tabernacl, sef ei fod yn ganwr da, ond cwrdd y Tabernacl oedd y mwyaf poblogaidd gydag ieuenctid yr ardal, er mwyn clywed Dic y Teiliwr. David Morris oedd llywydd cwrdd y Tabernacl.

'Rhyw dri oedd yn annerch Gorsedd Gras yn gyhoeddus yng nghyrddau'r ddau gapel, a chan na welais ddefnyddio llyfrau emynau yn un o'r cyrddau erioed, ni chenid ond un pennill bob tro, a'r hwn a fyddai'n rhoi'r pennill i'w ganu yn ei adrodd i gyd unwaith, ac yna yn ei adrodd bob yn ddwy linell, ac fel rheol cenid pob dwy linell ddwywaith. Cyn y byddai yr olaf yn gweddïo, byddid yn adrodd adnodau, a byddai'r llywydd yn myned o amgylch i geisio'r adnod gyda phob un, a phan fyddai rhywun yn meddwl mynd i'r cyrddau hynny byddai rhaid darparu adnod. Ar ôl adrodd adnodau yng nghwrdd y Tabernacl rhoddai David Morris araith fer yn gyffredin ac ar ei ôl ef ceid araith gyda Dic y Teiliwr. Fel ei enw, teiliwr oedd Dic, a dywedid ei fod wedi dysgu ei grefft yn dda. Tarawodd y syniad yn ei ben pan oedd yn fachgen ei fod wedi ei alw i fod yn bregethwr a methwyd tynnu'r syniad o'i ben yn llwyr drwy ei oes, a dinistriodd hynny ef fel crefftwr fel y gorfu iddo dreulio ei oes mewn tlodi. Yr oedd ganddo ddull hynod o siarad gan geisio efelychu rhyw bregethwyr mawr yn ei olwg ef gallwn feddwl, ac yr oedd ganddo gydmariaethau. Yr oedd yn dueddol o siarad yn faith iawn a byddai David Morris yn gorfod ceisio ganddo dewi rhai prydiau. Yna ar ôl gweddïo a chanu, ymadewid.

'Anfynych y byddai areithio yng nghyrddau'r Hen Gapel, dim ond pan fyddai William Perkins, pregethwr cynorthwyol yn perthyn i'r Eglwys, yn myned iddo i'r pwrpas hwnnw trwy geisio ganddo, ond yr oedd Twm Huw yn casglu'r adnodau yr un fath â David Morris. Yr oedd dau o gyrddau gweddi ereill yn cael eu cynnal yr amser hynny hefyd – un ar ochr ddwyreiniol Maenclochog, yn rhan uchaf plwyf Llangolman a godre plwyf Mynachlogddu, a lywyddid gan Twm Hudson – gŵr cadarn yn yr Ysgrythurau, ac yn lle'r adnodau byddid yn cymryd at ryw adnod ddyrus i'w hesbonio yn debyg i ddosbarth yn yr Ysgol Sul, neu ynte cynhelid yr hyn a elwid yn gwrdd ail-adrodd, sef pob un i adrodd cymaint ag a allai o'r bregeth yn y boreu neu y prynhawn.

'Yr oedd y llall y tu deheuol i'r pentref yn Llan-y-cefn. Nid oes gennyf nemor o hanes hwnnw, ond yr oedd adrodd adnodau yn rhan bwysig yn y cwrdd hwnnw hefyd. Aeth yr eglwysi i gwyno fod y cyrddau hynny, y rhai a elwid yn gyrddau bach, yn gwanhau gormod ar y cyrddau yn y capeli a phan ddaeth yr arferiad i'r gweinidogion bregethu yn y capeli ar ddwy nos Saboth yn y mis, ac wedi i'r hen frodyr cryfion fethu drwy henaint a marwolaeth, diflannodd yr holl o'r cyrddau o un i un, a gwaethaf modd, nid yw'r cyrddau yn y capeli nemor lluosocach na chynt.'

Ac yn awr, wedi treulio ychydig yng nghwmni'r sylfaenwyr a sylwi sut y buont yn braenaru'r tir, teg yw symud ymlaen er mwyn canfod cynnyrch eu hymdrech a'u haberth hwy. Gan fod llyfrau cofnodion yr Eglwys ar goll hyd y flwyddyn 1886, moel iawn fydd ffeithiau'r hanes am y deugain mlynedd cyntaf.

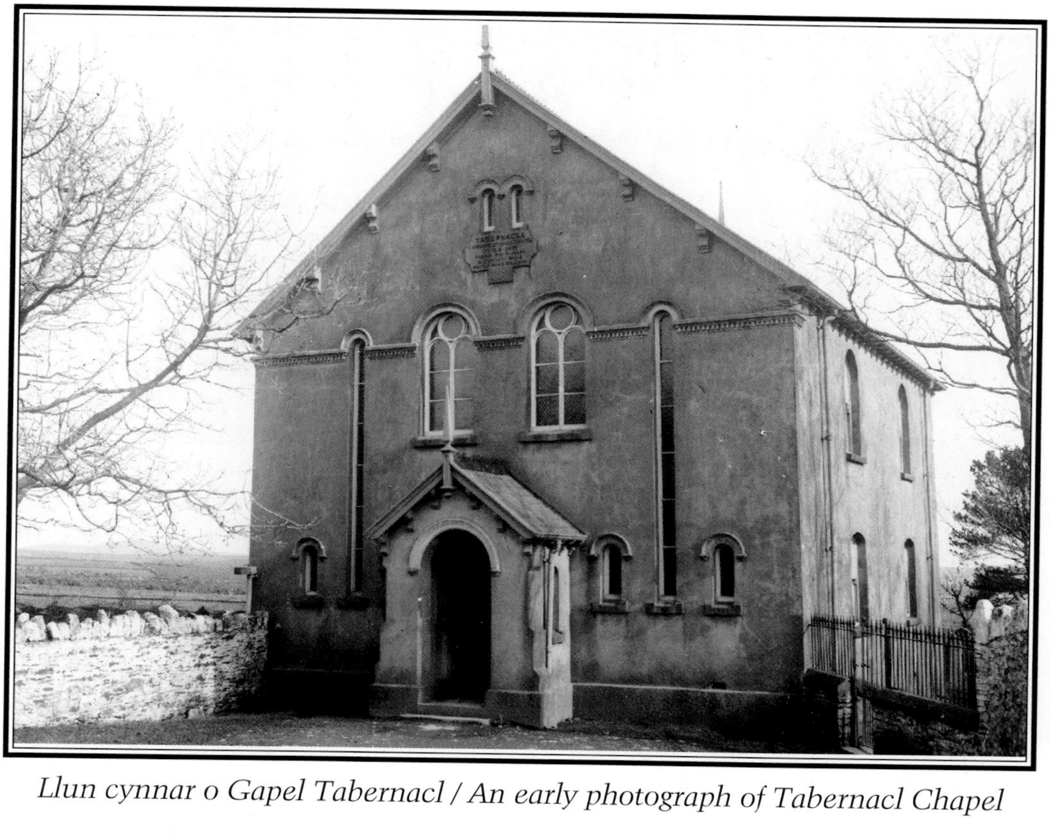

Llun cynnar o Gapel Tabernacl / An early photograph of Tabernacl Chapel

Gwyddom i'r Parchg Benjamin James, ac yntau yn Weinidog Eglwys Llandeilo ar y pryd, gydsynio i gymryd gofal Eglwys y Tabernacl pan adeiladwyd y capel cyntaf yn 1845. Bu'n gweinidogaethu'r ddwy eglwys, sef Llandeilo a Thabernacl hyd ei farw Awst 17, 1873, a chladdwyd ei weddillion ym mynwent Eglwys Llandeilo lle y saif cofgolofn deilwng iddo. Bu'r berthynas cydrhwng Llandeilo a Thabernacl yn un mor heddychol a hapus yn ystod tymor gweinidogaeth fendithiol y Parchg Benjamin James fel ag i'r ddwy eglwys benderfynu wynebu'r dyfodol gyda'i gilydd o dan yr un weinidogaeth. Ni fuont yn hir cyn cydsymud i alw gweinidog arall a syrthiodd y coelbren ar fyfyrwyr ieuanc o Goleg Aberhonddu, sef Mr W. Cynog Jones, ac ordeiniwyd ef Awst 4, 1874.

Clywais gan lawer o hen bobl a'u cofiai fod y Parchg Cynog Jones yn ddyn, ac yn weinidog eithriadol dda, ond er galar a thristwch mawr i bobl ei ofal, byr fu ei yrfa ar y ddaear a galwyd ef oddi wrth ei waith at ei wobr ymhen ychydig dros flwyddyn wedi ei ordeinio, a chladdwyd ei weddillion yntau yn Llandeilo fis Tachwedd 1875. Yn ystod tymor byr y Parchg Cynog Jones yn ein plith, cafodd gwmni cyfaill dyddiau'r coleg, un a aeth yn ddwfn i serch yr eglwysi yn Llandeilo a Thabernacl. Gwahoddwyd ef i'w gwasanaethu, yr hyn a barodd ddyfnhau'r serch tuag ato hyd nes y gwahoddwyd ef yn gynnes iawn i fod yn weinidog ar yr Eglwysi. Hyd heddiw ni pheidiodd yr enw â swyno bywyd yr Eglwysi a'r ardal, sef yr hoff Barchg David Williams. Ordeiniwyd Mr Williams i gyflawn waith y Weinidogaeth yn y flwyddyn 1876, a bendithiodd Duw yr ardal drwy ei was hynaws a hoff am bum mlynedd a deugain.

Yn fuan wedi i'r Parchg David Williams ddechrau ar ei weinidogaeth ymbriododd â Miss Lewis, Trehywel, perthynas agos i'r diweddar Barchg T. Lewis, Berea a Rehoboth, a phrofodd hon ei hun yn un o'r gwragedd gorau a bu yn gynhorthwy mawr iddo yn ei waith fel gweinidog. Curodd angau yn gynnar wrth ddrws y ddeuddyn hapus gan ei gwahanu drwy symud Mrs Williams o fyd amser i fyd mawr tragwyddol, a hynny ar Fehefin 13, 1902. Ymhen ychydig flynyddoedd ymbriododd y Parchg Williams â Mrs Hughes, gweddw y diweddar Mr D. Bury Hughes, yr hwn a fu yn ysgolfeistr yn yr ardal am flynyddoedd. Bu hithau yn gymar teilwng o'i phriod ac ni phallodd ei ffyddlondeb iddo mewn gofal a chariad yn arbennig yn ei flynyddoedd olaf. Ganwyd iddynt un plentyn, ond er chwerw loes bu farw ac yntau ond chwech oed. Bu hon yn ergyd drom i'r gweinidog ac ni fu yr un fyth ar ôl y brofedigaeth hon. Gan fod ei iechyd yn pallu gofynnodd Mr Williams am gael ei ryddhau o'i ofalon gweinidogaethol yn gynnar ym 1921.

Cofiwn yn dda yr oedfa fore Sul pan ddywedodd ei fod yn ymddeol. Gwnaeth un cais i'r Eglwysi, sef ar iddynt fod garediced â chaniatáu iddo aros ym Maenteilo hyd ddiwedd ei yrfa ar y ddaear. Cydsyniwyd â'i gais gydag unfrydedd a gweddïau ar iddo gael nawn-ddydd bendithiol ymhlith ei bobl. Gweithiodd y Parchg David Williams yn galed yn y cylch drwy'r blynyddoedd ac yr oedd yn fawr iawn ei barch gan bawb a'i adnabu. Mae ei ddylanwad yn aros hyd heddiw. Yn ystod ei weinidogaeth ailadeiladwyd y Capel, a chynhaliwyd cyfarfodydd agoriadol yn y flwyddyn 1884, a'r holl o'r draul wedi ei thalu ddydd yr agoriad. Costiodd tua saith cant o bunnoedd heblaw traul cludo'r nwyddau. Cludwyd yr oll o'r coed, calch, a'r sment gan amaethwyr oeddent aelodau yn yr Eglwys, a hynny o orsaf Clarbeston Road. Cafwyd y cerrig at adeiladu o chwarel yn yr ardal a'r llechi at doi o chwarel y Gilfach. Yn ôl y dystiolaeth a ddygwyd yr oedd yn un o'r capeli harddaf yn y wlad yr adeg honno.

Gyda dechrau'r ganrif hon gwelwyd yn dda i symud ymlaen er cael Festri at wasanaeth yr Eglwys. Yr adeg hon hefyd aethpwyd ati i godi tŷ i'r gweinidog breswylio ynddo, ac y mae Maenteilo yn aros yn dystiolaeth arall i lafur ac ymdrechion y Parchg David Williams, ac ym 1901 gwelwyd y gwaith wedi ei orffen, ac ni fuwyd yn hir cyn bod pob carreg yn glir o ddyled. Daeth yr amser i Gymanfa'r Dair Sir ymweled â ni fel Eglwys o dan weinidogaeth y Parchg David Williams, ac ymhob dim perthynol i'r Gymanfa cafwyd fod yr arweiniad yn bwyllog a doeth o du'r gweinidog. Anturiaeth fawr oedd i eglwys fel Tabernacl groesawu'r Gymanfa yr adeg honno, ond llwyddwyd, gyda chydweithrediad yr ardal yn gyffredinol, i wneud y croeso yn urddasol ac anrhydeddus. Cymerwyd rhan yn y Gymanfa gan seraffiaid o blith pregethwyr ein Henwad o Siroedd Caerfyrddin ac Aberteifi. Ac nid â'n angof gan y rhai hynny ohonom a fendithiwyd â gwleddoedd breision yr Efengyl drwy'r Gymanfa.

Byr iawn bu tymor ymneilltuad y Parchg David Williams ar y ddaear, gan y galwyd ef i'r orffwysfa dragwyddol ymhen ychydig dros flwyddyn wedi iddo roddi fyny gofalaeth yr Eglwysi. Bu farw ar Ebrill 21, 1922 ac nid anghofir ddydd ei arwyl yn yr ardal. Daeth torf enfawr ynghyd i dalu'r gymwynas olaf i un a rodiodd gyda Duw ac a ymroddodd yn llwyr i waith Ei Deyrnas Dragwyddol. Erys ei goffadwriaeth yn fyw ac yn felys o hyd.

Ni fu rhaid disgwyl yn hir wedi ymneilltuo o'r Parchg David Williams cyn y daeth myfyriwr o Goleg Caerfyrddin, sef Mr James Davies, i'n gwasanaethu am Sul; fe adawodd ei ymweliad y fath argraff fel ag i'r Eglwysi benderfynu ei wahodd i fod yn weinidog. Cydsyniodd yntau, ac ordeiniwyd ef ar Ionawr 12, 1922. Bu yma yn ein plith am bedair blynedd a hanner a llewyrchus iawn oedd yr achos yn y Tabernacl o dan ei weinidogaeth. Ymadawodd â ni i fod yn weinidog Bethel, Llansamlet, lle y dygir yr un dystiolaeth i'w wasanaeth effeithiol dros yr Efengyl. Wedi ymadawiad y Parchg James Davies aeth tymor o ddwy flynedd heibio cyn galw olynydd iddo. Yr un a ddenodd ein serch y tro hwn ydoedd y Parchg David Jones, yr hwn a oedd ar y pryd yn weinidog yn Nhrelewis. Daeth ef atom o wlad y mwg a'r pyllau glo. Fe'i sefydlwyd ar Fehefin 10, 1928. Gweinidogaeth gref a grymus oedd eiddo'r Parchg David Jones; gyda'i bregethu byw a'i hiwmor iach llwyddodd i ddysgu ac i ddenu pobl ei ofal mewn ffordd ddeheuig iawn. Ymadael â ni wnaeth yntau a hynny yn Nhachwedd 1935, i fod yn weinidog Eglwys Gibeon, Taibach, Port Talbot.

Dilynwyd y Parchg David Jones gan fyfyriwr o Goleg Aberhonddu, sef y Parchg D. L. Eckley, B.A., B.D. Ymwelodd â ni am y waith gyntaf ar Ebrill 5, 1936, ac o'r Sul hwnnw ni phallodd ein cariad tuag ato na'n edmygedd ohono. Cafodd ei ordeinio ar Fedi 14, 1936, â thyrfaoedd o bob rhan o'r wlad wedi dod ynghyd i gydlawenhau â ni fel Eglwysi ac i ddymuno'n dda i un a oedd wedi ennill ei le yng nghalon y genedl. Yr oedd i'r Parchg D. L. Eckley ei ffordd arbennig ei hun o gyflwyno ei genadwri, llefarai yn gyflym a chynhwysai llawer mewn ychydig. Ond yr hyn a edy yr argraff arhosol ar y rhai brofasant o'i weinidogaeth ydyw ei gymeriad gwefreiddiol, ei galon ddidwyll a'i ysbryd lledneis ynghyd â'i ddywediadau bachog. Pan ddaeth iddo wahoddiad oddi wrth Eglwysi Bethlehem, Sanclêr, ac Elim, Llanddowror, teimlodd pawb mai rhy fyr fu tymor ei weinidogaeth yn ein plith gan ei bod mor felys. Ymadawodd gyda dymuniadau gorau'r Eglwys fis Gorffennaf 1943.

Gyda gweinidogaeth y Parchg D. L. Eckley daeth clo ar ganrif o bregethu'r gair a gweinidogaethu i bobl Dduw yn Nhabernacl, ond cyn cefnu ar y ganrif gyntaf, sicrhawyd ein bod yn cerdded i mewn i'r ail ganrif o dan arweiniad un arall o weision y Duw Goruchaf. Dechrau 1944 gwahoddwyd y Parchg Moelwyn Daniel, a oedd ar y pryd yn weinidog Eglwys Carmel, Tanygrisiau, i ddod atom yn weinidog. Cawsom ganddo ateb cadarnhaol ac y mae erbyn hyn wedi ymsefydlu yn ein plith, a gwelir arwyddion eisoes y dechreuwn yr ail ganrif o dan amgylchiadau mwy ffafriol na'r gyntaf. Mae'r hyn roddodd fod i Eglwys y Tabernacl wedi syrthio i dir angof, ac y mae perthynas Eglwys y Tabernacl ac Eglwys yr Hen Gapel ynghyd ag Eglwysi eraill yr ardal yn bopeth y gellid ei ddymuno.

The above is an extract from a booklet entitled 'Cofio Canrif' (A Century Remembered) chronicling the history of Tabernacl Chapel's first hundred years. It was edited by the Revd Moelwyn Daniel and the chapter reproduced here referring to the somewhat contentious early days of the chapel was written by the then treasurer and deacon, Hugh Edwards. It was published as part of the centenary celebrations held in May 1946 when two full days and two evenings of services were held. A total of nine sermons were preached in all by nine ministers.

The 'cause' was established in 1844 by a contingent of members from the already well established Congregational chapel in the village, Hen Gapel, originally known as Pergamus. Hugh Edwards says the reasons for the actual split within Hen Gapel need not be mentioned in detail and to do so would only reopen old wounds that have long since healed. He states that none of those 'responsible' are alive and that many of their descendants have become pillars of their various chapels throughout the country. But he does mention that the bone of contention was the appointment of a young minister called Mr Thomas and even several ministers from outside the locality tried to prevent his induction.

However, a large number of members left and began meeting at a farm known as Blacknuck Isaf and the Revd Mortimer from Solva formally incorporated them as a church. They then met for a while at the Farmers Arms before building a chapel and consecrating a cemetery on land owned by Squire Le Hunt and obtained for a lease of £1 per year. The first to be buried there was Gad Jenkins and the prominent early members were Benjamin James, Patchin; Thomas Rees, Cware; Richard John, Mountan; David Morris, Maenllwyd; David Williams, Blacknuck; David James, Dyffryn; Enoch Jenkins, Forlan and John Howells, Maenclochog. The last four mentioned were deacons at Hen Gapel and the others mentioned were probably former members as well.

Benjamin James and Thomas Rees died soon after Tabernacl was formed. It was said that Enoch Jenkins was so faithful that he did not miss a communion service over a period of twenty-five years. John Howells was known as John Howell Bach and not because he was particularly small but because there was another John Howell of around the same age in the locality who was slightly taller. Dr T. J. Jenkin is then quoted at length referring to the early days. Dr Jenkin says that John Howell Bach was a small farmer who kept a maid and a servant and remained single throughout his life. His farm had been well manured by his ancestors and he was able to make a living without working too hard and would often spend his money on books. It was reputed that he had every known Welsh exegesis as well as several dictionaries. Despite his unassuming demeanour he was regarded as a theologian of some merit. He kept a Bible Class at Tabernacl during the winter months and also at the home of a childless couple on the outskirts of the village to which students from all denominations were invited.

Dr Jenkin then refers to his father's description of the 'Cyrddau Bach' held in the area by both Hen Gapel and Tabernacl. Since it was too much to expect the members who lived in the outlying areas to attend three services every Sunday in the main chapel, Prayer Meetings would be organised at various homes on Sunday evening. These would be a blessing to those members who, for various reasons of ill health or age, were unable to attend the main services, and, also, many that were not members would attend. Twm Huw, who was renowned as a precentor, would preside at the Hen Gapel Cyrddau Bach. But the Tabernacl Cyrddau Bach were far more popular with the young people because of the appeal and influence of Dic y Teiliwr. There were only about three persons who would be heard praying publicly from both chapels and T.J.'s father never saw a hymnbook used in any of these services. Whoever chose a hymn to be sung would first of all recite the whole of the first stanza and then recite every two lines to be sung twice. The full hymn would never be sung. Before the final prayer the presiding deacon would ask everyone in turn to recite a verse from the Bible. David Morris would preside at the Tabernacl meetings and on hearing the verses he would give a short address followed by another, often lengthy address, given by Dic y Teiliwr.

Dic had an unusual delivery in that he strived to impersonate well-known preachers partly because he had believed since he was a boy that he was destined to be a preacher. The notion never left him and hence his work as a tailor suffered and he spent most of his life in penury. He would use ornate comparisons and often David Morris would have to beckon him to terminate. An address would be infrequent at the Hen Gapel Cyrddau Bach, only when lay preacher William Perkins would be present but Twm Huw would 'collect' the verses just as David Morris did. Both the above 'Cyrddau Bach' would be held on homesteads to the north of the village on the mountain foothills.

A Prayer Meeting would also be held in the Llangolman/Mynachlog-ddu area led by Tom Hudson who would perhaps explain a particularly complicated verse or ask all present to reiterate as much as possible of the sermons heard earlier in the day. A similar meeting would be held in the Llan-y-cefn area. These came to an end when it was felt they affected the attendance figures at the evening service in the main chapels particularly when it became usual for the ministers to preach on two Sunday evenings a month. Also when the old stalwarts became too frail or passed on there was no one else to take their place to preside at the Cyrddau Bach. However, T.J.'s father's testimony was that despite their demise the attendance at the main service did not improve.

According to Hugh Edwards all records pertaining to the first forty years went missing but it is known that the minister already inducted at Llandeilo Chapel, the Revd Benjamin James took charge of Tabernacl as well in 1845 and remained until his death in 1873. Both chapels remained as one pastorate and invited a young student from Brecon College, W. Cynog Jones, to be their minister in 1874. However, he died within a year, and the Revd David Williams was then inducted as minister, and he served both chapels for 45 years until 1921. During his ministry the chapel was rebuilt in 1884 at a cost of £700 which had all been paid for by the time the opening services were held. The members themselves carried various goods such as lime and cement free of charge from Clarbeston Road station. Tiles were brought from the local Gilfach quarry. At around the same time a Manse was also built, Maenteilo, at a point almost half way between both chapels. The annual Three Counties Preaching Festival was also held at Maenclochog during the Revd Williams' ministry.

The Revd James Davies, a student from Carmarthen College, was ordained as his successor in 1922. He left after four years to take up a pastorate at Llansamlet near Swansea, and his successor in 1928 was the Revd David Jones from Trelewis in the Merthyr area. He left in 1935 to take up a pastorate at Taibach, Port Talbot. A student from Brecon College, the Revd D. L. Eckley, B.A., B.D., was ordained in 1936 and remained until 1943 when he moved to St Clears. His successor in 1944 was the Revd Moelwyn Daniel who had been a minister at Tanygrisiau previously, and was the incumbent at the time of the centenary celebrations. At those celebratory services the only minister to have been raised from the congregation at Tabernacl, the Revd J. Gari Phillips, B.A., was present. He had by then retired and had spent his ministry in England and was at one time the Secretary of the Leicester Union of Congregational Chapels.

* Interestingly, in his personal papers kept at the National Library at Aberystwyth, Dr T. J. Jenkin refers to his grandfather's part in the saga of the Hen Gapel split. Sieci Budloy, as he was known, apparently stood in the Hen Gapel pulpit one Sunday morning, reputedly in the name of the Queen, and refused to allow either of the two expected preachers to carry out their duties. Sieci at one time had been the Queen's constable in the area but although relieved of his duties by then, he believed that once a Queen's appointee, one remained in her service for the rest of one's life. An article later appeared in *Seren Gomer* written by 'Twm Maenclochog' berating Sieci's actions and denouncing him as a scoundrel of no fixed abode who had lived almost everywhere apart from, as yet, hell!

✯✯✯✯

Fe fyddai'r hen bobl yn sôn llawer iawn am gannwyll corff, toili a grafishgin. Gweld golau cannwyll yn dynodi marwolaeth rhywun, neu angladd yn mynd hebio oedd ystyr y dywediad 'cannwyll corff'. 'Toili' wedyn fyddai gweld gorymdaith angladd gyflawn yn mynd heibio a hynny cyn i'r ymadawedig farw ac ysbryd oedd 'grafishgin'.

Tua canol y 19eg ganrif gwelodd gŵr o'r enw John Salmon orymdaith angladdol yn mynd i gyfeiriad hen eglwys Llan-y-cefn. Nid oedd yn ymwybodol bod yr un o'i gymdogion wedi marw ac, felly, daeth i'r casgliad ei fod yn gweld angladd ffug, rhith neu doili. Adwaenai'r rhan fwyaf o'r galarwyr, ac roedd ef ei hun yn eu plith, ond synnodd nad oedd yna ficer yn arwain yr orymdaith.

Yn ddiarwybod i John Salmon roedd ficer yr eglwys wedi ei alw nôl i'w ardal enedigol i ddelio â mater teuluol ac ni ddychwelodd am ychydig wythnosau. Felly, pan fu farw cymydog ymhen ychydig ddyddiau fe aeth yr orymdaith angladdol ar hyd yr un ffordd yn union fel oedd John Salmon wedi ei ragweld. Roedd y cymdogion i gyd yno ac yn cerdded yn union yr un drefn roedd John wedi eu gweld eisoes ar achlysur y toili.

A doedd yna ddim ficer yn eu harwain am fod ficer o blwyf arall, yn absenoldeb ficer Eglwys Llan-y-cefn, wedi cytuno i gwrdd â'r orymdaith wrth yr eglwys er mwyn cynnal y gwasanaeth angladdol.

Gofynion y Bywyd Uchaf

Y Parchg Rhys Williams

'Cred yn yr Arglwydd Iesu Grist, a chadwedig fyddi.' – (Actau xvi: 31)

Un o nodweddion amlycaf yr oesau yw y dymuniad am gael pob peth yn y ffordd hawddaf. Mae yna ddeddf mewn natur sydd yn wrthdystiad effeithiol yn erbyn pob gwastraff posibl. Y cynllun mwyaf didrafferth fydd y mwyaf derbyniol a phoblogaidd. Ceir y dymuniad hwn yn gweithio ei ffordd i gylchoedd gwahanol bywyd, a gwelir ei fod yn cael ei gyfarfod a'i foddloni i raddau pell iawn. Atebion i hwn yw y cyfleusterau sydd yn ein meddiant heddyw. Ateb i'r dymuniad am gynllun hawdd i deithio yw y gerbydres a'r agerlong gludant deithwyr a nwyddau gyda chymaint cyflymder. Mae celfyddyd wedi adnabod hwn, a chynigia heddyw y peiriannau gwahanol a ddyfeisiodd er hwylysu gwaith. Mae yr un dymuniad yn dod i fewn i'r cylch uchaf, ac weithiau gwisga ffurf hollol anghydweddol â'r cylch. Nid sut mae mynd i'r nefoedd ar leiaf o waith ddylai fod y cwestiwn, ond yn hytrach sut mae bod o fwyaf o wasanaeth yma nes dechreu nefoedd yr ochr hon.

Mae yn ddigon posibl fod yna duedd i geisio cyfarfod y dymuniad hwn ynglŷn â'r bywyd ysbrydol trwy aros gydag un wedd yn barhaus. Tra mae'r Efengyl yn ogoneddus ar gyfrif ei symledd, eto nis gallwn gau ein llygaid ar yr hawliau mawrion sydd ar feddwl, teimlad, ac ewyllys. Mae wedi ei ysgrifennu uwchben y porth cyfyng sydd yn arwain i'r bywyd – 'Ymdrechwch fyned i mewn' – ac ni phetrusai y Dysgawdwr Mawr ddysgu fod pob rhwystr all fod ar ein ffordd i gael ei symud, beth bynnag olyga hynny i ni: 'Ymwaded ag ef ei hun, a chyfoded ei groes beunydd, a dilyned Fi'. Pwysleisia Ei apostolion Ef yr un gwirionedd ac er, hwyrach, fod yr adnod hon wedi ei defnyddio i bwrpas gwahanol weithiau, eto gwelwn ynddi fod crefydd yn gosod arnom ei hawliau yn ein cysylltiad cyntaf â hi.

Mae y Bywyd Uchaf yn hawlio –

1) DERBYNIAD O'R DIRGELWCH MWYAF

Nid peth hawdd, yn sicr, ofynnir gan geidwad y carchar i'w wneyd yn y fan hon, oherwydd gofynnir iddo dderbyn y Person mae'r oesau wedi bod yn gofyn cwestiynau amdano. Rhaid i ni beidio â meddwl mai cysgod esmwyth dros anwybodaeth yw Ffydd ond yn hytrach gwobr yr hwn sydd wedi bod yn ymchwilydd gonest ar hyd y llinellau priodol – coron ar ymdrech enaid yn ei ymchwil am Waredwr. Mae yr athronydd yn codi cwestiynau nad oes ond Mab Duw yn yr adnabyddiaeth ohono fedr eu hateb; ond rhaid i ni feddu yr adnabyddiaeth cyn y gallwn fod yn feddiannol ar yr atebiad. Gofynir i ni heddyw – Sut mae yn bosibl i'r Anfeidrol a'r Tragwyddol gyfyngu Ei Hun i gylch y meidrol a'r terfynol? neu ynte – Sut y medr meidroldeb dyfu i Anfeidroldeb? A phan yr ydym yng nghanol yr anhawsder mae Bethlehem Juda yn ateb, 'Tyred a gwêl.' Dywed Dr Fairbairn fod gennym ddwy ffaith yn sefyll yn gyfochrog: (i) Iesu syml – Un ohonom ni – Iesu o Nazareth; (ii) Crist yr Athrawiaeth. Dywed ym mhellach mai'r cyfuniad hwn sydd wedi gadael yr argraff ddyfnaf ar feddwl byd; ond nis gallwn lai na theimlo mai dynion wedi dilyn y cyntaf yn ystyr lawnaf y gair roddasant i ni yr ail. Profiad rhai fu yn Ei gymdeithas Ef sydd wedi ei wasgu i'r Epistolau cyfoethog a feddwn, ac nis gallwn eu darllen heb deimlo fod eu galluoedd goreu wedi eu cysegru i'w adnabod Ef; ac nis gellir yn hawdd gael cryfach condemniad yn erbyn diogi meddyliol na'r un geir yn eu bywyd hwy.

Mae yr wybodaeth ohono fel Iesu hanes yn rhoi mantais i ni ymaflyd ynddo fel Crist Duw. Adnabyddai y disgyblion Ef fel 'Gŵr gofidus a chynefin â dolur' ond yr oeddynt wedi gweled mawredd y bywyd hwnnw, fel y gallai Pedr ateb drostynt, 'Ti yw y Crist, Mab y Duw byw.' Nid geiriau diystyr yng ngenau disgybl yw y rhai hyn, ond ffrwyth sylwadaeth un wedi dysgu yn Ei gymdeithas Ef . Pa mor fawr, felly, yr hawliau ar geidwad y carchar pan ofynnir iddo dderbyn y Person sydd wedi achlysuro cymaint o gwestiynau! Tebyg mai dyn o fanteision prinion oedd ef. Pa un a oedd wedi clywed o'r blaen am yr Arglwydd lesu sydd gwestiwn; ond ychydig iawn allasai wybod amdano, a chydnabydda y ddau gennad fawredd yr hawliau trwy estyn pob cymorth posibl iddo: 'A hwy a draethasant iddo air yr Arglwydd.' Cymerasant fantais o'r cyfle cyntaf i'w arwain i wybodaeth.

Goleuni yw cartref ffydd. I'r ddau bregethwr yr oedd y cwestiwn hwnnw yn llawn ystyr: 'Pa fodd y credant, oni phregethir yr Efengyl iddynt?' A chan nad pa faint eu hawydd hwy i'w arwain, gallwn fod yn sicr mai nid llai ei aeddgarwch ef i gael ei arwain. Teimlent oll fod y goleuni ellid ddwyn ar y Person mawr, digyffelyb, yn myned i roddi mantais i'w ffydd i weithredu. Nid yw gofynion crefydd yn llai heddyw; ac os yw manteision y pechadur heddyw yn well nag eiddo ei gynrychiolydd yn y fan hon, eto mae anhawsderau newyddion yn codi sydd yn gwneyd ymdrech i feddu adnabyddiaeth bersonol o Fab Duw yn angenrheidiol er Ei dderbyn. Coron ar oreu y pechadur mewn ymchwil yw ffydd yn y Gwaredwr.

2) SYLWEDDOLIAD O'R ANWELEDIG

Yr hyn fyddwn yn weled â'r llygad naturiol yw yr hyn y byddwn yn sicr lawer pryd am dano. Hen air wedi tyfu allan o brofiad byd wedi arfer dilyn ei synhwyrau corfforol yw 'Seeing is believing' ac y mae'r dyn sydd wedi arfer dibynnu ar ei lygad yn aml yn methu bod yn sicr am ddim y tu allan i'w gyrhaedd. Mae tuedd i roi ffeithiau ydynt y tu allan i gylch y synhwyrau ar dir ansicr, a siarad gyda graddau o amheuaeth amdanynt.

'We have but faith, we cannot know,
For knowledge is of things we see.'

Mor wahanol yw diffiniad yr awdwr at yr Hebreaid: 'Sicrwydd y pethau nid ydys yn eu gweled!' Wedi'r cyfan, mae y prif sylweddau y tu allan i gylch y llygad. Yr ydym yn gallu gweled ffurf y pren, ond mae'r bywyd benderfynodd y ffurf o'r golwg.

Mae deddf yr Anfeidrol, fel cylch o gwmpas Ei greadigaeth, yn anweledig. Pan feddyliwn ein bod yn gweled ein gilydd, mewn ystyr, y mae hynny yn wirionedd. Y tŷ yn unig welir; mae'r dyn sydd yn byw ynddo yn anweledig. Yn wir, 'Ni welodd neb Dduw erioed'; ac eto, hawlia yr Efengyl i ni sylweddoli yr Anweledig; ac yn aml, hawlia hynny ar waethaf yr ymddangosiadol. Pa beth oedd yn cymeradwyo y Gwaredwr yn awr i sylw ceidwad y carchar? Onid oedd yr achos dan gwmwl yn ei olwg ef? Mae'r llywodraeth wedi penderfynu rhoi terfyn ar y gwaith. Mae y ddau gennad a'i pregethent Ef yn y carchar. Yn wir, byddai yn hawddach iddo gredu yn y ddau garcharor eu hunain; yr oedd rhyw ffeithiau wedi cymeryd lle yn eu ffafr yn fawr. Wedi i geidwad y carchar ymbwyllo, mae yn gweld rhywbeth yn dywysogaidd yn y ddau garcharor hyn; drws y carchar led y pen yn agored, a hwythau heb ddianc; dyna ffaith eithriadol. Gwelodd yntau fod rhywbeth yn eithriadol yn eu cymeriad, a chyfarcha hwynt fel Meistri neu Arglwyddi, ond try y ddau eu sylw oddi wrthynt hwy eu hunain at yr Iesu, gan ddywedyd, 'Cred yn yr Arglwydd Iesu Grist.' Datodir ei afael oddiwrth y gweledig, a chymhellir ef i gydio yn yr Anweledig. Ffydd! dyma'r chweched synnwyr sydd yn ein dwyn i gysylltiad â'r ysbrydol, ac y mae arnom rwymau i bwysleisio y gallu yma pan y mae rhywrai yn mynnu darluniau, ffurfiau, a seremonïau fel cynorthwyon at yr Anweledig.

Mae'r cynorthwyon tybiedig yn rhwym o fod yn rhwystrau. Mae'r dyn sydd yn rhaid iddo wrth ddarlun i'w gynorthwyo at Dduw yn ddigon gwan i aros gyda'r darlun, a methu gweled Duw; a phan roddir cymaint pwys gan rywrai ar yr ymddangosiadol mae yn iechyd ysbryd i weled Cristion syml yn siarad â'i Dad fel dau gyfaill wyneb yn wyneb. Mor ofalus oedd y Gwaredwr i argraffu y gwirionedd hwn ar feddyliau Ei ddisgyblion. Dyma'r esboniad rydd ar Ei esgyniad wrth gyfeirio yn mlaen ato: 'Buddiol yw i chwi Fy myned i ymaith, canys onid âf Fi, ni ddaw y Diddanydd atoch.' Cyhyd ag y byddai Ef yn bresennol yn y corff, yr oedd yn anhawdd iddynt amgyffred yn llawn natur ysbrydol Ei waith a'i Deyrnas. Yr oedd Ei bresenoldeb gweledig Ef yn rhwystr ar eu ffordd i sylweddoli'r ysbrydol; ond trwy weinidogaeth yr Ysbryd, caent fantais i'w dysgu i fyw i'r Anweledig. Deil yr Efengyl yr hawl yma eto ger bron; ac mewn oes arwynebol, hawlia gysylltiad gwirionedd â'r ysbrydol a'r anweledig.

3) YMDDIRIEDAETH PERYGL

Efallai mai dyma yr anhawddaf eto. Pan y mae dyn yn ymwybodol o berygl, nid yw yn anhawdd ei berswadio i wneud braidd unrhyw beth, ond iddo gael gwneyd; ond gofynnir i hwn i ymddiried yn mhresenoldeb y perygl mwyaf. O bob gwaith, credu yn yr ystyr yma oedd anhawddaf iddo yn awr. Pan welodd ddrysau y carchar yn agored, tynnodd ei gleddyf, ond rhwystrodd Paul ef i gyflawni ei fwriad. Wedi iddo ymbwyllo, a chael golwg newydd ar gymeriad y ddau trwy eu hymddygiad, ei ofyniad cyntaf oedd: 'Beth sydd raid i mi ei wneuthur fel y byddwyf gadwedig?' Hwyrach nad yw y cwestiwn yn golygu cymaint yn y fan hon a phe clywem ef heddyw. Efallai ei fod yn ofni fod rhyw allu wedi ei ddigio, ac mai prawf o'r anfodlonrwydd oedd y daeargryn; ond beth bynnag, yr oedd yn argyhoeddedig ei fod ym mhresenoldeb perygl mawr, ac nis gallai wneud yn well na throi at y 'rhai oedd yn mynegi ffordd iachawdwriaeth'. Byddai yn barod i wneud unrhyw beth, ond yn yr ystorm gofynna y cenadau ganddo i bwyso – i ymddiried. Onid yw yr atebiad yn diystyru gwasanaeth y bywyd uchaf? Na; y mae iddo ei le, ond ffrwyth y bywyd yw y gwasanaeth, ac nid y bywyd ei hun.

Y peth nesaf adroddir yma yw, fod ceidwad y carchar wedi eu cymryd, ac wedi golchi eu briwiau, a rhoddi ymborth iddynt, a rhoddi ufudd-dod trwy gael ei fedyddio, efe a'i holl deulu; ond canlyniadau a phrofion y bywyd yw y rhai hyn. Nis gallwn edmygu yn ormodol ei ymdafliad i wasanaeth yn wir, nis gall ffydd fyw yn segur; ond rhaid i ni beidio cymeryd y gwasanaeth am y bywyd. Er mwyn bod yn gadwedig, pwyso, ymddiried ar y Gwaredwr oedd yn angenrheidiol. Mae yna amgylchiadau pan y mae Duw yn ein galw allan o bob prysurdeb o'r eiddom ein hunain i un weithred a ddysgwyl oddiwrtho Ef. Pan yr oedd yr Israeliaid yn llawn pryder wrth y môr, anhawdd gwybod pa orchymyn a ddeuai. Byddai yn hawdd eu perswadio i ruthro, ond y gorchymyn roddir yw – 'Sefwch, ac edrychwch ar iachawdwriaeth yr Arglwydd.' Yr oedd Jacob yn barod i dynnu o stôr ei ystrywiau er mwyn ennill Canaan, ond trwy 'yr ymdrech' gorfodwyd ef i daflu pob ystryw o'r neilldu, a phwyso ar Dduw oedd yn myned i roddi Canaan iddo.

Ffordd tangnefedd yw; llwybr ymddiriedaeth yw llwybr y bywyd; ac onid ydym yn teimlo mai disgwyl yw y gamp yn mhresenoldeb perygl? Ond y mae y Gwaredwr fel pe yn hawlio yr anhawddaf oddi arnom weithiau. Pe dywedai y Gwaredwr wrth Ei ddisgyblion cyn esgyn am gychwyn ar eu gwaith, byddent yn barod. Yr oedd y brwdfrydedd gynhyrchodd yr adgyfodiad wedi eu paratoi ar gyfer unrhyw orchwyl, ond try atynt a dywed: 'Eithr aroswch chwi yn Jerwsalem.' O bob gwaith iddynt hwy y diwrnod hwnw, aros oedd yr anhawddaf. Pan y mae yr elfennau yn gynhyrfus o'n cwmpas ninnau, a'r storm yn bygwth, cymhellir ni eto i bwyso; ac os medrwn ymddiried ynddo Ef yn y rhyferthwy, galwn wneud unrhyw beth drosto wedi yr êl heibio. Mae yna genadwri i ni heddiw yn y geiriau hyn, yn sicr. Mae llawer yn barod i dderbyn addysg foesol Cristionogaeth, ond yn tripio gyda'r goruwchnaturiol. Onid yw llawer o'r cynhyrchion droi'r allan o'r wasg y dyddiau hyn yn profi fod cynrychiolwyr cynulleidfa yr Apostol Paul gynt yn ein plith yn awr – dynion ydynt yn barod i'n gwrando hyd nes y deuwn at y gwyrthiol a'r goruwchnaturiol? Ond ni raid i'r Eglwys gywilyddio yn herwydd y dirgelwch, oblegid, os yw Ei dderbyn yn golygu ymdrech, y mae'r anhawsder o'i wrthod yn anhraethol fwy.

Pan y mae ysbryd defodol yn gwthio ei hun mewn cylchoedd neillduol i'r golwg, rhaid parhau i adsain dysgeidiaeth ein Harglwydd, 'Ysbryd yw Duw'; ac yng nghanol prysurdeb yr oes, ac hyd yn oed gwasanaeth gwerthfawr dynion Duw, rhaid i ni gadw ein golwg ar y ffaith fod iachawdwriaeth y byd o Dduw, a diogelwch yr enaid mewn ymddiriedaeth ynddo Ef. Rhodded Duw i ni'r fraint i'w adnabod Ef; sylweddoli Ei bresenoldeb anweledig gyda ni; a byw er gogoniant yr Hwn fedr ein gwaredu. Amen.

The above is a sermon written or composed by the Revd Rhys Williams, Maenclochog, that can be seen in a publication called 'Pwlpud Annibynol Penfro' (The Independent Pembrokeshire Pulpit), edited by the Revd J. Hywel Thomas, Treffgarn. The book, published by Joseph Williams and Sons, Merthyr Tydfil, in 1905, contains twenty-two sermons by various Pembrokeshire Welsh Congregationalist ministers. The intention was to use the proceeds from the sales to finance the rebuilding of Treffgarn Chapel. It also contains a sermon by the Revd D. Williams, Maenclochog, based on two verses from the Old Testament (Hosea xiv: 6/7) in which he compares the religious life to the freshness of the morning dew. However, the Revd Rhys Williams takes his text from the New Testament (Acts xvi, 31): 'Believe in the Lord and thou shalt be saved'. He takes as his theme the 'Needs of the Higher Life'. As was usual he cites three main subheadings, namely that the needs of the higher life implores an acceptance of the absolute mystery, a realisation of the invisible and trust when in the presence of danger.

✯✯✯✯

Mewn blynyddoedd a fu roedd cryn fri ar y Gymanfa Ddirwestol flynyddol. Un flwyddyn pan gafodd ei chynnal yn un o gapeli Maenclochog roedd y cennad yn drwm ei lach nid yn unig ar y ddiod feddwol ond ar smygu tybaco hefyd.

Wrth adael yr oedfa dyma'r Parchg R. Parry Roberts, Mynachlog-ddu, yn troi at John Evans, Huanfa, ill dau yn smygwyr pib cyson, gan ddweud: 'Wel, John, ar ôl clywad beth mae'r dyn yma wedi ei ddeud am dybaco does gennon ni ddim dewis rwan ond ei losgi fo'.

Addoli yn yr Ystablau

(HANES Y BEDYDDWYR YM MAENCLOCHOG)

Ymddengys fod amryw deuluoedd o Fedyddwyr yn byw yn ardal Maenclochog yn niwedd y ddeunawfed ganrif. Aelodau o'r eglwys yn Rhydwilym oedd y rhan fwyaf, os nad yr oll ohonynt, ac yn eu tai pregethai gweinidogion a phregethwyr cynorthwyol yn achlysurol ar brynhawn Suliau ac ar nosweithiau o'r wythnos. Drwy fod cylch gweinidogaeth Rhydwilym yn cyfyngu (oherwydd sefydlu eglwysi newydd), cychwynnwyd cyfarfodydd pregethu yn y Blacnwc Uchaf (heb fod ymhell o'r lle y saif y Capel heddiw). Cynhaliwyd y cyfarfodydd hyn bob pythefnos ar brynhawn Sul. Gweddw o'r enw Margaret Davies ynghyd â'i mab a'i merch oedd yn byw yn y Blacnwc Uchaf yr adeg honno, a chredid y gallai Margaret Davies reibio.

Yn Nhrebengych, fferm yn cydio â'r Blacnwc Uchaf, trigai John Lewis a'i ddwy chwaer – John yn Fedyddiwr a'i ddwy chwaer yn Bresbyteriaid. Rhyw fodd aeth amgylchiadau John dipyn yn anhrefnus, ac aeth yntau i Gwrt-y-cadno i ymgynghori â'r 'dyn hysbys'. Yno rhoddwyd ar ddeall iddo mai Margaret Davies oedd wedi ei reibio. Amlygodd John ei amheuaeth ac eglurodd fod Margaret Davies yn wraig grefyddol, ac y cynhelid gwasanaeth crefyddol yn ei thŷ bob pythefnos. Ateb y dyn hysbys i hyn oedd fod hynny yn gwneud symud y rhaib yn fwy anodd, oherwydd fod dynion duwiol yn gweddïo drosti. Un o'r pethau mwyaf pwysig, felly, oedd symud y cyrddau o'r Blacnwc Uchaf.

Gan mai Bedyddiwr oedd tad John Lewis, mae'n debygol fod cyrddau achlysurol wedi eu cynnal yn Nhrebengych cyn cyfyngu'r cyrddau i un lle, a hwyrach hefyd cynhelid cyrddau yno ar y Suliau rhwng cyrddau Blacnwc. Cynhelid cyrddau hefyd yn nhŷ Owen Griffiths ym mhentref Maenclochog. Ar ôl dychwelyd o Gwrt-y-cadno aeth John Lewis i'r cwrdd cyntaf gynhaliwyd ar ôl hynny yn y Blacnwc a chyhoeddodd mai yn Nhrebengych y cynhelid y cyfarfod dilynol. Felly y bu. Ni lwyddodd John Lewis i symud y cyrddau o'r Blacnwc yn llwyr, oblegid bu pregethu misol yno hyd farwolaeth Margaret Davies. Ar ôl hyn, bu pregethu misol rheolaidd yn nhŷ Job, mab Owen Griffiths, hyd gychwyniad yr achos yn yr ystablau yn chwareli Rosebush, ac yn Nhrebengych tra bu John Lewis yn byw yno, ac yn y Blacnwc Ganol ar ôl i John Lewis symud yno i fyw. Parhaodd y rhai hyn hyd nes yr adeiladwyd capel cyntaf Horeb.

Ymddengys mai ychydig o lwyddiant oedd i ymdrechion y Bedyddwyr yn yr ardal yn chwarter gyntaf y bedwaredd ganrif ar bymtheg. Bu'r ymgais i sefydlu Ysgol Sul yn ysgubor Job Griffiths yn fethiant, ac ni welwyd unrhyw gynnydd yn rhif y gynulleidfa yn y cyrddau pregethu. Mae'r ddyled yn ddyledus i un a roddodd gychwyniad newydd i achos y Bedyddwyr yn ardal Maenclochog, sef Frances Jones, gwraig David Jones, Pantymeiniog, a fedyddiwyd ym Methel,

Mynachlog-ddu ym mis Mai 1831. Teimlodd Frances Jones fod y gymdogaeth yn amddifad o fanteision crefyddol, fel y penderfynodd gael cyfarfodydd pregethu ym Mhantymeiniog ar y Suliau. Llwyddodd i gael David Owen, Pantithel, pregethwr cynorthwyol yn perthyn i Fethel, Mynachlog-ddu, i ddod yno i bregethu unwaith y mis ar fore Sul. Yn achlysurol pregethai'r Parchg W. Owen, Jabes, yno a sefydlwyd Ysgol Sul lewyrchus. Mae'n debyg na pharhaodd cyrddau Panytmeiniog ond am ryw flwyddyn a hanner.

Cyn hyn bu'r gwaith llechi yn y chwareli uwchlaw Rosebush yn gweithio ar raddfa gymharol helaeth, ond erbyn hyn yr oedd y gwaith wedi lleihau a rhai o'r ystablau yn wag. Cafwyd caniatâd gan y perchennog, Syr Hugh Owen, i gynnal cyfarfodydd yn un o'r rhai hyn yn ddi-rent. Gan fod yr ystablau mewn man mwy poblog a chyfleus na Phantymeiniog penderfynwyd symud y cyrddau yno. Yn ôl bob hanes bwriedid i'r achos aros yn yr ystablau am gryn amser, oblegid cynhaliwyd cyrddau agoriadol yno ar Saboth, Hydref 7, 1832. Pregethwyd ar yr achlysur gan y Meistri David Thomas, Blaenffos, a David Owen, Bethel, a'r Parchgn John Llewelyn, Rhydwilym, a Benjamin Davies, Beulah, â'r preseb yn gwasanaethu fel pulpud. Yr adeg hon dechreuodd eglwys Rhydwilym gymryd diddordeb yn y gwaith a ddechreuwyd ym Mhantymeiniog a mabwysiadodd yr ystabl yn gangen ohoni, oblegid ni chynhaliwyd cwrdd yn nhŷ Job Griffiths ar ôl hyn. Er hynny, oherwydd bod John Lewis wedi mynd yn fethedig pregethwyd yn ei dŷ ef un Sul y mis, ac yn yr ystabl dri Sul y mis. Yn yr ystabl hefyd yr oedd Ysgol bob Sul a chyfarfod gweddi bob nos Wener. Roedd 35 o aelodau yn perthyn i'r gangen ym 1832.

Ym mis Chwefror 1864 torrwyd y gangen yn Horeb oddi wrth hen foncyff ffrwythlon Rhydwilym a chorffolwyd hi yn eglwys ar ei phen ei hun. Gwasanaethwyd yn y cyrddau corffoli gan y Parchgn J. P. Davies, Beulah; D. Price, Blaenffos; J. Rowe, Abergwaun; D. George, Jabes; H. Price, Rhydwilym a G. H. Roberts, Tabor. Rhif yr aelodau adeg y corffoli oedd 120. Gorfodwyd H. Price i gyfyngu ei lafur yn fwy llwyr i'w eglwysi ei hun, sef Carmel a Rhydwilym, ac i wasanaethu ond un Sul ym mhob pedwar mis. Gofalai er hynny am gyfarfodydd yr wythnos, sef cwrdd canol y mis a gynhelid am 10.00 o'r gloch fore Mercher, ac yn lled aml cynhelid Cwrdd Paratoad am 2.00 o'r gloch brynhawn dydd Sadwrn cyn y Cymundeb. Gwasanaethai hefyd yn yr holl angladdau a'r cwbl ond am ychydig iawn o dâl. I wneud i fyny am golli cymaint o wasanaeth gwerthfawr y Parchg Henry Price, cymerodd Mr John John (a oedd wedi dechrau pregethu yn Horeb, ond yn byw yn agos i Dreletert ac yn bregethwr cynorthwyol yn Saron) ofal un Sul ymhob mis, a gwasanaethai'r Parchg D. George ar Sul y Cymundeb unwaith ym mhob pedwar mis.

Yn niwedd 1871 bu farw Stephen Davies, Hermon, yr hwn oedd wedi gwasanaethu yn Horeb yn gyson un Sul y mis er pan fethodd D. Owen, Bethel. Cymerodd y Parchg D. Thomas, Treletert, ofal y Sul hwnnw, a phan fethai ddod ei hunan gofalai ddanfon un yn ei le. Yn fuan ar ôl hyn ymadawodd Mr Roberts, Tabor, ac aeth i Gaerfyrddin, a theimlwyd anhawster i gael un yn ei le. Hyd yma hefyd un bregeth y Sul a geid fel rheol. Yng ngwyneb hyn penderfynwyd uno â

Smyrna, Casmael, i gael gweinidogaeth sefydlog, ac ymhen ychydig amser rhoddwyd galwad unfrydol i Mr William Davies, myfyriwr yng Ngholeg Hwlffordd, ac aelod gwreiddiol o eglwys Penuel, Cilgerran. Derbyniodd yntau yr alwad ac ar Fehefin 15 a 16, 1875 ordeiniwyd ef i gyflawn waith y weinidogaeth yn y ddwy eglwys. Gwasanaethwyd yn y cyrddau hyn gan y Parchgn T. Davies, D. D. a W. Edwards, B.A., Hwlffordd; J. Johns, Bethlehem; R. Price, Cilfowyr; G. H. Griffiths, Cilgerran; D. George, Jabes, T. T. Davies, Dowlais a H. Price, Rhydwilym. Ym 1877 rhif yr aelodau oedd 153. Cynhaliwyd Cymanfa Sir Benfro yn Horeb dydd Mercher a dydd Iau'r 2 a 3 o Fehefin, 1880, ar ôl ei gwrthod gan eglwys Caersalem. Yn ôl ysgrifennydd pwyllgor penodedig y Gymanfa, sef James Morris, cafwyd un o'r cymanfaoedd gorau a fu erioed yn Sir Benfro. Credai'r bobl i'r Arglwydd lefaru yn Horeb y tro hwn hefyd ac yn bendithio ei bobl â manna o'r nefoedd.

Gweinyddwyd bedydd Crediniol drwy dansoddiad am y tro cyntaf yn ardal Maenclochog yn ymyl y briffordd ym mhen uchaf y pentref yn agos i 30 mlynedd cyn adeiladu'r tŷ cwrdd cyntaf yn Horeb. Yr oedd gwraig o'r enw Ann Morgan yn byw ym mhen uchaf y pentref ac yn aelod yn yr Hen Gapel. Aeth mor wael ei hiechyd fel yr ofnai na chai adferiad, a'r hyn a flinai ei meddwl oedd y ffaith na fedyddiwyd hi yn null y Testament Newydd, ac nas gallai mewn canlyniad ddweud pan ddeuai wyneb yn wyneb â'i Harglwydd 'Gwneuthum fel y gorchmynnaist'. Gofynnodd i eglwys Rhydwilym am gael ei bedyddio ond methodd yr eglwys weld ei ffordd yn glir am beth amser i gyd-synio â'i chais. Oherwydd taernu'r wraig penderfynwyd o'r diwedd ei bedyddio. Cronnwyd llyn o ddŵr o flaen drws ei thŷ a thraddododd y Parchg Evan Jones, Aberteifi, bregeth ar yr ordinhad o fedydd. Yna wedi codi Ann Morgan o'i chlaf-wely cariwyd hi allan ac fe'i bedyddiwyd gan y Parchg John Llewelyn, Rhydwilym, a cherddodd y bedyddiedig ym mraich y Bedyddiwr i fyny o'r dŵr. Cyfarfu cynifer ag oedd yn bresennol ac aelodau Rhydwilym yn nhŷ brawd Owen Griffiths a derbyniwyd y chwaer yn aelod cyflawn o'r eglwys. Cynhaliwyd Swper yr Arglwydd cyn ymadael.

Mae'n debyg na fedyddiwyd drachefn yn yr ardal hyd nes dechreuwyd cynnal cyfarfodydd yn yr ystablau tua 1832 a'r cyntaf a fedyddiwyd oedd Ann, merch Daniel Morgan, Dan-y-coed, plwyf Castell Henri. Sul Hydref 21 y bu hynny, a'r gweinyddwr oedd y Parchg William Owen, Jabes. Ar Ragfyr 30 yr un flwyddyn bedyddiwyd David Lewis (Dai'r Trinant), cymeriad nodedig ydoedd, ac nid oedd bob amser yn gymeriad gofalus, gan ei fod yn dueddol o ddwyn meddiannau pobl eraill. Cyfrifid ef gan lawer yn gymeriad peryglus. Daeth tyrfa fawr ynghyd i weld ei fedyddio a thrwy hynny daeth bodolaeth achos y Bedyddwyr yn y gymdogaeth yn ffaith adnabyddus. Y mae sicrwydd fod o leiaf un o'r chwiorydd a ddaeth yno i'w wawdio wedi ei argyhoeddi o fedydd crediniol ar sail yr Ysgrythur ac mewn canlyniad bedyddiwyd hi ac eraill y mis dilynol.

Gan fod yr achos yn cael ei ystyried yn gangen o Rydwilym mae'n debyg na chedwid cyfrifon manwl iawn yn y dechrau. Mae'r holl gyfrifon swyddogol fel yr oeddynt o'r dechrau hyd gorffoliad yr eglwys yn 1864 wedi eu colli bron i gyd.

Mae'n debyg i bump gael eu bedyddio ar Ionawr 27, 1833 ac ar y Sul hwnnw medd rhai y bu Cymundeb am y tro cyntaf gyda'r gangen yn yr ystablau. Mae'n debyg bod deuddeg wedi'u bedyddio yn ystod yr amser y buwyd yn addoli yn yr ystablau, sef o Hydref 1832 hyd Ragfyr 1835 – ond ni wyddys am y fan y gweinyddwyd yr ordinhad. Ar ôl symud yr arch i Horeb dibynna'r fan lle y bedyddid i raddau mawr ar i ba gyfeiriad o'r capel preswyliai'r mwyafrif o'r rhai a fedyddid. Os am y gorllewin bedyddid yn afon Syfnau mewn man a elwir Rhyd-y-fro (ger y Filter House) ac os am y dwyrain bedyddid yn Llyn y Felin, ger Maenclochog. Dywedir mai yno y cyflawnodd y Parchg Henry Price ei orchest fel gweinyddwr. Nid oedd corff Mr Price yn ymddangos yn gadarn iawn er ei fod bron yn chwe throedfedd o daldra. Ofnai Robert Jones, Y Globe, nad oedd Mr Price yn ddigon cryf i fedyddio heddgeidwad y pentref yr hwn yn ôl Robert Jones oedd dros 17 'stone' o bwysau, 'Ond', meddai Henry Price ar ôl hynny, 'bedyddiais ef yn rhwyddach'. Pan fyddid yn bedyddio yn Llyn y Felin yn y Globe y byddai'r gweinidogion bob amser yn newid dillad cyn ac ar ôl bedyddio. Yn y flwyddyn 1865 darparodd yr eglwys le cyfleus i fedyddio mewn lle a elwir Rhydfach tua hanner milltir o'r capel ac yno y cynhelir y bedydd ers hynny.

Capel Horeb ar gyrion Maenclochog ar ddiwrnod ei agoriad swyddogol ym 1886

Horeb Chapel on the outskirts of Maenclochog on the day it was officially opened in 1886

The above is an extract from a booklet published in 1985 on the occasion of the 150th anniversary of Horeb Chapel. 'Horeb, Maenclochog 1835-1985 Hanes y Bedyddwyr yn Ardal Maenclochog' traces the history of the Baptist cause in the area and notes Trebengych and Blacnwc Uchaf as two neighbouring farms where early meetings were held. Indeed, John Lewis, Trebengych, sought to terminate the meetings held on the hearth of his neighbour, Margaret Davies, a widow of whom it was believed she had the ability to put a curse on people. As he fell on hard times John Lewis believed he had been cursed and he travelled to Cwrt-y-cadno in North Carmarthenshire to seek advice from a sooth sayer. He was advised to ensure that no more preaching meetings were to be held at Blacnwc Uchaf but he only managed a limited success. Monthly meetings rather than weekly meetings continued at Blacnwc until the death of Margaret Davies.

Other meetings were held in Maenclochog itself at the home of Job and Owen Griffiths and in the stables at Rosebush quarry. Another leading light was Frances Jones, Pantymeiniog, who had been baptised at Bethel, Mynachlog-ddu, in May 1831. She invited several preachers to hold meetings at her home on Sunday mornings and a Sunday School was formed. As the congregation grew the meetings were moved to the larger almost redundant premises at the quarry stables. Official services to declare the formation of a Baptist chapel were held there in October 1832 when the four invited ministers preached their sermons from the manger doubling as a pulpit. There were 35 members and services were held at the stables on three Sundays a month and at the home of the ailing John Lewis, who had by now moved to Blacnwc Ganol, on the fourth Sunday.

By 1864 the current Horeb chapel was well established with 120 members and became a chapel in its own right rather than a branch of Rhydwilym. Official opening services had been held 18 years previously but now six preachers were invited to deliver sermons on the occasion of its new-found status. For the next ten years various ministers from the locality officiated on Sundays according to a designated rota and it was not until 1875 that the Revd William Davies, a native of Cilgerran, fresh from college, became the first ordained minister at Horeb. By 1877 the membership had grown to 153. The first baptism by immersion is believed to have taken place in Maenclochog in the early 1800's when Ann Morgan, a member at Hen Gapel, wished to receive the Lord in the fashion of the New Testament, as she lay on her deathbed. Initially, the elders at Rhydwilym chapel refused her request as she belonged to another denomination. But she was adamant, and finally a pool of water was formed outside her house. She was carried from her bed to be immersed by the Revd John Llewellyn, Rhydwilym, following a sermon delivered on the significance of baptism by the Revd Evan Jones, Cardigan.

Regular baptism took place in the 1830's and on December 30, 1832 a notorious local scoundrel reputed to have itchy fingers, Dai Lewis, Trinant, was baptised much to the surprise of a large crowd. Apparently at least one woman who attended the baptism in order to deride Dai'r Trinant became convinced of salvation through the Scriptures and was herself baptised the following month. No record has been kept of where these baptisms took place when the congregation met mainly at the stables in Rosebush. When Horeb itself was established the immersion took place either in the Syfnwy River near Rhydfawr to the west of the chapel or in the Mill Pond to the east of the village. The Revd Henry Price, a frail but tall man, apparently baptised the 17 stone local policeman in the Mill Pond. Ministers would change their clothing before and after the ceremony at the Globe Inn. In 1865 a proper baptism pool was established in the Syfnwy near Rhydfach where it remains until this day. One of the former ministers, the Revd W. J. Rhys (1906-1925) was the uncle of the Welsh Assembly First Minister, Rhodri Morgan.

Ben Lewis, Y Mot

Hunodd y brawd uchod mewn tangnefedd nos Sadwrn, y 7fed o Fawrth, 1908, pan oedd o fewn ychydig fisoedd i gyrraedd pedwar ugain mlynedd, gan iddo gael ei eni ym mis Awst 1828. Cludwyd ei ran farwol gan dyrfa luosog o gymdogion a chyfeillion i'w gladdu yn barchus ym mynwent Horeb, Maenclochog, y dydd Iau canlynol, yn cael ei ddilyn gan liaws o alarwyr, ymhlith y rhai yr oedd dau fab a phedair o ferched. Y mab hynaf yn fyw yw y Rhingyll Lewis, Goodwick, a'r ferch hynaf yw annwyl briod y Parchg Jacob John, Beulah. Darllenwyd a gweddïwyd yn y tŷ cyn cychwyn gan y Parchg Rhys Williams (A), Maenclochog, a thraddodwyd pregeth bwrpasol i'r amgylchiad gan y Parchg W. J. Rhys, ei weinidog, yn y capel cyn gosod y corff yn y bedd; ac ar lan y bedd siaradodd y Parchg J. J. Evans, Rhydwilym; a gweddïodd y Parchg D. Williams (A), Maenclochog, i derfynu.

Treuliodd y brawd Benjamin Lewis ei oes gydmarol hir i'r diben uchaf posibl, sef gogoneddu Duw a hyrwyddo ei Deyrnas yn y byd, ac er nad oedd yn adnabyddus iawn y tu allan i gylch Cymanfa Ysgolion Cylch Rhydwilym, eto yr oedd yn frawd o alluoedd uwchraddol, ac yn cyflwyno yr oll i wasanaeth yr Eglwys yr oedd yn aelod ohoni.

Nid oedd ond ychydig iawn o'i gyfoedion yn deall Cerddoriaeth gystal ag ef. Bu yn arweinydd canu yr Eglwys am lawer o flynyddau; ac er fod profedigaethau bywyd a phwys blynyddoedd wedi amharu ei alluoedd i arwain y canu er ys rhai blynyddau, yr oedd yn parhau i ganu hyd y diwedd, a diameu ei fod yn canu eto. Yr oedd hefyd yn athraw defnyddiol yn yr ysgol Sul, ac fel athraw yr oedd yn meddu ar allu nodedig i ddylanwadu ar ddynion ieuainc i chwilio yr Ysgrythyrau drostynt eu hunain, a ffurfio barn bersonol. Yr oedd yn ŵr cadarn yn yr ysgrythurau ei hunan; ac er iddo gael ei ddwyn i fyny mewn oes pan oedd dadleu brwd a mynych rhwng Calfiniaeth ac Arminiaeth, ni cheisiai ef un amser i wyrdroi yr Ysgrythurau i ategu un o'r ddwy Athrawiaeth. Nid Calfiniad nac Arminiad ond Cristion syml ydoedd ef.

Bu hefyd yn ddiacon yn yr eglwys am dros bedair blynedd a deugain. Nid anrhydedd nac awdurdod a olygai y swydd iddo ef ond defnyddioldeb. Nid oedd yn drawsarglwyddaidd nac yn gyndyn: ffurfiai farn bersonol ar bob mater, a gwnâi ei oreu i'w hamddiffyn, ond ni thramgwyddai os cai ei wrthwynebu, ac hyd yn oed os penderfynai y mwyafrif yn ei erbyn. Yr oedd hefyd yn gefnogol i ddynion ieuainc ymdrechol, ac os elai allan o'i ffordd mewn dim, gwnâi hynny er mwyn peidio rhoddi tramgwydd i ddyn ieuanc addawol.

Yr oedd hefyd yn gyfaill cywir bob amser i'w weinidog. Ni ddywedai air gwael amdano un amser, a dangosai anfoddlonrwydd, os clywai rywun arall yn dweud rhywbeth yn ddrwg am dano. Meddai ar gymwysterau i gynghori neu siarad yn gyhoeddus, ond o bosibl na wnaeth gymaint o ddefnydd ag a fyddai yn ddymunol o'r gallu hwn. Yr oedd hefyd yn ffyddlon. Yr oedd ganddo lawn ddwy filltir o ffordd o'i gartref i'r capel, ond nid oedd braidd un tywydd a'i rhwystrai i fod yn bresennol, oddieithr fod afiechyd neu wendid corfforol yn ei rwystro. Teithiodd gannoedd o nosweithiau ar ôl gorffen ei ddiwrnod gwaith i'r capel i gynnal ysgol gân ac eisteddodd i fyny lawer o oriau yn y nôs i nodi y tonau allan at wasanaeth y cantorion cyn bod cyfundrefn y Tonic Sol-ffa wedi ei dyfeisio, a phan oedd yn anhawdd, ac yn fynych yn amhosibl cael tonau argraffedig.

Yr oedd ôl dygiad da i fyny arno. Er i'w dad farw pan nad oedd ef ond dwy flwydd oed, a bod gan ei fam weddw bedwar o blant bach i ddarparu ar eu cyfer, heb fod ganddi un gynhysgaeth ond corff a meddwl cryf, ac iach, llwyddodd i roddi addysg fydol well nag a gelai mwyafrif mawr o blant gweithwyr yr oes honno i'w phlant, ac nid esgeulusodd eu haddysg grefyddol ychwaith. Yr oedd Benjamin Lewis, er yn fachgen, yn hyddysg yn yr ysgrythurau ac yn arwain bywyd moesol, ac er ei fod tua thair blwydd ar hugain oed pan gyflwynodd ei hunan i Grist yn gyfangwbl trwy gymryd ei fedyddio gan y Parchg James Walters, Login, yn Llyn y Felin, Maenclochog (nid y llyn llychlyd presennol), yr oedd yn dra defnyddiol yn yr eglwys cyn hynny, yn neillduol gyda'r canu. Ar ôl iddo wneud proffes o Grist yr oedd crefydd Crist yn amlwg yn ei fywyd beunyddiol.

Ganwyd ef yn Skerros Lodge, tua hanner milltir o bentref Y Mot, ond treuliodd ei holl fywyd crefyddol yn y pentref, ac ni chlywais ei fod wedi bod mewn cweryl ag un o'r pentrefwyr erioed. Bu hefyd yn gweithio fel labrwr gyda'r un teulu trwy ei oes, sef teulu Syr Owen Scourfield, Barwng (yr hwn yw perchennog tirol holl blwyf Y Mot), ac er bod Ben Lewis wedi gweled llawer o gyfnewidiadau yn ei ddydd mewn meistri, goruchwylwyr, a chydweithwyr, cadwodd mewn heddwch â hwynt oll. Yr oedd gair da gan bob un ohonynt iddo, ac edrychent i fyny arno fel dyn gonest a chydwybodol. Yr oedd hefyd bob amser yn foddlongar. Er yn meddu ar gorff lluniaidd, ac o ymddangosiad cadarn, cafodd brofi beth oedd cystuddiau celyd amryw droeon, ond dioddefai yn ddirwgnach.

Gwelodd gladdu tri o'i blant anwyl, dau yn ieuainc, ac un ferch yn 26 oed, ond ni chwynodd. A rhyw chwech mlynedd cyn ei ymddatodiad ffarweliodd â'i annwyl briod yng nglyn tywyll marwolaeth, ond ymostyngodd yn dawel i'r drefn ddwyfol, ac ar Sul cymundeb Horeb, tair wythnos cyn ei ymddatodiad, ymunai yn y mawl. Gwrandawai'r bregeth a rhannau'r Ordinhad mor hwylus ag erioed. Diau y caeir yr adwyau ym mur Seion yn Horeb eto, ond eithriad fydd cael yr un person yn meddu ar holl gymhwysterau Ben Lewis. Diolch i Dduw am dano.

Ben Lewis, according to the article written by 'D.J.', was a precentor and Sunday School teacher at Horeb for most of his life. He was well versed in the Bible and had the ability to encourage youngsters to search for their own answers. He was neither a Calvinist nor an Armenian but a Christian who served his chapel as a deacon for over 44 years. He would form his own opinion on most matters but would not feel peeved if the majority disagreed with his view. He was a true friend of his minister and would not entertain any criticism of him. Only illhealth would keep him from attending chapel services and many were the times he would hold an 'Ysgol Gân' (singing practice) on weekday evenings. He lost his father when he was only two years of age and his widowed mother strove to bring up four children. Ben was born at Skerros Lodge, some half a mile from New Moat, and he spent the whole of his working life as a labourer with the Scourfield family at Moat Grange. As far as is known he never fell out with any of his neighbours. He respected his employers and in turn was regarded by them as an honest and conscientious worker. Ben Lewis buried three of his children when they were young and he lost his wife some six years before his health deteriorated. He was present at the communion service in Horeb three weeks prior to his death a few months before his 80th birthday.

Codwyd yr erthygl goffa uchod o'r misolyn 'Y Piwritan Newydd' (Rhif xlvi Cyf v Ebrill 1908). Cynhwysid llun o Ben Lewis hefyd, yn ŵr moel gyda barf wen drwchus o glust i glust ond heb flewyn o dan ei drwyn nac ar ei fochau nac o dan ei wefus. 'D.J.' oedd yr enw o dan yr erthygl.

The above obituary was published in the April edition of 'Y Piwritan Newydd' (The New Puritan) in 1908. A photograph of the deceased was also published: a large-faced gentleman with a thick white beard from ear to ear but clean-shaven above and below the lips as well as his cheeks.

Y Diddanydd

Mewn helbulon a thrallodau
Yr wyf beunydd yn y byd,
Cael fy llethu gan ofidiau
Boenant f'enaid gwan o hyd;
Mwyn Ddiddanydd,
Ti yn unig ddeil fy mhen.

Mae'r diafol a'i gynllwynion
Am fy hudo nos a dydd,
I roi fyny yn ddigalon
Ac anghofio llwybrau'r ffydd;
Mwyn Ddiddanydd,
Arwain fi â'th sanctaidd law.

A phan fyddo cwmmwl tywyll
Yn ymdaenu dros y glyn,
Bydded i ti oleu canwyll
A'm cysuro y pryd hyn;
Mwyn Ddiddanydd,
Arwain fi i'r Wynfa draw.

Blodeuglwm

Ar fedd ein chwaer ieuanc Sarah Lewis, Felin Newydd,
yr hon a hunodd Mehefin 1af, 1907 yn 26ain oed.

Beth mor hardd â'r lili swynol?
Beth mor dlws â blodau'r ardd?
Bywyd ieuanc, glân, rhinweddol
Yn ei irder, hwn sy'n hardd;
Gwylio hwnnw yn dadblygu,
Adeiladu'n gobaith wnawn,
Rhagolygon gwyn yn rhoddi
Ffiol cysur i ni'n llawn.

Syllwn ar y wybren laswen,
Gweld yn gwenu heulwen dlos,
A thrachefen gweled seren
Yn disgleirio yn y nos;
Ninnau'n hwylio cefnfor bywyd
Llawn o hyder, llon ein bryd,
Ond yn ebrwydd storom gyfyd
Sigla'n llong fel baban gryd.

Chwytha gwyntoedd profedigaeth
  Nes ein taro'n erbyn craig,
Ninnau'n suddo'n nyfroedd hiraeth,
  Bron â boddi'n nhonnau'r aig;
Pwy na wyla pan agorir
  Bedd i eneth ieuanc, gun:
Wylwn oll, mae'n rhan o'n natur,
  Wylodd unwaith Iesu'i hun.

Anhawdd iawn yw sylweddoli,
  Sarah Lewis yn ei bedd,
Meddwl na chawn ei chwmpeini,
  Na chael gweld ei siriol wedd:
Lili dyner wedi'i thorri
  Yn rhyferthwy'r storom gref,
Yna'i thynnu i'w thrawsblannu
  I Baradwys ardd y Nef.

Ni sy'n wylo, hithau'n canu
  Heb un gofid dan ei bron,
Ni mewn drygbin yn hiraethu,
  Hithau wedi glanio'n llon;
Ninnau'n rhodio yn y dyffryn,
  Gweld cymylau duon fyrdd,
Hithau'n iach yng ngwlad y delyn –
  Yn ei llaw mae'r palmwydd gwyrdd.

Ffarwel chwaer, ffarwel am ennyd,
  Blaenu wnest i'th gartref clyd,
Lle ni ddaw i darfu bywyd
  Byth ystorm. Gwyn mwy dy fyd.
Tithau frawd yn nyffryn alaeth
  Cwyd dy olwg hwnt i'r llen,
Cwrddyd gei trwy rasol arfaeth,
  Sarah fry, mewn 'gloewach nen.'

T. ab Dyfed, Y Mot

Cyhoeddwyd yr emyn a'r farwnad uchod yn *Y Piwritan Newydd*. Ai teg tybied mai Ben Lewis oedd T. ab Dyfed? Gwyddys mai 26 oed oedd ei ferch pan fu farw. Ai marwnad i'w ferch ei hun a geir yma, felly, wedi ei chanu flwyddyn cyn ei farw yntau?

The above hymn and elegy were published in 'Y Piwritan Newydd' (The New Puritan). Could T. ab Dyfed be the bardic name of Ben Lewis? It is known that his daughter died when she was 26. Is the above an elegy to his own daughter written a year before his own death?

Achos Annibynnol Seilo, Tufton

Eirwyn George

Yr un fath â nifer o eglwysi Ymneilltuol eraill gogledd Sir Benfro, mewn tŷ ffarm y cychwynnwyd achos yr Annibynwyr yn Seilo, Tufton. Dywedir yn *Hanes Eglwysi Annibynnol Cymru, Cyfrol III,* fod pregethu achlysurol yn digwydd yn ffermdy Blaen-wern ym mhlwyf Castellhenri wedi i Stephen Edwards a'i deulu symud yno o gymdogaeth Brynberian. Cofiwn fod eglwys Annibynnol wedi ei chorffoli ym Mrynberian cyn belled yn ôl â 1690 a dywedir fod Stephen Edwards yn flaenllaw gyda'r achos yn yr eglwys honno cyn iddo ymadael â'r ardal. Y gweinidogion cylchynol a oedd yn gwasanaethu ar y pryd yng ngogledd Sir Benfro fu'n cynnal yr oedfaon ar aelwyd Blaen-wern.

Fodd bynnag, penderfynwyd mynd ati i godi capel, ac wedi cwblhau'r gwaith fe'i hagorwyd yn swyddogol ar 15 a 16 Tachwedd, 1842. Fel y gellid disgwyl, Stephen Edwards a'i deulu oedd â llaw flaenaf yn yr adeiladu. Ymysg yr aelodau cyntaf cofnodir enwau Thomas Roblin, y gof; Levi George, Dan-lan; James Thomas, Bigws; ac Elizabeth Morris, Pantycabal. Cafwyd y darn tir ar gyfer adeiladu'r capel (a'r hen fynwent) ar brydles gan deulu Barham, Trecwn, perchenogion ffarm Blaen-wern, a oedd yn rhan o stad fawr y teulu hwnnw.

David Owen 1845-51

Y gweinidog cyntaf i wasanaethu Seilo oedd David Owen. Ganed ef yn Ffoshering ger Aberteifi ac wedi cyfnod yn Athrofa'r Drefnewydd dychwelodd i'w fro enedigol. Agorodd ysgol yn Aberteifi ac urddwyd ef hefyd i ofalu am eglwys Annibynnol Llechryd.

Derbyniodd alwad i fod yn weinidog eglwys Seilo yn 1845 a symudodd ef a'i deulu i fyw i Tyrhiny ym mhlwyf Castellhenri. Ond wedi chwe blynedd o wasanaeth gweinidogaethol dychwelodd i Aberteifi i gadw ysgol am nad oedd yr eglwys yn alluog i'w gynnal. Y mae'n anodd derbyn hyn hefyd gan fod *Religious Census 1851* yn dangos fod tua 120 o aelodau Seilo yn bresennol yn yr oedfaon.

Dywedir am David Owen yn *Hanes Eglwysi Annibynnol Cymru*: 'Yr oedd yn ddyn gwylaidd a hollol anymhongar. Er nad oedd yn huawdl a doniol fel pregethwr, hoffid ef gan bawb a'i hadwaenai.' Roedd ei iechyd yn fregus hefyd a bu farw yn fuan wedi iddo ddychwelyd i Aberteifi gan adael gweddw a dau o blant. Nid oedd ond 52 oed ar y pryd.

Rees Perkins 1852-89

Wedi i Rees Perkins dderbyn galwad i eglwys Hen Gapel, Maenclochog, a'i urddo ar 27 Ionawr, 1852, cymerodd ofal eglwys Seilo hefyd.

Ganed ef yng Nghwm Miles, Sir Gaerfyrddin, yn y flwyddyn 1812. Cafodd addysg dda pan oedd yn blentyn a bu am gyfnod yn ddisgybl yn ysgol enwog W. Davies, Rhydyceisiaid. Wedi iddo briodi â Mary Phillips, Cilhernin, bu'n gweithio fel llyfr-rwymwr yn ogystal â chadw tyddyn yn Tynewydd, y Rhos, a Llwyncelyn, Cefn-y-pant. Yn 1845 symudodd i ffarm Maen-hir ym mhlwyf Cilymaenllwyd. Ymaelododd yn eglwys Hebron a bu galw mawr am ei wasanaeth fel pregethwr ar y Sul yn eglwysi'r cylch.

Wedi i Rees Perkins gymryd gofal eglwysi Seilo a Hen Gapel symudodd i ffarm y Blacknuck er hwylustod a chyfleustra i'w waith fel gweinidog. Erbyn hyn yr oedd ganddo dri o blant ar yr aelwyd, Martha, Jonathan a Benjamin, a bu'r tri ohonynt yn gefn mawr i'r achos yn y ddwy eglwys.

Yn 1862 adeiladodd Margaret Edwards, gweddw Stephen Edwards, Blaen-wern, dŷ yn ymyl capel Seilo a elwir yn Green Park, fel y gallai fyw yn ymyl y capel a hefyd letya pregethwyr pan fyddai galw am hynny. Rhoddodd y tŷ mewn gweithred i fod at wasanaeth gweinidog Seilo. Wedi marw Margaret Edwards yn 1872 symudodd Rees Perkins o ffarm y Blacknuck i Green Park gan roi ei holl amser at waith y weinidogaeth. Eiddo eglwys Seilo oedd Green Park tan iddo gael ei werthu yn 1987.

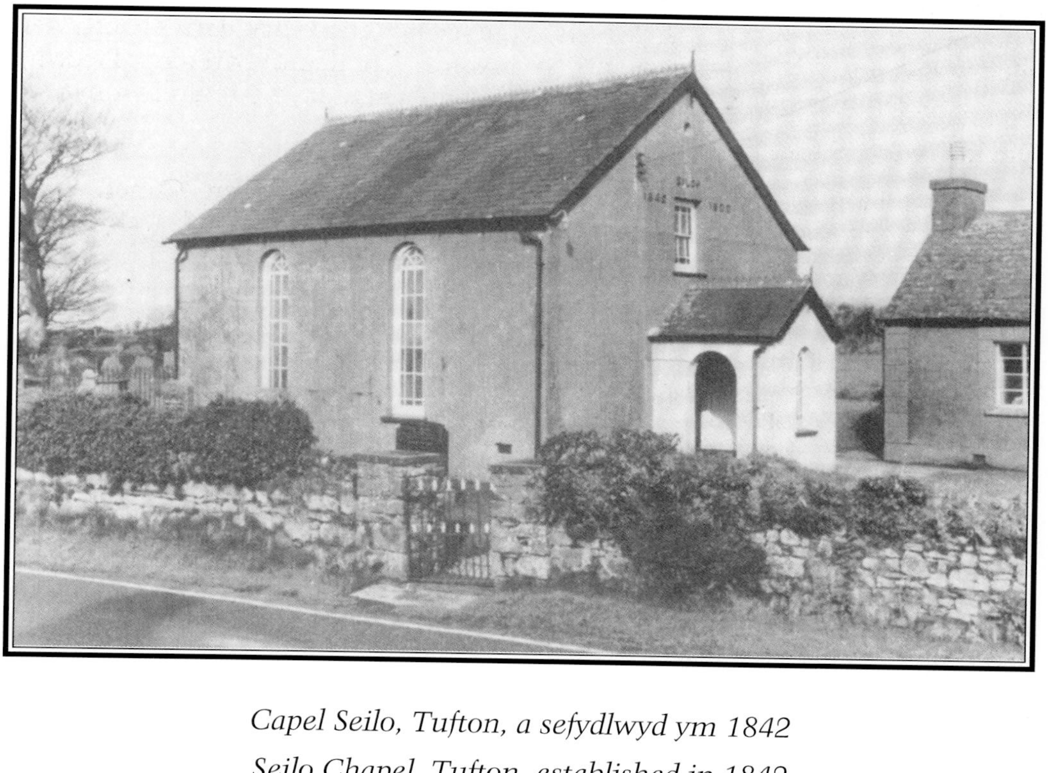

Capel Seilo, Tufton, a sefydlwyd ym 1842

Seilo Chapel, Tufton, established in 1842

Yn ystod gweinidogaeth Rees Perkins adfywiodd yr eglwys yn fawr. Cyn ei farw rhoes Stephen Edwards, Blaen-wern, swm o arian mewn ymddiriedolaeth ar yr amod fod y llog i'w dalu i weinidog Seilo. Tua phythefnos cyn ei marw hithau talodd Margaret Edwards, ei weddw, am y gost o brynu llechu i ail-doi'r capel. Y mae'n ymddangos fod yr achos yn mynd o nerth i nerth. Rhoddwyd oriel yn y capel yn 1879 a'i atgyweirio yn drwyadl y tu mewn. Yn ôl dull y cyfnod talwyd yr holl draul ar ddydd yr agoriad.

Yn *Hanes Eglwysi Annibynnol Cymru, Cyfrol III,* dywedir am eglwys Seilo yn ystod gweinidogaeth Rees Perkins: 'Y mae yr eglwys yma er nad yw yn lluosog, yn cynnwys nifer o bersonau darllengar a meddylgar, ac yn dra awyddus i wybod yr ysgrythur lân, ac y mae yma fesur helaethach o deimlad crefyddol nag a geir mewn llawer man.' Anaml iawn y ceir cyfeiriadau o'r fath at eglwysi eraill yn y gyfrol hon!

Dywed y Parchg Rhys Williams mewn ysgrif goffa i Rees Perkins yn *Cyfrol Goffa Gweinidogion Annibynnol Penfro 1933:* 'Fel gweinidog yr oedd Mr Perkins yn hynod o weithgar yn ei eglwysi a gofalus am y praidd. Fel pregethwr yr oedd yn ddoniol a phoblogaidd. Hoffai ddyfynnu cynhyrchion yr emynwyr a'r beirdd yn ei bregethau. Yr oedd cymaint o swyn yn ei lais fel mai aml y dymunid arno ganu unawd o'r pulpud cyn gorffen oedfa'.

Yn 1889, oherwydd llesgedd ac oedran, penderfynodd Rees Perkins ymddeol o'i ofalaeth weinidogaethol. Bu farw ddwy flynedd yn ddiweddarach yn 79 oed a chladdwyd ei weddillion ym mynwent Seilo. Cerfiwyd yr englyn isod ar ei garreg fedd:

Bore a hwyr bydd barod, – daw dwthwn
Dôi dithau i'r beddrod,
Cais ffydd ffynnol, nefol nod,
Yn Iesu cyn dod isod.

Y Parchg Rhys Williams 1897-1944

Y gweinidog nesaf i wasanaethu yn Seilo oedd y Parchg Rhys Williams. Yr oedd ef eisoes wedi cymryd gofalaeth Hen Gapel ac fe'i sefydlwyd yn weinidog ar Seilo hefyd yn 1897.

Ganed Rhys Williams ar 4 Mehefin, 1868 yn fab i John a Margaret Williams, Penstâr, Llansteffan, Sir Gaerfyrddin. Gwehydd oedd y tad wrth ei alwedigaeth a chrefftwr tan gamp. Bu Rhys yn athro yn yr ysgol leol am rai blynyddoedd cyn penderfynu ei throi hi tua'r weinidogaeth. Wedi iddo gwblhau ei hyfforddiant yng Ngholeg Presbyteraidd Caerfyrddin cafodd ei ordeinio yn Hen Gapel ym mis Tachwedd 1891. Galwyd ei frodyr Sam a Gomer i'r weinidogaeth hefyd. Yn ystod gweinidogaeth Rhys Williams y bu un o'r digwyddiadau pwysicaf yn hanes eglwys Seilo, sef ailadeiladu'r capel i'w ffurf bresennol yn 1900.

Yn 1900 hefyd priododd y gweinidog ag Esther James ac ymgartrefodd y ddau yn Cartref, Maenclochog, hyd ddiwedd eu hoes. Ar achlysur priodas y Parchg Rhys Williams dywedir yn *Y Tyst,* 13 Mawrth, 1901, fod cyfarfod arbennig wedi ei drefnu yn Seilo i ddathlu'r amgylchiad. Darparwyd gwledd o de a theisen yn y prynhawn a chynhaliwyd Cyfarfod Llenyddol o dan arweiniad y gweinidog yn yr hwyr. Bu'r ieuenctid yn adrodd a chanu 'tua hanner cant o ddarnau buddiol a phwrpasol'. Cyflwynwyd anrheg briodas o lestri te a choffi arian i'r gweinidog a'i briod gan yr hen chwaer Martha James, Y Garden. Roedd y capel yn orlawn.

Ar ôl i Rhys Williams gwblhau deugain mlynedd yn y weinidogaeth cyflwynodd yr eglwys ANERCHIAD GOLIWIEDIG iddo fel arwydd o werthfawrogiad am ei wasanaeth ymroddedig mewn cyfarfod cyhoeddus yn Hen Gapel ar 26 Tachwedd, 1931. Arwyddwyd yr anerchiad hardd ar ran eglwys Seilo gan Jonathan Perkins, John Owen, William Williams, Henry George, William George, James Davies a Hugh Davies.

Bu'r achos yn llewyrchus iawn yn Seilo o dan weinidogaeth Rhys Williams gyda nifer o ddiaconiaid ffyddlon a gweithgar yn cynnal y Ffydd. Un o'r rhai mwyaf selog oedd Jonathan Perkins, Blaen-wern, mab Rees Perkins, y gweinidog blaenorol. Bu'n ddiacon ac arweinydd y gân am 50 mlynedd ac yn ysgrifennydd yr eglwys am 32 o flynyddoedd. Yn ogystal â bod yn athro Ysgol Sul dylanwadol dywed y Parchg Rhys Williams yn *Cyfrol Goffa Gweinidogion Penfro* fod galw am ei wasanaeth yn aml fel pregethwr cynorthwyol hefyd. Wedi iddo ymddeol o ffermio Blaen-wern a symud i fyw i Green Park cyflwynwyd medal iddo ar ran Cwrdd Chwarter Cyfundeb Penfro fel gwerthfawrogiad o'i wasanaeth i Eglwys Iesu Grist.

Cynhaliwyd cyfarfodydd i ddathlu canmlwyddiant adeiladu'r capel ar 4 a 5 Mehefin, 1942, a hefyd i dalu teyrnged i Rhys Williams ar gwblhau ohono 50 mlynedd yn y weinidogaeth. Y pregethwr gwadd oedd y Parchgn Samuel Williams, Glandŵr, Abertawe (brawd y gweinidog), a'r Dr Elfed Lewis, Penarth. Y gweinidogion eraill a fu'n cymryd rhan yn yr oedfaon oedd y Parchgn D. L. Eckley, Llandeilo; W. Phillips, Tyrhos; Mathias Davies, Gelli; Alun Morgan, Wiston; a Morley Lewis, Penygroes. Rhoddodd Henry George, yr ysgrifennydd, hanes cynhwysfawr o'r achos yn Seilo. Cyflwynwyd tysteb i'r gweinidog ar ran yr eglwys gan Mary Ann James, yr aelod hynaf. Henry George oedd arweinydd y gân a Gertrude Davies oedd wrth yr organ.

Bu'r Parchg Rhys Williams yn hynod o weithgar yn ei eglwysi. Cafodd y fraint o bregethu yn Undeb y Rhos yn 1908 ac Undeb Ton Pentre, y Rhondda yn 1921. Dyrchafwyd ef yn gadeirydd Cymanfa'r Tair Sir a chadeirydd Cyfundeb Penfro. Er iddo gael ei enwebu gan Gyfundeb Penfro fwy nag unwaith ar gyfer Llywyddiaeth Undeb yr Annibynwyr Cymraeg gwrthododd yn lân a gadael i'w enw gael ei ystyried. Penderfynodd ymddeol o ofalaeth yr eglwysi yn 1944 a bu farw'n dawel yn ei gartref y flwyddyn ddilynol.

Dywed Dyfnallt Owen mewn ysgrif goffa yn *Y Tyst*, 8 Tachwedd, 1945: 'Meddai ar y doniau a'r grasusau a'i gwnâi yn ffefryn cymdogaeth. Yr oedd ei bregethau bob amser yn syml a chlir a thinc argyhoeddiad dwfn o wirionedd hanfodol yr Efengyl ym mhob un. Roedd yn fawr ei barch ac yn annwyl gan bawb.'

Gydag ymddeoliad y Parchg Rhys Williams daeth pennod fawr yn hanes eglwys Seilo i ben ac erys cyfnod o 47 mlynedd yn golofn i'w lafur diflino fel gweinidog trylwyr a diffuant.

The above is an extract from 'Braslun o Hanes Eglwys Annibynnol Seilo, Tufton 1842-1992' (A Short History of Seilo Congregational Chapel, Tufton 1842-1992) written by Eirwyn George on the occasion of the chapel's 150th anniversary. As is the case with most other chapels in the area Seilo was formed after early believers met and worshipped in various homesteads, mainly at Blaen-wern in this case. The chapel was built on land owned by the Barham family of Trecŵn. The first minister was David Owen, a native of the Cardigan area to which he returned in 1851 after six years, because apparently the members could not afford to keep him. His successor was the Revd Rees Perkins, a native of Cwm Miles, who was already in charge of Hen Gapel. He lived and farmed at Blacknuck on the western outskirts of Maenclochog but in 1872 he moved to Green Park in Tufton and thus became a full time minister. He was regarded as an industrious minister and humorous and popular when in the pulpit. He remained a minister for 37 years until 1889 when he retired at 77 years of age and died within two years.

His successor, the Revd Rhys Williams, a native of Llansteffan, who was already the minister of Hen Gapel, served for a total of 47 years from 1897 until 1944. During his ministry Seilo chapel was rebuilt in 1900. The centenary services held in 1942 also noted the Revd Williams' 50th year in the ministry. The guest preachers on the occasion were the Revd Samuel Williams, Landore, Swansea (the pastor's brother) and the Revd Elfed Lewis, Penarth, the renowned archdruid and hymnologist. The Revd Williams was twice invited to preach at his denomination's all-Wales annual gathering, was chairman of the Three Counties Festival as well as the Pembrokeshire Union of Independents. Though his name was often submitted for the office of chairman of the Welsh Congregationalist Union he steadfastly refused to allow his name to be forwarded.

The guest preacher at the 150th anniversary of Seilo was the Revd Dr Cerwyn Davies from Toronto who was brought up in the area and is a descendant of the Revd Rees Perkins. One of the most well known hymn tunes across all denominations all over the world is closely associated with Seilo. 'Blaen-wern' by Penfro Rowlands was reputedly composed as he leaned on a gate on Blaen-wern Farm when he and his son were staying in the area. Penfro himself, though then living in Morriston, was born in Llys-y-frân.

☆☆☆☆

Slawer dy' wêdd hi'n arfer gan blant yr Ysgolion Sul i gasglu at y Genhadaeth Dramor. Ai pawb â'u cerdyn o dŷ i dŷ gan loffa ceinioge gan hwn a'r llall.

Galwodd John Davies, Pantraser, yn y Ficerdy a chael tair ceiniog gan y ficer. Rhoes yr arian yn saff yn ei boced a nodi'r swm ac enw'r rhoddwr ar y garden – 3c a H.F.

Edrychai'r ficer dros ysgwydd John wrth iddo gyflawni'r dasg gan ofyn: 'Beth ma' fe wedi ei roi lawr fan 'na nawr? Beth yw'r H.F. 'na 'machgen i?'

'O, Howells Ficer,' mynte'r crwt bach.

Martha, mam yr Athro Thomas Rees

Ni chafodd dymor hir o ysgol y tu allan i ysgol y fam arbennig honno ar aelwyd Dolaeron ym mhlwyf Llanfyrnach. Aeth i'r ffermydd yn ieuanc fel hogan weini, ac yn fferm Llethrcanol, ger Mynachlog-ddu, yr oedd pan aeth adref i eni ei phlentyn a alwyd yn Thomas Rees. Bu'n orfod arni roddi'r bychan allan i'w fagu'n fis oed. Yr oedd Mari Rees, fel y gellid disgwyl, yn llidiog o anfodlon am y digwyddiad, a ffoes y gŵr ieuanc, a oedd yn gyfrifol am godi aelwyd a noddi ei deulu, o'r wlad i America. James Thomas ydoedd ei enw, ac yn fab i Benjamin a Martha Thomas, Dan-y-coed, ym mhlwyf Henry's Moat, ar gwr ardal Maenclochog. Gŵr corffol oedd Benni'r ciper, ac ef a'i wraig yn hen gwpwl cysurus a pharchus ddigon, a buont yn barod i estyn cymorth i fagu eu hwyr.

Rhoesant James, ei mab, i ddysgu crefft saer gyda Lewis Davies, Step-in, Maenclochog, a gweithiai yn ffermydd y gymdogaeth. Rhoddwn ddarn o lythyr a gawsom oddi wrth Mr Hywel Hywel, tad ficer presennol Maenclochog. Y mae Hywel Hywel ar fin ei 91, a gwerthfawr iawn bellach yw yr atgofion a rydd am James Thomas a'i deulu.

> 'It was my privilege to know James in particular from the fact that we as boys spent considerable time together at Maenclochog, my native place. I am referring to the period he was apprenticed to the late Lewis Davies. His father, Benjamin, or Bennie, resided at a house known as Dancoed, such place still exists about three miles from the village (Maenclochog) in the parish of Henry's Moat. Benjamin was the gamekeeper of the late Barham, Esquire of Trecwn, where the Government is lavishly spending so much money. Benny was a big burly man, supposed to frighten poachers, noted for the size of his coat pockets where he used to carry both the hares and the pheasants he shot. James was my senior by about five years, and we were together at Maenclochog in the years 1862 to 1866. He was a talented young man fond of composing and writing poetry on the pieces of wood he planed, paper being scarce and expensive then'.

Gadewir ni i ddyfalu paham y troes James Thomas ei gefn ar ei gyfrifoldeb, a phopeth a wyddom amdano'n tystio ei fod yn fachgen o dalent a meddwl ystyriol. Deallwn iddo lwyddo yn America, a dod yn rhyw fath o weithiwr cyhoeddus a swyddog ynadol yn ei gymdogaeth.

Aeth Martha Rees yn ôl i weini i'r ffermydd, ac i gadw tŷ ymhen amser i Daniel James, Tirbach, fferm ym mhlwyf Llangolman; a phriododd ef, gan fyw mwyach yn y Tirbach hyd ddiwedd ei hoes, a bywyd erbyn hyn yn talu'n ôl iddi mewn diddanwch am siom ei thrafferthion cynnar. Bu iddi fab a merch. Claddwyd Alice (Mrs J. R. Jones) y ferch, ym mynwent Ebeneser, Rhydaman. Y mae John, y mab, yn byw yn ninas Caerdydd. Bu hithau farw Chwefror 1, 1892, yn 55 mlwydd oed, a rhoed ei llwch ym mynwent Bethel, Mynachlog-ddu, y capel lle bu'n aelod amlwg am flynyddoedd.

Dyna'r graig y naddwyd y Prifathro ohoni – a dangosodd yntau'r nodweddion, wedi eu grymuso, wrth gwrs, gan amgenach diwylliant, ac ymroad hir flynyddoedd o ganoli ei egni.

Y Prifathro Thomas Rees, Ei Fywyd a'i Waith (Golygydd: T. Eirug Davies), Gwasg Gomer, Llandysul, 1939.

Prifathro Coleg Diwinyddol Bala Bangor yr Annibynwyr 1909-1926.

☆☆☆☆

Roedd John Evans yn selog yn yr Hen Gapel ar y Sul ac yng nghyrdde'r wythnos. Er ei fod yn gweithio ar y rheilffordd ac yn ofynnol iddo weithio weithiau ar y Sul, doedd e ddim am wneud am y byddai hynny, yn ei dyb e, yn halogi'r Sabath.

Am ei fod yn gwrthod gweithio ar y Sul fe'i gwysiwyd i fynd i Glunderwen i esbonio ei safbwynt ger bron Arolygydd rheilffordd o Gastell-nedd.

'John Evans, dwi'n gofyn i chi'n bersonol i weithio y Sul nesaf am fod tipyn o waith sy'n rhaid ei wneud ar bont Y Gelli. Ma'n rhaid i bawb weithio yn eu tro ar y Sul,' meddai'r Arolygydd.

'Na, fydda i ddim yn gweithio ar y Sul,' oedd ateb dibetrus John.

'Wel, os felly, does gen i ddim dewis ond rhoi pythefnos o rybudd i chi a'ch diswyddo,' oedd dyfarniad yr Arolygydd.

Ond doedd John Evans ddim yn mynd i blygu.

'Popeth yn iawn,' meddai.

O fewn ychydig ddiwrnodau daeth llythyr o'r brif swyddfa yn Llundain. Byrdwn y llythyr oedd datgan edmygedd o'i safiad a chyhoeddi bod y rhybudd diswyddo wedi ei ddiddymu.

Cwrdd Trafod Tabernacl

Hefin Wyn

Ym 1946 cyhoeddwyd llyfryn, o dan olygyddiaeth y Parchg Moelwyn Daniel, yn olrhain hanes yr 'achos' yn Eglwys Tabernacl, Maenclochog. Roedd yr eglwys wedi dathlu ei chanmlwyddiant ddwy flynedd yng nghynt, os ydym i dderbyn coel mai 1844 oedd blwyddyn ei sefydlu ac os ydym i dderbyn nad llithriad ar ran yr argraffwyr, hen gwmni W. Spurrell a'i Fab, Caerfyrddin, oedd nodi mai ar 'Mawrth 21ain, 1946' y lluniwyd y 'Rhagair' gan y golygydd. Ond eto fe ddywed Moelwyn Daniel wrth gloi ei druth fel a ganlyn: 'Carwn gydnabod yn ddiolchgar hynawsedd yr argraffwyr yn eu hymdrech arbennig i ddwyn y llyfryn allan mor ddestlus, a hynny erbyn y dathlu'.

Nawr ai'r gair 'ymdrech' yw'r gair allweddol fan hyn? Ai cydnabod yr 'ymdrech' gan dderbyn na lwyddwyd i ddwyn y maen i'r wal mewn pryd y mae'r golygydd? Oes yna eironi yn y cymal olaf? Tebyg bod gan dad y darlledwr, Emyr Daniel, synnwyr digrifwch a hwyrach bod hyn yn enghraifft ohono, yn arbennig wrth sylwi ar y dyddiad wrth ei gynffon. Neu ai tystio i'r ffenomen ddiharebol honno, sef 'amser Shir Bemro' a wneir?

Ta waeth, yr hyn sy'n bennaf ddiddorol o ran cynnwys y llyfryn deuddeg tudalen ar hugain yw llith yr unig leygwr sy'n cyfrannu, sef Hugh Edwards sy'n olrhain y dechreuadau. Mae ei frawddeg agoriadol yn magu awch i ddarllen rhagor: 'Nid dymunol pob dechrau, ac felly ceir yn hanes Eglwys Tabernacl,' meddai. Mae'n werth dyfynnu'r paragraff cyntaf yn ei grynswth. Â ymlaen:

> 'Dechreuwyd yr achos yn y flwyddyn 1844 gan ran luosog o'r Eglwys yn yr Hen Gapel a anghytunent â'r mwyafrif yno gyda golwg ar ddewisiad Mr Robert Thomas yn weinidog. Nid oes angen manylu ynglŷn â'r anghydwelediad hyn, ac ni wnâi aros gydag ef ond agor hen glwyfau y sydd erbyn hyn wedi cwbl iacháu. Nid oes neb o'r rhai hynny oeddent yn gyfrifol am y rhwyg yn fyw heddiw, ond mae llawer o ddisgynyddion o'r hen deuluoedd yn aros, a llu ohonynt yn golofnau achosion crefyddol drwy'r ardal a'r wlad. Gwnaed ymdrech deg gan amryw o weinidogion y Sir i atal dyfodiad Mr Thomas yn weinidog i'r Hen Gapel er mwyn arbed yr ymraniad, ond ofer fu'r cwbl. Penderfynwyd, gan y rhai a anghytunent, sefydlu achos newydd yn y pentref.'

Mewn erthygl swmpus dros wyth tudalen nodir o leiaf enwau'r sawl a fu'n gyfrifol am sefydlu'r capel sblit ac ymhlith yr wyth blaenllaw roedd pedwar o ddiaconiaid yr Hen Gapel. Mae chwilfrydedd ynghylch manylion 'yr anghydwelediad' yn mynnu fod y darllenydd hwn, o leiaf, yn cribinio'n fanwl am 'dystiolaeth' yn llechu rhwng y llinellau ond teg nodi nad oes cyfeiriad pellach at Mr Robert Thomas na'r helynt y cafodd ei hun yn ei ganol. Yn wir, mae'r erthygl yn gofnod gwerthfawr o fywyd cymdeithasol a chrefyddol yr ardal yng nghanol y ddeunawfed ganrif. Hyd y gwyddom dyw'r Hen Gapel ddim wedi cyhoeddi llyfryn yn cofnodi fersiwn eu haelodau nhw o'r digwyddiad. (Sefydlwyd yr Hen Gapel yn 1784 eto fel capel sblit yn dilyn anghydfod gydag addolwyr Capel Llandeilo a sefydlwyd yn 1714. Yn ôl y sôn fe aeth yn grasu wrth i gymunwyr Llandeilo ladrata drysau'r capel newydd.)

Ond, bellach, o'r tri chapel Annibynnol sydd wedi eu henwi, yr Hen Gapel yw'r unig un sydd wedi cau ei ddrysau. Fe'u caewyd ychydig cyn y milflwyddiant newydd ac ymunodd rhai o'r ffyddloniaid ag Eglwys Tabernacl sydd wedi ei lleoli ond rhyw ddau gan llath o adeilad yr Hen Gapel. Bu'r ddau 'achos' yn rhannu'r un gweinidog ers ugain mlynedd er hwyluso'r uniad a gwella unrhyw friw. Ond gwrthgiliodd rhai o'r dyrnaid oedd yn weddill fel sy'n arferol bellach pan fod capel yn cau a theuluoedd yn dangos mai ymlyniad at adeilad oedd eu heiddo ac nid at gred. Tybed pa rai o'r cyn-aelodau oedd yn ddisgynyddion y sawl fu'n driw i'r Hen Gapel yn y dyddiau cynnar?

Wrth holi am amgylchiadau y rhannu does fawr neb yn fodlon ymhelaethu am ran cyndeidiau'r teuluoedd cyfoes yn y gwahanu. Y dystiolaeth lafar amlycaf a glywir yw penderfyniad rhai o ddiaconiaid yr Hen Gapel i droi i gyfeiriad y mynydd ar y Sul y gwahoddwyd Dewi Emrys i esgyn i bulpud Tabernacl. A oedd selogion yr Hen Gapel yn fwy o ddirwestwyr neu yn llai o lengarwyr nag eiddo selogion y Tabernacl? Gwraidd y brotest oedd bod Sabath pentref Maenclochog wedi ei halogi gan bresenoldeb bardd-drempyn oedd yn hoff o lymeitian er cael ei urddo'n weinidog. Rhaid bod rhywfaint o'r hen gynnen yn dal ynghynn yng nghanol y ganrif ddiwethaf.

A phetai yna aelod o frawdoliaeth y wasg felen yn synhwyro ar hyd yr ardal yn ddiweddar mae'n bosib y byddai tyndra yn cael ei bortreadu fel gwrthdaro rhwng aelodau'r Tabernacl. Nôl ym mis Tachwedd 2002 fe wnaed sylwadau hallt o bulpud y capel yn ystod cyfarfod o Gwrdd Chwarter Sir Benfro. Wrth drosglwyddo'r Llywyddiaeth mynnodd Ken Thomas, un o ddiaconiaid Tabernacl, fod llawer o ddrygioni cymdeithas heddiw yn deillio o ddiffyg disgyblaeth a hynny yn ei dro yn deillio o ddiffyg magwraeth Gristnogol. Haerai mai ei argyhoeddiad bod yna'r fath le ag uffern danllyd oedd yn ei gadw ar y llwybr cul. Ychwanegodd bod cosbi plant ar yr aelwyd bellach wedi ei ddibrisio. Soniodd gydag ychydig o hwyl yr hen bregethwyr am y gwroniaid a gofiai yn nyddiau ei blentyndod yn eistedd o boptu'r Sêt Fawr.

Doedd y sawl a dderbyniodd y Llywyddiaeth, sef gweinidog yr eglwys, y Parchg Llunos Mai Gordon, y wraig gyntaf i'w sefydlu yn Nhabernacl, ddim o'r un farn. Manteisiodd ar ei chyfle ddechrau'r flwyddyn i bregethu efengyl cariad o'r pulpud ac i roi pin yn swigen yr honiadau am y dyddiau euraid slawer dydd. Cafwyd ymateb chwyrn, ac ar ôl yr oedfa cytunwyd i neilltuo oedfa'r Sul dilynol i gynnal cwrdd trafod. Felly a fu ar b'nawn Sul, Ionawr 12, 2003, yng Nghapel Tabernacl, Maenclochog. Ar ôl canu dau emyn a gwrando ar ddarlleniadau yn sôn am y modd y galwyd un o'r proffwydi, Eseia, ac Iesu Grist i wasanaethu, aethpwyd ati i drafod yn un criw cartrefol o gwmpas yr organ ar ganol y llawr.

Sut mae trin gelynion? Ai'r dyfodol neu'r gorffennol sydd bwysicaf? Sut mae bywiocáu'r eglwys? Pam nad yw'r genhedlaeth iau a phlant yn mynychu oedfaon? Oes yna elfen o gariad ynghlwm mewn cosb? Oes yna'r fath beth â rhyfel cyfiawn? Oes rhinwedd mewn cynnal Cymanfa Ddirwest mwyach? Gofynnwyd y cwestiynau yn blith draphlith ac fe simsanodd y drafodaeth i bob cyfeiriad. Roedd yna aelodau o Gapel Llandeilo wedi ymuno yn yr oedfa ar y cyd ag aelodau Tabernacl a chynaelodau'r Hen Gapel.

Mynnodd Islwyn Vaughan, un o ddiaconiaid Tabernacl, yn bendifaddau bod rhaid mynd i ryfel yn erbyn Saddam Hussein, unben Irác, am ei fod yn ymgorfforiad o'r diafol. Er y byddai'r diniwed yn dioddef credai y byddai'r rheiny yn sicr o gyrraedd Teyrnas Nefoedd a'i bod yn anffodus mai gweithredoedd dyn fyddai'n eu hanfon i'w haped yn hytrach na threfn Duw. Mynnai Glyn Gibby, un o ddiaconiaid Llandeilo, fod George Bush, arweinydd yr Unol Daleithiau, yn codi'r pych arno ac mai trachwant er mwyn sicrhau cyflenwadau olew'r dyfodol o'r gwledydd Mwslemaidd oedd wrth wraidd y sôn am ryfela yn hytrach na ffieidd-dra Saddam Hussein. Ar ôl i rywun sôn fod gan Brydain a'r Unol Daleithiau eu harfau ar gyfer dinistrio'r ddynoliaeth, ac mae rhagrith oedd chwilota am arfau cyffelyb yn Irác a'u condemnio, fe ddihysbyddwyd y pwnc.

Daethpwyd yn nes adref i drafod cyflwr yr eglwys ym Maenclochog a'i chymharu â'r dyddiau a fu. Mynnai Dilwyn Vaughan, un o ddiaconiaid Llandeilo, fel ei efaill Islwyn, bod yna ddynion taliedd yn eistedd yn y corau slawer dydd a fyddent yn ffyddlon i bob agwedd o'r achos. Ond ym marn Jackie Phillips, un o ddiaconiaid Tabernacl, roedd y sawl a glywid ar ei liniau ar y Sul yn ddyn gwahanol pan fyddai'n trin ei weision a'i forynion yn ystod yr wythnos. Ac yn medru bod yn ddigon brwnt eu hymddygiad hefyd ychwanegodd ei gyd-ddiacon, Goronwy Griffiths.

Wrth drin dirwest dywedodd rhywun bod yna bedwar ar bymtheg o dafarndai a thai smwglyn ym Maenclochog ar un adeg a'u bod i gyd yn gwneud eu ffortiwn pan gynhelid y Gymanfa Ddirwest yn un o'r capeli. Ychwanegodd Keri Evans, un o gyn-ddiaconiaid yr Hen Gapel, fod Ivor Owen, yr arweinydd Cymanfaoedd Canu nodedig o Abertawe, yn mynnu cael 'noggin bach yn y Castle' rhwng sesiwn y p'nawn a'r hwyr er mwyn hwyluso ei waith. Cytunwyd fod yna ragrith yn perthyn i'r arfer o fynychu tai tafarn a diota slawer dydd a bod y gonestrwydd cyfoes yn arwydd o aeddfedrwydd.

Aed ati i geisio datrys problem – os problem hefyd – y seddau gweigion ar y Sul. Cydnabuwyd bod yna fwy o ddewis o weithgareddau gan blant cyfoes i'w mynychu ar y Sul o gymharu â dyddiau y genhedlaeth hŷn. Mynnai Hywel Rees, un o ddiaconiaid Tabernacl, fodd bynnag, nad oedd rhieni heddiw yn hanner digon llym wrth fagu plant ac yn wir ei fod yn teimlo taw'r plant sy'n rheoli'r rhieni. Mynnai eraill a oedd yn dal i fagu plant, yn hytrach na gwarchod wyrion, na ellid gorfodi plant i fynychu moddion gras a'i bod yn anodd eu cymell os nad oes gan y moddion gras ddelwedd sy'n apelio. Petai plentyn yn mynychu Ysgol Sul ar fore Sul yn hytrach na mynd i chwarae rygbi mae'n sicr taw o'i anfodd y byddai'n gwneud hynny.

Codwyd pwnc denu aelodau newydd o blith mewnfudwyr nad sydd yn ddieithriad yn ddi-Gymraeg. Soniwyd am brynu bws bitw i gasglu plantos yr ardal waeth beth fo enwad eu rhieni i fynychu Ysgol Sul. Atgoffwyd pawb gan Goronwy Griffiths am arfer ei dad o achub ar y cyfle cyntaf i ymweld ag unrhyw newydd-ddyfodiaid i'r ardal er mwyn eu denu i Tabernacl. Daeth y sylw fel bwled o rywle ei bod yn arfer y dyddiau hynny i geisio achub y blaen ar gynrychiolwyr capeli eraill, gan gynnwys yr Hen Gapel, i chwyddo rhif yr aelodaeth.

Na, prin fod yr hen grachen honno a agorwyd ym 1844 wedi ei hailagor. Ar ôl dros awr roedd y trafod trwyddi draw yn ennyn ar chwerthin jicôs a thynnu coes. Criw o ffyddloniaid a adwaenai ei gilydd yn dda yn cyfleu ychydig o hanes cymdeithasol a chrefyddol yr ardal gan amau a fydd yna achos yn Nhabernacl i gyhoeddi llyfryn dathlu daucanmlwyddiant yn 2044. Prin y bydd yna neb ar gael i ategu geiriau Moelwyn Daniel yn ei Ragair ym 1944 neu 1946: 'Y bwriad oedd cael rywbeth i gadw'n fyw ein gorffennol fel Eglwys fel y bydd yn ysbrydiaeth i ni wynebu'r dyfodol'.

Eironi pennaf yr holl drafod oedd absenoldeb cyfraniad gan Ken Thomas, y pen blaenor a'r Trysorydd ers dros ugain mlynedd, yn arbennig o gofio mai sylwadau o'i eiddo ynghylch cosbi pob drygioni yn haearnaidd oedd wedi ysgogi cynnal y Cwrdd Trafod. Na, doedd meinabs ddim yno i amddiffyn ei safbwynt. Roedd e mewn pulpud rhyw gapel arall yn ailadrodd safbwyntiau Anerchiad y Cwrdd Chwarter ac yn hybu gwerthiant ei chyhoeddi o dan y teitl *Ailagor y Ffynhonnau*, ac sy'n werth pob ceiniog a mwy o'i phris, ac ynddi ei hun, yn atodiad gwerthfawr at lyfryn *Hanes yr Achos*.

The above is a prize winning essay at Maenclochog Eisteddfod in 2003. The Clebran sponsored competition requested an article on any aspect of the area's history and the author chose to write about an open discussion held at Tabernacl Chapel in January of that year. He refers to the anomaly evident in the publication of the 'Hanes yr Achos' booklet chronicling the first century of worshipping at Tabernacl. The cause was established in 1844 but the booklet was published in 1946 – 102 years later – and the centenary services were also held that year. The author asks whether this was a genuine oversight or an example of that remarkable phenomenon called 'Pembrokeshire time' whereby everything will be done eventually!

He also refers to the way the actual split from Hen Gapel which led to the formation of Tabernacl, some two hundred yards away, is glossed over and little information forthcoming when the subject is raised. Hen Gapel itself was formed in 1784 as a split from Llandeilo under strange circumstances and stories have been told of Llandeilo communicants stealing the doors of the new chapel. However, by the millennium Hen Gapel had closed and about half of the remaining members joined Tabernacl in complete harmony. They had shared the same minister for the previous twenty years and as a rule held services in both chapels on alternate Sundays.

However, the author's curiosity remains. He asks whether the forefathers of the current members were involved in the consternation regarding the appointment of a young student, Robert Thomas, to minister at Hen Gapel that led to the split? He recalls residual evidence of the animosity when the well-known tramp-poet, the Revd Dewi Emrys was invited to preach at Tabernacl in the 40's. On that particular Sunday several Hen Gapel stalwarts spent the afternoon on Foel Eryr in protest. They believed the presence of a person whom they regarded as a drunkard, albeit an ordained minister, tainted the whole village and to allow him to climb a pulpit was sacrilege.

This was the background to the open meeting that had been arranged as a result of strong remarks made by one of the chapel elders, Ken Thomas, regarding the need to punish indiscretions and that public indiscipline was the result of a lack of faith and an erosion of Christian values within society. He said he believed in a fiery hell and referred to the 'golden days' when fine upstanding men and ardent disciplinarians were leading lights in the chapels. These remarks were made as he handed over the presidency of the Pembrokeshire Welsh Congregationalists to the Revd Llunos Mai Gordon at Tabernacl the previous November. His successor, his own minister of course, disagreed with what she regarded as rather stringent views and she wished to emphasise the all-conquering love of Jesus Christ as a healing factor within society. She preached a sermon on the subject and announced that an open discussion would be held the following Sunday rather than a traditional service.

Tabernacl members were joined by Llandeilo members and, of course, former Hen Gapel members. A variety of questions were asked. How does one treat one's enemies? How can chapels become vigorous again? Why don't the younger generation attend chapel services? Is there an element of love involved in punishment? Is there such a thing as a just war? Such questions were dealt within an ad hoc manner between a crew of people who knew each other well and who were not averse to cracking the odd joke. Some believed that Saddam Hussein was the devil incarnate and others believed George Bush, the American President, to be no better because of the assumption that it was his greed for oil reserves that triggered the Iraq War.

On the subject of the demise of the chapels some praised the efforts of a previous generation who were tireless in their attendance at all services and meetings. Others suggested that many of those people showed little Christian virtues during the week in the way they treated their servants. On the question of the current day relevance of temperance there was much mirth when someone said the many pubs in Maenclochog would always do a roaring trade whenever the Temperance Festival was held in the village. Others pointed out the hypocrisy amongst chapelgoers at one time regarding entering pubs and praised the current more honest approach as being far more mature.

The evergreen subject of how to place bums on pews drew the most fervent reaction. Parents should be stricter and ensure that children attended Sunday School as part of their upbringing was one view. This was countered by the argument that children cannot be forced to attend, and faced with the choice of playing rugby or attending Sunday School on Sunday morning the sport is more likely to gain approval. And if the image of 'chapel' does not appeal to today's sophisticated child, who has a multiplicity of choices as regards how to spend his Sunday, what can be done?

And how to attract new members from among the proliferation of incomers? Could a mini-bus be hired to collect all the children, from English-speaking homes as well, to attend special services? Their parents would then become naturally involved and would be able to hone their Welsh language skills. We were reminded that in previous days deacons of the various chapels would be knocking on the door of any new family in the area, vying for their membership.

No, no old wounds were re-opened. After an hour of friendly and frank discussion no particular answers were collated but much food for thought had been aired. However, it was unanimously agreed that the future did not look rosy and there was little likelihood of Tabernacl celebrating its 200th anniversary in either 2044 or 2046. The main irony of the meeting was the absence of any comments by Ken Thomas himself, the instigator of the furore. He was conducting a service elsewhere and reiterating the comments he had originally made to fuel the discussion. Those comments had by then been published as a pamphlet entitled 'Ailagor Y Ffynhonnau' (Re-opening the Wells) and its provocative contents are well worth reading and the publication itself a fitting addition to the original 'Hanes yr Achos'.

★★★★

One Sunday afternoon there was a large gathering of locals in one of the local pubs. There was much jollity and exchanging of yarns. Suddenly a stranger appeared at the door. He was an Englishman. And being an Englishman he expected attention immediately even though the landlord was attending to the needs of several customers at the bar.

'I say, my good man, do you serve any Sunday lunches here?'

The landlord, as was his wont, took his time to reply, as he looked the stranger up and down.

'No, we don't do any Sunday lunches here,' he said in matter of fact way and carried on serving his thirsty customers.

The throng who had been momentarily silenced began reverting to their stories and leg pulling. The Englishman being an Englishman of course believed they were all commenting upon his presence in an alien language. Being an Englishman he naturally thought they were being downright rude and made his views known. At the end of his tirade and after denouncing the fact that all the restaurants he had approached that day were closed he made one last plea for some information about an eatery.

'Surely,' he said, 'there must be some place where a weary traveller can obtain a meal on a Sabbath,' he implored.

Up piped Dai who had been sitting quietly in the corner. 'Ay, I know of a place where you can eat. Go down through the village and take the Narberth road and when you come to the big road head east. When you come to a bridge you will see the restaurant quite plainly on the other side,' he said knowledgably.

'My good man, I will be forever grateful to you but tell me how will I recognize the bridge,' he enquired.

'Oh,' said Dai, 'that should be no trouble. It's big enough and you will see its name as you come to it,' he said nonchalantly.

'My good man, excellent, and what may I ask is the name?'

'The Severn Bridge,' said Dai amidst raucous laughter as the gentleman turned his back and walked out through the door.

Englynion Coffa

Y Parchg D. Gerald Jones

Ezer Russell Rees, Crofft, Maenclochog – Hydref 31, 1982

Hir oes yw stori Ezer – a honno
Yn hynod ei cheinder;
Dyn o swyn a dawn y sêr,
A'i ymson uwchlaw amser.

Dilwyn Edwards, Gorwel, Llys-y-frân – Mehefin 29, 1997

'Ru'n diwyd a'r wên dawel, – o graffter
Hen grefftwyr y chwarel;
Gŵr di-gwyn, llawn swyn a sêl,
A garai deulu'r Gorwel.

Pennant Lloyd Howells, Swyddfa Bost, Maenclochog – Mai 7, 1985

Gŵr o swyn, a gwên mwyniant, – i Dilys
A'i deulu'n gefn llwyddiant;
Yn ei dŷ bu'n llon ei dant
A'i heddwch yn llawn haeddiant.

James Edwards, 8 The Terrace, Rosebush – Chwefror 19, 1986

Dyn diwyd, a dawn dawel – yn gymen,
Yn gymar aruchel;
Er yn swil, cadarn ei sêl –
Hen urddas gwerth ei arddel.

John Jenkins, Mynydd Crwn Bach, Rhosfach – Ebrill 12, 1987

Gŵr o ruddin gwerinol, – a hynaws
Ei anian hamddenol;
Un â lilt i'w lais di-lol
A seriws ei air siriol.

Sarah Mary Morris, Caerludd, Rhosfach – Mehefin 15, 1987

Un o bâr ydoedd Sara – a gafodd
Y gofal anwyla';
Aeth i'w hun ar drothwy ha',
Mam werinol Marina.

Elizabeth Mary Lewis, Stepin, Maenclochog – Hydref 22, 1987

Yn ei sedd a'i holl swyddi – un solet
A selog oedd Mary;
Aelod hael a'i haelwyd hi
Yn 'Step in' a stop inni!

Thomas James Williams, Fagwr Goch, Rosebush – Tachwedd 21, 1987

Hen fachan glân ei fuchedd – un diwyd,
O dawel hynawsedd;
Yn ŵr sionc er hwyr i'w sedd,
Ond astud wedi eistedd.

Dewi Bowen Howells, Awelfryn, Maenclochog – Medi 2, 1988

Ymado'n lliwiau'r Medi – a'i eiriau
Yn wrol, wnaeth Dewi;
Ar ei rawd bu'n frawd o fri,
A'i ysbryd yn llawn asbri.

Megan Gibby, Dolwar, Maenclochog – Ebrill 21, 1989

Un dyner iawn ei doniau – fu'n gweini'n
Fwyn gannwyll i'w llannau;
Un â'i gwên o'i chylch yn gwau
A honno rhwng rhosynnau.

Royston Melville (Roy) John, 2 Danyreglwys, Y Mot – Chwefror 26, 1990

Gŵr hynaws, gwâr ei anian – a'i wyneb
A'i wenau mor fwynlan;
A nod Roy oedd gwneud ei ran
Yn ddiddig ac yn ddiddan.

Annie Eilwen Williams, Dolwen, Rosebush – Mai 27, 1990

Un ddi-lol oedd mam Ddôlwen – i'w haelwyd
Bu'n helaeth ei heulwen;
Yn ei byd roedd Annie'n ben,
A'r angor mewn gwir angen.

Sarah Ellen John (Sal), Pantglas, Maenclochog – Hydref 31, 1990

Un selog iawn we' Sali, – un heini,
Un hynaws ei chwmni;
Rhoes o'i hoes i'w theulu hi
A hunodd heb ddihoeni.

Elizabeth Bronwen Absalom, Bronwaun, Llangolman – Ebrill 29, 1996

Gwraig radlon ydoedd Bronwen, – o gymorth
Digymell mewn angen;
Er yn gaeth roedd rhin i'w gwên,
A'r eglwys ar ei rhaglen.

Stephen John Owen (Jack), Dolwerdd, Maenclochog – Ionawr 19, 1998

'Nôl y daw â'i wedd lawen – o gofio
Pêr gyfaill yr awen;
Dod â'r hwyl a dod â'r wên
I'n co' a wna Jac Owen.

Nodwedd o weinidogaeth y Parchg D. Gerald Jones yng nghapeli Annibynwyr y cylch (1973-1996) oedd ei arfer o gyfansoddi englynion i'w cyhoeddi ar daflenni angladd llawer o'r ymadawedig. Cyhoeddir detholiad o'r englynion coffa hynny uchod.

A feature of the Revd D. Gerald Jones' ministry of the Congregational chapels in the area (1973-1996) was his custom of composing an englyn to be published on the funeral leaflets of many of the deceased. A selection of those epitaphs are published above.

✯✯✯✯

Mae straeon yn dal i gael eu hadrodd am ddywediade a gwreiddioldeb Dan Lewis, Tirbach, a fu'n ffermwr llwyddiannus ar hyd ei oes. Byddai'n cael anhawster wrth ddelio â'r Saesneg o bryd i'w gilydd. Ar un adeg roedd cryn alw am ei wasanaeth ar gyfer lladd mochyn a phobl yn cysylltu ag ef o bell ac agos ac yn dymuno ei wasanaeth ar fyr rybudd yn aml iawn.

Un tro roedd wedi bwriadu lladd ei fochyn ei hun ar ddiwrnod penodol ond cafodd alwad gan un o'r 'down belows' y bore hwnnw'n ymbil arno i ddod i ladd ei fochyn e'r diwrnod hwnnw. Ar ôl hir ymddiddan dyma Dan yn cytuno ac yn dweud wrth y ffermwr Saesneg ei iaith: 'kill you today, kill myself tomorrow'.

Dro arall dechreuodd dderbyn llythyrau o'r banc â'r manylion wedi eu nodi mewn coch. Ar ôl derbyn tri neu bedwar o'r rhain dyma fe'n dweud wrth un o'i gymdogion gyda chryn syndod, 'ma nhw wedi rhedeg mas o inc du yn y banc ers slawer dy' 'chan'.

Ifans Blaensawd, Rachel a Maria

J. Derfel Rees

Coffa da am un o frodorion deheudir Penfro, un o'r 'Down Belows', chwedl pobl y fro, gydag acen brydferth y darn hynod hwn o Gymru ar ei wefusau. Daeth Ifans Blaensawd, i fyw i'r rhan ogleddol o'r Sir wedi priodi, a dysgodd Gymraeg, a'i medru hi'n weddol rhugl ond bod olion ei fagwraeth gynnar yn dal i lynu'n naturiol wrtho. Ffermwr ydoedd, ond heb fod, gallwn dybio, â'i holl galon yn y gwaith. Roedd yn ormod o fyfyriwr a breuddwydiwr i wneud dyn busnes llwyddiannus, ac yn rhy ysbrydol ei anianawd i fod yn gwbl gysurus gyda'r pridd a'r tymhorol bethau, ac oblegid hynny, fe'i hystyrid gan ei gyd-fforddolion fel un braidd yn wahanol i'r cyffredin. Yn wir, clywais ef ei hun yn dweud fwy nag unwaith, 'Mae pobl yn dweud fy mod i'n ddyn od,' ond ychwanegai â winc yn ei lais, 'ond mae odach i ga'l.'

Roedd yn ddiacon ffyddlon yng Nghapel Llandeilo, Penfro, ac yn un o ddisgyblion selocaf yr Ysgol Sul. Roedd wrth ei fodd mewn cyfeillach a seiat a chwrdd gweddi, ac yn ddiau ynghlwm wrth y gweithgareddau hyn y dôi i'r amlwg un o'r nodweddion hynotaf a berthynai iddo. Pe gofynnid iddo ddweud gair mewn cyfeillach neu seiat gwnâi hynny'n rhwydd a chryno, bob tro mewn Cymraeg da a graenus, â'i air a'i gyngor bob amser yn bwrpasol a buddiol. Ond pe gofynnid iddo fynd ar ei liniau ac arwain mewn gweddi, byddai bob amser yn annerch gorseddfainc gras yn Saesneg.

Cymraeg ar ei draed a Saesneg ar ei liniau – peth rhyfedd ac annisgwyl onid e? Ond nid mor rhyfedd ychwaith, wedi meddwl. Cymraeg, yr iaith a ddysgodd ac a fabwysiadwyd ganddo, oedd iaith cyfarchiad a sgwrs a chyngor, iaith cyfathrebu a chyd-ddyn, ond Saesneg oedd iaith ei febyd, iaith naturiol y galon, ac am hynny hon oedd iaith y weddi ac iaith cyfrinachau dyfnion yr enaid, iaith gorsedd gras ac iaith y nefoedd, iaith cyfathrebu â'i Dduw a'r tragwyddol fyd. Gwahanol iawn i minnau, mae'n rhaid imi gyfaddef, canys Cymraeg yw iaith y galon i mi ac iaith y nefoedd hefyd, a Saesneg yw'r iaith a ddefnyddiaf yn unig i gyfathrebu â'r di-Gymraeg; ac y mae'r rheini, ysywaeth, yn mynd yn fwy niferus gyda threigl y blynyddoedd.

Dôi'r Gymraeg a'r Saesneg yr un mor rhwydd â naturiol i'r seraff bregethwr hwnnw, yr Hybarch Joseph James, Llandysilio: a da hynny, canys yr oedd y ddwy eglwys dan ei ofal yn digwydd bod yn union ar y ffin sy'n gwahanu'r Saeson oddi wrth y Cymry yn yr hen Sir Benfro. Yn wir, yr oedd un o'i eglwysi'n goleddu'n gryf at y Saesneg a'r llall yn Gymraeg ei hiaith. Dyn o gorff cadarn ydoedd ac ymddangosiad urddasol. Gwisgai fwstas trwm mewn cyfnod pan nad oedd hynny'n ffasiynol iawn. Penwynnodd yn gynnar, ac yr oedd ganddo gnwd o wallt claerwyn. Yn wir, gyda'i ymddangosiad nodedig, a'i ysbryd hyfwyn, gellid ei alw'n ŵr bonheddig o Gristion. Clywais lawer yn dweud mai ef, o ran ei ymddangosiad, ei ymarweddiad a'i anian, oedd y tebycaf i Grist y gellid dychmygu amdano ...

Rhan o hen etifeddiaeth gyfoethog 'slawer dydd yw'r bwthyn bach hen ffasiwn o'r enw Penrhos ym mhlwyf Llan-y-cefn, ger Maenclochog, yr unig fwthyn to gwellt sy'n dal ar ei draed yn yr hen sir erbyn hyn. Penderfynodd y Cyngor Sir ei ddiogelu fel yr oedd i'r cenedlaethau a ddêl, a'i droi'n amgueddfa. Dodrefnwyd ef â chreiriau nodweddiadol o'r math yma o anheddle, a chadwyd llawer o'r hen bethau annwyl a oedd yn eiddo i'r preswylwyr olaf.

Wrth y pentan ym Mhenrhos, Maria, y fydwraig ar y chwith a Rachel, ei chwaer, ar y dde. Doedd fiw i neb fynd heibio heb alw am glonc. Byddai'r tegell yn ffrwtian bob amser.

On the hearth at Penrhos, Maria, the midwife on the left and Rachel, her sister, on the right. Lo behold whoever walked past Penrhos without stopping for a chat. The kettle would always be on the boil

Dwy chwaer oedd y rhain o'r enw Rachel a Maria, dwy chwaer nodedig iawn. Gwisgent yn hen ffasiwn a chadwent at yr hen ddull gwledig o fyw. Yr oeddynt rywle tua'r pedwar ugain mlwydd oed pan adnabûm hwy gyntaf, a hwythau'n aelodau selog yng nghapel Llandeilo, Penfro, un o'r eglwysi dan fy ngofal ar y pryd. Cadwent y bwthyn bach fel palas, popeth mor lân a destlus â phin mewn papur. Sgleiniai'r hen ddodrefn derw fel gallech weld eich hun ynddynt.

Bu Maria yn fydwraig yn yr ardal, a gwelodd eni cannoedd o blant y fro. Daliai i gymryd diddordeb ynddynt fel petaent blant iddi' i hun. Roedd hi a'i chwaer Rachel yn ffrindiau i bawb a phawb yn ffrindiau iddynt hwythau. Ceid croeso bob amser ar yr aelwyd gysurus a llond côl o garedigrwydd.

Un tro yn unig y bu cweryl rhyngom, os cweryl y gellir ei alw, y tro hwnnw y'u hudwyd gan gadno ffals o brynwr hen greiriau i ymadael â bord gron fechan a oedd yn eu meddiant. Droeon y cefais ar fy ymweliadau bugeiliol â Phenrhos gwpaned o de blasus ar y ford gron hon o flaen cruglwyth o dân cwlwm yn y grât haearn hen ffasiwn. Teimlwn fod y ford gron yn rhan hanfodol o'r cartre clyd ac yn symbol o'r croeso a'r lletygarwch. Yn awr yr oedd wedi diflannu am byth, darn annatod o'r dyddiau gynt. Nid rhyfedd, felly, i mi fentro'u dwrdio'n llym, ond chware teg iddynt, cwympasant ar eu bai'n wylaidd ddigon, a chyfaddef wedi'r cerydd a gawsant fy mod yn iawn, ond ei bod yn rhy hwyr.

Da gennyf ddweud fod rhai o'r hen bethau annwyl a oedd yn eiddo i'r ddwy chwaer wedi eu cadw a'u trysori fel rhan o'r amgueddfa ym Mhenrhos, ond nid y cwbl, o bell ffordd. Daw miloedd bob haf i weld y bwthyn to gwellt a'i gynnwys a theimlo peth o flas yr hen fywyd gynt. Erys un peth o ddiddordeb mawr i mi'n bersonol o hyd yn y gegin fach, ac yr oedd yn dda gennyf ei weld ar y seld pan ymwelais â'r lle wedi i tuag ugain mlynedd o amser fynd heibio. Anrheg fechan ydoedd oddi wrth Aled, ein mab bychan, i'r ddwy chwaer. Chwech oed oedd ef ar y pryd, a gofynnodd i'w fam a gâi hen blât i beintio llun arno. Chwiliodd hithau am hen blât na ddefnyddid mohono ers talwm, ac eisteddodd yntau'n dawel â'i frws a'i baent i dynnu llun, a phawb arall at ei orchwyl.

Gorffennodd yntau'r dasg ymhen ychydig a gweiddi dros bob man, 'Gorffen, mam! Rwy wedi tynnu llun tŷ.' A gwir y gair cans ar y plât yr oedd llun tŷ bychan, del yng nghanol blodau lliwgar a choed.

'Tŷ pwy?' gofynnodd ei fam yn weddol ddidaro.

'Tŷ Anti Maria ac Anti Rachel, Penrhos,' oedd yr ateb annisgwyl.

Wel, y mae'n anodd dweud erbyn hyn a oedd unrhyw debygrwydd o gwbl, ond mynnai'r plentyn yn naturiol fod tebygrwydd, 'Ac rwy am 'i roi'n anrheg iddyn nhw,' meddai'n fras. Gwisgodd amdano ac i ffwrdd ag ef ar garlam i fyny'r rhiw serth o Faenteilo, ein cartref, i Benrhos, a chyflwyno'r plât gyda balchder i'r ddwy chwaer.

'Llun Penrhos,' meddai'n dalog.

'Wel ie, Penrhos ydy e i'r dim,' meddai'r ddwy, yn deall seicoleg plentyn, ac yn synhwyro'r anwyldeb a oedd y tu ôl i'r anrheg. 'Mi hongiwn e fan yma,' meddent, gan ychwanegu, 'Mi gaiff y llun le o anrhydedd yn ein cartre ni byth.'

Cadwodd y ddwy chwaer at eu gair. Cafodd y plât a'r llun syml a dynnwyd gan blentyn chwe blwydd oed le o anrhydedd yn yr hen fwthyn to gwellt, a da oedd gweld fod yr awdurdodau sydd ohoni wedi dal gafael ynddo, heb wybod am y stori sydd ynghlwm wrtho.

The above is an extract from a book entitled 'Blas ar Fyw' published by Tŷ John Penry, Swansea, in 1980, in which the author, J. Derfel Rees, refers to some of the characters he met during the short period he spent as a minister of Llandeilo and Tabernacl chapels. One of those was 'Ifans Blaensawd' as he was known, a farmer who had learnt Welsh and regarded as something of a dreamer. Although he took part in discussions as a deacon at Llandeilo through the medium of Welsh, whenever he was asked to offer a prayer he would invariably do so in English – a reminder of his upbringing in the south of the county. He was accustomed to speaking directly to the Lord through the medium of his first language. He was aware that he was regarded as being 'unusual' but he would often utter that there were others who were 'more unusual'. His descendants still live at Blaensawd.

The author also gives a brief description of the Revd Joseph James, Llandysilio, regarded as one of the giants of the pulpit, who was himself 'unusual' in that he suffered from a speech impediment, but rather than allow the defect to impede his oratory skills he used the 'stammer' to great effect. A memorial stone to the Dowlais born preacher can be found in a corner of one of the fields above Maenclochog as testimony to his part in the battle to resist the War Office's intention of turning the Preseli Mountains into a permanent military training zone.

J. Derfel Rees then refers to the two sisters, Rachel and Maria Williams, who lived in the thatched roof cottage at the entrance to Blaensawd Farm. As a midwife Maria had welcomed scores of the area's children into the world and had kept in touch with most of them, almost as if they were her own. The welcome on their hearth was renowned and in their old fashioned countrified way Penrhos was kept meticulously tidy and clean, and it was said you could see your face in the oak furniture. The author had an occasion to deride them for selling a particularly valuable round table to a passing tinker. He himself, like so many others, had been served tea on umpteen occasions on the familiar table. The sisters later realised they had been foolish.

But J. Derfel Rees' abiding memory is a return journey to Penrhos, long after the days of Rachel and Maria, when the cottage had been preserved as a museum with the furniture intact, and noticing a 'painting' of the cottage on a plate made by his own six year old son. Aled had insisted on presenting the plate to the sisters, and they promised the young boy it would be given pride of place and, of course, they immediately recognised it as a picture of Penrhos.

Y Lein Fach

Rhan o sgript a ddarlledwyd ar y radio ym mis Ebrill 1938 yn cofnodi hanes y rheilffordd. Y llefarwyr oedd T. H. Evans a fu'n brifathro Ysgol Nant-y-cwm, Catherine Davies, gwraig y Parchg Mathias Davies, Horeb, Titus Lewis, prifathro Ysgol Maenclochog a Tom Phillips, gorsaf feistr Llan-y-cefn.

T.H.E.: Yn awr, faint o amser a gymerwyd i adeiladu'r Lein Fach o Glynderwen i Rosebush?

Mrs D: O ryw dair blynedd a hanner, oherwydd agorwyd y Lein Fach ar Fedi 19, 1876 ym Maenclochog, a mawr y llawenydd drwy'r holl ardal. Paratowyd gwledd yma eto o'r fath orau i gannoedd o bobl – cig rhost a thatws – 'cinio boniddigions', ebe hen ŵr wrthyf oedd yno. Ar ôl y ginio fawr caed sports ac un o'r gorchestion oedd dringo'r 'greasy pole'. Enillwyd y fuddugoliaeth yma gan un o'r enw Dick Henton. Fe brynodd freeches newydd ar gyfer y dydd, gwerth 12/6. Ond ar waethaf hynny penderfynodd ddringo'r polyn. Paratowyd ef yn dda ar gyfer yr anturiaeth gan Griffith Evans.

T.H.E.: Griffith Evans, Lanconin?

Mrs D: Ie, dyna fe, – a dyna wnaeth Griffith Evans oedd gosod tar ar y breeches newydd. Y wobr am ennill oedd 15/- a 'leg o mutton' ar ben y polyn – gwobr fawr iawn yr adeg honno, ac yn wir yr oedd yn werth distrywio breeches newydd er mwyn ennill y gamp. Roedd yno hefyd 'free rides' drwy'r dydd, a manteisiodd cannoedd o bobl ar y cyfle i osod y Lein Fach ar ei phrawf.

T.H.E.: Wel, dyna ddechrau da onide? Yn awr, wyddoch chwi hanes y trên cyntaf?

Mrs D: Rhoddwyd tair 'engine' arbennig ar y Lein Fach ac enwau awgrymiadol iddynt – Margaret, Preseli a Ringing Rock – tair Saesnes ronc oeddynt – dwy o Leeds a'r llall o Bristol. Y 'driver' cyntaf oedd William Jones, cymeriad hynod o ddiddorol.

T.H.E.: Ie, William Jones, Gwynfryn. Yr oeddwn yn ei adnabod yn dda a charwn gael ychydig o'i hanes ar y Lein Fach.

Mrs D: Wel, y mae'n debyg iddo gael cryn drafferth gyda Margaret a Phreseli ond efallai gyda Margaret yn fwyaf arbennig. Dyma ddywed ei ddyddiadur . . .

March 12 and 13, 1877. 'Board of Trade Inspector two days going over Engine Margaret.'

March 14. 'Margaret broke down again in the evening – very soon got right.'

T.H.E.: Roedd hi'n well na llawer Margaret ynte.

Mrs D: Eto ...

'Preseli went to Clynderwen to meet the mail'.

Bu William Jones farw rhyw fis yn ôl ar drothwy 90 mlwydd oed.

T.H.E.: Yn awr, beth am y cerbydau oedd yn dilyn Margaret, Preseli a'r Ringing Rock.

Mrs D: Dywedai Dan Harries, Clynderwen wrthyf, hen ŵr 89 mlwydd oed ac yn fyw heddiw, iddo fod yn gweithio fel 'packer' a 'ganger' am flynyddoedd o'r cychwyn ar y Lein Fach, ac iddo gofio'n dda mynd gydag Ysgol Sul Llandysilio i Faenclochog i adrodd y Pwnc, a theithient mewn 'open trucks'.

T.H.E.: Fy mhrofiad i o'r hen drên bach oedd nad oedd brys arno – cymerai'r daith yn hamddenol. Ai dyna'ch profiad chwi?

Mrs D: Wel, ie, ni ellir dweud i'r hen drên bach fynd wrth 'dime table' o hyd; mor ufudd oedd i ofynion y trigolion bob amser. Arhosai'n hamddenol dros ben ymhob gorsaf hyd nes bod y rhai arferai deithio yn dod i gyd 'on board' ac yna i ffwrdd ag ef yn ei amser da ei hun. Byddai'n aros weithiau ar y ffordd i fwynhau'r golygfeydd o'i gwmpas a hefyd i roi cyfle i'r 'passengers' i gael cwningen neu ddwy neu sachaid o faip a thatws o'r caeau cyfagos. A phwy na ddywed fod taith yn y trên bach yn go ramantus o'i chymharu â'r oes frysiog hon?

T.H.E. Diolch yn fawr i chwi, Mrs Davies. Teimlaf yn sicr bod hiraeth mawr yn eich ardal chwi ar ôl y trên bach ar y Lein Fach.

Mrs D. O diar, oes, hiraeth mawr, ac ni allaf gyfleu'r hiraeth yn well na thrwy adrodd un pennill o farwnad fuddugol i'r trên bach gan David Edwards, Clynderwen – yntau wedi bod yn gweithio am flynyddoedd ar y Lein.

> Mae pawb ymhob ardal o'r Bîg lawr i Wdig
> Yn isel eu hysbryd a gwelw eu grudd,
> Wrth gofio'r trên bach fu yn rhedeg mor llithrig
> Gan lanw'r ardalwyr â llonder bob dydd.
> Trist iawn yw y galon ar ôl y fath golled
> Does neb nad yw'n teimlo yr ergyd yn drwm.
> Er hynny hyderwn cawn eto ei weled
> A'i glywed yn pwffian fel cynt drwy y cwm.
> 'Ffarwel', medd teuluoedd Rosebush a Maenclochog
> Ti fuost yn fendith i bawb ymhob man,
> Mae lluoedd yn cofio'th wasanaeth ardderchog
> Trwy gludo'n ddirwgnach y cadarn a'r gwan.

T. H. E. Diolch yn fawr. Yn nesaf y mae gennym ŵr pwysig iawn sydd â gofal y ffordd haearn arno ers blynyddoedd, Mr Tom Phillips. Ei wraig hefyd sy'n gofalu am stesion fach Llan-y-cefn – hi yw'r Orsaf Feistres, ac fe gytunwch â mi fod ganddi lond ei dwylo o waith rhwng gofalu am y stesion a hefyd am Mr Phillips. Pe'i gwelech ef ben bore'n marchog ei droli betrol buasech yn meddwl mai peiriant rhyfel oedd ganddo, ond gadawaf iddo ef ddweud ei stori yn ei ffordd ei hun. Yn awr, Mr Phillips, faint o flynyddoedd y'ch chi wedi bod yn gysylltiedig â'r Lein Fach?

T.P. Am dros ddeng mlynedd ar hugain.

T.H.E: Dyna wasanaeth da, onide. Rhaid eich bod bron mor hen â minnau ond nid ydych yn ddigon hen i'w chofio'n agor.

T.P. Na 'dw – ond rwy bron â bod.

T.H.E. Wel, ydy pethau wedi newid yn eich amser chwi?

T.P. O diar, odyn. Pan ddechreuais i roedd popeth yn cael ei gario ar y Lein Fach, ond erbyn hyn dros y ffordd fawr mewn 'lorries' yr â y rhan fwyaf o bethau.

T.H.E. Ie, dyna hanes y wlad ymhob man ond y mae'ch dull chwi o weithio wedi newid hefyd. Fe'ch gwelaf yn awr yn mynd fel perchen tir i weld eich gweithwyr mewn 'motor car'.

T.P. O na, nid motor car sydd gennyf, ond 'petrol trolley' a hynny am fod gennyf ddeunaw milltir o ffordd haearn i ofalu amdani yn awr.

T.H.E. Beth am eich gweithwyr?

T.P. Y mae ganddynt hwy droli fwy i'w cario hwy a'u hoffer gwaith.

T.H.E Ie, ond gan fod y Lein wedi ei chau i deithwyr, pam yr ydych yn gweithio arni?

T.P. Y mae un trên – 'goods train' – yn mynd drosti bob dydd eto, a rhaid yw cadw'r lein yn ddiogel er mwyn hwnnw.

T.H.E. Fe glywsoch y bobl yma'n dweud mai araf iawn oedd cwrs y trên bach, ond y mae'n debyg ei fod yn brysio rhyw unwaith neu ddwywaith yn ei hanes. A ydych yn cofio am hyn?

T.P. Ydwyf, yn cofio'n dda. Elai ar y fath 'speed' ar un o'r troeon yma nes y gwiriai un o'r 'passengers' mai sgwarnog oedd yr asen oedd yn pori ar dir Ddolfach. Aeth drwy ietau Llan-y-cefn ond safodd yn ymyl Llangwm wedi colli'i wynt.

T.H.E.: Diolch yn fawr i chwi, Mr Phillips. Carwn gael mwy o'r hanes diddorol yma gennych, ond fe welwch yr amser a rhaid cael gair gan Mr Titus Lewis. A dyma Mr Titus Lewis sy'n adnabod y Lein Fach a'r werin a wasanaethodd y lein honno. Carwn gael gair am y bobl oedd yn byw o bobtu'r Lein Fach, yr hen bobl oedd yn trafaelu ar y Lein Fach.

T.L. Wel, nid y cyfleusterau teithio yn unig sydd wedi newid yn yr ardaloedd hyn. Pobl newydd sy'n byw o bobtu'r Lein Fach, a'u dull o fyw yn wahanol i eiddo'r hen drigolion gynt. Tyddynwyr ydynt gan amlaf yn byw mewn tyddynnod ag enwau rhyfedd iawn iddynt, enwau swynol anghyffredin. Sut hoffech chwi fyw yn Cilmwr neu yn un o'r lleoedd hyn – Trebengych, Blacknuck, Gotty, Bwdloy, Tŷ Gwrig, Tŷ Rhug, Lodor, Morvil, neu Cwm Slade.

Magu defaid, merlod mynydd, moch, da duon, a gweithio menyn a chaws a wnai'r hen bobl. Heddiw gwerthu llaeth a wna pob ffermwr ymron, ac ni fegir fawr o foch a da bach. Nid oes fawr o neb yn aredig y tir chwaith. Y mae'r bwyd pryn o'r Co-op yn rhatach.

T.H.E: Ie, diddorol iawn fyddai cael hanes rhai o'r hen gymeriadau a fagwyd yn y tyddynnod ar odre'r mynydd.

T.L. Magwyd llawer i ŵr gwreiddiol a galluog yn yr ardaloedd yma yn y blynyddoedd a fu. Dyna i chwi'r hen Britchard a ddaeth o Sir Gaernarfon i fod yn Stiward ar Chwarel Rosebush. Yn ogystal â chyflawni ei waith yn y chwarel yr oedd yn ffermio Tafarn Newydd neu Nant-y-ddwylan fel y'i gelwid yr amser hwnnw, a Thŷ Llosg, dwy fferm fynyddig eang wrth odre Foel Eryr.

Yn Nhafarn Newydd heddiw y mae ei ŵyr, Peter Edwards, un o'r defetwyr (bugeiliaid) gorau yn y cylchoedd. Gwraig hynod o garedig oedd merch Pritchard a mam Peter Edwards. Pe gwelai unrhyw un yn gyrru defaid, ac yntau wedi dod o bell, gwahoddai ef i ddod i gael bwyd yn ddieithriad. 'Ferched', meddai wrth ei phlant, 'rhowch fwyd a diod i'r crwt'. Gyda llaw, yn Nhafarn Newydd y cyferfydd 'Homagers' y Barwnig Cemaes i setlo unrhyw fater ynglŷn â'r comin, ac yma hefyd y mae'r ffald lle y rhoir anifeiliaid dieithr sydd wedi crwydro i'r ardal.

Gweithiwr cyffredin oedd Twm Bryn Nante, rhyw Zacheus o ddyn o ran ei olwg. Er nad oedd ond pum troedfedd o uchder efe oedd y lladdwr gwair gorau yn y wlad. Bob blwyddyn cerddai i Fro Morgannwg gan gario ei bladur i ladd gwair. Un cynhaeaf cwympodd o ben y rhic wair yn Nhafarn Newydd. Gyrrwyd ar gefn ceffyl i nôl doctor o Arberth gan fod Twm yn 'unconscious'. Wedi cyrraedd dyma'r doctor yn ceisio ei ddeffro ond 'unconscious' yr oedd y dyn bach o hyd. Dyma dynnu ei wasgod i lawr ond methwyd cael ei grys i ffwrdd. 'Dewch â siswrn', meddai'r doctor, ac yna aed ati i dorri'r crys. 'Na, na, na diawch', meddai Twm yn sydyn, 'crys newydd sbon yw e'.

T.H.E. Ie, dyna'r hen frodorion a hwy onide, oedd yn teithio ar y Lein Fach 'slawer dydd i Faenclochog a Threletert.

T.L. Ie'n siŵr, yn ffeiriau Maenclochog y gwerthwyd cynnyrch y tyddynnod a nodwyd a'r rheiny yn ffeiriau mawrion yn yr hen amser. Cynhelir hwy bob mis hyd yn oed heddiw ond nid ydynt o fawr bwys yn awr oddieithr ffeiriau misoedd Mai a Medi. Deuai gwŷr o ymyl Trefdraeth a mannau eraill â stondinau cwrw i'r hen ffeiriau, a gellid cael cwrw 'trwy bîg y tepot' bron ymhob tŷ.

Fe allai mai'r cwrw oedd yn gyfrifol am yr ymladd mawr a gaed ymhob ffair yn y blynyddoedd a fu. Yr oedd y brwydrau rhwng gwŷr Llancewn a gwŷr Maenclochog yn nodedig, a gofalai pob gŵr i ddod â phastwn gydag ef gan yr ymleddid â ffyn hyd at waed. Gan fod pob crefftwr ymron yn dyddynwr hefyd deuent hwy i'r ffeiriau hefyd: y gof, y crydd, y saer, y teiliwr, y maswn, yr hwper a'r chwarelwr. Dyna hen gymeriad a ddeuai'n ffyddlon i'r ffair oedd Wil Saer, ysgrythurwr heb ei ail ac un ffraeth ei dafod. Bu am beth amser yn 'agent' i werthu Basic Slag ym Maenclochog. Dyma a ddywedodd un dydd ffair wrth geisio gwerthu

Basic i ryw ffermwr yn y Castle: 'Fe gei di weld ugain trên yn llawn o Fasic yn dod i Stesion Maenclochog a dwy injan yn tynnu bob un o nhw a dim ond samples fydd y lot.'

T.H.E. Da iawn yr hen saer. Beth am yr ardal o gwmpas Lodor a'r Morvil? Hen ardal fynyddig lle'r ymlwybrai'r trên bach yn araf ond yn sicr.

T.L Ie, ardal fynyddig yw ond bu gŵr cyfoethog iawn yn byw yma 'slawer dydd, yn berchen llongau a ffermydd – Harris y Morvil. Aeth ei syched yn drech nag ef a diflannodd ei gyfoeth. Un tro, dywedodd wrth Caleb y gwas, 'Edrych a weli di rywbeth lawr yn 'y ngwddwg i'. 'Na, wela i ddim byd yno', ebe Caleb wedi edrych yn fanwl. 'Wel, dyna beth od', meddai Harris, 'oherwydd y mae tair llong, tair fferm, a 'dwn i ddim faint o anifeiliaid wedi mynd lawr y ffordd yna'.

T.H.E. Carwn fynd ymlaen am awr eto â'r hanesion diddorol yma ond un o greaduriaid amser sy'n ein hwynebu ni yma heno. Ond cyn tewi, beth ddywed y bobl yn yr ardal hon am golli'r trên bach o'u bywyd?

T.L. Ni allaf wneud yn well nag efelychu Mrs Davies drwy adrodd pennill o Farwnad i'r Trên Bach o waith Tom Evans, Horeb, un o'r maswniaid hynotaf heddiw. Dyma fe:

Mwy ni welir rhwng y bryniau
Fwg o ffroenau'r ceffyl tân,
'Rhwn a fu am faith flynyddau
Yn fy nghludo'n ôl a bla'n.
Mewn anghysbell fan ym Mhenfro
Wrth fy hunan rwyf yn byw,
Sŵn y trên yn teithio'r henfro
Ni thyrr mwyach ar fy nghlyw.

T.H.E. Diolch yn fawr i chi i gyd. Yn awr, nos da i chwi Gymry i gyd, ac yn enwedig y rhai sy'n byw o Glynderwen i Dreletert o bobtu'r Lein Fach.

The above is part of a transcript broadcast on the radio in April 1938 chronicling the history of the Clunderwen to Fishguard railway and in particular some of the characters who lived in the area. Two of the narrators were local headmasters, T. H. Evans at Nant-y-cwm and Titus Lewis at Maenclochog, along with Tom Phillips, the stationmaster at Llan-y-cefn and Catherine Davies, wife of the Revd Mathias Davies. Apparently the train rides from Clunderwen to Maenclochog were pretty leisurely affairs with little heed given to abiding by strict timetables. Train drivers would often wait at the stations until known regular passengers arrived. The train would even pause occasionally between stations if someone fancied catching a rabbit or needed to collect a sack of potatoes or swedes from the adjoining fields.

Tom Phillips relates the tale of the occasion when the train ran out of control and travelled so fast that the passengers mistook the donkey grazing at Dolfach for a hare. The engine crashed through the crossing gates at Llan-y-cefn and came to a standstill near Llangwm. Titus Lewis refers to five foot tall Twm Bryn Nante who was regarded as one of the best scythe haycutters in the business who would walk to the Vale of Glamorgan to ply his trade every summer. When he was knocked 'unconscious' after falling from a hayrick at Tafarn Newydd the doctor, summoned from Narberth, tried to undress him and called for a scissors to cut his shirt to ribbons, whereupon Twm opened his eyes and shouted, 'no, no, it's a spanking new shirt'. No doubt the fact the 'accident' happened in the rickyard of an inn had some bearing on his condition.

A reference is made to the exuberance of the Maenclochog fairs and the ferocity of the fighting between young men of rival parishes wielding sticks and prepared to wallop each other until blood was drawn. The story pertaining to Harris y Morvil, the wealthy landowner and shipowner, is given a dusting. He was extremely fond of his drink and reputedly his wealth was squandered on alcohol which prompted him one day to ask his servant to take a good look down his throat. 'Can you see anything?' he enquired. His servant replied negatively whereupon Harries quipped 'Well, that's strange, I could have sworn that three ships, three farms and I don't know how many animals have already gone that way'.

For further information about the Maenclochog Railway the well researched 'Maenclochog Railway Miscellany' written and published by John Gale is a must. He refers to the entrepreneurial qualities of merchant banker, Edward Cropper, who financed the building of the railway in order to transport slates from his Rosebush quarry. During its construction one of the English navvies, George Jefferies was murdered in October 1874. Though three local men were summoned to stand trial at the Assizes in Haverfordwest they were all acquitted since it was impossible to ascertain who had delivered the fatal blow during the fracas. A local 14 year old boy, James James, Tŷ Isaf, Llan-y-cefn, was accidentally killed during the construction when several trucks were derailed in June 1874. Two years later another local man, Thomas Evans, Twmpath, Maenclochog, was killed when he jumped off a train that had gone out of control and hit his head against a post. He left a widow and three young boys.

☆☆☆☆

Rhyw helpu mas ar adege bishi ar y ffermydd fyddai Ianto. Wêdd golwg bell arno fe pan gyrhaeddodd un ffarm rhyw fore. Wêdd e'n fwy cwsglyd na wêdd e'n effro.

'Ma' golwg go arw arno fe bore ma. Be sy'n 'i haru fe?' holodd y ffarmwr.

'O, gesum i noson ofnadw. Wên i ar 'nhrâd nes bod i dri.'

'Wel, tan i'n marco, beth wêdd y trwbwl?'

'O, r'hen gath 'na. Wên i'n dishgwl iddi ddod miwn i fi ga'l i rhoi ddi mas am y nos.'

Cymeriadau'r Ardal

Titus Lewis

Bu llawer tro ar fyd er pan agorwyd y Lein Fach o Glunderwen i Faenclochog ym 1876, ac oddi yno i Rosebush a Thafarn Newydd, Casmael a Threletert. Rhyfedd yw meddwl mai Rosebush oedd yr orsaf nesaf i Abergwaun ym 1881, ac wedi hynny Tafarn Newydd. Cofia'r bobl hynaf yn dda am Dafi Richards, Y Royal Oak, yn gyrru 'coach' bob dydd rhwng Abergwaun a Thafarn Newydd. Heddiw dim ond y 'goods' sy'n rhedeg ar hyd y Lein Fach, a phob dydd Iau gwelir 'bus' Charles Herbert yn gyrru o Faenclochog i Abergwaun ac yn ôl.

Nid y cyfleusterau teithio yn unig sydd wedi newid. Pobl newydd sy'n byw o boptu'r Lein Fach, a'u dull o fyw yn wahanol i eiddo'r hen drigolion gynt. Tyddynwyr ydynt gan amlaf, yn byw mewn tyddynnod ac enwau rhyfedd iawn iddynt – enwau swynol anghyffredin. Magu defaid, merlod mynydd, moch, da duon, a gweithio 'menyn a wnâi'r hen bobl. Heddiw gwerthu llaeth a wna pob ffermwr ymron, ac ni fegir fawr o foch a da bach. Nid oes fawr o neb yn aredig y tir chwaith – y mae'r bwyd pryn o'r Co-op yn rhatach.

Yn y tyddynnod a nodwyd, magwyd llawer i ŵr gwreiddiol a galluog yn y blynyddoedd a fu. Gŵr hynod oedd Elias y Gotty – dyn â llais mawr ganddo ac yn siarad yn uchel bob amser. Syrthiodd i'w ran fel 'overseer' ym Mhlwyf Castell Henry i gasglu'r dreth un flwyddyn. Ar noson dywyll, ac yntau yn dychwelyd o Dwffton ac arian y dreth yn ei boced, rhwng Carnochr a Rhydfawr, cydiodd drysïen yn ei got. Meddyliodd Elias mai lleidr oedd yno a dyma fe'n gwaeddu, 'Gad lonydd ŵr, neu mi'th drawaf yn gelain.'

Dyn hapus anghyffredin iawn oedd Twm Huw, Greenway, cantwr da ac arweinydd y Cyrddau Bach a gynhelid o dŷ i dŷ rhwng Blaenpalis a Thŷ Jac Ifan, yn ymyl Iet Bwlshet. Yr oedd Twm wedi porthi dau fochyn braf, a dyma fel y dywedai wrth bawb a basiai, 'Diar i, deued i weld y moch w.' Daeth yr amser i ladd un o'r moch a hongianwyd ef yn y sgubor. Trannoeth yr oedd y mochyn wedi diflannu. Yn y nos bu rhai o grytiaid yr ardal, a sgwlin Carnochr yn eu plith, yn chwarae tric ar Twm. 'Diar i,' ebe Twm wrth y forwyn, 'Cered draw i Tafarn w. Yr oedd yr hen fochyn yn bwyta yn y cafne 'na tra'r oedd e byw, falle i fod e wedi rhoi tro yn ôl 'na.' Ac yn wir, yn hongian yn 'dairy'r' Tafarn yr oedd yr hen fochyn.

Soniais am y tyddynwyr a'u gweision; y mae'n ofynnol i mi i ddweud gair am y crefftwyr – dosbarth o bobl sydd yn marw allan yn gyflym o'r ardal hon. O'r gofiaid un sydd yn aros ym Maenclochog, â'r gwaith yn brin. Anaml y pedolir ceffylau yn y dyddiau hyn, ac ychydig o olwynion ceirt sydd eisiau eu bandio.

Y mae'r cryddion, a weithient esgid i ffitio'ch troed fel maneg, wedi mynd. Un ohonynt oedd Siencyn, Greenway Fach. Gwraig finiog ei thafod oedd gan hwn. Un tro galwodd gweinidog Horeb heibio i weld Siencyn, ac yr oedd ef yn dipyn o wag. 'Ble mae'r wraig?' gofynnai. 'Mae'n sâl, medde hi,' oedd yr ateb. 'Well i ti i fynd i'w gweld hi.' Aeth y gweinidog i'r 'stafell isaf ac yno roedd y wraig yn y gwely. 'Sut mae hi, Mari fach?' gofynnodd. 'Yn sâl iawn, Dafis bach,' oedd ateb y wraig. 'Rwy'n mynd i farw, ac rwy' am i ti i bregethu 'mhregeth angla' i.' 'O'r gorau Mari,' meddai Mr. Davies. 'Beth am y testun hwn – "Ei cheg hi a fu yn agored am amser maith, ond hi a dawodd yn yr angau, a'r wlad a gafodd lonydd"?'

Â brethyn cartref yr ymddilladai trigolion yr ardal – gwrywod a benywod – yn yr amser gynt: brethyn wedi ei wneud o gnu'r defaid a fagwyd ganddynt ar lethrau'r Preseli. Pryd hynny yr oedd digon o waith gan y gwehyddion. Heddiw rhaid cael 'tweeds,' 'worsted,' a 'silk,' a darfyddodd y gwehyddion o'r wlad. Yr olaf ohonynt a fu yn gweithio yn ymyl y Lein Fach oedd Gruffy' Lewis, 'Eos Syfnau', cantwr mawr ac arweinydd y gân yn Horeb. Nid oes ond ychydig olion o'r ffatri ar lan y Syfnau rhwng Rosebush a Thafarn Newydd yn aros yn awr. Roedd crefft yr hwper mewn bri ddeg mlynedd ar hugain yn ôl. Roedd galw mawr am gascis 'menyn, gileri a buddeiau oddi wrth Eynon. Bu John a Gwilym Eynon, ac sydd yn byw ym Maenclochog heddiw, yn dysgu'r grefft gyda'u tad, ond gwerthu llaeth y mae'r ffermwyr heddiw, ac nid oes eisiau buddai na giler.

Y mae amryw o faswniaid yn byw yn y cylchoedd eto, ond gyda brics y maent yn adeiladu heddiw, ac nid gyda hen gerrig y Preseli; â llechi Caernarfon y toant, ac nid gyda llechi o Rosebush, Llandeilo, y Gilfach neu'r Tyrch. Yr hynotaf o'r maswniaid heddiw yw Tom Horeb, hwyrach. Triga ef yn Skerry Hill, sef Tŷ Capel Horeb, lle y mae ei deulu wedi byw oddi ar 1835. Gŵr amryddawn yw Tom, yn fardd ac yn llenor, a'i hoff waith yw cyfansoddi Pynciau ar gyfer y Cymanfaoedd Pwnc a gynhelir yn y gwahanol gapeli bob Sulgwyn.

Gair bach am y chwarelwyr. Ychydig yw nifer y rhai hyn yn awr, a rhaid iddynt fynd i'r Gilfach neu'r Tyrch i weithio. Caewyd chwarel Rosebush tua hanner can mlynedd yn ôl. Y mae'n debyg mai llechi oddi yma sydd ar ben yr 'Houses of Parliament' yn Llundain heddiw. Gwŷr direidus oedd llawer o'r hen chwarelwyr gynt. Dyma eu henw ar un o'u cydweithwyr, dyn hynod o dal a hynod o denau – 'Gweddill yr Angau.'

Y mae'r ardal wedi newid. Nid oes gwaith i'r bobl ifanc heddiw, a gwelir y gorau ohonynt yn cyrchu i'r trefydd. Y mae'r tyddynwyr yn aros, er wedi newid llawer ar eu dull o fyw. Y mae'r crefftwyr yn darfod, a'r wlad yn dlotach o'u colli. Y mae'r Trên Bach wedi gorffen ei siwrnai olaf. Dim ond y 'goods' sy'n rhedeg 'nawr.

The above is an article by Titus Lewis, a former head teacher at Maenclochog, that appeared in the 'Tivyside' in November 1938, and in which he laments the demise of a certain way of life, as fewer craftsmen are required locally and young people leave the area in search of work. However, it is obvious that tales are still being told as he mentions the eccentricities of some of the locals. Elias y Gotty on his return from collecting taxes one year was caught by a bramble. He immediately thought he was being set upon and as he tried to release himself in the darkness he shouted, 'Leave me alone or I will strike you dead'.

Twm Huw, Greenway, kept pigs and would pride himself on the way they were fattened and would invite anyone who passed by to witness the grand condition of the porkers. When one of them was killed the carcass was hung in the outhouse but had disappeared by the morning. Twm Huw's response was to send the maid over to nearby New Inn on the assumption that since the pig spent much of his time munching from troughs over there when he was alive he could well have returned there in death. Lo and behold the pig was hanging in the dairy – a prank had been played on Twm Huw by local lads, including the headmaster of Carnochr School, overnight.

☆☆☆☆

The Bewitched Apples

Once upon a time (around the year 1810) there was an old witch who lived in Maenclochog. She was known at the time as a *gwraig hysbys* and she was credited with many remarkable feats involving second sight, spells and magic.

One hot day in the month of September a young man passed her garden and saw that her wonderful apples trees were laden down with ripe juicy apples. He was greatly tempted, and decided that nobody would miss a few apples since there was such a prolific crop.

So he hopped over the hedge when nobody was looking, took off his shirt to turn it into a sort of makeshift bag, and filled it with apples. Then he hurried off home, quite sure that nobody had seen him.

Next day he fell mysteriously ill, and although his mother fed him plenty of ripe apples to make him better, he got worse and worse. The doctor could not decide what the cause of the illness was, nor could he give it a name.

For several weeks the young man remained in bed, with his family becoming more and more worried. At last the young thief admitted to his mother that he had pinched the apples from the old lady down the road, and it immediately became clear to her that the old witch had placed the 'evil eye' on her son.

Without further ado, the mother gathered up all the apples that were left, and took them in a bag back to the old witch. She apologized profusely for her son's wickedness, and as soon as the apples had returned the young man was restored to perfect good health.

After that he stole no more apples from the old lady's garden, and neither did anybody else in the village, since news of such things as the mystery illness travels fast in a small community.

Pembrokeshire Wizards and Witches, Brian John (Greencroft Books 2001)

Wil Canän

E. Llwyd Williams

Clocsiwr y fro oedd Wil Canän. Taerai'r hen frodorion fod ei wadnau gwern yn ddiguro, a bod pob clocsen mor esmwyth â maneg. Eithr erbyn heddiw, ei brofiadau rhyfedd ac nid ei glocs yw testun siarad y bobl. Chwedleuwr athrylithgar oedd Wil, a phriodolir ambell stori o'i eiddo i eraill mewn llawer ardal. Nid gŵr yn anwybyddu ffeithiau mohono, canys medrai lunio clocsen a thorri bedd, eithr ei ddawn fawr oedd codi ffaith allan o'i chysylltiadau rhyddieithol a'i gosod yn ffrâm breuddwyd a dychymyg. Cyhuddwyd ef o gyhoeddi mwy na'r gwir i gyd, ond rhaid ei gyfrif yn ddieuog, gan na chrëwyd ef yn sensor ar ddychymyg a ffansi. Gŵr anymwybodol o'i ddawn ydoedd hefyd, heb unwaith ganfod ei fod yn chwyddo difyrrwch bro wrth glebran.

Cofir amdano gan rai fel gŵr a barodd syndod i Gurnos pan oedd hwnnw'n 'holi' un o Ysgolion Sul y fro ar gyfer y Gymanfa Bwnc. Daeth yr adnod hon o dan sylw... 'A phwy bynnag a rhwystro un o'r rhai bychain hyn a gredant ynof fi, da fyddai iddo pe crogid maen melyn am ei wddf, a'i foddi yn eigion y môr.' Ceisiodd Gurnos wybod paham yr oedd eisiau maen am wddf y dyn cyn ei foddi. A dyma ateb Wil... 'Y mae dyn yn gallu codi pwysau mawr mewn dŵr. Yr oeddwn i'n pysgota'n ddiweddar, ac yr oedd carreg fawr o'r ffordd yn yr afon, a dyma fi'n ei symud hi. Yr oedd yn dunnell o bwysau... Ond 'does dim rhaid cael maen melyn i foddi dyn – gwna unrhyw liw arall y tro.' Wedi ysbaid, symudodd Gurnos ymlaen at yr adnod nesaf.

Cofir amdano gan eraill fel creadur mentrus. Pan oedd yn was yn y Glandy, daeth adref o'r odyn galch un bore â'r ceffylau'n diferu o chwys. Yr oedd eu heisiau ar unwaith hefyd i gywain gwair mewn fferm gyfagos, ac nid oedd gŵr y Glandy am eu gorweithio. Setlodd Wil y cwestiwn mewn amser byr. Gosododd y tarw du yn y siafft, a gwnaeth hwnnw ei ddiwrnod gwaith fel bustach profiadol.

Nid oedd y fellten yn ymddwyn yn felltigedig ar aelwyd Wil. Rhwygodd y dderwen braffaf yng ngallt Cwmceiliog, holltodd glocsen Deina Plasybedw a lladdodd dau ebol ym Maesydderwen, ond rhyw gellwair a wnaeth ar aelwyd Canän. Dyma ddisgrifiad Wil ohoni... 'Bu lle rhyfedd yn y tŷ 'co neithiwr. Daeth y fellten i lawr drwy'r simne a chwarae'n rhubanau i gyd o gylch y tân. Bu rhaid imi godi ac agor y drws iddi fynd allan, rhag ofn iddi wneud difrod.' Trafododd y fellten mor ddeheuig â tharw'r Glandy.

Fel torrwr beddau, cawsai rybudd am bob marwolaeth rhyw bythefnos ymlaen llaw, a hynny drwy'r un arwydd bob tro. Cadwai offer ei grefft arswydus ym mhen pella'r gegin, a chuddid hwy yno gan gyrten wedi ei liwio'n annosbarthus â mwg tân coed. A dyma ffordd Wil o gyhoeddi angladd... 'H'm.

Bydd angladd cyn bo hir eto... H'm ... Y mae nhw wedi bod 'co neithiwr eto yn bwdlan yr offer.' Congl yr offer oedd congl yr arwyddion.

Yr oedd eira mawr 'slawer dydd. Eithr anodd credu stori Wil a'r profiad a gafodd ef mewn eira mawr. Llwyddodd i fyned a chart dau-geffyl o Faenclochog i Arberth, taith o ryw ddeuddeg milltir, heb gymryd sylw o na ffordd na pherth nac afon. Yr oedd ôl carnau'r ceffylau i'w gweled ar do gwellt rhyw dri neu bedwar bwthyn ar hyd y daith, ar ôl i'r eira glirio.

Nid dyna'r unig brofiad a gafodd gyda chart dau-geffyl. Yn nyddiau'r calchu, ei gart ef oedd y cyntaf i gyrraedd yr odyn. Taerai rhai o'r gyrwyr eraill bod Wil wedi dyfod i'r odyn ambell fore a phen dyn rhwng adenydd olwynion ei gart. Ni fynnai ef wadu, ond mynnai iddo fwrw pob pen a gafodd yno i ganol y tân, cyn i neb arall eu gweled.

Un dydd wrth ddychwelyd o'r odyn, duodd yr awyr a daliwyd ef a'i lwyth mewn cawod drom o law taranau. Offer lledr a wisgid am geffylau yn y dyddiau hynny. Brawychwyd ef o weled tidiau'r ceffyl blaen yn dechrau ymestyn ac yn ei wahanu oddi wrth y gaseg siafft. Methodd honno â thynnu'r llwyth, a pharhau i ymestyn a wnaeth y tidiau am chwarter milltir, hyd nes i Wil weiddi, 'Wo.' Ciliodd y gawod yn sydyn, a daeth yr haul allan yn fflam danbaid. Er syndod iddo, gwelodd y tidiau'n dechrau tynhau a thynhau nes tynnu'r llwyth i ymyl y ceffyl blaen. A dyna ddiwedd yr helbul.

Ceir deunydd dyfais ymhob breuddwyd, ond y mae'n rhy gynnar eto i osod dyfais Wil ar y farchnad. Ni ddaeth ei awr ef eto. Daeth nifer o weision fferm ato ar noson o haf, a hwythau wedi bod drwy'r dydd yn eu lladd eu hunain wrth ladd gwair â phladuriau. Yr oeddent yn rhy wan i ddim ond i gwyno a thuchan. 'Y mae dyddiau ysgafnach ymlaen, fechgyn,' meddai Wil, 'bydd mashîn lladd gwair yn yr ardal yma cyn bo hir... Siswrn mawr yw e'... Siswrn mawr! Rhaid ei gario i'r cae, ei agor a'i gau unwaith, a dyna'r gwair i gyd wedi ei ladd.'

Dyna freuddwyd Wil, flynyddoedd lawer cyn i neb yn yr ardal glywed sôn am na Hornsby na Bamford.

Colledion

Casbeth i ffermwr yw colli anifail. Deugain mlynedd yn ôl edrychid ar farw anifail fel math o gosb neu ddialedd ar y perchennog. Yr oedd Duw naill ai wedi digio wrth y colledwr, neu yr oedd rhywun yn yr ardal wedi ei reibio. Er na chyfrifid llwyddiant bydol yn arwydd o ffafr Duw, ymhob achos, yr oedd aflwydd ac anlwc yn arwydd lled sicr o ddiffyg ffafr a chosb. Gŵr hoff o bregethu'r ofergoel hon ar bob achlysur oedd Ben Blaenpant. Cyfrifid ef yn ddyn lwcus o ran colledion, a diau fod rhyw gymaint o hunan-gyfiawnder y tu cefn i'w uniongrededd gyda chrefydd y dial a'r rheibio. Os clywai am fuwch neu gaseg wedi marw yn rhywle, deuai'r cwestiwn, 'A beth y mae nhw wedi wneud?' o'i enau ar unwaith. Gŵr drwgdybus ydoedd yn y peth hwn. Gwyddai am un cymydog wedi colli buwch ar fin bwrw llo, ar ôl ymddwyn yn gas tuag at grwt o Sais. Gwyddai am ffermwr â'i ddefaid wedi bwrw tymor heb wyna, ar ôl iddo geisio diarddel ei chwaer o freintiau ewyllys ei dad. Dyna athrawiaeth Ben.

A Ben oedd perchen y llo tarw gorau yn yr ardal, ond yn groes i bob rheol ac arfer, fe'i trawyd yn sâl ar nos Fercher. Dim ond un gŵr a wyddai am salwch y llo, ac ni byddai hwnnw'n gwybod dim, oni bai bod Ben wedi gorfod benthyca corn drensio bach oddi wrtho. Ceisiwyd gan hwnnw gadw'r gyfrinach, 'rhag bod hen ddynion yn mynd i siarad.' Llwyddwyd i gadw'r gyfrinach yn weddol iawn hefyd, ond trwy ddirgel ffordd, aeth y si ar led prynhawn Sadwrn, bod llo tarw Ben wedi marw. Taflodd y newydd trist wên o wyneb i wyneb drwy'r gymdogaeth, gan fod Ben o bawb, wedi dyfod o'r diwedd yn wrthrych colled. Cerddodd y newydd fel fflam drwy'r fro, er syndod i rai, er boddhad i bawb. Er boddhad i bawb ar gyfrif athrawiaeth boenus Ben, ynghyd â'r ffaith ei fod ef yn ddigon cefnog i ddal mwy nag un golled o'r fath.

Bu llygaid dyfal yn gwylio Blaenpant y prynhawn Sadwrn hwnnw, ond ni welwyd unrhyw gyffro anarferol o gwmpas y lle, ac yn groes i bob disgwyl, ni welwyd Ben yn agor bedd yn un o'r caeau. Dechreuodd rhywrai amau'r stori, ac i chwyddo'r chwilfrydedd, daeth newydd gyda brig yr hwyr bod Ben ei hun yn gwadu'r stori, ac yn taeru nid yn unig bod y llo'n fyw, ond ei fod wedi gwella.

Yn hwyr y Sadwrn hwnnw, pan oedd popeth yn dawel o gwmpas Blaenpant, a Ben a Mari'n cysgu'n drwm, daeth pedwar o fechgyn cyhyrog i chwilio'r tai mas. Heb ddim trafferth ond y drafferth o beidio cadw stŵr, daethpwyd o hyd i'r llo'n oer a marw yn ei dwlc. Yr oedd wedi ei guddio'n gyfrwys â thrwch o wellt Gwelwyd ar unwaith fod Ben wedi defnyddio'i ddawn i guddio'i anlwc, ac yr oedd hynny'n her i fywyd agored cymdogaeth dda. Trefnwyd dydd dial ar unwaith. Ffurfiodd y pedwar bwyllgor bach yn nhwlc y llo, a bu yno bwyso a mesur ar amryw o awgrymiadau talentog. Cyn hir, daeth y pwyllgor yn unfryd unfarn ynghylch y cynllun gweithredu, ac ni fu dim oedi cyn gosod grym yn yr awgrym.

Cafwyd rhaff o'r ysgubor a chlymwyd pedair troed y llo wrth ei gilydd. Llusgwyd ef allan i ymyl yr hen dderwen a dyfai'n llydanfrig dros y ffordd, y ffordd a redai heibio'r clos at y capel. Aeth y ddau ystwythaf o'r pedwar i ddringo'r dderwen er mwyn tynnu'r llo i fyny i'w brigau, gyda chymorth y ddau arall yn gwthio o'r llawr. A llwyddwyd i hongian y llo cuddiedig 'yn wyneb haul, llygad goleuni.' Rhwng naw a deg fore Sul, gwelwyd y cymdogion yn cerdded heibio Blaenpant ar eu ffordd i'r capel, ac fe gerddodd pedwar ohonynt heibio'r llo'n ddefosiynol iawn, yn ddau a dau. Ni ddaeth Ben i'r capel y bore hwnnw.

Gŵr a fu'n wrthrych colledion trwm oedd Edwyn Coed-llys. Bu pedair o'i wartheg blith farw'r un wythnos. Daeth gwawl o ofid dros ei wyneb, a cherddai'n bendrwm i bobman, yn llawer mwy dywedwst nag arfer. Gwyddai pawb am ei golledion, a daeth cyfaill ato i roi hwb fach i'w galon. Yr oedd hwnnw wedi bod yn chwilio am y dull effeithiolaf o gydymdeimlo. 'Cwyd dy galon, Edwyn,' meddai wrtho, gan ddyfynnu adnod o'r Ysgrythur fel balm i liniaru'r boen... 'Canys y neb y mae'r Arglwydd yn ei garu, y mae'n ei geryddu; ac yn fflangellu pob mab a dderbynio.' Safodd Edwyn yn fud am ennyd, a'r olwg arno fel petai'n chwilio celloedd ei ymennydd am ateb; yr ateb a ddaeth. 'Wel, y mae'n bryd i'r Arglwydd droi i rywle arall i garu 'nawr.'

Os oedd colli buwch yn fater o ddialedd i Ben Blaenpant ac yn ofid calon i Edwyn Coed-llys, derbyn lwc ac anlwc yn ddidaro iawn a wnâi Morus Blaensawdd. Gŵr diddig a bodlon ymhob cyflwr ydoedd ef. Diolch am ei bod hi'n sych yr oedd ef, pan fyddai'r tywydd yn oer. Os byddai'r gwair ar lawr yn hir a'r tywydd yn gymysglyd, llwyddai i'w gysuro'i hun wrth fwrw golwg dros yr hafau a fu, a chanfod nad oedd Rhagluniaeth wedi anghofio'r anifeiliaid un flwyddyn. Gŵr gwahanol iawn oedd ei gymydog, Tomos Dolfelfed. Yr oedd y golled leiaf yn anesmwytho nerfau hwnnw. Cyfarfu Morus ag ef un bore adeg y Nadolig, a chwynai Tomos yn rhyfygus am fod cadno wedi lladrata'i ŵydd orau y noson gynt. Ceisiodd Morus ffrwyno nwydau ei gymydog, yn ôl ei arfer, gydag apêl uwchraddol fel hyn… 'Ie, wir, hen beth digon pryfoclyd yw colli gŵydd ar ôl ei bwydo, ond yn wir, Tomos, rhaid iti ymdrechu maddau i'r cadno hefyd, oblegid y mae pob un yn trio cael gŵydd erbyn y Nadolig.' Yr oedd gweledigaeth Morus yn ehangach na brawdgarwch dyn – brawd iddo ef oedd y cadno cringoch.

Twm Martha Fach

Câr yr heulwen a'r glaw a'r gwynt oedd Twm Martha Fach. Dechreuodd ei fyd fel teiliwr, ond yn fuan ar ôl bwrw ei brentisiaeth, blinodd ei fysedd bwytho a blinodd yntau eistedd yn ei gwrcwd ar y ford. Dewisodd wisgo dillad diangen pobl eraill a chardota ei ffordd trwy garedigrwydd Dyfed am hanner can mlynedd. Tramp swil ydoedd, ac anaml y codai ei ben oddieithr iddo gael ei gynhyrfu gan bwl o wawdiaeth neu fflach o hiwmor. Ni fynnai dorri gair â phobun, a dewisai ei gymwynaswyr a'i elusendai gyda gofal a chraffter. Yn ardal ei febyd gwell oedd ganddo'r llwybr anghysbell na'r briffordd boblogaidd, eithr newidiai'r drefn mewn ardal ddieithr, a thramwy'r heol fawr. Cerddai beunydd fel pe na bai hawl ganddo i fod ar y ffordd, gan gadw'n agos at y clawdd a'r ffos. Cerddai mor agos at y perthi nes caniatâi i frigau'r cyll a phigau'r mieri grafu lluniau brithwaith ar gantel a chopa'i het bowler lychlyd. Pechod anfaddeuol oedd cyffwrdd â'i ffon, ffon dderwen anferth o drwm – rhyw groesiad o ffon a phastwn. Ei chario a wnâi o dan ei gesail, ac o dderbyn tystiolaeth Twm ei hun, nid ffon ydoedd, ond mashîn i ladd neidr. Yr oedd ganddo bibell â'i choes wedi'i thorri'n fyr er mwyn i'r tân yn y cawg dwymo'i foch. Ni flinid llawer arno gan brinder tybaco, gan ei fod yn hen gynefin ag ysmygu te, er gofid i bobun a orfodwyd i ddilyn ei arogldarthu ar hyd llwybrau'r fro.

Nid oedd dim yn gas o'i gwmpas, er ei fod beunydd yn ceisio gyrru braw ar bawb a ddeuai'n agos ato. Byddai'r plant wrth eu bodd yn ei ganlyn o hirbell, er mwyn ei weled yn ymolchi yn nŵr y pistyll ac yn sychu ei wyneb yn llawes ei got, ac yn cribo'i wallt â'i fysedd ceimion. Galwai'n weddol gyson heibio i'r gŵr a wisgai esgidiau saith ac wyth, saith yn y gaeaf ac wyth yn yr haf. Cafodd ambell ŵr cyfrifol yr anrhydedd o dorri ei wallt yn ystod blynyddoedd cynnar ei bererindod, eithr newidiodd ei ddull o drafod ei ben yn ddiweddarach. Llosgi ei wallt a wnâi yn y cyfnod hwn, gan fenthyca tân y gweithiwr ffordd neu dân y simne fawr, pan na fyddai gwraig y tŷ o gwmpas. Yr oedd yn ddigon o feistr ar y grefft hon nes tramwy ohono drwy'r gaeaf caletaf heb awgrym o annwyd. Gwallt byr a weddai i farbwr diffwdan fel ef, a dim ond ambell linell felen hwnt ac yma a ddatguddiai wendid ei fedr, yn ogystal â chyfrinach ei grefft.

Gwelid ef ym mrig yr hwyr yn tannu ei wâl yn ysgubor y Llandre neu Nant-y-gof, ac yn cyflwyno pob matsen i'r hwsmon cyn esmwytho i gysgu. O loetran o gwmpas, odid na chlywid ef yn torri gair o weddi a chanu pennill o ryw hen emyn cyn ymollwng i dawelwch. Ymffrostiai'n ei allu i ddarllen cerddoriaeth, yn ei gof i adrodd salmau, ac yn ei fedr i dorri ei enw'n deilwng i'w osod ar blât clawr arch. Nid tramp cyffredin mohono, ac ni fynnai ei restru gyda'r cyfryw. Daeth i'r Llandre un noson, a chyffrowyd ef drwyddo o weled Ianto Barèls wedi cael y blaen arno. Ni wnâi rannu ei wely â hwnnw ar unrhyw gyfrif, canys tramp oedd Ianto. Gofynnodd am fenthyg pedair sach a throes i gyfeiriad y cartws, gan ledu dwy sach o gornel i gornel ar gist y cart, a thaenu'r ddwy arall drosto. Treuliodd y nos yno ar wely caled, a deffro fel ceiliog ar doriad y wawr, yn falch o'i unigoliaeth.

Treuliodd hanner can mlynedd heb siarad synnwyr yn null pobl yn gyffredin o synied am synnwyr. Nid ffolineb i gyd oedd ganddo ychwaith, ond rhyw gymysgedd dyrys, annealladwy i bobl brysur. Llefarai frawddeg ddwl a brawddeg gall ar yn ail, nes barnu o rywrai bod cog neu ddwy ar goll yn olwynion ei ymennydd, eithr anodd credu hyn. Mwy rhesymol yw credu iddo gychwyn ar ei yrfa afradlon yn ŵr siomedig ond cydwybodol, ac iddo geisio rhyw fath o ymddiheuriad dros ei ystyfnigrwydd, gan ffugio ymddwyn yn hollol anghyfrifol, er mwyn bod yn wrthrych tosturi a chydymdeimlad. Dau anhepgor cardota. Lle nad oedd rheswm, lluniodd esgus. Aeth y ffugio'n ailnatur iddo gyda threigl y blynyddoedd, a throes ei barabl yn gymysgedd annosbarthus o ddamhegion ffôl a chyfrwys.

Cerddai'n ddistaw bach i gyfeiriad pob drws, a gwae'r neb a wrthodai ateb iddo, oblegid ei arfer oedd defnyddio'i ffon yn drwm ac wedyn yn drymach. Ei arfer ar ei deithiau pellaf oedd curo'n unig wrth ddrws agored. Yr oedd yn sicr o ateb yno. Dim ond unwaith y gwelais i arwydd o dwpdra ynddo, er bod rhyw gymaint o esgus dros hwnnw hefyd. Cerddodd heibio i gapel yr Annibynwyr ar brynhawn dydd Gwener, a gweled nifer o gerbydau y tu allan a sŵn canu o'r tu mewn. Credodd mai dydd Sul ydoedd ac aeth i ymguddio mewn fferm gyfagos. Y Sul dilynol, cychwynnodd ar ei daith gan gredu mai dydd Mawrth ydoedd. Daeth heibio i gapel y Bedyddwyr, a gwelodd y gynulleidfa'n dyfod allan o oedfa'r bore. Gan mai ei arfer oedd osgoi gwŷr y capeli ar y Sul, gorweddodd ar y clawdd gan fwrw ei ben a'i freichiau i mewn i'r gwrych. Er i fwy nag un ei gyfarch, ni ddaeth na siw na miw o'i enau. Ymhen hanner awr, galwodd mewn tŷ gerllaw i fegian cinio ac yntau mewn mŵd go gas. Taerai fod llywodraeth y byd wedi myned yn gandryll, a bod dau Sul yn yr un wythnos. Methwyd â'i argyhoeddi mai angladd oedd yng nghapel yr Annibynwyr brynhawn dydd Gwener.

Gŵr yn medru ei amddiffyn ei hun oedd Twm, ac nid prin mohono o'r ddawn i fwrw dyn â geiriau. Trigai yn y fro ddyn a welodd dlodi dygn yn ei febyd, ac a fu am gyfnod yn gyrru asynnod y felin ar draws gwlad. Daeth iddo ddyddiau gwell ac anghofiodd asynnod ei febyd i gyd. Gŵr ydoedd â'i lach ar bobun.

Dywedodd wrth Twm untro, mai dim ond bwndel o garpiau ydoedd. 'Asen Balam' oedd ateb Twm.

Dro arall, galwodd mewn tafarn, a'r unig gwsmer yno heblaw ef ei hun, oedd clamp o ffermwr ffraeth, a phib glai yn ei law a pheint yn ei ymyl ar y pentan. Gofynnodd hwnnw'n wawdlyd iddo, 'Sut mae mynd yn dramp, bachan, oblegid dyna'r dynion sy'n cael y byd gorau heddiw?' Nesaodd Twm ato'n ysgwyd i gyd, a thaflodd lygad cadnoaidd at y peint a'r bib, cyn dywedyd, 'Yr wyt ti ar y 'main road'.'

Yr oedd ofn cwrw ar Twm yn ei flynyddoedd olaf, gan ei fod yn ei fwrw'n yfflon. Basned o fara-a-the oedd ei foeth, er iddo ymddangos yn ddigon anniolchgar am hwnnw lawer pryd. Cyhuddodd lawer gwraig o roi malwod yn ei de, ond diwedd pob cyhuddiad o'r fath oedd pwl o chwerthin. Deuai at y drws ambell dro, gan weiddi ei fod ef yno yn enw'r 'Llywodraeth,' a chan dynnu cwdyn cynfas o'i logell, arllwysai rhyw wyth ar hugain o fotymau pres ar garreg y trothwy, a chwifio'i ffon uwch eu pennau mewn her rhag i neb gyffwrdd â hwy. Botymau'r GPO a'r GWR oeddynt. Cai bwl o chwerthin wedyn wrth eu casglu at ei gilydd a gofyn am fasned o de... yn enw'r 'Llywodraeth.'

Treuliodd y rhan fwyaf o ddyddiau'i einioes i fwmian ag ef ei hun, a dewis unigrwydd yr encilion o flaen cyfrifoldeb cymdeithas. Ef ei hun oedd ei gwmni. Ond weithiau, byddai'n siarad â'r meirw. Holwyd ef untro, pwy oedd ganddo'n siarad. 'Caleb Teiliwr,' oedd yr ateb. Dywedwyd wrtho fod Caleb, y gŵr a ddysgodd ei grefft iddo, wedi marw ers blynyddoedd. 'Ond y mae'n llefaru eto... Ti a glywi ei sŵn ef, ond ni wyddost o ble mae'n dyfod nac i ble mae'n myned,' meddai Twm. Dywedwyd wrtho drachefn mai geiriau'n sôn am y gwynt a ddyfynnwyd ganddo. 'Yr wyf yn gwybod hynny. Ond beth yw dyn ar ôl iddo farw? Efallai mai gwynt yw Caleb erbyn heddiw,' oedd gair olaf Twm.

Cynhyrfid ef drwyddo ond sôn wrtho mai'r tloty oedd y lle gorau iddo, ond fe'i cariwyd yno'n ddigon dibrotest i dreulio'i flwyddyn olaf ar y ddaear. Eisteddai wrth y tân yn Ystafell yr Hen Ddynion, â'i ben yn pwyso ar ei frest. Nid ymunodd mewn ymgom unwaith â'i gymrodyr mewn llesgedd a henaint. Nid oedd yn hollol ddistaw ychwaith, ond ni wnâi siarad â neb ond ef ei hun. Ef ei hun oedd ei gwmni. Claddwyd ef ymhen y flwyddyn yn ei bentref genedigol. Dychwelodd yr afradlon. A daeth Sul y Blodau, a phan aeth pobl Maenclochog allan i edrych y beddau, gwelwyd bod y plant wedi bod wrthi'n casglu blodau gwyllt ochrau'r ffyrdd ac wedi eu gosod yn dusw ar fedd Twm Martha Fach.

Dafi'r Llwydarth

Gŵr yn tynnu sylw ato'i hun, ond yn hollol anymwybodol o hynny oedd Dafi. Byddai'n gwbl amhosibl iddo dramwy'n gudd a disylw i unrhyw fan, gan ei fod yn amddifad o ddistawrwydd a llyfndra. Os clywid rhywun yn uwch ei gloch nag arall yn y ffair neu'r farchnad foch, ef a fyddai hwnnw yn trio taro bargen. Nid oedd prynu a gwerthu'n bosibl yn ei hanes ef, heb ddadlau poeth a thaeru croch, a pho fwyaf y sŵn, mwyaf y fargen. Yr oedd ganddo dalent eithriadol i bigo beiau ar bopeth oedd i'w brynu a nodi rhagoriaethau popeth oedd i'w werthu. Ei ddawn oedd prynu'n rhad a gwerthu'n ddrud. Nid porthmon swyddogol mohono, ond yr oedd ganddo lais a chrochlef yn deilwng o orau'r frawdoliaeth honno.

Yr oedd yn gerddwr trwm, afrosgo, â'i draed stwrllyd yn cyhoeddi ei ddynesu o bell. Nid oedd tywyllwch y nos yn dieithrio dim arno, canys hawdd ei adnabod yn y gwyll ar feidr y wlad, gan fod y tân yn tasgu o'r cerrig dan ei draed, a'u hanner yn cael eu taflu o'r ffordd i'r ffos. Gellid tybio bod siment palmant y dref yn cael ei rwygo gan ordd, pan gerddai ef drosto ar ddiwrnod ffair. Cerddwr lletchwith ydoedd, a'i ddwy ben-lin fel pe am fwrw'n rhydd o'r soced gyda phob gorchymyn i symud, y naill am ruthro i'r aswy a'r llall i'r dde. Yr oedd ei freichiau hefyd dan ddylanwad rhyw gynyrfiadau trwsgl fel hanner tro propeler chwyrn. Rhyw amlygiad rhyfedd o gynyrfiadau oedd personoliaeth Dafi – cynnwrf llaw a throed a llais.

Yr oedd yn amaethwr penigamp. Gellid edrych ar ei fferm a chael mwynhad wrth edrych arni bob diwrnod o'r flwyddyn, canys gwyddai'r ffordd i ddefnyddio'r tymhorau a maldodi'r pridd. Yr oedd y cerddwr anniben yn ffermwr cymen.

Deuai i'r capel bob tro y byddai'r oedfa bregethu yn y prynhawn, gan ddewis sedd ar ffrynt y galeri ar yr ochr chwith. Dim ond hanner codi a wnâi amser canu'r emynau, gan bwyso'n drwm ar gefn y sedd, a thaflu llygad slei, ymchwilgar, dros y gynulleidfa ar y llawr. Yn y capel yn unig y gwelid ef â golwg braidd yn wylaidd arno. Eisteddai i wrando'r bregeth â'i law dde fel fforch i ddal ei ên, a chan fod dwy ffenestr y tu cefn i'r pulpud, yr oedd yn anodd dyfalu pa un ai gwrando a wnâi neu brisio ambell anifail a ddeuai o fewn ffocws y ffenestr ar y llethrau cyfagos. Ond yr oedd Dafi'n wrandäwr ac yn feirniad pregeth. Daeth pregethwr newydd i'r capel, ac yr oedd pawb yn awyddus am wybod ei farn amdano. Trannoeth Sul cyntaf ei weinidogaeth, yr oedd Dafi wrth y gwair yn un o ydlannau'r fro, a phan gafwyd munud gyfleus, ceisiwyd ei farn am bregeth y prynhawn Sul cynt. Ac fe'i cafwyd yn yr ymadroddion bythgofiadwy hyn... 'O, pregeth fach dwt... Llwyth o wair bach byr – 'doedd dim eisiau rhaffo.'

Yn nes ymlaen yn y prynhawn, aeth yn ddadl frwd yn yr ydlan ynghylch y Beibl. Yr oedd un o'r cwmni wedi darllen rhywfaint o gynnyrch Uwch-feirniadaeth, ac wedi cael cryn sylw trwy wyntyllu ei syniadau. Esboniwyd y daith trwy'r Môr Coch yn ddeheuig iawn heb gyfrif dim ond rhyw ddaeargryn a gaeodd wely'r môr. Ni chafodd yr esboniad ei dderbyn yn unfryd ychwaith, gan fod un hen ŵr yn taeru bod Duw wedi codi dwy wal o ddŵr a'r ddwy'n 'dal dŵr' hefyd. Dadlennwyd cyfrinach y berth yn llosgi heb ei difa, trwy gyfeirio'n farddonol iawn at wyrth yr haul yn taflu fflam ar lwyn eithin gerllaw. Ni chymerwyd unrhyw ran yn y ddadl gan Dafi, hyd nes i'r mwyaf beiddgar yn y cwmni gyhoeddi'n glir a phendant bod hanner y Beibl yn gelwydd. Methodd yntau ag atal ei gynyrfiadau'n hwy, a chan ddefnyddio nodyn uchaf ei lais, dywedodd, 'Hanner y Beibl yn gelwydd! Celwydd neu beidio, y mae'n bert.' Daeth y llwyth nesaf i'r ydlan a therfynwyd y ddadl.

Amser te, aeth cwmni'r ydlan i sôn am loywach nen, ac am ddyddiau o heddwch a chydweithredu rhwng holl genhedloedd y byd. Soniwyd am y dyddiau dedwydd pan fydd y blaidd a'r oen yn cyd-drigo, a'r llo a'r llew yn cydorwedd, a'r fuwch a'r arth yn cyd-bori. Er mwyn tynnu'r darlun yn nes adref, soniodd un ohonynt am y posibilrwydd i'r ŵydd a'r cadno gyd-gerdded a chyd-letya. Gwrandäwr distaw oedd Dafi hyd nes iddo glywed am yr ŵydd a'r cadno. Gwyddai ormod am ystrywiau llwynogod i dderbyn yr ymadrodd olaf, a galwodd y cwmni i ailystyried y darlun o'r dyfodol trwy weiddi, 'Yr ŵydd a'r cadno yn cyd-gerdded! Dim byth. Dim tra bod cadno yn gadno!'

Gŵr hoff o ymweled â'r pentref oedd Dafi, ac un noson eisteddai'n unig mewn tafarn yno. Ar ôl sylweddoli ei unigrwydd, holodd beth oedd i gyfrif bod y lle'n wag. Dywedwyd wrtho fod cwrdd gwleidyddol yn yr Ysgoldy a bod ymgeisydd y Blaid Lafur yn siarad yno. Ar ôl clywed hyn, aeth Dafi ymlaen i fwynhau glasiad neu ddau, gan obeithio y byddai'r gwleidyddion yn rhoi llonydd i bris y ddiod yn ystod y flwyddyn nesaf. Cyn hir, daeth gwleidyddion sychedig y fro i lenwi'r bar, a bu rhaid iddynt adrodd hanes y cwrdd wrth Dafi. Dywedwyd wrtho mai prif bwynt yr araith oedd, 'Mewn undeb y mae nerth.' 'O,' ebe Dafi, gan bwyso'i benelin ar ei ben-lin a phoeri i'r tân, 'Mewn undeb y mae nerth.... Bu ddim mwy o wir erioed... Petai holl sgadan y môr yn mynd ar ôl y morfil, byddai'n rhaid iddo symud.' Nid anghofiwyd prif bwynt yr araith wleidyddol honno.

Nid oedd Dafi'n aelod mewn unrhyw gapel pan fu farw ei wraig, a thrannoeth yr angladd, galwodd gweinidog ei chapel hi heibio iddo. Ar ôl treulio peth amser i'w gysuro yn ei unigrwydd, cyffyrddodd â llinynnau tyneraf ei galon nes llwyddo i gael Dafi'n aelod. Synnwyd ei gyfeillion agosaf o ddeall iddo ymaelodi gydag enwad braidd yn ddieithr iddo, a holwyd ef ynghylch y digwyddiad. Adroddodd yntau'r hanes yn ei ffordd ddihafal ei hun, fel hyn... 'Do, fe euthum yn aelod, ond yr oedd y cyfan yn annheg iawn. Daeth y gweinidog heibio gan fy nal ar awr wan, wedi claddu Marged. Yr oedd y cyfan yn annheg, oblegid 'sdim un *sportsman* yn saethu ffesant ar lawr.'

Dychwelai adref o'r pentref un noson ar gefn ei gaseg hoff, ac yr oedd ganddo'n gydymaith y noson honno, y gŵr medrusaf yn yr ardal am 'dynnu coes.' Defnyddiodd hwnnw holl driciau ei dalent i berswadio Dafi ei bod yn bryd iddo ddiwygio, ac yntau bellach yn aelod capel ac yn ymuno i ganu gyda'r saint.

'Dal fi, Arglwydd! dal fi ronyn,
Ni raid iti 'nal yn hir;
Mwy sydd eisoes wedi'i deithio
Nag sy'n ôl o'r anial dir...'

Yr oedd Dafi'n cydsynio â phob dim, ac yn ateb pob apêl trwy ddywedyd, 'Eitha reit. Y mae'n RHAID diwygio.' Os dywedodd hyn unwaith, dywedodd ef ganwaith, er boddhad dirfawr i ysbryd cellweirus ei gydymaith. Felly y bu am ryw filltir o'r ffordd, ond wele'r gaseg goch yn cael twc sydyn i aros, a Dafi o dan wefr rhyw gynnwrf mewnol, arswydus, yn troi at ei gyfaill, ac yn gweiddi nes bo'r cwm yn diasbedain a charreg ateb ar ôl carreg ateb yn taflu ei floeddiadau'n blith-draphlith o geunant i geunant. 'Na, ichi'n rong. 'Does dim eisiau diwygio. Paham y mae eisiau diwygio? Y mae'r Iawn wedi'i dalu... Nid 'Credit on Conditions' oedd Iawn Calfaria... Y mae'r Iawn WEDI'I dalu.

'Does dim heb dalu, rhoddwyd Iawn,
Nes clirio llyfrau'r nef yn llawn
Heb ofyn DIM i Mi...

Ni bu Dafi fyw'n hir wedi claddu Marged, a dygwyd ef o'r byd yn hollol ddirybudd. Daeth adref yn ddiogel gannoedd o weithiau, ganol nos fel canol dydd, ac ar bob math o dywydd, er bod ganddo ddwy neu dair afon i'w croesi cyn cyrraedd clos y Llwydarth. Ond un nos Sadwrn, syrthiodd i'r afon a chodwyd ef allan ohoni'n farw, wedi yfed gormod o ddŵr.

John Penrhos

Bwthyn un-llawr hir yw Penrhos a phob ffenestr fach yn agor fel drws i groesawu awelon Preselau. Uwchben y drws ceir carreg droedfedd sgwâr â'r geiriau hyn arni... 'PENRHOS 1849.' Cerrig wedi eu caboli yn y chwarel gerllaw sydd ar y llawr, a gwellt gwenith o fferm gyfagos sy'n do iddo. Ceir trwch blynyddoedd o wyngalch ar y muriau i ddal pelydr haul y bore. John oedd gŵr y tŷ, a mynych y gwelid ef yn pwyso ar ffrâm y drws isel, yn torri gair â rhywun. Ie pobun, canys ni ddaeth i feddwl neb dramwy heibio i Benrhos heb holi hynt y trigiannydd. Yr oedd hyn yn wir, nid yn unig yn nyddiau'r cerdded, ond hefyd yn nyddiau'r car.

Dyn tenau oedd John, â'i ddillad o frethyn gwlad yn rhoddi'r argraff eu bod yn hongian amdano. Gwisgai het feddal a honno'n rhyw fath o ddatblygiad cynnar o'r Jim Crow. Talcen slip ac wyneb cul, braidd yn fenywaidd oedd ganddo. Yr oedd pefr yn ei lygad, a hwnnw'n awgrym cynnil o garedigrwydd a direidi. Cadwai fwstas deniadol, wedi ei droi'n drefnus heibio i'r wefus uchaf i lawr dros asgwrn ei ên. Daliodd i wisgo coler lledr streipog, du a gwyn, hyd nes i'r sadler werthu'r olaf iddo, a'i orfodi i ddilyn y ffasiwn gyda'r coler meddal, poblogaidd. Gwisgai hwnnw heb na thei na dim i guddio'r pin â'r stwden bres. Rhywbeth i falchach tras oedd ffon; fforch-bastwn collen o'r math a ddefnyddir gan helwyr dwrgwn oedd ei falchder ef.

Siaradwr difyrrus oedd ef. Ceisiai pawb ei ddenu i adrodd hanes ei fywyd a'i fynych deithio ar draws y wlad i chwilio am waith. Crwydrodd dipyn ar hyd ei oes gan sylwi'n graff a chofio'n fanwl. Meddai ddawn arbennig i adrodd hanes a phwysleisio, gan ailadrodd bron pob gair, heb andwyo'r effaith. Yr oedd pwysleisio ac ail-bwysleisio'n ddiymatal iddo, a'r dylanwad mor gyfareddol nes troi'r cyffredin yn anghyffredin a'r dinod yn bwysig. Rhoddwyd iddo'r ddawn i lenwi pob gair ag ystyr nes tragwyddoli pob digwyddiad syml. Yn ben ar hyn oll, yr oedd rhyw foesgarwch hudol ymhob ystum o'i eiddo. Ni flinid arno.

Deuai pobl o bell i'w glywed yn adrodd ei hanes fel hyn... ' 'Rown i'n dechrau gweithio'n ddeuddeg oed, yn gweithio gyda dynion mawr yn ddeuddeg oed.

'Rown i'n un yn agor y Lein Fach, y lein fach o Glunderwen i Abergwaun. Taro gyda'r gofiaid yr own i, gyda'r gofiaid oedd yn gofalu am flaen picas pob nafi... blaen picas pob nafi. Bues hefyd ar lein Aberteifi, yn y Boncath, Boncath. Es bant ymhell wedyn, bant i Sgiwen, Sgiwen a Chastell-nedd, Castell-nedd. A bant ymhellach wedyn i Aberdâr. Glywsoch sôn am 'Sweet 'Berdâr?' Yr oeddwn yn Aberdâr yn 1880... 1880. Rwyf wedi trafeili tipyn, Syr, wedi bod obiti bwer, o fan i fan. Blwyddyn ryfedd oedd 1916, a bant â fi i'r gwaith powdwr – ym Mhenbre... yn 1916. Penbre a Burry Port. Lle rhyfedd oedd Penbre. Yr oedd dynion yn mynd i'r gwaith yn y bore yn ddynion gwyn, ac yn dod gartre'n ddynion melyn... dynion melyn! Yn ddynion melyn yn y prynhawn... Odw, rwyf wedi bod obiti bwer, ond y mae'n dda gen i ddweyd, y mae'n dda gen i, galla'i fynd 'nôl i bobman lle rwy'i wedi bod, i bobman, i bobman, Syr.'

Treuliodd John flynyddoedd preim ei fywyd yn y chwareli llechi, a mwynhad pennaf ei gydweithwyr oedd cael bod yn agos ato yn y gwaith. Yr oedd mwynder ei ysbryd a sŵn ei eiriau'n donic. Gwelwyd ef yn pwyso ar ei raw un bore, a dywedodd y goruchwyliwr wrtho nad oedd yn arfer gan y cwmni dalu neb am bwyso felly. 'Nid pwyso yr own i, Syr,' meddai John, 'ond pyslo; nid pwyso ond pyslo.' A dyna stori'r gwaith am y diwrnod hwnnw.

Arferai pob chwarelwr roddi tro i'r pentref ar brynhawn dydd Sadwrn, er mwyn gorffen yr wythnos yn gymdeithasol. Un nos Sadwrn, cafodd John ei gario adref yng nghart Dafi'r Llwydarth, neu o leiaf, dyna'r cytundeb. Eistedd ar lawr y gist a wnâi Dafi, ac eisteddai John ar ran blaen y cart â'i draed ar y siafft. Aeth popeth yn iawn am yr hanner milltir gyntaf, hyd nes i'r gaseg gymryd cam gwag, a thynnu John yn ddisymwth i lawr rhyngddi hi a'r cart. Disgynnodd ar ei draed yn dwt, ond nid oedd iddo bellach yr un dewis, ond parhau i gerddded rhwng y ddwy siafft a rhwng traed ôl y gaseg a'r cart, gan fod Dafi wedi syrthio i drwmgwsg. Felly y bu am ryw dri chanllath hyd nes i John flino cerdded yn ei gamau mân wrth geisio osgoi traed y gaseg, a chael ei gaethiwo bob ochr a'i wthio o'r tu ôl. I waethygu pethau, yr oedd y gaseg wedi sylweddoli bod rhyw estron yn rhy agos ati, a dechreuodd hithau chwarae'i chynffon yn fygythiol o amgylch ei wyneb. Aeth y cyfyngder yn drech nag ef, a dechreuodd weiddi ar Dafi: 'Dafi, Dafi, Dafi Griffiths dwy i ddim yn y cart, Dafi Griffiths! dwy i ddim yn y cart. Cerddded ydw'i, cerddded, cerdded... Wo! Dafi Griffiths... Wo! ... Dafi, Dafi, Dafi Griffiths !' A dyna'r tro olaf i John eistedd â'i draed ar y siafft.

Gŵr gochelgar ydoedd, a'i nod oedd plesio pob un heb dramgwyddo neb. Ceisiwyd ei ddenu ganwaith i daflu llinyn mesur dros hwn ac arall, ond credai ef mai'r unig hawl i farnu oedd canmol. Ceisiwyd ei argyhoeddi untro mai dyn cadnoaidd oedd ficer y plwyf, ond daeth ef allan o fagl ei heliwr fel hyn: 'Chi sy'n dweyd... chi! Dyn da welais i e', dyn da, dyn da iawn.' Ac felly y treuliodd ef ei oes yn mwynhau daioni pobl eraill, heb draethu dim ond y da am bob un. Anodd credu ei fod yn ddall i wendidau dynion, gan ei fod yn ŵr craff; yn ŵr craff wedi meistroli'r grefft i gadw cyfrinach beryglus.

Teulu Penrhos ar achlysur dathlu priodas aur John a Mary Williams tua 1930. O'r chwith yn y rhes flaen mae Griff Morris, a fagwyd yn y bwthyn, John 'Penrhos', Wycliffe Cheetham, Mary 'Penrhos' a Maria Williams. O'r chwith yn y rhes gefn mae Rachel Williams, Harold Cheetham, Henry Cheetham a Martha Cheetham, yr unig un o blant Penrhos i briodi. Mae Wycliffe, ŵyr John a Mary, yn byw yn Erw'r Delyn, Maenclochog

Penrhos family on the occasion of John and Mary Williams' golden wedding around 1930. On the left in the front, Griff Morris, who was brought up at the cottage, John 'Penrhos', Wycliffe Cheetham, Mary 'Penrhos' and Maria Williams. From the left in the back row, Rachel Williams, Harold Cheetham, Henry Cheetham and Martha Cheetham, the only child to marry. Wycliffe, John and Mary's grandson, lives at Erw'r Delyn, Maenclochog

Rhyw bum mlynedd cyn iddo gyrraedd oedran pensiwn, daeth pla'r dirwasgiad i ardal y chwareli, a gorfu iddo yntau ymuno â'r fintai segur – ar y dôl. Diwrnod bythgofiadwy yn ei hanes oedd hwnnw pan aeth am y tro cyntaf i offis y dôl i dderbyn arian am ddim. Daeth adref y prynhawn hwnnw, ychydig yn fwy direidus nag arfer, a chafodd hwyl wrth ddisgrifio'r seremoni wrth ei wraig. Yr oedd hithau braidd yn ddiamynedd gan ei bod ar hanner chwynnu'r pâm cennin, a gosododd y tegell ar y tân cyn dychwelyd i'r ardd. Ymhen chwarter awr, daeth John allan gan weiddi fod y tegell yn berwi. 'Os yw'r tegell yn berwi, tyn e' lawr,' meddai Mari. 'Na, na, wir,' meddai John, 'y mae ofn arnaf. 'Sdim iws gwneud dim ar y dôl… 'Sdim iws gwneud dim byd ar y dôl.' A berwodd y tegell yn sych.

Blinid ef yn ystod ei flynyddoedd olaf, ac yntau dros ei bedwar ugain oed, gan ddiffyg anadl, a gorfodid ef gan ei galon i dreulio ambell wythnos yn ei wely. Gwely-codi oedd ganddo a blancedi ffatri'r fro yn drwm arno. Gorweddai yn ei glydwch ym mhen isa'r tŷ, yn dalp o ddiddigrwydd dioddefgar mewn cystudd. Cadwodd ei ffydd gan gredu bod codi a gwella iddo, cyhyd ag y gallodd gadw'i goler am ei wddf yn y gwely. Ei goler oedd y gadwyn olaf yn ei ddal wrth fywyd iach, a mynd-a-dod yr ardal. Gwelid cadair yn ymyl y gwely â'i llond o groeso i ymwelwyr o bell ac agos. Cwmni oedd ei feddyginiaeth. Wrth holi ei hynt, clywid sŵn y fegin yn rhyddhau yn ei frest. Ni phoenwyd ef unwaith gan ddiffyg anadl wrth fynegi ei ddiolchgarwch yn ei ffordd ei hun fel hyn: 'Diolch yn fawr i chi am alw, diolch yn fawr. Fe allech beidio. Diolch am droi i weled dyn sâl. Does neb yn gwybod pa mor sâl rwy' wedi bod yn sâl, yn sâl, yn rhy sâl i ddweyd 'mod i'n sâl, Syr.'

Pe bawn i wedi cael yr anrhydedd o drefnu taith olaf a diddychwel John Penrhos, buaswn wedi gosod ei goler meddal am ei wddf a'i bastwn collen ar glawr ei arch.

The above are portraits of some of the notable characters who resided in the area during the first half of the last century. They were published as part of a longer series of portraits in a booklet entitled 'Hen Ddwylo' (Old Hands) written by E. Llwyd Williams. Llyfrau'r Dryw, Llandybie were the publishers in 1941.

Wil Canän was a cobbler by trade and a master storyteller by instinct. Today his vivid imagination would probably have made him a writer of Hollywood blockbusters. His originality, his wit and ability to solve predicaments were unsurpassed. When working as a farm servant the pair of horses he brought home with a load of lime were covered in a lather of sweat. They were required later in the day to carry hay but the farmer was weary of over-working them. Wil hit on the novel idea of placing the black bull in the shaft and he did a day's work while the horses rested.

A typical Wil Canän escapade took place during a heavy snowfall. Whilst everybody else were snowbound Wil reputedly took a two-horse cart from Maenclochog to Narberth and back without seeing a single hedge nor river. When the snow eventually melted the imprint of the horse's hoofs could be clearly seen on the roofs of several thatched cottages. Similarly when lightning struck the largest oak tree in Cwmceiliog woods, split Dina Plasybedw's clogs and killed two foals at Maesydderwen, Wil was hardly bothered when a thunderbolt struck his chimney. 'O, it came down the chimney and played around the hearth for a while. I then got up and opened the door to let it out just in case it might cause some damage'. He dealt with the unexpected visitor just as if he was dealing with the black bull – if he was to be believed.

'Colledion' deals with various farmers' attitudes when faced with the sudden loss of an animal. Ben Blaenpant believed the sudden death of a cow or horse was the result of a curse and on hearing of such a tragedy would immediately ask himself what had the owner been up to. He said he knew of a neighbour who lost a cow about to calve because he had been unkind towards an English boy. Another farmer's flock of sheep did not give birth to a single lamb one spring because he had tried to ensure his sister would not inherit any of their father's wealth. But one day Ben's prize calf was taken ill. Only one person knew about the tragedy as Ben had borrowed a drenching horn from him and he

had been instructed not to 'broadcast' the matter or else tongues would soon be wagging. But within a few days a rumour had spread that the calf had died. Eyes were cast towards Blaenpant but no evidence could be seen of a grave been dug in any of the fields. Indeed, Ben denied the rumour and insisted the calf had recovered. However, late on Saturday evening, when Ben and Mari were asleep, four local lads searched the outbuildings and found the dead calf covered with straw. They tied its legs and carried it to a large oak tree by the roadside entrance to the farm, and strung the carcass from its boughs for all to see as they went to chapel the following morning. Ben did not attend chapel that morning.

Another farmer, Edwyn Coed-llys, lost four milking cows in the same week. A neighbour called to commiserate and cited a verse which suggested that whoever the Lord loves he will also chastise in his turn. Edwyn stood stunned and finally responded by saying, 'Well, it's about time the Lord turned somewhere else with his love now'. Morus Blaensawd on the other hand took fate in his stride and would always see the sunny side of every unfortunate situation. When his neighbour, Tomos Dolfelfed, berated a fox for taking his best goose just before Christmas, Morus responded that even though it was heartbreaking to lose a goose after it had been fattened one must remember that even a fox wants a good Christmas dinner.

Twm Martha Fach gave up the life of a tailor for life on the road. For fifty years he was a familiar figure on the roads of the three counties with his bowler hat and thick stick, carried under his armpit, which he described as a 'machine to kill snakes'. He would smoke tea leaves in a pipe cut so short that it warmed his cheeks. He would burn his hair and keep it fairly short. He hardly spoke any common sense with anyone in the accepted meaning of the term. He considered himself to be above a common tramp and once refused to share an abode with Ianto Barèls at Llandre. He insisted on being given several sacks so that he could sleep on his own on the hard surface of a cart. Nant-y-gof was another of his regular haunts. He would creep quietly to a door and deliver several loud bangs with his stick and he would not take no for an answer to his request for tea and bread.

He once walked past a chapel on a Friday and on hearing the sound of singing he thought it was Sunday and as was his habit he hid in a nearby farm. On the Sunday, which he thought now was Tuesday, he walked past another chapel and saw the congregation leaving the morning service. He half lay down in the hedge with his hands and face embedded in the twigs. Though many greeted him he did not reply. Within half an hour he called at a nearby house to beg for dinner, in a foul mood, and denouncing the world for arranging two Sundays within one week. He could not be convinced that the Friday service he witnessed was a funeral.

In his later years he avoided beer because of the havoc it had already had on his life. His favourite victual was a basin of bread and tea even though he was often uncomplimentary of the kindness shown and would accuse the lady of the house of placing snails in the basin and then laugh uncontrollably. He spent his last year in the workhouse but never spoke to anyone there apart from himself. He was buried in the churchyard at Maenclochog and children would regularly place wild flowers at his grave at one time.

Dafi'r Llwydarth, wherever he would be, could be heard above all other voices. At market he had a remarkable ability to sing the praises of whatever he had to sell and find interminable faults with whatever animal he ventured to buy. He would buy cheap and sell dear. He was easily recognisable from his heavy plodding wherever he walked and even his arms seemed like propellers. And his farm was always a treat to see as he knew how to use the seasons and nurture the soil. He would be seen in chapel whenever there was an afternoon service and would sit on the front of the gallery slightly to the left but would only half stand upright when the hymns were sung. At that point he would cast a beady eye over the congregation below him. He would always place his forked right hand under his chin as he listened to the sermon but since there were two windows behind the pulpit one could never be sure whether he was listening or actually pricing an animal that might have strode into view.

Theological discussions were common place at harvest time in those days. Dafi would not necessarily take an avid interest or contribute intensely to the debate but it was often a telling comment from him that brought all discussions to an end. On one occasion the idea of all nations co-operating in harmony for the good of mankind was discussed. Mention was made of the wolf and the lamb, the calf and the lion and the cow and bear co-habiting in total harmony. In order to elaborate, someone mentioned the fox and the goose would co-exist as well. Dafi intervened and shouted, as was his wont: 'The goose and the fox co-existing? Never, not as long as a fox is a fox!'

When his wife died Dafi was not a member of any chapel at the time. When his wife's minister called after the funeral he was persuaded to join her chapel much to his friends' surprise. When asked to explain his decision he said he was caught unawares and that it was all rather unfair since no sportsman shoots a pheasant that's already on the ground. He died unexpectedly soon after his wife's death. Though he had arrived home safely hundreds of times in all weather and at all times of the day and night, he was found one Sunday morning drowned in one of the rivers.

John Penrhos was a renowned conversationalist who had a habit of repeating many of his words and idioms for effect. He was never known to speak ill of anybody and he would readily relate the story of his life to whoever cared to enquire and would invariably conclude by saying 'that there was nowhere that he could not return to'. He had worked with the navvies on the local railway as well as the Cardi Bach before moving away to Neath, Aberdare and Burry Port in search of work. But he worked for most of his life in the local quarries much to the mirth of his colleagues. He was seen one morning leaning on his shovel and the foreman told him that it was not the company's habit to pay workers to lean on their shovels. John replied 'I wasn't leaning but puzzling, not leaning but puzzling'.

Quarrymen would socialise in the village on Saturdays and on one occasion John had made an arrangement to be carried home by Dafi'r Llwydarth's horse and cart. John sat in the front with his legs on the shaft and everything went fine for the first half mile. Suddenly the pony lost its footing momentarily and John found himself on his feet between the shaft with the pony's tail brushing his face. Dafi was fast asleep and John had to walk as best as he could avoiding the pony's hoofs. Eventually he had to shout to try and awaken Dafi Griffiths and halt the pony at the same time. Needless to say, John never rode with his legs dangling on the shaft again.

Some five years before he would be entitled to receive his pension he was made redundant at the quarry, as were his colleagues, as a result of the economic depression. He joined the dole queue and was quite intrigued at the prospect of receiving money for doing nothing. He regaled the palaver of 'signing on' to his wife, who had just put the kettle on and was rather impatient, as she was keen to finish weeding the patch of leeks in the garden. John shouted that the kettle was boiling and Mari shouted back instructing him to take it off the fire. John's reply was, 'No indeed, no indeed, I'm not supposed to do any work on the dole, no work on the dole'. And the kettle boiled dry.

On his deathbed John Penrhos received a constant stream of visitors and he showed his appreciation to them all just as he had done throughout his life. To the end, the soft collar that was so much part of his apparel remained around his neck. Llwyd Williams concludes the portrait of John Penrhos by stating that if he had been given the honour of arranging his very last journey he would have placed the soft collar around his neck and the hazel stick on his coffin. The diaries of John Williams, Penrhos, from 1896 to 1937 can be seen at the Pembrokeshire Record Office in Haverfordwest.

★★★★

Wêdd un o ffermwyr y minidde in ca'l shwd gwmint o grants a sybsidis am gadw defed nes i fod e ddim in gw'bod beth i neud â'i arian. Wedi'r cifan wêdd dwy fil o ddefed in crynhoi tipyn o gifoth trwy neud dim byd ond llenwi ffurflenni.

Am i fod e'n mynd mlân mewn oedran a bugeilia'n dechre mynd yn fwrn arno dyma fe'n penderfynu y galle fe fforddio cyflogi bugel.

Dyma ddodi hysbys yn y papur a thri'n cynnig am y swydd, un o 'down below', un arall o Gydweli a'r llall o Dregaron.

Wêdd hi'n imbed o anodd i ddewis rhyngddyn nhw a dyma'r ffermwr yn penderfynu hala'r tri lan i'r mini i weld shwt fydde nhw'n dod mlân.

Ar yr ail ddwarnod dyma'r bachan o Martletwy yn dod lawr a chintachu na alle fe odde'r drewdod.

Ar y pedwerydd dwarnod dyma'r bachan o Sir Gâr yn dod lawr a fynte hefyd yn cintachu na alle fe odde'r drewdod.

Wel, jiawch, ar y chweched dwarnod dyma'r ddwy fil o ddefed yn dod lawr.

Penrhos

Bwthyn Penrhos fel yr oedd, ac yn wir fel y mae,
am nad yw wedi newid fawr ddim

Penrhos Cottage as it was, and indeed as it is, since it has changed very little

Un dydd mi es am siwrne
  I fro Llandeilo draw,
A'r haul yn gwenu'n siriol,
  Ymhell oedd gwynt a gwlaw;
Cyn hir mi a arhosais
  A sefais ar y clos
Tu fas i fwthyn prydferth
  Hen fwthyn bach Penrhos.

Ei furiau yn wyngalchog,
  Mor wyn â'r eira mân,
A'r cerrig oedd o'i amgylch
  Fel creigiau'r môr o lân,
A chredais fod y ceiliog
  Drwy'i glochdar ar y clos
Yn dweud mai lle cysurus
  Yw bwthyn bach Penrhos.

Mae'r hen do gwellt yn gorffwys
Yn gadarn ar ei sail,
Gall herio gwynt y gaeaf,
Gall herio gwres yr haul;
O'r holl fythynnod prydferth
Fu'n harddu Penfro-dlos,
Nid oes ond un yn aros –
Hen fwthyn bach Penrhos.

Mi gês wahoddiad cynnes
I mewn i'r bwthyn bach,
A heddwch i fy ysbryd
Oedd sŵn y chwerthin iach.
Hen groeso cynnes Cymru
Sydd ar yr aelwyd dlos;
Nid oes un man dedwyddach
Na bwthyn bach Penrhos.

Mae llawer amgueddfa
Yn llawn o bethau drud,
A'r sôn yn mynd amdanynt
I holl ddinasoedd byd.
Ond taeru wnaf yn onest –
Boed dydd neu ganol nos –
Fe geir rhagorach cyfoeth
Ar aelwyd fach Penrhos.

Mae'r cwpwrt cornel destlus
Yn llawn o bethach cain,
A lluniau'r gweinidogion
A fu'n bugeilio rhain;
Mae Rachel wrthi beunydd
Yn trefnu gwaith y clos –
Hawdd gweld mai dwy Gymreiges
Sy' ym mwthyn bach Penrhos.

Daw cannoedd ar eu siwrne
I weld y bwthyn bach,
A phawb yn teimlo'n ddedwydd
Yn y gymdeithas iach;
A chredaf tra y byddwyf –
Yn ystod oriau'r nos
Fod engyl glân y nefoedd
Uwch bwthyn bach Penrhos.

Arthur Williams
(Maenclochog) 1934

Treuliodd Arthur Williams y rhan helaethaf o'i oes yn byw gyda'i chwaer a'i frawd-yng-nghyfraith yn Arfryn, Maenclochog. Fe'i ganwyd yn Y Bont, Castell Henri, ym 1877. Sefydlodd garej ym Maenclochog a bu'n gwerthu a thrwsio beiciau ac roedd yna alw mawr am ei wasanaeth tacsi. Yn ddiweddarach datblygwyd y garej gan ei nai, T. C. Herbert, a bu Arthur yn gyrru bysus i'w ewythr tan iddo farw ym 1949. Priododd yn ddiweddar yn ei oes a bu yntau a Mary (Thomas), a oedd yn nyrs yn yr ardal yn byw yn Rock House gyferbyn â'r eglwys. Roedd yn ddiacon yn yr Hen Gapel ac yn gerddor tanigamp. Cyhoeddwyd ei farddoniaeth yn gyson yn 'Y Babell Awen' (colofn farddol *Y Cymro*) o dan olygyddiaeth Dewi Emrys.

Arthur Williams yn ei elfen yn cywain gwair ar lorri roedd e efalle wedi ei haddasu.

Arthur Williams in his element carting hay on a lorry which he had possibly adapted.

Arthur Williams' poems were often published in the Welsh language weekly 'Y Cymro' under the guidance of Dewi Emrys who edited a poetry column in the publication. Arthur lived for most of his life at Arfryn, Maenclochog, but when he married late in life, he and his wife, Mary, who was a district nurse, lived at Rock House, opposite the church. He established a garage selling and repairing bicycles and ran a taxi service before the business was developed by his uncle, T. C. Herbert, for whom he then regularly drove buses until his death in 1949.

Brenhines Hil Gadara

Tom Evans

Roedd Ffeiriau Maenclochog yn enwog iawn 'slawer dydd. Fe lenwai'r anifeiliaid y ffyrdd o Iet Wilym yn y gogledd hyd Gilmoor yn y de, ac o Galchen Fach yn y dwyrain hyd Ffynnon Fair yn y gorllewin.

Ffair mis Mai a ffair 'gytuno' oedd y ddwy fwyaf enwog. Yn ffair mis Mai byddai'r meirch yn cael eu harddangos wedi eu haddurno â rhubanau o bob lliw. Yn y ffair 'gytuno' (ffair gyflogi) byddai yno rai cannoedd o ebolion sugno yn cael eu gwerthu. Yn y ffair hon hefyd yr oedd rhesi o fechgyn a merched yn sefyll yn stond gan ddisgwyl i'r ffermwyr a'u gwragedd ddod heibio i'w cyflogi yn weision a morwynion am flwyddyn. Byddai pob un ohonynt yn cario pecyn o'i ddillad ganddo neu flwch os byddai ganddo un at gadw'r ychydig ddillad oedd ganddo. Os byddai gwas yn 'plowman' yn y lle diwethaf fu ynddo fe gariai ffrewyll fel arwydd o hynny. Wedi cytuno cawsai'r gwas neu'r forwyn swllt gan y cyflogydd yn ern neu ernes. Hwn oedd yn selio'r cytundeb.

Deuai yno borthmyn o Ogledd a De Cymru ac o lawer iawn o siroedd Lloegr. Nid oedd llawer o gledrffyrdd yn y wlad yr adeg honno, ac roedd yn rhaid gyrru'r da a'r ceffylau ar hyd y ffyrdd i ryw leoedd neilltuol, wedi eu dewis gan y porthmyn. A chan fod y teithiau ymhell a'r ffyrdd yn eirwon yr oedd yn rhaid pedoli'r ebolion a'r da cyn cychwyn. Byddai gof pentref Maenclochog yn gofyn cymorth y gofied cymdogaethol cyn dydd y ffair, am fod pedoli'r da yn waith anhawdd iawn. Yr oedd yn rhaid cwympo'r anifail drwy osod rhaff am ei goesau, a'i ddal ar y llawr, yna byddai'r gof yn gosod llafn o haearn tenau ar bob carn wedi eu sicrhau â hoelion. A chan fod yr anifail yn fforchogi'r ewin yr oedd yn rhaid rhoi dau lafn o haearn ar bob troed.

Yr oedd y porthmyn yn cyflogi dynion yn y ffair at y gorchwyl o yrru, a chan fod lladron pen-ffordd i'w cael yr adeg honno, ymddiriedent eu haur a'u harian i'r dynion oedd yn gyrru'r da. Gan eu bod yn dlawd fel rheol yr oedd yn fwy annhebyg i'r lladron i ymosod arnynt nag ar y porthmyn, pa rai oedd yn marchogaeth ar geffylau.

Yr oedd llociau defaid ar ochor bob clawdd o ben rhiw'r Felin i fyny hyd yr Efail. Defaid ac ŵyn o'r mynyddoedd oedd y rhain gan amlaf a ffermwyr o waelod Sir Benfro oedd yn eu prynu. Ond yn ddiweddarach wedi i'r gledrffordd ddod hyd Narberth Road (Clunderwen yn awr) deuai yno brynwyr o Forgannwg, Mynwy a Brycheiniog, a hefyd rai o siroedd Lloegr.

Cedwid hen ffeiriau Maenclochog am ddau ddiwrnod yn olynol. Cedwid ffair foch drannoeth i'r ffair dda a cheffylau. Yr oedd rhesi o geirt a pherchyll ar ochor y ddwy ffordd sydd yn mynd drwy'r pentref. Yr oedd y moch mwyaf neu'r 'porkers', ar y ddau gwmin (neu fanc), un ochor isaf a'r llall ochor uchaf wal fynwent yr Eglwys. Llanwent y ddau fanc, pob un ohonynt â rheffyn am ei goes ac yn bwyta ychydig geirch neu farlys fuasai ei berchennog yn taflu iddo er mwyn ei gadw yn dawel, hyd nes byddai'r porthmon yn dod heibio i'w brynu. Nid wrth y pwysau fel yn awr yr oeddynt yn prynu adeg honno ond wrth y lwmp, a rhwng y bargeinio brwd a sgrechiadau'r moch, yr oedd y ffair fel bedlam fawr.

Deuent yno i brynu moch o bob rhan o Gymru. Yr un fwyaf enwog am brynu yn hen ffeiriau Maenclochog oedd Pheobe Nicholas o Gastell Nedd, oedd yn enedigol o Bernard's Well Isaf. Yr oedd yn fenyw enfawr o gorff a gallasai godi mochyn chwe ugain pwys a'i daflu yn rhwydd dros yr olwyn i gist y cart. Cerddai drwy'r ffair fel brenhines ar holl hil Gadara

Yr oedd canu a gwerthu baledi yn gyffredin yn hen ffeiriau Maenclochog. Testunau'r baledi gan amlaf fyddai hanes tanchwa mewn rhyw bwll glo, llong wedi ei suddo neu ddamwain ar reilffordd. Yn ddiweddarach y testunau fyddai Dic Penderyn, Morgan Bach a'r bwthyn bach to gwellt. Yr un mwyaf enwog am ganu baledi yr amser hwnnw oedd un o'r enw Levi Gibbon, yr hwn oedd yn brydydd ac yn gerddor. Cyfansoddai ei faledi ei hun, yr oedd yn canu ei faledi a chwarae crwth ar yr un pryd. Yr oedd hefyd yn ddall a chawsai ei arwain oddi amgylch y ffair gan ei ferch. Dyna'r ffordd yr enillai ei fywoliaeth a phrynai pawb braidd faled ganddo o ran tosturi.

Yr oedd bron bob tŷ yn y pentref ar adeg y ffeiriau yn troi'n dafarn smwglyn. Byddent yn macsi cwrw a'i werthu yn rhatach na'r tafarnau trwyddedig. Pobent hefyd gacau (buns) i'w gwerthu, a rhwng gwerthu cwrw a chacau yr oeddent yn gwneud masnach dda. Byddai tafarnau o'r ardaloedd cylchynol yn codi pebyll at werthu cwrw. Deuent yno o Crosswell, Tafarn Bwlch, Llandysilio a lleoedd eraill, a chan fod yno gymaint o gwrw yr oedd yno hefyd lawer o feddwi, a thrwy hynny lawer o ymladdfeydd. Codai plwyf yn erbyn plwyf a byddent yn ymladd â phastynau a byddai llawer yn mynd o'r ffair wedi eu hanafu'n dost. Ond pan oedd dirwest yn dechrau ymledu dros y wlad, fe gododd dyn o'r enw Alfred Howell babell yn y ffeiriau i werthu bwyd a the.

Yr oedd yno stondinau fel y'u gelwid hwynt i werthu pob math o nwyddau. Deuai gwerthwyr gwlanen yno o'r ffactrïoedd cylchynol ac o ffactrïoedd Drefach, Sir Gaerfyrddin ac o Drewindsor, Sir Aberteifi. Gwerthid brethyn cartref, edafedd a gwlanenni. Yr oedd Owen Jones o Landudoch a Dan Jones o Bont Cynon, Sir Aberteifi, yn dod i'r hen ffeiriau i werthu llestri coed. Edward Davies o Gaerfyrddin oedd yn gwerthu hetiau uchel ac roedden nhw'n ffasiynol iawn gan y merched yr amser hynny. Adwaenid ef wrth yr enw Defis yr Hatiwr. Llestri pridd a werthid gan David Hughes o Gaerfyrddin, ac yn ddiweddarach deuai Jacco Abergwaun yno i werthu teganau, Ruskin o Hwlffordd i werthu ffrwythau a melysion, a Bartholomew o Hwlffordd yn gwerthu losin ag un llaw a sgadan â'r llaw arall. Yr oedd yno lawer o fynd ar almanaciau yn arbennig *Almanac Huw Francis,* yr un cyntaf i gael ei gyhoeddi yn Gymraeg ac fe'i cyhoeddwyd gyntaf yn 1608. Ar ôl hynny daeth *Almanac Francis Moore*, yr hwn a werthid hefyd yn yr hen ffeiriau.

Prif ddifyrrwch bechgyn ar ddiwedydd yr hen ffeiriau oedd ardal y chwarae coits a hynny am y gorau ag ardal neu blwyf arall. Byddent yn ymgodymu, taflu a chodi pwysau, a'r merched yn cael difyrrwch wrth edrych arnynt. Yn ddiweddarach y daeth Tommy Hill, Hwlffordd, â'i geffylau bach a phoni yn eu tynnu oddi amgylch. Hwy oedd y rhai cyntaf i ddod i Ffair Maenclochog. Cedwid yr hen ffeiriau bob mis, ond ym misoedd Ionawr a Chwefror, fel ag y gwneir yn awr. Ond nid yw'r rhai presennol i'w cydmaru mewn maint na masnach â hen ffeiriau y dyddiau gynt. Gellir ysgrifennu 'Ichabod' uwch eu pennau canys eu gogoniant a ymadawodd.

Diwrnod ffair ar ddechrau'r ganrif ddiwethaf a phrysurdeb yng Ngwesty'r Castle

Fair day at the turn of the last century and a busy Castle Hotel

Brethyn Mân y Defaid Mân

John Evans

Hyd at ryw ddeng mlynedd ar hugain yn ôl yr oedd Maenclochog yn enwog iawn ymysg amaethwyr Cymru am ei ffeiriau. Dywedir bod y rhai hyn yn mynd yn ôl hyd at deyrnasiad y Frenhines Elizabeth, ond tebyg nad oes dim o hanes y rhai cyntaf ar gael erbyn hyn. Yn llyfr Fenton *Tours Through Pembrokeshire 1810*, ceir y frawddeg hon: 'It is remarked that there is a greater number of fairs here than in any other part of the country'.

Yr oedd amryw o'r ffeiriau yn dwyn enw nodweddiadol yn ei chysylltu â thymor y flwyddyn fel Ffair Gŵyl Ddewi ym mis Mawrth, Ffair Gynhaeaf Gwair ym mis Gorffennaf, Ffair Gwyl Fihangel ym mis Medi a Ffair Gŵyl Luc ym mis Hydref. Y mae Ffeiriau Maenclochog, fel pob peth arall, wedi newid llawer a gwaetha'r modd erbyn heddiw wedi peidio â bod i raddau helaeth iawn. Mart yw pob peth bellach ond nid ydynt mor ddiddorol o'r hanner â'r hen ffeiriau pan oedd pawb yn bargeinio gorau byth y medrent hyd y geiniog eithaf.

Pan oedd y ffeiriau hyn yn eu bri yr oeddynt yn cyrraedd o Dynewydd ym mhen uchaf y pentref hyd at Step Inn yng ngwaelod y pentref a hefyd ar hyd y ffordd i ben Rhiw'r Felin i gyfeiriad y dwyrain. Roedd yr anifeiliaid a'r dynion mor dynn i'w gilydd fel nas gallech bron symud rhyngddynt. Deuai'r creaduriaid o ledled y tair sir a phellach. Roedd yma geffylau o bob math, ieuanc a hen, mawr a bach, a rhai ohonynt yn bleser i'w gweld, a phrynwyr yno o bob rhan o Gymru ac o Loegr hefyd. Diddorol oedd gweld ambell i hen Gymro uniaith yn ceisio taro bargen â Sais rhonc a hwnnw yn treio dangos â'i fysedd faint oedd yn fodlon dalu am geffyl. Yr oedd diffyg iaith yn fwy o broblem gan wŷr y ceffylau na chan bobl y da, y moch a'r defaid am fod cymaint o'r prynwyr ceffylau yno o Loegr. Dywedir bod mwy o geffylau wedi eu danfon i Loegr yn y blynyddoedd cynt o ffeiriau Maenclochog nag o unman arall yng Nghymru.

Roeddwn yn siarad beth amser yn ôl â hen gyfaill ac roedd yn dweud ei fod wedi cerdded gwartheg fwy nag unwaith o Landysul i Ffair Maenclochog pan oedd yn grwt gyda'i dad. Roeddynt yn ceisio cyrraedd o fewn ychydig filltiroedd i'r pentref nos cyn y ffair ac os yn bosibl troi'r da i mewn i dir rhyw ffermwr caredig dros y nos. Bu'r brawd hwn yn llwyddiannus bob tro i gael cysgod iddo'i hun a phorfa i'r da. Nid felly roedd hi ar bawb. Roedd llawer yn gorfod aros ar y ffordd yng nghesail clawdd dros nos ac ailgychwyn fore trannoeth gyda'r wawr heb gau amrant.

Erbyn bore'r ffair yr oedd da lawer yn y pentref, y gwartheg a'r lloi yn dipyn gwahanol eu pris i'r hyn ydynt heddiw, a da stôr o bob math, rhai ohonynt yn dair a phedair blwydd oed. Does dim o'r rhain i'w gweld yn yr ardaloedd hyn heddiw. Da duon Castell Martin, hen stoc y sir, oedd y cyfan bron. Nid oedd llawer o sôn am y Shorthorn, y Friesians a'r Herefords y pryd hwnnw.

Mewn ambell ffair ym misoedd yr haf, a'r hin yn boeth iawn, deuai'r robin gyrrwr heibio i aflonyddu ar y da; dyna gynffon i fyny'n syth ac anifail ar garlam gwyllt yn agor llwybr iddo'i hun drwy ganol y ffair. Dyna un arall yn ei ddilyn ac un arall nes oedd y cwbl yn gymysgfa fawr. Dyna lle'r oeddem ni y plant yn cael cyfle i ddefnyddio'r pastwn wrth geisio helpu i gael pethau yn ôl i drefn. Fath hwyl gawsom wrth y gwaith a'r fath bleser oedd derbyn ein tâl wedi gorffen. Wrth geisio helpu hwn a'r llall cafwyd llawer ceiniog.

Prin bod eisiau dweud lle'r aeth y ceiniogau hyn yn union wedi eu hennill. Ymhen ychydig eiliadau yr oedd 'bull's eye' neu rywbeth tebyg yn gwthio boch pob un ohonom allan fel petai'r ddannodd wyllt arnom ers dyddiau. Rhywbeth arall a roddai llawer iawn o bleser i ni fel plant hefyd, a chyfle arall i ddefnyddio'r pastwn, oedd gwylied y moch ac nid oedd prinder moch yno chwaith. Pan fyddai ambell i fochyn yn mynd yn afreolus byddai ei berchen, hen wraig efallai, yn cosi tipyn arno er ei dawelu. Pe na bai hynny'n llwyddo, yn fynych roedd gan yr hen wraig fag bach neu efallai boced fawr o dan ei gŵn yn llawn o india corn. Os taw yn y boced y byddai'r corn fe welech y gŵn yn mynd lan a mas a dyrnaid i'r mochyn. Tebyg iawn y deuai rhyw fochyn arall ymlaen i gael siâr o'r corn, ac yn fynych iawn byddai hynny'n arwain at eiriau poeth rhwng y perchnogion, er llawer o ddifyrrwch i'r rhai a oedd yn gwrando. Dyna fel yr oedd hi drwy'r dydd gyda gwŷr y moch.

Yn ffeiriau misoedd Gorffennaf, Medi a'r Hydref yr oedd yno gannoedd lawer o ddefaid, defaid bach y mynydd gan fwyaf, a llawer iawn o'r rheiny wedi cyrraedd cyn dydd. Yr oedd amryw o'r pentrefwyr wedi gofalu bod yno lociau yn barod i ddal y defaid am dâl o chwe cheiniog y lloc. Dyna lle'r oedd golygfa, gweld nifer fawr o'r defaid wedi cymysgu â'i gilydd, a'r perchnogion yn ceisio eu gwahanu gyda chymorth y cwn. Fath gŵn oeddynt hefyd a'r fath bleser gaed yn eu gwylio wrth eu gwaith. Yn wir, yn fynych ceid llawer mwy o synnwyr ymhen y ci nac ymhen ei feistr, ond yn fynych hefyd byddent yn ymladd â'i gilydd a gadael y defaid yn un gymysgfa bendramwnwgl, a'r perchnogion yn rhegi a ffraeo â'i gilydd. Wedi cael trefn ar bethau yr oedd pawb eto yn gyfeillion a'r naill yn helpu'r llall i gael y fargen orau.

Yn ogystal â'r anifeiliaid, yr oedd yn y ffeiriau hyn hefyd amrywiaeth o bethau eraill. Ar y banc uchaf ceid pebyll, rhai yn gwerthu bwyd a'r lleill yn gwerthu cwrw. Roedd prysurdeb brwd yn y pebyll hyn drwy'r dydd, ac ambell i dro pan fyddai pabell yn orlawn, byddai rhywun neu'i gilydd yn cael ei wasgu yn erbyn yr ochr nes gwelid ei ffurf drwy'r canfas. Yna byddai rhyw grwt direidus o'r tu fas yn rhoi ergyd iddo â'i bastwn a ffwrdd ag ef nerth ei draed.

Bryd hynny byddai pawb yn gwisgo 'brethyn mân y defaid mân' ac ymhob ffair yr oedd ffatrïoedd gwlân y cylch yn cael eu cynrychioli, pob ffatri â'i stondin a phob stondin yn ganolfan masnachu brwd. Roedd nifer fawr o stondinau losin, ac yn fynych iawn ceid bocs neu ddau o sgadan ar yr un stondin, a'r un dwylaw yn trin y sgadan a'r losin, ond pa wahaniaeth, roedd pawb wedi ymgolli cymaint ym miri a sbri y ffair. Braidd yn wan oedd masnach y rhai hyn efallai, hyd nes roedd dylanwad cwrw'r pebyll yn cael ei effaith.

Ffair mis Medi neu a rhoi'r enw mwyaf cyfarwydd Ffair Gytuno oedd y pwysicaf o holl ffeiriau'r flwyddyn. I hon y deuai'r ffermwyr i chwilio am weision a morwynion am y flwyddyn nesaf. Un tro, yn ei anwybodaeth, ceisiodd un gyflogi mab ffermwr, 'Oes eisiau lle arnat ti machan i?' meddai. 'Na wes, arna'i,' atebai'r crwt yn sarrug wedi ei glwyfo'n fawr. 'Mab ydw i.' Tipyn o sarhad i fab fferm oedd cael ei gyfri'n was. Bellach mae'r ysbryd hwn yn gyflym ddiflannu a diolch am hynny.

I'r ffair hon hefyd y deuai rhai oedd newydd briodi i brynu rhai pethau angenrheidiol i'w rhoddi yn eu cartrefi newydd. Derbynient hefyd lawer o anrhegion priodas gan eu cyfeillion am fod yna gyfle i'w prynu. Llwythog iawn a hapus y buasai'r pâr ifanc yn mynd adref y noson honno wedi treulio diwrnod wrth eu bodd.

Roedd yna hefyd 'cheap jacks' yn crochlefain ar draws y lle yn gwerthu basgedi, pysgod, llestri pridd, teganau o bob math a nwyddau o waith saer a hwper, ac yno roedd Shoni Winwns hefyd yn ei dro yn gwthio ei raffau ar bawb yn ddiwahân. Yno hefyd roedd yr hen ganwr baledi yn adrodd a chanu ei stori bob yn ail. Baich o ganeuon dan ei fraich a dwy neu dair ohonynt wedi eu gwthio o dan ruban copa'i het. Ni chaed diwedd na therfyn ar ei gleber nes gwerthu'r olaf ohonynt.

Tua diwedd y ganrif ddiwethaf dechreuodd pobl y shows ddod yno ac yn eu plith Tommy Hill â'i geffylau bach. Ar y cychwyn byddai Tommy yn gorfod troi olwyn fawr i gael y ceffylau bach i droi. Yn ddiweddarach, roedd miwlen yn gwneud y gwaith, a honno wedi ei dysgu mor dda nes oedd bron bod yn gwybod sawl gwaith oedd rhaid iddi fynd oddi amgylch am geiniog. Wele hefyd y 'Three Balls a Penny', y 'Shooting Galleries', y 'Coconut Shies' ac yn ben ar y cwbl, 'Try Your Strength'. Dyna lle roedd cewri'r ardal yn herio'i gilydd ac fel roedd y dydd yn mynd ymlaen, roedd nerth ambell un yn gwanhau dan effaith gwirod y pebyll nes o'r diwedd byddai'r morthwyl yn rhy drwm i'w godi.

Mewn rhyw gornel gerllaw safai 'Boxing Booth' Billy Samuel a golygfa chwerthinllyd oedd gweld ambell un yn dod allan â'i drwyn fel tomato neu un arall bron bod bob lliw bwa'r ach. Mae'n debyg fod Billy Samuel wedi cadw draw o ffeiriau Maenclochog am gyfnod ar ôl iddo gael ei drin drwy'r felin gan ryw of o'r ardal.

Arferiad rhyfedd gan bobl yr ardal oedd setlo pob ffrae yn ffair Maenclochog. Yn fynych iawn roedd bechgyn un ardal yn codi yn erbyn bechgyn ardal arall ac roedd llawer o baratoi ar gyfer y dydd mawr. Aed i'r allt cyn y ffair i dorri pastwyni ac nid oedd arbed ar ei defnyddio ddydd yr ornest. Am nad oedd llawer o goed yn tyfu yn ardal Maenclochog, gan fechgyn yr ardal honno oedd y pastwyni gorau am fod rhaid iddynt wastad ddefnyddio pren sych. Tra gwahanol oedd hi yna ardal Y Mot, Llan-y-cefn neu Gwmgwaun lle ceir llawer o elltydd. Yno aed mas efallai y noson cynt ac felly pren glas a ddefnyddid yn y sgarmes a hwnnw'n mynd yn ddellt, a thrwy hynny mynych gollid y dydd.

Pe byddai rhywbeth wedi ei golli neu ryw hysbysiad i'w wneud ddydd y ffair, yr oedd hen gymeriad yn y pentref yn barod at y gwaith, sef y crïwr swyddogol. Swllt i'r hen gyhoeddwr, ac fe'i gwelech yn mynd trwy'r lle dan ganu ei gloch, ac yn dechrau bob tro fel hyn, 'Gwrandewch bawb holl wŷr', ac ymlaen â'r neges. Un tro yn Ffair Gŵyl Mihangel, a chwmni o fechgyn gyda'i gilydd, digwyddodd un o'r cwmni golli ar y lleill yn y dorf. Gwelodd y bechgyn gyfle am dipyn o sbri, a bant â nhw at yr hen grïwr. Swllt i'r hen frawd am gyhoeddi bod Wil ar goll, a disgrifiad digrif a chwerthinllyd ohono. Gyda hyn dyna'r gloch yn mynd: 'Gwrandewch bawb holl wŷr', a'r cyhoeddiad yn dilyn, gan roi disgrifiad digrif o Wil. Gellwch ddyfalu sut y bu hi pan ddaeth y cwmni yn ôl at ei gilydd.

Gwerthid cwrw bron ymhob tŷ yn y pentref, heblaw cwrw'r pebyll, ar ddydd y ffair. O ganlyniad doedd pawb ddim yn mynd adref mor syth a llawer heb fod mor lân ei bilyn ag y daeth y bore hwnnw. Nid felly yr oedd pawb; âi rhai adref â'u llogellau'n llawnach, a'r lleill er yn sobr, â'u llogellau lawer yn wacach. Dyna fel roedd hi yn yr oes o'r blaen, pan oedd y ffarmwr yn gorfod byw ar gynnyrch y fferm heb gynhorthwy ariannol na llog oddi wrth y llywodraeth, a'r prisoedd yn isel iawn. Gwerthid treisiedi cyflog am ddwy bunt a chweugain i bedair punt yr un a llawer o ŵyn o'r mynydd am ryw bum swllt y pen. Er codi o'r prisoedd a gwella llawer o sefyllfa'r ffermwr, – y meistr a'r gwas – hiraethwn am yr hen amseroedd pan oedd llawer mwy o ddiddordeb a rhamant mewn bywyd cefn gwlad nag sydd heddiw, a gobeithion y daw rhyw newydd lewyrch eto i Ffeiriau Maenclochog.

The previous two contributions, by Tom Evans, Horeb, and John Evans, Huanfa, give a graphic description of Fair Days in Maenclochog when they were in their heyday. Both articles were probably written in response to Eisteddfod competitions since both authors were keen essayists. Both mention how the monthly fairs – all the year apart from January and February – would take up the whole of the village and beyond from Iet Wilym/Tynewydd to Step Inn/Cilmoor and from Galchen Fach to Ffynnon Fair. At the May Fair the stallions would be shown in all their glory and the September Fair, when young foals would be sold, was probably the most important, as it was then the farmers would engage their servants for the forthcoming year.

Every fair would be a busy time for smithies since even cows in those days had to be shoed for the long journey to other markets. Drovers would arrive from all over North and South Wales and some of the English shires. It was about the only time that a good knowledge of English was essential especially when dealing with the horse buyers. The cattle would all be Castlemartin Welsh Blacks and during the summer fairs one or two might suddenly bolt when disturbed by a gadfly. It would be the delight of children then, with their manly sticks, to chase and return the errant beast to its fold for a fee of a penny that would be soon spent, of course. The cacophony of noise and in particular the screeches and squealings of the pigs made the Fair akin to 'a large bedlam', according to Tom Evans.

One of the notorious buyers was Pheobe Nicholas from Neath who had been born at Lower Bernard's Well. She was an enormous woman and could easily lift and fling a 120lb porker into a cart. She walked through the fair as if she was 'the queen of the whole tribe of Gadara'. A pig would often be appeased by being given some maize by its owner. Another pig would join in the feast and would thus invariably lead to much consternation between the owners much to the delight of the onlookers.

Ballad singers were common place and the ballads would usually relate some tragedy at sea, on the railway or in the coal pits. The most famous of the balladeers was blind Levi Gibbon who composed his own material and sung to the accompaniment of his own fiddle. His daughter would lead him around the Fair and no doubt that in itself drew the sympathy and pity of the crowds and helped sales of the ballad sheets.

Almost every household brewed beer for the occasion to be sold cheaper than in the licensed pubs and tents and was poured from teapots. A myriad of stallholders from afar would sell flannels, cloth, wooden utensils, crockery, high hats that were fashionable among women, fruit, confectionery, mackerels and almanacs. Various cheapjacks would be present as well as Johnny Onions, Tommy Hill's Travelling Fair and Billy Samuel's Boxing Booth. According to John Evans the 'Booth' kept away from Maenclochog for a period after a fracas between Billy Samuel and a local smithy. He also says a Village Crïer would be employed to relay any news or publicise events. Sometimes he would be asked to loudly describe some person who had reputedly become lost in the crowds – a false and not too complimentary a description would have been given by the pranksters. Quoits would be played and young men would engage in various trials of strength, which would greatly diminish as the day wore on, and the effects of excessive drinking took its toll. The young girls would take much delight in watching these events. Another feature would be the settling of feuds between neighbouring areas as hordes of young men would use sticks to pummel each other.

☆☆☆☆

Dou hen frawd yn byw gyda'i gilydd wêdd Twm a Trefor ac yn ffond iawn o'u hanifeilied ond ddim bob amser yn gytunus â'i gilydd.

Dyma Twm yn dechre achwyn am Trefor wrth gydnabod ar sgwâr Maenclochog rhyw ddwarnod.

'Ma'r brawd 'na sy 'da fi yn gythrel penna weithie. Ma fe'n mynnu cadw'r holl gŵn a chathe 'na yn yr ystafell wely, a defed yn y gegin wedyn ni, a gafrod yn y parlwr. Ma'r lle hytrach yn drewi heb sôn am fod yn afiach,' taranai.

'Wel, pam na wnei di o leia agor y ffenestri,' medde'r cyfaill wrtho.

'Beth? A gillwn yr holl golomennod na sy da fi mas? Dim ffiars.'

Maenclochog

Mae llawer pentref poblog
I'w gael drwy Gymru enwog,
Ond nid oes un mor dlws i'm bron
A phentref llon Maenclochog.

Gall llawer pentref poblog
Ymffrostio fod yn enwog,
Ond nid oes un yn swyno'm bron
Fel pentref llon Maenclochog.

I mi mae harddwch bywiog
Fel pe mewn gwên ddihalog
Ym mhob rhyw gongl ger fy mron
Yn ardal gron Maenclochog.

Yr wyf mewn ysbryd ffrostiog
I'r lle'n rhoi clodydd gwresog;
Fy ngeni ges i'r ddaear hon
Yn ardal lon Maenclochog.

Blynyddau cyntaf bywiog
Plentyndod a'u ffyrdd rhiwiog,
Fwynheais i yn iach fy mron
Yn ardal lon Maenclochog.

O! dymor gwir dihalog
Oedd dyddiau maboed bywiog,
Pan nad adwaenwn gur i'm bron
Yn ardal lon Maenclochog.

Mae cerddi'r llu asgellog
I mi fel pe'n fwy bywiog,
Ac fel pe'n fwy o swyn i'm bron
Yn ardal lon Maenclochog.

I mi yn fwy dihalog
Mae gwisgoedd anian fywiog,
Pan wena'r haul o'r entrych llon
Ar ardal gron Maenclochog.

Fel iorwg gwyrdd yn fywiog
Yn dal am bren yn ffrostiog,
Y mae adgofion pur fy mron
Yn ardal lon Maenclochog.

Disgynned llwydd dihalog
A gwenau hedd yn wlithog,
Er gosod coron brydferth gron
Ar ardal lon Maenclochog.

I'r ardalyddion bywiog
Boed Duw yn noddydd gwresog,
Ac eiddo byth i'r Iesu llon
Boed ardal gron Maenclochog.

L. Glasnant Young

Ganwyd yr awdur ym Maenclochog yn un o bedwar o frodyr a ystyrid yn bregethwyr nodedig o fewn enwad y Bedyddwyr. Cyhoeddwyd y gerdd yn un o rifynnau *Y Piwritan Newydd* ym 1906.

The author was born in Maenclochog and was one of four brothers who were regarded as notable preachers within the Baptist ministry. The poem in praise of Maenclochog was published in an issue of 'Y Piwritan Newydd' in 1906.

''Falle bod past 'da fe, Syr'

T. L. Jones

Mae diddanwch yn y cof. Ynddo ef y mae'r hanes agosaf; ynddo ef yr huna'r digwyddiadau mwyaf real. Y maent yn fwy cyffrous na storïau ffug ac operâu sebon y teledu. Wedi i henaint a llesgedd amharu ar weithgareddau'r corff y mae'r cof yn atgynhyrchu campau a phrofiadau mebyd.

Ni fedraf innau edrych yn ôl heb weled hen ysgol Nant-y-cwm a hynny yn y cyfnod pan oedd y disglair, T. H. Evans, Thomas Henry neu T.H. i drigolion yr ardal yr adeg honno, yn Brifathro arni. Y mae'r adeilad yn sefyll o hyd ac yn cael ei ddefnyddio fel ysgol o dan ddelfrydau'r Almaenwr, Rudolf Steiner.

Am ran helaeth o'u hamser mae'r plant yn dilyn ac yn datblygu eu diddordebau eu hunain yn hytrach na disgyblaeth orfodol academaidd. Fe ellid hawlio fod system o'r fath yn bodoli yng nghyfnod Thomas Henry. Yn fynych iawn yr oedd y prifathro a'r plant yn mwynhau'r un diddordebau a phryd hynny safent ar yr un llwyfan.

Unwaith, fwy nag unwaith efallai, ar brynhawn gwlyb, wedi iddo gael ei esgusodi i fynd i'r tŷ bach, dywedodd un o'r bechgyn hynaf wrth T.H. 'mae'r afon yn codi, syr.' 'Pa liw yw'r dŵr?" gofynnodd yntau. 'Mae'r dŵr yn frwnt, syr" oedd yr ateb. Aeth T.H. allan a phan ddychwelodd yr oedd yn gwisgo dillad oel, 'run fath â'r dyn â'r botel *Scott's Emulsion.* 'Rydw i'n cau'r ysgol yn gynnar,' meddai, 'fel boch chi'n galled croesi'r afonydd cyn bo nhw'n codi dros y glannau. Cerwch ar unwaith. Mae afon Pensarn yn beryglus dros ben.'

Hi oedd y lleiaf o'r ddwy afon ond yr oedd yn rhedeg yn fwy gwyllt ac yr oedd llwybrau heb ganllawiau ar y ddwy ochr iddi yn arwain at y bont. Onid oedd John Charlie wedi llithro oddi ar un o'r llwybrau hyn? Trannoeth, fe gafwyd ei gorff ar Waun Troed-y-rhiw. Yr oedd gwialen bysgota yn pwyso yn erbyn talcen Tŷ'r Ysgol.

Gofynnodd yr un bachgen, rhyw dro arall, am gael mynd adref yn gynnar er mwyn mynd mas i bysgota. 'Mae digon o amser cyn nos,' atebodd T.H., 'a pheth arall, mae'n bwrw'n rhy drwm ar hyn o bryd i chi ddala dim'. 'Ond bydd rhaid i fi whilio am fwydon, syr', atebodd y crwt. Ymhen tipyn dywedodd ei gyfaill, 'mae'r glaw wedi slaco, syr'. Trwy'r ffenest fe welodd T.H. fod y bachgen yn iawn a meddai, 'Walter, gofynnwch i Mrs Evans am ddau bot jam a cerwch lawr i'r allt i whilio am fwydon. Fe ddylech gael digon o dan y dail pwdwr. Pigwch y rhai mwyaf tywyll'. Nid fod angen cyfarwyddyd ar Walter yn y maes hwn o'i addysg.

'Ddaloch chi'n weddol neithiwr, Walter?' gofynnodd T.H. trannoeth. 'Dim byd, syr,' meddai Walter. 'Fe golles i dri bachyn'. 'Pysgodyn mowr, falle,?' holodd T.H. 'Llysywen we Dat yn feddwl,' meddai Walter. 'Beth amdanoch chi syr?' Yr oedd ef wedi codi tua hanner dwsin o bysgod mân, a'u taflu'n ôl i'r dŵr. 'We Dafi Llewelyn Edwards yr ochr arall i'r afon,' meddai, 'yn codi brithyllod graenus glits glats'. 'Falle bod past 'da fe, syr,' meddai Walter.

Aeth tawelwch syfrdanol trwy'r ystafell; yna dywedodd T.H. yn bwyllog ac yn bendant, 'Na 'dyw Dafi Llewelyn Edwards ddim y teip o ddyn fyse'n iwso past'. Gwyddai Walter yn eitha da ei fod e'n rong. Yn wir, gwyddai T.H. hynny hefyd ond yr oedd yn rhaid iddo amddiffyn enw da ei gymydog o flaen y gweddill o'r dosbarth. Trosedd yn erbyn y gyfundrefn oedd pysgota heb drwydded. Yr oedd iwso past yn drosedd yn erbyn ei gyd-bysgotwyr.

Dafydd Llewelyn hefyd oedd enw perchen yr allt a oedd rhynt yr ysgol a'r afon. Yn ffinio â'r allt roedd gardd yr ysgol. Fel yr oedd y tywydd yn cynhesu yr oedd yn rhaid meddwl am ryw ystryw i ddianc o gaethiwed y 'school-room' i ryddid yr ardd, nid fod gwaith y dosbarth byth yn feichus o dan arglwyddiaeth T.H.

Y patrwm arferol oedd dod ag adroddiad dyddiol ar erddi'r ardal fel, 'Mae Dafi Dangraig wedi gosod tato, syr' a holi'n uniongyrchol ymhen rhyw ddiwrnod neu ddou, 'synnoch chi'n meddwl fod hi'n bryd i ni gydio yng ngardd yr Ysgol, syr?' Byddai ef yn cydsynio. Yn ôl y drefn arferol ar ôl marco cofrestr yr ysgol, marc coch i'r rhai cynnar a marc du i'r rhai hwyr a nôt i'r rhai absennol, aethai T.H. yn ôl i'r tŷ i gael ei frecwast. O leiaf, dyna a dybiem achos yr aroglau ffreio bacwn o gwmpas yr iard. Hwn oedd y cyfle i'r garddwyr i gilio bob dydd o'r dosbarth i lonyddwch yr ardd.

Eto nid oedd segurdod llwyr yn ddeniadol i'r garddwyr ac o ddydd i ddydd aeth yr ardd yn fwy trwy dresbasu ar allt Dafydd Llewelyn. Yn ei dro fe achwynodd yntau wrth T.H. – yn Eden fwy na thebyg. 'Eden' oedd yr enw lleol ar dafarn plwyf Llan-y-cefn. Heb fod ymhell oddi yno yr oedd 'Yr Aifft' a 'Chanan'. Darbwyllwyd Dafydd Llewelyn gan T.H. rhag pryderu. Yr oedd y Pwyllgor Addysg eisoes yn ystyried prynu darn o'r allt er mwyn ehangu gardd yr ysgol a byddai'r Pwyllgor yn talu pris teg, yn wir, pris hael amdano.

Dros y penwythnos aeth T.H. ati i lunio yn ei Saesneg gorau – ac yr oedd ei Saesneg gorau yn wych – lythyr i'r Pwyllgor Addysg a fyddai'n dylanwadu ar yr aelodau o Loegr Fechan. Defnyddiodd ei gamp ddadleuol fwyaf grymus ac roedd yn brofiadol yn hyn. Nid yn hollol ddielw iddo'i hunan y bu'n areithio'n gyson ar lwyfan y Blaid Ryddfrydol ar adeg etholiadau.

Yr oedd yr ardd yn rhy fach i drefnu addysg brofiadol ddigonol ar gyfer pedwar ugain o blant. Yr oedd y perchen yn cydnabod nad oedd y tir yn llawer iawn o werth iddo yntau ac yr oedd yn barod i daro bargen am bris rhesymol. Teimlai, er hynny, y byddai'r Pwyllgor, yn ôl ei arfer, yn dewis talu pris teg. Araf oedd y drafodaeth ar y llythyr. Yr adeg honno yr oedd cymaint o ddyletswydd ar awdurdodau lleol i gadw'r dreth yn isel ag yr oedd arnynt i wella safon addysg. O'r diwedd gofynnodd y cadeirydd, 'Mr Evans, perhaps you know the garden?' Atebodd yntau, 'No, I can't say that I know the garden, but I know the gardener'.

Bu'r ychwanegiad at yr ardd yn fendith i'r ysgol, a hynny nid o safbwynt addysg. Yn y cyfnod hwnnw yr oedd tlodi'n gyffredin. Deuai pedwar, pump ac weithiau chwech o blant i'r ysgol o'r un teulu, a phob un yn cario bag yn cynnwys tafell neu ddwy o fara ymenyn gyda jam, neu afal, pan oedd y danteithion hyn ar gael. 'Ginger Beer' mewn potel *HP Sauce* oedd ganddynt i'w yfed yn yr haf, neu'r hyn oedd ar ôl ohono wedi i'r botel saethu ei chorcyn.

Yn y gaeaf carient jack o de gan ei aildwymo ar bentanau un o'r ystafelloedd. Nid oedd pentan y 'schoolroom' yn werth at ddim arall ond yn y 'classroom' yr oedd dau bentan brics llydan, digon o faint i ddal sosban. Ar y pentanau hyn y corfforwyd gwasanaeth bwyd yr ysgolion, nid yn unig yn Llan-y-cefn ond yn Sir Benfro'n gyfan.

Am geiniog yr wythnos yr oedd pob plentyn yn deilwng i gael basned o gawl twym ganol dydd. Yr oedd tato ac erfin a garets a chennin a chabej a phersli yng ngardd yr ysgol, ac fe brynwyd cig ac esgyrn i gynhyrchu'r hyn mae'r llyfrau coginio yn ei alw yn 'stock'. Trefnwyd cyngherddau a dramâu ac eisteddfodau i chwyddo trysorfa fechan y clwb cinio. Yr oedd T.H. eisoes yn amlwg ym myd drama.

Alun Williams y BBC fu'n gweinyddu yn ei wasanaeth angladdol ym Mharc Gwyn – yn ôl cyfamod rhyngddynt y byddai'r hwn a oroesai yn gweinyddu yn angladd y llall.

The above article relates the delight that T. H. Evans, one time headmaster at Ysgol Nant-y-cwm, took in fishing. If there was the slightest concern the rivers would overflow because of torrential rain, he would send the children home early, lest they would be unable to cross some of the bridges. He would even nurture the children's delight in catching fish and would commandeer the keenest to search for suitable worms to be used as bait and to be shared with the headmaster.

One morning Walter told T. H. Evans that the previous night's fishing expedition had been completely futile. He had even lost his hook possibly to an eel. The headmaster's experience was similar in that he had only caught small fish that he had thrown back into the river. Walter related that Dafi Llewelyn Edwards, however, had caught numerous trouts and ventured the information that perhaps he was using 'paste'. There was a pronounced silence in the classroom as T.H. announced that Dafi would never use 'paste', but Walter knew otherwise. In fact T.H. knew that his neighbour used the illegal bait as well but he felt duty bound to defend his good name.

The headmaster would also encourage the boys to work in the school garden and they were often glad to escape from the classroom. The garden was enlarged when the education authority purchased some of the surrounding land from Dafi Llewelyn. The arrangement had probably been hatched by the owner and the headmaster during their regular discussions at the tavern known as Eden in Llan-y-cefn. The produce from the garden supplemented the regular cawl given to the pupils for the princely sum of a penny per week.

T.H. later, of course, became a renowned actor and his portrayal of the Revd Eli Jenkins in Dylan Thomas' 'Under Milk Wood' is still remembered. BBC presenter Alun Williams officiated at his funeral at Parc Gwyn Crematorium. Both had made a pact that whoever died first then the other would officiate at his funeral.

Melchiors, Llandeilo Isaf

Edmygwr

Fe ddywed hanes mai o'r Iwerddon y daeth y cyntaf o'r teulu. Daeth dau gyfaill drosodd, gof oedd un ohonynt, a hwnnw oedd y cyntaf o'r teulu. Roedd hyn tua 1250-1300. Nid yw yn fy mwriad i olrhain dim o'i hanes nac am genedlaethau ar ei ôl ond dod i lawr at y genhedlaeth olaf o'r teulu. Er fod y teulu wedi marw allan, mae ei hanes yn werth ei gadw mewn cof, ac fe ddylai fod o ddiddordeb i'r oes bresennol. Ar wahân i hynny, mae yn batrwm inni o deulu crefyddol a charedig, yn barod eu cymwynas i bawb.

Roedd cymaint o groesaw i'r cardotyn o'r ffordd fawr ac oedd i'r cymydog neu'r ffrind gorau. Golud a chyfoeth yn cyfrif dim. Yn yr hen amser peth cyffredin oedd gweld o ddeg ar hugain i ddeugain o gardotwyr yr heol yn cael llety yma, a byddai yr hen bobl yn cario bwyd allan iddynt cyn cysgu a pheth cyntaf borau trannoeth. Doedd dim dogni yn yr amser hyn. Personau digrif oedd llawer ohonynt fel Jim Herrington, Twm Barels, Jack Aberteifi a Nancy Rowlands, a llu o rai eraill. Fe ddeuent yno o wahanol ffyrdd. Bu rhai yn dod mewn trol ac asyn, eraill yn cael eu cludo mewn rhyw fath o *push chairs* oherwydd anallu i gerdded. Peth digon cyffredin yr adeg hyn oedd gweld wahanol fathau o grefftwyr neu weithwyr yn dod yma am lety – un i atgyweirio offer y ceffylau, teiliwr, ac un arall yn dod i doi y cnydau.

William Melchior oedd enw tad y genhedlaeth olaf. Bu'n briod ddwy waith, gyda Letitia a Mary. O'r ddwy wraig fe anwyd pedwar o fechgyn a phedair neu bump o ferched, a bu pob un ohonynt yn golofnau yn yr ardal ac Eglwys Llandeilo. Nid wyf yn synnu am hyn, gan fod cystal hanes i'w tad. Fe ddywed ei garreg fedd ym mynwent Llandeilo ei fod wedi bod yn aelod ffyddlon o'i febyd, ac yn un o golofnau yr achos am flynyddoedd lawer. Yr oedd ynddo y fath ymdoddiad o rinweddau, nes ei wneud yn annwyl a pharchus gan bawb. Ar ôl y dystiolaeth yna hawdd credu fod ei ddylanwad yn amlwg ar ei blant. Dyma sydd ddiffygiol heddiw. Bu farw y dyn da hwn ym 1886, yn drigain ac wyth oed.

Bu Caleb y mab hynaf ond un yn fasnachwr yn y Castle ym Maenclochog, ond daeth angau heibio a bu farw yn ddyn ieuanc naw ar hugain oed. Ni fu Tommy o'i gartref erioed; efallai nad oedd yn ddigon cyfrifol i fynd ar ei ben ei hun. Priododd Arthur â Margaret, merch y Posty, a buont yn ffermio yn Cwarter Cefn am flynyddoedd cyn dychwelyd i Landeilo Isaf. Roedd hwn eto â'r un hanes da iddo, a bu'n swyddog a thrysorydd yn Llandeilo.

Yn awr deuaf at William, a gadewais ef hyd yr olaf, am ei fod wedi rhoi mwy o'i wasanaeth nag un o'r lleill. Bu yntau hefyd yn swyddog ac ysgrifennydd Llandeilo am flynyddoedd. Mae ei ddylanwad yn aros hyd heddiw yn enwedig ar y plant a fu dan ei ofal yn Llandeilo. Ni chafodd plant un Eglwys erioed well athraw arnynt yn ieuanc a dyna fraint yw honno. (Bûm yn anffodus gan mai ychydig o amser a gefais dan ei ofal, ond mae cof gennyf amdano yn dysgu *Rhodd Mam* inni a phob plentyn â'i bennill neu adnod i adrodd yn y Gymanfa). Roedd yn ddyn dysgedig, hyddysg yn yr ysgrythur ac yn esboniwr da. Byddai'n pregethu ychydig hefyd. Fel gwneuthurwr ewyllysiau roedd sôn amdano. Bu farw yn ddyn cymharol ifanc yn 54 oed a chladdwyd ef yn Llandeilo yn Ionawr 1919. Colled fawr i ardaloedd ac Eglwysi yw colli dynion fel hyn, a'u colli mor gynnar mewn bywyd.

Fe allwn ddweud llawer yn rhagor amdano, ond ceisiaf arbed gormod o feithder. Gweddïwn ar i'r Arglwydd godi dynion fel hyn eto i lenwi lle yr hen dadau.

Nid yw yn fy mwriad i ysgrifennu dim am y merched yn unigol ond cofnodi eu bod wedi eu claddu gyda'r teulu. Bu rhai ohonynt yn briod. Dinah a Lucretia oedd y ddwy olaf i'w claddu. Merch ddi-briod fu Dinah a'r olaf i gario enw'r Melchior. Gellir rhoddi yr un dystiolaeth i'r merched ag i'r bechgyn. Cadwent draddodiad y teulu i fyny. Fe fagwyd un ferch gan Arthur a Margaret Melchior sydd yn cario'r enw Melchior heddiw ond nid yw o linach yr hen deulu hwn.

Cofiaf i un hen frawd ddweud wrthyf fod i sipsi broffwydo am y teulu na fuasent farw yn y gwely, ac mae ychydig o wir yn y peth a ddywedodd. Bu farw William yn sydyn yn nhŷ'r gweinidog ym Maenteilo. Cafodd Arthur ei ladd gan darw ym mis Medi 1932, a bu Dinah farw yn sydyn wrth lanhau'r tŷ ym mis Mawrth 1936. Claddwyd Tommy ym mis Mai 1919 a Lucretia John yn Ionawr 1937. Erbyn hyn yr wyf wedi rhoi peth o hanes pob un ohonynt. Gallaswn fod wedi dweud llawer yn rhagor, ond credaf fy mod wedi cyffwrdd â rhai o'r prif bethau yn eu hanes. Arferai crydd o'r enw Beni Shams a oedd yn byw yn y Cware fynd i lawr yno bob dydd Calan, er mwyn iddynt gael gweld dyn yn gyntaf ar fore cyntaf o'r flwyddyn. Credid fod hyn yn arwydd o lwyddiant. Hefyd deuai'r un person a neidr fyw wrth ei chynffon iddynt cyn y cyntaf o Fai, er mwyn i un o'r teulu gael ei lladd gan fod hyn yn arwydd o flwyddyn lwyddiannus.

Buont yn cadw gweithwyr ar y fferm ar hyd eu hoes, a threuliodd dau eu hoes gyfan yn gweithio iddynt – William Rossiter, Llonwen, a Tom Morris o'r Noble. Tynnaf yn awr tua'r terfyn. Cefais flas mawr wrth geisio cael ychydig o hanes hen deulu y syniwn yn fawr amdano, gan fod cymaint o hanes iddynt ac am y lle. Dyma deulu a welwyd eu heisiau yn fawr yn yr ardal ac yn yr Eglwys. Buont yn bileri i'r achos yn Llandeilo, yn cyfrannu yn hael, yn wasanaethgar, yn bwydo a lletya pregethwyr ar hyd y blynyddoedd heb godi dimai o dâl, ac yn olaf rhodd o'i heiddo yw'r tir lle saif Brynteilo heddiw. Er bod ganddynt gyfoeth nid oedd yn faen tramgwydd iddynt. Addolent Dduw'r Goruchaf, ac nid gwneud Duw o'i meddiannau, yn enwog am eu haelioni a'u caredigrwydd, yn barod eu cymwynas i bawb. Dyma un o'r teuluoedd olaf yn yr ardal a arferai gadw allor deuluaidd. Prin yw teuluoedd fel hyn erbyn heddiw, ond mae dynion da i'w cael o hyd.

Cefais hanes am y ffordd y daeth y Melchiors i Landeilo Isaf gan Ben Evans, Meini. Tir feddiannydd o'r Iwerddon oedd perchen Llandeilo Isaf yn yr hen amser ynghyd â'r Galchen a'r Prysg. Arferai'r gŵr bonheddig ddod draw unwaith neu ddwy'r flwyddyn i nôl rhentydd. Un tro pan oedd wedi dod draw i'r wlad yma ar ôl arian, fe glywodd hogyn a oedd yn cuddio mewn perth nôl yn Iwerddon ddau ddyn yn cynllwynio i ruthro ar Le Hunt (enw'r gŵr bonheddig) ar ôl iddo ddychwelyd i'r wlad. Gwyddent am ei symudiadau ac roeddynt wedi trefnu i ymosod arno mewn rhyw le neullduol.

Beth wnaeth y bachgen ond mynegi wrth rywun, a chafodd Le Hunt wybod, ac fe newidiodd ei hen arferion. Fel cydnabyddiaeth am arbed ei fywyd, fe gafodd y dyn ifanc, neu dad y bachgen, ddod i Landeilo Isaf, a hefyd daeth cyfaill iddo draw gydag ef, a bu hwn yn gofia yn y Meini. Mae yno olion heddiw, a chafodd Ben Evans afael mewn llu o hen haiarn pan yn blentyn, yn yr olion.

The above is an extract from a prize-winning essay at an eisteddfod held at Llangolman written under the pseudonym 'Edmygwr' (Admirer). He chose to write about the Melchior family who resided at Llandeilo Isaf for several centuries. It is believed they arrived from Ireland around 1250-1300. The author states that the family has now died out and he goes on to refer to the last generation of Melchiors whom he describes as a religious and generous family. Up to forty itinerants would sometimes be housed overnight at Llandeilo Isaf and they would all be supplied with plentiful meals. Among them would be well known names such as Jim Hetherington, Twm Barèls, Jack Cardigan and Nancy Rowlands. Some would arrive via a donkey and cart and others, because of their inability to walk, would arrive in some form of a pushchair. Craftsmen such as tailors, horse tackle repairers and harvest thatchers would often billet there.

William Melchior, the father of the last generation, was twice married and fathered a total of four boys and four or five girls. They all proved to be pillars of the community, which the author attributes to the kindly and benevolent demeanour of the father who died in 1886 aged 68. The eldest son, Caleb, was a trader based at the Castle, Maenclochog, but died young at 29 years of age. Tommy never left home perhaps because he was not quite responsible enough to fend for himself. Arthur and his wife, Margaret, farmed at Cwarter Cefn for years before returning to Llandeilo Isaf. He was a deacon and treasurer at Llandeilo Chapel. His brother, William, was also a deacon and secretary of the chapel and a Sunday School teacher who influenced several generations of children. He also preached, was knowledgeable and renowned as a willmaker. He died comparatively young at 54 years of age in January 1919.

The author defers from writing about the girls individually stating only that some were married and that Dinah, who remained a spinster, was the last to carry the name Melchior. A girl brought up by Arthur and Margaret was not a Melchior by bloodline. He recalls an anecdote he once heard that a gypsy had foreseen the Melchior children would not die in bed. Indeed, William died whilst at the Manse, Arthur was killed by his own bull and Dinah died whilst cleaning the house. He also recalls how a cobbler named Beni Shams, who lived at Cwarre, would visit the family early on New Year's Day to ensure that the first person the family saw in the new year was a man. Also, Beni would bring a live snake held by its tail to the farm before May to be killed by one of the family. This was taken to be a sign of a prosperous year. Servants were always employed and two spent the whole of their working lives with the Melchiors namely William Rossiter, Llonwen and Tom Norris, Noble.

'Edmygwr' concludes that the Melchiors never allowed their wealth to be a hindrance. They worshipped the Lord Almighty and never worshipped any of their worldly possessions. They were one of the last families in the area to hold a regular daily service on the hearth. He also reveals what he believed to be the origins of the family. A landed gent from Ireland, Le Hunt, owned Llandeilo Isaf along with Galchen and Prysg. He would visit once or twice a year to gather the rent. On one occasion, when he was in the area, a boy hidden in a hedge back in Ireland overheard a conversation between two men who intended to murder and rob Le Hunt on his return. The gent was told and he, therefore, changed his habits. In return for saving his life the boy or his father was invited to Llandeilo Isaf and he brought a friend with him who was a smithy. He set up a forge at Meini and Ben Evans who lived at Meini came across umpteen old irons when he was a child.

☆☆☆☆

Mae'n debyg bod un o dyddynwyr godre'r mynydd wedi etifeddu tipyn o gyfoeth. Yn hytrach na pwlffagan gyda'i 'chydig erwau o dir digon anffrwythlon fe benderfynodd Gwilym brynu ffarm jogel o faint yn ardal Cas-wis.

Ar ôl symud penderfynodd mai cam doeth fyddai galw i weld ei gymydog. Cafodd groeso da a deallodd bod gan ei gymydog dair rhoces sengl ac fe ymserchodd yn y tair yn syth bin.

Wrth fynd am dro i'r ydlan ar ôl y ddishgled o de fe ddechreuodd y cymydog frolio ei ferched gan ddweud pa mor dda oedden nhw ym mhob dim.

'Fyddai dim yn fy ngwneud yn hapusach na gweld y tair yn briod,' meddai.

'A chan fy mod i wedi gwneud swllt neu ddou fe wnai'n siŵr na fyddan nhw'n mynd at eu gwŷr yn waglaw,' ychwanegodd.

Roedd Gwilym yn wên o glust i glust ac o'r farn y medrai daro bargen â'i gymydog.

'Ma' Mari 'chwel yn 20 wêd ac yn ferch arbennig o dda a fe fyddai'n rhoi £250 iddi ar ddiwrnod ei phriodas. Wedyn, ma' Marged yn 25 a fe fyddai'n rhoi £500 iddi hi, a wedyn am Martha, sy'n 30 wêd, fe fyddai'n rhoi £750 iddi hi,' meddai'r cymydog.

Roedd Gwilym wedi ei blesio'n fowr ond dyma fe'n pwslo am funud cyn holi: 'Jiawch, sdim rhoces arall 'da chi bwyty 40 wêd, wês e?'

Tua Chanol y Sir

E. Llwyd Williams

Yr oedd yn brynhawn clir a minnau ar groesffordd Rhosfach, rhwng yr Efail-wen a Maenclochog, ar gydiad rhostir a chaeau gyda bryniau'r Presely y tu cefn imi a chanol a gwaelod y sir bron yn gyfangwbl o'm blaen. Ar wahân i un cae bychan, nid oedd neb yn yr ardal yn fodlon dyfalu a nodi'r flwyddyn neu'r oes y codwyd y cloddiau sydd heddiw'n gwahanu'r eithin a'r borfa. Prinder cloddiau oedd un o nodweddion amlwg y sir yn y flwyddyn 1600, yn ôl George Owen, ac er bod gwelliant mawr i'w weld erbyn 1700, cwynid y pryd hwnnw hefyd fod gormod o dir agored yno. Y mae gwedd yr ardaloedd hyn wedi gwella'n ddirfawr yn ystod y blynyddoedd diwethaf hyn a hyfryd yw gweld hen gaeau llwyd wedi troi'n erwau glas; eto, ychydig os dim o adennill tir mynyddig a welais yn yr ardal hon. Daeth Saeson ac estroniaid eraill i lawer o'r ffermydd yn ystod y blynyddoedd a ddilynodd y rhyfel diwethaf, a rhyw bobl ar wahân ydynt o hyd, hyd y gwelaf i. Trist oedd clywed hefyd am ambell dŷ ffarm, digon diarffordd y mae'n wir, a neb yn byw yno. Defnyddir y tir, ond y mae'r tŷ'n wag, a pheth chwithig yw hyn i Gymro sydd wedi arfer cysylltu ffarm â theulu.

Bydd y modurwr mwyaf dioglyd yn teimlo fel cerdded weithiau, ac ystwytho fy nghoesau a wneuthum i'r prynhawn hwn. Ond cyn cefnu ar Ros-fach, gwelais olion sied sinc yn ymyl y groesffordd a chofiais mai siop King's Cross ydoedd hon yn y flwyddyn 1930. Cyrchu eglwys Llangolman yr oeddwn ac i gyrraedd yno yr oedd yn rhaid imi fynd heibio i siop Charing Cross. Hanner can mlynedd yn ôl yr oedd y siop hon yn gyrru ymenyn yn faril ar faril i gymoedd Morgannwg. Heddiw, gellir prynu ymenyn Awstralia ar ei chownter. Nid cyrchu'r eglwys er ei mwyn ei hun yr oeddwn ar y daith hon, eithr cyrchu'r banc y saif yr eglwys arno er mwyn cael cipolwg ar y wlad oddi amgylch – Cwm Llandeilo, Maenclochog a llethrau'r Presely, Dyffryn Cleddau a thaith yr afon i Aberdaugleddau.

Wrth syllu ar y pellterau ar y ffordd i lawr o Ros-fach i fanc eglwys Llangolman, cofiais am y pryder a gerddai drwy'r bröydd hyn yn y flwyddyn 1803. Ychydig o niwed a wnaed gan y Ffrancod pan ddaethant i Ben-caer yn 1797, ond yn y flwyddyn 1803 galwodd Napoleon ei lynges i Boulogne gan arfaethu ymosod ar Brydain, a chan gofio helynt Carreg Wastad aeth gwŷr mawr Sir Benfro ati'n ddiymdroi i wrthsefyll yr ail ymosodiad. Lluniwyd trefniadau arbennig gan Arglwydd Raglaw'r Sir ac ar rybudd o'r ymosodiad yr oedd ffermwyr y sir i symud eu heiddo, yn geffylau, gwartheg a defaid, ar hyd ffyrdd arbennig. Er yr holl ragbaratoi, ni ddaeth y Ffrancod i Sir Benfro ym 1803.

Ar y ffordd yn ôl cyfarfûm â hynafgwr yn mwynhau hoe ar fol y clawdd ar groesffordd Colman, a tharo tant hiraeth a wnaeth ef yn ei ymgom. Credai ef fod yr 'hen gymeriadau gwreiddiol' wedi diflannu o'r ardal a chan ei fod yn byw wrtho'i hun yr oedd, meddai ef, yn cael llawer o'u cwmni yn yr ysbryd bob nos cyn cysgu. 'Nid y felan yw hyn, cofiwch', meddai wedyn, 'oblegid hen fechgyn llawen oeddent, a chaf ambell bwl o chwerthin dilywodraeth wrth gofio amdanynt'. Ceisiais gymell stori o'i enau, ond nid oedd yn yr hwyliau gorau gan ei fod ar ei ffordd 'i gal pigad gan y nyrs' – dyna'i air ef am 'injection'. Er ei anhwylder, llwyddais i brocio un stori o'i galon a dyma hi. Aeth gŵr o blwyf Llan-y-cefn at ffarmwr a gofyn iddo am fenthyg punt, gan addo'i thalu'n ôl ar ôl iddo werthu'r ffowls. 'Pryd fyddi di'n gwerthu'r ffowls?', holodd y ffarmwr. 'Wel, heddi y dechreuodd yr iâr ddodwy', oedd yr ateb a gafodd. Y mae stori dda fel rheol yn atgyfodi stori arall, ac aeth yr hynafgwr hwn ymlaen i adrodd hanes urddo diaconiaid yn un o eglwysi'r ardal, gan ddisgrifio'r dorf yn tyrru tuag at y capel hwnnw ar fore Sul. Cerddent heibio i ffarm a oedd yn perthyn i enwad arall a daeth gŵr y tŷ allan a holi, 'be' sy' mlân ma heddi 'te?'. 'Pedoli ebolion!' oedd yr ateb a gafodd gan gymydog iddo. 'Sdim lot yn galled gwneud pethe fel 'na heddi,' oedd geiriau ola'r hen ŵr.

Heol gul, goediog, sy'n arwain o groesffordd Colman i Rydiau-bach a Dandderwen, ac ar y tro y mae dau dŷ yn dwyn yr enw Muscott Terrace – enw sy'n coffâu un o gyn-berchnogion y chwarel gerllaw. Euthum i lawr trwy glos ffarm Dandderwen a throi i'r dde ar ôl cyrraedd y tir agored islaw'r clos a chyrchu'r graig sydd yno. Hawdd dringo i'w phen a chael llwyfan braf â sedd gadarn i fwynhau darn o Gwm Cleddau a'r tawelwch prin sy'n rhoi cyfle inni i glywed y ddaear yn anadlu a'r rhedyn yn cerdded.

Eisteddais ar y graig ac edrych draw i gyfeiriad gallt Cilau-fawr lle y bûm yn grwt yn hela cadno a daearfochyn ac yn ceisio magu digon o ddewrder i beidio â chrynu wrth glywed cwyn ysguthan a gwdihŵ. Cofiais hefyd am y prynhawn hwnnw yr euthum i bysgota gyda Dai'r Dwrdy yn yr afon islaw ac yntau wedi dyfod o lannau Taf i weled a oedd gwell pysgod yn afon Cleddau. Gwialen o'r allt oedd gennyf ac yr oeddwn i ymddwyn fel prentis yn ei gwmni ef, cadw y tu ôl iddo a physgota am ddeng munud yn yr union fan ag ef, ar ôl iddo ef symud ymlaen. Erbyn amser te yr oedd pedwar ar bymtheg a thrigain o frithyllod ym masged Dai, ac yr oedd dau ar bymtheg yn fy mhoced innau. Efallai y dylwn ddweud mai abwydyn oedd ar fy mach i. Er i'r prentis gael cychwyn addawol iawn ni ddaeth dim ohono fel pysgotwr ar na dŵr llwyd na dŵr golau. Bûm unwaith hefyd yng nghwmni arbenigwr arall ar noson fwyn yn Ionor a mentro cario'r ffagl iddo a'i gynorthwyo i frathu eog â dryfer. Codwyd tri y noson hon, a gwn na chafodd helwyr yr hen oesoedd fwy o wefr nag a gefais i ar antur yn yr anial gwyllt. Y mae'r allt a'r afon yn cadw'r heliwr yn fyw yng nghalon dyn o hyd.

Daeth y cyfan hyn yn ôl imi wrth eistedd ar y graig, edrych ar fron yr allt a gwrando ar islais yr afon. A dyma finnau'n dechrau holi ac athronyddu'n freuddwydiol... Faint o ddylanwad sy gan olygfeydd ac amgylchiadau ar feddwl ac ysbryd dyn? A ydyw'r mynydd, yr allt, y rhostir a'r afon, yn llunio'n cymeriadau ni? Yr wyf i'n hen argyhoeddedig o'u grym a'u gwerth i lywio ein gweledigaeth a meithrin moesoldeb ein teimlad. Yno y mae tragwyddoldeb pethau... 'Pryd hau, a chynhaeaf, ac oerni, a gwres, a haf, a gaeaf, a dydd, a nos, ni phaid mwy holl ddyddiau y ddaear'. Ni allaf grwydro Sir Benfro heb deimlo fy mod mewn cymun â choed a blodau, afon a chraig, a chylchdro'r canrifoedd. Ni allaf ddygymod â'r rheini yn ein plith sy'n codi bwgan pantheistiaeth. Onid yw Duw yn delio â phridd y ddaear yn union fel y bydd yn delio â chalon dyn? Haelioni gras a welwn mewn clwstwr o friallu ac mewn cae o ŷd yn cnydio ar ei ganfed. Y mae rhywbeth heblaw tawelwch absenoldeb sŵn yng Nghwm Nyfer, Penymorfa, Trefdraeth, ac ar lan y dŵr yn Lawrenny. A fuoch chwi mewn angladd yn Rhydwilym ar brynhawn o wanwyn? Y mae doe a heddiw'n yfory yno yn sŵn yr afon a'r adar. Try'r gwladwr yn Pharisead pan wâd ei berthynas â'r tir y mae'n rhan ohono a'r cwmwd y gosododd Duw ef ynddo. Efallai fy mod yn teimlo felly am imi gael fy magu mewn cwrdd lle'r oedd sŵn yr afon yn gymysg â seiniau'r emyn a llygaid y plant ar y llofft yn edrych ar wair y fynwent wrth wrando ar Air y Bywyd.

Anodd gorwedd ar lain o Ddyfed heb siarad â'r haul a'r borfa, teimlo cysgod y mynyddoedd y tu cefn inni a synhwyro'r môr glas wrth desog llygadu'r gorwel. Nid bod dall a byddar yw'r gwladwr, a chredaf mai Cynan yw'r bardd o Gymro sydd wedi llwyddo i fynegi'r profiad hwn yn gain a chofiadwy:

Duw ydyw awdur popeth hardd.
Efe yw'r unig berffaith fardd:
Onid ei delynegion O
Yw'r coed, a'r nant, a phlant y fro ?
Onid oes un o awdlau'r Iôr
Ar gynganeddion tonnau'r môr ?
A llawer hir-a-thoddaid tlws
Yn sŵn y gwynt o dan y drws?
Cei ddarllen ei gywyddau pêr
Bob hwyrnos glir yn llyfr y sêr.
Cei weled yn y glöyn byw
Mor wych yw esgyll engyl Duw.
Barddoniaeth Duw o'n cwmpas ni!
F'anwylyd, tyrd, meddiannwn hi!

Ailfwynhau fy mhrofiad fy hun a wnaf bob tro wrth ddarllen y darn hwn ym mhryddest 'Mab y Bwthyn'. (Mwmian)

Onid ei delynegion O
Yw'r coed, a'r nant, a phlant y fro.

Yr oeddwn i ar ben y graig pan dorrwyd ar y distawrwydd gan wraig Dandderwen yn gweiddi 'piwcs! piwcs!' A dyna'r ffordd i alw'r moch at eu cafnau yn Sir Benfro, a rhaid cael 'hwtsh-hwtsh' i alw'r ceffyl o'r bwrgetsh neu'r parc-dan-tŷ. Yr oedd morwyn mewn ffarm gyfagos imi pan oeddwn yn blentyn ac yr oedd sôn drwy'r ardal am ei llais swynol yn galw'r gwartheg adeg godro, a hyd yn oed heddiw y mae eco'r llais hwnnw yn fy nghlyw yn galw 'prwy-prwy, prwy fach'. Diddorol iawn yw'r geiriau sy gennym i siarad ag anifeiliaid, a byddai'n ddiddorol i ddilyn eu tarddiad a chael gwybod dros ba rannau o'r wlad y defnyddir yr un geiriau. 'Dic-dic' sy'n galw'r ieir at eu bwyd, ond rhaid cael 'bil-bil' i alw'r hwyaid, a 'swc-swc' sy'n denu'r llo. I yrru'r defaid ymaith, rhaid gweiddi 'hwi', ac os newidir y gorchymyn i 'how', y gwartheg a fydd yn symud ymaith. 'Hwshw' sy n gwasgaru'r ieir, 'hesw' sy'n gyrru'r hwch, a 'hwsh-git' sy'n codi'r gath o'i gwâl. 'Gyr-ha, cra' sy'n codi'r brain o'r tatws, a rhaid cael 'cl!' gyda chlec y tafod i godi troed y gaseg, a gweiddi 'wo' iddi aros. 'Hes' sy'n gyrru'r ast ar neges ac ni ellir maldodi ci bach heb ei alw'n 'bishto'. Fel mewn rhannau eraill o'r wlad y mae'r gwartheg yng ngogledd Sir Benfro yn Gymry i gyd, eithr Saeson yw'r ceffylau – gynifer ohonynt sydd ar gael bellach!

Yr oedd yn amser godro a minnau'n lledorwedd ar ben y graig. Codais oddi yno fel pwdryn gan chwantu cwpanaid o de blas hufen bro'r bryniau arno.

Trown ar y chwith ar groesffordd Plasyblodau a disgyn ar ein pennau i Bont-Hywel. A fu Hywel Dda ar hyd y ffordd hon? Llecyn tawel ydyw hwn, a'r felin yn ymyl y bont gul sy'n cysylltu Sir Benfro a Sir Gaerfyrddin. Y mae dros ddeng mlynedd ar hugain er pan glywyd sŵn y malu yn y fro, a heddiw, lle y bu'r cart ceirch y mae car pysgotwr. Cuddia'r brithyll a'r sewin o dan y glannau a daw'r eogiaid yn fentrus-ffyddiog bob gaeaf i ddodwy yng ngro'r rhydiau. Wrth wrando ar straeon ynghylch y felin hon y clywais i'r sôn gyntaf am 'byng' – rhialtwch crwts a rhocesi'r ardal yn ystod y noson y deuai'r 'benwent', y llwyth cyntaf o rawn, i'w sychu a'i falu. Ymgasglent o amgylch y felin y nos honno i chwarae a'u difyrru eu hunain. Yr oedd y cyfan yn ddigon diniwed, eithr gwae'r cymydog amhoblogaidd. Ceir hanes y 'byng' hefyd yng Nghwm Gwaun, ac yr oedd yn arfer ganddynt i wisgo pen ceffyl a'i gario o le i le, ond nid Mari Lwyd Morgannwg mo'r arfer hwn yno. Un o ddefodau'r ganrif o'r blaen oedd y 'byng'.

Cewch sticil ar Bont-Hywel ac os ewch dros honno a dilyn yr afon hyd y tro ar waelod y waun, byddwch ym Mhwll-cam. Lluniais delyneg i'r pwll hwn unwaith, ar ôl gweld hanner dwsin o blant yn ei ganol ar ddiwrnod poeth o haf, ac wrth wylio ambell un yn mentro o dan y dŵr fe'm cyffrowyd i holi, faint o'r pysgodyn sy mewn dyn?

Uwchben Pwll-cam y mae chwarel lechi'r Gilfach, yr unig un yn yr ardal sy'n gweithio ar hyn o bryd. Gellir dyfod i'r Gilfach hefyd o gyfeiriad yr Efail-wen, ac y mae llwybr drwy'r chwarel sy'n arwain at bompren gul, a thu hwnt i honno wedyn y mae rhodfeydd dymunol lle ni chlywir dim ond sŵn afon ac adar. Bu'r diwydiant llechi yn amlwg yn y sir mewn llawer ardal o Gilgerran i Dre-fin a Phorth-gain, ond yma'n y Gilfach efallai y bu'r llwyddiant mwyaf. Defnyddid llechi bröydd Presely cyn belled yn ôl â'r drydedd ganrif ar ddeg, a dywaid George Owen fod yma ddiwydiant pwysig yn yr unfed ganrif ar bymtheg. Bu Cwmni'r Brodyr Davies o Borthmadog yn llywio'r chwarel hon am flynyddoedd maith, ac fe'i hailagorwyd ar ôl y rhyfel gan Glyn Absalom, brodor y bu ei dad o'i flaen yn gweithio chwarel y Garn y tu draw i'r afon. Ar hyn o bryd defnyddir llawer o gerrig y tomennydd i wella feidiroedd ffermdai'r ardaloedd cyfagos, a gresyn bod mwy o alw am y garreg rwbel na'r llechen gywrain. Llechen arbennig ei hansawdd a'i lliw yw'r un a naddir o'r creigiau yn Nyffryn Cleddau. Gellir ei chael yn las-arian neu'n las rhwd-frith. Dywedir bod y llechi hyn yn caledu yn y tywydd ac na fydd na rhew na gwres yn effeithio'n niweidiol arnynt. Gellir eu gweld ar do llawer tŷ yn yr ardal a hwythau wedi herio'r tywydd am ganrif a mwy, a'r un yw eu hanes yng ngwres y trofannau. Fe'u canmolir gan bob aristocrat o bensaer. Defnyddir rhai o'r cerrig hyn yn awr i'w malu'n 'flawd' nwyddau plastig yn Llundain.

Heddiw, gwelwn dai a dowyd â theils clai yn cael eu hail-doi, a hynny ymhen llai na phymtheng mlynedd ar ôl eu codi. Y mae'n wir fod pris llechi Sir Benfro ac Arfon yn uwch na'r teils clai, ond y mae dengwaith mwy o barhad ynddynt. Hawdd y gallwn gyhuddo 'gwŷr Llundain' a'n Cynghorau diweledigaeth o ladd y diwydiant llechi yng Nghymru.

Gall llechen Sir Benfro ymffrostio mai hi sy'n diddosi'r Senedd yn Llundain, ac y mae myfyrwyr Prifysgol Aberystwyth a Bangor o dan ei chysgod. Anfodlonodd nifer o chwarelwyr Arfon pan aethpwyd â hi i Fangor, eithr tawelwyd hwy ar ôl gwrando ar y pensaer yn sôn am ei gwydnwch ac am ei lliw yn toddi i las Môn a Menai, ac yn fwy arbennig yn toddi i garreg muriau'r Coleg, yng ngolwg llwydni Eryri. Fe'i gwelir hefyd ar nifer o eglwysi enwog Llundain, Neuadd Dref Cape Town, Amgueddfa Kensington, a thai Scotland Yard yn Wandsworth. Cawn ei gwawr las-arian eto ar do'r Deml Heddwch ym mhrifddinas Cymru, y Coleg a'r Eglwys Gadeiriol yn Llandaf, Crematoriwm Treforys, a Neuadd y Sir, Caerfyrddin. Ac weithiau fe'i gwelwn nid uwch ein pennau, eithr o dan ein traed, canys y mae galw amdani i lunio lawntiau-pob-llun (*crazy paving*). Ei gelyn hithau, fel ei chwaer yn y gogledd, yw'r estrones ludw sydd wedi denu bryd ein llywodraethwyr lleol.

Dringwn y rhiw drachefn o Bont-Hywel gan droi i'r chwith i gyfeiriad Llangolman, a cheir ffordd yn ymyl Rhydiau-bach sy'n arwain i lawr trwy glos i ffarm Dandderwen i gwm Rhydwilym. Dyma baradwys cerddwr. Bu'r moch Cymreig gorau'n y wlad ar glos Dandderwen rai blynyddoedd yn ôl, a'u cwpanau'n addurno seld y tŷ. Dyma'r mochyn gwyn sydd â'i glust yn cuddio'i lygad ac yn ymestyn at flaen ei drwyn. Mochyn yr ham ddihafal. Islaw'r ffarm y mae tŷ Dandderwen, a godwyd gan berchenogion y chwarel adeg cychwyn y gwaith. Try'r ffordd yn llwybr cyn hir gan ein harwain trwy gwm coediog uwchlaw'r afon. A fyn y Cyngor Plwyf gadw'r llwybr hwn ar agor?

Awn ymlaen o Rydiau-bach heibio i dro chwyrn a chyrchu Eglwys Llangolman. Fe'n cawn ein hunain yma uwchben Cwm Teilo a Chwm Cleddau. Ceir carreg fedd ym mynwent Llangolman â llun gwydr-gwin – weinglas – wedi ei gerfio arni. Dywedir bod y wraig sy'n gorwedd o dan y garreg wedi bod yn cadw cwrw smwglin. Nid pob carreg fedd sy'n dweud celwydd. Islaw'r eglwys y mae ffarm Llangolman gyda'i thŷ byw maenoraidd yr olwg. Capten Michalski sy'n byw yno yn awr, milwr o wlad Pwyl sydd wedi meistroli'r grefft o amaethu. Bwriada ddychwelyd i'w wlad ei hun cyn hir, a bydd ei fab ieuengaf, Ioan G1yndŵr, yn ei ddilyn yno'n Gymro llithrig. Cred y gŵr hwn mai'r darn harddaf o Ewrob yw Sir Benfro, ac nid yw'r prydferthwch, medd ef, wedi ei gyfyngu i ryw un tymor yn y flwyddyn. Canmola'r Cymry fel cymdogion caredig, eithr carai iddynt fagu mwy o asgwrn cefn mewn gwleidyddiaeth. Dysgodd amaethu trwy lafur caled, a daw sŵn argyhoeddiad i'w lais pan ddywaid mai 'ffrind penna'r ffarmwr yw ei aradr'. Mewn ateb i gwestiwn ar grefydd, dywedodd wrthyf, 'y mae pob crefydd yn dda; ceisio byw heb grefydd o unrhyw fath yw'r drwg'.

Deng mlynedd ar hugain yn ôl trigai James Jones yn Llangolman, gŵr a ymhyfrydai mewn magu da duon, arwain canu a dysgu corau. Yr oedd yn ffarmwr gweddol, eithr yn athrylith o gerddor. Dywedir ei fod yn 'arwain canu' wrth fwydo'r gwartheg a'r lloi ac nid oedd anifail ar y ffarm heb glywed darnau o'r 'Meseia'. Yr oedd yn arweinydd hynod, weithiau'n defnyddio'i freichiau fel rhod wynt, bryd arall yn defnyddio'i fysedd yn unig gydag ambell dro llygad, eithr bob amser yn rymus a chyfareddol. Ef oedd arweinydd Côr Cymysg Taf a Chleddau, a llefarodd y beirniaid eiriau aruchel o wych wrth ganmol yr arweinydd pan enillodd y côr hwn yng nghystadleuaeth y corau gwledig yn yr Eisteddfod Genedlaethol yn Aber-gwaun ym 1936.

Y ffarm nesaf ar y dde yw Ffynnon Samson, a dyma enw arall sy'n awgrymu ein bod ym mro'r seintiau. Safwn ar fanc Ffynnon Samson a gwelwn heolydd culion Llan-y-cefn a Llandysilio yn croesi'r afonydd ac yn gwau dros y rhiwiau wrth godi o'r meingwm. Ar y chwith inni y mae llwybrau ysbrydion brawychus yr oesoedd o'r blaen yng ngelltydd Cilau-fawr, Clun-gwyn a Llwynyrebol. Ar y dde y mae ffarm y Llwydarth ar y bryndir – yno y lladdwyd yr arth lwyd olaf yng Nghymru! O edrych ar hyd y cwm, gwelwn niwl y pellter yn cau o amgylch Lawrenny, Landshipping a Slebets. O dynnu'r llygaid yn ôl a syllu trwy frigau'r ynn a'r deri, gwelwn gapel Rhydwilym ar lan yr afon. Awn tuag ato:

Cyrraedd Rhydwilym yn yr henfro dlos
   A lliwiau prin y machlud yn y cwm,
Crwydro yn sŵn yr afon lân fin nos
   Dros lwybrau'r gweundir a'u meddalwch trwm;
A chrwydro eilchwyl drwy'r hen fynwent lawn
   A chael y meirw'n treiglo'r meini prudd
Wrth droi i wŷll y gelltydd ar brynhawn
   Atgo'r bererin daith i oedfa gudd.
Breuddwydio a loetran yno'n ddistaw bach
   Wrth borth y cysegr o dan liw yr hedd
Sy'n gwarchod caerau'r gwrthryfela iach;
   A mentro wedyn i gynefin sedd
A gweld drwy'r ffenestr ar y rhiwiau garw
Orymdaith gain y gwŷr sy'n gwrthod marw.

Rhydwilym yw mam-eglwys Bedyddwyr gorllewin Cymru. Fe'i corfforwyd yn eglwys o dri ar ddeg ar hugain o aelodau yng nghanol cyfnod yr erlid, ym 1668. Yn *Trafodion Cymdeithas Hanes Bedyddwyr Cymru am 1957* dywaid yr Athro

E. G. Bowen 'fod Ymneilltuaeth y Gororau a Morgannwg ynghlwm wrth y trefi bychain Seisnig a bod pobl gefnog yn eu plith, ond bod Ymneilltuaeth y Gorllewin ar y llaw arall yn torri tir newydd, yn yr ardaloedd gwledig ac ymhlith gwŷr mwy dinod o lawer eu safle. I gadarnhau hyn, gellir nodi mai pobl gyffredin iawn eu byd oedd aelodau Rhydwilym bron i gyd yn y cyfnod bore, – yr oedd un ohonynt yn 'pauper'; John Evans, Llwyndwr, oedd yr unig 'gentleman' yn eu plith; ac yn ôl y 'Lay Subsidies' am un pentan yn unig, anaml ddau, y talai mwyafrif y trigolion eu treth. Dylanwadodd y sefyllfa arbennig hon yn fuan ar natur yr eglwys ei hun, a chan bwysiced Rhydwilym yn hanes diweddarach yr enwad, yr ydys trwy Gymru wedi teimlo effaith y cyfnewidiadau a ddigwyddodd yn y rhan yma o'r wlad rhwng 1670 a 1715.

Ar ôl sôn am rwygo'r eglwys gyntaf yn nhref Caerfyrddin a nodi i Fedyddwyr Jenkin Jones o Landdeti lithro i 'freichiau eang agored Annibynia Fawr', dywaid yr Athro ymhellach. 'Yr oedd galw, felly, am gychwyn cwbl newydd yn y De-Orllewin ar ôl 1660, a'r arloeswr oedd William Jones, Cilymaenllwyd, a aeth mor bell ag Olchon i'w fedyddio a dychwelyd i gylch ei gynefin i ddechrau cynnull ei eglwys. Mae'n wir fod yr Annibynwyr wedi aredig rhywfaint o'r tir o'i flaen, ac oddi wrthynt hwy ac o ardaloedd lle y mae sôn am Annibyniaeth fore y cafodd rai o'i aelodau cyntaf oll. Erbyn diwedd 1669 cododd yr aelodaeth i 55, yn 1675 i 80, ac erbyn diwedd 1689 i 113. O edrych ar ddosbarthiad daearyddol y cant a'r tri ar ddeg hyn, fe welir yn amlwg mai i ardaloedd gwledig y perthynent, y tu allan yn llwyr i ddylanwad trefi fel Caerfyrddin, Cydweli, Hwlffordd, Penfro, Dinbych-y-Pysgod ac Aberteifi. Y mae'n eglur hefyd mai yn yr ardaloedd Cymreig y canolbwyntiodd William Jones ei genhadaeth gan mwyaf, a diddorol cofio mai yn Rhydwilym ym 1708 y dechreuwyd gyntaf aildrafod gwaith y Gymanfa yn Gymraeg. Bedyddwyr hollol newydd, felly, oedd eglwys William Jones, a chwbl wahanol ar lawer ystyr i'w cymheiriaid cynharach yng nghyfnod Cromwell, – yr hen yn wŷr y trefi a'r newydd yn bobl y wlad, yr hen yn Saeson bron i gyd a'r newydd yn Gymry, yr hen yn gefnog a'r newydd yn llai cyfforddus eu byd, yr hen yn 'scholars' a'r newydd heb fawr o ddysg a diwylliant, yr hen ar adegau (fel yn hanes Jenkin Jones) yn agored eu barn ar ddiwinyddiaeth, a'r newydd yn gadarn glwm wrth eu Cyffes Ffydd'.

Credaf mai'r Athro E. G. Bowen yw'r cyntaf i bwysleisio'r nodweddion hyn yn hanes crefydd yr ardal, ffeithiau newydd a diddorol, a dyma sylw diddorol arall o'r eiddo: 'Yr oedd traddodiadau'r Ymneilltuwyr bore yn tueddu at ryddid barn mewn athrawiaeth, a datblygodd rhai o'r 'hen ysgol' ymhlith y Bedyddwyr at Arminiaeth ac ymlaen at Ariaeth a hyd yn oed Undodiaeth. A hyn sydd i gyfrif mai yn Nyffryn Teifi yn unig drwy Brydain y ceir achos Undodaidd cryf mewn ardal wledig. Yn y trefi mawrion bob amser y ffynnodd Undodiaeth yn Lloegr'.

Dywaid y Dr Thomas Richards yn ei ragair i Ramant Rhydwilym: 'yn fy marn i, nid oes dim byd yn hanes Ymneilltuaeth gynnar Cymru lawn mor ddihoced ramantus â'r ugain mlynedd cyntaf yn hanes Rhydwilym'. William Jones, offeiriad Cilymaenllwyd, oedd cychwynnydd yr achos, ac amdano ef y dywaid y Dr Richards: 'y ffaith ddiymwad yw i William Jones gadw'r eglwys gyda'i gilydd yn y cyfnod mwyaf datgysylltiol, a'i chyflwyno'n ddrud rodd Rhagluniaeth i bŵerau newydd y Goddefiad a'r ddeunawfed ganrif'. Bu'r eglwys lewyrchus hon heb gapel am dros ddeng mlynedd ar hugain, a cheir ychydig o hanes y capel cyntaf a godwyd ym 1701 ar y maen yng nghyntedd y capel sydd yno heddiw. Nid oedd gan yr hen bobl gloc, ond y mae hen ddeial-haul yn hongian yn ymyl drws llofft y festri fach uwchben y stabal. Yn y festri hon y cynhelid yr ysgol-bob-dydd cyn codi'r ysgol newydd yn Nant-y-cwm ym mhlwyf Llan-y-cefn. Gwelir carreg fedd John Evans, y gŵr a gyflwynodd y tir a chodi'r capel cyntaf ar ei draul ei hun, y tu cefn i'r capel. Ceir hen bompren a phont newydd dros yr afon yn ymyl y capel, a gwelir y pwll bedyddio uwchlaw'r bont. Y mae'n ffaith ddiddorol mai tad y pregethwr enwog Jubilee Young a luniodd y pulpud a welwn yn Rhydwilym heddiw. Nid oes na chlawdd na mur rhwng y fynwent a'r afon ac y mae sŵn y dŵr ar y cerrig islaw'r bompren yn ddolefus-felys. Cofiaf imi lunio cerdd fach i'r fynwent hon:

Lle gwelaf law'n malurio
  Y cerrig marmor trwm,
A bysedd main y mwswg
  Yn cripian drwy y cwm;
Mae sŵn afon Cleddau
Yn canu'n dragwyddol, mor agos i'r beddau.

Lle gorwedd fy hynafiaid,
  Y pechaduriaid mawr,
Ysbeilwyr Teyrnas Nefoedd
  Unwedd â llwch y llawr;
Mae sŵn afon Cleddau
Yn canu'n dragwyddol, mor agos i'r beddau.

Lle tyf y rhedyn rhoncaf
  Islaw pladuriau'r gwynt,
Lle cuddia'r Atgyfodiad
  Holl ddiddiwedd-dra'n hynt;
Mae sŵn afon Cleddau
Yn llifo'n dragwyddol, mor agos i'r beddau.

Y mae'r fynwent newydd ar y ffordd sy'n arwain o Rydwilym i Landysilio. Gŵr ifanc Tŷ-coch oedd Dan Phillips, bardd a ganai'n ostyngedig iawn o dan yr enw Cleddian. Trigai yng Nghaerfyrddin, gerllaw'r hen dderwen, a phan ddychwelodd am dro o Ffrainc adeg y Rhyfel Byd Cyntaf cododd awydd arno i weld ei henfro. Cyrhaeddodd Rydwilym ar ôl deg o'r gloch un nos Sadwrn ac yntau wedi blino'n yfflon ar ôl cerdded o Glunderwen, gwelodd glwyd, ac aeth drwyddi a chael man esmwyth i orwedd nes bwrw'i flino. Cysgodd yn drwm. Rhwng pedwar a phump o'r gloch y bore disgynnodd yr haul yn ffyrnig ar ei amrannau a brawychwyd ef o weld bod ei wely clyd rhwng dau fedd yn y fynwent newydd! Ar ôl ymdawelu drachefn a gweld ei bod yn rhy gynnar i holi am frecwast yn unman, lluniodd yr englyn hwn i'r Fynwent Newydd:

Mynwent mewn man dymunol – dan y coed
Yn y cwm cysgodol;
Hunell addfwyn a lleddfol
Ac erw Duw ar gwr dôl.

Tua'r un adeg y gwelodd Cleddian nifer o ffermwyr y fro'n trin eu meysydd, a dyma'i ddisgrifiad ohonynt:

O'i bodd y gwelir byddin
Yn ddi-drwst yn hedd y drin.
Hi ni fed waed ynfydion,
Erydr yw eirf brwydrau hon.
Gyrru'r wedd, mewn hedd mae hau,
Nid gwenith yw nôd gynnau.

Arweinia'r ffordd ymlaen heibio i'r fynwent newydd i gyfeiriad banc Tŷ-coch a Llandysilio, a dylid aros ar bwys y bwlch sydd ar ganol y rhiw serth a dal cipolwg ar y cwm. Rhydyrhiddil yw enw'r feidr a'n hwyneba ar groesffordd Tŷ-coch, ac o droi ar y dde awn i lawr heibio i Faesydderwen at bont Llwyndŵr a Llan-y-cefn. Rhyw ddwy flynedd cyn ei farw, gelwais i weld yr amaethwr diwylliedig, John Williams, ym Maes-y-dderwen, a chefais ganddo rai sylwadau ar dechneg Cymanfa Bwnc yr ardal. Cynhelir y gymanfa hon bob Llungwyn ac y mae Ysgol Sul Rhydwilym yn llafarganu'r Ysgrythur yn null yr hen fynachod, neu rywbeth tebyg. Credaf fod yr arfer yn parhau hefyd yng Nghwm Gwaun. A dyma ddisgrifiad John Williams o'r dôn arbennig. 'Y mae'r merched a'r rhan fwyaf o'r dynion yn llafarganu'n unsain rywle tua'r Doh G, tra mae'r gweddill yn mentro'u bywyd ar y Soh uwchlaw. Cord hytrach yn anhyfryd i'r glust sy rhwng y Doh a'r Soh, ond y mae Rhydwilym wedi dod yn hir gynefin ag ef. Rhaid dal dau ergyd hefyd a gwneud chwyddnod ar y sill gyntaf ym mhob rhan-frawddeg neu ffrês, a diweddu gyda dau hanner curiad fel hyn:

'Yn y dechreuad yr oedd y Gair, a'r Gair oedd gyda Duw;

s.

d: d: d: d: d: d: d: d: d: d: d: d: d: d: d:

A Duw oedd y Gair.

s

d: d: d: d: d:

Bu'r Methodistiaid yn adrodd y bennod yn unsain, ac yn rhoi un ergyd i bob sill, ac yr oedd gan yr Annibynwyr dôn drawiadol iawn, yn mynd rywbeth fel hyn:

d : d: s: d: d: d: d: d:

'Yn y dechreuad yr oedd y Gair...'

Prif ddigwyddiad y Llungwyn yw'r Gymanfa Bwnc.

Y Pwncwyr yn mynd trwy'r bennod yng Nghapel Tabernacl ym mis Mai 2005.
Y tri amlwg yw Geraint Harries, Goronwy Griffiths a Keri Evans.

Mae rhywun, nad yw yn y llun, wedi dweud rhywbeth gogleisiol
yn ystod yr esbonio a'r pledo!

Y mae nifer o lwybrau hyfryd ar lan yr afon yn Rhydwilym ac y mae'r ffordd sy'n arwain i Lan-y-cefn yn cydredeg â'r afon. Awn ar hyd y ffordd hon gan gofio mai Dolfelfed yw enw'r ffarm ar y bryn uwchlaw. Mewn bwthyn sy'n adfail heddiw, uwchlaw'r ffarm hon, y ganed Dr Thomas Phillips, Bloomsbury, gŵr a orffennodd ei yrfa fel Prifathro Coleg y Bedyddwyr yng Nghaerdydd. Cyn cyrraedd ohono ei ddeugain oed, dywedodd Lloyd George amdano ei fod eisoes wedi dyfod yn draddodiad. Yr oedd yn rebel yn ei feddwl a'i ddulliau, a daeth i sylw'r byd fel pregethwr yn Philadelphia ym 1911. Ysgrifennodd y rhan fwyaf o'i lyfr, *The Grace of God and a World Religion*, yn ystod ei wyliau yn y fro hon.

Islaw Dolfelfed, ar fin y ffordd ac ar lan pynfarch y felin, y safai un o'r bythynnod pertaf a welais yn Sir Benfro. Tŷ clom ydoedd – y waliau o bridd a gwellt a'r to'n wenith, ac yr oedd yno ardd ddihafal. Pen-sarn oedd ei enw, ac nid yw'n syn i Waldo Williams ganu i'w drigiannydd. Saith mlynedd yn ôl yr oedd yn ddarn o baradwys, ond heddiw nid oes yno ond drain a mieri ac ambell lwyn bocs atgofus. Awn heibio i'r fan wrth gyrchu'r ysgol a'r Groesffordd a gweld Llwyndŵr, y bont a'r felin oddi tanom. Y mae pum ffordd ar y Groesffordd – Eden oedd yr hen enw ar y lle, a bu unwaith ddau dŷ gerllaw yn dwyn yr enwau, yr Aifft a Chanan. Tafarn oedd Eden hyd at dridegau'r ganrif hon, a bu mwy nag un ystyr yn yr ardal i linell gynta'r emyn poblogaidd, 'Yn Eden cofiaf hynny byth.' Heddiw ceir tri phlwyf cyfagos, Mynachlog-ddu, Llangolman a Llan-y-cefn, heb dafarn yn yr un ohonynt. Awn i lawr o Eden heibio i ffarm Dolbetws, cartre'r Dr David Williams, Aberystwyth, yr hanesydd cytbwys a'r ymchwilydd manwl-ddyfal, gŵr a all sôn am Sir Benfro heb ymfflamychu. Brawd iddo yw Griffith Wynne Williams, Athro Meddyleg ym Mhrifysgol Rochester, Efrog Newydd. Ar hyd y ffordd hon yr eir i Felinficer, lle y rhuthra'r afon drwy'r cwm coediog.

Dychwelwn i'r Groesffordd eto a disgyn ar ein pennau i Lan-y-cefn. Y mae olion yr hen stesion yma o hyd, yn y cwm uwchlaw'r nant. Arferai'r lein fach o Glunderwen i Faenclochog, Rosebush, ac Abergwaun redeg drwy'r lle hwn. Wrth edrych arni heddiw, anodd credu bod mwy nag un sgyrsion wedi mynd oddi yma i Fanceinion a lleoedd eraill. Aeth gŵr diniwed o'r enw Stifin gydag un ohonynt, ac yr oedd bod yn gyfrifol amdano yn bryder i'w ffrindiau. Rhybuddiwyd ef yn gyson ar hyd y daith i fod yn ofalus a pheidio â cholli'r cwmni. Pan ddychwelodd y trên i Lan-y-cefn, yr oedd pawb yno'n gytûn, pawb ond y rhybuddiwr llymaf. 'Dest ti'n ôl yn saff, Stifin?', holodd un o'r ardalwyr iddo. 'Do', atebodd yntau, 'daeth dwl 'nôl, ond collwyd call!'

Rhyw ddau dŷ, siop a ffarm sy'n Llan-y-cefn, yn ymyl yr afon, a cheir nifer o dai drachefn ar bwys yr eglwys. Bu mam y Dr Thomas Phillips yn cadw'r siop ar un adeg. Y mae llwybr o'r siop yn arwain i fyny tuag at yr eglwys, ac er serthed ydyw, fe dâl ei ddringo. Un peth hynod ynghylch yr eglwys hon yw'r ffaith nad yw wedi ei chyflwyno i unrhyw sant. Llan-y-cefn yn syml ydyw, a dymunol odiaeth yw'r golygfeydd o'r cefn hwn. Llandre yw'r ffarm yn ymyl yr eglwys.

Dringwn y rhiw allan o Lan-y-cefn, ac ar ôl gorchfygu'r serthedd gwelwn y ffordd sy'n troi i gyfeiriad yr eglwys a'r Llandre. Yn uwch i fyny y mae croesffordd Bigni, ac yno fe'n gwahoddir ni i Faenclochog, Pen-ffordd trwy Rydafallen, a'r

Gelli. Awn i'r Gelli er mwyn dilyn y dyffryn, ac ar y gwastadedd cyn cyrraedd yno, gwelwn ffarm braf ar y chwith a cholomendy ar y clos. Hon yw Llandre-Egrmwnt (Egrwnt ar lafar y fro). Clawdd hen fynwent yw un o ffiniau'r clos, a cheir geiriau Lladin uwchben drws y tŷ a ddywaid mai 'Duw sy'n bwydo'r brain'.

Ymuna'r afon Syfynfi (Syfnau) a Chleddau yn y Gelli, a hoff gan bysgotwyr y cwmwd hwn. Y mae ffin yr iaith yma hefyd, a dwyieithog yw'r pregethu yn y capel. Uwchlaw'r capel gwelir olion ffatri wlân, enwog iawn ar un adeg, a gaewyd tuag ugain mlynedd yn ôl. Cofiaf am garcharorion rhyfel o'r Almaen mewn gwersyll yn ymyl yr allt sy' tu cefn i'r capel tua 1916, a thybiaf mai'r allt yma a dorrwyd i lawr ganddynt hwy yw honno a welwn 'yn tyfu eto' yn nhelyneg feddylgar Waldo:

> O'r hen allt fwyn, fe allwn wylo dagrau
> Mor hyfryd-ffôl dy ffydd yn nynol ryw,
> A'th holl awyddfryd, er pob gwae, yn disgwyl,
> Yn disgwyl awr datguddiad Meibion Duw.

Gellir mynd o glos ffarm Llandeilo i Gefn Llwydarth, arsyllfa gyfleus, a gweld Pen-rhos, y bwthyn unllawr a phob ffenestr yn agor fel drws i groesawu awelon Presely. Uwchben y drws ceir carreg droedfedd sgwâr â'r geiriau arni: Penrhos 1849. Cerrig cabol o'r chwarel gerllaw sydd ar y llawr, a gwellt sy'n do iddo. Ai hwn yw'r unig fwthyn to-gwellt sy'n dŷ-byw yn Sir Benfro ar hyn o bryd? Soniais am ei hen drigiannydd, John Williams, yn 'Hen Ddwylo'. Un o hen gyfarwyddiaid Sir Benfro oedd John, a deil henwyr yr ardal i adrodd storïau amdano ef yn barhaus. Yr olaf a glywais oedd hon: Gofynnwyd iddo i chwilio am gi bach i feddyg yr ardal, a phan gafodd John gi wrth ei fodd, aeth ag ef wrth linyn i dŷ'r doctor. Edrychodd hwnnw'n lled feirniadol ar y ci a dweud, 'da iawn, John, ond mae'i goese fe'n rhy fyr'. Siomwyd John gan y feirniadaeth ac meddai, 'ei goese fe'n rhy fyr! rhy fyr! Edrychwch 'to, Doctor, ma'r peder yn cwrdd â'r llawr, yn cwrdd â'r llawr, Doctor!'

Cymydog i John oedd Dai'r Llwydarth, ffarmwr cryf, afrosgo, a pharablwr talentog. A chymydog arall, mwy crafog ei eiriau efallai, oedd Dai Dolfelfed. Anesmwythwyd ef untro wrth weld gŵr heb fod yn aelod – gŵr heb ddyfod â'i lythyr aelodaeth ganddo – yn trafod gormod o fusnes yn un o gapeli'r fro. 'H'm !', meddai Dai, 'sda fi ginnig gweld gwas yn dwad i ffarm heb 'i focs !'.

Yn ymyl Llandeilo y mae plasty Temple Druid. Bwlchclawdd yw'r enw Cymraeg arno. Dywedir bod Nelson a'r Arglwyddes Hamilton yn gyfarwydd â'r lle. Anodd taro ar dŷ wedi newid ei ddeiliaid mor fynych â hwn yn ystod y ganrif hon. Cofiaf alw yn y tŷ pan oedd Ben Gibby yn byw yno. Gŵr bywiog oedd hwnnw, rhigymwr cerddi coffa, hanesydd lleol, a dyn yn awyddus iawn i weld chwareli'r fro yn gweithio'n llwyddiannus. Mentrodd alw mwy nag un 'cwmni' i'r ardal a bu'n cloddio am fanganîs ac urael ar hyd gweunydd a thwyni'r gymdogaeth. Ni throwyd ei freuddwydion yn ddiwydiannau llewyrchus, eithr teilwng ydyw o ddiolch am ei fenter ac am ei ddiddordeb yn ei fro ei hun. A pherthynai ef i gymdeithas ddiddan John Pen-rhos, Dai'r Llwydarth a John Pompren-sant â'i lygaid yn chwerthin.

Teuluoedd o Saeson o bob math, y naill ar ôl y llall, sydd wedi bod yn byw ym Mwlch-clawdd yn ystod y deng mlynedd diwethaf hyn, ac yn eu plith yr oedd y nofelydd Leo Walmsley. Hawdd adnabod tri neu bedwar o gymeriadau'r ardal yn ei nofel, *The Happy Ending*, a gwelir llun Temple Druid ar siaced lwch y llyfr hwn. Dros dro yn unig y bu ef yma ac arwynebol yw ei driniaeth o deithi'r gymdeithas. Man cysgodol ydyw hwn ac y mae'r cloddiau'n dryfrith o eirlysiau cyn i'r gaeaf gilio, ac o boptu'r nant islaw'r plasty y mae'r gwanwyn cynnar yn felyn gan dwmdilis. Anodd symud oddi yma heb sylwi ar y rhes o fythynnod bach destlus ar ochr y ffordd uwchlaw'r tŷ mawr, ond ymlaen â ni heibio i ffarm y Prysg a'r Felin i bentref Maenclochog.

Maenclochog fel yr oedd yn ystod 60au'r ganrif ddiwethaf

Maenclochog as it was during the 60's of the last century

Maenclochog yw pentre'r Presely. Os dewch ato o gyfeiriad Crymych, yr Efail-wen neu Glunderwen, fe'ch tery fel lle moel a noethlwm, ond os dewch ato o gyfeiriad Trefdraeth ac Abergwaun, fe'i gwelwch yn bentref clyd o dan warchod y bryniau. Y mae'r ddau ddarlun ohono'n gywir. Gwynt traed y meirw yw'r unig ymosodydd sy'n cael gafael gas arno. Y mae hwn yn hen bentref, ond y mae iddo ffurf a llun sy'n wahanol iawn i'r pentrefi nad ydynt namyn rhes o dai ar hyd ymyl rhyw ffordd. Yr eglwys yw canol y pentref, a cheir llecyn glas agored o boptu i honno. Ar y llecyn hwn y cynhelir y ffair, a rhyw fath o gylch o amgylch hwn yw'r tai a'r masnachdai. Y mae'n rhaid fod William Eynon yn ŵr craff, ddiwedd y ganrif o'r blaen, canys mynnodd i'w blant ddysgu crefftau pentref a chael un mab yn gylchwr, y llall yn werthwr offer haearn a'r llall yn oriadurwr, ac o blith ei ferched mynnodd i'r naill fod yn athrawes a'r llall yn wniadyddes. Hwy a'u tebyg, gyda chymorth Tom Gof, y crydd, y saer, y cyfrwywr a'r teiliwr, a welodd na fyddai galw am ddim o'r tu allan ar bentref Maenclochog yn y cyfnod hwnnw. Clywais Jim Eynon, yr oriadurwr, yn sôn am y beisigl cyntaf a gafodd ac yn disgrifio taith ar gefn hwnnw o Faenclochog i Birmingham! Camp ar y ffyrdd didarmac hanner can mlynedd yn ôl!

Mynd i'r Ysgol Sul ym Maenclochog yn ystod y ganrif ddiwethaf

On the way to Sunday School during the last century

Trown i weld yr eglwys, sydd yn debyg o ran ffurf i'r rhan fwyaf o eglwysi gogledd y sir, heb fod iddi dŵr castellaidd militaraidd, fel y rheini a welwn yng ngwaelod y sir. Clochdy onest sy'n eglwysi'r Cymry. Bu adeg pan oedd rhaid cael dŵr o Ffynnon Fair i fedyddio plant, a dywedir bod carreg fawr yn do i'r ffynnon ar un adeg, a honno o'i tharo yn canu cloch. A dyna'r Maenclochog. Chwalwyd y garreg hon, medd traddodiad, am ei bod yn tarfu ceffylau'r ffermwyr a ddefnyddiai'r ffordd. Dywedir bod yr eglwys gyntaf a godwyd yn y pentref wedi ei distrywio gan ysbeilwyr Norwyaidd yn y ddegfed ganrif. Clywais Waldo'n dweud bod 'clochog' yn yr Wyddeleg heddiw yn golygu tir creigiog, a dyna ddisgrifiad cywir o'r fro.

Enw'r tŷ tafarn mwyaf – y mae tri ohonynt yn y pentref – yw'r Castle. Ai 'Maenordy' oedd ei enw 'slawer dydd? Bu hwn yn westy pwysig adeg teithio â cheffylau, ac i'r lle hwn y daeth yr Athro Edmund Crosby Quiggin i astudio tafodiaith Dyfed yng nghwmni ei gyfaill, yr Athro Oliver Stephens. Ysgrifennwyd peth o'r hanes gan yr Athro Stephens yn *Y Genhinen*, Hydref, 1953:

> 'Yn ystod y tair wythnos gyntaf siaradwn i'n Gymraeg ac yntau'n Saesneg. Gwrandawai ar ymddiddanion Cymraeg heb gynnig ymuno yn y naill iaith na'r llall. Yna dechreuodd siarad Cymraeg gydag ychydig gymorth. Ar derfyn y pum wythnos rhoddwyd y Saesneg o'r neilltu. Gallai ymuno yn awr mewn unrhyw gwmni. Ymhyfrydai ym mân siarad y siop fach, a berthynai i'r gwesty gan gymryd ei le tu cefn i'r cownter ac arbenigo mewn gwerthu melysion a thybaco. Canmolai awyr iach y Preseli ac wrth gerdded llwybrau'r grug a'r eithin fe'i swynid gan sirioldeb yr ardalwyr a'u parodrwydd i sgwrsio. Pan welem rywun yn dynesu awgrymai ferf neu frawddeg y dymunai arnaf eu defnyddio, wedi cyfarch gwell, er mwyn iddo gael sylwi ar dreiglad a chystrawen yr ymateb. Mawr yr hwyl a gaem felly. Dywedai mai hon oedd y dafodiaith fwyaf ddiddorol y tarawsai arni. Fe'i gogleisid yn fawr gan ffurfiau fel 'jogi' a 'joni' am 'ddiogi' a 'daioni'. Gwyliai'n graffus dreigladau rhyfedd ein berfau a chwarddai'n iach wrth ein clywed yn treiglo'r frawddeg 'sai'n gwbod' – brawddeg ddefnyddiol iawn iddo ef, ys dywedai, pan na allai ateb cwestiwn! Pobl ryfedd oeddem ni yn gallu rhugl-dreiglo, yn ein 'tafodiaith llaw-fer', frawddeg gyfan fel 'Nid oes dim ohonwyf yn gwybod'. Canys hyn yn ddiau, oedd ystyr 'sai'n gwbod'. Ni flinai ar glywed ffurfiau megis
>
> | | |
> |---|---|
> | Sai. . . . . | Synoni |
> | Synoti . . . . | Synochi |
> | Synofe, Senihi . . . . | Seninhw |

a llawer ffurf arall ar y cymal bondigrwybwyll hwn o flaen y berfenw.'

Y mae Waldo'n bendant nad talfyriad o 'nid oes dim ohonof yn gwybod' yw 'sai'n gwbod', eithr talfyriad o 'nid oes ohonof yn gwybod'. Ni cheir y 'dim' hwn yng nghystrawen y sir, ac nid oes ei angen yn yr ymadrodd. Clywir ffurfiau'r dyfodol a'r gorffennol hefyd yn Nyfed: 'bydd hanai' (ni bydd ohonof) a 'we 'nai' (nid oedd ohonof).

Islaw'r Castle y mae Craig y Castell ac islaw honno wedyn olion tyddyn y Castell. Rhyw fath o ragfur i Gastell Trefdraeth oedd hen gastell Maenclochog. Rhed un darn o'r pentref i lawr i gyfeiriad y lein fach a fu'n cysylltu Clunderwen ac Abergwaun ac a gaewyd adeg yr Ail Ryfel Byd. Ar y ffordd hon y codwyd tai newydd y Cyngor sy'n dwyn yr enw Heol Fair. Yn hen dŷ Step In (y mae tŷ newydd yno yn awr) y ganed y pregethwr enwog Jubilee Young, aelod o deulu amlwg eu doniau, a'r unig ŵr y gwn i amdano i'r BBC estyn rhaglen er mwyn iddo gael rhagor o amser i orffen traddodi darlith ar Christmas Evans, yn Undeb y Bedyddwyr yng Nghaernarfon. Onid ef yw'r Cymro cyntaf i draddodi pregeth ar record gramoffon?

Y mae gan yr Annibynwyr ddau gapel yn y pentref a bydd gofyn ysgrifennu drama crefydd y ganrif o'r blaen cyn cael hanes y ddau'n gyflawn. Saif tŷ-cwrdd y Bedyddwyr ryw filltir y tu allan i'r pentref yng ngolwg y bryniau. Eiddo'r eglwys yw'r Neuadd sy'n y pentref, a gerllaw honno y mae hen dŷ'r heddgeidwad sy'n cael ei alw heddiw'n Bastile, ac y dywedir iddo gael yr enw am fod rhai Ffrancod wedi eu rhwymo yno adeg eu glaniad yn Abergwaun ym 1797. Darfu'r ffair bob-mis tuag ugain mlynedd yn ôl, ac erbyn hyn ffair bleser yw'r ffair-gytuno a gynhelir ym mis Medi. Gwelir rhai cerrig beddau fflat ym mynwent yr eglwys a diau iddynt gael eu defnyddio fel stondinau a llwyfannau cyfleus i ymladdfeydd ceiliogod yn yr hen amser pan oedd y ffeiriau o dan nawdd yr eglwys. Y mae'r fynwent hon yn un twmpath o ddaffodil melyn bob gwanwyn. Diau fod deunydd nofel hanes yng nghronicl yr hen ffeiriau yma, ond pwy sy'n mynd i ddisgrifio gwŷr Mynachlog-ddu yn cledro gwŷr y Mot a bechgyn Maenclochog yn ymlid bechgyn Cas-mael gan mlynedd yn ôl?

Daeth tro ar fyd, ac nid oes na gof na chylchwr yn y pentref heddiw. Er hyn, y mae'n bentref blaengar ym mhob cyfnewid, gyda'i garthffosydd a'i gyflenwad dŵr, a thrwy weledigaeth breifat a chydweithrediad y pentrefwyr yr oedd golau trydan yma dros ugain mlynedd cyn i'r SWEB feddwl am nawddogi'r llef. Wrth sylwi fy mod yn crwydro Sir Benfro, cofiaf i'r pentre hwn fagu crwydryn arbennig yn Twm Martha Fach – Thomas Howells – creadur galluog a aeth yn dramp ac a dreuliodd dros hanner canrif ar ffyrdd a llwybrau'r sir, gan fentro weithiau dros y ffin i Sir Gaerfyrddin. Dyfed oedd ei diriogaeth. Teiliwr ydoedd, eithr dysgodd grefft arall, y grefft o gellwair, siarad dwli a doethineb blith-draphlith, a thyfu'n wrthrych tosturi a chydymdeimlad. Dysgodd grefft o gardota. Rhuai fel llew er ei fod mor ddiniwed ag oen. Daeth i angladd 'nhad ddwyawr cyn codi'r corff, a gofyn a oedd rhywbeth y gallai ef ei wneud i'n cynorthwyo'r diwrnod hwnnw.

Twm Martha Fach

Mab afradlon pentre'r bryniau
Ydoedd Twm er gwaetha'i ach,
A bu fyw ar gardod Dyfed
Wedi claddu Martha Fach.

Taflodd heibio ei wniadur,
Yn lle nodwydd mynnodd ffon
O'r pren garwaf, ac aeth ymaith
Ar ei hynt gan ysgwyd hon.

Tramwy'r wlad yn nillad eraill
A wnâi'r teiliwr llwyd ei wedd;
Cot a chwt a bowler dolciog
Oedd amdano hyd ei fedd.

Gweithio diwrnod am ei ginio,
Carthu'r twlc a sgubo'r clos,
Taclu'r sgubor a phenlinio
Ar y gwellt cyn cysgu'r nos.

Cyrchu'r dowlad gyda'r machlud,
Codi'n sionc ar winc y wawr,
A ffieiddio cael ei enwi'n
Un o hil yr heol fawr.

Canu emyn, clebran dameg
Heb fod synnwyr ym mhob gair,
Taro ffrind a ffugio'n lloerig
Ar y ffordd ar ddiwrnod ffair.

Derbyn bwyd a gwrthod arian,
Taeru'n falch nad oedd yn llwm,
Cynnig ceiniog i'r cyfoethog,
Dyna ddefod ddifyr Twm.

A phan ddygwyd ef i'r tloty,
Gan y Saeson cafodd gam;
Rhegodd hwy am nad oedd yno
Lyfr Duw yn iaith ei fam.

Twm Martha Fach, y crwydryn smala / Twm Martha Fach, the comical tramp

Cyn ymadael â Maenclochog, cefais air â sgwlyn amryddawn y pentref, Titus Lewis, brodor o Drefdraeth, a phan ddywedais wrtho fy mod yn mynd i'w hen gartref, ymsythodd fel crwt deunaw oed a dweud, 'nid mewn car y mae mynd i Drefdraeth. Cered i Drefdraeth! Cered dros y bryniau, mwynhau golygfeydd ac yfed iechyd yr awyr iach ar hyd y daith. Rwy' wedi cered yno droeon cyn i ddiogi'r oes hon fy nal. Ond y mae'n well mynd mewn car na pheidio â mynd yno o gwbl!' Ac ymlaen â mi i gael cipolwg ar Rosebush. Ni chlywais i enw Cymraeg ar y lle hwn erioed. Gwelwn greithiau'r chwarel ar lethrau'r mynydd, a chofiwn mai'r Macaulays, Saeson o ran iaith, neiaint yr Arglwydd Macaulay, a ddechreuodd gloddio'r chwareli ac agor y lein fach drwy'r fro. Hwy a roes Rosebush ar y map. Agorwyd y lein fach ym 1876, a chodwyd yno nifer o 'dai gweithwyr', a elwir y Stryd. Heibio i'r rhain yr awn i'r hen gloddfâu, ac yn eu canol, mewn lle peryglus i'r dieithr a'r diofal, y mae pwll dwfn o ddyfroedd glas y bu'r pentref yn tynnu dŵr ohono am flynyddocdd. Yr oedd tap yn Rosebush pan oedd gwŷr Maenclochog a Threfdraeth yn dibynnu ar stên a chrochan.

Dyma bentref yng nghanol corsydd a rhosydd lle y mae'r gaeaf yn aeaf. I bob un a gâr dringo i ben y Foel, y mae hwn yn fan cychwyn da, ac y mae pobl y pentref yn ddigon parod i gyfarwyddo'r dieithr. Cynlluniwyd y lle ar un adeg i fod yn bentref gwyliau, cyrchfan y mynyddoedd, a chodwyd y Precelly Hotel yn ymyl yr orsaf. Ceir nifer o lynnoedd bychain o amgylch y gwesty hwn ac y mae'r rhododendron yn amlwg ar eu glannau. Bu cwch ar lyn yma unwaith. Cofiaf adeg pan ddeuai cannoedd o filwyr bob haf a gwersyllu ar y llethrau hyn, ond heddiw y mae'r pentre'n dawel, y chwarel yn fud a'r borfa'n tyfu lle y bu reiliau'r trên, eithr y mae rhywrai'n crwydro Sir Benfro o hyd ac am weled Rosebush.

Ar ôl mynd heibio i bont Ddôl-wen a dechrau dringo gwelwn lyn hardd ar y llaw aswy, – llyn-gwneud ydyw â'r llethrau'n lannau iddo. Dyma gronfa ddŵr Milffwrd, a chwarae teg i'r awdurdodau a fu'n cynllunio'r gronfa, nid ydynt wedi anharddu'r fro. Cawsom lyn prydferth ganddynt ym mro rhedyn ac eithin a grug, heb foddi na thŷ na thwlc. Wrth fynd ymlaen deuwn i groesffordd Tafarn-Newydd (New Inn), a dyma ni unwaith eto ar y ffordd sy'n cysylltu Hwlffordd ac Aberteifi. 'Nantyddwylan oedd enw'r lle hwn', meddai Titus Lewis wrthyf, 'ac yma y cyferfydd y Cwrt Lît ddwywaith neu dair y flwyddyn i ystyried materion ynglŷn â chwmin Cemais. Yn y cwrt hwn y gosodir nodau'r defaid a'r merlod sy'n pori'r mynydd-dir, ac yma y penderfynir dyddiad y Strâ – casglu'r defaid crwydron wedi adeg cneifio. Yn Nhafarn-newydd yr arhosai'r goets fawr ar ei ffordd o Hwlffordd i Aberteifi, ac yma y torrai'r barnwr a'r twrneiod eu newyn a'u syched ar eu ffordd o frawdlys Sir Benfro i frawdlys Ceredigion'. Saeson sy'n cadw'r lle ar hyn o bryd.

The above is an extract from the second volume of the notable 'Crwydro Sir Benfro' (Rambling Around Pembrokeshire) books written by E. Llwyd Williams and published by Llyfrau'r Dryw in 1960. The author trundles around the county noting all manner of facts and impressions in order to present a warm and intriguing portrait of all areas. When he arrives in the vicinity of the upper reaches of the Eastern Cleddau he is on 'home territory', and presents a cascade of historical information intermingled with anecdotes about characters, who would be a constant source of mirth and regular topics of conversation amongst the population, in those pre-soap opera and reality television days.

He begins the second volume by referring to George Owen's comments about the lack of hedgerows in the Rhosfach area when he passed through in 1600. Llwyd, however, notes the distinct improvement in husbandry in the meantime with a proliferation of enclosed green fields on the lower slopes of the Preselau whilst the mountains themselves have remained unchanged. He notes the post-war trend of farms being bought by English and other families who tend to remain estranged from community life. He laments the trend of some secluded farms and cottages being left empty whilst the land is rented. To the Welshman, he says, it is a matter of sadness when a farmstead cannot be associated with a living family. He refers to the former Kings Cross zinc shed shop at Rhosfach and the current Charing Cross shop at Llangolman which once sent barrels of butter to the Glamorgan Valleys but now sells butter from Australia over its counter.

After much persuasion he elicits a few stories from an elderly gentleman he met at Colman Cross who was on his way to receive an injection. He regales the tale of the individual who asked a wealthy farmer for a pound that would be paid back when the pullets would be sold. Before parting with the money the farmer asks when would he be likely to be repaid therefore, and received the answer 'Well, my hen started laying today'! He also mentioned the occasion when a large crowd was seen on their way to chapel for a special service to induct new deacons. As they walked past a particular farm, the farmer, who was a member of another denomination, asked what was happening that day, and was told, 'Oh, we are shoeing foals today'!

As he sits on a rock looking towards Cilau-fawr he remembers boyhood days spent hunting foxes and badgers and endeavouring not to be nervous on hearing the cooing of a woodpigeon and the hooting of an owl. He also regales the afternoon spent in the company of the notorious Dai'r Dwrdy being taught how to fish in the Cleddau below. Llwyd would cast his line, with worms as bait, for ten minutes in the very place Dai had moved on from and continued the pattern. By teatime there were 79 trouts in Dai's basket and 17 in Llwyd's pocket. He also confesses to spending one night on the river carrying a torch to enable someone, whom he does not name, to catch three salmons with his gaff. He philosophises on the effect of nature on man's spirit and the way mountain and stream, wood and heath, help to formulate one's character. He comes to the conclusion that the countryman becomes a Pharisee when he denies his relationship with the land of which he is part of and where God has placed him. On the same theme he mentions the familiar 'calls' used to attract or disperse various farmyard animals. He ponders why cows would invariably be given Welsh names but horses would be given English names.

As he loiters at Pont Hywel mill he mentions the spree associated with the first annual load of grain brought to be dried and milled when youngsters would congregate to entertain themselves and carry out pranks. At Pwll-cam he remembers children swimming and diving under water and recalls a lyric he wrote posing the question, 'to what extent does man possess the abilities of a fish?'. Mention is made of the merits of the locally quarried silver-blue and blue rust-speckled slates at Gilfach but Llwyd laments the fact that slate-rubble, to underpin farmroads, is more in demand than proper roofing slates with the appearance of cheap tiles on the market. Slates from various Pembrokeshire quarries have apparently found their way on to the roofs of such distinguished buildings as Kensington Museum and Cape Town Hall as well as a multitude of London churches.

The path from Dandderwen farmyard at Llangolman down towards Rhydwilym is described as a walker's paradise. Mention is made of the prize winning pigs once kept at Dandderwen – the white pig whose ear hides his eye and reaches as far as his nose. Nevertheless, he resists the journey along the gladed path on this occasion and turns towards Llangolman Church and points to an unusual grave where the remains of a lady who kept an illicit pub are buried. He holds a conversation with the Pole, Captain Michalski, at Llangolman Farm, whose youngest son, Ioan Glyndŵr is a fluent Welsh speaker. Among his words of wisdom was the statement 'that all religions are good; the evil is trying to live without any religion'. A previous incumbent was James James, a mediocre farmer but a musical genius, who as a conductor won plaudits when the Taf and Cleddau Mixed Choir won their competition at the Fishguard National Eisteddfod in 1936.

On his journey towards Rhydwilym the author feels the presence of spirits from a previous age in the various wooded glens. He refers to the early beginnings of the Baptists in the area and the significance given to Rhydwilym Chapel by Prof. E G Bowen in his various publications. The 'country' Nonconformist was less radical and much poorer than his 'industrial' counterpart apparently. Llwyd Williams refers to an englyn composed by Dan Phillips, 'Cleddian', who returned to the area from France during the First World War and slept the night in the graveyard. At Maesydderwen the author spoke at length with John Williams and they discussed the peculiar 'Pwnc Singing', the half chant half reciting of Bible verses, reminiscent of monks' incantations, at the annual Whitsun festivals. As he continues on his journey he laments the demise of an earth and straw walled cottage known as Pen-sarn that had a superb garden only seven years previously. At Eden crossroads where five roads meet he refers to another two former cottages known as Egypt and Canaan. Another change that irks him is the re-naming of houses such as Tŷ-coch to Marble Hall, Tŷ-uchaf to Thornville Grove and Llogin to Cherry Grove.

After journeying through Llan-y-cefn and across Bigni Crossroads down past Rhyd-y-fallen towards Llandre Egremont and Gelly we rejoin the intrepid walker at Penrhos, the home of John and Mari Williams and their daughters, Rachel and Maria. Mention is made of other 'characters' such as Dafi'r Llwydarth whom he described in the booklet 'Hen Ddwylo'. Dai Dolfelfed now deserves a mention on account of his quip when someone, who was not a member of a particular chapel, appeared to have too much to say at chapel meetings. 'H'm,' said Dai, 'I have little time for a servant who arrives at a farm without his box'! We are reminded that the old Welsh name for Temple Druid is Bwlch-clawdd and that reputedly Nelson and Lady Hamilton knew of the place. Leo Walmsley, a novelist, who wrote 'The Happy Ending', lived there for a while and some of the characters have more than a passing resemblance to local people. One of the occupants, Ben Gibby was remembered as an enterprising man who strove to find various ores in the area and who was an avid local historian and rhymester.

Finally we reach Maenclochog. Reference is made to William Eynon, an astute man, who ensured that all his children learnt a craft pertinent to the life of the village at around the turn of the century. One of his sons, Jim became a watchmaker and once cycled from Maenclochog to Birmingham, no mean feat when roads were not tarmacadamed. The author refers to the time spent in the village by Professor Edmund

Crosby Quiggin in the company of Professor Oliver Stephens. The former was keen to learn Welsh by immersion and with the aid of his companion he spent three weeks listening to conversations, and then by the fifth week, he gained the necessary confidence to speak the language with a degree of fluency. He was intrigued by what he considered to be the almost haphazard way mutations were introduced in every day speech as well as the brevity of certain utterances such as 'sai'n gwbod'.

We are told that the Revd Jubilee Young, a native of the village, was the first person to record a sermon on a gramophone and Thomas Howells, otherwise known as Twm Martha Fach, – the renowned tramp – is honoured in the form of an eight stanza poem. Llwyd Williams pauses to converse with the 'schoolin' at the time, Titus Lewis, a native of Newport on the other side of the mountains, before walking towards Rosebush and Tafarn Newydd.

✩✩✩✩

Doedd dim lot o siâp ar Mari'r forwyn newy' wrth gyflawni ei thasge ar hyd y tŷ. Fe fuodd meistres yn ddigon amyneddgar wrthi ac yn dangos iddi shwd wêdd g'neud popeth.

Ond ar ôl rhyw fis a gweld na wêdd fawr ddim yn gwella wêdd meistres yn barod i ddechre termo. Wêdd hi wedi ca'l llond bola o ddilyn Mari i bobman yn tynnu sylw at beth wêdd ishe ei 'neud.

Un p'nawn wêdd Mari wedi bod yn y parlwr am getyn ac wedi dechre mynd ynghyd â'r star a'r landin pan glywodd hi lais meistres yn gweiddi o'r parlwr.

'Mari, Mari! dewch ma' ar unweth,' wêdd y gorchymyn.

Hastodd y forwyn at ei meistres.

'Drychwch ar hyn, Mari. Pan dwi'n symud fy mys ar draws ford y parlwr, dwi'n gallu sgrifennu'n enw yn y dwst. Nawr te, be sy 'dach chi i ddweud am hynny?'

'Wel, wir, mishtres, dyna dda,' medde Mari, 'yn dyw hi'n syndod beth ma tamed o addysg yn gallid ei wneud.'

Prysurdeb y cneifio ar fferm Pantithel yn ystod haf 2005 a phawb â'i dasg
Shearing at Pantithel during the summer of 2005 – everybody has his task

'The Boys'

(The story of the young men of the Maenclochog area who fell in the Great War 1914-1918)

by Lester Mason

INTRODUCTION

For many years a tablet was displayed on the wall of Hen Gapel in Maenclochog commemorating three young men of the village who had fallen in the Great War. It gave details of when and how they had died, their ages, 24, 21 and 19, and even in one case the place of death. In a small community like Maenclochog to give up three men was sacrifice enough, but this memorial is only part of the story. The impact of the war went further, not only affecting Maenclochog, but all the surrounding villages; from Rosebush to Henry's Moat, Llys-y-frân to New Moat, Llanycefn to Llangolman, all were to lose young men to the Great War, the figure far exceeded the three remembered in Hen Gapel.

Using source material from the time and other modern day research facilities, an attempt will be made to piece together some of the events that characterised these salient years. The early months of the war will be examined, and how the enthusiasm of August 1914 was to diminish in the face of an ever increasing casualty list, as well as anecdotal evidence from soldiers on leave from the front. The war record of the fallen will be discussed – many local men fought and died in some of the bloodiest battles of the war. Finally the post-war years will be visited to see how the community remembered the dead.

This work will endeavour to include all the men of the area who perished, and some of the men with family or other links to Maenclochog. It is not exhaustive, and I can only apologise before hand if anyone is left out, it will be a case of oversight on my behalf, certainly not disrespect. The study concentrates on the men who did not return, as records tend to accumulate around the deceased; however, near to the end the war records of two who did return will be looked at briefly. This of course leaves out the story of dozens of other locals who fought and survived; this I admit is a shortcoming. Despite this I hope that in some small way this short essay will help enlighten the reader to events between 1914-1918, while acting as a fitting tribute to those men from the community who gave their lives.

Special thanks is extended to Llinos John, Bronwen Mathias, Mona Lewis, Gareth Jones and Peter Denzil Edwards for help with the primary source material contained in this work.

PART I – 'YOUR COUNTRY NEEDS YOU'

The balmy days of August 1914 witnessed an unprecedented level of activity throughout Pembrokeshire as the County prepared for war with Germany. The mustering of the local yeomanry began almost immediately and units of the 4th Welsh (the 4th Battalion of the Welsh Regiment) were put on immediate standby in the South of the County. Coastal defences were 'beefed up', including the manning of the many forts along the Milford Haven estuary. These impressive features were built during the 19th century against the threat from Napoleonic France and the later perceived threat from a rejuvenated 'Republic' under Napoleon III. Vessels previously used for fishing were hastily converted for minesweeping duties, leaving port immediately. Paranoia over enemy activity, which was to remain throughout the war years, set in quickly as two seemingly innocent German tourists were arrested and incarcerated in Haverfordwest Castle after disembarking off the ferry terminal at Fishguard, 'their presence in the County town was said to create a great sensation'. [1]

Away from the 'hustle and bustle' of the towns the people of the Preseli Hills would have remained generally oblivious to news of war with Germany, although they were used to military activity on their doorstep. Soldiers from regiments barracked at Pembroke Dock spent weeks under canvass in and around Rosebush village, using the hills for training purposes. Among these were the Scots of the 2nd Border Regiment who, on hearing of the outbreak of hostilities, broke camp as 'orders were received … for these troops to parade and make immediate tracks for Pembroke Dock'.[2] Otherwise this predominantly agricultural community made the most of the fine weather to literally 'make hay'.

It was the young men of these hills and the surrounding villages and hamlets that would be the first to feel the impact of the developing crisis, as pressure to except the 'King's shilling' and join the ranks became more intense. Despite dissent in some quarters, as elsewhere in Britain 'appeals to fight for 'King and Country' were well received throughout the Principality'.[3] Popular publications at the time seemed fully behind the war effort, certainly in the early months. Editors at the *Welsh Outlook* were only too eager to make public their conviction 'to fight this war and … fight it to the end with all the strength we have got'.[4] Stirring stuff, but did it truthfully reflect the feelings of ordinary people at the time, in particular the families of those who were now going to war? Certainly in Pembrokeshire the recruitment process began immediately and young men throughout the County were enlisting enthusiastically. At Haverfordwest in August 1914 men were able to choose from a wide variety of units. As well as the Welsh Regiments, others 'touting' for young recruits included the Dorset, Devon and Gloucester Regiments. Eager recruits could also choose from the Royal Irish Rifles or the Dublin Fusiliers, as well as Artillery units and the Royal Engineers. Of the fifty men who signed up at this initial Haverfordwest meeting over half haled from Fishguard, and exactly half enrolled in Welsh units. Among the recruits were men from Wiston and Little

Newcastle, and two men from Woodstock, including Joseph Martin, who enlisted in the Welsh Regiment; more will be said about this soldier later.[5]

Later in the war the bloody experiences at the front, particularly on the Somme, would force the military authorities to rethink policy, as the luxury of choosing a certain outfit was removed, and men were redistributed throughout the expanding British Army; this policy had implications for local men. In the meantime men joined the unit of their choice, many attracted by regiments with more romantic nomenclatures such as the Fusiliers or the Guards.

It soon became clear that any early enthusiasm for the war was beginning to diminish, certainly within Pembrokeshire, and it was to happen sooner than expected, taking the recruiting authorities by surprise. As early as September 1914 recruiting agents were experiencing problems as nationally the call went out for an extra 100,000 volunteers. Later the problem would become more acute as it became clear that many within the farming communities, including those in the Preseli Hills, were increasingly reluctant to give up their young men, or more accurately their farm labour at a time when such manpower was needed on the land more than ever. In August 1915 one recruiting officer tackled the problem head on claiming that, 'farmers are making their money, keeping it, and more than that keeping their sons who ought to be in the army. I know of one Pembrokeshire farmer who has six sons and he has said he would sooner see the Germans come over here than let one of his boys go to war.'

Some viewed events differently as later that year, during the annual hiring fare in Maenclochog, a shortage of both male and female farm workers was reported. A successful farming year, even more important during wartime, depended upon hired labour, and many believed that this shortage was 'owing to the war'.[6]

Practical business reasons had a lot to do with the reluctance of the agricultural communities to give up their young men, however by the summer of 1915 the list of men who were reported as fallen or missing in battle was beginning to grow. In August sixty nine officers and men from Pembrokeshire were listed as fallen, including Major Lawrence Colby of the Grenadier Guards, killed in action on 24th October 1914 at Ypres where the German advance into Belgium was halted after desperate fighting east of the town.[7] Ypres was to remain in allied hands for the rest of the war, but would witness two further major engagements around the deadly salient that had emerged between the opposing sides. Lawrence Colby has no known grave and is commemorated on the impressive 'Menin Gate Memorial to the Missing' in the town. Although a native of Boncath, he had local connections and is remembered on a plaque at Bletherston Church. Other young men with connections with Maenclochog and the surrounding villages would die in or around Ypres.

The casualty list, coupled with stories brought back from the front by soldiers on leave about the disturbingly high casualties suffered by the British Army at Ypres and elsewhere, did begin to change attitudes towards the conflict, as the number of volunteers, once a flood, became a trickle. Eventually the British government changed course because of the growing manpower crisis, and from January 1916 conscription was introduced for all men between the ages of 18 and 41.[8] Despite this action manpower resources remained a problem for the authorities throughout the war. Angela Gaffney poignantly sums up the situation as it affected the whole of Wales, 'as war progressed, protracted battles and mounting casualty figures took their toll. Ideas of glory and glamour of war disappeared with the site of maimed and shell shocked men returning to Wales, as the enthusiasm of 1914 was replaced by a desire for the war and the dying to end'.[9]

Did this change of heart towards the war manifest itself into full-blown anti-war sentiments, even pacifism and a refusal to fight? Did Pembrokeshire or more precisely the Maenclochog area harbour pacifism and conscientious objectors? At Narberth, following the introduction of conscription and recruitment tribunals, one local businessman had appealed against his call up, not only for business reasons, but out of conscience, exclaiming that he 'did not believe in war as it was against the teachings of Jesus Christ'.[10] His appeal was refused. A reluctance to support the war effort at a communal level was evident from the protracted dispute during the spring and summer of 1915 over the decision of trustees of Llys-y-frân school not to allow the hall to be used to host a 'patriotic concert'. The dispute would dominate editorial comment in the local press for some time, and remains testimony to discomfort in some quarters over the war.[11] Many within these farming communities harboured deep anxiety about the war born out of strong Christian beliefs and a degree of mistrust over the actions of the Government in London, but the majority 'toed the line' despite misgivings as the overwhelming strength of public opinion was behind the war and it took immense courage to become a 'conchie'.[12] However, many of the young men who fought did become increasingly disillusioned by the war, a state of mind that they would carry into civilian life.

Despite disturbing news from the front and an ever growing casualty list, the young men of Maenclochog, Rosebush, Llan-y-cefn and other villages did enlist and for a myriad of reasons. Some for the adventure and to escape the 'hum-drum' life they were used to; others saw in army life regular pay, decent food and a smart uniform; some harboured patriotic feelings, fearing German aggression and expansion. But for many it was peer pressure that proved decisive, the need to copy and emulate their school friends workmates and neighbours. Many from the area did not travel far to enlist: William Howells from Maenclochog was able to join up in the village, as was Ben Morris of Llandilo and Ben Williams of Henry's Moat. Richard Williams although from Llanelli chose to enlist in the village; his brother David would eventually settle in the village at Tŷ-newydd. Both served in the Royal Welsh Fusiliers (RWF); David survived, Richard did not.

Local boys went further a field to take 'the King's shilling'. George James of Gotty, who also served with the RWF, signed on at Haverfordwest, while John George, who would die of wounds received in France and be buried at Rhydwilym cemetery, joined the 14th Welsh at Narberth. Ben Llewelyn of Llan-y-cefn, who would travel half way around the world and serve in many theatres of war, only had to travel to Goodwick to sign up with the 8th Welsh. Some in a determination to enlist were prepared to travel out of the County, particularly if the aim was to join a certain regiment deemed to be a 'cut above the rest', if only in name. David Evans of New Moat, destined to perish on the Somme, travelled to Swansea to join the newly formed Welsh Guards, while James Thomas, who would suffer the same fate as Evans and be commemorated in Llys-y-frân churchyard, also enlisted in the Welsh Guards this time at Neath. Stanley Rees of Maenclochog went one step further choosing to join the South Wales Borderers (SWB) in Tottenham, while a near neighbour Reginald Quin, also enlisted in London, joining the Royal Engineers (RE). [13]

The author, Lester Mason, at the grave of Ben Morris of Llandeilo. He was the son of Dafydd and Margaret Morris of Llandeilo Uchaf, and died of wounds 24 March, 1918, aged 22 years. He is buried at Dernancourt Cemetery near Albert on the Somme.

Others from the area chose a variety of recruiting stations to sign up and a variety of units, probably as the opportunity arose. Most travelled to the larger towns of South Wales, including Cardiff where both Dan Davies of Llangolman and Evan Pritchard of Tŷ Llosg, Rosebush, enlisted, or William Morris of Llan-y-cefn and Fred Phillips of Rosebush who both enlisted at Carmarthen. James Price of New Moat travelled to Abertillery to enlist.[14] Many of these men believed they were embarking on the adventure of a lifetime, others were more sceptical. All would perish.

The grave of William Morris at Llanycefn churchyard, together with a dedication to his brother, David. William died in Liverpool Military Hospital, while his brother was killed fighting with the Canadians on the Somme. He is buried near Amiens. Their parents were Morris and Mary Morris of Llanycefn.

PART II – 'THE FORTUNES OF WAR'

With the advent of the internet and the appearance of countless websites dedicated to the study of the Great War, together with the availability of a host of other facilities,[15] the researcher is able to piece together, in some detail, the war records of individual soldiers and sailors, particularly if the serviceman in question did not return. As far as soldiers are concerned the key is to identify the exact battalion an individual belonged to (as opposed to the regiment only), and from there it is only a short step from identifying his Division, and then the task of piecing together the record of the soldier can begin, including where he fought. Knowledge of his final resting place, or place of commemoration can also aid in this quest.

The war records of men from the Maenclochog area who did not return can make very interesting reading, as many took part and fell in some of the greatest battles in history. Of the individuals scrutinised here five perished on the Somme, either in the great Allied offensive of 1916, the German bid for victory in March 1918, or the counter offensive of August 1918. Private Stanley Rees of the 1st SWB was the son of George and Phoebe Rees of Spring Villa

Maenclochog; he died of wounds on the 22nd August 1916, as a result of action on the 2nd August. He fell taking part in the second phase of the summer offensive which had began so tragically on the 1st July with the death of nearly 20,000 British and Commonwealth troops in just one day. Aged 22 years his death was reported in the local press a month later, as were details of his record of service. Stanley had originally joined the Pembrokeshire Yeomanry, 'but growing tired of inactivity, obtained a transfer to the SWB'. He saw service in Gallipoli, where he was buried by an enemy shell, spent time in Egypt, as well as Salonica in Greece, and was hospitalised in Malta suffering from rheumatic fever. In May 1916 he and his Battalion found themselves in France preparing for the major offensive ahead.[16] Stanley Rees, who had a brother serving in the Army Service Corps (ASC), is buried in Flat Iron Copse cemetery by Mametz Wood, where the 38th Welsh Division had attacked in July 1916 with such tragic results, although by the time of Stanley's death it was situated behind the line and was a major supply point for the front line troops. By today's standards the war records of young men like Stanley Rees makes remarkable reading, as it catalogues his service in many theatres of war, his transfer to different units, his injuries, recovery and quick return to front line action, and sadly his death. However it is not unusual, and hence remains testimony to the endurance of all the young men who fought in the Great War, as well as his own courage.

The two Welsh Guardsmen, David Evans and James Thomas, also fell during the Somme offensive of 1916, on the 17th and 25th September respectively. At this time the focus for the British had moved to the Flers-Courcellette area made famous by the use of the tank in battle for the first time (on the 14th September near Flers). The Welsh Guards were involved in bitter fighting around the villages of Guillemont and Ginchy, among them David Evans who was to die of his wounds some miles behind the front line near the village of Meaulte, just South of Albert, the main town associated with the Somme battlefield. It was not until November that news of David Evans' fate was reported in the local press (although the people of New Moat area had known for some time – a memorial service was held at Tabernacle Chapel in Maenclochog on the 8th October). In the press account he was said to have been involved 'in some very exciting and thrilling engagements', and that 'the villagers of New Moat were grief stricken at the loss of such a true and gallant soldier'.[17] David was the son of Mr and Mrs Ben Evans of the Post Office New Moat and is remembered on his parents' headstone in the Church cemetery. James Thomas was killed in action but has no known grave; he was the son of Morris and Martha Thomas of Portis Llangolman (they were later to move to Primrose Cottage Maenclochog). He is commemorated on his brother's gravestone in Llys-y-frân Churchyard. The inscription reads:

> 'Eithr yn y pethau hyn oll yr ydym ni yn fwy
> na choncwerwyr trwy yr hwn a'n carodd ni.'

James Thomas has relatives living in the area today, Freddie Jones of Maenclochog and Meurig and Gareth Jones of New Moat.

The Battle of the Somme would grind to a halt in November 1916, the Allies sustaining casualties estimated as high as 600,000 in some quarters (killed, missing, captured and wounded), others suggest the figure was closer to 400,000; German casualties were similar. The Allies advanced about six miles. This did not mean the end of major hostilities in the area, as in March 1918 the Somme was the setting for the German spring offensive. Facing this formidable onslaught was the 9th Welsh (as part of the 19th Western Division) and with them was Ben Morris of Llandilo. Wounded, he was removed to one of the casualty clearing station to the rear but could not be saved, dying of his injuries on the 23rd March aged 22. Over seventy men from Ben Morris's Battalion would die during the first week of the German push, including Richard Phillips from Llanddewi Velfrey. Ben Morris's parents lived at Llandilo Uchaf and his name is engraved on their tomb in Llandilo cemetery; he is also commemorated on a marble tablet inside the chapel. The inscription ends 'Hedd, Perffaith Hedd' as it does on his gravestone at Dernancourt cemetery on the Somme, a few kilometres South-West of Albert. Many young men were to loose their lives on and around the 21st March, 1918 as the Germans made one last attempt to break the Allied lines and win the war; it nearly succeeded but was halted in front of Amiens. The German army was unable to mount another offensive on such a scale.

The memorial to the missing of the Somme at Thiepval. It holds the names of nearly 74,000 men who perished but have no known grave. Included here are the names of James Thomas, who is also commemorated at Llys-y-frân churchyard, and Henry Evans who had a family at Llan-y-cefn.

In August 1918 the Allies began their own offensive in the Somme area. Included in the initial attacks were elements of the Canadian Corps, among them David Morris of Llan-y-cefn (he fought with the 1st Canadian Mounted Rifles, a Saskatchewan regiment). He was killed in action on August 8th aged 23 and is buried at Hanguard cemetery near Amiens. His brother William also perished but on home soil, dying at Liverpool Military Hospital on the 6th October 1918 aged 33. He is buried in Llan-y-cefn Churchyard; his brother is also commemorated on the headstone, the inscription, in the currency of the time, reads,

'They died the noblest death a man can die,
fighting for God, right and liberty.'

The parents who had to suffer the loss of two sons within two months of each other were Morris and Mary Morris of Llan-y-cefn.

Another main theatre of war for the British and Commonwealth forces was the Ypres Salient. The fate of Major Lawrence Colby in October 1914 has already been mentioned; at the end of July 1917 the town would be the scene of another Allied offensive. The 'Third Battle of Ypres' is more poignantly remembered as 'Passchendaele', after the small village that marked the limit of the British advance, and would become synonymous with mud, death and the endurance of the ordinary soldier on both sides. It would also become the last resting place of many men from Pembrokeshire including 'lads' from Maenclochog, Llangolman, Rhydwilym and New Moat. George James a private in the 19th RWF (he, like many County men, had originally joined the Pembrokeshire Yeomanry before transferring to other units), was killed in action on the 30th July, the eve of the 'Big Push'. Aged 23, George was the son of Phoebe James of Gotty and is buried near where he fell at Bard Cottage cemetery just North of Ypres; the simple inscription on his stone, which would have been chosen by his family, reads 'RIP till the dawn of the morning'. The day after George James fell Daniel Davies of Llangolman was killed while serving with the 8th Battalion of the Liverpool Regiment attached to the 55th Division. His Division, like the 38th Welsh, was attacking the Pilckem Ridge on the morning of the 31st July. This attack on the first day of battle is of course forever associated with the death of 'Hedd Wyn', the poet Ellis Evans who served with the RWF and is buried at Artillery Wood cemetery West of Boezinge village, again near where he fell.

The 1992 motion picture brilliantly depicts the attack on the ridge and the bloody slaughter of men of the 38th Welsh. Next time you have a chance to view the film as well as Ellis Evans also remember George James and Daniel Davies, or other men from the County who also perished in that assault or during the immediate aftermath, like John Williams of Haverfordwest, also buried at Artillery Wood. Another Dan Davies with links to the Preseli area also fought at Ypres; he was the son of Edward and Margaret Davies of The Terrace Rosebush and served with the 14th Welsh. He survived the first few days of the offensive but was killed in action on the 5th August aged 30. Dan Davies like his namesake has no known grave and both are commemorated on the 'Menin Gate Memorial to the Missing' in the centre of Ypres.

The Ypres offensive carried on through the summer of 1917 and into the autumn, claiming thousands of lives on both sides. Among them was John Lewis of Maenclochog who died of his wounds on the 22nd of October and is buried at the Ypres Reservoir cemetery in the middle of the town. He was a sapper with the 254th Tunnelling Company (RE), an unenviable position as he would have been involved in the mining of the German lines around the 'Salient'. This underground war was another dimension to hostilities between opposing forces at both Ypres and on the Somme. Buried down the road from John Lewis at the Ypres Town cemetery is William Howells who served as a gunner with the Royal Garrison Artillery. Although a native of Trecwn he does have a local connection, his grandson Myrddin Howells lives in Rosebush today. Serving with the 'big guns' of the 2nd London Heavy Battery, pounding the German trenches east of the town, he was killed on August 22nd aged 37.

Another local man is buried to the west of Ypres in the large British cemetery at Lijssenthoek near Poperinghe. James Price of Springfield New Moat served as a private in the 14th Welsh and died on September 15th 1916 from injuries sustained while holding the line with his battalion around the 'Salient', he was only 19. James Price was one of the soldiers who was, until recently, commemorated on the tablet at Hen Gapel Maenclochog, the others being Stanley Rees and William George Howells (the tablet is now being restored and is due to be re-dedicated at Tabernacle Chapel in the village). On the tablet at Rhydwilym Chapel can be found the name of Gwilym Evans who served at Ypres with the 26th Royal Fusiliers. He was the son of Charlotte Evans of Glanrhydwilym and was killed in action on the 23rd September, 1917 aged 20.

William George Howells was to perish in another major battle of 1917 at Cambrai (like Flers on the Somme synonymous with the use of the tank, but this time with greater effect). Willie Howells had originally joined the ASC but later either through choice or Army policy found himself part of the 9th Sherwood Foresters, which was mostly comprised of men from Nottinghamshire and Derbyshire. A native of Maenclochog his parents, William and Margaret Howells, farmed at Penuchadre; his niece and great-nephew Glen and Bernard Francis live in the village today. According to the tablet that used to adorn the wall at Hen Gapel Willie Howells was killed on the field of battle at Bourlon Wood on the 24th of November, 1917, aged 24. The wood formed part of the sustained Allied attack on the formidable Hindenburg line around the town of Cambrai, lying between the two great battlefields of Ypres and the Somme. Although the initial phases of the battle were encouraging for the Allies (advances by the Tank Corps caught the Germans completely by surprise) the attack generally failed as early gains were not exploited by the British and the Germans were able to regain these early losses.

Bourlon Wood witnessed some of the most bloodiest fighting of the Cambrai campaign, involving men of the 40th (Welsh) Bantam Division (so named because the Division was purposely made up of soldiers between 5 ft and 5 ft 3″ in height; what they lacked in height they made up for in sturdiness). The wood was prised from the Prussian Guards, but the village of Bourlon proved a tougher 'nut to crack' and remained in German hands. The cost of three days of fighting to the 40th Division was, put bluntly, destruction, they had suffered 4,000 casualties. Although he fell at Bourlon, Willie Howells is buried some miles to the west in the British cemetery at Loos near Lens; this suggests that he was either initially injured in battle and removed to the rear (although his record states he was 'killed in action'), or that he became subject to the post-war policy of re-interring soldiers in large consolidation cemeteries throughout France and Belgium. Buried next to Willie Howells is a fellow Sherwood Forester, Joseph Morris of Stoke on Trent, who died on the same day, November 25th. Records show that Private Morris, like our local man, transferred from the ASC to the 'Foresters' and the respective service numbers suggest they moved at the same time (92196 and 92198); were Privates Howells and Morris mates who perished together? On Willie Howells's headstone at Loos is the most telling and forthright of inscriptions,

'Canys yr hyn a fawr ofnais a ddaeth arnaf.'

Contrast these sentiments, which, through their sincerity, sum up the feelings of so many of the combatants, to the 'heroic' words quoted above from the headstone of William Morris in Llan-y-cefn churchyard.

Not far from the place where William George Howells met his fate is the grave of the Reverend Thomas Howell. Chaplain to the 6th Shropshire Light Infantry, he was killed on December the 1st 1917, again near the Hindenburg Line. He is buried at Fifteen Ravine cemetery near the village of Villers Plouich, South-west of Cambrai. His headstone carries the inscription, 'ni ddwg neb hwynt allan o'm llaw i'. A native of Fishguard, the Reverend Howell was the half-brother of Stephen Howell, Vicar of Maenclochog between 1905 and 1946, and is remembered on the family headstone at Maenclochog Churchyard. Buried next to him in France is another Chaplain, the Reverend Oswald Holden who was killed on the same day. Both are mentioned in recent publications on the 'Battle of Cambrai'. [18]

Local men served in other parts of the Western Front. Some such as Gitto Thomas of Hawthorne, Llys-y-frân who served in the Devonshire Regiment, were perhaps using finely homed country skills at the front. In a report in the local press he was described as 'a marksman of the first water' and given the position of sniper 'experienced some hair-breadth escapes'.[19] Other local men who served on the Western Front and did not return include Griffith Gibby of Glynllewellyn, Llan-y-cefn and Reginald Quin of Gwalia, Maenclochog both in the Royal Engineers, and Fred Phillips and John Lloyd of Rosebush. They, like Richard Williams of the RWF, died of their wounds in hospitals and recovery areas sometimes situated many miles from where they sustained their injuries. Other fatalities include Lance Corporal Ben Owens of Tŷ Coch, Rhydwilym, who was 'killed in action' in August 1918 serving with the 1st SWB and is buried at Haisnes near Lens, and Evan Pritchard of Tŷ Llosg who died of wounds on the 27th February, 1918, sustained while helping to hold the line with the 9th Welsh at Bapaume just North of the old Somme battlefield, (you may recall that Ben Morris served in the same battalion and died a month later). Like the Reverend Howell, Evan Pritchard is remembered on a family tombstone in St Mary's Churchyard, Maenclochog.

As well as William Morris of Llan-y-cefn other locals were to die on home soil, some carrying injuries picked up on active service. Ben Williams of Henry's Moat died in the military hospital at Woolwich in April 1917 aged 31 and is buried in Horeb Cemetery, while John George who died of wounds received on active service in France aged 24, is buried at Rhydwilym Cemetery. The grave of John Brinley Rees can be found at St Mary's Churchyard in Maenclochog; he was the son of John and Jane Rees of Llys-y-frân, and died aged 18 in May 1918, while serving with the Royal Navy Reserve.

One of the most fascinating service records belongs to Ben Llewelyn of Fron, Llan-y-cefn. With his Battalion the 8th Welsh he saw service in Gallipoli, Egypt and eventually Mesopotamia (modern day Iraq). He was to die of wounds in April 1916, during one of the failed attempts to save the besieged British garrison at Kut from Turkish control. Ben Llewelyn is buried in Basra cemetery in a town patrolled by British troops today – a case of history repeating itself. His nephew is local businessman Brian Llewelyn, with concerns in both Rosebush and Eglwyswrw. Other relatives of Ben include two nieces and a nephew in Maenclochog: Mona Lewis of La Bastille, Mattie Lewis of Llety Nedd, and John Llewelyn, Gwynlais.

The war record of young men from Maenclochog and the surrounding villages who fell in the Great War makes fascinating reading, but it is not exhaustive. Research into primary source material, particularly local newspapers, can spring surprises. Such is the case of Private Joseph Martin who you may recall enlisted in the 1st Welsh at Haverfordwest in August 1914. His record shows that he was born and resided in Flurkburgh in Lancashire, and that he died of wounds on the 29th August 1915. It does confirm his town of enlistment and his unit of choice, however there were many Englishmen serving in Welsh regiments, there was nothing unusual in that. It was only after a perusal of a newspaper of the time that a local link was established; firstly that on enlistment he had given his place of residence as Woodstock, and secondly, that he was in fact employed by Mr Phillips of 'Farthings Hook' farm, located between Maenclochog and Tufton, and being described as 'well known locally and highly respected by all'. [20] Joseph Martin is buried in the town of Bailleul near the French-Belgian border, sharing the same cemetery with 'boys' from Llawhaden and Solva.

It is not unusual in France and Belgium to find Pembrokeshire men buried in the same cemetery, although during the Great War they were fighting with different units, the high casualty rate and the vast scale of the different military operations made these coincidences highly probable. Other examples of this include George James buried at Bard Cottage near Ypres who shares the cemetery with men from Fishguard, Llawhaden, Walwyn's Castle and Amroth, or David Evans in Grove Town cemetery on the Somme who shares his final resting place with William Evans from Newport, as well as men from Pembroke; the list is endless. Evan Pritchard buried at Hermes Hill cemetery between Bapaume and Cambrai lies right next to Vincent Edwards of Boncath. Both served with the 9th Welsh and died of their wounds on the same day, February 27th 1918. Such were the fortunes of war.

PART III – 'LEST WE FORGET' : THE AFTERMATH OF WAR

The final resting place of all the young men discussed here are detailed in the appendix below. Some like George James, David Morris and the Reverend Thomas Howell were buried near where they fell, although many 'killed in action' were re-buried in large communal cemeteries after the war. Others who 'died of wounds' were usually buried behind the lines in cemeteries connected to casualty clearing stations or field hospitals. Included in this group were Ben Morris, David Evans and Stanley Rees on the Somme, as well as John Lewis and James Price in or near Ypres. Others who 'died of wounds' included Evan Pritchard buried at Hermies Hill and Reginald Quin who was buried at Pernes cemetery near Bruay. Four local men who sustained serious wounds were evacuated from the front line area entirely, succumbing to their injuries days, even weeks, later. These include Fred Phillips buried at Rouen in Normandy, John Lloyd at the vast British Cemetery at Etaples near the French coast, Griffiths Gibby at St Omer and Richard Williams buried at Tourgeville cemetery near Le Havre. Undoubtedly the most difficult grave to visit, more so now than ever, is that of Ben Llewelyn of Llan-y-cefn, resting as he does at Basra in war torn Iraq.

Mention has already been made in this study of those men who did not return to their homeland but were later commemorated on family graves. To recap they include Evan Pritchard and Thomas Howell at Maenclochog churchyard, Griffiths Gibby at Rhydwilym cemetery, James Thomas at Llys-y-frân churchyard, David Evans at New Moat churchyard, and William George Howells and David Morris at Llan-y-cefn church. All are commemorated on civilian headstones.

Many of the fallen have no known graves and are remembered on the impressive 'Memorials to the Missing' on the Somme and at Ypres. James Thomas is commemorated on the Thiepval memorial; this holds the names of nearly 73,000 British and South African troops who died on the Somme battlefield and have no known grave. (This does not include those lost on the Somme after March 1918, during the great offensives of that year, as they are remembered at the memorial at nearby Pozieres; while the lost of other Commonwealth countries are remembered on national memorials around the old battlefield.) Nearly two hundred Pembrokeshire men are buried on the Somme, of which at least sixty are remembered at Thiepval, including the author's great-uncle Walter Williams from Cresselly, and Henry Evans of

Goodwick, another 9th Welsh soldier who was killed in action in February 1917, aged 26. His wife Elizabeth lived at Cwmbrechfa, Llan-y-cefn. [21]

The Menin Gate at Ypres holds the names of over 54,000 British and Commonwealth troops who died on the Salient up to the middle of August 1917 and have no known grave. (Those soldiers who suffered a similar fate after that date are commemorated at the Tyne Cot memorial near Passchendaele village, including Gwilym Evans of Rhydwilym.) As well as Major Lawrence Colby, Dan Davies of Llangolman and his namesake from Rosebush, the Menin Gate holds the names of men from Letterston, Fishguard, Newport and Eglwyswrw, as well as from other parts of the County.

Back at home remembrance services, like those dedicated to David Evans and Stanley Rees, became a regular occurrence in villages during the war years, as were the erection of 'Rolls of Honour' tablets or scrolls listing those who had made the supreme sacrifice. Sometimes the list would include all those who had joined up, while at the same time highlighting those within the community who had not been persuaded and were conspicuous by their absence from the list. Peacetime brought up the issue of more permanent memorials and the most appropriate way to remember those who had not returned. The fact that many families who had suffered bereavement had no remains to bury underlined the importance of erecting some sort of memorial (the British Government had decided not to repatriate any of the fallen, unlike the Americans who gave bereaved families the choice). For many families in mourning the community war memorial, whether situated in the town centre, on the village green or on the wall of the parish church or local chapel was to become nothing less than a surrogate grave.

Many communities chose monuments as memorials, these included obelisks and cenotaphs, simple stones or plaques, figurative sculptures such as soldiers or female forms representing peace, or Christian and Celtic crosses. Local examples include the Christian cross at Narberth, the Celtic crosses at Llanddewi Velfrey and Llandyissillio, the cenotaph-type feature at Letterston, the obelisk at Clunderwen, the stone tablet at Puncheston cemetery, or the female sculpture at Croesgoch. Other communities chose more utilitarian memorials such as village halls or playing fields, including the village hall and 'Roads of Remembrance' feature at Solva. Each project came under the control of local politicians, such as the Mayor or borough and parish councillors. The influence of veterans or bereaved families on events varied from community to community, but they usually took 'second place' in the decision making process.

The influence of the Chapel meant that the memorials that appeared in the Maenclochog area after the Great War were usually marble wall tablets beautifully inscribed in Welsh and dedicated to individual chapel members or groups of members. Examples can be found at Llandilo, Rhydwilym and until recently at Hen Gapel. It was a practice that continued after the Second World War, with tablets being erected at Llandilo and Horeb. Only in recent years has a communal monument been raised in Maenclochog; it does not list the names of the fallen but is surely a memorial to all from the area who have died in conflict. On the Rhydwilym tablet six men are commemorated; they are Ben Llewelyn, Gwilym Evans, Griffiths Gibby, Ben Owens, John George and one officer, Lieutenant John Thomas of Tŷ Uchaf who was 'killed in action' in May 1918 aged 28. He is buried at Cambrin in France.

POSTSCRIPT

On November 11th, 1918 the most bloody conflict in history, up to that date, came to an end and gradually over the next months men began to return to their loved ones, and families and communities began to adjust to peacetime and prepare for an uncertain future. For many veterans there still 'existed a chasm between themselves and non-combatants'.[22] They had always viewed those left at home as uncaring and indifferent about events at the front, believing that their true loyalty remained to each other. Many displayed this attitude by joining veterans associations and eventually the British Legion, although many men refused to be part of any kind of association linked to events between 1914-1918 choosing to keep their thoughts and experiences to themselves, even to the grave. This 'them and us' attitude, which historians of the war term 'the economy of sacrifice', tends to diminish the suffering of families at home particularly those with loved ones at the front.; many suffered the loss of a son, brother or father in a period of unprecedented mass bereavement, including the mothers and fathers highlighted here. The grief sometimes proved unbearable as many, including local families, found it necessary to move to new surroundings, their previous home associated with too many painful memories.

The events these men witnessed in four years of war would have been unthinkable in August 1914. Many who survived brought their experiences home with them. Take Ezer Rees of Croft near Maenclochog; as ship's carpenter in the Royal Navy he was able to use skills gained before the war, but previous experiences could not have prepared him for life on the 'Q' Ships. These were converted merchant vessels armed 'to the teeth' and used as decoys against the German 'U' Boat patrols, as they enticed the submarines to the surface and it was hoped, destruction. At the time these patrols were playing havoc with merchant supplies, one of the solutions devised by the British was the 'Q' Boat. It was a risky business as Ezer Rees was to find out. Serving on such illustrious names as HMS Heather, Stock Force and Suffolk Coast, his record shows that he received 'wounds due to submarine action' on three occasions, as well as 'spending time in the water'. These occurred in April 1917, August 1917 and July 1918. If this was not harrowing enough Ezer was also seriously ill at one time with scarlet fever, finding himself out of touch with an anxious family.[23] Ezer Rees survived the war, although he remained reticent about the less savoury experiences of war, choosing to reminisce about the happier aspects of Navy life. He died in 1982 and is buried in Llandilo cemetery. Adding to the family's anxieties he also had brothers in uniform including Benja who served with the 'Welsh' in Mesopotamia. He also survived the war and on his return home set up shop as a carpenter and undertaker at Delfan, Maenclochog. Ezer Rees's daughter Llinos John lives at Croft with her husband Will today, while his grandson Gareth Edwards also acquired the skills of a carpenter, living and working in the village today. Other grandchildren of Ezer that live in the village are Myron Mason, John Williams and Enys Young.

Others who survived the war include David Williams who returned to Maenclochog eventually settling in Tŷ Newydd. His brother Richard did not return, dying of wounds in July 1918 while serving with the RWF. After joining up in December 1915 David saw service with the SWB and the Monmouthshire Regiment before joining his brother's regiment, the RWF. He 'served with the colours' between September 1916 and May 1919 when he was deemed 'no longer physically fit for war service' due to a serious shrapnel injury. Apart from brief anecdotes about life in the trenches David Williams also remained reticent about his experiences in khaki preferring to keep his own council. He died in 1976. His son and daughters still live locally, Richie Williams at Maeshelyg, Bronwen Mathias at Pen y Fan, and Greta Gibby at Nanthiggin. His granddaughter Helen Davies lives at Tŷ Newydd today.

An example of one soldier and one sailor from many who did return to their homes in the Preseli Hills, and like their fellow veterans they would have been the first to acknowledge that, despite what they may have experienced, they were the lucky ones. Living through the post-war years they and many other veterans were to witness, with dismay, the historic events that would lead to war with Germany once more. Local men would fight and die again but never with the enthusiasm of August 1914, too much had been learned since then and too many sacrifices made.

Appendix 1

MEN FROM THE MAENCLOCHOG AND SURROUNDING VILLAGES WHO PAID THE SUPREME SACRIFICE IN THE GREAT WAR, 1914-1918. THEY ARE LISTED CHRONOLIGALLY BY DATE OF DEATH.

1. Ben Llewelyn, Private, 8th Welsh of 'Fron', Llan-y-cefn. Son of Griffiths and Martha Llewelyn. Died of wounds 28 April 1916 aged 21, buried at Basra Cemetery, Iraq.
2. Stanley Rees, Private, 1st SWB. Son of George and Phoebe Rees, Spring Villa, Maenclochog. Died of wounds 22 August 1916 aged 22, buried at Flat Iron Copse Cemetery, Mametz Wood, The Somme, Northern France.
3. James Salisbury Price, Private, 16th Welsh. Son of James and Elizabeth Price, Springfield, New Moat. Died of wounds 15 September 1916, aged 19, buried at Lijssenthoek Cemetery near Poperinghe, Belgium.
4. David Rees Evans, Private, 1st Welsh Guards. Son of Mr and Mrs Ben Evans, The Post Office, New Moat. Died of wounds 17 September 1916, aged 28, buried at Grove Town Cemetery, Meaulte near Albert, The Somme, Northern France.
5. James Thomas, Private, 1st Welsh Guards. Son of Morris and Martha Thomas of Portis, Llangolman. Killed in Action 25 September 1916, aged 31. No known grave, commemorated on the 'Memorial to the Missing, at Thiepval on the Somme, Northern France (Pier and Face 7D).

6. Ben Williams, Private, ASC. Son of B & A Williams, Holmus Bach, Henry's Moat. Died at Woolwich Hospital 21 April 1917 aged 31, buried at Horeb Cemetery.
7. George James, Private, 19th RWF. Son of Phoebe James of Gotty, Maenclochog. Killed in action 30 July 1917 aged 23, buried at Bard Cottage Cemetery near Ypres, Belgium.
8. Daniel Davies, Private, 8th Liverpool Regiment. Born Llangolman. Killed in action 31 July 1917. No known grave, commemorated on the Menin Gate, Ypres, Belgium (panel 4 and 6).
9. Daniel Davies, Private, 14th Welsh. Son of Edwards and Margaret Davies, 18 The Terrace, Rosebush. Killed in action 5 August 1917. No known grave, commemorated on the Menin Gate, Ypres, Belgium (panel 37).
10. Gwilym Tyndale Evans, Private, 26th Royal Fusiliers. Son of Charlotte Evans, Glanrhydwilym. Killed in action 23 September 1917, aged 20. No known grave, commemorated at Tyne Cot Memorial to the Missing near Ypres, Belgium.
11. John Lewis, Sapper, 254th Tunnelling Co. R.E. Born and resided in Maenclochog. Died of wounds 22 October 1917, buried at Reservoir Cemetery, Ypres, Belgium.
12. William George Howells, Private, 9th Sherwood Foresters. Son of William and Margaret Howells, Penuchardre, Maenclochog. Killed in Action 25th November 1917, aged 24. Buried at Loos Cemetery near Lens, Northern France.
13. Evan Pritchard, Private 9th Welsh. Son of Hugh and Martha Pritchard, Tŷ Llosg, Rosebush. Died of wounds 27 February 1918, aged 35, buried at Hermies Hill near Cambrai, Northern France.
14. Ben Morris, Private 9th Welsh. Son of Dafydd and Margaret Morris, Llandilo Uchaf, Llandilo. Died of wounds 24 March 1918, aged 22, buried at Dernancourt Cemetery near Albert, The Somme, Northern France.
15. John Henry Lloyd, Lance Corporal 1st Somerset Light Infantry. Husband of Lydia Lloyd, The Bungalow, Rosebush. Died of wounds 15 April 1918, aged 21, buried at Etaples Cemetery near Le Touquet, Northern France.
16. John Meurig Thomas, Lieutenant 3rd Welsh. Son of Abel and Ann Thomas, Thornville Grove, Clunderwen (formerly of Tŷ-Uchaf, Rhydwilym). Died 23 May 1918 aged 28, buried at Cambrin Cemetery, Bethune, Northern France.
17. Reginald Roy Quin, Sergeant 3rd Signal Co RE. Son of John and Emily Quin; Husband of Charlotte Quin, Gwalia House, Maenclochog. Died of wounds 6 June 1918, aged 28. Buried at Pernes Cemetery, near Bruay, Northern France.
18. Griffith Morris Gibby, Pioneer, 2nd Special Co RE. Son of William and Martha Gibby, Glynllewellyn, Llan-y-cefn. Died of wounds 25 June 1918, aged 30, buried at Longuenesse Cemetery, St Omer, Northern France.
19. Richard John Williams, Private, 15th RWF. Son of Mary Williams, Llanelli and, brother of David Williams, Tŷ Newydd, Maenclochog. Died 18 July 1918, aged 27, buried at Tourgeville Cemetery, Deauville near Le Havre, Northern France.
20. David Morris, Private, 1st Canadian Mounted Rifles. Son of Morris and Mary Morris and brother of William Morris, Llan-y-cefn. Died 8 August 1918, aged 29, buried at Hanguard Cemetery near Amiens on The Somme, Northern France.
21. Ben Owens, Lance Corporal 1st SWB. Husband of Blodwen Owens, Aberdare, formerly of Tŷ Coch, Rhydwilym. Killed in action 17 August 1918, aged 29, buried at Haisnes near Lens, Northern France.
22. Frederick Lloyd Phillips, Private, 15th Welsh. Son of Thomas and Margaret Phillips, Penbrist, Rosebush. Died of wounds 5 September 1918, aged 29, buried at St Sever Cemetery, Rouen, Northern France.
23. William Morris, Private, Labour Corps (formerly Welsh Regiment). Son of Morris and Mary Morris, Llan-y-cefn, brother of David Morris 1st Canadian Mounted Rifles. Died at Liverpool Military Hospital 6 October 1918, aged 33, buried at Llan-y-cefn Churchyard.
24. John George, Private, 14th Welsh. Son of Philip and Ann George of Bron y Gaer, uncle to the late Jack George, Bethune, Maenclochog. Died of wounds received in France 5 October 1918, aged 24, buried at Rhydwilym Cemetery.
25. John Brinley Rees, Ordinary Seaman, RNVR. Son of John and Jane Rees of Llys-y-frân. Died 24 May 1918, aged 18, buried at St Mary's Churchyard, Maenclochog.

MEN WITH LINKS TO THE MAENCLOCHOG AREA WHO DIED IN THE GREAT WAR 1914-1918

1. Lawrence Robert Vaughan, Colby, Major 1st Grenadier Guards. Son of Mr and Mrs John Colby, Ffynone, Boncath. Killed in action 24 October 1914, no known grave, commemorated on The Menin Gate, Ypres, Belgium (panel 9 and 11). Also remembered at Bletherston Church.
2. Joseph Edward Martin, Private, 1st Welsh, of Flurkburgh, Lancashire. Employed by Mr Phillips of Farthings Hook Farm. Died of wounds 29 August 1915, buried at Bailleul Cemetery, Bailleul, Northern France.
3. Henry Stephen Evans, Private, 9th Welsh. Husband of Elizabeth Evans, Cwmbrechfa, Llan-y-cefn. Killed in action 2 March 1917, aged 26, no known grave, commemorated at the 'Memorial to the Missing' at Thiepval on The Somme, Norterh France.
4. William Henry Griffiths, Sapper 172nd Tunnelling Co RE. Born in Maenclochog, killed in action 3 February 1917, buried at Ecoivres Cemetery, Mont St Eloi near Arras, Northern France.
5. William Howells, Gunner, 2nd London Battery RGA. Husband of Charlotte Howells, Trecŵn, grandfather of Myrddin Howells, Rosebush. Killed in action 22 August 1917, aged 37, buried at the Town Cemetery, Ypres, Belgium.
6. Reverend Thomas Howell, Chaplain, 6th KSLI. Son of Howell and Mary Howell of Fishguard, brother of Stephen Howell, Vicar of Maenclochog 1905-1946. Killed in action 1 December 1917, aged 33, buried at Fifteen Ravine Cemetery, Villers Plouich near Cambrai, Northern France.
7. Also buried locally : Samuel Davies, Private, Pembrokeshire Yeomanry. Resident Pembroke. Died 25 March 1916, buried at Seilo cemetery, Tufton.

Appendix 2

PART OF A TRANSCRIPT LISTING MEN FROM MAENCLOCHOG AND ROSEBUSH WHO ENLISTED IN THE SERVICES BETWEEN 1914-1918.

Benjamin W. Davies, The Farm, Maenclochog.
Stephen M. Davies, Station Terrace, Maenclochog.
Ernest Evans, Llwynon, Maenclochog.
William Evans, Rosebush.
Gwylym Eynon, Gernant.
Gilbert Frederick George, Preseli Hotel, Rosebush.
Owen Harries, 10 The Terrace, Rosebush.
Richard Henry Henton, Police Station, Maenclochog.
Griffith John Howells, Druid Cottage, Maenclochog.
John Bowen Howells, Penuchardre, Maenclochog.
George Tabesu James, Tynewydd, Maenclochog.
William James, Globe Inn, Maenclochog.
William James, School House, Maenclochog.
Dan Thomas Lewis, Gwynfryn, Maenchlochog.
Daniel John Lewis, Rosebush.
Davies Ernest Lewis, The Terrace, Rosebush.
Thomas Phillips, 2 The Terrace, Rosebush.
James Rees, Gilmoor, Maenclochog.
Arthur Williams, Arfryn, Maenclochog.
John M. Williams, 20 The Terrace, Rosebush.
John Brinkley Rees, Llys-y-frân.

Also:

Stanley Rees, Spring Villa, Maenclochog.
William Howells, Penuchardre, Maenclochog.
James Price, Springfield, New Moat.
Ezer Rees, Vestry, Maenclochog.
Benjamin Griffiths, 3 Preseli View, Maenclochog.
John Nicholas, Preseli View, Maenclochog.
William Griffiths, Quarry House, Rosebush.
Thomas Evans, Penbwlch, Rosebush.
Evan Pritchard, Tŷ Llosg, Rosebush.
James Thomas, Glan yr Afon, Rosebush.
Hugh Thomas, Penbwlch, Rosebush.
Johnny James, The Globe Inn, Maenclochog.
Joss James, The Globe Inn, Maenclochog.
David Williams, Tynewydd, Maenclochog.
William Williams, The Terrace, Rosebush.
Frank Williams, Penrhiw, Rosebush.
Orlando Howells, La Bastille, Maenclochog.
Meredith Williams, The Swan, Maenclochog.

NOTES

1. Vernon Scott, *When Poppies Bloom Again – Pembrokeshire and the Great War* (Pembrokeshire County Council: Cultural Services, 1992) p.13. Chapter 1 gives a detailed account of events during the first fortnight of the war in Pembrokeshire.
2. Scott, p.11.
3. Angela Gaffney, *The Aftermath : Remembering the Great War in Wales* (Cardiff: University of Wales Press, 1998), p.10.
4. *The Welsh Outlook,* September 1914, pp 378-9.
5. See account in the *Pembrokeshire Telegraph* 26 August 1914.
6. From the *Pembrokeshire Times* August 1915 (quoted in Scott, p.32). For the account on the Maenclochog hiring fare see the *Pembrokeshire County Guardian* 1 October 1915.
7. See the *Pembrokeshire County Guardian* 20 August 1915.
8. Previously, the *Derby Scheme* had called for this age group to enrol but priority was to be given to single men – it had proved a failure.
9. Gaffney p.16.
10. See *Pembrokeshire County Guardian* 7 July 1916.
11. See *Pembrokeshire County Guardian* 2 April 1915.
12. Richard Van Emden and Steve Humphries *All Quiet on the Home Front – an oral history of life in Britain during the First World War* (London: Headline Publishing, 2003), p.251. A total of 16,100 people registered as conscientious objectors, of which 9,700 opted for non-combatant work including medical orderlies. Over 6,200 were imprisoned of which 71 were to die of maltreatment – Source Van Emden and Humphries, pp 251-2.
13. Other Royal Engineers form the area included John Lewis of Maenclochog and Griffiths Gibby of Glynllewellyn, Llan-y-cefn.
14. For a full list of local men who did not survive the war see Appendix One. Appendix Two gives a list of Maenclochog and Rosebush men who enlisted.
15. The most notable being the Commonwealth War Graves Commission website (CWGC), which details the last resting place of fallen servicemen from both World Wars, or in the case of there being 'no known grave' where they are commemorated. The other source is the *Naval and Military Press* CD ROM – *Soldiers Died in the Great War 1914-19*.
16. See *Pembrokeshire County Guardian,* 22 September 1916.

17. See the *County Echo* 2 November 1916.
18. Jack Horsfall and Nigel Cave, *Cambrai The Right Hook* (Leo Cooper 1999) p.121.
19. See *Pembrokeshire County Guardian* 7 July 1916.
20. *Pembrokeshire County Guardian* 10 September 1915.
21. Henry Evans is mentioned in the diary of John Williams of Llan-y-cefn. Other fallen soldiers noted in these wartime reminiscences are James Price, Ben Llewelyn and David Evans. The diary is held at the Pembrokeshire Records Office, The Castle, Haverfordwest.
22. Gaffney, p.12.
23. An account about the 'Q' Ships was published after the war by one of the Commanders, Harold Auten VC. Ezer Rees appears in one of the illustrations.

Magwyd Lester Mason yn Nhreletert ac fe'i haddysgwyd yn Ysgol Uwchradd Abergwaun, Coleg y Drindod, Caerfyrddin a'r Brifysgol Agored. Cafodd radd Dosbarth Cyntaf mewn Dyniaethau gan ganolbwyntio ar Hanes Modern Ewrop. Ar hyn o bryd mae ar fin gorffen Ph.D. ym Mhrifysgol Cymru, Llambed ar 'Gorllewin Cymru a'r Rhyfel Mawr'. Bu'n darlithio'n rhan-amser yng Ngholegau'r Brifysgol yn Llambed ac Aberystwyth. Ymgartrefodd ym Maenclochog ers chwarter canrif.

Lester Mason was brought up at Letterston and received his education at Fishguard Secondary School, Trinity College, Carmarthen, and the Open University. He obtained a First Class Honours Degree in Humanities concentrating on Modern European History and is about to complete a Ph.D. thesis on 'West Wales and the Great War' at Lampeter University. He has lectured on a part time basis at both the University Colleges of Aberystwyth and Lampeter. He has lived in Maenclochog for the past 25 years.

☆☆☆☆

Wêdd ambell i ffermwr yn ca'l enw o fod hitrach in gybyddlyd wrth drin ei weision. Wêdd un ffermwr in ame fod un gwas in tueddu 'i helpu 'i hunan in ormodol i'r tebot pan ddeuai adre'n hwyr y nos ac yn arbennig o hafin wrth lwytho'r shwgir.

Dyma'r mishtir in penderfynu rhoi cleren in y ddysgl shwgir un noson. A reit i wala pan dda'th y gwas getre dyma fe'n mynd ati i neud dishgled o de. Pan gododd e gaead y ddysgl shwgir ma'r gleren yn hedfan bant.

Sylweddolodd y gwas beth wêdd ar y gweill a dyma fe'n mynd i waelod y star ac yn gweiddi ar y mishtir, 'Hei, bos, dewch gloi, dewch gloi, dewch lawr ar unweth'.

Ma hwnnw'n dod in i grys nos ac yn holi beth wêdd y mwstwr, 'fachgen, fachgen be sy'n bod?' medde fe.

A mynte'r gwas, 'O, mishtir, mishtir, ma'r gleren wedi jengyd a dwi'n ffaelu dala hi'.

Rasions Rhyfel

Idris Davies

Wrth edrych 'nôl, er ein bod yn gwybod bod y rhyfel ar y gweill, mae'n amlwg nad oedd ein rhieni, nac oedolion yn gyffredinol, yn datgelu llawer i ni fel plant oherwydd eu pryder am yr hyn a oedd neu a allai ddigwydd i ni fel gwlad. Dim ond tri digwyddiad penodol y medraf eu cofio oedd yn gysylltiedig yn uniongyrchol â'r brwydro.

Yr unig dro cododd ofn go iawn arnom, oedd adeg bomio'r tanciau olew yn Noc Penfro. Roeddem yn gweld y cwmwl du o fwg yn ystod y dydd yn glir, a golau'r tân mawr erbyn nos. Rwyf hefyd yn cofio pobl yn dweud ein bod wedi ennill brwydr fawr yn yr Aifft (El Alamein) a hefyd, yn ddiweddarach, bod y Fyddin wedi glanio yn Ffrainc (D-Day) a bod rhaid bod yn ofalus oherwydd byddai awyrennau'r Almaen yn ymosod yn ffyrnig ar y wlad hon fel canlyniad.

Er bod newidiadau mawr wedi dod i'r wlad oherwydd y rhyfel, roeddem yn rhy ifanc i fod yn ymwybodol o sut oedd bywyd cyn hynny. Wrth gwrs, roedd rhai pethau yn ganlyniad i'r sefyllfa newydd – pethau cyffredinol i bawb – cario masgiau nwy i'r ysgol, cael llwyed fawr o sudd oren a *cod liver oil* bob bore ar ôl brecwast, casglu pob tamed o bapur wast, y *blackout* a'r gwaethaf o'r cyfan, ychydig iawn o loshin!

I'r rhai ohonom oedd yn blant ffarm, nid oedd y dogni bwyd yn cael llawer o effaith. Cawsom y *Llyfrau Rasions* fel pawb arall, wrth gwrs, ond bu cynnyrch y fferm yn sicrhau ein bod yn cael ein bwydo yn llawer gwell na phlant y trefi. Roedd gennym ddigon o laeth, menyn, caws, wyau, tatws, swêds, cig mochyn, ambell i hen iâr a digon o gwningod – aml un yn fwy blasus na'r hen ieir! Dim ond dwy gŵyn rwy'n ei gofio, sef prinder siwgr, a'r bara brown oedd yn rhaid i bob pobydd ei gynhyrchu am ei fod yn llawn maeth – roedd y rhan fwyaf o'r genhedlaeth hŷn yn hiraethu am dorth wen.

Mae'n wir dweud, efallai, bod effaith y rhyfel ar yr ardal yn fwy o achos diddordeb i ni fel plant, yn hytrach na braw neu anghyfleustra. Erbyn heddiw, mae gweld awyrennau yn gyffredin iawn, ond nid felly cyn y rhyfel. Wrth fod y rhyfel yn mynd yn ei flaen, byddem yn gweld mwy a mwy o hedfan uwchben, ac wrth glywed sŵn awyren, yn rhedeg allan o'r tŷ i'w gweld. Nid oeddwn yn adnabod y mwyafrif, ond daethom yn gyfarwydd iawn â dau fath oherwydd eu bod yn troi yn weddol isel uwchben er mwyn wynebu'r gwynt i lanio, sef y Wellingtons oedd yn glanio yn Llwynhelyg a'r Sunderlands oedd yn glanio ar y dŵr ger Doc Penfro. Bu cyffro mawr hefyd yn ystod Pasg '43, pan fu llu o awyrennau wrthi am oriau yn ymarfer bomio'r rheilffordd oedd yn rhedeg rhwng y Ffactori a Rosebush.

Wedyn ar fore Sul niwlog iawn ym mis Mai daeth Flying Fortress i lawr ar y darn tir gwastad sydd uwchben Craig Mynydd Crwn ar Foel Cwm Cerwyn. Llwyddodd y peilot i'w glanio yn weddol llwyddiannus heb ddefnyddio'r olwynion, er bod sôn bod dau o'r criw wedi eu lladd. Ar y pryd, roedd yn rhyfeddod o awyren anferth gyda phedair injan. Am ddiwrnodau wedi hynny, daeth degau, os nad rhai cannoedd o bobl yr ardal i'w gweld. Mae'n debyg mai hedfan 'nôl i'r Amerig oedd, ac yn naturiol yn cario digon o luniaeth ar gyfer y criw – bisgedi, siocled o bob math, loshin a sigaréts! Roedd y criw, chwarae teg, yn hael iawn yn rhannu'r bwyd gyda'r ymwelwyr oedd heb weld ei debyg ers blynyddoedd! Yn ôl pob sôn, daeth awyrennau eraill i lawr ar y Preselau yn ystod y rhyfel ond hon oedd yr un a greodd y cynnwrf mwyaf yn yr ardal.

Yn ystod hafau 1943 a 1944, bu'r Fyddin yn gwersylla yn yr ardal. Yn '43 milwyr Prydeinig oedd yn gwersylla yn Rosebush, ar berci Bryngerwyn. Mae'n debyg bod yna wersyll hefyd ar dir Southfield, ger Llys-y-frân. Roeddem wrth ein bodd yn gwylio'r confois lorïau, y Bren Gun Carriers a'r Despatch Riders yn ymarfer o amgylch y wlad. Tro'r Iancs oedd hi yn '44. Roedd gwersyll anferth yn Rosebush gyda'r pebyll yn gorchuddio perci Bryngerwyn, Tygrug, Pantmawr a Phantbach. Rwy'n credu hefyd bod gwersylloedd llai ger Casmael a Llangolman, ac fel yn y flwyddyn flaenorol, roedd diddordeb mawr gennym mewn gweld confois diderfyn o lorïau anferth wyth-olwyn, *half-tracks* a jîps yn ymarfer ar hyd y ffyrdd. Dyma hefyd yr adeg pan welsom bobl groenddu am y tro cyntaf.

Bechgyn caredig oedd llawer o'r Iancs, yn barod iawn i rannu loshin a *chewing-gum* – daeth y dywediad 'any gum, chum?' yn rhan o'n geirfa yn ystod eu harhosiad yma. O dro i dro, byddai'r bechgyn hyn yn cael pacedi o ffags gydag enwau dieithr arnynt – Camel, Lucky Strike a Chesterfield – rhai i gael mwgyn eu hunain, ac eraill i'w gwerthu, heb yn wybod i'w rhieni, i'r ysmygwyr hŷn! Yn aml iawn, byddem yn mynd lan i Rosebush i weld y milwyr yn chwarae *baseball* yn eu hamser hamdden, a phob nos Fercher byddai nifer ohonom, yn blant ac yn oedolion, yn mynd i wasanaeth oedd yn cael ei gynnal gan y Padre a nifer o'r milwyr. Tri pheth rwy'n eu cofio: yr emynau bywiog, y copi o'r Testament Newydd gawsom ac, wrth gwrs, y loshin fyddai pawb yn eu cael cyn gadael.

Achlysur arall poblogaidd oedd y consert a gynhaliwyd ganddynt i'r ardal yn Neuadd yr Eglwys. Band reit fawr yn chwarae cerddoriaeth fywiog, cantorion unigol a grwpiau bach, digrifwyr a chonsuriwyr. Siawns fod yr ardal wedi gweld noson debyg erioed! Tua chanol mis Medi daeth yr amser iddynt i ymuno â'r Fyddin ar y cyfandir. Roedd yn siom i ni fel plant weld y pebyll yn dod lawr, y perci yn cael eu clirio a'r syndod mwyaf oedd y goelcerth anferth i losgi'r hyn nad oedd ei angen arnynt mwyach. Rhyfeddod, yng nghanol cyfnod o brinder ar bob llaw, oedd gweld cymaint o bethau yn cael eu llosgi! Am resymau amlwg, ni chawsom brofiad o'r Llynges. Serch hynny, roedd yna gysylltiad anuniongyrchol sylweddol rhwng y Llynges a'r ardal, sef y nifer fawr oedd yn gweithio yn storfa'r Llynges yn Nhrecŵn. Os cofiaf yn iawn, roedd tua deg i ddeuddeg o fysiau yn cludo pobl yno o'r ardal yn ddyddiol, rhai yn y bore a rhai gyda'r hwyr.

Yn ystod 1943, cawsom gyfarfod â'r gelyn – carcharorion rhyfel, y mwyafrif o'r Eidal, ond hefyd rhai o'r Almaen. Roedd hyn yn creu tipyn o gynnwrf ar y pryd, wrth gwrs, a rhyw faint o ofn hefyd. Roedd gŵr ifanc wedi cymryd y fferm drws nesaf ar rent yn ystod Hydref 1942, ac wedi aredig dros 100 erw yn ystod y gaeaf gyda Fforden Fach ac aradr tair cwys 'Sunshine'. Heuwyd y rhan fwyaf gyda haidd a gwenith, gyda 10 erw o datws a 12 erw o gnwd oedd yn ddieithr i'r ardal, sef llin (flax). Byddem yn gweld y cae yma tua chanllath i ffwrdd wrth fynd a dod o'r ysgol, ac roedd yr olygfa pan oedd y llin mewn blodau porffor yn hardd iawn. Pan fyddai'r blodau'n gwywo, byddai'r hadau yn aeddfedu a'r cnwd yn barod i'w gynaeafu. Wrth ddod adref o'r ysgol un prynhawn, cawsom dipyn o fraw o weld nifer sylweddol o ddynion mewn gwisgoedd tywyll yn un rhan o'r cae. Dyma symud am adref yn go gloi a chael mwy o syndod eto i weld gwn anarferol yn pwyso wrth y drws; rhedeg mewn i'r gegin a dyna lle roedd un o'n milwyr ni yn eistedd wrth y bwrdd yn mwynhau glased mawr o hôm-briw ac yn siarad Cymraeg gyda'n rhieni. Eglurwyd beth oedd yn digwydd: carcharorion o'r Eidal oedd yn y cae, yn tynnu a rhwymo'r llin yn ysgubau. Buont yno am tua phythefnos, a chawsom fwy a mwy o gysylltiad â nhw wrth i'r amser fynd yn ei flaen. Pobl reit hamddenol oeddynt yn eu lifrau brown tywyll, gyda chylch mawr melyn ar eu cefnau. Byddent yn cyrraedd yn y bore o'r gwersyll yn Henllan, ac yn amlwg yn reit fodlon bod allan o'r brwydro – roedd yn gwneud gwaith y gwarchodwyr dipyn yn haws!

Ymwelwyr eraill â'r pentre yn ystod y cyfnod oedd yr ifaciwîs, ond ychydig iawn o gysylltiad a gafwyd â hwy am ein bod yn byw y tu allan i'r pentre. Rwy'n credu mai rhai o Lundain oeddynt. Daeth eu hathro ysgol gyda hwy, a bu'n cynnal ysgol bob dydd yn Festri'r Tabernacl. Dim ond un ohonynt, a oedd yn blentyn ifanc iawn pan ddaeth, arhosodd yn yr ardal, sef Stanley Pitchard. Dysgodd Gymraeg yn rhugl a thyfu yn un ohonom, yn fachgen yr ardal. Faint ohonom erbyn hyn sy'n cofio amdano, a ble mae e nawr tybed?

Mewn cyferbyniad â'r sefyllfa gyffredinol heddiw, roedd y rhieni yn hollol ffyddiog bod cefn-gwlad yn ddiogel i'w plant fynd a dod fel arfer, er gwaetha'r rhyfel. Roedd bron pawb ohonom yn cerdded rhai milltiroedd i'r ysgol, a phan ddeuai confoi milwrol byddem yn dringo i ben y clawdd yn llawn cyffro. Byddai llawer o'r milwyr yn ein cyfarch a'r Iancs yn aml yn taflu loshin a gwm i ni. Yn ogystal, ar y ffordd draw i'r pentre, roedd safle gan y *Royal Observer Corps* ar un o gaeau Arfryn ychydig i lawr o'r Feidr Gwres. Bechgyn lleol oedd ar ddyletswydd yno, yn rhannu'r gwaith dros ddydd a nos. Eu prif bwrpas oedd gwylio am awyrennau'r gelyn gyda'u sbïenddrychau cryf, ond hefyd yn gweld y sawl oedd yn mynd a dod yn yr ardal. Clywais fod ganddynt ambell i gyfrinach reit ddiddorol!

Felly, er bod gennym ond y nesaf peth i ddim o deganau, 'doedd bywyd byth yn anniddorol. Er gwaethaf yr hyn oedd yn digwydd o'n cwmpas, roedd bywyd cymdeithasol yr ardal yn mynd yn ei flaen. Byddem yn mynychu'r Ysgol Sul a'r gwasanaethau yn yr Hen Gapel bob dydd Sul. Roedd y trip blynyddol a'r *Social* Nadolig yn achlysuron pwysig iawn. Byddai cyngherddau yn cael eu cynnal yn achlysurol yn Neuadd yr Eglwys, ac rwy'n cofio un cyngerdd arbennig gan Delynores Eryri a Thelynores Dwyfor. Ond y cyngerdd y byddai pawb yn edrych ymlaen amdano am wythnosau oedd cyngerdd Bois-y-Frenni. Roedd Neuadd yr Eglwys dan ei sang – doedd dim sôn am reolau diogelwch mewn neuaddau adeg hynny!

Mae gennyf lawer mwy o atgofion ac rwy'n tybied bod gan bobl eraill eu hatgofion arbennig hwythau am y cyfnod, rhai efallai yn dra gwahanol. Wrth edrych 'nol, mae gennym le i fod yn ddiolchgar fel cenhedlaeth ein bod wedi ein magu yn y gymdeithas wledig yn ystod y Rhyfel. Fy atgof pennaf fodd bynnag, yw caredigrwydd oedolion yr ardal a'u gofal amdanom fel plant. Diolch iddynt.

Roedd presenoldeb milwrol yn amlwg yn ardal Rosebush yn ystod yr Ail Ryfel Byd

There was a strong military presence at Rosebush during the Second World War

---

Idris Davies was brought up at Blacknuck Farm during World War II. If it was a precarious time for the adults it was an altogether exciting time for Idris and other children. The only time he genuinely felt frightened was when Pembroke Dock was bombed and a huge cloud of black smoke could be seen in the sky during the day and flames of fire at night. Gas masks were a must to be carried to school and orange juice and cod liver oil were supplements to the usual breakfast. Windows had to be blacked out at night and sweets were scarce. But those who lived on farms had plenty of food compared to town dwellers: milk, butter, cheese, eggs, potatoes, swedes, bacon, the odd chicken and plenty of rabbits. The only scarcities were sugar and white bread.

The sight of aeroplanes was a constant source of delight to Idris: the Wellingtons flew fairly low as they were about to land at Withybush and the Sunderlands would land on water at Pembroke Dock. During Easter 1943 a myriad of planes spent hours practising bombing the railway between Factory and Rosebush. There was tremendous excitement when a four engine Flying Fortress crashed on Foel Cwm Cerwyn on its way to America. The large haul of biscuits, chocolates, sweets and cigarettes soon found its way into local hands. But the main source of attraction was the soldiers who camped in the area, first the British in 1943 and then the Yanks the following year. The Yanks were here in large numbers and took over fields at Bryngerwyn, Tygrug, Pantmawr and Pantbach. Many of them were coloured, and cigarettes with exotic sounding names such as Camel, Lucky Strike and Chesterfield became familiar.

Children would watch them play baseball when they were not whizzing around in their jeeps and military convoys. On Wednesday evenings they would join them at a religious service held on the camp. They also held a concert in the Church Hall with conjurors and comedians. Also in 1943 the 'enemy' were seen in the area in the form of Italian prisoners of war that were brought from Henllan near Newcastle Emlyn to help harvest a crop of flax. The sight of evacuees also became familiar as they were taught at Tabernacl Vestry. Only one stayed in the area and became a fluent Welsh speaker. There was also a local Royal Observer Corps manned by local men who kept a look out night and day with their strong binoculars for enemy planes. They also, apparently, observed some strange comings and goings at all hours and secrets had to be kept.

Two particular concerts that Idris well remembers at the Church Hall was one by two harpists, Telynores Eryri and Telynores Dwyfor, and the other by local entertainers, Bois y Frenni. The hall would be chock-a-block, as there were no fire or safety rules in those days. He believes that his generation was blessed to be brought up in a country area during the war years. And his main recollection of the time is the care and concern shown by parents and the elders of the area towards them as children.

Idris now lives in retirement at Llanpumsaint near Carmarthen. He spent most of his working life lecturing in agricultural topics and, prior to his retirement, was Prinicpal of Glynllifon Agricultural College near Caernarfon.

☆☆☆☆

Rhyw fachan yn cadw sŵn rhyfedda nôl yn y gwt ar ôl stop tap rhywbryd yn Steddfod Maenclochog.

Wêdd rhyw wherthin dwl 'da ge bob hyn a hyn fel rhyw sgrech fain. Wêdd dim shwd beth ei ga'l e i dawelu. Digwyddai'r hen sgrech fain 'ma ar ganol Her Unawd a pherfformiade'r corau.

Wêdd ei sŵn yn dreth ar bawb ac ynte'n fyddar i bob cais gan yr arweinydd am dawelwch llwyr pan fyddai'r cystadleuwyr wrthi.

Yn y diwedd dyma'r arweinydd yn cyfeirio ato'n benodol: 'Y gwahanieth rhyngddot ti a whilber', medde fe, 'yw bod whilber yn sgrechen cyn ca'l oel a tithe'n sgrechen ar ôl ca'l oel.'

Brwydr Bro'r Preselau

Moelwyn Daniel

Hawdd oedd synhwyro ym 1944 bod cysgod y Rhyfel, nad oedd eto wedi dod i ben, yn drwm ar drigolion y fro. Yr oedd sŵn y Rhyfel yn parhau yn ein clyw a'i gysgod ar ein bythynnod tlawd. Amserol iawn oedd y soned rybuddiol a ddaeth atom o garchar Abertawe ym 1940 oddi wrth un a fagwyd yn ymyl y Preselau, sef y Parchedig T. E. Nicholas. Bu'n amlwg iddo yntau etifeddu annibyniaeth barn y bryniau. Onid dyna'r rheswm dros iddo gael ei hun mewn cell ym mlynyddoedd y Rhyfel? Cofiwn fel yr edliwiodd i Gymru yn ei gerdd i Benyberth, a phriodol ein hatgoffa heddiw, fel ym 1940, am eiriau'r proffwyd na chafodd fawr o anrhydedd yn ei wlad ei hun:

Ni welodd Cymru ystyr dwys yr aberth,
Na grym yr ergyd dros iawnderau dyn
A drawyd yn y fflach a droes yn goelcerth
Yr ysgol fomio draw ar Benrhyn Llyn ...

Fe fynnid cadw Cymru rhag cynddaredd
Bomio ysgeler gwŷr y trais a'r gad.
Bu hithau'n ddall. Cofied yn nydd ei chur
Pwy geisiodd chwalu nyth yr adar dur.

Fel yn Ffestiniog, felly ar y Preselau, yn gyfrwys ac yn gudd, bu'r Swyddfa Ryfel yn cau ei phawen amdanom, ac yn wir, dros Gymru gyfan. Cyflyru'r genedl i gredu mai buddiol oedd i'w bröydd roddi cartrefi i'w chadfridogion a'i chatrawdau, ie, hyd yn oed ein llecynnau mwyaf cysegredig, yn gyfle i ymarfer eu disgyblaethau dieflig. Yr oedd blynyddoedd y rhyfel hwnnw wedi bod yn gyfle ac yn gyfrwng i greu'r amgylchedd, yn feddyliol ac yn foesol, i'r Swyddfa Ryfel gredu mai hawdd fyddai trawsfeddiannu'r tiroedd. Rhan o ddadl y Parchg Joseph James yn y dystiolaeth fel amddiffynfa dros gadw'r Fro, oedd bod y brodorion yn gyfeillgar ac yn groesawgar; iddynt yn ystod y rhyfel agor drysau eglwys, capel a chartref mewn balchder oherwydd iddynt gael eu galw i wasanaethu. Nid bod y tyst o angenrheidrwydd yn cydsynio â hynny ond ei fod yn cofnodi ffaith a oedd yn wir am Fynachlog-ddu ac am Faenclochog ynghyd â'r Fro yn gyffredinol. Mae erthygl E. T. Lewis yn *Ffarwel i'r Brenin* (gol. Idwal Wynne Jones, 1972) yn cadarnhau hynny. Dyma ddyfyniad byr:

> Gwersyllai cannoedd o filwyr Prydain yn y plwyf o dro i dro. Yn ddiweddarach daeth rhai miloedd o Americanwyr. Bu catrawd weddol luosog ohonynt yn addoli ym Methel droeon dan ofal eu caplan.

Teg yw pwysleisio'r cymal 'dan ofal eu caplan' gan y gwn nad oedd gweinidog Bethel, y Parchg Parri Roberts, yn cyd-fynd â'r syniad fod ei gapel yn cael ei ddefnyddio i'r amcanion hynny. Sylwch ar ei eiriau mewn erthygl yn *Y Faner* (25.12.46):

> A fwriedir halogi ein temlau pan ddeuir i Gymru y tro nesaf? Gwyddom iddynt ar eu hymweliad diwethaf ddefnyddio nifer helaeth o festrïoedd ein haddoldai yn ystablau i feirch militaraeth.

Ynglŷn â'r frwydr ei hun, aeth bron i ddeng mlynedd ar hugain heibio cyn i nemor ddim o'r hanes gael ei gofnodi. Yna, cafwyd tair ysgrif mewn ffurf o froliant – dwy ohonynt ar y Parchg R. Parri Roberts, y naill yn dwyn y teitl 'Yr Heddychwr' gan E. T. Lewis (Ffarwel i'r Brenin) a'r llall gan y Parchg F. M. Jones yn y gyfrol *Herio'r Byd* (gol. D. Ben Rees, 1980). Yna, ceir mwy o hanes y frwydr gan y Parchg Ieuan Davies yn ei gyfrol Joseph James o dan y pennawd *Rebel y Preselau*. Gresyn i'r awdur aros cymaint gyda'r amheuon am berthynas a chysylltiad ei wrthrych â'r Seiri Rhyddion, ac yn enwedig ynglŷn â'i Gymreictod a'i heddychiaeth. Rhaid imi gydnabod nad felly y bu i mi adnabod Joseph James yn ystod wyth mlynedd o fwynhau a mawrhau ei gyfeillgarwch gwresog a rhannu llawer cyfrinach.

Y mae dau beth yn gyffredin i'r tair ysgrif a nodais, sef edmygedd diamheuol yr awduron o wrthrychau eu hysgrifau, ynghyd â chytuno ohonynt ar bwysigrwydd cyfraniad y ddau broffwyd ysbrydoledig hyn yn eu hymdrech i ddiogelu'r Preselau rhag gormes y Swyddfa Ryfel. Rhaid brysio i ddweud bod dau arall y mae ein dyled yn drwm iddynt am a wnaethant er mwyn dwyn y farn gyhoeddus i fuddugoliaeth – dau Lew mewn mwyn nag un ystyr, sef Mr Titus Lewis a Mr E. T. Lewis.

Dau ysgolfeistr oeddynt, y naill ym Maenclochog a'r llall ym Mynachlog-ddu, ac yn ddiaconiaid yn eu gwahanol eglwysi, sef Horeb a Bethel. Y ddau hyn hefyd wnaeth gyfraniad aruthrol bwysig fel ysgrifenyddion y ddau bwyllgor a fu'n gweithredu o'r cychwyn cyntaf hyd ddiwedd yr ymgyrch – y naill ym Maenclochog a'r llall ym Mynachlog-ddu. Ni ellir gorbwysleisio ymroddiad y ddeuddyn hyn gyda'i gilydd, ac ar wahân, yn ystod y blynyddoedd y bu'r fro dan gwmwl bygythiad ei bywyd. Hoffwn ddiolch i ferched Mr Titus Lewis, Margaret ac Ann, am ddiogelu'r holl gofnodion a gohebiaethau gan ganiatáu i mi eu darllen a'u defnyddio. Hoffwn hefyd, gydnabod yn ddiolchgar hynawsedd Mr Ben G. Owens am hwyluso'r ffordd i mi gael cofnodion a gohebiaethau Mr E. T. Lewis a ddiogelir yn y Llyfrgell Genedlaethol – sefydliad y bu Mr Ben Owens yn ei wasanaethu gydag urddas am flynyddoedd. Y mae'n frodor o Fynachlog-ddu ac ef a ysgrifennodd y Rhagair i'r gyfrol *Ffarwel i'r Brenin.*

Am y frwydr ei hun, datblygodd o fod yn un leol i fod yn un genedlaethol a hynny ar fwy nag un ffrynt, e.e. yn grefyddol ac yn gymdeithasol, yn ddiwydiannol ac yn ddiwylliadol, yn hanesyddol ac yn hynafiaethol. Sylweddolwyd bod y bygythiad yn cyffwrdd â chymaint o ganghennau bywyd y fro, ac yn wir â bywyd y genedl gyfan. Daeth y newydd am fwriadau'r Swyddfa

Ryfel, yn swyddogol, i Bwyllgor Cynllunio'r Cyngor Sir yn gyntaf, a hynny yn nyddiau cynnar mis Tachwedd 1946. Nid oedd yn annisgwyl; fel y soniwyd eisoes, oherwydd i gannoedd o filwyr Prydeinig fod o gwmpas y fro, ond dros dro yn unig yn ystod y rhyfel, y tybiai'r trigolion. Mae'n wir fod sibrydion ar led am fisoedd cyn hynny y byddai Mynydd Morfil yn cael ei feddiannu a Maenclochog yn mynd yn bentref garsiwn i'r fyddin. Ond ni fodlonai hynny drachwant y Swyddfa Ryfel – rhaid oedd iddi wrth 16,000 o erwau a fyddai'n cynnwys tir y Preselau'n gyfan gwbl. Hysbyswyd Cyngor Plwyf Mynachlog-ddu o'r bwriad mileinig mewn cyfarfod o'i eiddo yn Ysgoldy Mynachlog-ddu ar y 10fed o Dachwedd, 1946. Ni chollwyd dim amser.

Penderfynwyd cysylltu â'r Uwchgapten Gwilym Lloyd George, yr Aelod Seneddol dros y sir, ac yna anfon protest i'r Prif Weinidog drwy law Mr Robert Richards, Aelod Seneddol Wrecsam a oedd yn digwydd bod yn Gadeirydd y Blaid Seneddol Gymreig, a gŵr a fu o gryn gymorth i'r Pwyllgor Amddiffyn ar hyd yr amser. Sylweddolwyd nad oedd amser i'w golli, felly penderfynwyd galw Cyfarfod Cyhoeddus ar y 18fed o Dachwedd i drafod y ffordd fwyaf effeithiol o weithredu – cyfarfod a droes i fod yn fwy o seiat na dim arall. Yn y cyswllt hwn, dylid nodi'r ffaith fod yna Frodoriaeth o Weinidogion yn cyfarfod yn fisol yng Nghrymych. Ni fu'r brodyr hyn yn hir cyn ymateb i apêl y Parchg Parri Roberts am gefnogaeth a dyna ddechrau ar y rhan amlwg a gymerodd gweinidogion y fro yn y frwydr.

Yn y Cyfarfod Cyhoeddus hwnnw y deallwyd bod Syr Hopkin Morris yn aros yn Hendy-gwyn ar Daf a'i fod wedi cydsynio â chais i dderbyn dirprwyaeth yn cynrychioli'r ddau bwyllgor a oedd yn bod eisoes, sef Maenclochog a Mynachlog-ddu. Cawsom ef mewn llawn cydymdeimlad â'n hachos a chynghorodd ni i sicrhau gwasanaeth bargyfreithiwr i'n cyfarwyddo. Yn y cyfamser, cynhaliwyd Cyfarfod Cyhoeddus, dan nawdd Undeb Cymru Fydd, yn Abergwaun ar yr 16eg o Dachwedd, 1946, o dan lywyddiaeth Mr T. I. Ellis. Cyfarfod oedd hwnnw i drafod bwriadau'r Swyddfa Ryfel gyda golwg ar Gymru'n gyffredinol. Pasiwyd penderfyniad yn y cyfarfod bod Cyfarfod Cyhoeddus arall i'w gynnal ym Maenclochog a bod y Parchg Mathias Davies i fod yn Llywydd a Mr Titus Lewis yn Ysgrifennydd. Gweithredwyd ar y penderfyniad hwnnw a daeth cynrychiolaeth o bob pentref oedd yn perthyn i fro'r Preselau ynghyd i Faenclochog ar y 30ain o Dachwedd.

Yn y cyfarfod hwnnw rhoddodd Mr Titus Lewis grynodeb o'r hyn a wnaed eisoes er budd cymunedau'r fro. Yna, cafwyd trafodaeth gyffredinol a byw gyda chyfraniad gwerthfawr ar y mater gerbron gan y Mri T. I. Ellis, E. T. Lewis, Caleb Rees, Dr E. Rowland Williams, y Parchedigion Joseph James a Llewelyn Ll. Jones gydag eraill ohonom yn bwrw ein hatling i mewn gyda sylw neu gwestiwn. Yn dilyn y siarad adeiladol a fu, dewiswyd Pwyllgor yn cynnwys dau o bob cymuned oddi mewn i'r fro, sef Castell Henri, Crymych, Cas-mael, Cwm Gwaun, Brynberian, Llangolman, Maenclochog, Llandeilo a Mynachlog-ddu.

Y cyfarfod tanllyd ym Maenclochog ar y 30 Tachwedd, 1946, wrth i'r gwrthwynebiad i fwriad y llywodraeth i droi'r Preselau yn faes ymarfer i'r fyddin gynyddu. Odych chi'n nabod rhywun yn y dorf? Oeddech chi yno?

The fiery meeting at Maenclochog on 30 November, 1946, as opposition grew to the government's intention of using the Preselau as a training ground for the army. Do you recognise anyone in the crowd? Were you there?

Gwnaed y canlynol yn swyddogion y Pwyllgor: Cadeirydd, y Parchg Mathias Davies; Ysgrifennydd, Mr Titus Lewis; Trysorydd, Mr Hugh Edwards; Ysgrifennydd Ariannol a Chyhoeddusrwydd, Mr T. L. Jones; yr olaf i ofalu bod rhyddid y Preselau i'w gadw yn fater llosg, ddydd ar ôl dydd, yn y wasg leol, y wasg genedlaethol a phapurau Llundain. Rhaid cofnodi fod y Pwyllgor wedi bod yn ffodus i gael cyfaill fel T. L. Jones yn y swydd bwysig honno gan iddo fod yn fedrus ac yn frwdfrydig gyda'r materion ariannol ac yn arbennig ynglŷn â'r cyhoeddusrwydd.

Cyfetholwyd dau ychwanegol yn aelodau o'r Pwyllgor, h.y. dau ar wahân i'r rhai oedd yn cynrychioli'r cylchoedd gwahanol. Un oedd y Parchg Joseph James, y cyfeiriwyd ato eisoes, ac a gymerodd ran amlwg iawn yn yr holl weithgareddau tra parhaodd y brwydro. Y llall oedd Mr Caleb Rees. Yr oedd Mr Rees newydd ymddeol i Dalacharn ar ôl bod yn un o benaethiaid y Bwrdd Addysg yng Nghymru am flynyddoedd. Magwyd ef ym Mro'r Preselau ac roedd yn un o ddisgynyddion Thomas Rees, yr enwog Twm Carnabwth, 'prif swyddog y fyddin answyddogol a ymosododd ar glwyd Efailwen ym 1839' (*Crwydro Sir Benfro,* E. Llwyd Williams).

Fe'm dewiswyd i gynrychioli Mynachlog-ddu gyda Mr E. T. Lewis am fod nifer o'r teuluoedd oedd â'u cartrefi dan fygythiad yn aelodau yn Llandeilo, a diau hefyd am i minnau fod yn rhan o'r ymgyrch o'r cychwyn cyntaf ym Mynachlog-ddu. Rhoddwyd hawl pellach i'r Pwyllgor gyfethol aelodau eraill yn ôl y galw a hynny'n fwriadol. Oedais gyda hanes y Cyfarfod Cyhoeddus arbennig hwn gan iddo fod yn allweddol ynglŷn â sicrhau'r fuddugoliaeth yn y frwydr i amddiffyn y fro. Gwelir hyn yn y penderfyniadau a wnaed a'r unfrydedd hollol a gafwyd o'u plaid. Dyma rai ohonynt:

1. Bod y Pwyllgor yn sicrhau gwasanaeth bargyfreithiwr a hwnnw'n Gwnsler y Brenin i arwain Achos Cymunedau'r Preselau gerbron Pwyllgor Cydadrannol y Llywodraeth, ac os bydd raid mewn unrhyw Ymchwiliad Cyhoeddus.
2. Ein bod yn gofyn i Mr Caleb Rees i gysylltu â Chomisiwn Cofadeiliau Hynafol Cymdeithas Hynafiaethol Cymru ynghyd â Chyngor Diogelu Cymru Wledig i ennyn eu cefnogaeth.
3. Bod y Pwyllgor i roddi sylw dyladwy i'r ffactorau economegol, diwylliadol a chrefyddol wrth baratoi'r ddadleulen i'r Cwnsler.
4. Penderfynwyd ein bod yn ceisio cael cefnogaeth Undeb yr Amaethwyr a Chyngor yr Eglwysi Rhyddion.
5. Bod aelodau'r Pwyllgor Gweinyddol yn cyfarfod y dydd Mercher canlynol, a bod Dr Rowland Williams a Mr Caleb Rees yn gwneud ymholiadau gyda golwg ar sicrhau gwasanaeth Cwnsler addas yn y cyfamser.
6. Bod aelodau'r Pwyllgor Gweinyddol yn trefnu cyfarfodydd cyhoeddus a ffurfio pwyllgorau lleol, yn eu hardaloedd gwahanol, i ddeffro diddordeb y cyhoedd a sicrhau cronfeydd ariannol i dalu'r Cwnsler, ynghyd â chyfarfod a threuliau amrywiol yr amddiffyniad.

Teimlais mai dyma un o'r cyfarfodydd cyhoeddus mwyaf brwdfrydig ei ysbryd a mwyaf unol ei benderfyniad y bûm i ynddo erioed, ac yr oedd y brwdfrydedd hwnnw i'w adlewyrchu drwy Fro'r Preselau ac yn wir drwy Gymru gyfan yn yr wythnosau dilynol. Hanes yr wythnosau hynny oedd gweithredu ar y penderfyniadau a wnaed yn y Cyfarfod Cyhoeddus. Cynhaliwyd Cyfarfodydd Cyhoeddus ymhob cylch. Ond roedd yn rhaid gwneud mwy na hynny, sef mynd o gwmpas aelwydydd y pentrefi ynghyd â'r ffermydd a'r tyddynnod oddi amgylch i geisio perswadio'r bobl i weld beth oedd yn y fantol a'u cael i gefnogi'r ymdrech a chyfrannu tuag at y treuliau. Bu hyn yn waith anodd. Cawn Mr E. T. Lewis yn pwysleisio:

Nid yr un safbwynt a gymerai pawb o ystyried y posibiliadau. Meddyliai rhai yn nhermau colli cartref a thir. Gwelodd eraill ergyd angheuol i'r byd cymdeithasol, yr eglwys a'r ysgol.

Clywyd yr hen, hen wrthddadleuon a ddefnyddir bob amser pan fo rhyw sefydliad neu'i gilydd yn ceisio treisio tir Cymru:

'Byddai yn dod â gwaith i'r cylch!'
'Mae'n rhaid bod yn barod i wynebu'r gelyn!'
'Os oes rhyfel i fod mae'n rhaid cael lle i ymarfer!'

Ond, yn wir, distawodd y dadlau gydag amser, a hyfryd yw gallu tystio na fu teithio milltiroedd, ie, llawer ohonynt ar draed, yn ofer. Daw'r atgof am y wefr oedd yn dod i ddyn wrth weld pobl â'u calonnau'n cynhesu tuag at yr Achos a'r gronfa'n codi o gant i gant nes cyrraedd yn agos i fil o bunnoedd.

Amhosibl manylu ar y gweithgarwch anhygoel a ddigwyddodd o fewn mis i'r Cyfarfod Cyhoeddus bythgofiadwy hwn. Bodlonwn ar gofnodi'r ffeithiau yn unig. Bu Mr Caleb Rees a Dr Rowland Williams yn ffodus i gyflogi Mr R. Moelwyn Hughes, K.C., i arwain yr amddiffynfa. Datganodd y Cyngor Sir ei barodrwydd i Mr Gareth James, Cyfreithiwr Cynorthwyol o dan yr awdurdod, i fod yn gyfarwyddwr ar ran y Pwyllgor i Mr R. Moelwyn Hughes.

Awdurdodwyd y Parchedigion Mathias Davies a Joseph James ynghyd â'r brodyr Titus Lewis, Dr Rowland Williams a Caleb Rees i roddi tystiolaeth mewn unrhyw ymchwiliad fyddai'n digwydd. Aed ati i baratoi'r ddadleulen ynglŷn â'r Achos. Cynhwysai honno femoranda gan bob un o'r canlynol:

Mr Titus Lewis ar ran y Pwyllgor Gweinyddol.
Y Parchg Joseph James ar ran yr Eglwysi.
Dr Rowland Williams – Amddiffyniad y trigolion.
Dr W. F. Grimes – Pwysigrwydd Hynafiaethol y Preselau.
Dr Cyril Fox ar ran yr Amgueddfa yng Nghaerdydd.
Dr David Evans – Athro Daeareg yng Ngholeg y Brifysgol, Caerdydd.
Yr Athro T. J. Jenkin, Cyfarwyddwr y Fridfa Blanhigion yn Aberystwyth (un a fagwyd wrth odre'r Preselau).

Gwelir, felly, fod popeth posibl wedi ei wneud yn gynnar yn hanes y frwydr. Mae hyn i'w briodoli i ddiwydrwydd Mr Titus Lewis gan mai ar ei ysgwyddau ef y disgynnodd y baich trymaf. Parhaodd y pwyllgora, a bu'r papurau lleol yn gefnogol gan roddi colofnau lawer yn ymwneud â hanes y cyfarfodydd a'r gohebu. Yr oedd *Baner ac Amserau Cymru* ar flaen y gad gyda Mr Saunders Lewis a'i ysgrifau deifiol, ynghyd â dwy erthygl gynhwysfawr gan Parri Roberts yn amlygu ei fod ef yn wleidydd craff yn ogystal â 'Brenin' yn ei bulpud.

Soniwyd eisoes i'r frwydr ddatblygu o fod yn lleol i fod yn un genedlaethol. Cyrhaeddodd hynny ei uchafbwynt wrth i Undeb Cymru Fydd neilltuo dydd Sadwrn, 25ain o Ionawr, 1947, i drefnu cynadleddau drwy Gymru gyfan mewn gwahanol fannau megis Dinbych, Dolgellau, Aberhonddu, Llandeilo a Maenclochog. Amcan y cynadleddau hyn oedd protestio yn erbyn bwriad y Swyddfa Ryfel i drawsfeddiannu 150,000 o erwau o dir Cymru at ddibenion milwrol. Yn y Gynhadledd ym Maenclochog daeth torf ynghyd fel y gellid disgwyl. Y cadeirydd oedd y Parchg Llewelyn Ll. Jones, Brynberian – llew arall o'r llwyth iawn.

Titus Lewis – cryf ei argyhoeddiadau a chadarn ei ffydd

Titus Lewis – strong convictions and ardent faith

Y prif siaradwyr oedd Mr Gwynfor Evans, Mr James Cornock (Cynghorydd Sir), a'r Parchg Simon B. Jones. Da y gwnaeth yr olaf grynhoi swm a sylwedd y Gynhadledd yn bwrpasol gyda'r englyn:

Preswylio'n y Preselau – a geisiaf
I'm gweision a minnau;
Cael i derfyn, clod arfau,
A maith hun i'm hesmwythau.

Cyndyn iawn oedd y Swyddfa Ryfel i dynnu'n ôl ei bygythiad i feddiannu'r tir. Eto, yr oedd Bro'r Preselau yr un mor benderfynol â chynyddu a wnaeth y brwdfrydedd o bwyllgor i bwyllgor. Bu'n rhaid aros hyd 19eg o Fawrth cyn cael unrhyw obaith o lwyddiant. Ar y diwrnod hwnnw daeth gwahoddiad oddi wrth y Blaid Seneddol Gymreig i anfon cynrychiolydd i gynhadledd yn Llandrindod a oedd i drafod mater y Meysydd Ymarfer Milwrol a phenderfynwyd bod Mr Titus Lewis i gynrychioli Bro'r Preselau. Dilynwyd y gynhadledd honno gan gyfarfod o Bwyllgor y Meysydd Ymarfer yn y Swyddfa Ryfel yn Llundain ar 12fed o Fehefin. Mr Titus Lewis a ddewiswyd i fynd i'r cyfarfod hwnnw eto. Mewn Pwyllgor Gweinyddol ym Maenclochog ar 23ain o Fehefin, darllenodd Mr Titus Lewis adroddiad o'r cyfarfod a fu rhwng Pwyllgor Meysydd Ymarfer Cymru a Mr Bellenger, y Gweinidog Rhyfel. Y cwbl a ddeilliodd o'r cyfarfod hwnnw oedd bod y Swyddfa Ryfel yn barod i ryddhau Bro'r Preselau pe bai modd dod o hyd i safle arall a fyddai yr un mor addas. Bu'n rhaid aros, ymhellach, yn wir, hyd fis Mai, 1948, cyn i Bwyllgor Meysydd Ymarfer y Swyddfa Ryfel gyfarfod. Yn y pwyllgor hwn hysbyswyd Mr Titus Lewis gan Mr Emmanuel Shinwell, yr Ysgrifennydd Gwladol yn y Swyddfa Ryfel, bod Bro'r Preselau i'w rhyddhau, a hynny oherwydd y gwrthwynebiad.

Buan y daeth trigolion y fro i wybod am y newyddion da a chawsom yr ymdeimlad o ryddhad, o ddiolch, ie, ac o orfoledd. Beth yn union a olygai'r fuddugoliaeth i Fro'r Preselau? Yn ateb i'r cwestiwn hwn hoffwn fenthyg geiriau un o eneidiau anwylaf, ie, ac enwocaf y fro, sef Waldo. Oni wnaeth ef y Preselau yn 'fur ei febyd', ac onid ei ymbil oedd 'Cadwn y mur rhag y bwystfil, cadwn y ffynnon rhag y baw'. Dyna a geisiwyd ei wneud drwy gydol y frwydr. Credaf, yn bersonol, inni lwyddo i wneud hynny. Parhaed i fod yn fro felly.

The above is an extract from an article written by the Revd Moelwyn Daniel included in a volume, edited by Eirwyn George, entitled 'Abergwaun a'r Fro' and published by Christopher Davies, Llandybie, in 1986, on the occasion of holding the National Eisteddfod at Fishguard. The Revd Daniel gives an account of the successful campaign mounted in the area in the late 40's against the War Office's intention of using 14,000 acres of the Preselau as a permanent military training ground. Moelwyn Daniel had moved to Maenclochog, to take charge of Llandeilo and Tabernacl chapels, from the Blaenau Ffestiniog area, and he mentions his already established friendship with ministers of religion such as Brython Davies and Gwynfor Bowen who knew the Preseli area well. He also quotes part of a poem by T. E. Nicholas, the well-known Communist and pacifist, who hailed from the area. The Revd Daniel argues that according to the views of such community leaders as the Revd Joseph James, the War Office should not mistake the warm welcome given to the military in the area during the War Years as a sign of a ready welcome to a permanent military presence. The writer hails the leading role taken by another minister of religion, the Revd R. Parri Roberts, Mynachlog-ddu, along with two local schoolmasters, Titus Lewis, Maenclochog and E. T. Lewis, Mynachlog-ddu.

News of the government's intention was made public in early November 1946 and on the 18th of that month the first of many public meetings was held, at Mynachlog-ddu, to organise a community wide campaign of opposition. The support of MP's was sought immediately and following a meeting with Sir Hopkyn Morris plans were made to engage the services of R. Moelwyn Hughes, K.C., a leading barrister, to represent the people's views in any tribunal or public hearing. On the 30th another public meeting was held, this time at Maenclochog, as public opposition quickly gained momentum. A large committee was formed with representatives from areas as far away as Crymych and Gwaun Valley with the following chosen as officers: Chairman, the Revd Mathias Davies; Secretary, Titus Lewis; Treasurer, Hugh Edwards; Financial Secretary and Publicity; T. L. Jones. Two others were co-opted, namely the Revd Joseph James, Llandysilio and Caleb Rees, a native of the area who lived at Laugharne. He had been a leading officer with the Welsh Education Board before retiring. This particular public meeting focused everybody's mind on the severity of the task ahead and the Revd Daniel says he had never experienced such an enthusiastic, unified and determined mood at a public meeting.

He accepts there were a few of the opinion the military presence should be welcomed because of the obvious spin-offs of indirect employment and the spending power of the soldiers. Compensation would be paid to landowners and others believed implicitly in the need to prepare soldiers for war. However, such arguments soon evaporated as the fighting fund approached a £1,000. Experts such as Dr W. F. Grimes, Dr Cyril Fox, Dr David Evans and Prof. T. J. Jenkin were invited to prepare testimony on the historical, geological and agricultural significance of the area, characteristics that would be eroded and lost as a result of a military presence they argued. Support was garnered from all parts of Wales and at a special conference held at Maenclochog on January 25, 1947 the Plaid Cymru leader, Gwynfor Evans, was one of the main speakers, along with County Councillor James Cornock and the Revd Simon B. Jones. No one could doubt, least of all the War Office, the strength of opposition in the area and no one could deny the superb organisation of the campaign. By June a letter had been received from the War Minister stating they would be prepared to 'release' the Preselau if another apt training ground could be provided. Almost a year later in May 1948 Titus Lewis received a letter from Emmanuel Shinwell, the Secretary of State at the War Office, confirming the 'release' of the Preselau, much to local approval and jubilation.

☆☆☆☆

Rhyw fore wêdd Emlyn wrthi'n ffusto hoelon gered i'w whilber ar waelod yr ardd ing nghanol y pentre. Dyma'i wraig in hwpo ei phen mas trwy'r drws cewn ac yn gweiddi arno. 'Emlyn bach, na racet sy 'da chi. Wês rhaid neud cwmint o sŵn a hithe'n fore Sul. Beth wedith y cymdogion?' meddai.

'Synna i'n becso mo'r hap am y cymdogion Mari fach. Ma' rhaid i fi ga'l y whilber ma'n barod i lanhau'r sied ffowls, gwlei,' meddai.

'Ond Emlyn bach synno chi fod gweitho ar y Sul 'chan. Fe ddyle fod sgriws 'da chi,' wêdd dyfarniad Mari.

Joys of the Farmyard

John Williams

My family moved from Llanerch in the Gwaun Valley to Brynteg in Llys-y-frân in 1941. The last journey from Llanerch was on a very wild wet September day, and the Ford 8 climbed slowly from Tafarn Bwlch to the top at Bwlch Gwynt passing the big boulder on the side of the road. It's still there! Moving to a new farm was very exciting for brother Gwilym and me, with lots of outbuildings and discarded implements to explore, also fields, a lane, woodland and especially the Syfnwy River. Just like Llanerch it seemed, except that we now had some nearby neighbours at Llain, Velindre Lodge and Velindre Farm.

The river was one of our favourite play areas. The walk from Brynteg to the riverbank near Farthings Hook (about three quarters of a mile) could occupy us for hours. First of all the lane that provided access to most of Brynteg's fields was covered in wild flowers with the remains of spilled hay after the haymaking in summer. In winter it was usually wet and very muddy!

As we started down the hill the lane narrowed and soon we would leave the fields and enter Bristcoed. The lane followed the edge of Bristcoed and the boundary of Parc Isaf finally coming to the road a third of the way down Bristcoed hill. At the bottom of Parc Isaf was a small pond that seemed to have plenty of water throughout the year. It was certainly our most reliable source of frogspawn in springtime. Soon after passing the indistinct remains of Springhill House we usually left the lane, joining a walkers path on the left. This path was a very steep short cut that joined the road lower down Bristcoed hill than the lane. The path was kept well trodden by Walter John who walked every day from Pen-yr-allt to Brynteg and home again. Bristcoed presented some wonderful challenges for tree climbing.

It was a short run down to Farthings Hook Bridge over the Syfnwy river. This was usually our starting point for our riverside wandering, first of all up river. A little way along the river we would reach the disused Farthings Hook Mill. Here there were many hours of sheer enjoyment. There is quite a spectacular waterfall and some pools that were good spots for fishing. We used a hook and worm, often catching trout measuring seven or eight inches. Any trout less than six inches had to be thrown back into the river. A fairly difficult climb up the rocks forming the waterfall brings us to some of the remains of the mill including a weir, sluice, artificial water channel and some walls. Some parts of the riverbank were covered with snowdrops and small daffodils.

Sometimes we would carry on upriver as far as the footbridge crossing to the other side of the river and a little beyond to Dan-y-coed. On one trip to Dan-y-coed we found apples on some trees in the overgrown orchard and thinking that the run down and neglected house was abandoned we helped ourselves, taking some home to Brynteg. That evening our father told us that there was a policeman (Pc. Thomas) down the lane who wanted to speak to Gwilym and me. We had been stealing apples! We were told that Pc. Thomas might be willing to accept an explanation and an apology for the owner of Dan-y-coed to be delivered by our father. We were very frightened and learnt a useful lesson and to respect the law and policemen. I doubt if Pc. Thomas actually turned up that evening, but it is possible that William Brown, the lonely resident of Dan-y-coed felt that his privacy had been threatened and had called to see my father.

Our meandering downstream from Farthing's Hook Bridge would often begin by walking in the river beneath the bridge carrying our boots and socks. Peter, who was an evacuee from London living in Velindre Lodge, was a regular playmate and he lost his socks once; they were last seen floating down on the river. He very kindly dismissed the loss with the comment that 'this was a real adventure'. The walk along the bank, sometimes in the river, and over fallen trees would often focus on the ruins of Velindre Fach, about half a mile downstream from Farthings Hook Bridge. A few low walls of moss covered stones with the remnants of garden flowers including snowdrops and daffodils were all that remained of the cottage where my grandfather was born. Further downstream there was a steep climb home up through Velindre fields passing Velindre Farm and along the lanes, or through more fields, to Brynteg. A longer way home was to carry on along the river coming up past St Meilir's Church and through Llys-y-frân and Gwastad.

A walk along the river in 2004 revealed some very big changes along this stretch of the Syfnwy since the 1940's. Going downstream from Farthing's Hook Bridge, gone are the variety of deciduous trees of Velindre wood, now replaced by a single species of conifers, planted many years ago, fully grown and now harvested. Will the new crop include a more wildlife friendly variety of trees? The pleasant walk along the footpath through the now bare woodland soon ends at a stile into the Llys-y-frân Country Park and reservoir that has opened up this beautiful valley to many visitors. The well constructed paths, woodland steps and signs has made the area more accessible and safer for many. The lake now covers the ruins of Velindre Fach and a stretch of river that was wonderful playground for a few small children in the 1940's.

The official footpath upstream from the bridge follows the edge of Farthing's Hook wood and in 2004 was spoilt by the workings of large forestry machines. The machines have devastated the small area of flood plain between the wood and the river. The footpath leading from the edge of the wood to the footbridge leading to the fields of Bernard's Well is practically impassable and very dangerous. Perhaps soon this part of the lovely valley will be restored and the footpath accessible and safe for walkers once again.

Brynteg as it was in the 1940's would now be described as a mixed, mainly dairy farm and in addition to the dairy herd including a bull and calves, we kept chickens, ducks, geese sometimes turkeys for Christmas, and pigs. At first there were two shire horses, a cob, and later on, a pony. There was no running water, electricity or tractors. The 90 or so acres, with mother and father being helped by Walter John and Mary Thomas, provided a living for a family.

We looked forward to helping with the haymaking. At the beginning of the 1940's haymaking was carried out in a way that had changed little from the end of the 19th century. Neighbours came to help too, some bringing extra horses and carts or a gambo. So the day was a social event as well as a lot of hard work. There was home brew, lunch and tea out in the field and at the end of the day, supper in the house with plenty of time for chatter and banter. One or two people would sometimes be a bit over the top, lubricated by too much home brew. I remember driving a horse drawn rake and a horse drawn hay-turner. Another job children were allowed to do was leading the horse and cart across the field with frequent stops for hay to be lifted on to the cart by the men using pitchforks. The horses would sometimes be worried by large insects called 'horse-flies' and we were shown how to get rid of them, but I do not remember doing it. I did see an adult catching one, push a bit of hard stemmed grass into its body and let it go. The insect could still fly but the grass acted like a rudder sending it flying upwards into the sky well away from the horse!

As soon as we could be relied on to be useful, we were allowed to go with adults to help neighbours with their haymaking. It was at a late harvest in August 1946 at a neighbouring farm that I have a very clear recollection of the supper-time talk about the atomic bomb. Someone said 'that a cup full was enough to drive the Queen Mary across the Atlantic'. I was sitting next to my father in the dining room with other 'farmers', whilst Owen, my cousin who was considered to be a 'farm worker', had been directed into an adjoining utility room, was having his supper with other 'farm workers'. I was not aware of this segregation at the time. I know that my father was very surprised that this tradition persisted in Llys-y-frân as my Grandfather in the 1920's always shared the family meal table with all the farm workers.

The water supply for Brynteg in the early 1940's came from a deep well near the house, and had to be pumped by hand as there were no electricity supply or engine driven pumps. One of the regular chores was to pump water into a large tank in the dairy for cooling the milk every night and morning. The pumping in time for the evening milking was a job for Gwilym and me after coming home from school at Gwastad. It seemed to take a very long time probably up to half an hour for us boys; to make the task tolerable we used to climb up the supporting stand to the tank and count how many rivets were still uncovered by water. About one hundred sweeps of the pump would provide enough water to cover one rivet. This job could not really be described as interesting or exciting, perhaps it was character building!

There were between 30 and 40 cows in the milking herd at Brynteg and milking by hand meant that all available help was needed. We would begin our 'careers' in milking by starting with the quietest cows. I started with the gentlest elderly cow named Pansy. On one occasion I was rather slow and Pansy decided to lie down before I had finished and I had to jump away and remove the bucket quickly. I think Pansy had forgotten that I was there! Cleaning out the cow shed was a heavy winter job that came at weekends or school holidays as we reached our teens. I can still remember contemplating the view from the cow shed door during a short respite; the whole of south Pembrokeshire, with the valleys picked out by strips of winter mist, the steam train on the line between Clunderwen and Clarbeston Road, and the occasional whistle.

The train brought the consignment of two hundred day-old-chicks to Clarbeston Road station. They were fragile and were reared in an oil heated 'incubator' in a warm rat proof building. This was a job for mother, as maintaining a constant temperature, providing food and water and not frightening the chicks was extremely important. We were entrusted with feeding the growing chickens and hens later on. A large hen house on wheels with a hundred or more hens was kept in the corner of Parc Eithin Mân next to the lane. Another hen house was kept in Parc Captain. Finding a broody hen making her own nest and 'sitting' in the hedgerow was useful. This hen, with her nest and eggs was rescued to a new home, safe from the fox. There seemed to be very few foxes about as the flock as well as ducks and geese would wander freely over fields and hedgerows during the day. They were kept in at night.

One job we did not help with was killing the pig. A sow was kept and most of the litter would eventually go to the market in Haverfordwest. One or two pigs would be fattened at home and would be butchered at Brynteg. The pig was killed by a butcher from Woodstock. It was horrific. I'm sure that the pig knew what was going on. The poor animal had to be manhandled to the place of execution with ropes and three or four strong men pulling and pushing. The pig's continuous piercing squeals of fright could be heard a mile away in Llys-y-frân.

Rabbits could devastate a crop, and in those days control of the rabbit population was by trapping. Arnold Adams who lived in Velindre was the trapper at Brynteg. We did not help with the trapping but we felt sorry for the rabbits, as they looked so much like the pet rabbits we kept. Who can forget hearing the rabbit's scream on a frosty night as it was caught, and the clanking of the trap as the poor rabbit struggled in vain to free itself. Arnold was still a popular visitor and on a memorable occasion was our guide on a visit to Skomer Island where he would live for a few weeks in winter trapping rabbits there. We did not feel the same way about moles. We were taught how to set traps and collect the trapped moles in the morning. Moles did not scream like rabbits and we did not mind skinning them and pinning the skins to dry on a wooden board. Moleskins were a useful source of pocket money for us.

A job where we needed a lot of encouragement was helping with the potato harvest. The wartime slogan 'Dig for Victory' seemed particularly apt. The potato drills were opened by a two sided plough called a 'double tom' drawn by the horse. The first part of the job was to gather all the potatoes that had been exposed and then light digging was needed to find the potatoes that had been covered with earth. This tedious back-aching job was made a little more enjoyable because many neighbours would gather to help. As with haymaking in the early 1940's the crowd of helpers refreshed by home-brew made tiring jobs easier with plenty of chatter and fun. The children were expected to help, and we would collect any oddly shaped potatoes with rude commutations as well as those shaped like a 'V' (for victory). One year we were promised a pony if the target for the potato harvest was achieved. I don't know if this was a target set by our father or by the Pembrokeshire War Agricultural Committee. It was a good year for potatoes and Gwilym and I got our pony – a black pony straight off the Preseli hills.

We had some practice riding a horse before the pony arrived. After a day's work the shire horses had their harness removed, except the collar, and Gwilym and I would be set on a horse each and ride out to the middle of Parc Eithin Mân to a large pond. The tired and thirsty horses knew the way and all we had to do was hold on. The horse would walk slowly into the pond and take a long cool drink. We knew we had to let go our hold on the collar as it would fall and rest on the horse's head. It seemed a long way down to the water from where we were perched, holding on to the mane, ready to dodge the collar as it was returned to the shoulder by a toss of the horse's head. The two large, gentle, strong, tired horses would then slowly turn and walk back to the stable carrying two small happy boys.

The first job was to 'break-in' the new pony. She had to get accustomed to a halter, then a 'bit' in her mouth, and soon we were able to ride her ourselves. Then it was a lot of riding so that she was accustomed to other animals, and road traffic which was mainly military vehicles or convoys based at the training camp between Parc-y-marl farm and Y Delyn. I remember riding the pony to visit cousins at Spittal, and Grandmother at Newport. For a time my weekly bicycle ride gave way to a ride on the pony to my music lesson in Maenclochog. While I had my lesson, the pony was tethered in the grassy enclosure that was used at one time to hold cattle or sheep waiting to be loaded on the train.

Our school at Gwastad was one mile from Brynteg and we usually walked until we had a trap for the pony. For some time we travelled by pony and trap collecting Peter from Velindre Lodge on the way. The pony was stabled for the school day at The Croft nearby, and after school the pony would be harnessed to go home at a gentle trot. At the time it did not seem at all odd that three boys under ten were allowed to go on the public roads in charge of a pony and trap. The lovely shire horses gave way eventually to a Fordson tractor. This was probably around 1943. It had metal wheels with 'lugs' on the large drive wheels. The ride on the tractor in the field was comfortable but on the lane and especially on the road it was a real boneshaker. This tractor was not normally taken on the road but on one occasion father was asked to plough a field for Sidney Lewis of Lower House.

As part of the 'Dig for Victory' campaign, Mr Lewis was very reluctantly persuaded by the PWAC to plough one of his ancient meadows. It was under threat of a summons to appear in court that Mr Lewis agreed 'but only if Williams of Brynteg is willing to do it'. I accompanied my father and stood as a marker when required, at the far end of the field so that the new furrows were in a straight line. The PWAC no doubt was effective in encouraging farmers to improve productivity, but they were not very popular, known by some as 'Pwdrod Wedi Achub Cyfle'.

For many years Saturday was the day for my music lesson. The journey from Brynteg to Maenclochog was by bicycle or by pony to meet my piano teacher, Miss Meg James. Miss James travelled from Pensarn near Crosswell in her Morris S visiting a number of pupils in the Maenclochog area. My lesson was at The Railway Hotel, a public house next to the railway station, and the level crossing. The public bar was on the left as you walked into the house and the piano was in the parlour on the right. While my pony rested and grazed in the enclosure on the other side of the road I would sit in the living room with Mr and Mrs James waiting for my teacher. Mr James would sometimes get up to go to the bar to serve the few Saturday afternoon callers. Sometimes I could hear the clatter of the tabletop skittles in the bar. Another diversion while waiting was the occasional train. Often it was simply an engine and a guard van chugging and hissing and moving about the station. Sometimes there would be a longer train appearing from Rosebush.

Next door to The Railway Hotel and the railway line was a corrugated iron building – Siop-y-Crydd. I was puzzled as to why whenever the cobbler used the polishing machine the electric light in The Railway Hotel would be dimmed. Charles Herbert provided electricity and the capacity of the system was limited. After the lesson I would sometimes pay a visit to 'Siop Nellie' for sweets or go up to Charles Herbert's garage to have some running repairs to the bicycle. The *Dandy* or the *Beano* could be bought from a newspaper shop somewhere near to the present day Sarah's Shop. Charles Herbert also charged the 'wet' battery for the wireless. I did not carry the battery on the bicycle as it was made of glass and the acid could easily spill.

We attended Llys-y-frân Primary School at Gwastad. There were a little over twenty children including a few evacuees and two teachers. One teacher, a young lady, probably in her first teaching job, for the five and six year olds, and the headmaster, Lloyd Richards, taught the remainder from seven to fourteen when they left school. Some went on at eleven or twelve to the 'Grammar' school at Haverfordwest or to Narberth.

Mr Richards was a very gentle, kind-hearted headmaster, who praised the children often and rarely punished. On one occasion the whole of the senior class went out at lunchtime and played a game called 'fox and hounds'. One child was the fox who was allowed some time to run away and the remainder were the hounds trying to find the fox. We ranged the countryside invading woodlands and fields belonging to Parc-y-marl, Parc-yr-eithin, and Llys-y-frân farm. We must have forgotten about school, arriving back a few at a time very late in the afternoon. We were all 'caned'. Mr Richards used a flat ruler giving each of us a fairly gentle stroke on the hand. Afterwards we children agreed that the cane was not really that bad! It probably hurt Mr Richards more than it hurt the children. It was nevertheless an effective deterent to further games of fox and hounds. Of course the parents were quite sure that it was the evacuees that led the local children astray.

The playground was part of a field. Parents had helped by providing some items that we played with. There was a swing made of a rope from a tree; two very large used lorry or tractor tyres were very popular. We could get a ride on the tyres by running them down the gentle slope in the field, sit astride the tyre, and let the momentum take us over the top and down on the other side. After playtime, the tyres were hidden in the corner of the field behind some brambles. Used tyres were needed for the war effort so we were afraid that the government would confiscate them if they were found.

During my time at Narberth Grammar School I stayed in lodgings in Narberth from Monday to Friday, travelling by bus from Maenclochog on Monday morning and returning on Friday evening. During the 'great snow' of 1947 I stayed in my lodgings for about five weeks because the snow drifts made it very difficult to travel from Maenclochog to Brynteg. Mrs Rees was very kind but quite strict and the two of us who lodged with her benefited from a set routine after school. There were set times for fresh air, out for a walk around Narberth, the old moor, the castle ruins, the drang, then homework and supper and then prepare our books ready for the next day. Mr Rees liked listening to the radio and we were allowed to listen to the regular programmes he enjoyed, Wilfred Pickles in *Have a Go* and Tommy Handley in *Itma*. There were a few children who lodged in Narberth during the week so we could call on friends for help with any difficult homework.

Arrangements had been made with the headmaster, Samuel Evans, for me to do an hour's piano practice on the school piano after school, as there was no piano available in my lodgings. The headmaster lived opposite the school entrance and evidently kept an eye on the piano practice boy. If I missed a practice session the head always asked me why, when I saw him during the next day. I did not miss very often. This earned me the nickname 'Beethoven'

Sunday mornings would usually see all the family at Horeb for worship led by the Revd Mathias Davies. We children were pleased not to have to go to Sunday School every week, but we did attend regularly during the preparation for the special 'Pwnc' festival at Whitsun. For the Pwnc, Blaenconin, Rhydwilym and Horeb chapels would each take a turn at being host for the whole of Whitsunday. In the morning the host chapel would start. The children would recite a carefully rehearsed section of scripture, followed by questions about the reading from the minister, with the answers given by the children. Most of the answers were rehearsed, some recited by the children together, others answered by individual children. Mr Davies would occasionally ask some unprepared questions and encourage some of the older children to respond. Next it would be the turn of the adults. They too would recite in unison a chapter from scripture followed by questions and discussion about the reading.

Teulu Brynteg ar y traeth yn Nhrefdraeth a John Williams yn aelod o bedwarawd a fu'n cystadlu'n Eisteddfod Genedlaethol yr Urdd yn Abergwaun ar ddechrau'r 50au. Y tri arall, o'r chwith, yw John Evans, Menna Davies a Margaret Williams.

The Brynteg family on the beach at Newport and John Williams as a member of a quartet competing at the National Urdd Eisteddfod held at Fishguard in the early 50's. The other members, from the left, are John Evans, Menna Davies and Margaret Williams.

The adults also rehearsed the reading, as everyone had to recite together as for a choral recitation, with the timing and rhythm akin to plainsong or the chanting of unaccompanied psalms. Each chapel had its own variation on timing and rhythm. Afterwards the minister would lead the discussion about the passage that had been read, often with quite passionate views and opinions expressed. After lunch in the vestry, one of the visiting chapels would do their readings and the other after tea. The ladies of the host chapel provided lunch and tea. The children were not expected to sit through the whole day. There would be a lot to explore outside when visiting the other chapels, and other children to 'size up'. As expected there would be occasional appeals from adults to be quiet to give fair play to whoever was performing at the time.

Another important event in the social life around Maenclochog in the 1940's was the eisteddfod. There were many in North Pembrokeshire at that time. I remember participating at eisteddfodau at Puncheston, Tufton, Crymych and Maenclochog, usually competing in the piano solo, and once accompanying my sister Anita who sang 'Jesus Loves Me'. Once, I missed the adjudication as going outside seemed more interesting. I quickly learnt from my father that the adjudication was more important than winning the prize. The day would start early in the afternoon, and often go on until the early hours of the next day, so there was always movement of people in and out of the hall or chapel. The MC did his best to keep this movement in between the performances by the competitors, usually with good humour and funny stories, sometimes resorting to an appeal to let the competitors have fair play. There are far fewer eisteddfodau held today but I'm glad to say that in some areas, including Maenclochog, the eisteddfod is still flourishing. Perhaps the higher standard of performance by competitors today is some compensation for the loss of quantity. Sad to say the Pwnc seems to have been lost altogether.

During the war years there were some wonderful entertainment provided by *Bois y Frenni* based around Crymych. The concerts I remember were held at Llys-y-frân school, though they performed in many places across South Wales. One of the performers I remember looked like the character Hardy of Laurel and Hardy fame. The unforgettable song was 'Y Blac Owt'. Not quite so well known but providing plenty of good fun was the local concert party *Bois y Banc*. The name came from the 'banc' by the smithy in New Moat, a popular meeting point for chatting while 'Albert y gof' and later 'Jack y gof' fixed the horseshoes. There was plenty of local talent providing entertainment and humour in the 1940's. This tradition has been maintained in the Maenclochog area as demonstrated so wonderfully by events on the green such as 'Imbed Imbed' in 2000.

John Williams left Brynteg, Llys-y-frân, in 1951 to join GEC in Birmingham as a student apprentice and gained his HNC certificate in Electrical Engineering in 1955. He is a Chartered Engineer and Fellow of the Institute of Electrical Engineers. After National Service (Lieutenant in REME) he worked for GEC, Reed Paper Group and the Electricity Council. He has a Diploma in Management Studies and was awarded a B.A. (Hons.) degree by the Open University in 1977. John and his wife, Margaret, live on the outskirts of London with children and grandchildren in London, Yorkshire and Devon. John is a Master Beekeeper and church organist.

Wild Landscape of Carn Afr

Elizabeth Haines

I came to Pembrokeshire in 1965 during my time at Art College. My parents had taken over the lease of Mynydd-ddu, an isolated cottage on Tyllosg Farm, which was reached either by walking across the moor from the forestry road below Pantmaenog, or down a track off the main road to Cardigan. I was captivated by the wildness: the twisted thorns, the stone banks and the ewes and lambs, all of which I drew repeatedly. I was already at home in the countryside, having spent much of my childhood on a farm, but the Preselis had a character entirely different from the rolling meadows, tiled roofs and stately trees of Hertfordshire. Then I met Cliff: I had found a sickly lamb near the cottage, and walked across the hill to Tyllosg with it wrapped in a sack; by the time I arrived I was hot and grubby, but this mission of mercy was much appreciated by the shepherd and so began our relationship.

I continued working after our marriage. My early work, while we were still living at Tyllosg, was very much an exploration of the landscape, but, saving towards a farm of our own, I gradually became torn between the need to earn money through book illustration and the need to pursue the more intangible and less easily realised ideas which continually beset me. On Tyllosg kitchen table I made some 700 drawings for a children's encyclopedia – with half my mind on the kind of drawing I really wanted to do – and this was followed by other commissions over the years.

During the 1980's I illustrated the Coastal Cottages of Pembrokeshire brochures and this took me all over the county, drawing some 800 houses, cottages, and renovated barns. At the same time I was searching for a way to develop a deeper structure in my work, to get away from the purely descriptive, and to nurture a more profound imaginative response to the subject. I delved into poetry and philosophy, but the real focus came with the competition for the Porthmadog Eisteddfod in 1987, which was 'To design a piece of work which conveys the nature and genius of Cerdd Dafod'. Already interested in the connections between the arts, I went immediately to Eirwyn George for help; he enlightened me as to the complexities of this ancient tradition with his extensive knowledge, insight, and wry sense of humour. I am profoundly grateful not only for his tuition but for the imaginative way in which he entered into the work I was trying to do.

My knowledge of the Welsh language was fairly modest, but it was enough to appreciate the extraordinary beauty of its poetry. This partial knowledge meant I could 'switch off' from the meaning, enabling me to hear the structures of the cynghanedd as pure music. It was this underlying abstract quality to the poetry which provided the link with painting – something towards which I had been striving for some time. My father had already pointed me towards David Jones and his writings on Welsh culture, as well as his painting, lettering and poetry, and David Jones said that it was essential for him to make his inscriptions in a language other than his mother tongue, so that he could be aware of the underlying rhythms of the letters without being distracted by their meaning as he was working. I found this to be true: paradoxically, concentration on the form somehow allows the meaning or message to be expressed with even greater force and clarity than if one had been thinking too much about it.

This research opened many doors of enquiry. I was privileged to meet Gwyn Williams and to hear him talk about his translations of old Welsh poetry in *The Burning Tree*, and also to talk to James Nicholas, one of the instigators of the competition (he who nicknamed my volumes of research the *Llyfrau Du Maenclochog*). Much of this formed the basis for the work on the relationships between the different arts which eventually led to a Ph.D. at the University of Wales, Lampeter, in 2002. After winning the competition, I spent the week in residence at the Eisteddfod, making the piece of work that attempted to express the melodies and rhythms of the 24 ancient measures of poetry; this experience allowed me to become a part of the rich cultural life of Wales – albeit helped by my badge 'Dysgwyr – Siaradwch yn Araf'! This week also brought renewed contact with the drama of the North Wales landscape, which I had first encountered on family holidays; here was Pembrokeshire's wildness but on a more spectacular scale.

It has often been the case that artists are inspired by a new environment. Paul Klee 'found' colour in North Africa, and Turner's visits to Switzerland fuelled his interest in the dramatic,'romantic' landscape, while the light and colour of Venice gave his work a radiance and transparency. I had already been inspired by the move to Pembrokeshire and the sense of cultural and visual 'otherness' and this was then sharpened by visits to North Wales, an even greater contrast with the home counties of England. A prerequisite for artistic endeavour has often been a tension between the familiar and the novel, which Gwyn Williams called 'a juxtaposition of the unexpected', and it is certainly a characteristic of an imaginative vision of life.

On the other hand, the vision of some artists is consolidated in a familiar environment, and so it becomes irrevocably associated with that area – Constable in Suffolk, for example (who said 'I should paint my own places best') and also Ivon Hitchens and Samuel Palmer in Sussex and Kent. Many artists draw upon their earliest experiences and visual memories – John Elwyn often returns to scenes of his boyhood near Newcastle Emlyn for instance, but we frequently find that some influence from outside their homeland serves to make artists more sharply aware of their familiar surroundings. Ceri Richards owed a formal debt to Picasso, but also drew upon images of Dylan Thomas's poetry. John Elwyn was influenced by Cézanne in his earlier years, as well as consistently finding inspiration from a familiar environment. Gwilym Pritchard went to Italy and later to France, and the Scottish artist Joan Eardley was also influenced by France, particularly the caves at Lascaux, as well as finding her own home at Catterline on the north eastern coast of Scotland. Graham Sutherland came to Pembrokeshire and Samuel Palmer's most visionary work was done in the Kentish valleys near Shoreham, under the inspiration of William Blake. These are just some artists whose feelings about their homeland were reinvigorated by contact with a new landscape or a different set of artistic ideas.

But the artistic ideas which so affected me were not from my own field but from a 'sister' art. Looking up to Carn Afr, especially when the mists swirl about, I think of Dafydd ap Gwilym's *Y Niwl* 'a pale grey, weakly trailing fleece, like smoke, a hooded cowl upon the plain' (Cnu tewlwyd, gwynllwyd gwanllaes, cyfliw y mwg cwfl y maes'). At these times one experiences the essential characteristic of the Welsh aesthetic sensibility as an intricate, interlacing, meandering quality, rich in metaphor and quite unlike the centred, structured forms inherited from Greece and Rome by the Anglo Saxon and European cultures. We can see these Celtic forms repeated in the stone crosses, the *Penillion,* and even the stone walls that snake over the contours of the mountainside. To one who had been brought up with the mainstream conventions and tradition of perspective and tonality, this was a revelation, especially when coupled with the powerful use of metaphor and simile in Welsh poetry. This is comparable with the English 19th century metaphysical poets (many of whom, incidentally, had Welsh names or connections), and is a vein of thought rich in inspiration for the visual artist.

I have made many paintings of the vision of *The Burning Tree* in the Mabinogion, and also of images from the poetry of Waldo Williams, Eirwyn George and Bobi Jones, as well as Gruffydd ab yr Ynad Coch's great Lament for Llywelyn. The rolling fields of Hertfordshire, where I was born, never held images like these. I have always been drawn to wild places; I never seem to return to images of childhood, happy though that was. Perhaps this ancient heartland of Preseli to where the *Cymry* had gravitated for centuries, is now so much my home that, perversely, forays into contrasting environments are becoming artistically necessary. I have certainly been affected by the landscape and culture of France, as well as North Wales: my son John's sojourn as a teacher in Nantes, and his University project comparing the Breton's sense of linguistic and cultural identity with that of Wales, reminded me of their common heritage. Like Eardley, I am deeply impressed by the ancient dwellings and other marks of early man's creative imagination in certain areas of France as well as Wales.

I myself have never had that strong personal sense of national or cultural identity, and have thought how blessed are those who are secure and enclosed by this feeling of belonging. This is especially significant for artists and writers, giving them a sense of rootedness, and some artists in Wales today make this sense fundamental to their work. David Jones was keenly aware of being Welsh, all the more so because the use of the language had atrophied in his family. As to my own paternal forebears, one was an apothecary in Bethnal Green in the 1750's, and on my mother's side they were of Jewish extraction. My father was a philosopher by nature although not by profession, and my mother a teacher, so my early environment was intellectual rather than painterly, giving a predilection for the word and also creating a certain tension between the expressive possibilities of word and image.

I have inevitably been influenced by a number of contemporary Welsh painters, and most certainly by the vigour and magic of the landscape, but in the end it has been the music and metaphor of Welsh poetry which has affected my work most profoundly. This alchemy which transforms ordinary material into something of imaginative significance underlies all the arts, and I am glad that I came to abide in a country where it is widely celebrated.

Elizabeth Haines exhibits widely and visitors are always welcome to call at her Bryn Morris studio at Rhos-fach, which is a converted cow byre. Arthur Giardelli recently said of her work: 'What Elizabeth now does has become part of the European tradition, calling up echoes of Samuel Palmer as well as painters of the Blaue Reiter. Her natural gift has grown into an intelligent and passionate style'.

☆☆☆☆

Wêdd Buddug wedi gwneud yn dda yn yr ysgol gynradd ac wedi pasio ei harholiade i gyd er mwyn mynd mlân i'r ysgol uwchradd yn Arberth.

Ar ôl iddi fod 'na nawr am rhyw wythnos, ma bachan yn cnoco ar y drws ac yn cyfarch ei thad.

'Wel, llongyfarchiade i'ch merch am wneud mor dda. Ma'n rhaid taw chi yw'r tad prowd. Gwedwch wrtha i, odych chi wedi meddwl prynu gwyddoniadur iddi er mwyn bod o help iddi ddod mlân yn gloiach.'

'Nadw wir, 'na beth yw'r nonsens penna. Wêdd cerdded i'r ysgol yn ddigon da i fi pan wên i ei hoedran hi, a gall hithe neud r'un peth yn iawn.'

A Contemporary Spirit of Place

Tim Fudge

'My shadow sunning itself on this stone remembers the lava'.

(R. S. Thomas, from Pre-Cambrian)

I have often thought it inevitable (at least hoped it was) that we would end up living in a place such as Maenclochog. With Julie being half Welsh half Irish and me born in Scotland and raised in Yorkshire, our affinity has always been with the Celtic nations, it was really just a question of which one we would settle in. Pembrokeshire being home for Julie and a 'home from home' for me, it was the natural choice with lots of family on the doorstep. It was not that we were unhappy after eleven years in Swansea, far from it; if you like city life then it's a great one to live in. It was much more a case of 'by far the greater of two goods'. The chance to move into a still flourishing Welsh speaking community, in the heart of the county we have both loved since childhood, was too good an opportunity to miss. The speed with which we eventually moved, however, was nothing short of mind boggling.

At the time of moving three years ago I was a recently graduated artist and full-time carer for our boys. Any move back to North Pembrokeshire was therefore dependent upon a suitable teaching post becoming available for Julie; and none had seemed to do so for a couple of years or more. It was after returning from Christmas 2001, as usual staying with family in Pembrokeshire, that a teaching post based in Fishguard was brought to our attention. There were a couple of days left before the application deadline, so we only had one evening to discuss the merits of moving or staying put, but the decision was never really in any doubt.

Obviously Julie got the job, which was due to start after the Easter holiday, leaving us only ten weeks to sell in Swansea, look for and buy a house here. We made it by the skin of our teeth and it probably took us a few months to recover. On moving day I was a few hours behind Julie and the removal lorry, sorting out the chaos in Swansea. Julie and the removal men arrived in the village on a glorious spring afternoon and were greeted by Terry from The Globe next door carrying a tray full of tea and biscuits for everyone. This kind act confirmed one of our main reasons for moving before we had even set foot in the house; we miss Terry greatly.

In one of life's strange coincidences I had come up from Fishguard to Maenclochog for a day that Christmas, to photograph standing stones. Being familiar with Gors Fawr and Glynsaithmaen for years, I was looking for some of the less well known stones surrounding the village. Little did I know that three and a half months later I would be living in the village and having a pint in the Globe with Brian Hafod Ddu, whose fields I had been walking that afternoon in a blizzard. My main experience of Maenclochog before this was more than twenty years ago, when I worked for a year on my Uncle's farm near Puncheston, and would go with my cousin Ian to the Llys-y-frân YFC. I have some vague but very pleasant memories of becoming a pseudo-roadie for an alcohol fuelled touring production of 'Paint Your Wagon', the rehearsals for which were held every week in Maenclochog village hall.

In terms of being an artist primarily interested in the landscape, and its interconnectivity with culture and language, Maenclochog is virtually my ideal location. For the past eight years or so the vast majority of my work has been based around two specific areas, Pencaer near Fishguard and Mynydd Preseli, even when living in Swansea.

Over time I have learned to experience the landscape in a way that is specifically related to the uniqueness of place. As a concept (Genius Loci – the spirit of place) it can be traced right back into pre-history, providing us with a valuable archetypal medium through which to interpret the landscape and the places we live in. As a way of thinking about our environment, it reminds us that landscape is not just a slice of nature, or a collection of good and bad views. It is instead a multidimensional complex of natural features, weather, light and sound that connects the cultural man–made features and named places ensouled with history, myth and memory. Language is a key element in any concept of place, in fact without a name a place is not a place, and landscape would just be an endless collection of anonymous features.

Spirit of place has historically been a strong influence within literature and especially poetry, not really surfacing in painting until landscape developed as a genre in its own right at the beginning of the seventeenth century. Even today the work of visual artists concerned with these themes is often described as poetic in style or following a poetic vision. In common with many traditional cultures, Celtic tradition at one time would have been synonymous with a concept of the spirit of place, nearly every feature in the landscape named and of significance.

As a landscape painter living in Maenclochog today, the relevance of this for me is that in a Welsh speaking community the landscape and the people still retain that ancient connection, lost in countless other places. When a place name is used it still has meaning and association, any collective memory it may still possess has a chance to slip its bounds and weave its magic. A contemporary, thriving Bardic tradition and Eisteddfodau within the community, combined with the area's unique history and geography, result in a very powerful spirit of place. The social and symbolic landscape of both recent generations, and ancient ancestors, is still tangible here, visible through the thin overlay of the modern one.

This heady cultural cocktail of past and present, of history, archaeology, language, people and place, overlayed by topography and all the natural elements, is where my passion lies. Another kind of passion, that for colour, mark making, composition and the physical properties of paint, completes the picture (no pun intended !)

Most influential voices today within the urban based Art establishment would seem to consider landscape as the most redundant genre within a 'dead medium' – painting. I obviously take the opposite view. The Modernist formal abstraction of the 1950's and 60's and the persistent cults of the picturesque and sublime view, may have run their natural course. Painting and drawing, and a human fascination with the places we live in and experience, certainly has not. Art historian Nicholas Alfrey describes this well, writing in the 1990's, he states that landscapes in the idiom of our time are ...

> built up from a complex overlay of direct study, distant memory, inherited imagery and formal strategy. They encompass both wilderness and exploited ground, artifice and disorder, delicacy and disruption. One kind of landscape may have become unpaintable in our century, but another is already taking shape. No map can give access to the terrain it discloses.[1]

If the Art establishment in which avant-gardism is now virtually institutionalised considers this parochial, then long live the parochial.

I feel then that in moving to Maenclochog I am placing myself in the best possible location for my type of work. Quite what direction that work will go in and exactly what form it will take, I am about to have great pleasure in discovering. I am nearly at the point of commencing work again on a regular basis, after spending the last five years caring full time for our sons, Osian, Oran and Macsen, and renovating house and studio.

With our two eldest sons now at Ysgol Maenclochog and virtually fluent in Welsh it reminds me again of the vital connection between landscape, language and place. The Welsh language is inscribed with memories of place and if the language is lost here as in many other places, the memories along with their wealth of histories, mythic and symbolic meanings, would be lost for good as well. We would still be left with the same beautiful views and physical surroundings, but the spirit of the place would be permanently diminished.

With this in mind I have been learning Welsh at the local *Dosbarth Nos* since we moved here, in the hope that my enthusiasm for the subject will overcome my distinct lack of linguistic ability. I would certainly encourage any other newcomers to the area, of whatever nationality and language, to do the same; enriching their own experience of the place and simultaneously protecting its identity. A powerful example of this connection between language and memory of place, is described by John Macleod, in the context of the Gaelic tradition of the Scottish Hebridean islands:

> Only two years ago a young woman from Cape Breton, of Hebridean descent, came to sing Gaelic songs on an evening in the Harris Hotel. Though she had never seen the Hebrides until that week, and her family had been Canadian for five generations, she had only to start a song for her Harris audience immediately to join in the chorus. But there were one or two songs she sang which no one knew. The words and tunes had vanished to Canada with their lost kinsmen, 160 years before.[2]

Artist and writer Iwan Bala proposes that the work of those artists [and I assume writers and poets] dealing with issues of Welsh identity, possesses the 'Cof Cenedl, the collective memory of the people'.[3] In the visual arts he suggests this constitutes a 'Custodial Aesthetics', a custodial responsibility for those memories. This is another useful way of examining our relationship to the landscape. Whilst agreeing with the importance of national identities in all their complexity, at the moment, my main interest is in the power and relevance for us today of this collective memory contained within the landscape.

Psychologist Carl G. Jung's theory *Archetypes of the Collective Unconscious* makes some very similar connections to those discussed above. While celebrating the individuality and particularity of different places, it is also valuable to recognise what may connect them. For me this collective presence of core myth and memory is made visible and symbolised within our landscape today, by the Neolithic, Bronze and Iron Age stone structures surrounding us. As virtually all original meaning of these places and objects has been lost, it is their archetypal form, and the spirit of the place they stand in that communicates with us so powerfully; and makes them relevant today. They are if you like, our collective memory or collective unconscious made stone. A direct link and relevance for today can be seen in the continuing local tradition of erecting *cofebau,* memorial stones of very similar form to the ancient stones in the area. Those of Joseph James, W. R. Evans and Dilwyn Edwards are fine examples.

Preseli has one of the best and densest prehistoric landscapes in the British Isles. As such it shares an ancient connection with similar surviving landscapes throughout Wales, Ireland, Scotland and England; representing thriving complex cultures, thousands of years before any concept of 'Nation' even existed. I guess the fact that I was born in Scotland, raised in England, will live and probably die in Wales has made me in some way a product of this whole island. It makes me aware I think, of both the similarities and differences, that co-exist within our special places.

Preseli is also a place on the 'edge'; it is on the edge of Wales, near the edge of land and sea, Mynydd Preseli elevates us to the edge of land and sky, and the nearby Landsker Line places us at the perceived boundary between two different languages and cultures. In Celtic mythology the 'edge' is where metamorphosis, transmutation and shape shifting occurs, it is where life gets interesting. Raising a family here and making some contribution towards the continuing poetic vision of the place, for me is kind of what life should be about.

I will conclude with the best description I know of what constitutes the spirit of a place. It is by Jim Perrin, a writer and rock-climber with many connections to Wales, here describing one of his favourite places:

> 'Times come when it is proper to still yourself and go down into the profound interplay of consciousness where common humanity, human history, and something beyond both of these inform each other. On the coast of Llŷn I know a set of steps cut once into the rock and smoothed by centuries of feet. They lead down to the wave-margin and to a well.
>
> If you listen, the clamour of voices here, of wave sound, tide-race, the stilled pre-cambrian magma – a drowned girl's scream, a pilgrim's prayer, slap of a launched coracle, the crack and hiss of cooling rock – are co-existent along the flicker of time. It happened here, and so much else besides. The distillation of these events is the spirit of the place.[4]

NOTES

1. N. Alfrey, *Undiscovered Country*, in Towards a new landscape, a collection of essays, no ed. (London 1993), p.21
2. J. Macleod, *Highlanders: A History of the Gaels* (London 1996), p. 207
3. I. Bala, *Certain Welsh Artists: Custodial Aesthetics In Contemporary Welsh Art* (Bridgend 1999), p.11
4. J. Perrin, *Spirits of Place* (Llandysul, 1997), p.14

Tim Fudge lives at Gwalia in the centre of Maenclochog. He designed the cover illustration based on the 'Carreg y Fendith' standing stone for the 'Around Maenclochog in Photographs' book edited by Eirwyn George.

The Rugged Interior

Linda Norris

I have had a relationship with the landscape of Wales since 1978, when I came to study Fine Art at the University of Wales, Aberystwyth.

Thirteen years ago I was drawn by the landscape to come and live in Pembrokeshire at a time when I had decided to give up teaching and working as a Community Artist and become a full-time painter. It was the feeling of the place which drew me here, the space, the ever changing light, the colours and textures, the sense of being on the edge of land and sea. There was a sense of familiarity in coming back to Wales, mixed with the excitement of having a new place to explore.

My relationship with landscape is an emotional one, it gives me a canvas, space to explore powerful inner emotions. Over the past 13 years my work has developed from quite a meticulous attention to the details of form, to a more personal interpretation of landscape.

I moved to Maenclochog from Trefgarn Owen four years ago. The move was inspired both by a desire to explore the interior, to move away from the edges, and practical considerations of providing a secure base for our young daughter, space for my studio, and a central location for my gallery. We were lucky to find Llwynon, formerly the village bakery, a house with the potential to give us all of these things, in a Welsh speaking village which could provide all we needed within a community to which we could contribute, and within which we could build relationships.

For me and my work it has been a period of considerable change and personal development. Living in this village has given me the opportunity to explore a whole new aspect of the landscape, to begin to work on the rugged interior. I have begun to explore the poetry of the place, the sense of continuity that comes form the evidence of previous lives, of human activity in the landscape back to the Iron Age. The dramatic relationship of rock and sky, moor and mountain, always holds inspiration, and the vastness, the sense of over-view, from the high points gives a whole new perspective to my work. On a good day from Bwlchgwynt you can see almost the length of Wales from north to south.

It is a pleasure and a privilege to live here, to wake up to the Preselis every morning, to be part of the dynamic community of Maenclochog. Like everyone who is not born here I will always be in a sense an outsider (and in a way that is one role of an artist) but we have been welcomed into the village, it is our home now, and I can't think of anywhere I would wish to live other than Maenclochog.

Linda has established a Gallery at Llwynon in the centre of Maenclochog where visitors are welcome. Mererid Hopwood recently said of her work: 'To catch one of her paintings within one's field of vision is to taste the salt, feel the wind and lose one's soul in the breathtaking outdoors that is the coast of Pembrokeshire.'

*****

A Shower of Caterpillars

And because I have read of wonders of divers countries which most commonly I have found to be nine in number, let me make up the like number with a strange event that happened in this country in the beginning of June in the year of our Lord God 1602, which was this.

There happened that suddenly, as if the same had fallen by a shower out of the air, a great piece of ground to the quantity of two hundred English acres was covered in a manner with a kind of caterpillars, or green worms, having many legs and bare without hair. They were found in such abundance that a man treading on the ground should tread upon twenty or thirty of them, and in this sort they continued for the space of three weeks or more, no man knowing how they came, nor any of the like sort every seen in the county before or since, and being killed and opened, there was no gut nor anything else within them but only grass which they had devoured.

The place was on a hill in the parish of Maenclochog above Ffynnon Dewi. They were found, as it were with one accord, to go one way, namely, up the hill, and went over the hill a quarter of a mile and more, and as they went, did devour the grass that the ground appeared bare and red like fallow, and after they had continued there three weeks, there resorted thither an infinite number of sea mews and crows, as if all of many counties had been summoned thither, who in few days consumed all, after they had consumed all the grass of the mountain. Also swine fed upon those worms eagerly, and waxed very fat.

George Owen of Henllys, *The Description of Pembrokeshire* (Edited by Dilwyn Miles, Gomer Press 1994)

Hon yw fy Mro ...

Eirwyn George

Wrth gyfeirio at ardal ei fachgendod yn Rhyd-ddu wrth droed yr Wyddfa dywed T. H. Parry-Williams yn ei soned nodedig 'Moelni':

> Ymwasgai henffurf y mynyddoedd hyn,
> Nes mynd o'u moelni i mewn i'm hanfod i.

Rwy'n siŵr fod rhywbeth tebyg wedi digwydd yn fy hanes innau hefyd. Treuliais fy mhlentyndod cynnar ar ffarm fynyddig Tyrhyg Isaf yn wynebu moelni a gerwinder llechweddau Foel Eryr a Foel Cwm Cerwyn. Arferwn grwydro ar fy mhen fy hun ar hyd y garn, y rhos a'r waun, ac rwy'n siŵr fod naws ac awyrgylch y tirlun (yn enwedig hollbresenoldeb y ddau fynydd yn y pellter-agos) wedi suddo, rywsut, i fêr fy esgyrn.

Pan oeddwn yn wyth oed bu'n rhaid imi gefnu ar ffarm Tyrhyg pan symudodd 'Nhad a Mam i ffarm doreithiog Castell Henri ym mhen isa'r plwyf. Yr oedd tair coedwig fechan yn rhan o diriogaeth y ffarm ac roedd 'Nhad wedi dotio'n llwyr ar harddwch y llwyni yn newid eu gwedd o dymor i dymor. Nid felly ei fab. Yr oedd caeëdigrwydd y lle yn fy llethu'n llwyr. Fel mae'n digwydd, yr oedd tair rhan i'r ffarm. Roedd y rhan ddeheuol ohoni yn wynebu bryncyn Woodstock, y rhan ganol yn ddyffryn cul nad oedd modd i'r llygad weld unrhyw le o bwys, a'r rhan ddwyreiniol (diolch fyth) yn wynebu ehangder llechweddau Foel Eryr a Foel Cwm Cerwyn. Yr oeddwn wrth fy modd yn gweithio yn y perci hyn – yn cyrchu'r gwartheg i odro ac yn aredig a thrin y tir. Gallwn weld y mynyddoedd o glos y ffarm hefyd ac, yr oedd eu gweld ynddo'i hun yn gwneud imi deimlo'n well rywsut – yn hwb i'r galon ar adegau tywyll ac yn creu'r ymdeimlad o ryw berthynas agos ac annatod. A chystal imi gyfaddef, fod syllu ar eu mawredd ysgithrog, yn enwedig pan oedd awyr las yn y cefndir yn siŵr o ysgogi'r awen dro ar ôl tro.

O ie, dylwn fod wedi dweud cyn hyn hefyd, imi adael Ysgol Ramadeg Arberth yn bymtheg oed pan gafodd 'Nhad ddamwain adeg y cynhaeaf gwair. Bûm yn gweithio gartre ar y ffarm am ddeuddeng mlynedd wedyn. Eto i gyd, y tro cyntaf imi fynd am wyliau oddi cartre oedd adeg Eisteddfod Genedlaethol Caerdydd yn 1960, a minnau erbyn hyn wedi croesi'r ugain oed. Bwriais yr wythnos gyda Brenda, cyfnither i mi, Jac ei gŵr a'u dwy ferch yn Rhiwbina. Eto i gyd, ynghanol y bwrlwm ar faes yr Eisteddfod ynghyd â'r gweithgareddau min nos, teimlwn ryw hiraeth anghyffredin am fynyddoedd y Preselau. Yr oeddwn newydd dderbyn llythyr gan R. E. Griffith, golygydd *Blodau'r Ffair,* yn gofyn am ddeunydd ar gyfer y rhifyn dilynol o'r cylchgrawn. Dyma'r adeg yr oeddwn yn dechrau ymhél â'r gynghanedd hefyd, a chredwch neu beidio, yr oedd mynyddoedd y Preselau yn fyw o flaen fy llygaid wrth droedio palmentydd y brifddinas. Lluniais gadwyn o ddeuddeg englyn ar y testun 'Hiraeth am fynyddoedd y Preselau' i'w hanfon at olygydd *Blodau'r Ffair.*

Wrth sefyll ar glos Castell Henri yn y bore yr oedd gweld y wawr yn torri dros grib y mynyddoedd yn rhywbeth oedd yn fy nghyfareddu'n llwyr. Ni allwn beidio â sôn am y profiad yn un o englynion y gadwyn:

Lliwiau awyr y dwyrain – a welwn
Uwch eu haeliau pigfain,
Uwch hedd eu mawredd mirain –
Wybrau celf boreau cain.

Oedd yn wir, yr oedd ffurfiau'r golau yn yr awyr pan oedd y wawr yn torri – aur a phorffor gan amlaf – yn ymddangos i mi fel darnau o gelfyddyd. Ond *hiraeth* am y mynyddoedd yw thema gynhaliol y gadwyn:

Hiraeth am foelydd geirwon – a erys
Ar gyfeiriau estron,
Clywaf o'u sawr yr awron,
Arogl iach noeth greigle hon.

Y mae'r hiraeth yn cyrraedd ei benllanw yn yr englyn nesaf at yr olaf:

Erwau mud o rostir maith, – heno af
Yn ôl tua'r dalaith,
I fro'r brwyn, a dwyn y daith
I hawlio o'u nef eilwaith.

Do, dychwelais adre â'r gadwyn yn fy mhoced.

Gyda llaw, yr oedd James Nicholas yn athro ysgol yn Y Bala ar y pryd, ac imi gael chwythu fy nghorn fy hun yn uchel, dyfynnaf rai o'i sylwadau yn ei Gyflwyniad i'r gyfrol *O'r Moelwyn i'r Preselau:*

> 'Y tro cyntaf imi weld enw Eirwyn George oedd yn 1961, ym *Mlodau'r Ffair*, Rhif 13, lle cyhoeddwyd cyfres o englynion ganddo: *Hiraeth am Breselau*. Teimlais wrth ddarllen yr englynion hynny fod bardd disglair ar ei brifiant yn Sir Benfro, bardd fel y rhelyw o feirdd y sir a ymdeimlai'n ddwfn â bro ei wreiddiau. Buaswn i wedi hoffi gweld yr englynion yn y gyfrol hon am eu bod yn mynegi naws a phrofiad arbennig'.

Ta waeth, beth bynnag yw tynged yr englynion erbyn hyn, rwy'n gwbl sicr fod y 'naws a'r profiad' yn ddilys.

Dylwn fod wedi sôn hefyd am fy mhryddest i'r 'Ffordd Fawr'. Y tro cyntaf imi ennill y Gadair mewn unrhyw eisteddfod oedd yn Eisteddfod Clunderwen, 1959, – yr unig Eisteddfod Gadeiriol yn Sir Benfro ar y pryd. Arferwn gystadlu'n rheolaidd ar y Delyneg yn eisteddfod fach capel Seilo, Tufton, ond heb fentro cystadlu erioed y tu allan i gylch y filltir sgwâr. Fodd bynnag, yn 1959 gwelais hysbyseb yn y *Western Telegraph*: Eisteddfod Gadeiriol Clunderwen. Testun y Gadair: Cerdd Gaeth neu Rydd heb fod dros 100 llinell: 'Y Ffordd Fawr'.

Euthum ati ar unwaith i gyfansoddi cerdd benrhydd yn disgrifio taith y briffordd o Hwlffordd i Aberteifi. Y cynllun oedd cymharu'r ffordd i 'arglwyddes lwyd' yn dianc o ruthr y traffig yn nhre Hwlffordd, yn hollti pontydd y rheilffordd ar ei thaith, yn gwau o dan frigau'r coed, yn mynd drwy sgwâr Tufton gan sylwi ar y capel, y siop, y dafarn a gweithdy'r saer, ac wedyn yn dringo'r mynydd dros Fwlch Gwynt cyn disgyn drachefn i'r gwastadeddau ar ei thaith i dre Aberteifi.

Ie, sioc fy mywyd oedd ennill y Gadair ar fy nghynnig cyntaf. J. Lloyd Thomas, Pontardawe, oedd yn beirniadu, ac yr oedd wedi dotio'n lân ar y disgrifiad o'r ffordd ar ei thaith dros gopa'r mynydd rhwng godreon Foel Eryr a Foel Cwm Cerwyn. Dyma ddetholiad o'r darn hwnnw:

Dirwyn ymlaen.
Gweld bysedd y gwanwyn yn taenu botymau o aur yn amwisg i'r eithin,
A sgubell yr haf yn gwasgar paent porfforliw ar rugdir y rhos.
Tithau, o'th ddiorffwys rawd,
Ymdefli dy linyn hir dros warrau'r mynyddoedd,
A'th waed yn crefu'n fyrbwyll
Am ryddid moel y bannau mud.
Yno, ar drumau'r unigedd, a gwyllt glogwyni'r grug,
Y mae sawr y mêl,
A grwnian gwenyn yr haf ar anadl yr awelon.
Lle nid oes lladron mwyach yn llechu y tu ôl i'r cerrig,
Ac yn rhuthro ar draws ymdeithwyr,
Dim ond lladron diniwed yn lladrata llusiau duon bach
Oddi ar dwf y cloddiau, a gwae a dychryn y brodorion
Ond chwedl ddiddarfod y ganrif a fu.

Yno, yng ngolygfeydd yr uchelderau
Y daw merlyn gwyllt y mynydd i sefyll yn d'ymyl
Gan ostwng ei ben fel pe mewn parch i'th yrfa ...

Efallai y dylwn ddweud mai Cerrig Lladron y gelwir y ddau faen mawr sy'n sefyll wrth ymyl y ffordd yr ochr arall i gopa'r mynydd, a dywedir fod lladron pen ffordd yn arfer cuddio y tu ôl iddynt yn yr hen ddyddiau. Yr oeddwn wrth fy modd yn hebrwng yr hen Arglwyddes o Dafarn Newydd i Dafarn Bwlch.

Eirwyn yn cael ei gadeirio yn Eisteddfod Llanboidy 1965
o dan feirniadaeth J. R. Jones

Eirwyn is chaired at Llanboidy Eisteddfod in 1965
under the adjudication of J. R. Jones

Ar ôl ennill y Gadair yn Eisteddfod Clunderwen yr oeddwn yn derbyn rhaglenni Eisteddfodau Cadeiriol drwy'r post o bobman. Daeth y dwymyn gystadlu heibio. Y bumed gadair imi ei hennill oedd Cadair Eisteddfod Pumsaint yng ngogledd Sir Gaerfyrddin. 'Y Cewri' oedd y testun ac, wrth gwrs, yr oedd yn rhaid imi ganu i fynyddoedd y Preselau, y cewri o dir a daear oedd yn sefyll o flaen fy llygaid o ddydd i ddydd. T. James Jones, Parc Nest, oedd yn beirniadu a rhoddais gynnig ar lunio pryddest yn y mesur moel. Dyma'r dechrau:

Brenhindir fy mhlentyndod, saif yn fud
A'i ddulwyd drumau'n gwthio tua'r nef.
Gwyliais ganwaith y wawr yn dringo'r grib
Gan rolio'r haul i'r glas, neu syllu'n hir
Ar sglein y machlud yn adliwio'u gwedd.

Cofiwn yn dda pan oeddwn yn blentyn ar ffarm Tyrhyg Isaf yn edrych i gyfeiriad Foel Cwm Cerwyn adeg machlud haul. Yr oedd ffenestri tai teras Rosebush wrth odre'r mynydd (26 o gartrefi i gyd) yn disgleirio yn un rhes danbaid pan oedd pelydrau haul yr hwyr yn eu taro.

Ni fedrwn peidio â sôn am fywyd bob dydd trigolion y llethrau ychwaith. Soniais hefyd am y milwyr yn ymarfer ar y moelydd pan oeddwn yn blentyn adeg yr Ail Ryfel Byd: 'yn bwrw eu prentisiaeth lladd', chwedl E. Llwyd Williams. Ni allwn beidio â sôn hefyd am y chwedlau a gysylltir â Foel Cwm Cerwyn, yn enwedig Arthur a'i filwyr yn hela'r baedd gwyllt a elwid y Twrch Trwyth:

A rhochian croch y Twrch ar y corun crych.

(Fe wêl y cyfarwydd fy mod yn hoff o ddefnyddio drycsain wrth gyfansoddi, sef ailadrodd cytseiniaid aflafar, 'ch' a 'cr' yn y dyfyniad uchod, i gyfleu naws ac awyrgylch). Eto i gyd, rhywbeth sy'n perthyn i fyd y dychymyg yw cymeriadau'r chwedlau. Roedd y bardd ifanc ynof yn mynnu dychwelyd o hyd at realiti'r byd sydd ohoni:

Ond mwy ni ddaw ond lleng y gwynt a'r glaw
I ochain beunydd ar gyfeiriau'r praidd.
A niwlen lwyd i grwydro dros y ban.

Ni allwn beidio ychwaith ag uniaethu fy hun â mynydd fy maboed ac rwy'n cloi'r bryddest â nodyn cwbl bersonol a lled-ysgrythurol:

Mae 'ngwaed yn llifo efo'i ffrydiau ffri,
Wyf ddarn ohoni mwy, a phridd wyf i.

Wedi treulio deuddeng mlynedd yn gweithio gartref ar y ffarm penderfynais ail-fentro i fyd addysg a bwriais flwyddyn yng Ngholeg Harlech, Sir Feirionnydd yn 1964. Dyma un o lecynnau harddaf Dyffryn Ardudwy, – 'bae Harlech yn berlau', chwedl T. Rowland Hughes, Llŷn ac Eifionydd fel braich esgyrniog o dir yn ymestyn i bellafoedd môr y gorllewin, a'r 'Wyddfa a'i chriw' (pan nad oedd niwl yn cuddio'r copaon) yn rhes ar draws wybren y gogledd. Enillais Gadair Eisteddfod Dyffryn Ogwen a Chadair Eisteddfod Llanuwchllyn yn ystod fy arhosiad yng Ngholeg Harlech. 'Y Mynydd' oedd y testun yn Llanuwchllyn, ac ni fu testun erioed yn fwy agos at fy nghalon. Er cystal golygfeydd Dyffryn Ardudwy mynnu dychwelyd i Weun Tyrhyg a wneuthum yn y gerdd arobryn. Yr oeddwn newydd fod yn astudio 'Madog', un o gerddi mawr T. Gwynn Jones. Mesur englyn diodl wedi ei ysgrifennu yn ddwy linell yw'r gerdd a phenderfynais gyfansoddi awdl ar y mesur hwn.

Stori ddychmygol oedd gennyf yn sôn am bâr ifanc yn priodi ac yn ymsefydlu mewn ffarm anghysbell wrth odre'r mynydd. Ymhen amser y mae'r gŵr yn marw o drawiad ar y galon wrth fugeilio'r defaid ar y llechwedd. Mae'r fam hefyd yn marw'n fuan wedyn gan adael nythaid o blant amddifad ar eu pennau eu hunain yn yr unigeddau. Defnyddiais y llinell :

Asgell o niwlen esgud yn dirwyn hyd warrau'r mynyddoedd

ar ddechrau a diwedd yr awdl yn symbol o freuder ac ansicrwydd bywyd yr unigolyn yn y byd sydd ohoni.

Y mae corff yr awdl yn trafod bywyd y plant yn eu hamgylchfyd mynyddig a diarffordd pan oedd eu rhieni yn fyw. Ni oes angen dweud, rwy'n siŵr, mai tir a daear ynghyd â golygfeydd ysblennydd ffarm Tyrhyg Isaf sydd yma. Tafell o hunangofiant yr awdur ei hun:

Y plant fu'n troi'n eu hantur i rodio chwaraedir y bannau,
Chwarae â choed ac â cherrig yn ddiflin ar gomin a garn.
Gwarrau'r mynyddoedd gorwych a garent, a gorallt a morfa,
Arffed y moelydd porffor, maestir a gweundir a gwawn.

Fel unig blentyn ar ffarm Tyrhyg yr oeddwn yn treulio oriau lawer ar fy mhen fy hun yn crwydro ar hyd y garn, y rhos a'r waun, ac wedi dotio ar wylio'r adar gwylltion. Y cornicyll a'r gylfinir oedd y ffefrynnau, ac roeddwn yn edrych ymlaen at glywed y gwcw a gweld campau'r gwenoliaid hefyd ar ddechrau'r gwanwyn. Dyma brofiad y plant yn awdl y mynydd:

Barddoniaeth ein beirdd hynaf a glywent o glaw' ac o lannerch,
Unawd y gog a'r wennol, ac awen rhegen yr ŷd.

Rwy'n cofio unwaith am 'Nhad, a minnau'n blentyn yn ei law, yn dod ar draws haid o hwyaid gwylltion (rhy ifanc i godi adain mi dybiwn) ar ddarn o dir corsiog wrth lan Afon Angof ar Weun Tyrhyg. Cariodd 'Nhad rai ohonynt adre i Mam wneud swper blasus inni am sawl noson. Nid anghofiaf byth y marlat gwyllt yn ein dilyn yn yr awyr bob cam o'r daith hyd nes inni gyrraedd drws y tŷ. Mae'n siwr ei fod yn gandryll! Roedd perci Tyrhyg hefyd yn fyw o gwningod. Dyma ran o brofiad y plant yn yr awdl eto:

Cyrsio ednod y corsydd, ac annos y geinach ysgafndroed,
Hel cwningod o'u gwalau, a dal brithyllod y dŵr.
Hinon gwanwynau'r enaid yn diwair flodeuo'u meddyliau,
Gwaeledd ni flinai'r galon, braw ni ormesai eu bryd.
Eu bryd ar fraenar eu bro a roddent, a'r pridd yn eu cymell . . .

Gwefr fawr imi oedd ennill y Gadair yn Eisteddfod Llanuwchllyn o dan feirniadaeth lachar R. Bryn Williams. Cefais gadair gwerth ei hennill hefyd – cadair fawr o dderi. Fe'i cyflwynais yn rhodd i Goleg Harlech cyn gadael. Gosodwyd hi i'w chadw ar lwyfan y neuadd, ac fel mae'n digwydd, fe aeth y rhan honno o'r adeilad ar dân yn fuan wedyn ac fe losgodd y gadair yn ulw.

Wedi gadael y coleg yn Aberystwyth (yr oeddwn erbyn hyn yn byw y tu allan i bentre Llandudoch ym mhegwn gogleddol y sir) bûm yn athro Cymraeg a Hanes yn Ysgol Uwchradd Arberth am flwyddyn ac wedi hynny yn athro yn Ysgol y Preseli yng Nghrymych. Tyfodd milltir sgwâr fy maboed gynt yn ardal Tufton yn gylch ehangach o lawer. Deuthum yn gyfarwydd â dalgylch Ysgol y Preseli i gyd a oedd yr adeg honno yn cynnwys pymtheg o ysgolion cynradd.

Pan ddaeth James Nicholas, y Prifathro, ataf i ddweud ei fod wedi cael gwahoddiad i olygu'r flodeugerdd *Cerddi '71*, a gofyn yn eiddgar am gyfraniad i'r gyfrol, ni allwn beidio ag ysgrifennu cerdd i'r Preselau. 'Y Gadwyn' oedd y testun a ddewisais. Ie, cadwyn o fryniau a chernydd yw'r Preselau yn ymestyn am tua phymtheg milltir o hyd o'r Frenni Fach am y ffin â Sir Gaerfyrddin hyd at gopa creigiog Carningli uwchlaw bwrdeistref Trefdraeth. Yr oeddwn erbyn hyn yn fy uniaethu fy hun â dalgylch Ysgol y Preseli yn ei gyfanrwydd. Rhywbeth dros dro yn unig oedd blwyddyn yn Harlech a phum mlynedd arall yn Aberystwyth. Yn fy nghynefin yn y Preselau yr oedd imi sicrwydd gwreiddiau – ei daear, ei hanes a'i phobl. Wedi crynhoi nodweddion y tirlun a natur y gymdeithas rwy'n cloi 'Y Gadwyn' â'r llinellau:

> Asgwrn o Ddyfed yw'r cewri gwargam, mud
> Sy'n cydio law yn llaw
> O'r Frenni hyd Garningli grych ei gwedd.
> Cadwyn yr enaid ynt
> Yn nyddiau llid.

Yn fuan ar ôl i mi a Maureen symud i fyw ym mhentre Maenclochog tua diwedd 1981 (yr oeddwn, fwy neu lai yn dychwelyd i'm hen ardal), daeth fy nghyfaill, y Parchg D. Gerald Jones ataf i ddweud fod cyrddau blynyddol yr Annibynwyr a elwid yn 'Cymanfa Dyfed', yn cael eu cynnal yng nghapel Ebeneser, Trefdraeth, ar ddechrau'r haf. 'Y Bugail' oedd y thema a ddewiswyd ar gyfer Oedfa'r Hwyr er mwyn adlewyrchu natur amaethyddol ardaloedd Y Preselau.

Gofyn yn garedig a wnaeth Gerald a fyddwn yn barod i gyfansoddi cerdd i'r bugail i'w chydadrodd gan barti o ferched. Cefais destun wrth fy modd. Yr oedd fy Nhad yn arfer cadw defaid ar ffarm Tyrhyg ac euthum ati yn ddiymdroi i gyfansoddi salm i'r bugail. Teimlwn fod ffurf y salm yn fesur addas ar gyfer cerdd foliant a'r rhythmau cyfochrog yn gyfrwng effeithiol i barti cydadrodd.

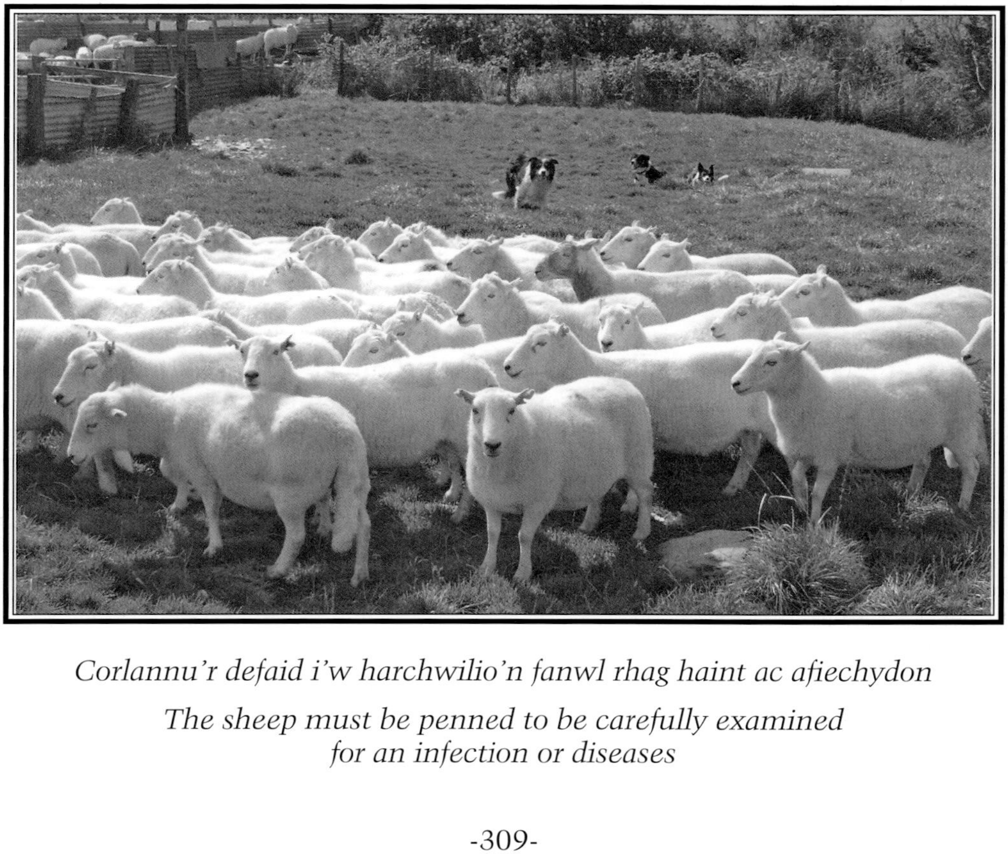

Corlannu'r defaid i'w harchwilio'n fanwl rhag haint ac afiechydon

The sheep must be penned to be carefully examined for an infection or diseases

Un cymydog inni ar ffarm Tyrhyg oedd Peter Edwards, Tafarn Newydd – Pit Tafarn Newy ar lafar gwlad. Os bu yna fugail o'r iawn ryw erioed, Pit oedd hwnnw. Rwy'n ei gofio'n dda â'i bren bugail yn ei law yn cerdded ar draws y mynydd-dir o fore gwyn tan nos i fugeilio'r defaid ymhob tywydd. Diau mai ef oedd gennyf yng nghefn fy meddwl wrth ysgrifennu paragraff agoriadol 'Salm y Bugail':

> Bu'n cerdded ers cyn cof dros lethrau mynyddoedd y Preselau,
> a'r gwynt a'r haul a'r glaw yn lliwio ac yn rhychio croen ei wyneb,
> a'r niwloedd weithiau yn dallu ei olygon,
> ond gwyddai am berygl pob siglen a chors a chlogwyn,
> a chyrraedd yn ddiogel i ben y daith.

Rwy'n cofio hefyd yr holl waith o ofalu am y defaid oedd gan fy nhad ar ffarm Tyrhyg Isaf. Ceisiais grynhoi'r cyfan o fewn fframwaith y salm. Dyfynnaf un darn yn unig yn sôn am orchwyl y bugail pan oedd y defaid yn ŵyna:

> Ateb gofynion anorfod y tymhorau,
> tynnu oen o groth ystyfnig
> a threm y gigfran a'r cadno yng nghilfachau'r garn,
> gwylio mabolgampau'r ŵyn ar y ddôl
> a'u rhedeg, aros, a neidio bob yn ail
> yn fwrlwm o egni eiddil.

Wedi bwrw golwg ar y gwaith o fugeilio defaid ar hyd y flwyddyn gron y bugail ei hun sy'n hawlio'r llwyfan eto ar ddiwedd y salm:

> Cynheiliad traddodiad y bryniau,
> pan ddôi hwyrnos o Sul i oleuo ffenestri'r cysegr
> yng nghesail llechweddau Brynberian, Efail-wen a Charningli,
> a'r cŵn yn ymlacio ar y buarth yn rhwym wrth gynllyfan,
> dôi yntau i gorlan y Ffydd.

Ie, wrth sôn am 'gorlan y Ffydd' y mae'n rhaid i minnau hefyd sôn am fy ymlyniad wrth y capel ar hyd fy oes. Cefais fy nerbyn yn aelod yng nghapel yr Annibynwyr yn Seilo, Tufton yn ddeuddeg oed. Yr oedd y gweinidog, y Parchg Thomas Rees, yn awyddus i dderbyn tua deg ohonom cyn iddo symud i fod yn weinidog eglwysi Gwyddgrug a Bryn-teg ar ffin Sir Gaerfyrddin a Sir Aberteifi. Bûm yn gapelwr selog yn Harlech, Aberystwyth a Llandudoch a hefyd ar ôl dychwelyd i fyw i bentre Maenclochog.

O blith yr emynau a'r Caneuon Cristnogol a gyfansoddais o bryd i'w gilydd y mae'r emyn 'Diolch iti Dad yr oesoedd' a gyfansoddwyd ar achlysur dathlu canmlwyddiant a hanner sefydlu'r achos yng nghapel Seilo yn un o'm ffefrynnau. Fe'i cyfansoddais i'w ganu ar yr emyn-dôn 'Blaenwern' yn Oedfa'r Dathlu gan fod y capel wedi ei godi ar dir ffarm gyfagos Blaen-wern yn ymyl sgwâr Tufton. Dyma'r cefndir: Stephen Edwards a'i deulu, a symudodd o Frynberian i ffermio Blaen-wern, oedd prif sylfaenwyr yr achos yn Seilo, ac wedi iddynt fod yn cynnal oedfaon ar yr aelwyd am beth amser aethant ati i sicrhau darn o dir i godi capel arno. Fe'i hadeiladwyd yn 1842.

Cyfansoddwyd yr emyn-dôn 'Blaen-wern' gan William Penfro Rowlands a oedd yn arweinydd y gân yn Eglwys y Tabernacl, Treforys. Yn ôl yr hanes bu Tom, unig blentyn Penfro Rowlands a'i briod Hannah, yn ddifrifol wael o'r *pneumonia* pan oedd e'n fachgen bach. Aeth ei dad ag ef i aros ar wyliau ar ffarm Blaen-wern (yn ardal ei febyd) i geisio gwellhad. Yn ystod ei arhosiad yno y cafodd Penfro Rowlands yr ysbrydoliaeth i gyfansoddi'r dôn. Teulu Jonathan Perkins (mab Rees Perkins, gweinidog Seilo 1852-89) oedd yn ffermio Blaen-wern ar y pryd. Fe gyflwynodd Penfro Rowlands y dôn mewn gwerthfawrogiad i'r teulu a'i henwi yn 'Blaenwern'.

Fel mae'n digwydd, fy hen hen dad-cu ar ochr fy mam oedd Rees Perkins. Felly, yr oedd gennyf ddau gysylltiad â ffermdy Blaen-wern – cysylltiad y capel a chysylltiad teuluol. Dyma bennill cyntaf yr emyn:

Diolch iti, Dad yr oesoedd,
  Am y ffydd a droes yn fflam
Yng nghalonnau'r saint fu'n d'arddel
  Yma ar anturus gam;
Diolch am y rhai fu'n casglu
  Ffrwythau'r cynaeafau ir
Am fod ias yr atgyfodiad
  Eto'n gyffro yn y tir.

Fe wêl y cyfarwydd, wrth gwrs, fy mod yn cyfeirio at sefydlu'r eglwys yn nhermau byd amaeth gan fod yr achos yn Seilo wedi cychwyn mewn tŷ ffarm. Rwy'n falch hefyd fod yr emyn wedi ei gynnwys yn y caniedydd cydenwadol *Caneuon Ffydd.*

Dywed y Prifardd Donald Evans yn ei golofn 'Rhuddin Amser', Barddas, Chwefror/Mawrth 2005:

> Cyntefigrwydd naws yw'r hyn sy'n taro rhywun yn bennaf yng ngŵydd bryniau'r Preselau ... Ac yn hyn o beth, dim ond yn awen un o feirdd y Sir y mae'r gynneddf hon yn ganolog: Eirwyn George. Darllener ei gyfrol *Llynnoedd a Cherddi Eraill,* er enghraifft, ac fe ymdeimlir â hi yn unionsyth. Yn wir, ynglŷn â'r elfen yma, gellir dweud fod ysbryd cyntefig y Preselau i Eirwyn George yr un ag yr oedd sylwedd cynhenid y Pennines i Ted Hughes. Cyfleir naws erwin a chynoesol eu tiriogaethau yng ngherddi'r ddau ohonynt fel ei gilydd. Ac fe ymglywir â'r ysbryd yma, dro ar ôl tro, yn cyniwair drwy waith Eirwyn, ni waeth beth fo'i bwnc neu'i thema ar y pryd.

Rwy'n siŵr mai treulio oriau lawer yn crwydro ar fy mhen fy hun ar hyd y garn, y rhos a'r waun pan oeddwn yn fachgen bach ar ffarm Tyrhyg a roes y gynneddf hon yn fy ngwaed. Yr oedd tir gerwin a charegog y garn, rhoncwellt y rhos a chors a siglennydd y gweundir yn rhan ohonof.

Digon yw dweud hefyd fod gweld yr hwyaid gwylltion yn estyn eu gyddfau hir wrth hedfan yn yr awyr, a chlywed gwaedd y gornchwiglen a chri'r gylfinir ar oledd Parc Dan Clos, yn gyrru ias drwy fwydyn fy nghefn. Nid dychryn ychwaith, o bell ffordd, ond rhyw ymdeimlo, rwy'n siŵr, â chyntefigrwydd cynhenid y wlad o gwmpas. Dylwn ddweud hefyd fod y Comisiwn Coedwigo wedi plannu gelltydd o goed pinwydd a choed llarwydd ar y garn, y rhos a'r waun ryw hanner can mlynedd yn ôl – rhag ofn i ryw ddarllenydd chwilfrydig ruthro ar ei union i chwilio am 'wylltineb tir fy mebyd' (chwedl T. H. Parry-Williams). Dyma'r gelltydd y cyfeiriais atynt fel:

Cymunedau twt o goed estronol
Yn torri min y mynyddwynt

yn fy mhryddest 'Y Tir Diffaith' a enillodd imi Gadair Eisteddfod Llandeilo yn 1974. Erbyn hyn y mae'r coedwigoedd yn cael eu torri i lawr i borthi anghenion diwydiant ond y mae wyneb y tirlun wedi ei drawsnewid yn gyfan gwbl.

Dychwelwn eto ar hyd llwybrau fy machgendod ar garn Tyrhyg. Yr oedd y lle yn fyw o gwningod. Rwy'n cofio unwaith cerdded ar draws y garn a gweld cudyll coch yn disgyn ar ben cwningen ifanc rhyw ddecllath o flaen fy nhraed. Hithau yn sbarwigan gan boen, a'r aderyn ysglyfaethus yn ei llarpio'n ddarnau. Profiad tebyg sydd gennyf yn y gerdd 'Magl' a enillodd y wobr yn Eisteddfod Genedlaethol Casnewydd 2004 am gerdd ar fesur newydd:

> Rwy'n cofio esgyll y cudyll coch unwaith, pan oedd y dydd yn dihuno,
> yn hedfan o'r anwel. Y daliwr a aned i hela yn disgyn ar y burgyn wrth
> fôn y berth fel saeth faleisus o wanc. Onid oedd gennyf gwningen folwen
> iddo'n fwyd? Y trychwr o'r entrychion yn llarpio ei enllyn â bachyn ei big
> ar lawr o lwtsh, ei ffest yn loddest o goluddion a'r gwaed yn yr haul yn
> ceulo.

Eto i gyd, o holl fynyddoedd y Preselau, llechweddau Carn Meini a Foel Drigarn sy'n cyfleu naws y cynfyd yn bennaf i mi. Onid oes rhyw ymdeimlad o ddieithrwch ac arallfydedd yn perthyn i wawr dywyll y cernydd gleision? Mae olion hen fryngaer o Oes yr Haearn wrth odre Foel Drigarn hefyd yn cyfleu naws y cynfyd i'r dim.

Wrth fynd ati i ysgrifennu'r gerdd gynganeddol 'Foel Drigarn' un o gerddi'r dilyniant a gipiodd y Goron yn Eisteddfod Genedlaethol Abertawe 1982 ar y testun 'Y Rhod', ni allwn beidio â dychmygu un o helwyr y cynfyd ar y llechweddau:

Dyn cyntefig Foel Drigarn
a'r haul yng nghyffro ei waed,
yr oerwynt yn cwafrio'i hirwallt
a chroen hydd o fynydd ei helfâu
yn dynn amdano,
wrth herio min y drycinoedd
a bwrw i'w hynt ar drywydd ei brae.

Rhoed hyd ei fywyd wrth linyn ei fwa,
ei sêl yn ei saeth,
a dichell y bicell anorfod yn ei balf.

Yn ei gorff
roedd anian
y baedd gwyllt.

Rhod amser yw thema'r dilyniant yn ei gyfanrwydd. Ac, mae rhod amser yn troi ddwywaith hefyd o fewn pob cerdd unigol – symud o'r presennol i'r gorffennol a dychwelyd drachefn i'r byd sydd ohoni. Dyma ddiweddglo 'Foel Drigarn':

Heno ar lafn o fynydd
daw ias y cynfyd fel ysbryd o'r waun,
a rhyw ddeall yng nghyffro'r ddaear
pan winga'r ŵyn dan bawennau'r llwynog
gefn nos ar ros Esgair-ordd
o dan loergan y gwanwyn.

Gwaed a chig ar gerrig y garn,
hen gof yn y gwynt,
a'n doe dan haen o dywyrch.

Dyna ddigon o enghreifftiau, mae'n siŵr, i roi cipolwg i'r darllenydd o'r anian gyntefig sydd yn fy ngwaed.

Wrth orffen hyn o lith, y mae'n rhaid imi sôn hefyd am fy hoffter o gerdded y mynyddoedd pan oedd y corff yn ieuengach a'r cyhyrau'n ystwythach. Rwy'n gyfarwydd â phob carn a bryncyn ar y Preselau. Dyma restr gatalogaidd o'r bryniau a'r cernydd sy'n llamu i'r cof wrth eu dilyn yn ddaearyddol o'r dwyrain tua'r gorllewin: Y Frenni Fach, Y Frenni Fawr, Foel Drigarn, Bwlch Ungwr, Carn Gyfrwy, Carn Ferched, Carn Meini, Carn Arthur, Carn Siân, Carn Bica, Carn Goediog, Carn Breseb, Carn Alw, Crug yr Hwch, Crugiau Dwy, Foel Dyrch, Talmynydd, Cnwc yr Hwrdd, Foel Cwm Cerwyn, Carn Afr, Cerrig Marchogion, Foel Feddau, Foel Eryr, Foel Fach, Banc Du, Gochel Sythi, Carningli.

Am ryw reswm, myn rhai pobl ddweud fod cadwyn y Preselau yn dod i ben ar lecyn gwastad Bedd Morris ym mhen pellaf mynydd Carningli. Yn fy marn i, y mae Mynydd y Dinas, Mynydd Cilciffeth, Mynydd Cas-fuwch a Chnwc y Barcud hefyd yn rhan o'r Preselau. Peidied y darllenydd â meddwl, ychwaith, fod y cernydd i gyd wedi eu cynnwys yn y rhestr uchod. Mae'r mapiau swyddogol yn nodi nifer o gernydd a thwyni eraill – rhai ohonynt, fwy neu lai, wedi eu troi yn dir amaethyddol erbyn hyn, ac eraill yn dal yn eu gerwinder noeth. I mi, mae pob un o'r mynyddoedd a'r cernydd, oherwydd ei leoliad daearyddol, ei ffurf a'i siâp, ei gysylltiadau hanesyddol a'r golygfeydd sy'n weladwy o'r fan a'r lle, yn meddu ar ei gymeriad a'i bersonoliaeth unigryw ei hun.

Dyma un pennill o'm telyneg led-dafodiaethol 'Foel Cwm Cerwyn' :

Dwi ishe mynd lan i ben miny
   Pan fo'r defed yn bwrw ŵyn
I weld y gwmede diniwed
   Sy'n pipo o'r cwtsh yn y brwyn ...

Eirwyn yn cael ei gyrchu i'r llwyfan gan y Prifeirdd Elerydd (Y Parchg W. J. Gruffydd) ac Elwyn Dwyfor (W. Elwyn Roberts) i wisgo'r Goron yn Eisteddfod Genedlaethol Abertawe 1982

Eirwyn being led to the stage by National bards, Elerydd (The Revd W. J. Gruffydd) and Elwyn Dwyfor (W. Elwyn Roberts) to be crowned at the Swansea National Eisteddfod 1982

Mae Owen M. Edwards yn dweud yn un o'i ysgrifau wrth gyfeirio at fynydd ei faboed yn Sir Feirionnydd: 'Pe na bawn Gristion, addolwn Aran.' Ni fyddwn i, ar unrhyw gyfrif, yn addoli mynyddoedd y Preselau ar fy nghrogi. Ond rwy'n cytuno'n llwyr ag O.M. pan ddywed mai crwydro'r mynydd yw'r cyfrwng gorau posibl i adfer iechyd ysbryd. Mae'r ymdeimlad o ryddid yn fy meddiannu'n llwyr wrth ddringo o Batshyn Glas i dueddau Carn Bica, o Fron-deg i grib Foel Cwm Cerwyn neu o Fwlch Gwynt i gopa Foel Eryr. Mae'r golygfeydd yn gyfareddol ar adegau clir. Sefyll ar gopa awelog Foel Cwm Cerwyn, yn ddi-os, sy'n rhoi inni'r olygfa helaethaf i bob cyfeiriad – cadwyn Eryri yn ei chyfanrwydd yn ymestyn ar draws y gorwel yn nhueddau'r gogledd, bryniau Wiclow yn Iwerddon yn y gorllewin, Penrhyn Gŵyr a Gwlad yr Haf yn mhellterau'r dwyrain ac Ynys Lundy yn smotyn llwydwedd yng nghanol y môr i gyfeiriad y de.

Y mae cerdded yn hamddenol ar draws darn o fynydd yn gwneud i mi deimlo'n well bob amser. Wedi dychwelyd adre rwy'n teimlo fod holl densiynau bywyd bob-dydd wedi eu taflu a'u chwalu yn y gwynt. Dyma grynhoi'r cyfan mewn englyn a gyfansoddais ar y testun 'Mynyddoedd y Preselau' beth amser yn ôl:

Piau eu hedd? Bro'r copâu – a eilw'r
Galon o'i doluriau,
Hyd y fawnog dof innau,
Yma mae balm i'm bywhau.

The above contribution by twice crowned bard Eirwyn George is an autobiographical essay encapsulating the influence of the Preseli terrain on his poetry. He spent his early years at Tyrhyg Isaf, a mountain farm between New Inn and Tufton, beneath the barren slopes of Foel Eryr and Foel Cwm Cerwyn. He would spend hours wandering on his own amongst the cairns and across the moor and heath long before the evergreen trees were planted by the Forestry Commission. He would be totally enthralled and exhilarated by the rugged landscape. When he was eight years of age the family moved to Henry's Moat but Foel Eryr and Foel Cwm Cerwyn could still be seen from the farmyard and the surrounding fields.

He composed a string of englynion – four lined alliterative stanzas – when on holiday in Cardiff in 1960 in response to a request for contributions to a magazine called Blodau'r Ffair. They reflected the sense of longing or 'hiraeth' for the Preselau, which Eirwyn felt as an exile in the capital city. Most of his early Eisteddfodic success was also the result of poems reflecting upon his relationship with the mountains in one way or another. A long poem describing everyday life on the stretch of mountain road between Tufton and Tafarn Bwlch gave him his first bardic chair at Clunderwen in 1959. The Preseli mountains compared to giants of land and soil, drenched in history and mythology, was the theme of the poem that won him the chair at Pumsaint in 1964. When he spent a year as a student at Harlech in 1964/5, two eisteddfod chairs were won at Dyffryn Ogwen and Llanuwchllyn, again with strict metre poems referring to the now familiar territory. He gave the latter chair to Coleg Harlech but, unfortunately, it was burnt to tinders when a fire broke out in the college hall.

After graduating from University of Wales, Aberystwyth, Eirwyn taught for a while at Narberth and Preseli schools. Again, a poem commissioned by the then Ysgol y Preseli headmaster, James Nicholas, for an anthology, resulted in a lyric entitled 'Y Gadwyn' (The Chain), referring to the string of peaks across the Preselau as a chain of influences on his everyday life. His 'Shepherd's Psalm' also draws upon his experience of the mountains and his acquaintance with such local shepherds as Peter Edwards, New Inn, as well as a vivid recollection of his father attending to his flock of sheep at Tyrhyg Isaf.

Eirwyn's contribution was partly motivated by comments made by another crowned bard, Donald Evans in the poets' magazine, Barddas. A reference was made to the 'primitive mood' felt in Eirwyn's poetry like no other poet from Pembrokeshire. Donald compared this 'primitive spirit' to that of the English poet, Ted Hughes, when he writes about his native Pennines. Eirwyn is convinced that certain experiences such as witnessing a sparrow hawk descending on a rabbit on Garn Tyrhyg and tearing its fluffy covered flesh to bits have left an indelible mark on his creative writing. Similarly, the sight of long necked wild ducks in the sky, the yelling of the pee-wit and the whistling-cry of the curlew send a cold shiver along his backbone – not a feeling of fear as such but an awareness of the primitive instincts that exist in the surrounding landscape.

Over the years of adulthood he has deepened his relationship with the mountains as a result of regular walks along the cairns and footpaths from Foel Drygarn to Foel Eryr. This wild and rugged territory, together with the magnificent scenery on the mountain slopes, has inspired Eirwyn to write some of his best poetry.

✯✯✯✯

Roedd Dafi Rees yn awyddus i brynu un o wartheg ei gymydog a oedd yn paratoi i leihau nifer ei stoc beth bynnag. Ond roedd Dafi o'r farn fod y pris o £800 a ofynnid am y fuwch yn ormod ac roedd am daro gwell bargen. Ceisiodd frolio ei hun fel cymydog da ers blynydde a'i fod felly'n haeddu gostyngiad yn y pris o ran cyfeillgarwch a chymwynasgarwch

'Wel, gan ein bod ni'n gymdogion da fe roiai 10% o ddisgownt i ti,' meddai perchennog y fuwch ar ôl cryn gwnsela.

Nawr, doedd Dafi ddim yn rhy dda ar wneud syms ac fe ofynnodd am ddiwrnod neu ddou i ystyried y cynnig.

Trannoeth roedd e'n siopa yng Nghlunderwen a digwyddodd weld ei hen athrawes ysgol ar y stryd a chredodd y medrai hi ei helpu i ddatrys ei bicil.

'Miss Jones,' mynte fe, 'os bysen i'n cynnig £800 llai 10% o ddisgownt i chi faint fysech chi'n tynnu bant?' gofynnodd.

'Popeth ar wahân i'n sbectols,' medde Miss Jones.

Gorsaf Rosebush

Nid oes ond mam a'i baban ar y platfform,
  Y delwau mud sy'n llercian yn y gwynt,
Yn disgwyl am y trên na ddaw o unman,
  Rhyw atgof oer am ias y dyddiau gynt.

Beth ddaeth o'r mwg fu'n dorchau yn yr awyr
  A'r injan-stêm yn dwyn ei thaith i ben?
A whît y gard yn atsain dros y llethrau
  Fel cri'r gylfinir draw ar waun Ddôl-wen?

Nid oes ond chwedl a chofnod am y nafis
  Fu'n turio haenau'r graig â chaib a rhaw,
Yn gosod seiliau'r lein ar ros a gwerbyn
  A chwys eu nerth yn toddi yn y glaw.

Bu sŵn y chwarel unwaith fel cwch gwenyn
  A gweithwyr ar y bonc yn freichiau i gyd,
Yn halio'r llechi i wagenni'r relwe
  I'w dwyn ar hirdaith i begynau'r byd.

A daeth ymwelwyr gannoedd dros y cledrau
  At lesni'r llynnoedd a'r ffynhonnau claer,
Roedd sawr y perthi grug yn falm i'w ffroenau,
  A haul y bryniau noeth yn gloywi'r aer.

Ond heddiw, does ond geiriau oer y gofeb
  I droi'r dychymyg tua'r dyddiau gynt,
Y brain yn crawcian o agennau'r chwarel,
  A gorsaf wedi cau yn nwylo'r gwynt.

Eirwyn George

Hau'r Hedyn

Marilyn Lewis

Mae hi'n rhyfedd sut mae cyrraedd rhyw oedran arbennig yn gallu newid persbectif rhywun. Un funud rydych yn llawn egni ac yn byrlymu o gynlluniau i'w cyflawni a'r funud nesaf mae'r cwmnïau yswiriant a phensiynau yn eich targedu â llythyrau diri! Ie, pensiwn, a finne'n teimlo, yn fy meddwl bach fy hun, fy mod yn dal yn ifanc! A wês rhaid i'r cwmnïau 'ma fy atgoffa fod y blynyddoedd yn mynd heibio a'n hala i'n ddiflas, dwedwch?

O.K. Falle bod y 60 yn agosáu ond synno hynny'n ddiwedd y byd. Rwy'n mawr obeithio fod blynyddoedd o'm blaen eto i gydweithio gyda'r holl blant a phobol ifanc sydd wedi, sydd yn, ac sy'n mynd i roi boddhad i mi – ac i chi fel eu cynulleidfa ddeallus, ddiolchgar a gwerthfawrogol.

Gesum fy ngeni yn y 40au yn un o blant y 'dyfodol newydd', y flwyddyn ar ôl yr Ail Ryfel Byd. Roeddwn yn ffodus bod fy rhieni wedi fy nysgu i werthfawrogi'r rhodd arbennig y'm breintiwyd gan Dduw. Rwy'n cofio treulio fy mhlentyndod yng nghwmni fy nhad, yn trafaelu ledled Sir Benfro mewn lorri lo neu lorri cario anifeiliaid, a bob amser roeddem ein dau yn canu. Roedd llais fy nhad yn debyg i lais Harry Secombe ond roedd ei lais yn well na llais Harry yn enwedig pan fyddai'n canu 'Cartref' neu 'Hiraeth'.

Ar fore'r Flwyddyn Newydd byddem yn galw gyda theuluoedd ffermydd Pencaer cyn gorffen y daith gyda Mam-gu a Dat-cu Trefasser. Doedd dim iws siomi ein cwsmeriaid a nhwythe'n disgwyl amdanom. Teimlad braf oedd rhannu fy nhalent yn enwedig i godi arian tuag at achos da. Heb amheuaeth, mae gennyf ddyled fawr i bobl annwyl Pencaer. Eu gwerthfawrogiad a'u caredigrwydd nhw sicrhaodd fod yr 'hedyn bychan' yn cael ei blannu.

Rhaid oedd maethu'r 'hedyn' wedyn a dyna pryd yr oedd aelodau Capel Rhosycaerau, Pencaer, ac Ysgol Sul Capel Ebeneser, Wdig, yn ei drin yn ofalus gyda llawer o ffydd a chariad a hynny mewn awyrgylch deuluol. Bob bore Sul byddwn yn 'pwmpo' megin yr organ yng Nghapel Rhosycaerau, wrth ei chwarae yng nghwmni'r addolwyr ffyddlon a fyddai'n canu holl nerth yr emynau fyddwn yn eu dewis. 'Wel, dyma hyfryd fan i droi at Dduw,/Lle gall gredadun gwan gael nerth i fyw' gan Watcyn Wyn oedd un ffefryn.

Ar fore Sul y Cymundeb roedd llais arweinydd y gân, sef Joe Roberts, Penmeuddyn, yn codi'n uchel a chlywn lais soprano Aunty Annie wrth ganu'r dôn 'Bryn Calfaria' wedi ei phriodi â geiriau W. Williams:

Gwaed y Groes sy'n codi fyny,
'R'eiddil yn goncwerwr mawr;
Gwaed y Groes sydd yn darostwng,
Cewri cedyrn fyrdd i lawr:
Gad i'm deimlo,
Awel o Galfaria fryn.

Hwn oedd yr emyn a ddewiswyd i'w ganu yn angladd fy nhad ar lan y bedd ym mynwent Llanwnda. Sylweddolais bwysigrwydd y briodas rhynt y gair a'r dôn y diwrnod hwnnw.

Ar ôl cinio Sul byddem yn cerdded i lawr y rhiw i Gapel Ebeneser i'r Ysgol Sul ac i ddosbarthiadau'r Bonwr M. D. Lake a'r Foneddiges Mair Childs. Mrs Childs oedd yr organyddes a hi hefyd oedd yn dysgu ni blant y fro i chwarae'r piano. Paratoi ar gyfer y Gymanfa Ganu yng Nghapel Tabernacl, Abergwaun, ar ddydd Gwener y Groglith oedd y prif ddigwyddiad ac roeddwn yn mwynhau cyfarfodydd y bore, y prynhawn a'r nos. Dyma pryd oedd disgyblaeth i'w weld yn amlwg – ym mreichiau'r arweinydd.

Daeth Ceinrhos Watts-Williams, gwraig y Parchg John Watts-Williams, i'm bywyd pan oeddwn yn saith mlwydd oed. Treuliais tua 12 mlynedd hapus yn ei chwmni fel disgybl canu ac yr oedd hi'n ddylanwadol iawn o ran y ffordd y byddaf yn dehongli caneuon hyd at y dydd heddiw. Yn bendant, trwy ei harweiniad hi y dechreuodd y byd Eisteddfota – y 'Penny Readings' yng nghapeli Goedwig, Wdig; Rehoboth, Mathri; Capel Berea, Croesgoch; a Seilo, Twffton. Yn y 50au roedd chwe eisteddfod sylweddol ar ddyddiadur wal Mam – y rhai fyddai'n cynnig Cwpanau Arian yn wobrau – Maenclochog, Clunderwen, Crymych, Boncath, Arberth ac Abergwaun. Roedd yr Urdd a Semi-National Aberteifi o safon yn uwch eto!

'Doedd Coleg Trinity, Llundain, ddim yn cynnig arholiadau canu ond rwy'n dal i gredu mai dilyn yr eisteddfodau a chymryd rhan mewn cyngherddau sy'n rhoi'r profiad i berson i godi ei safon, ta beth! Beth yw pwrpas paratoi rhaglen er mwyn canu i un person mewn ystafell fach? Wrth eisteddfota rydych yn dysgu, a chael profiad perfformio o flaen cynulleidfa. Mae'r gynulleidfa'n dangos eu gwerthfawrogiad trwy guro dwylo. Hefyd, mae eisteddfod yn rhoi siawns i feithrin hyder a chryfhau personoliaeth trwy ennill a cholli. Tyfu a wna'r 'hedyn bychan', ac mae'r gwreiddiau'n mynd yn ddyfnach.

Yn y 60au dyma fi'n dechrau ar fy ngwaith fel plismones yn Heddlu Sir Benfro ond yn dal i ganu mewn cyngherddau a mwynhau gweithgareddau Mudiad y Ffermwyr Ifainc. Roedd y mudiad yn enwog fel 'Swyddfa Priodasau Cefn Gwlad', ac yn wir, dyma fi'n cwrdd â Gwynfor Barry Lewis (GBL) ac yn ei briodi. Ar ôl genedigaeth ein merched, Carol a Christine, dyma ni'n symud i fferm Blaenllwydiarth, Llan-y-cefn, ym 1970, ac yn ymfalchïo ym 1972 pan ddaeth ein mab, Cerwyn, i'r byd, a chwpla rhif ein teulu bach ni. Ond rhyfeddod, dyma fwy o blant yn dod i Blaenllwydiarth! Sut felly? Wel, ym 1973 dyma ferched lleol yn dechrau galw draw i gael gwersi canu. A byth ers hynny ma' nhw wedi para i alw heibio a hynny o bob rhan o'r sir.

Ni sylweddolais yn gwmws faint o gyfrifoldeb sydd yna i drin llais. Mae lleisiau pawb yn wahanol a chyn dewis cân i'r unigolyn mae rhaid dod i'w adnabod fel person. Rwy'n cofio eistedd ac edrych ar Gwyn yn dewis darn o bren er mwyn gwneud lletwad un noson. Wedi ei ddewis dyma fe'n ei siapo ac yn ei anwylo wrth ei smwddio gyda phapur tywod hyd nes y teimlai fel darn o felfed. O hynny y dysgais sut i fynd ati i greu llais, sef trwy wrando a meithrin â chariad er mwyn iddo aeddfedu a datblygu. Mae'r 'hedyn' wedyn ar fin blodeuo.

Unwaith eto roeddwn yn ffodus. Roedd nifer o bobl ifainc yn yr ardal yn ymddiddori mewn canu ac ym 1980 sefydlwyd Côr Newyddion Da, sef criw rhwng 14-30 mewn oedran oedd am gymdeithasu trwy gyfrwng cân. Doedd cystadlu ddim yn fwriad ond yn hytrach trafaelu'r siroedd yn cynnig 'Newyddion Da' mewn gwasanaeth a chyngerdd. Amser hapus iawn ond amser drud iawn pan ddechreuodd yr holl briodasau!

A dyma ni'n sefydlu Côr Iau Newyddion Da ym 1992. Erbyn hyn mae'r côr wedi canu yn Iwerddon, yr Almaen, Sbaen ac yn yr Albert Hall, Llundain, a Neuadd Genedlaethol Caerdydd. Deil aelodau'r côr i fy rhyfeddu o ran eu ffyddlondeb i'r ymarferion bob bore Sadwrn a mwy na hynny, y rhieni sydd wedi cefnogi pob dim yn ystod y blynyddoedd. Ar ôl yr holl eisteddfota llwyddiannus gydag Adran ac Aelwyd Maenclochog yn yr Urdd a'r llwyddiant yn yr Eisteddfod Genedlaethol does dim syndod ein bod yn un teulu erbyn hyn. Mae ffydd a chariad yn parhau ac mae nifer y plant o fewn y teulu'n cynyddu a hynny nid yn unig yn yr ardal ond ledled Cymru. Mae rhai yn athrawon sy'n dysgu'r piano a chanu, mae rhai yn y *West End*, mae rhai yn gyson ar y teledu, ac mae rhai yn diddanu ar y llongau pleser.

O'r 'hadau bychain' sydd wedi blodeuo yn eu tro ac yn dechrau gwywo erbyn hyn, mae gobaith yn parhau o weld 'hadau' eraill eto'n blaguro a bwrw gwreiddiau.

Enillais fy nghwpan arian cyntaf yn Eisteddfod Maenclochog ym 1954 ac yno ym 1963 enillais fy nghadair fechan gyntaf. Ym 1984 cefais y fraint o ennill Tlws Cyfansoddi Emyn-dôn yn Eisteddfod Maenclochog a hynny ar eiriau o waith Dwynwen Davies, Nantgaredig. Diolch Maenclochog! Rwy'n mawr obeithio y byddaf yn ei chofio am byth, yn fy henaint, hyd y funud olaf.

Holl Ieuenctid Cymru, dewch i ganu'n llon,
Dewch i foli'r Iesu yn yr oedfa hon.
Er dy ddioddefaint, rwyt Ti'n Frenin Nef,
Rhown ein diolch iti gydag uchel lef.
Rhown ein cred ynot Ti, Iesu Da.
O! Ti yw'r un sy'n haeddu clod.
Rhown ein cred ynot Ti, Iesu Da.

Marilyn Lewis looks back on her career and laments the passing of time. One minute she is full of ideas and enthusiasm and the next minute she is inundated with insurance and pension companies' literature. Do these companies have to remind her of the passage of time and render her helpless? OK, she perks up and even if the big 60 is looming she hopes for several more years of musical co-operation with all the children and youngsters that have given her so much satisfaction.

She was born just after the Second World War and feels privileged in that her parents taught her to appreciate the special gift God had given her. She remembers travelling the length and breadth of Pembrokeshire in her father's lorries and always singing in the cab. Her father's voice was similar to that of Harry Secombe's, but better when he sang 'Cartref' and 'Hiraeth'.

She remembers calling around the farms of Pencaer on New Year's Day and singing to her heart's content on every hearth before reaching her final destination at Trefasser where her grandparents lived. The good people of Pencaer ensured the 'little seed' was planted and later germinated at Rhosycaerau and Ebeneser chapels. On Sunday mornings she would pump the organ at Rhosycaerau and sing all the hymns with gusto.

On Communion Sunday the voice of the precentor, Joe Roberts, Penmeuddyn, would be heard above all others as well as the soprano voice of her Aunty Annie when the hymn-tune 'Bryn Calfaria' would be sung to Pantycelyn's familiar words 'Gwaed y Groes sy'n codi fyny'. This was the hymn that was later sung at the graveside at her father's funeral in Llanwnda churchyard and made her realise the importance of total harmony between words and music.

On Sunday afternoons Sunday School would be attended at Ebeneser, Goodwick, under the tuition of M. D. Lake and Mair Childs who also gave piano lessons. She would always look forward to the Good Friday Cymanfa Ganu at Tabernacl, Fishguard, when she revelled in the discipline to be found in the conductor's arms. She is also indebted to Ceinrhos Watts-Williams who gave her singing lessons over a period of twelve years and her influence remains in the way she herself continues to interpret songs to this day.

Then came the competing at various 'Penny Readings' in the locality and later Eisteddfodau further afield. Her mother noted six eisteddfodau in her diary namely Maenclochog, Clunderwen, Crymych, Boncath, Narberth and Fishguard, apart from the Urdd and the Cardigan Semi-national. It was the Eisteddfod circuit that enabled her to gain confidence and experience and hence the 'small seed' would take root.

When she joined the police force in the 60s the concerts and competing with the Young Farmers continued and she soon found a partner, Gwynfor Barry Lewis. After Carol and Christine were born the family moved to Blaenllwydiarth, Llan-y-cefn, in 1970 and two years later, Cerwyn was born to complete the family. But soon droves of other children began visiting the farm to be given singing lessons and the pattern has continued to this day.

She soon realised the immensity of the responsibility of nurturing a voice. Every voice is different and before a song is chosen for an individual one must get to know the individual's personality. She remembers watching Gwyn choosing a piece of wood to make a ladle and how he shaped and sanded the wood until it felt like a piece of velvet. That is how she learnt to create a voice, by listening and nurturing with love until it matures and develops, and hence the 'seed' is about to flower.

In 1980 Côr Newyddion Da was formed, not to compete as such, but to take part in concerts. The 14-30 year olds travelled widely and then the marriages began, often within the choir, and it all proved a pretty costly business for Marilyn! Hence in 1992 Côr Iau Newyddion Da was formed and has since performed in Ireland, Spain, Germany, Royal Albert Hall and the National Concert Hall, Cardiff. Competitions have also been won at the National Eisteddfod and hardly a year has gone by without the members in the guise of the local Aelwyd or Adran winning numerous prizes at the Urdd National Eisteddfod.

Marilyn won her first silver cup at Maenclochog Eisteddfod in 1954 and her first small chair at the same Eisteddfod in 1963. She also won the hymn-tune composition at Maenclochog in 1984. All in all she concedes that her debt to the area is immense and this she will never forget until her dying breath.

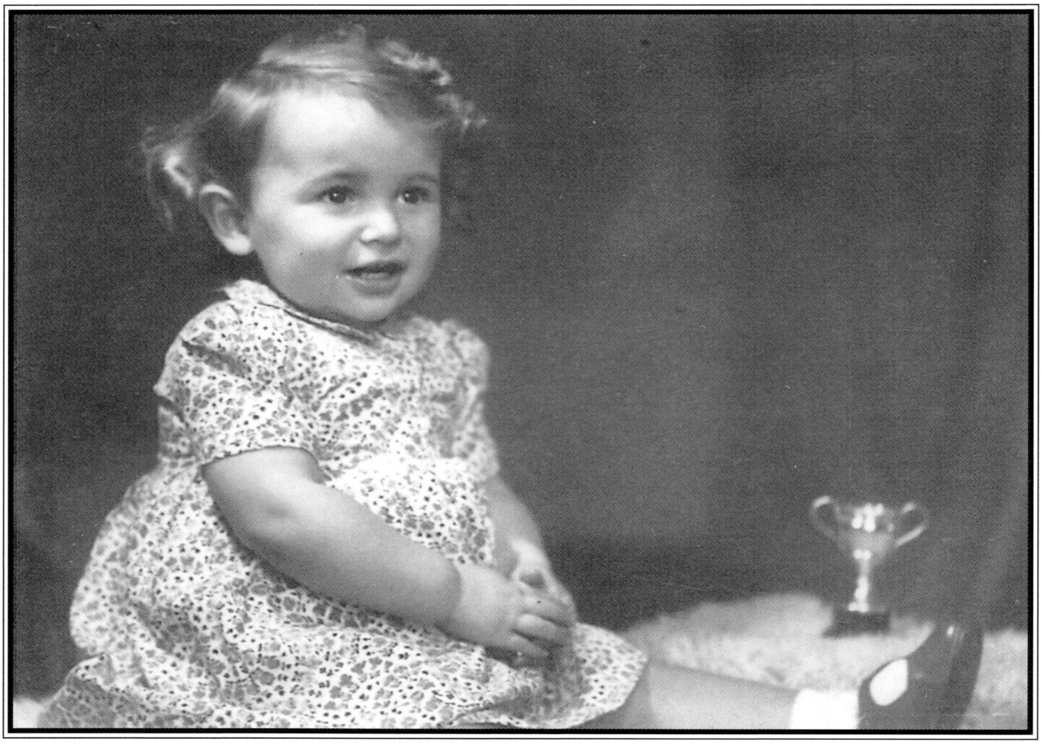

Marilyn – y babi perta yng Ngharnifal Dinas Cross 1948

Marilyn – the prettiest baby at Dinas Cross Carnival 1948

Dechrau casglu'r cwpanau a'r tystysgrifau steddfodol

The collection of cups and certificates won at eisteddfodau

Eifion Evans, Cadeirydd Pwyllgor Eisteddfod Gadeiriol Maenclochog, yn cyflwyno gwobr arall i Delun Gibby, wyres Marilyn Lewis, yn 2005

Eifion Evans, Chairman of Maenclochog Eisteddfod Committee, presents another prize to Delun Gibby, Marilyn Lewis' grand-daughter, in 2005

Pennaeth Ysgol Gymunedol Maenclochog, Iona Daniels, yn cyflwyno gwobrau i rai o'r plant lleol lleiaf yn Eisteddfod Maenclochog 2005. O'r chwith: Ffion Phillips, Elen Hunt, Eurgain Wyn, Steffan Thomas a Siôn Lewis

Headteacher of Ysgol Gymunedol Maenclochog, Iona Daniels, presenting prizes to some of the younger local children at Maenclochog Eisteddfod in 2005. From the left: Ffion Phillips, Elen Hunt, Eurgain Wyn, Steffan Thomas and Siôn Lewis

☆☆☆☆

Ar un adeg roedd llond bws o drigolion yr ardal yn mynd i weithio yn storfa arfau'r Llywodraeth yn Nhrecwn ger Abergwaun bob dydd. Roedd yna fysus eraill yn cludo cannoedd o weithwyr o ardaloedd eraill ar hyd y sir hefyd. Wrth i griw Maenclochog ddisgwyl y bws un bore ma' rhywun yn gofyn iddyn nhw wrth gberdded heibio: 'Wel gwedwch y gwir, faint ohonoch chi sy'n gweith'o yn Nhrecwn te?'

Daeth yr ateb gonest: 'O, tua'n hanner ni, glei'.

Fy Nhadcu Stephen

Hafwen John

Cafodd Dad-cu ei eni yn Bank Farm, Robeston Wathen – Llangwathen – gan symud i Dolbetws, Llan-y-cefn pan oedd yn naw oed. Saesneg oedd prif iaith ardal Robeston Wathen a bu'r dylanwad cynnar hwnnw ar ei iaith gydol ei oes. Roedd ei ynganiad a'i lediaith yn destun hwyl inni'r wyrion yn aml. Yn ystod ei ieuenctid bu'n helpu i fagu a gofalu am ei frodyr a'i chwiorydd gan adael yr ysgol i ffermio. A ffermio yn Dolbetws y bu ar hyd ei oes gan symud am gyfnod byr i fyw yn Y Felin, Maenclochog, yn ddiweddar yn ei fywyd. Roedd yn weithgar iawn yn ei ardal a'i gapel ac ymdrechodd i'w addysgu ei hun gydol ei oes.

Bu'n gynghorydd ac yn glerc plwyf Llan-y-cefn ac yn aelod o Gyngor Dosbarth Gwledig Arberth am flynyddoedd. Roedd yn ddyn o flaen ei oes mewn sawl maes ac un enghraifft o'i weledigaeth oedd llwyddo i wahardd ysmygu yng nghyfarfodydd y cyngor ar ddechrau 60au'r ganrif ddiwethaf. Roedd yn un o ffyddloniaid yr achos yn Rhydwilym ac yn ymhyfrydu yn ei dras a ymestynnai nôl i'r arloeswyr cynnar yn yr ail ganrif ar bymtheg. Bu'n ddiacon, yn ysgrifennydd ac yn arweinydd y gân am flynyddoedd.

Roedd yn ddirwestwr o argyhoeddiad ac wedi iddo weld effaith y ddiod gadarn ar deuluoedd yr ardal llwyddodd i gau sawl tafarn drwy ei dystiolaeth yn y llysoedd. Bu'n Ysgrifennydd Gymanfa Ddirwestol Taf a Chleddau am dros ugain mlynedd a derbyniodd *Y Bywgraffiadur Cymraeg* a'r *Geiriadur Beiblaidd* fel cydnabyddiaeth o'i wasanaeth. Yn ddiweddar clywais stori am Mam-gu a Dadcu yn galw i weld y Parchg R. Parry Roberts ar neges ynglŷn â'r Gymanfa. Dim ond y plant oedd yno a dyma nhw'n dweud, 'Dewch i'r parlwr'. 'Na,' meddai Mam-gu, 'pobl y gegin 'yn ni'. Gan un o'r meibion y clywais y stori.

Ymddiddorai mewn materion fel cyfranddaliadau a gwleidyddiaeth lleol, cenedlaethol a thramor. Roedd yn un o aelodau cynharaf Plaid Cymru ar ôl bod yn Rhyddfrydwr cyn hynny. Ymhyfrydai yn llwyddiant academaidd ei frodyr ac yn ddiweddarach ei wyrion. Un tro pan oedd fy chwaer a finne'n garddio ac yntau'n cyfarwyddo ar bwys ei ffon, daeth cymydog heibio a geiriau Dad-cu oedd 'Welwch chi mo hyn yn aml – dwy B.A. yn palu'r ardd!' Ni'n dwy'n gwrido a cheisio cuddio mewn embaras ond wyneb Dad-cu yn pefrio o falchder. Roedd yn gas ganddo gwm cnoi a phan glywen ni'r Standard yn dod lawr y feidr rhaid oedd cael gwared â'r stwff o'n cegau. Bu fy mrawd bach, Dyfrig, bron â chael ei ddal unwaith pan daflodd y gwm i'r llawr ar y clos a hwyaden yn ei godi yn ei cheg a hwnnw'n glynu o fewn ei phig fel glud!

Roedd ganddo egwyddorion cadarn a daliai ei hun yn dalsyth a bonheddig. Credai rhai ei fod yn sychdduwiol ac oeraidd ond nid dyna fy mhrofiad i er mai parchedig ofn a deimlwn yn bennaf pan oeddwn yn blentyn. Ond yn ddiweddarach mwynheais oriau o drafod yn ei gwmni a chanddo ef y cefais fenthyciad i brynu fy nghar cyntaf. Doedden ni ddim bob amser yn cytuno ar elfennau'r gynghanedd a rhinweddau Iolo Morgannwg ond dysgais yn helaeth o'i brofiad. Mae'n wir iddo feirioli gyda'r blynyddoedd a'i berthynas â'i wyrion a'i orwyrion yn fwy siriol ac ysgafn na'i ffordd fel tad. Mae rhaid bod colli eu hunig fab pan oedd ond pymtheg oed wedi bod yn ergyd enbyd i Dad-cu a Mam-gu.

Roedd yn hoffi hwyl ond mynnai berffeithrwydd hefyd. Unwaith fe ddaliodd lyffant yn y cae a rhedodd ar fy ôl gan fygwth ei roi i lawr fy nghefn. Yn ddiweddarach pan ymdrechwn chwarae emyn ar organ y teulu, bu'n rhaid imi aros yno ag yntau wrth fy ochr nes i'r nodau gael eu chwarae'n berffaith. Pan oedd fy chwaer yn ei helpu i roi llechen nôl ar do'r twlc mochyn a phopeth yn edrych yn dda, dyma un cais arall gan Dad-cu i symud un llechen 'drwch blewyn'. Rhaid oedd cael perffeithrwydd hyd yn oed yn y twlc mochyn!

Gofynnais iddo unwaith sut yr hoffai gael ei gofio a'i ateb oedd, 'fel dyn y gwenyn'. Bu'n cadw gwenyn ar hyd ei oes. Ymdrechai i wella'i Gymraeg ysgrifenedig yn gyson a phan oedd yn bedwar ugain oed gofynnodd imi brynu'r *Cywiriadur Cymraeg* iddo. Parhaodd ei ddiddordebau tan ddiwedd ei oes. Bu farw ym 1973 a'i gladdu gyda'i wraig, Ann, ym mynwent Rhydwilym.

The above is a portrait of Stephen Morris Williams, Dolbetws, by his grand-daughter, Hafwen John. Stephen Morris was one of ten children born to David and Anne Morris. She was a descendant of Griffith Howells, one of the founders of the Baptist mission at Rhydwilym, who was reputedly jailed for his convictions. Two of their children reached the pinnacles of academia; Griffith Wynne climaxed a distinguished career as Emeritus Professor of Psychology at Rutgers University, New York and David became Professor of Welsh History at UCW Aberystwyth and wrote the authoritative 'History of the Rebecca Riots'. Stephen Morris was equally capable as parish clerk and district councillor as well as a deacon, secretary and precentor at Rhydwilym Chapel.

Hafwen remembers her 'dad-cu' as an upstanding disciplinarian who commanded reverence. He was a staunch teetotaller whose court testimonies led to the closure of several taverns. His eloquence also led to a ban on smoking in Narberth Rural District Council meetings. His interest in politics led to a 'conversion' from Liberalism to Nationalism and he became one of the early Plaid Cymru members in the area. Hafwen regarded him with awe and well remembers his hatred of chewing gum. When the sound of the Standard car approached Rhiwe the grandchildren knew it was time to get rid of the gum. Once her younger brother, Dyfrig, threw the gum haphazardly on the farmyard whereupon it was picked up by one of the ducks and it stuck like glue to its beak!

As he was brought up at Robeston Wathen until he was nine, his accent when speaking Welsh proved to be a life long fascination to his grandchildren. But he strived throughout to master his written Welsh and even in his 80th year asked Hafwen to buy him a Welsh grammar book. In all he did he sought perfection even when replacing tiles on the roof of the pigsty – they had to be placed at the absolute correct angle. He died in 1973 and was buried with his wife, Ann, at Rhydwilym cemetery.

A Penffordd Childhood

Bleddyn Rees

I am extremely proud of my rural upbringing in the tranquil hamlet of Penffordd, and despite enjoying the diverse and interesting experiences university has to offer I would be unwilling to trade my unique childhood with anyone. However, this fondness for the area sadly does not mean I will be returning to Penffordd following my degree as Pembrokeshire employment opportunities in my field of interest are non-existent.

In this essay I hope to share with the reader how my childhood experiences established my affection for the region, how my attitude towards Penffordd has changed after time away at university.

My story begins in 1985 when I was born into a loving agricultural family farm at Posty just outside the serene village of Penffordd. Early memories that I am able to recall are completely dominated by the agricultural environment in which I was nurtured. The farm was a real team effort, and was far from an easy life; in fact, it required the whole family to input their share. As there were several farmers in the neighbourhood the tough demands of the agricultural calendar brought many farmers to work together which resulted in a strong agricultural community in the locality. It was a place where every individual was counted as important, and no one could be ignored. Therefore, the impression of Penffordd as a strong community and a loving neighbourhood were imprinted upon me from a very young age.

At four years of age I started at the local primary school in Penffordd. It was a small school which educated about twenty five pupils from ages 4 to 11. It was a pleasant school where everyone knew one another and I recall the main topic of conversation amongst my friends would be farming. One major benefit of small schools is that cliques are not formed, and hence a great importance is placed on each individual which I believe encourages children to develop into unique characters rather than to cultivate the 'follow the crowd' attitude amongst children. This was very true in Penffordd, and I believe the education at the pleasant country primary furthered my view of Penffordd as an active community which allowed everyone to 'be themselves' and to enjoy one another's company.

After seven years at primary school I began at Ysgol y Preseli in Crymych; it was an hour's journey by bus every morning and evening which was certainly character building! Meeting other children from all over Pembrokeshire and Ceredigion opened my eyes to the variety of backgrounds experienced by children from all over West Wales. Before starting secondary school the only children I knew well who grew up in a town were friends from London who used to visit a nearby summer cottage; other than that my understanding of being raised in a town was limited to what I saw on the TV and was told by others. So when I started at Preseli I learnt from friends what it was like to be brought up in a town, and it seemed to me that many had monotonous childhoods stuck in front of the television or hanging around in gangs in town parks; needless to say this made me further appreciate the open spaces and freedom of my home in Penffordd and to value the variety of events occurring on the farm over the agricultural calendar.

I was also made aware during my time at Preseli that some children were unfortunate enough to be brought up in homes where the family had broken down with separation and divorce, and though I had heard of such things happening I had not witnessed the harmful effects this had on children. Despite losing my father at the age of two my family was always supportive of one another, and I believe it was largely true throughout the locality that the family was seen as important. In fact I knew of farms then and today where the wife would not go out to work but remain at home to help the farmer and to be a homemaker. This was not seen as backward as many seem to think these days, but was viewed as unquestionably the best and right way to raise children and run the farm. My understandings of these matters grew during my time at Preseli and lead me to once again appreciate the traditional nature of my upbringing in Penffordd.

During my time at Preseli I realised my enjoyment from studying and academia and developed a desire to head to university following school. I was encouraged by all kith and kindred to follow my heart's desire to go university, and the obvious decline in farming around the same time certified departure from my farming roots and into university. I started at Warwick University in September 2003 to read Economics.

A university is one large mixing pot of different cultures, ideas, beliefs and races – it was certainly an environment which was far different from the all Welsh white population of Penffordd in which I grew up. However, after being part of the mixing pot for two years, I now realise that this environment does not cause one to look back at my sheltered childhood with disdain but makes one value it even more. It is this village which has given me my sense of identity, a grounding in the values to which I cling firmly, and a rural childhood which few in the British Isles these days are fortunate enough to have.

During my second year at university I lived outside of halls in the picturesque town of Kenilworth down a small cul-de-sac containing twenty or so houses. Despite the close proximity of the semi-detached houses to one another this is a community where neighbours know little about who lives next door, and know nothing about the neighbour who lives over the street. This is in stark contrast to my upbringing in Penffordd where I can remember my family visiting anyone and everyone in the village. In the last few years changes in Penffordd have led to a slight decline in the strength of the community – the biggest and final blow come when the school was closed in 2001. I recall parents chatting amongst each other at the school gates when they had come to pick up their children at the end of the school day. Closing the school removed a vital part of the community. However, Penffordd today still has a stronger community than many neighbourhoods throughout the rest of the UK.

Other students at university are amazed and surprised when I tell them that I attended a school which educated no more than thirty pupils at any time I was there. It is with further astonishment I am greeted when I explain to my fellow students that Penffordd's economy is largely based on agriculture. Many of my fellow students grew up with parents working 'nine to five' in the professional sector, and experienced the stress and pressure of the high-paced city life. I've realised thus, since being at university, the great stress-free and tranquil environment that exists in much of West Wales and especially in Penffordd.

Whilst at Penffordd school I was given an opportunity to understand and develop my awareness of the Welsh culture. The classes were taught in both the medium of English and Welsh and we were given the chance to participate in many of the Welsh cultural activities such as dawnsio gwerin (folk dancing), singing and poetry. When I contrast this with some of my university friends who were raised in middle-England with very little cultural identity, who were taught by teachers who were constantly on edge fearing they might offend different ethnic groups or religions, I am extremely delighted that in Penffordd there existed at least some focus on local culture.

Therefore, university has thus not caused me to look towards Penffordd in a bad light at all; it has indeed given me new reasons to appreciate and value the uniqueness of the area and as a result I take great pleasure in the fact that such a wonderful community has been an influential factor in the development of my character.

Bleddyn recently graduated with First Class Honours at Warwick University and is currently studying Economics at Cambridge University with a view to pursuing a career in International Banking.

Graddiodd Bleddyn gyda gradd Dosbarth Cyntaf ym Mhrifysgol Warwick ac mae'n astudio Economeg ym Mhrifysgol Caergrawnt ar hyn o bryd gyda'r bwriad o ddilyn gyrfa mewn Bancio Rhyngwladol

Rhiwe, Nantycwm a Rhydwilym

Hafwen John

Un o'm hatgofion cynhara yw mynd i Ysbyty Hwlffordd i ymweld â'm chwaer, Morwen, tua 1947. Rhyw dair oed oeddwn ar y pryd ac roedd gen i ddysglaid o jeli coch yn anrheg iddi. Ond, och a gwae, doedd hi ddim eisiau'r jeli, a chofiaf yr ymdeimlad o siom tan heddiw.

Yn Rhiwe ym mhlwyf Llan-y-cefn yr oeddwn yn byw ac roedd mam-gu a dad-cu yn byw yn fferm Dolbetws. Roedd y ddwy fferm yn ffinio, gyda hen lein y rheilffordd a'r afon yn eu gwahanu yn y cwm. Gallem groesi o un fferm i'r llall drwy'r perci a dyma ddechrau'r daith ar droed i Ysgol Nant-y-cwm a Chapel Rhydwilym.

Fel plant gallem grwydro ar hyd a lled yr ardal heb bryderu. Roeddem yn adnabod pawb ac yn gwybod pwy oedd yn byw ymhob tŷ, bwthyn a fferm. Ar adeg casglu at y Genhadaeth Dramor byddai croeso ymhob cartre a phawb yn cyfrannu – ychydig geiniogau, pishyn chwech, swllt a rhodd o hanner coron yn ffortiwn. Byddai'r un a gasglai'r mwyaf yn cael llyfr. Tebyg fyddai'r croeso wrth ganu calennig ar fore'r flwyddyn newydd. Prin iawn oedd unigolion nad oedden nhw yn aelod yn y capel, ac roedd rhai yn mynychu eglwys y plwyf. Ac i Eglwys Llan-y-cefn yr aem i gyd adeg Diolchgarwch gan ryfeddu at yr holl ffrwythau, llysiau, blodau a chnwd y maes fyddai'n addurno'r ffenestri a'r allor. Mr Hamer oedd enw'r ficer a byddai'n teithio o le i le ar ei feic gan ddal ei hun yn dalsyth. Roedd Cwrdd Diolchgarwch yn Rhydwilym hefyd ac yno y byddem yn mynychu'r oedfaon bob Sul. Yr ysgol ddyddiol oedd Nant-y-cwm a wasanaethai blwyfi Llan-y-cefn a Llangolman a Llandysilio. Byddai llawer o weithgarwch y ddau le'n ymdoddi i'w gilydd gydag ymarfer ar gyfer oedfaon a chyfarfodydd y capel yn digwydd yn yr ysgol a'r un athrawes, Miss Maggie Davies, yn y ddau le.

Cerdded i'r ysgol wnâi pob plentyn yr adeg honno er imi gael beic tua diwedd fy nghyfnod yno. Wrth gwrs, mae cymaint o riwiau ar y ffordd fel mai gwthio'r beic y byddwn am adegau hir – dim ugain gêr y pryd hynny! Roedd y daith i'r ysgol dros ddwy filltir a theimlai'n bell iawn i goesau bach tair a phedair oed, yn arbennig gan inni fynd heibio Eden, Aifft a Chanan ar y ffordd. Roedd rhyfeddodau mawr i'w gweld gyda'r gwahanol dymhorau'n cynnig amrywiaeth o flodau gwylltion, adar, cwningod, moch daear, ambell wenci, neidr a madfall a holl anifeiliaid y ffermydd cyfagos. Yng nghanol yr hyfrydwch hwn daeth cwmwl pan drodd y cwningod yn angenfilod brawychus, dall, gyda chyrff chwyddedig a phennau hyll – y *mycsomatosis*.

Y pethau eraill i'w hofni oedd ambell darw, ambell fuwch yn gwisgo bwmbwr ac ambell ddyn ffordd fel Owen Bigni a fyddai'n 'clapian' wrth y brifathrawes, Miss Nansi Morgan, amdanom. Un tro cawsom bryd o dafod yn yr ysgol pan ddywedodd ein bod wedi symud ei offer – a hynny ar fferm dad-cu! Mae'n ddrwg gen i orfod cyfaddef inni ddial drwy symud drymiau tar bellter o'u lle! Dro arall cawsom fraw ofnadwy ar ôl inni, yn hollol ddiniwed, dynnu planhigion y tu allan i dŷ – nid ar ein taith arferol ond ar ôl inni fynd i 'Siop Llancewn' ar neges. Pan oedd tuswau o'r planhigion yn ein breichiau daeth perchnogion y tŷ, Mr a Mrs Gibby a William, Llangibby, mas a dweud y drefn yn groch ac yn hir wrthym ni. Cofiaf imi geisio cuddio'r planhigion dan fy nghot tan imi fynd rownd y tro ac yna eu taflu dros y clawdd. Enw'r planhigyn oedd 'Mind your own Business'!

Roedd croeso mawr inni bob amser yn Eden – neu Groesffordd fel y'i gelwid hefyd. Bob nos ar y ffordd adre byddem yn curo ar y drws ac yn gofyn, 'Os gwelwch chi'n dda, faint o'r gloch yw hi?' 'Doedd dim pripsyn o wahaniaeth am yr amser, beth oedd yn bwysig oedd y caem bobo losinen bob nos. Roedd hyn yn draddodiad a barodd tan i'r ysgol gau. Dwy chwaer, Marged a Martha Gibby, a drigai yno. Dwi'n cofio cael eu help dro arall pan fuon ni'n ddigon ffôl i aflonyddu ar nythaid o wenyn meirch a rheiny'n ein hymlid ar hyd y ffordd a'n pigo. Cofiaf i rai o'r bechgyn cyfrwys ddweud nad oedd gwahaniaeth ganddynt petaem ni'n tynnu'n dillad i geisio cael gwared ar y gwenyn meirch! Fydden nhw ddim yn edrych – medden nhw! Does dim yn newid! Beth bynnag, mi wnaeth y ddwy chwaer garedig ein hymgeleddu.

Yn yr ysgol gynradd – fy nghof i yw bod tua dau ddwsin o blant yno – y drefn oedd dysgu'r sgiliau sylfaenol gyda rhywfaint o weithgarwch ychwanegol. Dwi'n dal i ddefnyddio bag pegiau a wnes i yn Nant-y-cwm ac arno mae tipyn o *applique*! Mwy na thebyg nad oeddwn yn gwybod ystyr y gair yr adeg honno ond roedd gwau a gwnïo a rhywfaint o arlunio yn rhan o'r gwaith. Cofiaf wneud llun ar wydr – llun o ferch gyda sgert liwgar gan ddefnyddio paent a phapur gloyw. Cerdded i'r ysgol, helpu ar y fferm a chrwydro'r ardal oedd ymarfer corff. Ond unwaith y flwyddyn byddai rasys ar y ffordd tu fas i'r ysgol er mwyn cael cynrychiolwyr i fabolgampau'r sir. Ond does gyda fi ddim cof o'r rheiny. Efallai nad enillais ddim!

Roedd pwyslais mawr ar rifyddeg a sgrifennu'n daclus a chywir. Roedden ni'n darllen llawer – yn Gymraeg ac yn Saesneg – a phan fyddai gobaith am anrheg neu wobr, llyfr a dderbynnid fel arfer. Os oedd y cyfle i ddatblygu dychymyg a chreadigrwydd braidd yn gyfyng, profodd y pwyslais ar sylfaen dda mewn iaith a rhif yn werthfawr yn ddiweddarach. Un cyd-ddigwyddiad rhyfedd yn fy hanes yw mai fy athrawes gynradd, Nansi Morgan, fu bum mlynedd yn ddiweddarach, yn dysgu Saesneg lefel 'A' i mi yn Ysgol y Preseli. Cofiaf ymweld â hi flynyddoedd yn ddiweddarach yng Nghartre Glyn Nest ychydig cyn iddi farw.

Yn ddeg oed, ar ôl llwyddo mewn profion yn yr ysgol, rhaid oedd mynd ar y bws i Ysgol Ramadeg Arberth i sefyll yr 11+. Digon brawychus oedd hyn ond daethpwyd drwyddi rywsut. I'r rhai aflwyddiannus rhaid oedd aros yn yr ysgol gynradd tan iddynt ymadael yn 14 oed. Dau ohonom aeth i'r Ysgol Ramadeg o'm blwyddyn i. Hywel Absalom oedd y llall a ddaeth yn fecanic i raswyr ceir byd enwog yn y man. Byddai'r bws yn mynd heibio pen y feidir tua wyth y bore a dychwelyd tua phump y prynhawn. Bws o Faenclochog oedd yn ein cario a mawr y difyrrwch a'r drygioni arni. Byddai'n rhaid aros ar ôl y gwasanaeth boreol yn aml i gael gair gan y prifathro, Mr Sam Evans. Byddai'n ein galw yn 'Maenclochog Sheep' a rhai o'r bechgyn yn dynwared y creaduriaid gwlanog hynny'n effeithiol iawn ar ôl dianc o glyw'r prifathro. Bach iawn oedd y parch a ddangosid i'r Gymraeg, ac yn Saesneg roedd y gwersi, y gwasanaethau a'r digwyddiadau.

Rhyfedd, felly, mai'r siaradwyr Cymraeg a lwyddai i gael y marciau gorau yn y gwersi a'r arholiadau Saesneg. Dw i'n cofio eisteddfod Gŵyl Ddewi yn yr ysgol rywdro a bu rhywfaint o gystadlu yn yr Urdd hefyd. Pan oeddwn yn Ysgol Nant-y-cwm daeth llwyddiant prin i'm rhan a chyfle i fynd i Abergwaun i gystadlu ar yr adrodd dan wyth gyda darn o'r enw 'Y Fferm'. Mae'n debyg bod fy nynwarediad i o'r asyn yn dweud 'I ... O' yn gofiadwy dros ben! Y cof pennaf sy gyda fi o'r diwrnod yw ceisio ymladd fy ffordd i'r llwyfan drwy dyrfaoedd o bobl enfawr ac yn ofni na chyrhaeddwn fyth.

Ar y fferm roedd pawb yn gorfod gwneud gorchwylion gan gynnwys bwydo a godro'r gwartheg a charthu, casglu wyau, golchi offer godro a chario tsiyrns, torri ragwts ac ysgall a chasglu cerrig o'r perci, nôl y da, bwydo'r creaduriaid, garddio, coginio a glanhau. Weithiau digwyddai anffawd a chofiaf un fuwch yn crogi rhwng dwy gangen ac un arall yn cwympo i bwll dwfn yn yr afon. Pan oedd myn gafr fach wen gyda ni fe ddaethon ni nôl o'r cwrdd un nos Sul i weld y creadur bach annwyl yn hongian wrth ei choes ar yr aradr. Bu dagrau mawr wrth ffarwelio â hi.

Y peth mwyaf brawychus oedd yr hwch a'i moch bach yn troi ar ein morwyn, Manw Phillips (Parry wedyn) a oedd hefyd fel aelod o'r teulu. Un o'r plant sgrechiodd ac mae'n debyg i'r hwch gredu bod un o'i moch bach mewn perygl. Roedd hi'n hwch hollol dawel ond ei greddf oedd ymosod er mwyn diogelu ei phorchell. Roedd clwyf agored ar goes y forwyn ac roedd angen cymorth meddygol. Doedd dim ffôn gyda ni a thaith llawn braw oedd honno draw i 'Siop Llancewn' at Tomi a Frances Thomas i ffonio am feddyg, gan wybod bod yr hwch yn crwydro'n rhydd.

Roedd ambell ddigwyddiad doniol hefyd megis pan ddisgynnais, a finne tua naw oed, i badellaid o laeth sur a phawb yn chwerthin am fy mhen. A chwerthin wnaethon nhw hefyd pan gyhoeddais imi weld y ceiliog yn dodwy wy! Fy hoff weithgarwch oedd dianc oddi wrth bawb a threulio amser yn gwneud cacennau o'r lludw coch a ddeuai o'r tân bols. Roedd tomen o hwn yn yr ydlan ac yno y treuliwn oriau a chael pryd o dafod am beidio ag ateb pan alwyd arnaf. Mae'n debyg mai ateb yn dawel bach a wnawn gan mod i yn fy myd bach fy hun.

Roedd Rhydwilym yn chwarae rhan ganolog yn ein bywyd gyda Dad-cu a Dad yn ddiaconiaid ac yn arwain y canu. Bu Dad-cu yn Ysgrifennydd hefyd am flynyddoedd maith. Byddai tair oedfa bob Sul gyda chwrdd pregeth ac ysgol Sul yn y bore a'r prynhawn bob yn ail ddydd Sul, a Chymundeb unwaith y mis. Rhai uchafbwyntiau fyddai'r Gymanfa Bwnc, y Gymanfa Ganu a'r Gymanfa

Ddirwestol. Adeg y Nadolig byddai cwrdd eitemau ac weithiau Ddrama'r Geni. Wedyn byddai *Penny Readings* a'r gwobrau ariannol yn cael eu cyflwyno mewn *prize bags*. Roedd pawb yn canu, adrodd, darllen ac ateb cwestiynau ar yr Ysgrythur – pawb o'r babanod i'r hynafgwyr. Byddai rhaglen y Gymdeithas yn amrywiol hefyd ac edrych ymlaen mawr i ambell ddarlith. Cofiaf un tro pan fethodd y darlithydd â chadw ei gyhoeddiad, i'r llywydd ofyn i Mam-gu, Ann Williams, Dolbetws adrodd y 'Salm Fawr' (Salm 119) yn cynnwys 176 o adnodau). Mae'r atgof yn glir amdani'n adrodd y Salm o'i chof a hynny'n para am oriau – neu felly y teimlai i blentyn. Roedd ganddi gof anhygoel.

Byddai Siôn Corn yn dod am dro i'r te parti. Ar ôl bwyta digonedd o fara menyn a chaws a chacennau, a chwarae rhyw gemau swnllyd, fe ddeuai'r foment fawr. Cnoc uchel ar y drws a phawb yn tawelu. Rhai o'r plant mân yn cael ofn ac yn sgrialu i gôl eu rhieni. Eitha hawdd fel arfer ydoedd i'r rhai hŷn nabod y gŵr dan y got goch a'r wellintons. Dwi'n cofio eistedd ar gôl Santa i dderbyn fy anrheg a rhoi fy llaw drwy ei farf wlân cotwm a bron â difetha'r cyfan!

Yn eich arddegau byddech yn cael mynd i'r Ŵylnos, sef noson i groesawu'r flwyddyn newydd. Byddai pawb yn dod ag anrheg wedi ei lapio ac yna'n prynu anrheg rhywun arall. Ganol nos roedd rhai o'r 'hen' ddynion, gan gynnwys rhai o'r diaconiaid, yn manteisio ar y cyfle i roi cusan a chwtsh i'r merched ifanc. Roedd rhaid bod yn osgeiddig a sydyn i osgoi hyn! Gwell oedd gennym ni'r merched gyfarfod â rhai o'r bechgyn ifanc, dierth, a ddeuai o ardaloedd eraill ar eu motobeics! Roedd cerdded adre neu gael lifft ar gefn motobeic yn llawn o ryfeddodau.

A cherdded a wnaem fel arfer er bod ceir ar gael gan lawer. Car dad-cu oedd y ffefryn gyda chroen dafad yn garped a sŵn cloch wrth gychwyn yr injan. Weithiau byddai'n rhaid driwco i gychwyn y car os byddai'n styfnig. Yr hyn a gofiaf am gar y brifathrawes yn Nant-y-cwm oedd sŵn y sychwyr wrth sychu'r sgrin wynt. Dim syndod mai hyn a gofiaf gan mai adeg glaw trwm yn unig y caem ein cario ganddi. Cawsom ein dihuno'n gynnar un bore gan i mam gyrraedd adre ar ôl bod yn gwylad mam-gu, Ruth John, Providence, Y Mot, mam dad, drwy'r nos. Roedd ceffyl wedi neidio i'r ffordd, taro'r car a glanio ar y boned. Roedd mam wedi ei hysgwyd ond heb ei brifo. Ar yr un ffordd i Faenclochog un tro ar fy meic, mi ddes ar draws dwy lorri laeth yn rhwystro pawb. Roedden nhw wedi ceisio mynd heibio'i gilydd, ond wedi cyffwrdd â'r cadwynau a ddaliai'r tsiyrns yn eu lle a'r rheiny wedi cafflo. Bûm yno am hydoedd cyn gallu mynd ymlaen.

Digwyddiad cyffrous yn Rhydwilym oedd bedydd, ac yn afon Cleddau oedd y pwll bedyddio. Pobl ifanc tua phymtheg oed fyddai'n dewis cael eu bedyddio ac yna eu derbyn yn llawn aelodau a chymuno am y tro cynta. Y gweinidog oedd y Parchg Haydn Thomas, a ddaeth i Rydwilym gyda'i wraig, Miriam, a'u dwy ferch, Heather a Kaye o Gaergybi. Saesneg oedd iaith y ddwy ferch ond o fewn dim roedden nhw'n siarad Cymraeg gyda ni. Roedden ni'n chwech, tair rhoces – Ann Owen, Kaye Thomas a finne – a thri chrwt – John Phillips, Hywel Absalom a David Rees – pan ddaeth fy nhro i ym 1958. Cofiaf yn glir y dŵr oer a'r cerrig llithrig dan droed. Ond wedi mynd dan y dŵr roedd rhes o ddiaconiaid a rhywun o'r teulu yno'n barod â lliain a llaw i gynorthwyo. Roedd y bompren a'r bont geir yn orlawn o bobl ac wrth i bob unigolyn ddod lan o'r dŵr cenid 'Halelwia, Halelwia, Moliant Iddo byth. Amen' nes atseinio drwy'r cwm.

Roedd plant yn dwli ar yr afon ac arferid taflu cerrig bach gwastad ar draws wyneb y dŵr. Roedd apêl yr afon yn gryf ond ni chofiaf i unrhyw anffawd ddigwydd erioed. Antur arall oedd croesi rhyw dwnel dan y ffordd wrth ochr Pensarn. Yn yr ysgol byddem yn chwarae pêl, hopscotch, L.O.N.D.O.N. a cwato. Weithiau byddem yn mentro dros wal yr ysgol i'r coed ar antur ond gwae ni os caem ein dal. Roedd teganau a doliau'n eitha prin ond byddai cath neu gi bach yn hwylus i'w magu, ac ambell oen swci yn rhoi oriau o bleser.

Daeth trydan a theliffon i'r ardal yn y 50au. Cyn hynny lampau paraffîn a lampau Tilley a ddefnyddid yn y tŷ, ac yn y glowty a'r sgubor. Roedd hi'n adeg gyffrous ac yn dipyn o newid byd gyda llai o waith llenwi'r lampau ag olew a glanhau'r gwydrau – a'u torri'n aml. Roedd darllen a gwneud gwaith cartre yn dipyn haws bellach. Pan ganodd y ffôn am y tro cynta neidiodd pawb i'w ateb gan deimlo'n betrus ond llawn cyffro. Dweud y rhif yn ddeddfol a gwrando'n astud ac yna disgwyl am yr alwad nesa.

Pan oeddwn yn ddeg oed daeth tro ar fyd pan fu farw dad yn 1953. Chofia i ddim imi gael fy nghyffwrdd gan farwolaeth cyn hynny ac roedd yn hollol ysgytwol. Er i bawb wneud eu gore doedd dim esbonio, dim trafod a dim llawer o gyfle i ddagrau. Caewyd y llenni, glanhawyd y tŷ, aethpwyd i brynu dillad llwyd ac yna'r angladd. Ni wneir byth ddileu argraffiadau ac emosiynau'r cyfnod hwnnw na'r siom wrth ddod adre ar fy meic rai wythnosau'n ddiweddarach a chanlyniad llwyddiannus yr 11+ yn fy mhoced. Sylweddoli'n sydyn nad oedd yno i ddweud gair caredig, a phleser y newyddion yn pylu. Ni fu bywyd yr un peth wedyn.

Ar ôl gorffen fy lefel 'O' cefais fynd i'r chweched dosbarth yn Ysgol y Preseli ym Medi 1959. Roedd Ysgol Ramadeg Arberth yn troi'n ysgol 'uwchradd modern' ac yn colli ei chweched dosbarth. Roedd Ysgol y Preseli wedi agor dwy flynedd ynghynt a derbyniwyd dwsin ohonom o Arberth ac Aberteifi i ffurfio'r chweched dosbarth newydd. Braf iawn oedd bod mewn awyrgylch naturiol Gymraeg a dwi'n falch mai fi oedd y cynta i ennill gradd o'r ysgol.

Treuliais bedair blynedd yn Aberystwyth ar adeg gyffrous o gofio digwyddiadau fel protest gyntaf Cymdeithas yr Iaith ar Bont Trefechan. Wedyn dychwelyd i ennill fy nghrwstyn fel athrawes yn Nhyddewi am naw mlynedd ac yna yn Hendy-gwyn ar Daf am bum mlynedd. Cyfnod prysur iawn oedd hwn gan fy mod yn dysgu bob dydd, yn mynychu dosbarthiadau nos, gweithio dros yr Urdd a'r Blaid a gweithgarwch lu yn Rhydwilym. Cael cynnig dychwelyd i Aberystwyth wedyn i astudio am radd Meistr ac yna symud i Benllyn ym 1980. Yn y Bala dwi wedi byw ers chwarter canrif. Enw fy nghartre yw 'Preseli' a hyn fel teyrnged i'r ardal, yr ysgol a cherdd Waldo. Daw cyfle i ddychwelyd yn gyson, a phan ddaw'r alwad, yno y dychwel fy llwch daearol.

Hafwen John recalls childhood days in the Llan-y-cefn area when every day seemed to be adventurous and carefree. It was the norm to wander uninhibited around the area since the occupiers of every household, cottage and farm were known. A warm welcome would be given to children wherever they called when collecting contributions for the Foreign Mission. Those who were not members of a chapel or not churchgoers were few and far between. Hafwen remembers the abundance of fruit, vegetables and flowers on display at Llan-y-cefn Church on Thanksgiving Day. Activities at Rhydwilym Chapel and Ysgol Nant-y-cwm often intertwined since Maggie Davies was a teacher at both institutions. On the way to school they would walk past, Eden, Egypt and Canaan! And the changing seasons brought its own revelations, as aspects of wild life would be constantly observed along the hedgerows. Yet, the sight of rabbits suffering from myxamytosis was not to be savoured. Equally the sight of a bull, or a cow wearing a facemask and even the odd roadman made the children nervous.

One regular port of call on the way home from school would be Eden. The children would knock on the door and ask the two sisters who lived there if they could tell them the time. Not that it was of any paramount importance to the children but they knew such an excuse would lead to sweets being shared. On another occasion Marged and Martha Gibby gave the girls solace when they were being pursued by a nest of hornets. The girls had dismissed the suggestion made by the boys that they should take their clothes off in order to shoo the hornets away – even though the boys had promised not to look. The basics were taught at Nant-y-cwm and emphasis placed on mathematics and neat handwriting. Later, Hafwen's primary school teacher, Nansi Morgan was also her English 'A' Level teacher at Ysgol y Preseli. Prior to forming the first Sixth Form at the new Crymych school, Hafwen attended Narberth Grammar School. Herself and Hywel Absalom, who later became a Formula 1 racing car mechanic, were the only two to 'graduate' that year from Nant-y-cwm following the sitting of the 11+ examination as a pre-requisite for entrance to a grammar school.

Travelling daily to Narberth by bus proved rumbustious to say the least. Many were the occasions when the headmaster, Sam Evans, would ask Maenclochog children to stay behind after assembly because of some misdemeanour or other. He would refer to them as 'Maenclochog sheep' and inevitably, once they were beyond his hearing, the boys would imitate bleating sheep. The medium of all instruction would be English and little relevance given to Welsh but even so it would usually be the first language Welsh speakers who would excel in English exams.

Home on the farm at Rhiwe everyone was expected to muck in to complete all the chores; feeding and milking the cows, collecting eggs, washing the milking utensils, carrying churns, cutting ragwort and thistles, clearing fields of unwanted stones, fetching the cows, feeding other animals, gardening, cooking and cleaning. Hafwen remembers the occasions when a cow hanged herself between two branches and another fell into a deep river pool and a newly born kid hanged itself on a plough. The most harrowing experience was when a sow that had just given birth turned on the maid, Manw Phillips. Apparently one of the children had screeched and the sow thinking one of her piglets was in danger attacked intuitively leaving a large open gash on Manw's leg. The journey to Llan-y-cefn Shop, without a stick, to phone for a doctor, and knowing the sow was still loose, was frightening.

Other incidents still raise a chuckle as when Hafwen announced she had seen the cockerel lay an egg and when she fell into a large bowl of sour milk. But she would spend hours on her own 'cooking' tarts from the mounds of red ash in the rickyard. Lost in her own thoughts and pursuing a vivid imagination she would be told off for not answering when called. Apparently she would answer but in a very quiet voice.

Rhydwilym Chapel would be a home from home as, apart from the almost compulsory attendance at the three services per Sunday, many activities took place during the week as well. Festivals, 'Penny Readings' and literary meetings were on the agenda. On one occasion the expected lecturer did not turn up and Hafwen's grandmother, Anne Williams, Dolbetws, was asked to recite the longest psalm. This she did without flinching – all 176 verses of Psalm 119. One of the highlights of the year was the visit by Santa Claus during the annual Christmas Tea Party and one occasion Hafwen tugged almost too earnestly on his whiskers. A Vigil to welcome the New Year would be held at which gifts brought well wrapped would be bought and sold, and the older men, including the deacons, would try and snatch a 'cwtsh' from the young girls. But they would rather have the company of the young men who would have arrived on motorbikes. A ride home on a motorbike would be far more exciting and rewarding.

Again, associated with Rhydwilym, the baptism by immersion in the river would be a treasured occasion. In 1958 it was the turn of Hafwen along with Ann Owen, Kaye Thomas, John Phillips, Hywel Absalom and David Rees to be immersed by the Revd Haydn Thomas. The water was cold and stones underfoot slippery but a string of deacons and a family member held cloths ready to dry each one as they emerged. 'Hallelujah, Hallelujah' would be sung by the large congregation spread across the bridge as each one emerged. The river itself would be a constant attraction as hours would be spent squinting flat stones across the water surface. Toys and gadgets were almost non-existent but a kitten, a puppy or a pet lamb would provide hours of enjoyment.

Electricity and telephone arrived in the 50s. Paraffin lamps and Tilley lamps were put aside and completion of homework became easier when a bulb hanging from the ceiling lit up copybooks. Everybody jumped nervously when the telephone rang and studiously recited the rehearsed number as they figured who would be at the other end. Everybody then patiently waited for the next call. Hafwen lost her father in 1953 and recalls how she returned home on her bike a few weeks later with the news that she had passed her 11+ exams but there was no father to share the joy. And life was never the same.

After four years spent at University of Wales, Aberystwyth, gaining a degree and a teacher's certificate, Hafwen returned to teach initially at St Davids for nine years and Whitland for five years before returning to university to study for a Master's degree. Since 1980 she has lived in Bala and prior to retiring was the headteacher of the local secondary school, Ysgol y Berwyn. However, her home is called 'Preseli' and it is her intention to return eventually to her home turf.

Mawr Fy Mraint

Lowri Williams

Deuthum i Ysgol Maenclochog yn Ionawr 1974 ar gais y Swyddfa Addysg yn Hwlffordd i gyflenwi am ddau dymor. Yn cychwyn ar eu gyrfa yn yr ysgol yr un diwrnod â mi yr oedd Gary Bevan a John Bourton. Daeth cyfle yn ystod tymor yr haf i fod yn aelod parhaol o'r staff, cyfle yr oeddwn yn falch o'i dderbyn, ac yno yr arhosais. Gareth Francis oedd y Prifathro bryd hynny ac wedi bod yn ei swydd am flwyddyn a thymor, ei ddirprwy oedd Eilyr Thomas ac roedd John Thomas, Abergwaun, yn athro yno hefyd. Deuai John Williams yn wythnosol i roi sylw arbennig i rai plant.

Yn gofalu am y gegin yr oedd Eirian Kelly a Nesta Howells ynghyd â Mrs Mona Lewis a Mrs Mattie Davies yn gofalu am y plant yn ystod yr awr ginio a Vince John yn gofalu am yr ysgol. Ddeuddydd yr wythnos byddai'r Ysgol Feithrin yn cwrdd yn y cantîn. Roeddem yn deulu dedwydd. Wedi bod yn dysgu yn Ysgol Camrose North a chyflenwi ychydig yn ysgolion Abergwaun a Gwdig, bendigedig oedd bod mewn ysgol Gymraeg naturiol a theimlwn i mi gael croeso cynnes yno gan blant a rhieni. Roedd y plant yn hynod – yn annwyl, addfwyn a naturiol dros ben, ac felly y buont tra bûm ym Maenclochog.

I roi syniad o'r cyfnod ar y pryd, roedd Eisteddfod Genedlaethol Hwlffordd wedi mynd heibio ac Eisteddfod Genedlaethol Caerfyrddin ar y gorwel. Jâms Nicholas oedd Prifathro Ysgol y Preseli. Roedd y sgert fini yn tynnu at ddiwedd ei hoes, Cyngor Sir Dyfed ar fin ei sefydlu, roedd yna ddogni petrol ac roedd yn flwyddyn sgandal Watergate yn yr Unol Daleithiau. Roedd hefyd yn gyfnod Project Bangor fel y'i gelwid, sef prosiect wedi ei ganoli ym Mangor o dan ofal Menai Williams, Elfyn Pritchard, Huw John Hughes a Maldwyn Thomas. Ymhen amser cyhoeddwyd y canlyniadau detholedig o dan y teitl *Cyfres y Porth*. Rhaid dweud iddo fod yn brofiad difyr dros ben ac yn rhywbeth hollol ffres i'r plant llai a'r plant lleiaf. Yn cyd-oesi â Phroject Bangor yr oedd Project Elen Ogwen a oedd yn arbrofi â iaith y plant lleiaf er mwyn cynhyrchu cyfresi darllen maes o law o dan y teitl *Cyfres y Ddraig*. Gan fod nifer o'r plant lleiaf yn fy nosbarth rhaid oedd i mi weithredu hwn hefyd, a theimlwn fy mod â bys mewn dau friwes!

Roedd hi hefyd bryd hynny yn oes y Cynllun Agored bondigrybwyll. Ym Maenclochog yr hyn a wnaed oedd tynnu wal i lawr rhwng y dosbarthiadau lleiaf gan adael lle anferth a thros hanner cant o blant ynddo. Yr unig ffordd i ddelio â hyn oedd trwy gael trefn bendant. Bryd hynny, ac am flynyddoedd i ddilyn, roedd Ysgol Maenclochog yn bum adeilad, sef y prif adeilad, ystafell y plant lleiaf, ystafell deledu, y cantîn a'r toiledau. Roedd digon o waith rhedeg o un i'r llall! Ar y pryd roedd Trefdraeth i fod i gael ysgol newydd (roedd Eglwyswrw newydd gael un) ac ar ôl Trefdraeth tro Maenclochog ydoedd i fod. Y bwriad oedd codi'r ysgol newydd ar y cae pêl-droed. Ond nid felly y bu. Ymron i 30 mlynedd yn ddiweddarach, gwnaed yn fawr o'r adeilad gwreiddiol trwy ei addasu ac ychwanegu ato a chadwyd y cae pêl-droed yn ddiogel.

Mewn ysgol gynradd mae'r tymhorau'n bwysig iawn a phob un yn ei dro yn dod â'i swyn arbennig. Deuai'r hydref â'i ddail lliwgar, ffeiriau, Diolchgarwch, Guto Ffowc; y gwanwyn â'i ŵyn bach, ei flagur a'i flodau, eisteddfodau ac, wrth gwrs, wyau Pasg; a'r haf â'i lawnder, y mabolgampau a phlant y ffermydd yn dwlu ar amser silwair, gwair a llafur. Yn eu tro deuai'r cyngerdd Nadolig, Eisteddfodau'r Urdd ac eira! Byddai'r plant wrth eu bodd yn gweld yr eira'n disgyn. Methai rhai â dod i'r ysgol o gwbl a phlant y pentre'n cael hwyl yn sglefrio ar yr iard ac yn gwneud dyn eira.

Cofiaf fy mhrofiad cyntaf o eira ym Maenclochog. Y rheol oedd bod yn rhaid ceisio dod i'r ysgol, doed a ddelo. Golygai hyn fwy nag unwaith fynd yn sownd ar Fynydd Morfil, neu hyd yn oed cyn cyrraedd Llanychaer a bod mewn tipyn o bicil wedyn. Ond y tro hwn penderfynodd Mr Francis y dylai Mr Thomas a minnau deithio yn ei gar ef – Renault bach gwyrdd. Llwyddodd y car yn syndod o dda i fynd â ni dros Fynydd Morfil a heibio Tafarn Newydd nes dod i waelod rhiw Rosebush i lawr yn y pant. Daeth y car i stop ac ni wnâi'r olwynion ddim ond troi yn ei hunfan. Trodd Mr Francis y car rownd yn ddiymdroi a bagiodd yr holl ffordd o'r gwaelod i groesffordd Rosebush! Oedd o werth yr ymdrech? Wn i ddim, oherwydd dim ond rhyw chwe phlentyn oedd yn yr ysgol i gyd !

Dro arall, tua'r flwyddyn '82, efallai, roedd yna eira mawr ymhobman a 'doedd dim gobaith gadael cartref am sawl diwrnod. Ond ymhen rhyw ddeuddydd penderfynais geisio mynd ar ôl cinio. Llwyddais yn bur dda i fynd dros Fynydd Morfil a heibio Blaenpalis, ond o tua'r Fagwr Goch hyd at Dafarn Newydd roedd wal uchel o eira bob cam ar fy chwith, ac wrth groesi'r briffordd gwelwn nad oedd gobaith i'r un cerbyd fynd dros y mynydd gan uchder a thrwch y lluwchfeydd.

Tua 1978 gofynnodd y Prifathro i mi a hoffwn symud o'r dosbarth cynllun agored i ddosbarth ar fy mhen fy hun. Roeddwn yn falch iawn o wneud gan y teimlwn y byddai'r plant yn cael gwell chwarae teg. Ym 1979 penodwyd Eilyr Thomas yn Brifathrawes Ysgol Mynachlog-ddu a chafwyd cyngerdd i ffarwelio â hi yn Neuadd yr Eglwys ar y dydd yr etholwyd Magi Thatcher a'i chriw Torïaidd i ffurfio llywodraeth. Rai misoedd wedi hynny hysbysebwyd y swydd o ddirprwy-bennaeth yn Ysgol Maenclochog. Ymgeisiais amdani a bûm yn ddigon ffodus i'w chael. Tua'r un adeg croesawyd Ionwy Thomas (Thorne erbyn hyn) i ofalu am y plant lleiaf a dyna gychwyn ar oes arall yn hanes yr ysgol.

Fel nifer o ysgolion eraill yr oedd Maenclochog yn dynesu at ei chant oed erbyn hyn. Ym 1980 y bu'r dathlu ac fe gafwyd cryn ddathlu hefyd. Galwyd rhieni a chyn-ddisgyblion i bwyllgor a phenderfynwyd cynhyrchu platiau a mygiau a chynnal cyngerdd arbennig, parti, diwrnod agored, cyhoeddi braslun o hanes yr ysgol yn ddwyieithog ac i gloi'r cyfan, Cymanfa Fodern. Cynhaliwyd y cyngerdd yn Neuadd yr Eglwys ac roedd criw teledu yno'n recordio'r cyfan a'r lle'n orlawn. Bu rhyw bedwar o'r plant yn siarad â'r diweddar Alun Williams ac yn dewis record. Roedd y tywydd yn fendigedig ar y Sadwrn ar gyfer y dydd agored a phob math o hen luniau'n cael eu harddangos ynghyd â gwaith y plant. Bu'r parti'n llwyddiant ysgubol ac roedd y gacen yn gampwaith. Gwerthwyd y platiau a'r mygiau i gyd a thrwy gryn chwys daeth y llyfryn dwyieithog yn ei glawr pinc o'r wasg.

Mr Francis a Michael Francis (cyn-ddisgybl sy'n gweithio yn y Llyfrgell Genedlaethol) a ysgrifennodd y llyfr, a minnau a'i cyfieithodd, yn amlach na pheidio yn oriau mân y bore. Yna fe'i teipiwyd gan sawl mam neu gyn-ddisgybl yn y pentref a'i roi at ei gilydd yn y cantîn rhyw fin nos gyda staplau mawr a thua deunaw ohonom yn cynorthwyo. Daeth y cyfan i ben gyda'r Gymanfa Fodern ar y nos Sul a'r capel dan ei sang. Eilyr oedd yn arwain, Geoff Eynon yn llywyddu, a mynnodd Mr Francis mai gyda'i gitâr yn y band y carai fod!

Ym mis Tachwedd 1980 cafodd Mr Francis ei daro'n wael ac er iddo ddychwelyd i'r ysgol am gyfnod ac yna treulio peth amser yn gweithio yn y Swyddfa Addysg, fe fu'n rhaid iddo ymddeol. Trist oedd gweld gŵr mor ifanc yn colli ei iechyd. Tristwch ddaeth i'n rhan ninnau hefyd fel teulu pan gollwyd ein mab, Dafydd, ar ôl pum mlynedd o salwch. Rydw i'n ddiolchgar hyd y dydd heddiw i'r gymdogaeth am ei chefnogaeth yn ystod y cyfnod hwnnw. Yna, erbyn tua mis Hydref 1982, cefais fy mhenodi'n Bennaeth yr ysgol.

Gwrando'n astud ym mis Mawrth 1976: Andrew Graham, Kirsty Hiatt, Jonathan Bushell, Nicola Salmon, Sally Nicolson, Kathleen Sutton

Mae rhywun yn galw ac mae Alison Danton yn ateb tra bo Ann Rees a Mandy John yn fishi

Ysgol y Preseli fydd hi i ni'r tymor nesa: Richard Howells, Stuart Lee, Richard Bushell, Ian John, Emyr John, Amanda Absalom, Mark Graham a Mark O'Connor

Yr oedd yr Eisteddfod Genedlaethol yn dod i Abergwaun ym 1986 a thua tair blynedd cyn hynny roedd pwyllgorau codi arian yn cael eu ffurfio ymhobman. 'Doedd Maenclochog yn ddim gwahanol. Y penderfyniad oedd i bob cymdeithas yn yr ardal i wneud ei ran dros gyfnod a rhoi'r arian i gyd at ei gilydd fel ymdrech y gymdogaeth. Un o'r cyntaf i wneud ei ran oedd yr ysgol. I lawr â ni unwaith eto i Neuadd yr Eglwys a chafwyd cyngerdd gwerth chweil, a'r uchafbwynt oedd y plant wedi eu gwisgo fel aelodau'r Orsedd gan fabwysiadu enwau rhai o drigolion y pentref. Sôn am sbort.

Oherwydd bod bywyd ysgol yn tueddu i fod yn undonog mae digwyddiadau fel cyngherddau ac eisteddfodau yn mynnu aros yn y cof. Cafwyd cyngerdd ardderchog un flwyddyn pan aed ati i actio hanes Barti Ddu (Dyfed Bowen) a'r plant wedi dysgu llawr o ganeuon y môr. Daw Eisteddfodau'r Urdd i gof; Castellnewydd Emlyn yn y glaw a phabell newid y gân actol yn ddŵr hyd at bigyrnau'r plant. Rhyl ac Abergele, Porthaethwy (lle'r enillodd Mandy am ganu dan wyth ac y daeth y parti unsain yn ail), Port Talbot, a'r un ddiwethaf i mi, Rhuthun, yn y gwres llethol lle'r oedd chwe eitem gennym a dim digon o amser i wneud cyfiawnder ag un. Ond y cyfan yn fwynhad ac yn addysg i'r plant.

Rhaid cyfaddef mai un o uchelfannau os nad yr uchafbwynt o'm holl arhosiad ym Maenclochog oedd pasiant y plant *S'dim Ots* gan Morys Rhys a Hefin Elis yn Eisteddfod Genedlaethol Abergwaun ym 1986. Dim ond y plant hynaf oedd yn cael cymryd rhan er mwyn cwmpasu ysgolion yr ardal i gyd. Cawsant i gyd ganu yn y côr. Dysgwyd y caneuon a chafwyd ymarferion mewn gwahanol ysgolion a recordiwyd y cyfan yn Ysgol Uwchradd Abergwaun ar benwythnos crasboeth. Cynhaliwyd clyweliadau gan David Hedley Williams (y cynhyrchydd) yn Ysgol Casmael rhyw fore Sadwrn yn y gwanwyn ac roedd fy nghalon yn chwyddo o falchder bod pump o'n plant ni wedi cael prif rannau, Peter Bushell, Islwyn Edwards, Siôn Jones, Gary Nicholas ac Aled Vaughan.

Rhoddwyd gwahanol agweddau o'r pasiant i wahanol ardaloedd er hyrwyddo'r ymarferion. Er enghraifft, criw o 'pyncs' oedd plant Maenclochog, gwnaed golygfa Dewi Sant a Glyn Rhosyn gan blant o ardal arall, y Normaniaid o ardal arall eto, ac yn y blaen. Athrawon oedd yn cario'r plant o le i le i ymarfer a daeth y cyfan i fwcwl ar nos Lun yr Eisteddfod yn yr hen bafiliwn. Noson emosiynol iawn ydoedd, yn codi'r ysgryd ar lawer iawn ohonom a theimlad o gymaint balchder ynom nes ei fod bron â ffrwydro.

Ar gyfer arddangosfa o waith plant yr ysgolion ym mhabell Dyfed ar y maes gofynnwyd i bob ysgol gynhyrchu gwaith arbennig. Ein tasg ni oedd gwneud llyfr ar Waldo ynghyd â darlun o'i gerdd, 'Un funud fach cyn elo'r haul o'r wybren' (*Cofio*). Cafodd y plant a minnau fwynhad a budd di-ben-draw o greu'r llyfr a daeth Elizabeth Haines i arwain y ffordd i greu'r darlun. Mae'r llyfr gennyf yn y tŷ byth ac rwy'n berchen ar ffotograff o'r darlun. Amser prysur, difyr a llawn mwynhad.

Hoff amser o'r flwyddyn i'r plant, efallai, fyddai'r Nadolig. Rhaid dweud ei fod yn amser hudolus – stori'r Geni, gwaith crefft arbennig, partïon, gêmau a chinio. Erbyn diwedd y tymor byddai hyd yn oed y bechgyn mawr mwyaf sinigaidd a chyndyn yn gwir gredu bod Siôn Corn yn bodoli! Ar adeg y Nadolig y gadawodd Ionwy ni i gael ei merch, Non. Diwrnod prysur oedd diwrnod ei chyngerdd ymadael hi. Mr John Thomas, Cadeirydd y Llywodraethwyr, oedd Cadeirydd Sir Dyfed ar y pryd, ac roedd wedi gwahodd plant hynaf yr ysgolion i Gaerfyrddin i barti ac i'w weld yn cynnau'r goleuadau Nadolig. Rhaid, felly, oedd i ni fynd yno'n gyntaf ac yna brysio'n ôl i Neuadd yr Eglwys i ffarwelio â Ionwy. Yn dilyn hyn croesawyd atom Mrs Nesta George a Liz Llewelyn, y ddwy yn eu tro gyda'r Babanod.

Pethau doniol? Do, digwyddodd llawer o'r rheiny ond mae llawer ohonynt braidd yn rhy amheus i'w cynnwys. Nid yw'r lleill yn hollol mor ddoniol! Buddug Edwards yn dweud wrth y Prifathro, 'Mr Francis bach, chi'n mynd dros ben llestri nawr!' Loretta Jones a fyddai bob amser yn dechrau sgwrs gyda 'Miss, shall I tell you something?' Adeg hyfforddiant beiciau rhyw dro pan oedd y plant hynaf wedi dod i'r ysgol ar eu beiciau, llwyddodd Colin Lewis i glymu ei hun i gadwyn y beic a chloi ei hun yn dynn ynddo. Mae llun yn yr ysgol yn rhywle i brofi hyn!

Yr amser gorau o ddigon i ddod i adnabod y plant oedd pan fyddem yn gwneud gwaith crefft, yn enwedig wrth gydweithio â'r *collage*. Siaradent yn hollol naturiol ac agored gan adrodd hanesion eu brodyr a'u chwiorydd iau a hŷn, a'u helyntion ar ddydd Sadwrn a gwyliau, gan fy nghynnwys i yn eu sgwrs. Peidied neb â dweud bod cymeriadau'n peidio â bod.

Soniais ar y dechrau ei bod yn amser dogni petrol pan gychwynnais ym Maenclochog. Gyda chaniatâd gwraig Mr Thomas a'm gŵr innau buom yn teithio gyda'n gilydd o Abergwaun gan fynd â char bob yn ail. Un tro roedd car Mr Thomas yn gwrthod cychwyn y tu allan i'r ysgol. Bu raid i mi ei wthio am yn ôl i'r ffordd ac yna ei wthio dan redeg i lawr y ffordd cyn belled â'r Eglwys gan dwthian yn goch fy wyneb cyn sylweddoli nad oedd wedi troi'r injian ymlaen! Sawl un oedd yn llygad dyst o hyn, tybed? Rhedeg allan o betrol ar Fynydd Morfil dro arall a chael ein hachub gan Rhidian Smith.

Torrodd Aled Thomas, Y Mot, ei fraich wrth gwympo oddi ar y soffa gartref rhyw haf. Flwyddyn i'r diwrnod yn ddiweddarach roeddem yn cynnal ymarferion naid uchel allan ar y cae. Aled oedd y cyntaf i neidio ac wrth geisio dynwared yr hyn a welsai ar y teledu, neidiodd gorff yn gyntaf, gan lanio ar ei fraich a'i thorri eto!

Ni fu erioed drafferth gyda phlant Maenclochog o ran ymddygiad. Nid oedd trafferth wrth fynd â hwy ar wibdaith, ar daith gerdded, i eisteddfod nac hyd yn oed i gapel neu eglwys. Byddent bob amser yn foesgar ac yn ymddwyn yn dda. Canmolid hwy bob amser gan athrawon cyflenwi a ddywedai i gyd bod plant 'neis' ym Maenclochog.

Yng Ngorffennaf 1992 y bu i mi ymddeol wedi 19 mlynedd namyn tymor yn yr ysgol. Amser hapus a diddan ydoedd a theimlaf yn freintiedig i mi gael bod yno cyhyd. Dilynaf yrfaoedd y plant yn awchus ac ymfalchïaf yn eu llwyddiant. Does dim yn rhoi mwy o bleser i mi na phan ddaw un ohonynt ataf ar y stryd, mewn siop neu eisteddfod a chyflwyno'i hunan fel y gwnaeth Aled Jones mewn caffi y llynedd, sgwrs gyda Jonathan a Peter Bushell yn Sioe'r Sir yn Hwlffordd a chydag Aled Vaughan ar y ffôn yn ddiweddar. Clywaf bod ei chwaer, Luned, yn athrawes fathemateg yn ysgol fy wyrion i yng Nghaerdydd; gwelaf rai eraill: Susan a Sara Bryan wrth eu gwaith, a Susan, fel Hafwen ac Eleri Vaughan yn mynd â'u plant i gystadlu yn yr Urdd. Braf iawn hefyd oedd gweld Sasha, gyda phlant ei hysgol, yn cystadlu.

Mae Marilyn Lewis, fu unwaith yn un o'r rhieni, erbyn hyn yn gôr-feistr arnaf a Christine yn blismones yn Abergwaun. Mae Paul Edwards a Mark O'Connor yn athrawon yn Ysgol Bro Gwaun, fel y bu Meleri Jenkins, sydd bellach wedi symud i Ysgol y Preseli. Daeth llais Sioned Ifans dros y radio y dydd o'r blaen yn ateb un o gwestiynau Jonsi, a rhai misoedd yn ôl gwelwyd Neal Edwards yn cyflwyno ar y rhaglen deledu ar wyliau. Daw hanes am Robert, Nigel ac Alison Nicholas o dro i dro yn lleol ac yn Llundain, felly hefyd Dyfan a Gerallt Edwards, Hafod Ddu, sy'n llwyddo'n ardderchog yng Nghaerdydd a merched Fagwr-goch sydd i gyd yn gwneud eu marc. Dyfan a Cathryn, yr addfwynaf o blant, oedd y bachgen a'r ferch hynaf pan oeddwn yn ffarwelio – Cathryn Williams erbyn hyn yn feddyg a Dyfan yntau yn Ph.D. Sylweddolaf mai dim ond cyfran fechan o'r plant yw'r rhain, ond dyma'r rhai y clywaf eu hanes yn gyson. Gwych iawn yn wir a dalied ati. Mawr hefyd fu fy mraint innau.

The above article by Lowri Williams contains reminiscences of her time spent teaching at Maenclochog from 1974 until 1992. Gary Bevan and John Bourton began their scholastic career at Maenclochog on the same day that Lowri Williams began her intended two terms as a supply teacher. At the end of the second term she was invited to stay as a permanent teacher and this she did for almost nineteen years. She had previously taught at schools in the Camrose and Fishguard areas and now felt privileged to be able to teach in a natural Welsh school where all the children were endearing and affectionate. Gareth Francis was the headmaster and fellow teachers were Eilyr Thomas and John Thomas. The school took part in various groundbreaking projects such as Cyfres y Porth and Cyfres y Ddraig designed to modernise the teaching of Welsh and teaching through the medium of Welsh. Open plan teaching was also in vogue and more than 50 children from the two infant classes were taught in the same large room.

The change of seasons was important in a rural school and various activities were associated with various seasons be they Thanksgiving in the autumn, the annual concert in the winter, the eisteddfod in the spring and the sports in the summer. The arrival of snow would excite the children since many would be unable to make it to school. The journey from Fishguard would occasionally be impossible when snow was on the ground though on one occasion Mr Thomas and Mrs Williams heroically travelled in Mr Francis' car. They made it as far as the dip between Tafarn Newydd and Rosebush without much difficulty but then had to reverse the car some distance and eventually arrived in school to be greeted by only six children!

In 1979, following the appointment of Eilyr Thomas as headteacher at Mynachlog-ddu, Lowri Williams became the deputy headteacher and Ionwy Thorne joined the staff. The centenary was celebrated the following year in style with commemorative plates and mugs, an open day, a party, concert, a bilingual historical booklet and a modern Cymanfa Ganu. A television crew was present at the concert held in the Church Hall and Alun Williams interviewed four of the children for his record request radio programme. Old photographs were on display and a huge centenary cake was eaten. The booklet written by Gareth Francis and former pupil, Michael Francis and translated by Mrs Williams was very much a labour of love. Various parents typed the manuscript and a large number of parents spent an evening in the canteen stapling all the pages together. Eilyr conducted the Gymanfa, Geoff Eynon presided and Mr Francis insisted on playing his guitar with the band.

A few months later Gareth Francis was taken ill and although he recovered remarkably he was unable to take up his former responsibilities. The community later came together to show their appreciation of his work and to bid him farewell. Tragedy also struck Mrs Williams' family in 1983 when their son, Dafydd, died after a long illness. She remains grateful to this day for the quiet and dignified support shown by staff, parents and villagers. By then she had been appointed head teacher and preparations had to be made for the National Eisteddfod to be held at Fishguard in 1986. A concert was held in the Church Hall to raise local funds with the children all dressed as members of the Gorsedd and given spoof names based on characters from the village. Another year a concert was based on the pirate Black Bart with Dyfed Bowen playing the lead part.

But undoubtedly the high point of her time at Maenclochog was the Children's Pageant at the Fishguard National Eisteddfod, 'S'dim Ots' by Morys Rhys and Hefin Elis. All children from Years 5 and 6 sang in the choir and five pupils were chosen by David Hedley Williams, the producer, for speaking parts namely Peter Bushell, Islwyn Edwards, Siôn Jones, Gary Nicholas and Aled Vaughan. That Eisteddfod Monday evening in the pavilion was a very emotional experience and made everybody feel proud of their achievements. The pupils also put together a booklet based on Waldo Williams' life and poetry that was displayed in one of the stands on Y Maes, together with a collage illustrating Waldo's poem 'Un funud fach' (Cofio), for which local renowned artist, Elizabeth Haines had visited the school to show the way.

At Christmas Ionwy left in order to give birth to Non, and of course a farewell concert had to be held. The chairman of the Governors, Councillor John Thomas, was also the chairman of Dyfed County Council at the time, and the older pupils were invited to Carmarthen to a party and witness the turning on of the Christmas lights in the afternoon prior to the evening concert. Nesta George and Liz Llewelyn then joined the staff. A lot of funny and unusual happenings still make Lowri Williams chuckle. For example, Loretta Jones would always begin a conversation with, 'Miss, shall I tell you something?' and Colin Lewis one day managed to tie and lock himself to his bicycle chain. The most entertaining time in school would be during the craftwork lesson, and in particular, collage work. The children would talk totally uninhibited about their brothers and sisters, about what had happened on Saturdays and during holidays, and very often forgot that Mrs Williams was present! Let no one say that characters are dying out.

On one occasion Mr Thomas' car would not start and Mrs Williams volunteered to push the vehicle down as far as the church but without success. It was only then that Mr Thomas realised the key had not been turned in the ignition. How many people remember that episode? On another occasion Mr Thomas' teeth fell onto the table much to the mirth of the children. Aled Thomas from New Moat broke his arm one summer when he fell off the sofa at home. Exactly a year later he was practising the high jump on the field and lo and behold he fell and broke his arm in exactly the same place. She also remembers a blonde little boy, who shall remain nameless, having tantrums on the table in the Infants class and another new girl, who shall also remain nameless, who mistook the Tŷ Bach Twt in the classroom for another Tŷ Bach and made full use of it!

The children never caused any trouble behaviour wise. It was always a pleasure to take them on trips since they were always polite and well behaved. Supply teachers would always commend their behaviour. Lowri Williams retired in 1992 and feels privileged to have spent most of her career as a teacher at Ysgol Maenclochog. She still takes an interest in the careers of the children and always finds it a pleasure to meet them unexpectedly on the street or at eisteddfodau.

☆☆☆☆

The place derives its name 'Maen-clochog' from a large stone, several tons in weight, so nicely poised upon three small upright stones, as to vibrate on the slightest touch, and, upon its being struck, to sound like a bell. This curious relic was destroyed by some of the inhabitants, who, induced by the vain expectation of finding some hidden treasure, blew it up with gunpowder. The parish, which is situated in a mountainous district, comprises a considerable extent of land, the greater portion of which is unenclosed and uncultivated. Part of the Precelly mountain, which is the highest in South Wales, is within its limits: the ancient Welsh name of this mountain is Preswylfa, signifying 'a place of residence,' and is derived from its having been the resort of the natives, as a place of security, in the intestine wars by which this part of the principality was agitated during the earlier periods of its history.

This mountain was anciently well clothed with forest timber, affording shelter to such as took refuge in its recesses, but now presents a bare and sterile aspect, dreary in its appearance, and exhibiting some small vestiges of ancient encampments, which were probably those constructed by the natives. The village, which is of considerable size, occupies the summit of a bleak and barren eminence, and the inhabitants, with the exception of such as are employed in agriculture, are engaged in working some quarries of slate of good quality, which is found in the parish. Fairs are annually held on March 10th, May 22nd, August 5th and the first Monday after the 29th of October; they are large cattle fairs, and are in general well attended.

The living is a discharged vicarage, in the archdeaconry and diocese of St Davids, endowed with £400 royal bounty, and £400 parliamentary grant, and in the patronage of Hugh Webb Bowen, Esq. The chapels of Llandilo and Llangolman were formerly chapels of ease attached to the vicarage, but they have been endowed, and subsequently augmented with Queen Anne's bounty, and are now perpetual curacies, the two districts having been erected into distinct parishes. The church, dedicated to St Mary, and situated in the centre of the village, is a neat edifice, rebuilt by subscription within the last forty years. A schoolroom has been erected in the churchyard, and is now occupied by one of Mrs Bevan's circulating charity schools, for the gratuitous instruction of poor children. St Mary's well, in this parish, is stated to afford relief to such as are afflicted with rheumatism. The poor are maintained by an average annual expenditure amounting to £65/17/-, of which sum £63/7/- is assessed on the hamlet of Maenclochog.

From *Lewis' Topographical Dictionary of Wales* (1833)

Mewn ysgol gymunedol mae'r plant a'r rhieni yn cael eu cyfle i redeg ras fel y gwnaed ym mabolgampau blynyddol 2005. A dyw hi fawr o bwys pwy sy'n ennill – neu a yw hi? Yr oedolion yw: Hannah Jones, Tina Goodman, Alison Phillips, Sally Goodman, Louise Martin a Julie Fudge.

‘Milain yw’r Gwynt. ’Mlaen â’r Gwaith!’

Clive Phillips

Arddid – dwi am wneud prosiect ar arddid.’

Cymerais gam yn ôl – beth ar y ddaear oedd ‘arddid?’. Rhywbeth i wneud â garddio o bosib? Teimlais yn ansicr – fy hygrededd fel athro hollwybodus yn prysur fynd gyda’r gwynt – a hynny cyn amser chwarae ar fy niwrnod cyntaf fel pennaeth newydd yr ysgol!

Roeddwn wedi gofyn i blant y dosbarth ddewis testun addas ar gyfer cywaith unigol. Yr un hen ddiddordebau cyfarwydd oedd yn mynd â bryd trwch y dosbarth – Man. Utd, ffermio, adar – ond dyma un disgybl yn mynnu mai prosiect ar ‘arddid’ oedd hi am ei llunio. Dyma fi yn ei holi ymhellach:

‘Wyt ti’n siŵr fod gen ti ddigon o lyfrau, lluniau a ffynonellau gwybodaeth er mwyn helpu ti gyda dy gywaith... dy gywaith ar ... arddid?’

‘O wes – mae datcu yn arddid dros Gymru – galla’i ofyn wrtho fe, ma’ llwyth o luniau a magasîns ’da fe i helpu fi.’

O dipyn i beth dyma fi’n synhwyro mai aredig oedd ‘arddid’ – a minnau wedi cael fy mwrw oddi ar fy echel yn llwyr y bore cyntaf hwnnw gan un gair bach tafodieithol oedd yn cael ei arddel a’i ddefnyddio yn hollol naturiol. Ar ddiwedd y diwrnod helbulus hwnnw, a chyda chantamil o bethau yn chwyrlïo yn fy mhen, dyma fi’n cipio draw i’r post (oedd ar y pryd gyferbyn â’r ysgol) lle bu i’r bostfeistres holi, ‘A shwma fe’ yn setlo miwn?’

A dyma fi’n troi rownd i weld at bwy oedd hi’n cyfeirio – cyn sylweddoli mai fi oedd y ‘fe’ hwnnw! Wrth gwrs, mae cyfarchiad yn y trydydd person yn rhywbeth digon cyfarwydd (yn enwedig i wrandawyr rhaglen ‘Jonsi’ ar Radio Cymru!) ond prin iawn cyn y prynhawn hwnnw oedd fy mhrofiad i o glywed y cyfarchiad yn y cnawd. A dyna ddechrau ar naw mlynedd fel pennaeth yr ysgol – naw mlynedd hapus, heriol, a chofiadwy iawn.

Un o’r nodau pwysicaf wrth fynd i’r afael â’r gwaith oedd ceisio sicrhau profiadau eang i’r plant; i sicrhau eu bod yn cael cyfle i gyfranogi ac i flasu’r pethau gorau er mwyn adeiladu stôr o atgofion a fyddai – yn y pen draw – yn gefn ac yn angor iddynt yn wyneb amrywiol sialensau y byd mawr. Profiadau o ennill a cholli ar faes pêl-droed neu eisteddfod; o ymweld â mannau megis San Ffagan, Castell Henllys a hyd yn oed Iwerddon; o wrando ar gerddi a cherddoriaeth, ac o ddysgu i werthfawrogi ffraethineb a dychan a thynnu coes.

Ac yn sgîl gwneud fy ngorau i gyflawni hyn, mae gen innau fy stôr o atgofion – y pleser o weld plant yn gwneud cynnydd, yn magu hyder ac yn arddel y gwerthoedd gorau posib; y balchder o weld plant yn dangos parch at eraill, yn ymddiried ac yn gwerthfawrogi pob cyfle; y wefr o weld plant yn datblygu yn ddysgwyr chwilfrydig a brwdfrydig. Efallai bod treigl amser yn euro'r atgofion rhywfaint, ond does dim gwadu yr anwyldeb agos-atoch hwnnw a berthynai i ddisgyblion yr ysgol, fel yn wir i bobl yr ardal yn gyffredinol.

Do, fe fuodd yr ysgol a'r ardal yn rhan bwysig iawn o'm bywyd i am naw mlynedd. Ond aeth pum mlynedd heibio ers hynny. A chyda'r rhod addysgiadol yn troi mor gyflym, mae'n debyg taw dieithriaid i mi fyddai disgyblion yr ysgol heddiw – a minnau yn neb iddynt hwy! Ond pa ots? Dros dro yw athro ar y gorau – yn hanes yr ysgol ac yn hanes y plant fel ei gilydd.

Soniodd Gwyn Thomas am 'rod yr oesau, y presennol parhaol' – ond beth am y presennol – ac yn wir y dyfodol? A fydd yr iaith a thafodiaith yr ardal yn dal yn rhan o'r 'presennol parhaol'? Y Cymreictod hwnnw sydd wedi bod yn rhan mor greiddiol o'r ardal hon ers cyn cof ac sydd yn ganolog i waith a bywyd yr ysgol.

Mae Cyfrifiad 2001 yn dangos dirywiad yn y niferoedd sy'n siarad Cymraeg yn ardal Maenclochog – mae'r ail do o fewnlifiad yn bygwth newid natur ieithyddol yr ardal unwaith ac am byth. Yn ôl y cyfrifiad, dim ond 55% o'r boblogaeth sy'n siarad Cymraeg. Soniodd Carter ac Aitchison yn eu dadansoddiad Cyfrifiad 2001 (*Spreading the Word* Chwefror 2004; Gwasg y Lolfa) fod yr ardal hon yn un o'r ardaloedd allweddol o ran parhad a ffyniant yr iaith fel iaith fyw gymunedol. Maent yn cyfeirio at yr ardal ac ardaloedd tebyg fel 'Zones of Attrition' – ardaloedd lle mae'n allweddol fod popeth posib yn cael ei wneud i warchod ac i hyrwyddo'r iaith.

Mae rôl bwysig iawn gan yr ysgol yn y dasg hon – ond nid ei swyddogaeth hi'n unig ydyw. Mae angen gweledigaeth gymuned-gyfan ynghyd â'r adnoddau i gynnal a hyrwyddo'r weledigaeth honno. Yn y pen draw, yr hyn sydd ei angen yw'r awydd a'r penderfyniad.

Yn ei gywydd croeso i Eisteddfod Genedlaethol Eryri, roedd Gerallt Lloyd Owen yn gweld effaith y bygythiad hwn:

'Croeso bro sy'n mynd am bris,
Croeso dan forthwyl creisis.
Wrth yr awr syrth Eryri,
Wrth yr awr y'i gwerthir hi.'

Ac felly mae hi yn ardal Maenclochog.

Sut, felly, mae wynebu'r creisis? Heb os fe fydd yn waith anodd gydag ambell garfan yn y gymuned yn gwrthwynebu a rhai eraill yn ddi-hid a difater.

Dywedodd Tydfor rhywdro

'Milain yw'r gwynt. 'Mlaen â'r gwaith!'

a bron na allwn ei weld yn aredig – neu yn 'arddid' – uwch ben Cwmtydu gyda gwynt y gogledd yn treiddio trwy'i ddillad at fêr ei esgyrn. Ond er y caledi, er y dyhead i roi'r gorau iddi – rhaid bwrw 'mlaen, rhaid parhau i ymdrechu, rhaid glynu at y dasg a gorffen y gwaith.

Ac mae'r gwynt yn filain ym mhob ystyr yn y rhan hon o'r byd. Gobeithio y bydd 'na ddigon o asgwrn cefn a dyhead ac egni i fwrw 'mlaen i gynnal, i ddatblygu ac i hyrwyddo'r pethau gorau. A gobeithio hefyd yn wir yn y dyfodol y bydd rhyw athro arall yn cael ei fwrw oddi ar ei echel gan gyfoeth tafodiaith plant y fro a chan frwdfrydedd a naturioldeb heintus disgyblion Ysgol Maenclochog.

The above article was written by Clive Phillips who spent nine years as headteacher of Ysgol Gymunedol Maenclochog between 1992 and 2001. He relates the cultural shock he felt on his first day when confronted by the idiosyncrasies of the local dialect. The word for ploughing, 'arddid' rather than 'aredig', and the habit of referring to the individual in the third person singular mesmerised him. He emphasises the need to give each pupil a rounded education through a wide variety of experiences that will prove beneficial when they face the big wide world. Winning and losing on the soccer field or on the eisteddfod stage; visiting such places as Castell Henllys, St Ffagan and even Ireland; listening to music and poetry and appreciating humour, satire and legpulling were all part of the necessary ingredients.

He recalls the pleasure he garnered from witnessing pupils gaining in confidence, excelling themselves and appreciating the best possible values whilst at the same time nurturing respect towards others and becoming naturally inquisitive and enthusiastic. He accepts the passage of time has possibly slightly tinted the memories but he insists no one can deny the affection and intimacy of the pupils as indeed is true of the population as a whole. As time passes he accepts, even within five years, that present day pupils would all be strangers to him just as he would be nobody to them.

He questions whether the Welsh language and in particular the dialect will remain a feature of the area and a part and parcel of school life. The 2001 Census showed that a second generation of immigrants has challenged and threatened the linguistic nature of the area, possibly forever. Statistics show a dramatic drop in the percentage of Welsh speakers to 55% in the Maenclochog area and according to language planning experts, Carter and Aitchison the area is now known as a 'Zone of Attrition'. It is an area where it is imperative for everything possible to be done to ensure the language's survival. This, he says, requires a vision on the part of the whole community not just the school itself, and to acquire a vision, determination and desire must be to the fore.

He draws a comparison with Tydfor, the poet, who said that despite the grim wind, work must be done, as he ploughed the fields above Cwmtydu. If the 'work' is done Clive Phillips hopes that another teacher on another day will also be mesmerised by the richness of the local dialect and the friendly abrasiveness of Maenclochog pupils.

Dirgelwch Ffynnon Samson

Arolygydd Clouseau

Fe fyddai trigolion ardal Llangolman wedi cyflawni eu gorchwylion yn unol â'u harfer ar fore Sadwrn, 11 Rhagfyr, 1976. Byddai'r ffermwyr wedi godro eu da a'u bwydo a chludo'r tshyrns llaeth i ben y feidir erbyn marciau naw o'r gloch. Byddai brecwasta ar waith yn y mwyafrif o aelwydydd a bwriadau'r diwrnod yn cael eu trefnu. Siwrnai i Arberth neu Hwlffordd i rai i siopa, dilyn cŵn hela neu fynychu gêm rygbi fyddai bwriad eraill ac ambell un, efallai, yn paratoi ar gyfer yr oedfaon trannoeth yng Nghapel Rhydwilym neu yn eglwys y plwyf. Ond erbyn canol y bore byddai naws llym yr oerfel a gydiai yn y cnawd yn troi'n arswyd yng nghalonnau'r trigolion. Yn ddiarwybod iddynt roedd yna ddau gorff yn gorwedd mewn gwaed a lludw yn fferm Ffynnon Samson ac wedi bod yno yn gelain ers nos Fawrth yn ôl pob tebyg.

Y postmon, Gareth Rossiter, ddaeth o hyd i gyrff y brawd a'r chwaer, Griffith Morris Thomas a Martha Mary Thomas. Roedd y naill wedi ei losgi'n ddrwg a'r llall yn amlwg wedi ei guro. Gwelid olion tân wedi ei gynnau ar hyd llawr y gegin. Cofiai'r postmon alw yno fore Iau, ac fe'i tarodd yn rhyfedd bryd hynny na ddaeth Martha, neu Patti fel y'i gelwid, mas i gwrdd ag ef, yn ôl ei harfer, pan glywai sŵn ei gerbyd. Taflodd y llythyron ar lawr pasej y drws cefn gan arogli ychydig o wynt mwg ar yr un pryd ond ni chredai fod yna ddim yn anghyffredin yn hynny. Fodd bynnag, pan alwodd eto fore Sadwrn tua chwarter i naw, unwaith eto doedd dim golwg o Martha yn dod i'w gyfarch. Aeth at y drws cefn a sylwodd fod y llythyron yn dal yn yr union fan y'u taflwyd nhw ddeuddydd yng nghynt. Synhwyrodd bod rhywbeth o'i le a mentrodd agor y drws cefn a chanfod yr olygfa erchyll o gorff marw Griff yn y gegin ac eiddo ei chwaer ym mhen pellaf yr ystafell fyw.

Erbyn diwedd y bore roedd tangnefedd cefn gwlad wedi troi'n ferw gwyllt o blismyn, ac wrth i'r newyddion gael ei gludo o dŷ i dŷ, mawr oedd y dyfalu ynglŷn â'r hyn oedd wedi digwydd. Mwrdwr mae'n rhaid. Tebyg bod yna lofrudd â'i draed yn rhydd yn rhywle. Y Ditectif Brif Uwch Arolygydd Pat Molloy, Pennaeth CID Heddlu Dyfed-Powys, oedd yn arwain yr ymchwiliad a buwyd fawr o dro yn sefydlu pencadlys i'r ymchwiliad yn Neuadd Llangolman. Y cam cyntaf oedd canfod gwybodaeth am arferion y ddau ddi-briod a chadarnhau eu symudiadau yn ystod eu dyddiau olaf. Ffurfiwyd darlun o fywydau'r ddau o fewn fawr o dro. Trefnwyd archwilio'r cloddiau ar hyd y ffordd i gyfeiriad Llangolman a Rhydwilym yn drwyadl, hyd at bellter o ddwy filltir ddwy ffordd, a hyd at hanner can llath i mewn i'r perci. Dywedai profiad wrth y Ditectif Molloy y byddai unrhyw arf a fyddai wedi ei ddefnyddio i lofruddio, yn ôl pob tebyg, wedi ei daflu rhywle yn y cyffiniau. Ond er yr holl gribinio ni ddaethpwyd o hyd i ddim o bwys.

Wrth i un haid o blismyn chwilio'n ddyfal roedd yna haid arall yn holi cymdogion am hynt a helynt y ddau oedrannus yn y gobaith y deuid o hyd i ryw gymhelliad dros yr ymosodiadau ffiaidd. Canfuwyd fod y ddau yn bresennol yn oedfa'r bore yn Rhydwilym y Sul blaenorol. Roedd y ddau'n ffyddlon yno ac yntau'n un o'r ymddiriedolwyr ond wedi gwrthod cyfle i fod yn ddiacon. Doedd neb wedi ei gweld hi ers y bore hwnnw ond roedd Griff wedi galw yn siop Charing Cross yn Llangolman i brynu darn o gaws prynhawn dydd Mawrth. Ond, yn anarferol, doedd e ddim wedi galw heibio'r siop trannoeth i mofyn y papur lleol wythnosol. Byddai'n gwneud hynny'n ddieithriad ar ddydd Mercher. Doedd e ddim wedi galw yn ystod y dyddiau dilynol chwaith i godi ei bapur. O ystyried yr adeg o'r flwyddyn doedd hi ddim yn anarferol nad oedd neb wedi galw yn Ffynnon Samson yn ystod y diwrnodau dilynol chwaith. Doedd neb yn galw yno'n rheolaidd.

Doedd yna ddim brodyr na chwiorydd eraill gan y ddau a doedd yna'r un perthynas agos yn byw yn y cyffiniau. Am ei fod yntau'n 73 oed a hithau'n 70 roedden nhw wedi rhoi'r gorau i ffermio ers pum mlynedd a bellach yn gosod y tir ar rent. Cedwid ychydig o ffowls o gwmpas y clos ond doedd yna ddim sôn am na chi na chath. Os oedd rhywun wedi galw, yna, mae'n rhaid mai'r llofrudd oedd hwnnw. Ond pwy allai fod? Oedd rhywun am ddial ar y naill neu'r llall? Beth fyddai'r cymhelliad? Oedd rhywun am ddwyn eu heiddo a'r lladrad wedi mynd o chwith? Y ddau efallai wedi gwrthsefyll ac wedi eu hanafu a'r lleidr neu'r lladron wedi ceisio rhoi'r tŷ ar dân? Gwibiai'r holl bosibiliadau hyn trwy feddwl Pat Molloy.

Daeth rhagor o dystiolaeth am fuchedd y ddau i'r amlwg wrth i dditectifs archwilio'r tŷ. Roedd hi'n wybyddus fod y ddau'n byw yn gynnil ac yn derbyn cyfanswm o £30 o bensiwn rhyngddyn nhw'n wythnosol. Daethpwyd o hyd i £2,094.90 yn un o gypyrddau'r seld yn yr ystafell ffrynt a oedd o dan glo a £543 mewn bag llaw wrth ymyl ei gwely hi. Ar ôl archwilio ymhellach daethpwyd o hyd i ddogfennau yn dangos fod ganddynt hyd at £35,000 wedi ei gynilo. Digon o reswm, felly, i rywun dorri i mewn a cheisio dwyn. Ond doedd yna ddim arwyddion fod yna'r un drâr na chwpwrdd wedi ei agor. Yn wir, roedd yna ddarn o gardfwrdd tenau yn dal ambell ddrws cwpwrdd ar gau a phrin y byddai neb oedd yn chwilota am arian yn trafferthu gosod y darnau nôl.

Ond roedd yna un blwch bychan a gedwid mewn biwro yn yr ystafell ffrynt wedi ei agor ac os oedd yna arian neu eiddo gwerthfawr ynddo, yna, roedd wedi diflannu. Eto, roedd Patti yn cadw cofnodion mor fanwl o incwm a threuliau'r cartref fel na fedrai fod yna fawr o arian yn y blwch. Ai'r gwir amdani, felly, oedd bod y ddau wedi amddiffyn eu heiddo rhag y lleidr – petai yna fwy nag un mae'n siŵr y bydden nhw wedi profi'n drech na'r ddau eiddil – ac wedi ildio eu bywydau yn y fargen?

Bu'n rhaid tyrchu'n ddyfnach i'w cefndiroedd i geisio canfod gwybodaeth a allai fod yn ddefnyddiol a pherthnasol. Y farn gyffredinol oedd eu bod yn frawd a chwaer digon tawel a chyfeillgar eu ffyrdd. Ni fedrai neb ddweud eu bod ar delerau cyfeillgar agos â nhw ond doedd dim sôn chwaith iddyn nhw erioed anghytuno â chymdogion na chydnabod. Roedden nhw wedi byw yn Ffynnon Samson erioed gyda'u rhieni ac roedden nhw yno ar eu pennau eu hunain er 1967. Roedd yno gar a byddai'r ddau'n mynd i Arberth a Chaerfyrddin yn lled reolaidd ac yn bancio arian fel rheol ar yr achlysuron hynny. Un digwyddiad diddorol a ddaeth i'r golwg oedd y ffaith fod Patti wedi ei herlyn am ddwyn o siop yng Nghaerfyrddin ym 1971. Fe'i dyfarnwyd yn euog a'i rhyddhau'n amodol. Mae'n rhaid bod hynny fel patrwm o ymddygiad yn peri rhywfaint o ddryswch i'r ditectifs. Oedd hi wedi bod yn dwyn yn rheolaidd cyn cael ei dal? Deellir bod ganddi wendid am *brooches*. Mynnai rhai i'w phersonoliaeth newid ar ôl hynny a'i bod yn llawer mwy diamynedd ac yn tueddu i golli ei thymer yn hawdd. Fodd bynnag, er mai hi oedd yr ieuengaf o'r ddau, hi oedd yn rheoli'r aelwyd a hi, mae'n amlwg, oedd y drysoryddes.

Yn unol â'r arfer mewn ymchwiliad o'r fath casglwyd tystiolaeth o olion bysedd ar hyd y tŷ – dros 400 ohonyn nhw – ac roedden nhw i gyd arwahân i ddau yn olion bysedd y deiliaid. Roedd y ddau hynny yn olion bys bawd chwith, y naill mewn gwaed ar beiriant gwnïo a'r llall ar wydr ffrâm tapestri oedd yn hongian ar y wal uwchben lle y darganfuwyd corff Patti. Nid eiddo Patti mohono ac roedd llaw chwith Griff wedi ei llosgi i'r fath raddau fel na ellid cymryd ôl y bys bawd. Yn rhyfedd iawn doedd dim ôl ei fys bawd chwith yntau i'w ganfod ymhlith y gweddill a gasglwyd drwy'r tŷ. Roedd yn amlwg fod yr olion yma wedi eu gwneud yn ystod yr ymosodiad ond gan bwy? Ai olion bys bawd chwith Griff oedden nhw mewn gwirionedd? Oedd e'n ceisio amddiffyn ei hun neu'n ceisio erlid rhywun ar y pryd? Oedd yna ddieithryn yn y tŷ? Lleidr efallai oedd wedi diosg ei fenyg neu'r faneg wedi ei rhwygo oddi ar ei law gan y frawd neu'r chwaer? Ond ni fedrai Pat Molloy ganfod unrhyw dystiolaeth bendant i brofi presenoldeb trydydd person.

Wrth gwrs, petai yno ddiethryn mae'n sefyll i reswm y byddai wedi ffoi gydag olion gwaed ar ei ddillad. Hwyrach y byddai yno waed rhywle ar y clos er, erbyn hynny, medrai tridiau o dywydd fod wedi ei olchi. Y dasg nesaf oedd holi cymaint â phosib o bobl, yn berthnasau a chymdogion a phwy bynnag y gwyddys eu bod yn trafaelu drwy'r ardal, er mwyn gwybod ble oedden nhw ar y nos Fawrth. Holwyd 62 o berthnasau'r brawd a'r chwaer ond doedd dim lle i ddrwgdybio'r un ohonynt. Cefndryd oedd y perthnasau agosaf a doedd yr un yn fwy na'r llall yn debyg o elwa'n ariannol o farwolaethau Griff a Patti.

Holwyd dros 1,250 o bobl amrywiol eraill ond roedd pob un ohonyn nhw'n medru cadarnhau nad oedden nhw yng nghyffiniau Ffynnon Samson ar yr adeg o dan sylw. Yr un modd tua 30 o droseddwyr adnabyddus fyddai'n ymddangos yn y llysoedd yn gyson am ddwyn a thrais. Holwyd prynwyr sgrap a hen bethau fyddai'n ymweld â'r ardal yn achlysurol ond doedd dim yn tycio. Cymharwyd y ddau ôl bys bawd chwith â 60,000 o rai eraill oedd wedi eu cofnodi gan yr heddlu ond doedden nhw ddim yn cyd-daro. Ai teg tybio, felly, mai ôl bys bawd chwith Griff oedd y rhain neu eiddo bys bawd chwith rhywun nad oedd wedi ei gofnodi gan yr heddlu?

Ffermdy Ffynnon Samson fel yr oedd adeg marwolaethau'r brawd a'r chwaer

Ffynnon Samson farmhouse as it was at the time of the brother and sister's deaths

A fyddai'r adroddiad *post mortem* yn taflu goleuni ar y mater? Dr Owain Glyndwr Williams, patholegydd o'r Swyddfa Gartref, fu'n archwilio'r cyrff. Daeth i'r casgliad fod Patti Thomas wedi marw o anafiadau difrifol i'w phen. Roedd asgwrn y benglog wedi ei dorri ac roedd hi wedi ei tharo gan arf nad oedd yn finiog. Daeth o hyd i ychydig o barddu yn ei gwddf ond doedd dim carbon monoxide yn ei gwaed. Doedd dim amheuaeth nad damweiniol oedd ei marwolaeth. Roedd rhywun wedi ymosod arni a'i lladd. O ran Griff Thomas roedd yntau hefyd wedi colli llawer o waed ond doedd dim modd canfod ble oedd yr anaf am fod y corff wedi ei losgi i'r fath raddau. Roedd ei ysgyfaint yn llawn parddu ac roedd 10% o'r nwy carbon monoxide yn ei waed. Dangosai hynny ei fod yn fyw pan oedd yn cael ei losgi. Roedd gwallt ei ben wedi ei dynnu'n rhydd o'i wraidd hefyd. Doedd hi ddim yn bosib dweud pa un o'r ddau oedd wedi trengi gyntaf. Ond roedd yn arwyddocaol fod corff y chwaer yn yr ystafell fyw yn ymyl y grat tra roedd corff y brawd yn y gegin yng nghanol dodrefn oedd wedi eu gosod ar y llawr cerrig yn fwriadol i losgi.

Roedd hi nawr yn ofynnol i Pat Molloy geisio gwneud synnwyr o'r annibendod oedd yn y gegin a cheisio ail-greu yn ei feddwl yr olygfa ychydig cyn i'r ddau fynd i'w haped. Ar y bore Sadwrn roedd dwy ddishgled o de yn dal i fod bob ochr i'r silff ben tân yn y gegin. Prin fod yna fwy na dwy neu dair dracht wedi ei yfed o'r naill na'r llall. Ar gadair ger y tân roedd yna blated o sglodion a dwy dafell o fara menyn. Olion bysedd Patti oedd ar y plat. Doedd y teledu yn yr ystafell fyw ddim wedi ei ddiffodd. Yn un o bocedi Griff roedd gwydr plastig ei wats wedi toddi a'r bysedd wedi rhoi'r gorau i gerdded am 8. 20 pm. Roedd waled yn un arall o'i bocedi ond doedd dim arian ynddi. Roedd y rhan fwyaf o gnawd ochr chwith ei gorff wedi llosgi'n llwyr a'r ochr dde yn orchudd o waed. O ran y dodrefn roedd y sgiw wedi llosgi'n ulw ac roedd nifer o gadeiriau yn ogystal â pheiriant gwnïo wedi eu dymchwel yng nghanol pentwr o bapurach ar ganol y llawr cerrig. Sylwyd bod hoelen yn sownd yn nhalcen Griff ychydig uwchben ei lygad de. Un o hoelion y sgiw oedd hon wedi tynhau yn ei groen yng ngwres y tân ar ôl i'r dodrefnyn gwympo ar ei ben yn ôl pob tebyg. Ond doedd dim olion unrhyw danwydd yno a fyddai wedi hwyluso cynnau'r tân.

O ran Patti Thomas, am nad oedd yna dystiolaeth o waed wedi tasgu yn y man lle y daethpwyd o hyd iddi, fel y disgwylid petai'r ymosodiad wedi digwydd yn y fan honno, mae'n rhaid ei bod wedi ei chario o'r gegin gan rywun ar ôl ei lladd. Roedd ei gwaed yn gyforiog ar wal a llawr cornel y gegin a phatrwm ei siwmper yn amlwg ar y wal yn dangos iddi syrthio'n erbyn y wal cyn cwympo i'r llawr. Ond pam ei chario i'r ystafell fyw a'i gosod ger y grat yn y fan honno? Roedd blanced wedi ei gosod yno gydag un pen ohoni yn y grat a'r pen arall yn ymyl y corff ond dim ond y pen oedd yn y grat oedd wedi ei losgi. Mae'n rhaid ei bod yn fwriad i ddefnyddio'r tân oedd yn y grat hwnnw yn ogystal â'r tân oedd yn yr Agga yn y gegin i losgi'r cyrff os nad y ffermdy cyfan. O ran arf y gellid fod wedi ei ddefnyddio i dorri ei phenglog roedd yna goes cadair yn y gegin ger y drws i'r ystafell fyw a oedd wedi ei orchuddio gan waed. Yn ôl yr arbenigwr fforensig, Dr Trevor Rothwell, doedd y gwaed ddim wedi disgyn ar goes y gadair a doedd hi ddim wedi ei throchi mewn pwll o waed chwaith. Mae'n bosib bod y gadair gyfan wedi ei defnyddio i daro'r ergyd farwol. Roedd yr arbenigwr hefyd o'r farn fod llawes dde a chefn y gardigan roedd Patti yn ei gwisgo wedi ei llosgi ar ôl ei staenio â gwaed a hynny wedi digwydd yn y gegin.

Dyna oedd y cefndir pan gynhaliwyd y cwest llawn i achos marwolaethau'r ddau yn Hwlffordd ar 17 Chwefror 1977. Doedd dim dadlau ynghylch achosion y marwolaethau: 'anafiadau difrifol' o ran Martha Mary Thomas a 'llosgiadau' o ran Griffith Morris Thomas. Ond tasg y rheithgor oedd penderfynu pwy neu beth oedd yn gyfrifol am achosi'r anafiadau a chynnau'r tân. Tystiodd y Ditectif Brif Uwch Arolygydd Pat Molloy, Pennaeth CID Heddlu Dyfed-Powys, y gellid diystyru presenoldeb person dieithr yng nghegin Ffynnon Samson ar nos Fawrth 7 Rhagfyr 1976 yn llwyr. Felly, penderfynodd y rheithgor fod Griff Thomas wedi lladd ei chwaer ond methwyd â chytuno p'un a oedd wedi cyflawni hunanladdiad neu wedi marw'n ddamweiniol neu wedi ei ladd.

Cofnododd y Crwner, John Frederick Johnson, ddedfryd o ddynladdiad o dan law ei brawd yn achos y naill a dedfryd agored yn achos y llall. Ond roedd y trigolion lleol a'r cymdogion yn ei chael yn anodd i dderbyn y medrai Griff droi ar ei chwaer a'i lladd ar ôl i'r ddau gyd-fyw gydol eu hoes. Roedden nhw am gredu fod yna lofrudd wedi ymosod ar y ddau yn fuan ar ôl i Griff ddychwelyd o Charing Cross gyda'r cosyn yn ei boced. Efallai fod yna ddyn dieithr yn y tŷ pan gyrhaeddodd adref a hithau'n dechrau tywyllu. Hwyrach ei fod yn rhywun roedd e'n ei adnabod a'i fod eisoes wedi derbyn cynnig o ddishgled o de gan ei chwaer. Ymhellach ni chredai neb y byddai Griff wedi llosgi ei hun i farwolaeth yn fwriadol.

Doedd yr amheuon yma ddim yn diflannu waeth beth am dreigl y blynyddoedd ac un mlynedd ar ddeg yn ddiweddarach bu farw brawd a chwaer arall mewn amgylchiadau lled debyg yn Sir Benfro. Deffrowyd yr amheuon unwaith eto. Ar fferm Scoveston Park ym mhentref Steynton ar gyrion Aberdaugleddau ar ddydd Sul, 22 Rhagfyr, 1985 daethpwyd o hyd i weddillion cyrff Richard Thomas a'i chwaer, Helen Elizabeth. Roedd y ddau wedi eu saethu ond ni ddaethpwyd o hyd i'r dryll. Ac roedd y ffermdy wedi ei roi ar dân. Doedd dim amheuaeth eu bod ill dau wedi eu llofruddio ac mae'r drosedd yn dal heb ei datrys. Ai cyd-ddigwyddiad oedd hyn neu oedd yna gysylltiad? Brawd a chwaer, fferm ddiarffordd, yr un adeg o'r flwyddyn, tân wedi ei gynnau, yr arf yn rhywfaint o ddirgelwch? Ai'r un lleidr oedd ar drywydd celc o arian a hithau'n drothwy'r Nadolig? Mae rhywun â'i draed yn rhydd.

Mae un o'm brodyr yn y maes, y Cyn-Dditectif Uwch Arolygydd Roy Davies, sydd wedi cyhoeddi nifer o lyfrau am droseddau difrifol, wedi bod yn edrych ar y dystiolaeth o'r newydd ac yn teimlo fod un neu ddau o faterion yn dal i'w gnoi a allai roi rhywfaint o hygrededd i farn y trigolion lleol yn ardal Llangolman. Pwysleisia fod yr ymchwiliad wedi bod yn drwyadl a phob carreg wedi ei throi ond ei fod wedi pendroni dipyn uwchben casgliad terfynol Pat Molloy yn ei adroddiad i'r cwest:

> The very fact that we cannot establish a motive and that the scene presented so many bizzare features and so many contradictions is indicative of a sudden, unpredicatable outburst of violence between the two deceased. However badly wrong went an attempted robbery, I feel sure we would have found a more easily understood scene.

'Mae'r ddau ôl bys bawd chwith yn dal heb eu hadnabod 'chwel. Roedd un ôl ar wyneb metel y peiriant gwnïo. Roedd yn amlwg fod clawr y peiriant wedi ei osod nôl ar ôl iddo ddod yn rhydd. Roedd gwaed Griff dros y peiriant i gyd o dan y clawr. Ond pwy roddodd y clawr nôl yn ei le? Fydde Griff wedi gwneud hynny? Pam fydde fe'n gwneud hynny o dan yr amgylchiade?

'Fydde Griff wedyn yn ddigon cryf i gario neu lusgo ei chwaer i bendraw'r ystafell fyw? Am ei bod yn amlwg iddi gael ei tharo yn y gegin pam na fyddai'r corff wedi ei adael yn y fan honno i losgi? Roedd yn amlwg o weld y flanced yn ymestyn o'r grat yn yr ystafell fyw i gyfeiriad ei chorff mai'r bwriad oedd ei llosgi.

'Roedd hi'n amlwg fod rhywun wedi bod yn twrio yn y biwro wedyn. Ond mae'n ddigon posib, wrth, gwrs fod y difrod a achoswyd wrth agor hwnnw wedi digwydd ers tipyn. Oedd yna rhywbeth gwerthfawr yn y blwch bach metel sgwn i?

'Wedyn roedd pwll o waed Griff ar y llawr o dan fat y gegin yn agos i'r drws a arweiniai i'r ystafell fyw. O ystyried safle olion gwaed oedd ar wyneb y drws agored roedd hi'n edrych yn debyg fod Griff wedi syrthio yn erbyn y drws tra oedd gwaed yn llifo o'i ben. Ac wedyn roedd lleoliad yr olion ar y drws yn dynodi efallai ei fod naill ai yn eistedd neu yn penlinio cyn iddo syrthio. Roedd arian ar y llawr yn y fan honno, arian a allai fod wedi syrthio o'i boced.

'O ystyried hynny sut oedd e wedi ei anafu? Doedd e ddim wedi ei anafu wrth daro yn erbyn rhywbeth. Os oedd ei chwaer wedi ei daro beth oedd yr arf? Oedd yr arf wedi ei losgi yn y tân? Nawr os oedd gwaed yn pistyllio o'i ben fydde fe wedi gallu cario ei chwaer i ben draw'r ystafell ac os byddai wedi gwneud hynny oni fydde llawer mwy o olion gwaed ar hyd yr ystafell?

'Dwi'n dal i ofyn i fi'n hunan 'chwel a oedd yna berson arall yn y tŷ ar y pryd. Dyw hi ddim yn amhosib fod lleidr wedi mynd i banig cyn chwilio'r tŷ am arian os oedd pethe'n mynd o chwith. Gallai arswyd a braw fod wedi mynd yn drech nag ef. Ond wedyn mae'n rhaid ei fod e – neu nhw – wedi treulio peth amser yn trefnu'r tân, a heb ei drefnu'n dda iawn wedyn cyn jengyd.

'Wedyn, dwi wedi treulio tipyn o amser yn yr ardal yn ddiweddar a phrin fod neb yn gallu derbyn ei fod e wedi ei lladd hi, a hyd yn oed os oedd e wedi gwneud hynny, d'yn nhw ddim yn derbyn ei fod wedi gallu rhoi ei hunan ar dân. Byddai rhaff neu neidio i winsh neu'r afon yn fwy tebygol os am ladd ei hunan medden nhw.

'Fe ddywedodd rhywun fod yna ffrâm haearn wedi ei gosod uwchben yr eirch ar ddiwrnod yr angladd yn Rhydwilym er mwyn ei gwneud yn haws i ddatgladdu'r cyrff rhyw ddiwrnod. Yr awgrym oedd y byddai'n rhaid gwneud hynny rhywbryd er mwyn datrys y llofruddiaethau. Ond wedyn roedd rhywun arall o'r farn fod Patti wedi troi ar ei brawd pan oedd y lleuad ar ei gwendid ac yntau wedi ei lladd wrth amddiffyn ei hun.

'Mae'n anodd gwybod. Heb fod rhywun rhywle falle yn datgelu rhywbeth ar ei wely angau, fel sy'n digwydd weithie, fe fydd rhaid derbyn rheithfarn y cwest o ddynladdiad yn achos y chwaer a rheithfarn agored yn achos y brawd.

'O ran llofruddiaethau Scoveston Park wedyn, wel, mae'r ffeil yn dal ar agor, 'chwel. Pwy a ŵyr, efallai y caiff rhywun ei arestio a'i gyhuddo rhyw ddiwrnod. Byddid yn bosib holi hwnnw neu honno wedyn a oedd gydag e rywbeth i'w wneud â'r digwyddiad yn Ffynnon Samson,' meddai.

Ond wedyn o dderbyn dadansoddiad a dyfaliad Pat Molloy dyw hi ddim yn amhosib mai'r ddau sydd yn gorwedd yn yr un bedd bellach oedd wedi cweryla ac ymosod ar ei gilydd. Ai arian oedd asgwrn y gynnen? Roedden nhw'n swpera ac yn yfed dishgled o de a'r naill yn dannod rhywbeth i'r llall. Os oedd hi wedi troi'n raddol wenwynllyd dros y blynyddoedd diweddar hwyrach iddi ei bryfocio i'r fath raddau fel na fedrai ddal rhagor. Digon tebyg mai mater digon pitw oedd wedi creu'r gynnen. Efallai iddi edliw iddo am gyrchu'r caws o'r siop yn gynharach. Mae'n amlwg mai hi oedd yn trin yr arian ac yn rhoi 'arian poced' iddo. Tystiolaeth bron pawb oedd fod yna duedd gybyddlyd yn perthyn i'r ddau ac yn ieithwedd yr ardal 'prisoners' oedd pob ceiniog âi i mewn i'r tŷ. Hynny yw, doedd arian ddim wedi ei fathu i'w wario yn eu golwg.

Roedd yna bwrs arian bychan ar ben y dreser yn llawn o arian mân ac roedd y smic lleiaf o waed i'w weld arno. Tebyg iddo gael ei drafod yn ystod y ffraeo ac ôl bysedd Griff yn unig oedd arno. Mae'n rhaid fod y pwrs arian yn destun trafod a chynnen ac yntau efallai'n gwrthwynebu'r gormes ariannol a deimlai o gyfeiriad ei chwaer. I ba raddau oedd e'n gweld ei arian pensiwn ei hun tybed? Doedd dim arian yn ei waled ar y pryd. Roedd honno'n dal yn ei boced pan archwiliwyd y corff. Prin y byddai lleidr yn rhoi waled wag nôl ym mhoced y got. Efallai nad oedd hi'n fodlon rhannu arian onibai y cai wybod sut y byddai pob ceiniog yn cael ei wario.

O dan yr amgylchiadau does wybod pwy darodd gyntaf ond iddo yntau brofi'n drech yn y diwedd. Tebyg y byddai'n naturiol i ddynes i dynnu gwallt ac iddi hithau yng ngwres y foment dynnu ei wallt o'r gwraidd yn ei chynddaredd. Oedd hithau wedi cydio mewn pastwn neu bren neu bocer hefyd a'i daro yntau? Ai dyna pryd y cododd yntau gadair a'i tharo ar ei phen nes torri ei phenglog? Pan sylweddololodd yntau, yng nghanol yr holl waed beth oedd wedi digwydd, ei fwriad oedd sicrhau y byddai'r tŷ'n llosgi'n ulw er mwyn dinistrio pob tystiolaeth. Roedd ei gywilydd yn gymaint nes iddo lwyddo i gyflawni'r dasg anodd o losgi ei hun ond heb lwyddo i losgi'r adeilad cyfan a fyddai wedi dileu'r amheuon sy'n dal ym meddyliau'r rhai hynny sy'n cofio'r achlysur.

Yn ôl y sôn un o'r seintiau cynnar, o dras Llydewig yn ôl pob tebyg, roes ei enw i'r ffynnon gerllaw. Mae cysylltiad Samson â'r ardal erbyn heddiw yn gymaint o ddirgelwch â'r hyn a ddigwyddodd yng nghegin Ffynnon Samson ar nos Fawrth, 7 Rhagfyr, 1976. Erys nifer o nodweddion *bizarre* heb fod yna esboniad digonol yn eu cylch. Claddwyd y ddau yn yr un bedd ym mynwent Rhydwilym gyda'r arysgrifen ar y garreg yn uniaith Saesneg er na chafodd yr un o'r ddau lawer o achos i ddefnyddio'r iaith yn ystod eu bywydau. Nodir i'r ddau farw ar yr un dyddiad ond ni cheir unrhyw awgrym o'r union amgylchiadau a arweiniodd at eu marwolaethau.

The above article refers to what many believe to be the unsolved mystery surrounding the deaths of brother and sister, Griffith Morris Thomas and Martha Mary Thomas, whose bodies were found at their Ffynnon Samson farmhouse home, at Llangolman, on Saturday, 11 December, 1976. A murder inquiry was set up by Det. Chief Supt. Pat Molloy but no arrests were made and the subsequent inquest recorded a verdict of manslaughter in her case and an open verdict in the brother's case. The inference was that he had attacked her, possibly in self defence, causing fatal injuries but since his body had been severly burnt the inquest jury could not decide what was the exact cause of his death. A post mortem report established he had been injured but that he had died as a result of burns.

Police inquiries could not establish who had ignited the fire though it had obviously been started deliberately. Was it his intention to burn the whole house and thus commit suicide or was there a third person involved? Despite a detailed search within the house, and around the surrounding area, no evidence was found of any involvement in the crime by a third party. It was suggested that both would often argue about money and that he was kept short as Patti, as she was known, was the 'treasurer'. Over £3,000 was found in the house and through cross referencing with the detailed accounts she kept, it was established that no money had been stolen. Thus the theory of an attempted burglary was largely discounted.

The faithful chapelgoers also had over £35,000 in various accounts but the theory that a relative had intended to commit a murder was discounted on realising that the nearest relatives were cousins and they were numerous. No one person would, therefore, have benefited financially. Usual motives in such a case could not be substantiated. But neighbours could not bring themselves to believe that an argument between the two could have become violent and ended in such tragic circumstances. They accepted that both lived a frugal life on their joint £30 weekly pension and as was the habit of people of similar background not much money was spent. The common conception was that any money that entered the house would become, as would be said in common parlance, 'prisoners' i.e. they would not be allowed out.

When a similar tragedy happened nine years later at Scoveston Park, near Milford, local inhabitants again questioned the likelihood of the brother and sister, whom they knew so well, would have quarelled to such an extent that one would have taken the life of another. They were convinced that there was a third party involvement although they had no specific evidence to prove their intuition or indeed any particular suspects in mind. But the brother and sister at Scoveston Park had been killed by a third party though the crime remains unsolved. Someone started a fire at the farmhouse after the pair had been shot. It ocurred at around the same time of the year.

Llangolman locals remain convinced that Griff Thomas would not have set himself on fire deliberately. If he had contemplated suicide surely he would have tied a rope around his neck, would have jumped into a well, gassed himself in the car or walked into a river they argue. It is only in extreme circumstances that a human being will put himself on fire they insist. But then was this an extreme circumstance? Had the balance of his mind been momentarily disturbed? Had he suffered a brainstorm on realising what had happened, if it was him who was responsible for his sister's death, and he knew not what to do with himself? The situation had obviously gone out of control.

Yet again, Pat Molloy accepted there were certain bizarre elements that could not be satisfactorily explained. An equally experienced former detective, Chief Supt. Roy Davies has examined the circumstances and, whilst accepting that the verdicts returned by the coroner at the time were the only ones possible, he still has a niggling feeling that certain elements, if explained, could have led to a different conclusion. Some 400 fingerprints were taken at the scene and all but two were accounted as those of the deceased. Those two were of a left hand thumb and since Griff Thomas' hand had been burnt to such an extent it was impossible to certify that they were his. Neither, incredibly, was there a matching left hand thumbprint of his to be found amongst all the others.

One bloodied thumbprint was found inside a sewing machine. The lid had been replaced on the machine. Under the circumstances would an injured man have replaced the lid? Also, it became clear that Patti's body had been carried to the far end of the living room from the kitchen where she had been killed. But who had carried her and why? Would Griff have been strong enough to do so? If he had done so why was there no trail of his blood on the floor since it was obvious that he was bleeding heavily from a wound on his head? The other mystery thumbprint was found on a picture frame above her body. Furniture had been overturned on the kitchen stone floor with the obvious purpose of igniting a fire but no accelerant had been used.

Such questions, as well as others, will continue to be asked as long as the memory of the incident remains. It appears that certain aspects of the Ffynnon Samson tragedy will remain as much a mystery as the occasion of naming the well, that gave the farm its name, after a Celtic saint, reputedly from Brittany, visited the area.

Misty Maenclochogian Memories

Bill Henderson

The dictionary says a 'sojourner' is a person who stays or dwells for a time in a place among a certain people, and an 'itinerant' is a person who travels from place to place, so as an itinerant sojourner. I was highly delighted when I was asked to 'take up the challenge' and contribute to this book.

I was asked to give my impression of my short stay in the area, my reminiscences and opinions compared to my experiences of living elsewhere. Anything special about the Maenclochog area? Anything amiss? The only constraint being that I should limit myself to around 3,000 words at the most. A challenge indeed!

My life in the navy had meant that within our 27 years of marriage, my wife Carole and I had uprooted and become sojourners at least ten times. When in my 60th year I was told that I would have to move again from South Wales to the Humber I decided enough was enough and I took the offered redundancy package and moved to an early retirement in Pembrokeshire instead.

But where in Pembrokeshire should we move? We had spent holidays in the area and during the war when the bombing in London was intense I had stayed for long periods with cousins in Tenby, just the other side of the town walls from the Imperial Hotel, a very prime position; but Tenby was out of our price range and was far too crowded during the season for our liking and so our tour of estate agents began from Tenby to Cardigan, Fishguard to Pembroke, St Davids to Narberth.

When I wasn't at sea I was what is known as a 'Reader' in the church. A Reader is a person who has been licensed by the Bishop to preach and take some Sunday services. I suppose a better title would be a Lay Preacher and this had a bearing on where we would be looking. By chance we stopped one day for petrol at Glandy Cross and there on the counter as I was paying my bill was a copy of the *Parish Pin Up Page*. This is a monthly newsletter printed in a format that could be pinned up in the kitchen for easy reference so there would be no excuse for not attending church or functions.

We were attracted to the area around Glandy because it is of outstanding beauty and being a bit more off the beaten track was much more to our liking. One of the essential tools in house hunting is the mobile phone. I rang the Revd Tony Bailey, whose number was on the sheet, hoping for 'insider' information. Tony had been the Priest in Charge of Maenclochog for about ten years and he lived in Llangolman with his wife, Ilar. They made us most welcome supplying us with a meal and a tour of the area. What better introduction to a place and its people could we possibly get?

Eventually we sold our house in Llantwit Major in the Vale of Glamorgan ready for our move to Maenclochog. This was to be quite a wrench because we had lived within the Vale ever since a job move from Harwich in 1982. I am Scottish by birth although I had lived in England most of my life and when I told my English family that we had to move to Wales, they replied that they would only come as far as Chepstow, and I would have to commute from there to Cardiff and Barry!

We soon found out that in and around Cardiff in the 1980's English people were not having their houses burnt down around their ears, and in fact Wales south of the M4 corridor was almost 'Wenglish'. And Cardiff being an ex-great seaport was far more cosmopolitan than Chepstow could ever be.

One of the concerns that our many Welsh friends from the Vale and from the Valleys had for us was that we were now moving not to the 'Little England beyond Wales' part of Pembrokeshire but up into the Welsh hills north of the Landsker Line where Welsh is the first language. and how would we manage they asked? If the Normans couldn't make it there, how did we think we would?

We had already noticed that things in Wales change as you travel west from Cardiff. In the Vale the town and village names on the road signs are in English followed by Welsh. As you get nearer to Carmarthen this changes to Welsh first then English and as you get nearer to the Landsker Line the English is dropped altogether!

Something else changes too. Going west one moves from the rest of the UK Time Zone into the Pembrokeshire Time Zone. (Later I was to find that there was an even greater laid-back area within this time zone called the Henry's Moat Time Zone but that's another story!)

Maenclochog, we also discovered, was not noted for street names or house numbers. In fact, the address we originally gave our conveyancing solicitor for the new piece of Wales we were hoping to purchase was at first rejected by the Land Registry Office as, according to them, there was no such place! It seems that everyone in the village knows where everyone else lives but it is a secret kept from those outside it. The bungalow we were hoping to buy was called 'Delfan' in what we supposed was Station Road but we never did find a street nameplate to confirm this. 'Delfan' was better known locally as 'Megan's House', because Megan was the first person who bought it when it was built in the 1970's. To be a postman or a delivery person in this village one certainly needed 'inside information'. Perhaps this was a cunning ruse used by the villagers in an effort to try to avoid junk mail, bills and income tax demands and maybe also that was why Hedley, our paper 'boy', was 70 years old.

Maenclochog, we found, was the 'working centre' for much of the Preselis. Many businesses were within its boundaries, 750 feet above sea level. Fortunately it was just a couple of miles from being included within the Pembrokeshire Coastal National Park and that meant there were a few less constraints on what could and could not be done to your property. Within the

National Park even corrugated iron buildings were listed. (Some, it has to be said, were 'listing' more than others.) Locally these buildings were not of corrugated iron or zinc but were sinc (there being no Z in the Welsh language). One of our local pub/restaurants was a few miles from Maenclochog in a village called surprisingly by an English name, Rosebush; the Tafarn Sinc was built almost entirely of s(z)incs and is reputed to be the highest pub in Pembrokeshire. Originally it was the Rosebush railway station. One of the shops in the village, Siop-y-Sgwâr was also built of ubiquitous sincs.

One day I visited Gordon's 'Emporium', the village hardware store where Gordon supplied everything anyone might need in farming hardware or DIY bits and pieces. Only Gordon knew where everything was, no one else did, and when later Gordon retired it was said that the store had to close as a reorganisation was beyond a practical possibility. On this particular day Gordon was very busy counting out a huge pile of galvanised washers. 'What's all this for,' I asked? 'Oh,' he said, 'a local farmer has just been in to pay his bill in Pembrokeshire Euros!' The real truth was the farmer was forced to replace his barns' ageing and rusted nuts, bolts and panels in situ. Within the Park one was not allowed to dismantle the building and rebuild it so just to make things more interesting one had to do it while it was still standing.

I would often have to stand and listen while Gordon and a local farmer would talk away to each other in the special Pembrokeshire Welsh that would to me go something like 'da ti da ti da ti da ½ inch bolt ...da ti dai ti da ti da ...hacksaw blade...', etc ayb ayb. He knew I was trying to learn Welsh and so he would then look at me and ask if I understood what they were saying. 'No', I would reply, 'but I did get the gist of it!'

I had started to try to learn Welsh as soon as the beginner's class began in the splendid new primary school extension under the excellent tutelage of firstly Tryphena and then Buddug. Naively I thought that within a year or two, at the most, I would be jabbering away with all the locals as if I had been born and bred in the area. What I had not realised was it had so far taken me 60 years to try to learn the rudiments of English, so how I was going to master Welsh in the micro time of two years was anyone's guess. I can only blame my optimism on S4C and their Welsh in a Week programme! I did have some success though, after a year or so I could greet our paper 'boy' with 'Bore da, Hedley, sut wyt ti?' (Good morning, Hedley, how are you?) I could even add, 'Mae hi'n braf' (the weather she is fine) or *wyntog* (windy) or *stormus* (stormy) or as was often the case high up in the Preseli's *niwlog* (foggy/misty).

Many English speaking newcomers to the area with young children have to go to Welsh classes because their children attend Welsh medium schools. Young children especially can very soon pick up the language. They could then go home and talk to each other in a language their parents were not able to understand. A recipe for youthful anarchy if one is not careful!

I suppose my greatest success with the Welsh classes was the fact that I became 'published', or at least a photo including me was! The English title of the book is *Around Maenclochog in Photographs* compiled by the village's bard who had won two National Eisteddfodau crowns and numerous chairs at other Eisteddfodau. There on page 114 is my Welsh class. I am still waiting for a call from Hollywood but maybe they don't have my new telephone number.

The Welsh lessons were very good and they have started me on a life-long learning quest. I suppose that is how long it will take me but I live in hope. My tutors were most encouraging and they explained how Welsh is different depending on where it is spoken, each area having it own variations and 'dialect', mine has a distinct cockney flavour!

We found Maenclochog a very special place and unlike anywhere else we have ever lived in. We had not lived in a village before and so had not experienced how close village life can be. Certainly one had to be careful in what one said because everyone seemed to be related to each other either by birth or by marriage. All the villagers we knew were very friendly and most welcoming. We found it remarkable that for the most part they seemed to be completely bilingual and it seemed that they could slip from Welsh to English without really thinking about it although they spoke to each other in Welsh. This was a bit off-putting when trying to learn Welsh as the speakers change to English when in your company.

One of the first things you learn at Welsh classes is the 'chi' and 'ti' part of the language, 'chi' being the formal way of address and 'ti' being the informal way used for friends, family and people you know well. This is very much reflected in our experience of the village life. Because I worked within the church but was not ordained some members of the community suggested that perhaps I should be called Mr Bill! Maybe we saw the people of the village through rose tinted spectacles because obviously within a close-knit community there must be personal tensions but in our two and a half years residency we were not aware of them.

We found that there was respect for family values that has long since passed away in many areas of the UK. Naturally there will be family disputes and divorces or else we would not be living in the real world if that was not so, but generally we found the values that existed elsewhere, say 40 years ago, still exist in this area, and we were very happy to be part of it. The same can almost be said of the roads as well! Pembrokeshire is like Devon and Cornwall was 40 years ago before those areas became clogged up with heavy holiday traffic. The only time one has to be very careful of the traffic is during the silage season when there is a spell of good weather, then lookout and take cover! There was another form of transport that would come through the village and often exceeded the legal speed limit of 30 mph by a factor of at least 10. These forms of transport usually belonged to the RAF or USAF.

I was on my ladder one day repainting my guttering when one of these vehicles came down my drive at about 300 knots at very low level doing a 3g turn towards the village centre. All I can say is it was a good job I was working on a bungalow and not a house.

There are only two days a week when Maenclochog has anything like a bus service, Tuesdays and Thursdays. In our first year of residency I was very keen to walk the 186 mile long Pembrokeshire Coast Path. Much of this had only just been re-opened after the foot and mouth crisis. Pembrokeshire had no cases of the disease but the all the footpaths were closed as a precaution. When the all clear had at last been declared the council decided to encourage tourism back to the area by putting on little coastal buses along the route of the Coast Path. The problem I had was the shortage of connecting buses from Maenclochog. Carole came up with what she thought was the definitive solution. If I caught the Tuesday morning bus to Haverfordwest I could spend two days walking to Fishguard and catch the afternoon bus home thus giving her two full days without being bothered by me. 'Come to think of it,' she said after a few moments thought, 'if you catch the Thursday morning bus out and come back on the Tuesday afternoon one I could have the whole long weekend to myself!'

I must draw these memories to a close as I am approaching my word limit. During our stay in Maenclochog I was asked by the Rector, the Revd Michael Grainger to edit the monthly *Church and Community News Magazine.* This covered his six churches in Henry's Moat, Llangolman, Llys-y-frân, Maenclochog, Mynachlog-ddu, and New Moat, and so I know the value of word limits and deadlines. Michael told me the hardest thing I would find was to get copy from people on time. He was right. Towards the end of every month I had to beg and cajole him into getting his letter in place! As the editor I went to as many village meetings as I could; I was even a fully paid-up member of the Mother's Union. At least in this job I was able to meet very many people in and around Maenclochog.

I found the inhabitants to be happy and proud to share their Welshness with anyone, a very friendly place and for the most part neat and tidy. A place where one could step back in time, where family ties and values are still very important. A working village with I believe a near to zero crime rate. A developing and evolving village with exciting new developments to the Community Hall and All Weather Sports Complex. People had a pride in their village and took on initiatives like the Village Enhancement Scheme, re-developing the community hall and establishing an all weather sports complex. A doctor's surgery where one could actually talk to the doctor and not just be patted on the head and given a prescription for a bottle of pills. People who were interested in you and who would always greet you in the street.

A special mention must be made of the 'FIR' club (Friends in Retirement) that met every Thursday. A great group of people who really enjoyed each other's company and always seemed happy. Where else can one go for a very good two course home cooked lunch and a cuppa for £1.50? No wonder they were happy!

No, Maenclochog is not a sleepy remote village up in the hills but a vibrant and busy community situated with very little unemployment in the centre of an area of outstanding natural beauty.

I believe we are made up of three parts: firstly the body, which gets ever older and constrains us to this earthly realm; secondly the heart, which holds our emotions, our loves, hates, fears and longings, and thirdly our soul, which the church teaches us eventually goes to heaven (we hope). But before that happens my soul will forever be wandering in the Preseli Hills, walking the wild open spaces from Carn Menyn to Carn Ingli around Llys-y-frân on the Coast Path and with the people in and around Maenclochog. It was our own strong family ties and the arrival of our grandchildren that eventually took us back east to the Vale of Glamorgan but even here around the quiet lanes of the Vale, we are reminded of the special time spent in the Preseli Hills.

✯✯✯✯

Fyddai Idris ddim yn aros yn yr un gwaith yn hir nac yn gweith'o i'r un mishtir fyth yn hir iawn chwaith.

Cafodd waith yn gwyngalchu ar un adeg. Rhoes ei fishtir frws a phail â'i lond o wyngalch iddo ben bore gan adael llonydd iddo fwrw mlân â'r gwaith.

Pan ddaeth mishtir nôl tua canol y bore wêdd Idris yn wyn o'i gorun i'w sawdl ac yn fwy na hynny wêdd e'n whys drabwd ac yn amlwg ar ras wyllt.

'Idris, Idris, gan bwyll wir. Fyddi di fyth yn gallu cadw i fynd fel na trw'r dy' chan. Pwyll piau nawr,' medde'r mishtir.

'Ond mishtir, mishtir, ma'r wyngalch yn mynd yn llai ac yn llai yn y pail trw'r amser a dwi am gwpla cyn iddo fe ddibennu,' medde Idris.

Constructing and Driving a Tractor

Afan Powell

Ann and I moved from the Afan Valley to the Maenclochog area soon after our daughter, Janet, began working on a nearby farm. She worked hard and learnt a lot, for the farm offered a wide experience. Then, after getting married, she began farming at Llys-y-frân, and when we had the opportunity to come here ourselves we didn't hesitate. You can't get too much help on a farm! We came from Glyncorrwg, which used to be a small mining village about twelve miles from Port Talbot. Coal mining ended there in 1970. I lived in Glyncorrwg for thirty years before coming to Pembrokeshire, but I was born and brought up in Port Talbot.

People passing it on the motorway see the striking skyline of the steelworks and the blast furnaces. It is the very opposite of a rural scene! But if you didn't have places like Port Talbot you wouldn't have tractors in the fields around Maenclochog, for tractors are made of metal, and metal is made in Port Talbot. The steelworks there were extended just after the war onto the Margam Moor with the building of the strip mills. A cousin who worked there showed me around. I saw steel ingots of twenty tons weight converted to slabs six foot wide and rolled into varying gauges down to one tenth of an inch at a speed of twelve yards a second. These were used for the manufacture of machinery, motor cars, refrigerators, cookers, oil drums and many other items of modern living. Who would want to go back to the old ways? As a boy I used to watch from the entrance the men working in the Ffrwdwyllt Tinworks in Taibach, where industry had started many years previously.

We had much more freedom then than young people have today. I used to wander around the docks where gantry cranes grabbed iron ore from ships' holds for the blast furnaces where the iron was made, to be transformed afterwards to steel. The sky glowed above Port Talbot when those furnaces were tapped at night. Other ships would be loaded with coal. It was a splendid sight too on a summer evening to see ships glide past the opened lock gates at high tide, out between the two piers and away. *Bon voyage* we shouted. I gazed wistfully.

Behind the houses opposite us in our street there was a railway. We children used to put nails on the rails to be flattened by the engines and trucks. Those engines! Smoke, steam, noise and power. To be an engine driver was the dream of boys. Those trucks of coal came from the nearby Goytre Valley and went to the coke ovens where my father worked. There the coal was baked to coke and from the process many by-products were obtained. Our father took us – I have two brothers, one an identical twin, our sister came later – to see the place. The heat, smoke and steam as red-hot coke was discharged from the ovens and drenched with water, was unforgettable.

It was a happy time for us children. We ate everything our parents struggled to put before us, we had freedom in the woods of Margam where the conkers and chestnuts were, and we swam at Taibach beach. Our mother was the accompanist to the town's choir and we heard the glorious music of 'The Messiah' and 'Elijah' at practices. Singers came to run over their pieces at home. Uncle Tom, blinded in the steelworks, sang Welsh songs beautifully. Our father solemnly played records for us on his gramophone. Our father had turned away from organised religion which had supported the 1914-18 war, became an atheist and just insisted that we used Sundays constructively when we stopped going to Sunday School, which meant reading or healthy walks! It had also meant a great loss of contact with the Welsh language. Now during the time we attended Sunday School we just read Bible verses in turn and talked about Aberavon's rugby exploits the day before! But in the evenings we sang the lovely hymns and chants, experienced collective reverence and listened, without understanding, to the venerable and eloquent minister. I began a desultory study of Welsh grammar. I wondered about Wales and being Welsh. I wandered past the tumuli over Margam Mountain as far as Llangynwyd where Will Hopcyn had sung *Bugeilio'r Gwenith Gwyn*, thinking of the Maid of Cefn Ydfa.

I went to Glyncorrwg in 1954 where about 2,000 people lived. Almost everybody knew, or knew of, everybody else. It was like an extended family. Ann played the fine pipe organ in the church and for the annual Cymanfa Ganu, which the combined chapels enjoyed. This tradition faded away. There had been choirs she had played for too. A male voice and a lovely children's choir. Now she played for keep fit classes. She became an organist at Margam Crematorium.

Rising car ownership brought convenience and independence to people but loosened contact with others on the bus. A brewery financed a new club and sometimes everyone heard the amplified music no one listened to. Respectful attention at concerts in Bethel was now a memory. But there would be some sort of order for artistes at times. In the public houses relaxation and easy bonhomie was found. Darts were merrily flung at boards, but in competitions with other pub teams the cry 'Game order' would expect silence — only partially obtained with conversationalists reluctantly muttering. One had to be philosophical!

Ann and I left Glyncorrwg for Pembrokeshire in 1983. In 1984 began the year-long strike, which occurred after the long confrontation between the Conservative government and the Miners Union. It was a bitter conflict and the miners were defeated. Since then we have seen a massive decline of the mining industry in Britain. There is only one deep mine left in Wales. It is Tower Colliery, bought by the miners, not far from Glyncorrwg over the mountain and Craig y Llyn, but a long way by road. Much of its output goes for the generation of electricity. Coal for that purpose is the massive source of energy for the economies of America and galloping ahead China. Grave doubts are now being expressed about its links with global warming. We burn anthracite from Tower, from a supplier in Fishguard.

Readers familiar with rural life around Maenclochog will know how different it is from what we knew around Port Talbot. I began this essay by mentioning tractors. I soon learned to drive one on the farm. I helped in many ways and quickly realised how adaptable, multi-skilled and fit a farmer needs to be. I am now better able to appreciate the annual agricultural show. We had great pleasure of seeing our two grandchildren growing up with music when they joined Mr Swales' excellent wind band, and Ann was soon enrolled as accompanist for his soloists and himself, maestro of many instruments. Then there were the wonderful concerts at Fishguard and St Davids Cathedral with that other gifted musician, Mr John S. Davies, a master of choral excellence.

With neighbours I became a Friend of the Graham Sutherland Gallery at Picton Castle and attended illustrated lectures on the history of art at Narberth. I joined an art class and learned how to see the world, not casually as before, but with an eye observant of its mysterious, elusive presence, its being. You don't need a pencil! I have also been interested to learn of the past coal industry of Pembrokeshire, which gave us Saundersfoot harbour. We have very good neighbours, but we are not on top of each other. We enjoy privacy without isolation. We remember with affection Bryn and Pegi Williams. Bryn's older brother went as a young man to work at the Ffaldau Colliery in Pontycymer in the Garw Valley near Bridgend. Pegi wrote about the communities she knew, and I had the privilege of translating some Welsh essays for her, so keen she was that everyone could share in all she offered.

With no regular bus service it is essential to have and be able to drive a car. Advancing age could bring problems. We are grateful for the weekly service we do get, and new relationships have been formed with others – the world becoming more homely. The beautiful Llys-y-frân Reservoir is near, reflecting the sky. Old trees are at its further shore, waiting to be enjoyed. Not far away are beaches and cliffs. Going to Maenclochog we see the twin peaks of Foel Eryr and Foel Cwmcerwyn, silent witnesses to time past and time to come. Generations have viewed from them the land they reign over, where Welsh is still spoken. The language is under increasing pressure from English, however. It's the way the world is, as it was earlier in South Wales with the coming of industry which drew people in from away and changed a mostly peasant folk into an industrial working class involved in the creation of our mobile modern world. The governing class of Britain saw the Welsh language as a barrier to uniformity within the realm, and even many Welsh people saw it as a hindrance to 'getting on'.

I have explained how very much on the fringe of my upbringing Welsh was, and of the feeling of exclusion which prompted me to begin the study of Welsh grammar. When I discovered later that the very name Welsh was derived from the Anglo-Saxon word for foreigner I felt a sense of injustice. But when I went away from Port Talbot and mixed up and worked with people of different nationalities and ethnic origins, I soon realised that we are all similar in character, a mixture of all types, according to circumstances and company. To be born into any national or ethnic group is not a personal achievement, it's where you happen to find yourself, which may be with advantages or otherwise. We should look beyond labels, prejudice and the negative influences of history, and see ourselves in relationship with others. Every language is a remarkable creation, sounds being used to express meaning, conveying ideas, thoughts and feelings, and even a squiggling inky line from a pen does the same, for those who share the code used.

I have learned, and am still learning at a Welsh class, enough to be able to enjoy reading literature, with a dictionary nearby, and to follow programmes on Welsh medium television. A bilingual person has two treasures. Fifty years ago my father thought efforts to save the Welsh language were fifty years too late. He must have been thinking of his own brief and inadequate schooling, which did nothing to enhance the Welsh of his background. It was the chapel life of his youth which fostered the language for him, but that did not continue. I think he was too pessimistic. Schools today are better able to promote bilingualism; though I do wonder how difficult it may be because of the many pressures they have to cope with. Hopefully, they will succeed and in doing so avoid social divisions stemming from the language differences. I do not think it would be good if non-possession of the Welsh language became a bar to incoming talent. English is a powerful language, which for reasons of history is international. We should be glad we possess it. Those reasons are to do with the coal, which smelted the metals, drove ships on seas and engines on rails – and boiled our peas! It fuelled the empire and was the foundation of the Industrial Revolution and world transformation.

☆☆☆☆

Fe fu Idwal yn llygadu'r wraig weddw ar y fferm drws nesa ers slawer dydd. Nid y lleiaf o'i gymhellion oedd y ffaith bod ganddi gelc go dda o arian. Yn y diwedd fe lwyddodd i'w pherswadio i'w briodi ac ar ôl uno'r ddwy ffarm fe ddaeth Gwyneth i fyw ato fe.

Ar ôl peth amser dyma Idwal yn penderfynu y dylid gwario peth o arian ei wraig ar y fferm ac fe gytunodd hithe i dalu am gaseg newydd. Pan ddaeth y gaseg i'r clos dyma Idwal yn gweiddi ar Gwyneth i ddod mas i edmygu'r creadur.

'Ew, 'ma ti gaseg dda yr olwg,' meddai wrth ei wraig.

'Ie, ond cofia di, oni bai am fy arian i fydde hi ddim 'ma nawr ar y clos,' medde Gwyneth.

'Ie, a cofia dithe Gwyneth fach, oni bai am dy arian fyddet ti ddim 'ma ar y clos nawr chwaith.'

Tafodiaith Bro Maenclochog

Christine M. Jones

Un o'r pethau mwyaf anodd am ysgrifennu nofel meddai rhai, yw meddwl am deitl diddorol ac apelgar ar ei chyfer - rhywbeth a fydd yn denu darllenwyr. Ni fedraf ddychmygu fy hunan yn ysgrifennu nofel fyth, ond mae'n rhaid i mi gyfaddef, bûm yn pendroni'n hir dros deitl i'r erthygl hon. 'Y dafodiaith gyfoethocaf a feddwn yng Nghymru', oedd un posibiliad, sef dyfyniad gan E. Llwyd Williams o'r gyntaf o'i ddwy gyfrol gampus, *Crwydro Sir Benfro.* [1]'Iaith y Penbrociaid', oedd un arall, a hynny'n gyfeiriad at stori gyfres hir, *Atgofion a Chynghorion Wnwcl Huw* gan Simon Llwyd a ymddangosodd yn y cylchgrawn *Cymru* mor bell yn ôl ag 1895 ac 1896[2]. Mae'r stori yn sôn am ymweliad yr awdur ag Wncwl Huw, cymeriad o ddyn, 'hen Benbroc i'r carn'[3]. Mae hefyd yn cyfeirio at Wncwl Huw fel 'un o foch Sir Benfro', ond penderfynais y gallai teitl fel 'iaith moch Sir Benfro'[4] fod ychydig yn gamarweiniol, heb sôn am sarhaus. Yn y diwedd fel ieithydd diddychymyg, penderfynais ar y teitl syml a di-lol a welir uchod.

Wrth iaith lafar ardal Maenclochog, yr hyn a olygaf mewn gwirionedd yw tafodiaith Gymraeg gogledd y Sir. Mae'r hen bennill hwn:

> Mae dwy ochor yn Sir Benfro
> Un i'r Sais a'r llall i'r Cymro –
> Melltith Babel wedi rhannu
> Yr hen sir o'r pentigili.[5]

yn adnabyddus i lawer ohonoch yr wyf yn siŵr. Cyfeirir at dde Sir Benfro yn aml iawn hefyd wrth gwrs fel *'Little England beyond Wales'* a'r gogledd fel *'Little Englands's Other Half.'* Roedd y ffin ieithyddol a diwylliannol hon, neu'r *landsker* fel'i gelwir gan rai, wedi aros yn weddol ddigyfnewid dros y canrifoedd, tan yn gymharol ddiweddar. Erbyn hyn wrth i fwy a mwy o Saeson ymgartrefu yn yr ardal, mae'r nifer o bentrefi Saesneg eu hiaith wedi cynyddu. Yn 1603 rhestrwyd y pentrefi a berthyn i'r *'Welshry'*, a'r *'Englishry'* gan yr hanesydd pwysig o Nanhyfer, George Owen. Nododd fod 64 o blwyfi Cymraeg eu hiaith, 74 o blwyfi Saesneg eu hiaith a chwech o blwyfi dwyieithog ar hyd y ffin oedd yn ymestyn o Niwgwl yn y gorllewin i Arberth yn y dwyrain.[6]

Ni wyddom lawer am nodweddion iaith yr ardal yng nghyfnod George Owen. Er ei fod yn nodi rhai enwau ffermydd ac ati, llawer ohonynt yn cynnwys y gair *parc* yn lle 'cae', neu *feidr,* gair yr ardal am lôn yn arwain at ffarm, mae nifer yr enghreifftiau a roddir ganddo mewn gwirionedd yn fach. Serch hynny gweler nifer o'r nodweddion hynny'n sy'n adnabyddus i ni heddiw mewn tair chwedl am uchelwyr yr ardal yn y canol oesoedd a luniwyd gan gymydog George

Owen, sef dyn o'r enw David Thomas. Er enghraifft ceir ynddynt ffurfiau megis *dou, cisgu* a *miwn* yn lle 'dau', 'cysgu' a miwn.[7]

Eiddo Edward Lhuyd oedd yr ymgais gynharaf un i gofnodi'n ffurfiol nodweddion llafar y fro hon. Yn ei *Parochial Queries* a ddosbarthwyd ganddo i bob plwyf yng Nghymru, cynhwysodd gwestiwn yn holi am brif nodweddion y dafodiaith leol sef:

> What Words, Phrases or Variation of Dialect in the Welsh, seem particular to any Part of the country? What names of Men and Women uncommon? And wherein doth the English of the Vulgar in Pembrokeshire and Gowerland differ from the Western Counties etc., of England?[8]

Roedd yr ymateb yn siomedig, o'r saith ateb a gafodd i'w holiadur o Sir Benfro, dim ond un gan y Parch. Alexander Forde, rheithor Casmael, a soniodd am y dafodiaith.[9] Mae'n disgrifio'r arfer o golli'r sain *y* yn y dafodiaith ac yn rhestri rhai geiriau lleol:

> Gado, a common Welsh word for Went, or going. mwnydd for mynidd, cwsci for cysgi. dwrni for dyrni, dior for rhwystro, ffwrlling for ffyrlling. Kift is a common English word for strange or odd; bodder for deaf; lave for intreat.[10]

Cofnod arall o nodweddion y dafodiaith yn ystod y cyfnod cynnar hwn yw'r dogfennau cyfreithiol sydd yn cofnodi achosion o enllib yn llysoedd barn Sir Benfro. Bu'n rhaid nodi union eiriad yr enllib ac felly, fel y dengys Gwenllian Awbery, maent yn frith o enghreifftiau diddorol o dafodiaith y fro.

Mae rhywun, mae'n debyg, yn hoff o ddwyn esgidiau:

Llidir y skidie wyti ag di ddwgest skidie Gytto Vantach.[11]

Gwelwn yma'r llafariad ymwthiol yn y gair *llidir,* nid 'lleidr' a geir, a'r ffurf lafar *e* yn hytrach na'r 'au' ffurfiol a welir yn y lluosog *skidie.* Mae'r Dr Awbery hefyd yn dyfynnu un enghraifft o'r *we* Penfroaidd:

> Fe dorrodd Shon Salmon pren yn cwed David Nicholas ac ai carriodd e bant ar hyd nos.[12]

Ddechrau'r 20fed ganrif dechreuodd ysgolheigion lleol ymddiddori yn eu tafodiaith a cheisio disgrifio ei phrif nodweddion. Yn 1906 cynlluniodd y Parchg Arthur Wade-Evans arolwg ieithyddol o Sir Benfro, ond yn anffodus methodd â gweithredu ar y cynlluniau. Llwyddodd, sut bynnag, i gyhoeddi disgrifiad byr o 'Gwmrag Abergwaun'[13] a sylwadau ar dafodieithoedd Sir Gaerfyrddin.[14] Mae'n pwysleisio nad 'Cwmrag gwâl'[15] yw tafodiaith Sir Benfro, ond er mwyn dangos pa mor wahanol yw'r iaith i Gymraeg safonol mae'n cynnwys cyfieithiad i iaith y fro o adnodau 21-23 o bennod xxxix yn Llyfr Genesis:

> A wedd yr Arglwydd gyda Joseph, a wedd e'n ddyn llwyddianus, a wedd e yn ty i fishtir. A welodd i fishtir bod yr Arglwydd gyd ag e a bod yr Arglwydd yn âla popeth a nese 'fe i lwyddo yn i law e. A gas Joseph ffafar yn i olwg e a wedd e'n was iddo: a nath e'n oligwr ar i dŷ e a rath pobpeth iddo dan i law e.[16]

Bedair blynedd yn ddiweddarach cyhoeddodd William Meredith Morris ei glasur bychan yn seiliedig ar eirfa Cwm Gwaun, *A Glossary of the Demetian Dialect of North Pembrokeshire* a ailgyhoeddwyd yn 1991.[17] Mae'n cynnwys llu o eiriau yn ymwneud â phob agwedd o fywyd y cwm gan eu diffinio'n fanwl, ac yn aml yn rhoi enghreifftiau ohonynt mewn brawddegau. Cymerwch er enghraifft ei ddiffiniad o'r gair *salgar:*

> *Salgar* *adj. Fond of malingering*
>
> This term is applied to a person who is bed-ridden through fear of work rather than on account of any real illness. The following lines are said to have been an epitaph on an old stone in Nevern Church yard:
>
> 'Yma gorwe Deio salgar,
> Lawr yn ishel yn y ddeiar;
> Os carith e'r bedd fel carodd e'r gwely,
> Fe fydd y dwetha yn atgifodi.'[18]

Gellir dyfynnu llawer o enghreifftiau difyr tebyg o waith Meredith Morris, ac mae ein dyled i arloeswyr megis yntau a Wade-Evans yn fawr. Ond beth felly yw prif nodweddion tafodiaith Maenclochog a'r cylch heddiw, bron can mlynedd ers cyhoeddi gwaith Morris? Mae Maenclochog, wrth gwrs, ynghanol gwlad y *wês wês,* lle ceir *wêr* yn hytrach nag *or* neu *oer.* Er y clywir yr ynganiad *ŵe* fel rheol ym mharthau mwyaf gorllewinol Sir Benfro, mewn geiriau megis *cŵed* neu *trŵed, wê* yw'r ynganiad fel rheol ym Maenclochog, *cwêd* a *trwêd* a glywir yma. Yr ynganiad *wê* yn unig a geir yn achos y ferf 'bod' trwy'r Sir gyfan, *wên i, wêdd e* ac ati, ond mae ond yn digwydd mewn geiriau unsill. Hynny yw, er iddi fod yn *wêr,* wedi *oeri* y mae.

Ychydig flynyddoedd yn ôl, fel rhan o astudiaeth ehangach, gwneuthum arolwg o'r ffurfiau *wês, oes* ac *os* ymhlith holl oedolion Cymraeg eu hiaith fy mhentref genedigol, sef Y Mot.[19] Er bod y pentref ond rhyw ddwy filltir o Faenclochog, mae'r ffaith ei fod ychydig yn nes at y *landsker* wedi effeithio ar gyfansoddiad ieithyddol y plwyf. Prif ddefnyddwyr ffurfiau o fath *wês* yn Y Mot oedd y gwrywod a oedd yn enedigol o'r pentref: prif ddefnyddwyr ffurfiau o fath *os* oedd y gwrywod hynny a symudodd i'r plwyf o bentrefi cyfagos megis Treamlod neu Dreletert. Dangosodd yr arolwg fod iaith yn wedd ar ymddygiad cymdeithasol a bod ffactorau cymdeithasol yn hynod bwysig wrth geisio esbonio amrywiaeth ieithyddol. Wrth i nifer y mewnfudwyr Cymraeg eu hiaith gynyddu, heb sôn wrth gwrs am y rhai di-Gymraeg, roedd y ffurfiau o fath *wês* yn Y Mot yn colli tir ac yr un yw'r sefyllfa heddiw yn anffodus.

Yr oedd hefyd wahaniaeth rhwng y menywod a'r dynion a aned yn y plwyf. Mae nifer o astudiaethau ieithyddol-gymdeithasegol ledled y byd wedi dangos bod menywod yn fwy ceidwadol/ffurfiol eu hiaith na dynion a gwelwyd hyn i raddau yn y Mot, wrth i'r dynion a aned yn y plwyf ddefnyddio'r sylweddolyn '*wê*' yn eu sgyrsiau lawer mwy na'r menywod a aned yno.

Nodwedd bwysig arall o 'iaith y Penbroc' yw'r ffordd y trinnir yr 'y' orgraffyddol, fel y nodwyd gan reithor Casmael wrth ateb holiadur Edward Lhuyd[20]. Fe'i crybwyllir gan Wade-Evans yntau yn ei ddisgrifiad o dafodiaith Abergwaun:

> The Fishguard *y* does not appear to be pronounced now as in book Welsh, i.e. as English *u* in *puff.* Indeed the three letter *i, u, y* appear all to be sounded alike, as English *i* in *thin* or English *ee* in *deep.*[21]

Yn y rhan fwyaf o Gymru, 'ysgol', 'bysedd' a 'cymylau' a glywir ond ym Maenclochog, fel yn Abergwaun a Chasmael, mae tuedd i ymwrthod â'r sain dywyll hon ac yn lle ceir *i* neu *w - isgol, bisedd* a *cwmwle* fyddai'r norm yma. Nid yw hyn yn wir am bob ardal yng Ngogledd Penfro sut bynnag. Draw yn Nhrefdraeth mae'r gwrthwyneb yn wir – yno mae'r sain *y* dywyll wedi ymledu i nifer o eiriau a fyddai ym Maenclochog yn cynnwys y sain *i*. E.e. *dyllad, hyrach.* Gwelir y nodwedd hon mewn geiriau unsillaf yn ogystal â deusillaf, e.e. *gwyrdd.*

Dangoswyd eisoes, yn achos y sylweddolyn *wê,* fod rhyw y siaradwr yn medru cyfrannu at amrywio ieithyddol. Mewn astudiaeth arall yn Y Mot[22], deuthum i'r un casgliad wrth ddadansoddi'r defnydd o *y* ac *i* yn y pentref. Yma eto yr oedd y menywod yn dynesu'n fwy at y ffurfiau safonol. Yn achos geiriau lluosillafog megis 'tynnu' a 'sylwi', dynion oedd prif ddefnyddwyr y ffurfiau yn *i, tinni* a *silwi* oedd eu dewisiadau hwy gan amlaf. Gwelwyd yma effaith oedran ac addysg ar lafar yr unigolion hefyd. Yn Y Mot, fel ym Maenclochog, gellir dewis seinio'r fannod naill ai fel *y* neu *fel i,* e.e. *y ci, i ci,* ond ni wnaeth un wraig o dan 60 oed ddewis ei seinio fel *i* ac un gŵr yn unig dan 45 oed a wnâi hynny. Dangosodd yr astudiaeth hefyd mai'r gyfran honno o boblogaeth Y Mot a dderbyniodd addysg gynradd yn unig oedd yn seinio'r fannod amlaf fel *i.* Wrth i'r garfan honno heneiddio mae'r nodwedd ieithyddol arbennig hon yn dod yn fwyfwy ansefydlog ac erbyn heddiw yn anffodus, mae i bob pwrpas wedi diflannu o lafar trigolion y pentref.

Mae nodweddion cytseiniol arbennig i iaith yr ardal hefyd. Hynodir rhan helaeth o lafar Penfro a rhannau o Geredigion gan golli'r sain *–dd* ar ddiwedd gair: *angla,* 'angladd', *celwi,* 'celwydd', *claw,* 'clawdd', *gili,* 'gilydd', *mini,* 'mynydd', *newi,* 'newydd', *wmla,* 'ymladd' ac ati. Os ychwanegir terfyniad, yna daw'r *dd* yn ôl i roi *cloddie* neu *celwidde.* Honna Iolo Morganwg yn ei gofnodion tafodieithol fod colli *–dd* mewn safle diweddol yn fwy cyffredin ymhlith menywod nag ymhlith dynion[23]. O ystyried yr hyn yr wyf newydd ei awgrymu am iaith menywod, byddid yn disgwyl y gwrthwyneb efallai. Yr un mor ddiddorol yw'r ffaith iddo gofnodi'r gwahaniaeth hwn o gwbl ddwy ganrif yn ôl.

Symleiddir rhai clymau cytseiniol ar ddiwedd gair hefyd, fel mewn ardaloedd eraill yn y De. Er enghraifft, clywir *cefen* yn hytrach na 'cefn' a *cafan* yn hytrach na 'cafn'. Y mae dewis arall yn bosib yn Sir Benfro yn ogystal, sef cyfnewid *w* am *f* a chael *cewn* yn lle 'cefn', *sowl* yn lle 'sofl', *llawni* yn lle 'llyfni' a *cowrw* yn lle 'cyfrwy'. Mae hyn yn arbennig o wir am ardaloedd o gwmpas Tyddewi, ond mae'r nodwedd hon i'w chlywed hefyd yn ardal Maenclochog.

Ar ddechrau gair wedyn, cynenir y clwm cytseiniol *chw-* fel *hw-*, fel yn holl dafodieithoedd y De e.e. *hwech* a *hware.* Dyma un o nodweddion llafar y Ddyfedeg y bu John Davies Mallwyd yn llawdrwm iawn arni yn ei *Antiquae Linguae Britannicae...Rudimenta*[24] ac yn argymell ei hosgoi. Ynganiad arferol y De hefyd sydd i'r ddeusain 'ae' sef *â* hir fel yn *llâth* neu *hwâr* ac mae'r ddeusain 'au' yn troi'n 'oi' mewn geiriau fel *doi, hoi* a *hoil.*

Un o nodweddion amlycaf tafodieithoedd Morgannwg yw calediad, sef dileisio 'g', 'b' a 'd', ar ddiwedd sillaf acennog, e.e. *acor* yn hytrach nag 'agor', *atrodd* yn hytrach nag 'adrodd', a *stapal* yn hytrach na 'stabl'. Er nad yw calediad yn nodweddiadol o dafodieithoedd y gorllewin, mae i'w glywed ar adegau'n achos dau air yn ardal Maenclochog, sef 'cyfflogiaid' a 'lletwade' lle y ceir *cyfflocied* a *lletwate.*

Yn naturiol, mae i Gymraeg Maenclochog ei geiriau ei hun yn ogystal â'i hacen. I rai 'iaith shipris' yw tafodiaith y fro hon, cymysgedd o Gymraeg a Saesneg fel y mae shipris yn ne'r Sir yn gymysgedd o farlys a cheirch. Yng ngeiriau B. D. Charles:

> It has been said that to understand Pembrokeshire Welsh you only need a working knowledge of English.[25]

Gwnaeth gyfraniad hollbwysig i'r drafodaeth hon gan ddangos fod nifer o eiriau o dras Seisnig yn rhan o'r dafodiaith, ond eu bod yn hen eiriau, yn hytrach na rhai sydd newydd ymsefydlu yn y dafodiaith. Cymerwch er enghraifft y gair Seisnig ei darddiad, *iet,* sef term yr ardal hon am gât. Mae'r enghraifft gyntaf o'r gair hwn yn y Gymraeg yn dyddio o'r ddeunawfed ganrif. Nid yw'n air byw yn yr iaith Saesneg erbyn hyn wrth gwrs ond mae i'w weld o hyd mewn enwau lleoedd megis Yate ger Bryste.

Enghraifft arall yw'r ansoddair onomatopëig a ddefnyddir yn ardal Maenclochog i ddisgrifio tywydd gwlyb, diflas a niwlog sef *slabog.* Er i mi gofio'n nhad-cu, un o'r *'down belows'* o ardal Llangwm ger Hwlffordd, yn defnyddio'r gair *slabby* yn yr un cyd-destun, mae'r gair *slabby* bellach wedi bron â diflannu o Saesneg y Sir, tra bod y gair *slabog* yn fyw iawn o hyd.

Gair arall a glywir yn fynych yng ngogledd y Sir yw *bwrgetsh* sy'n golygu cau bach o ryw hanner erw wrth ochr y ffermdy. Daw, wrth gwrs, o'r gair *burgage,* a ddefnyddir o hyd yn yr un cyd-destun yn Saesneg gwaelod y Sir. Yr hyn sy'n ddiddorol am y ddau air hyn yw'r ffaith mai Sir Benfro yw'r unig le, lle maent yn golygu cau neu 'barc' bach i fagu lloi ac ati, yn hytrach nag eiddo neu dir ar rent blynyddol mewn tref.

Ar yr un pryd, mae hefyd wrth gwrs, nifer fawr o eiriau o dras Gymreig sy'n unigryw i'r ardal hon. Ymhlith y rhai mwyaf cyffredin ceir:

rhocyn	bachgen	*rhoces*	merch
moddion tŷ	celfi/dodrefn	*pentigili*	yr holl ffordd
ffald/clos	buarth	*lweth*	eilwaith, eto
bowlyd	brwnt	*feidr*	y ffordd sy'n
glowty	beudy		arwain at fferm

Elfennau'r gair *glowty* wrth gwrs yw *gwaelod* a *tŷ* ac mae'n debyg mai cyfeiriad ydyw at y rhan isaf o'r tŷ hir –adeilad traddodiadol Cymreig a rennid yn ddwy, y naill ben ar gyfer y teulu a'r llall ar gyfer y gwartheg. Gellir olrhain y gair *feidr* mor bell yn ôl â 1531. Yng Ngheredigion clywir y gair lôn fach i olygu'r un peth ac *wtra* yn y Canolbarth, ond nid oes gair arbennig am ffordd o'r fath mewn un ardal arall yng Nghymru. Weithiau, fel yn achos rhai geiriau o dras Seisnig, mae gair yn magu ystyr lleol arbennig. Ystyr *cadair* yw crud babi yng ngogledd Sir Benfro, nid rhywbeth i eistedd ynddo – *stôl* yw hynny bob tro.

I symud o eirfa at gystrawen, un o nodweddion mwyaf trawiadol iaith ardal Maenclochog yw'r negyddion. Mae rhediad llawn i'r ferf 'bod' yn y negydd gyda therfyniadau gwahanol i bob person a rhif:

Sana i'n dod	*Sanon ni'n dod*
Sanot ti'n dod	*Sanoch chi'n dod*
Sano fe'n dod	*Senin nw/nwy'n dod*
Seni hi'n dod	

Yn ogystal â'r ffurfiau hyn ceir rhediad mwy cywasgedig, *sai'n dod* a.y.b.

Ceir rhediad tebyg wedyn yn yr amherffaith:

Wena i'n dod	*Wenon ni'n dod*
Wenot ti'n dod	*Wenoch chi'n dod*
Weno fe'n dod	*Wenin nw/nwy'n dod*
Weni hi'n dod	

Digwydd amrywiadau eraill ar y ffurfiau hyn hefyd, megis *ana i* a *enoch chi.* Ar un adeg bu ffurfiau tebyg yn amserau eraill y ferf 'bod' ond erbyn hyn maent i bob pwrpas wedi diflannu o iaith y fro.

Sut bynnag, y mae rhai ffurfiau berfol eraill sydd yn unigryw i'r Sir, megis ffurfiau person cyntaf unigol gorffennol y berfau afreolaidd. *Cesim i, esim i, desim i* a *nesim i,* yw ffurfiau naturiol ardal Maenclochog, nid *ces i, es i, des i* a *gwnes i,* er mai'r ffurfiau safonol hyn a glywir yn fynych bellach gan y boblogaeth iau.

Dau air bach arall tra chyffredin yn iaith trigolion y fro hon yw *g(w)lei* a *minno,* neu *no* fel y'i dywedir gan amlaf. Mae'r ddau'n cyfleu agwedd y siaradwr at yr hyn sydd ganddo i'w ddweud. Defnyddir y gair *gwlei* i fynegi ansicrwydd wrth adrodd stori:

Sdim lot 'da fe neid to gwlei

Wrth ddefnyddio *no* ar y llaw arall, mae'r siaradwr yn siŵr o'i ffeithiau, ond ar yr un pryd yn gwybod nad ydynt yn ateb y cwestiwn a ofynnwyd iddo mewn gwirionedd. Er enghraifft:

Wê Jac in y Glôb nithwr?

Sana i'n siŵr, galwodd e draw 'da Sara jyst cyn saith no.

Hen arfer arall a geir mewn rhai ardaloedd yn Sir Benfro, yw defnyddio trydydd person y ferf yn hytrach na'r ail berson wrth siarad â ffrind, 'fe' wrth siarad â dyn, a 'hi' wrth gyfarch menyw. Er enghraifft:

Gymrith hi ddished arall?	A gymeri di gwpanaid arall?
Gas e ryw newi heddi?	A gest ti ryw newyddion heddiw?
Rhoied lo ar y tân	Rho lo ar y tân.

Arwydd ydyw o agosatrwydd a chyfeillgarwch ac efallai fod y ffaith nad yw i'w glywed cymaint y dyddiau hyn yn dweud rhywbeth wrthom am natur ein cymdeithas yn yr unfed ganrif ar hugain.

Wrth i'r nodwedd uchod leihau, un peth sydd wedi cynyddu yn ystod yr ugain mlynedd yr wyf wedi ymddiddori yn nhafodiaith fy hen Sir yw, gwaetha'r modd, y tueddiad i gamdreiglo neu i beidio â threiglo o gwbl. Ddechrau'r nawdegau dadansoddais amlder digwyddiad y gwahanol dreigladau ymhlith y siaradwyr yn Y Mot.[26] Dangosodd yr arolwg fod y ddau dreiglad lleiaf eu defnydd, sef y llaes a'r trwynol yn raddol yn diflannu tra defnyddir y treiglad meddal yn helaeth. Yn dilyn cwymp y ddau dreiglad arall mae'r treiglad meddal wedi lledu i diroedd newydd ac yma eto, gwelir effaith amryw newidynnau annibynnol megis rhyw, crefydd, iaith y cartref, addysg ac oedran ar lafar yr unigolion dan sylw.

Yn achos y treiglad llaes, yr unig sbardun cynhyrchiol yn Y Mot bellach yw'r rhagenw 'ei'. Disgwylir i'r sbardun hwn fod yr un mwyaf sefydlog oblegid golyga'r agweddau semanteg sydd yn gysylltiedig â fe fod pwyslais a.y.b – 'ei chath', 'ei chi', ac ati. Wedi dweud hynny, yr argraff a gefais o'm hymchwil yn y Mot oedd nad oedd y system addysg yn medru cynnal y treiglad. Yr oedd y sefyllfa'n ddigon tebyg yn achos y treiglad trwynol. Er enghraifft, yn ystod fy recordiadau, llwyddodd y rheini o dan 40 oed i osgoi'r treiglad yn dilyn y rhagenw personol 'fy' mewn 48.4% o'r holl achosion posib, trwy newid y gystrawen:

fy/yn nhad > *tad fi.*

Nid rhywbeth sy'n unigryw i Sir Benfro yw hwn chwaith wrth gwrs, yn anffodus mae'n rhywbeth sydd i'w glywed ar hyd a lled y Gymru gyfoes, yn enwedig ymhlith pobl ifanc. Rhaid ceisio atal y fath erydu gramadegol, bratiaith yw hynny nid tafodiaith. Ond wrth ymdrechu i gynnal safonau, rhaid i ni hefyd geisio cadw lliw a bywiogrwydd ein tafodieithoedd. Gobeithio bod plant ardal Maenclochog yr un mor gyfarwydd â'r enwau *clatsh y cŵn* a *bacse'r brain* ac ydynt â bysedd y cŵn a chlychau'r gog. A dyfynnu Robert Owen Jones:

> Yn y bôn mae eu tafodiaith yn rhan ohonynt, yn diffinio eu hunaniaeth, yn adleisio'u cefndir, eu hardal, eu tylwyth a'u diwylliant. Mae'n ddolen gyswllt â'r ymwybyddiaeth o berthyn, yn cydio dyn â'r gorffennol yn ogystal ag â'i ardal.[27]

Un cyfrwng effeithiol i gyfleu'r ymdeimlad yma o berthyn ac o hunaniaeth gymunedol yw llenyddiaeth dafodieithol ac mae Sir Benfro yn sir a fu'n hynod gynhyrchiol yn y maes hwn. Yr enghraifft gyntaf o lenydda yn nhafodiaith y wês wês yw sgwrs fach rhwng Mali a Shecci gan Henry Evans o Solfach a gyhoeddwyd yn 1889. Clebran am eu cymdogion y maent – mae un ohonynt Shemi Ifan newydd farw yn y carchar. Dyma Shecci yn siarad ac yn esbonio pam yr anfonwyd Shemi i'r carchar yn y lle cyntaf:

> ...pwdi ddaru Shemi wrth Twm am fod lloi Twm wedi sarnu a damshel i wair e ; a phan gwelodd e Twm ar ôl hynny, fe gododd i natur e, a dima fe'n stwro, ac in gweyd fod gormod o jogi arno i gau slip in i claw. Fe a'th Twm in grac show, ac fe dasgodd in ombeidus, a gwedodd wrth Shemi am find a disgu i fangu i odro'r whied. Neidiodd Shemi ato a chrasodd e a chwes picwarch wedd gidag e, ac fe rhicodd i got e pentigili. Cwmpodd Twm ar i gewn in i llaca is wedd e'n fwd bob tamed. Yna gwelodd Shemi'r polisman in dwad in ochor Haffesh, a fe rhows i drâd in i tir a bant ag e.'[28]

Brynach neu J. Brynach Davies sy'n gyfrifiol am y gerdd gyntaf a ysgrifennwyd yn fwriadol yn y dafodiaith ddechrau'r ganrif ddiwethaf. Yn y gerdd, sy'n dwyn y teitl 'Cân', canmola'r bardd nodweddion y dafodiaith trwy ddweud:

> Iaith daliedd fy nhade, nid shiprys mo honi,
> Ond gwenith pur heb 'i gymysgu â baw,
> O Llandoch i Tydrath a lawr sha Tyddewi,
> Sharadir hi'n deidi hyd ochor pob claw;[29]

Dathlu ffordd o fyw ar y llaw arall a wnaeth Dewi Emrys yn ei gerdd enwog 'Pwllderi', a wobrwywyd yn Eisteddfod Genedlaethol Abertawe yn 1926. Cerdd ydyw sy'n rhoi pwyslais ar frogarwch a chyfeillgarwch a cheir disgrifiad hyfryd o'r wlad o gwmpas Pencaer a'r gymdeithas ddiwylliedig o ffermwyr a fodolai yno:

> Dim ond un tŷ sy'n agos ato,
> A hwnnw yng nghesel Garn Fawr yn cwato.
> Dolgâr yw ei enw, hen orest o le,
> Ond man am reso a dished o de,
> Neu ffioled o gawl, a thina well boiled
> Yn gennin a thato a sêrs ar i wmed.
> Cewch weld y crochon ar dribe ino,
> A'r eithin yn ffaglu'n ffamws dano.[30]

Mae'r bardd yn cyferbynnu'r bywyd gwâr hwn â byd natur sy'n hynod hardd ond yn greulon a digyfaddawd ar yr un pryd.

Dim ond nifer fach o gerddi Waldo sydd mewn tafodiaith. Un ohonynt yw soned deyrnged i'r adroddwr straeon celwydd golau, 'Wil Canaän'. Defnyddir y dafodiaith ganddo wrth gyfleu llafar y cymeriad annwyl hoffus hwnnw, cyn troi yn ôl i'r iaith safonol am weddill y gerdd. Sylwer ar hoffter y bardd o gyfosod tlodi a llymder materol a chyfoeth ysbrydol yma, fel yn ei gerddi tra chyfarwydd:

> ... Crefftwr llwm,
> A'i storïau doniol, dwl o hyd trwy ras
> Yn olud llafar yng nghartrefi'r cwm.[31]

Cerdd addfwyn arall o law Waldo i olygfeydd a chymeriadau'r sir, sy'n cynnwys cyffyrddiadau tafodieithol, yw 'Am Ennyd', sy'n cofnodi agweddau ar fywyd beunyddiol Clunderwen a'r fro:

Os bydd hi'n fore heulog, neu os bydd hi'n bwrw glaw,
'Sdim gwahaniaeth am y tywy' ond os ewch chi biti naw
I lawr i dre Clunderwen - fan lle mae'r wyau i gid
Fe gewch chi weld y cwbwl yn draffic lond y stryd,
A choeliwch fi, taw dyna'r fan brysuraf yn y byd.[32]

Trodd Ezra Pound a T. S. Eliot hwythau at y gerdd dafodiaith fel modd i ddianc rhag hualau'r iaith safonol a'i disgwyliadau, a diddorol yw nodi awgrym Robert Rhys fod y cerddi gwerinol hyn gan Waldo yntau yn arwydd o wrthryfel yn erbyn disgwyliadau teulu a chyfoedion.[33]

Sut bynnag, yr enghraifft orau o ganu tafodieithol Waldo yn ddiau yw'r gerdd 'Galw Iet', lle mae'r bardd yn ceisio argyhoeddi trafeiliwr i oedi ychydig er mwyn gwerthfawrogi prydferthwch naturiol y wlad o'i amgylch. Dyma'r bardd yn siarad ar ran ei gymuned, yn nhraddodiad cymdogol y bardd gwlad. Ceir darlun o gymdogaeth dda, ddedwydd a oedd mor wahanol i fywyd masnachol, bas y Trafeiliwr:

Ma'r Trafeiliwr yn i gar yn ddyn o fusnes –
Ffortiwn, moethe mawr; plesere pell,
A chlywith e ddim byth o'r iet yn galw...
A gwelith e ddim byth o'r golud gwell.[34]

Hoffai Waldo bwysleisio pa mor hawdd ydoedd i deimlo'n un â chymdeithas y Preselau ond ni ddarbwyllir y Trafeiliwr hwn, fodd bynnag:

Ond yn hongian ma'r hen iet joglyd
Dan gisgod yr onnen o ben claw
A'r pyst yn mynd bob dy yn fwy mwsoglyd
Yn yr haul, a'r gwynt a'r glaw.[35]

Defnyddir y dafodiaith gan y bardd yn hwylus a distraen, ac er ei symledd gwelwn yn y gerdd fach hon yr un gwladgarwch a'r un angerdd sydd mor nodweddiadol o gerddi diweddarach Waldo.

Nid oes lle yn yr erthygl fer hon i mi drafod holl feirdd a llenorion Gogledd Sir Benfro sydd wedi defnyddio'u tafodiaith yn eu gweithiau[36] ond cyn cloi rhaid i mi sôn am y diweddar W. R. Evans. Fel y dywedwyd gan y Prifardd Eirwyn George yn y rhagair i'w gyfrol *Awen y Moelydd*:

> Daear a phobl y fro hon a foldiodd ei gymeriad a mynegiant didwyll o fywyd pob dydd ar y llechweddau hyn, yn ei gryfderau a'i ffaeleddau, yw cnewyllyn y gyfrol.[37]

Mae W. R. Evans yn enghraifft o fardd tafodiaith a chanddo berthynas agos â chymuned arbennig. Ei dafodiaith yw ei gyfrwng naturiol fel yr awgryma ef ei hun:

> Dichon mai'r dafodiaith honno yn fwy na dim arall sy'n adlewyrchu fy mhrofiadau cynnar, ac yn rhoi naws y bywyd gwledig a gafwyd ar ddechrau'r ganrif hon.[38]

Dengys gweithiau W. R. Evans allu'r gerdd dafodiaith i fod yn ddisgrifiad gwerthfawr a dilys o fywyd cymdeithasol a diwylliannol cymuned ei chyfansoddwr ac yn record hanesyddol o bwys. Ychwanega'r dafodiaith yn fynych at agosatrwydd a naturioldeb y canu a'r profiadau fel yn y gerdd 'Nosweth y Ffair', sy'n disgrifio hen ŵr gweddw'n gadael y ffair ar ôl i'w fab a'i ferch-yng-nghyfraith ddwyn perswâd arno i ymuno â hwy yno. Cawn ddisgrifiad llawn o fywyd y ffair a chofia'r hen ŵr am ei wraig ac yntau yn eu hieuenctid yn mynd ar y ceffylau bach:

> A'r ffordd pentigily in ddisgler o'n bla'n.[39]

Bellach mae hi yn ei bedd ond yn ôl arfer oes mae yntau'n prynu rhywbeth iddi cyn dychwelyd adref gan iddo obeithio cwrdd â hi eto:

> ...in rhyw wlad sy'n well..[40]

Fel mewn nifer o gerddi tafodiaith dyma weithred neu ddigwyddiad penodol, lleol yn cael ei gysylltu â gosodiad moesol o arwyddocâd byd-eang. Weithiau gall y digrifwas ddangos realiti bywyd yn dristach ei dristwch na'r bardd difrifol, sych, ac yma dwyseir y profiad gan y pedair llinell olaf:

> Ond cofied e nawr, peided gweud gair am hyn
> Neu bydd rhyw dacle'n bipsan, a drychid in syn.
> A peided e gweud 'fyd wrth un o blant Seion
> Bo' fi wedi ca'l tablen trw ddrws cewn Y Leion.[41]

Un o wendidau'r bardd tafodiaith yn aml iawn yw sentimentaliaeth. Yr hyn sy'n achub cerddi W. R. Evans megis 'Y Llwy Bren' neu 'Ar Werth', rhag ymddangos yn ordeimladol neu'n rhy hiraethus eu naws yw defnydd deheuig eu cyfansoddwr o'r dafodiaith. Mae'n llwyddo i gyfuno medrusrwydd geiriol a theimlad heb fod yn ystrydebol, gan sicrhau bod y dafodiaith a'r cynnwys yn annatod i'w gilydd.

Llwyddodd hefyd, fel y gwnaeth W. Rhys Nicholas yn y gerdd 'Dydd Diolchgarwch',[42] i estyn cylch a themâu llenyddiaeth dafodieithol gan gadw ar yr un pryd ei hagosatrwydd, ei diffuantrwydd a'i chynhesrwydd. Er y defnyddir tafodiaith gan W. R. Evans yn aml er mwyn peri difyrrwch a chwerthin, mae hefyd yn ei defnyddio at fyfyrio dwysach a mwy personol. Er enghraifft, dengys y gerdd 'Ffinnon 'Richen' W.R. yn synfyfyrio uwchben hen ffynnon yn sŵn y môr ac yn uniaethu sŵn y môr ag anesmwythyd dynion. Mae'n darganfod sefydlogrwydd a chadernid yn y mynyddoedd o gwmpas y ffynnon, fel y gwnaeth erioed:

Ond ma'r mini, chwel, in wahanol,
Yn llony' trw'r dydd gwyn.
Mae e mwy fel se fe wedi tiddu
A gadel y wharieth ar ôl.[43]

Wrth gyfleu ei fyfyrdodau dwys, personol, ar gyflwr dyn trwy gyfres o symbolau cryf, mae'n taro ar 'wirionedd go fawr yn yr oes gyfeiliorn hon', chwedl Mathonwy Hughes.[44]

Ni ddylem fychanu gwerth llenyddiaeth dafodieithol. Yn hytrach, dylem fod yn ddiolchgar am gyfrolau megis *Wês Wês,*[45] *Wês Wês – Wêth*[46] ac ati am feithrin tafodiaith Maenclochog a'r fro ac am ein hatgoffa fod ein hunaniaeth ynghlwm wrth ein hiaith lafar. Ys dywed y bardd Saesneg Ken Smith:

> Any medium which can encourage the fusion of philosophy, humour and profound feeling must have a claim on the attention of all readers ... whatever the dialect or language they speak.[47]

Mae i fyny i ni yn awr i sicrhau y bydd nodweddion unigryw dafodiaith y wês wês i'w clywed am flynyddoedd lawer i ddod a bod y traddodiad o lenydda yn y dafodiaith yn parhau'n llwyddiannus. Cam positif iawn i'r cyfeiriad hwnnw yw'r llyfr swmpus hwn ac mae ei gyhoeddiad i'w groesawu'n fawr.

Troednodiadau:

1. E. Llwyd Williams, *Crwydro Sir Benfro Cyfrol 1* (Abertawe, 1958), t. 17.
2. Simon Llwyd, 'Atgofion a Chynghorion Wncwl Huw', *Cymru,* 1895, 9: 42-3, 79-80, 105-107, 169-73, 209-12, 257-8; 1896, 10: 130-2, 211-2, 266-8, 313-5; 1896, 11: 35-7, 91-2, 125-7.
3. Ibid., Cyfrol 9, t. 42.
4. Ibid., Cyfrol 9, t. 42.
5. E. Llwyd Williams, *Crwydro Sir Benfro* Cyfrol 1, t. 15.
6. Brian Howells (gol.), *Elizabethan Pembrokeshire: the evidence of George Owen*, Pembrokeshire Records Series, Cyfrol 2, (Hwlffordd, 1973), t. 2.
7. Gwenllian Awbery, *Cymraeg Sir Benfro,* Llyfrau Llafar Gwlad (Llanrwst, 1991), tt. 23-4.
8. Rupert H. Morris (gol.), 'Parocholia Being a Summary of Answers to Parochial Queries in order to a Geographical Dictionary etc., of Wales issued by Edward Lhuyd', Appendix to *Archaeologia Cambrensis,* 1911, t. xii.
9. F.V. Emery, 'A New Reply to Lhuyd's Parochial Queries (1696): Puncheston, Pembrokeshire', *National Library of Wales Journal*, Cyfrol 10, 1957-8, tt. 395-402.
10. Ibid., t. 398.
11. Gwenllian Awbery, *Cymraeg Sir Benfro*, tt. 24-5.
12. Ibid., t. 25.
13. A. W. Wade-Evans, 'Fishguard Welsh (Cwmrag Abergwaun)', *Transactions of the Guild of Graduates,* 1906, tt. 21-34.
14. A. W. Wade-Evans, 'Carmarthenshire Dialects', *Carmarthenshire Antiquarian Society Transactions*, Cyfrol 1, 1905, t. 57.
15. Idem., 'Fishguard Welsh (Cwmrag Abergwaun)', t. 22.
16. Ibid., 'Fishguard Welsh (Cwmrag Abergwaun)', t. 23.
17. W. M. Morris, *A Glossary of the Demetian Dialect of North Pembrokeshire* (Tonypandy, 1910).

18. Ibid., t. 253.
19. Christine Jones, 'Astudiaeth o Iaith Lafar Y Mot (Sir Benfro)', Traethawd PhD anghyhoeddedig Prifysgol Cymru, 1987.
20. F. V. Emery, *A New Reply to Lhuyd's Parochial Queries (1696): Puncheston, Pembrokeshire*, t. 398.
21. A. W. Wade-Evans *Fishguard Welsh (Cwmrag Abergwaun)*, t. 25.
22. Christine Jones 'Cydberthynas Nodweddion Cymdeithasol ag Amrywiadau'r Gymraeg yn Y Mot, Sir Benfro', *Bwletin y Bwrdd Gwybodau Celtaidd*, Cyfrol XXXV1, 1989, tt. 64-83.
23. Am drafodaeth fanwl ar agweddau Iolo Morganwg tuag at dafodiaith, gweler Richard Crowe, 'Iolo Morganwg a'r Tafodieithoedd', Traethawd PhD anghyhoeddedig Prifysgol Cymru, 1987.
24. John Davies *Antiquae Linguae Britannica Rudimenta.* Ceir adargraffiad *facsimile* o argraffiad 1621 gan y Scolar Press (Menston, Lloegr, 1968) rhif 70 yn y gyfres *English Linguistics* 1500-1800.
25. B. D. Charles, 'The English Element in Pembrokeshire Welsh', *Studia Celtica V1, 1971*, tt. 103-137.
26. Christine Jones, 'Variation in the nasal mutation in the dialect of New Moat, Pembrokeshire,' *Papurau Gwaith Ieithyddol Cymraeg Caerdydd, Rhif 7* (Caerdydd, 1992), tt. 15-28.
27. Robert Owen Jones, 'Tafodiaith Cwm Tawe', *Cyfres y Cymoedd – Cwm Tawe* (gol.), Hywel Teifi Edwards (Llandysul, 1993), t. 222.
28. Henry W. Evans, 'Llafar Gwlad Tyddewi', *Cymru Fydd,* Cyfrol 2, 1889, t. 584.
29. J. Brynach Davies, 'Cân', *Awelon Oes, sef Cofiant a Barddoniaeth Brynach* (goln.), E. Curig Davies a J. Tegfryn Phillips (Wrecsam, 1925), t. 96.
30. Dewi Emrys, 'Pwllderi', *Cerddi'r Bwthyn* (Aberystwyth, 1948), t. 9.
31. Waldo Williams, 'Wil Canaan' yn Robert Rhys, 'Waldo Williams a Sir Benfro: Rhai Cysylltiadau a Cherddi Cynnar', *Barddas,* Gorffennaf /Awst 1986, t. 25.
32. Ibid., t. 25.
33. Ibid., t. 26.
34. Ibid., t. 26.
35. Ibid., t.26.
36. Am drafodaeth fanylach ar feirdd tafodieithol Sir Benfro gw. Christine Jones, 'Sir Benfro a'r Gerdd dafodiaith', *Llên Cymru,* Cyfrol 21, tt. 139-150.
37. Eirwyn George yn ei ragair i W. R. Evans, *Awen y Moelydd* (Llandysul, 1983).
38. W. R. Evans, *Fi yw Hwn* (Abertawe, 1980), t. 273.
39. W. R. Evans, 'Nosweth y Ffair', *Cawl Shir Bemro* (Llandysul, 1986), t. 103.
40. Ibid., t. 103.
41. Ibid., t. 103.
42. W. Rhys Nicholas, 'Dydd Diolchgarwch', *Cerdd a Charol* (Llandysul, 1969), t. 36.
43. W. R. Evans,'Ffinnon 'Richen', *Awen y Moelydd,* t. 102.
44. Mathonwy Hughes, *Beirniadaethau a Chyfansoddiadau Eisteddfod Genedlaethol Aberafan* (Llandysul, 1966), t. 101.
45. G. Griffiths & J. Phillips (goln.), *Wês, Wês* (Talybont, 1976).
46. G. Griffiths & J. Phillips (goln.), *Wês, Wês, Wêth* (Talybont, 1978).
47. Ken E. Smith, *The Dialect Muse* (Wetherby, 1979), t. 40.

Christine M. Jones was brought up at the Rectory in New Moat. Now a senior lecturer in the Department of Welsh at UCW Lampeter she has specialised in studying dialects and in particular the Pembrokeshire form of spoken Welsh. In this article she draws attention to the idiosyncrasies or rather the richness of the Welsh dialect of the

Maenclochog area. Such a learned and well-researched article cannot be given proper justice in a short resumé.

Christine refers to the historical evidence of the dialect as in Edward Llhuyd's 'Parochial Queries' and in particular W. Meredith Morris' classic 'Glossary of the Demetian Dialect of North Pembrokeshire' published in 1910 and re-published in 1991. She refers to her own Ph.D. thesis completed in 1987 and based on field research in New Moat. The one main feature of the dialect, of course, is the 'wês' enunciation. Various vowels are enounced in a particular way and such patterns often differentiate between males and females and on the extent the habit has been curtailed by formal education. Christine refers to specific words such as 'roces', 'glowty', 'bowlyd', 'feidr' and 'lwêth' that are almost unique to the area as are certain verbal conjugations. The first person singular past tense of the irregular verb is a case in point – 'cesim i, esim i, desim i', and 'nesim i'. This is still the pattern used by the older generation but, alas, not to the same extent by the younger generation. Of course, the use of the third person singular pronoun rather than the usual second person singular when talking to a close friend in order to emphasise familiarity has thrown many a bystander.

She decries the recent habit of foregoing the use of the nasal and spirant mutations and the spread of the soft mutaion to all sorts of linguistic contexts. The education system locally, as in other parts of the country, appears to have failed to sustain the mutations. As a result she says that dialect is in danger of becoming slang. She asks how many Maenclochog children now refer to the foxglove as 'clatsh y cŵn' and the bluebell as 'bacse'r brain'? Christine also refers to the use of the Pembrokeshire dialect in literature by Henry Evans, J. Brynach Davies, Dewi Emrys, Waldo Williams, W. Rhys Nicholas and, of course, W. R. Evans. She commends the 'Wês, Wês' volumes for recording the dialect and giving it due credence. She concludes by stating that it is the responsibility of the present generation to maintain and preserve the peculiarities of the 'wês, wês' dialect.

★★★★

Wêdd Glyndwr wedi colli merlen ac yn awyddus i gael un arall yn ei lle. Am ei fod e'n rhy glymhercyn i fynd i chwilio am un arall ei hunan fe ofynnodd i gymydog i wneud yn ei le. Yr unig amod oedd ei fod am un fach dwt, dywyll.

Ymhen amser fe ddaeth yna ferlen oedd mor ddu â'r glo o ran ei lliw i'r clos ac fe dalwyd amdani. Ar ôl ei rhoi yn y parc fe sylwodd Glyndwr nad oedd hi'n symud fawr ddim o ganol y parc.

Yn waeth na hynny, pan ddodwyd hi i dynnu'r trap roedd hi'n bwrw i mewn i bob dim. Sylweddolodd Glyndwr ei bod hi'n ddall.

Pan ddaeth ei gymydog heibio fe'i dwrdiodd gan ddweud na fedrai wneud dim â merlen nad oedd yn gweld.

'Wel, paid â bwrw'r bai arna i, ti ofynnodd am ferlen dowyll,' meddai.

Wil Slâd

T. E. George

Mab Hendri a Ratshel Morgan wê in byw in hen dŷ bach a'i enw Slâd wêdd Wil Slâd. Wê'i dad wedi marw amser wêdd e in grwt bach, a wê hen feniw 'i fam wedi 'i faldodi a'i fagu i finy fel babi bach. Wêdd e'n walpyn o foi listi, mor grifed â ceffil ond mor wrion â wên bach. A wêdd e in gryf 'te, wa'th am fet gida rhei o'r crwts 'na, fe gariodd gant o gwlwm ar 'i gewn, pentigily o stashon Casmâl i'r clôs gatre, dwy filltir gifan gwrês perci a drost i miny heb roi e lawr shwrne, na cwmrid hoi.

Sana i'n gwbod a wêdd e wedi bod in ir isgol ario'd, achos wê eno in galler darllen na reito 'no, ond os wêdd e in dwp ffor' 'na wêdd e mor giwted â cadno. Gweitho in rhydd i law obwti'r lle wêdd e, ond wê hinny ddim in finych os galle fe beido. Cesech 'i weld e finicha in clasgu llosged ar i miny i ginnu tân, wa'th tân llosged a cwlwm wê 'da nw amser bise tewy wêr. Wê digon o waith i ga'l pwr'ny, amell un ishe fe i ddwâd i garthu catsh lloi, ond wê eno'n leico'r job honno, a torri cwês 'i fforch wêdd e'n neud, wedyn ca'l llony ar ôl hinny. Wêdd e'n weithwr brion ond bod stowne arno. Wê digon ishe fe i ddwâd i hala dom a'i sgwaru ond tipyn in sgadli wêdd e wrth hinny hefyd.

Gorffod iddo fynd i'r armi amser Rhifel Byd Cinta, ond ffeilon nw neud dim ag e fan ni lweth, wa'th nôl da'th e whap, no. In Llunden, tamed bach ochor draw Lloeger, buodd pwr'ny, medde fe. Ar ôl iddo ddwâd nôl o'r armi gorffod iddo fe a'i fam simud i hen dŷ bach arall rhyw filltir ar gwrês i miny, wa'th da'th 'rhen dŷ lawr ar 'u penne nw, a man'ny wedyn buon nw in byw am flinidde. Wê pob ffarmwr ar 'i ôl e amser cinheia gwair, wêdd e'n bitshwr da in parc neu in ir iglan, ond wê eno lawer o ddab in unman arall, gallech chi ddim i roi fe ar ben cart, ar ben rhic, neu ar ben rhaca. Amser llafur wêdd e'n handi iawn hefyd. Wêdd e'n galler rhwmo riwshap, ond wê eni werth i hala fe i stwco, neu bisen nw'i gyd wedi cwmpo cyn bise chi ma's o'r parc. Wê gidag e ddim clem shwt wê deiso chwaith, ond fe bitshe sgube trw'r dydd. Amser dwrni pitsho gwellt wêdd e'n neud in bob lle.

Wê, wêdd e'n mynd i'r cwrdd nawr ag lweth. Baptist mowr wêdd e, a fel mae rheini i gyd, in meddwl na s'neb gistal â nhw. Sana i'n meddwl fod rhyw olwg fawr gidag e ar ffeiradon, achos wê un stori wêdd e'n 'i gweud hi o hyd. Stori obwti Twm Deina wê'n tablenna'n jogel, a'r nosweth hon wedi hifed mwy na iwso, a wrth fynd gatre fe gwmpodd i gwsgu in bôn claw, a phwy dda'th heibo ond i ffeirad, a tima fe i'n i ddihuno fe a gofyn iddo beth wêdd e'n neud fan 'no. 'O,' medde Twm, 'breuddwydo'. 'A beth wê chi'n freuddwydo?' medde'r ffeirad. 'Wên i'n breuddwydo bo fi in i dridedd nef in imddiddan â'r Apostol Pedr'. 'A beth wê gida hwnnw i weud wrtho chi?' 'Gofyn a wê llawer o ffeiradon ar wlad i ddeiar 'ma. 'Wês, wês', wedes i wrtho, 'un i bob plwy a dou in amell un'. 'Wês rhei o hono nw in marw 'na?' medde Pedr. 'Wês, wês, in marw fel dinion erill', wedes i. 'Wel tina beth od', medde fe, 'dwy 'ma is cannodd a channodd o flinidde a sana i wedi gweld un wedi dwâd ma 'to'.

Fe ga's Wil hen glatshen gas pan farwo hen feniw 'i fam a gadel e ar ben 'i hunan. S'neb in gwbod a wêdd hi wedi bod in sâl in hir, achos wê eni byth i weld, ond fe a'th Wil lawr at 'i fishtir i weud bod hi wedi marw. Ac i roi copsi ar ben i cifan, whap ar ôl ir angla fe gwmpodd pen i tŷ a gadel Wil heb gatre. Ond trw lwc wê hen dŷ bach in wag rhyw hanner milltir o'na, a ca's Wil fynd i fyw'n fan 'ny. We eno in gweitho llawer nawr, ond wêdd e'n mynd i'r shop nawr ag lweth. Wê un o'i gwmdogion in galw arno amser bise fe in paso ffor'na. Ond un diwarnod wê'r drws in glo. Wê eno wedi' i weld e is cwpwl o ddwarnode, a fe bipodd drwy'r ffenest, a tina lle wêdd Wil in ishte in stôl wedi madel â'r byd hwn. Wê eno in hen, wa'th newy ga'l i benshon wêdd e.

Fe ga's angla barchus, achos wê pob un in ffrind ag e, a wê ni in gweld 'i ishe fe in sobor. Gwyn di fyd di. Wil bach, cwsga in dawel, a dwy in shŵr bod ti wedi lando in sâff in i lle hwnnw mae'r ffeiradon in ffeilu in deg â crafu 'na.

Wês Wês Gwasg Gomer 1976

T. E. George writes a portrait of Wil Slâd in the local dialect. He lost his father when very young and hence was mollycoddled by his mother. He grew to be a strong lad and as a dare he carried a hundredweight of culm on his back all the way home from Puncheston station without once taking a breather. Though illiterate he was as sharp as a fox. He would work on various farms but not all work was to his liking. If asked to clean a calfshed he would purposely break the fork handle thus to avoid completing the task. He spent a short while in the army somewhere beyond London. On his return, when the roof of their cottage collapsed, he and his mother moved to another cottage on the mountainside. He would be occasionally employed on local farms particularly at harvest time. Soon after his mother died the roof of the home collapsed and Wil moved to another cottage some half a mile away but it was not long before he was found dead in his chair.

Berwi Cawl

T. J. Jenkin

Fe wedo mam wrthw inne bo well i fi beido, ond priodi neuthum i. We mam yn meddwl falle na alle Mari ddim pobi, a macsu, a neud menyn, achos rhoces o 'chlaw'r myny' we Mari, a we ddim mam wedi croishi'r myny 'ariod, ond i Tydrath i dŵr y môr. Ond we'n i'n gwbod yn iawn galle 'i, achos we'n i wedi bod yn ffair Feigan bob blwyddyn os hwech mlyne' ar ryw ysgus neu gily', a we'n i'n gadel y ceffyl neu'r trap yn Pant-teg bob tro, a we'n i'n gwbod shwt roces we Mari'n iawn.

Priodi nethum i, ta beth, a we Mari fel we'n i wedi disghwyl i châl hi, yn galler gneud popeth we ishe ar ffarm. We hano'r cawl eitha 'run peth â cawl mam na chwaith, ond wedd e'n eitha neis. We'n i wedi pallu dysgu berwi cawl wrth bo mam yn cisho 'da fi, achos we'n i'n gweud wrthi galle Mari neud cawl, a ta Mari'n ffeilu rhywbryd, buse morwn 'da ni, a gese honno neud e.

Falle busei'n well i fi fod wedi grondo ar mam hefyd, achos gorffod i fi dreio rhyw ddiwarnod, neu beth benna' fe dries. Sena i'n cofio'n iawn beth we'n bod diwarnod cyn 'ny, ond dw i'n meddwl ta' macsu erbyn lladd mochyn we Mari wedi bod. Ta beth, we Mari wedi ffeilu berwi cawl, a we rhaid iddi fynd i'r farced diwarnod 'ny. A bant 'r ath i yn trap a'r poni glas. We Betsi'r forwn at ferwi cawl, ond gyda bo Mari wedi starto i Arberth, fe a'th Betsi'n sal, a gorffod iddi fynd gatre.

'Nawr , beth am gino?' mynte fi wrtho i'n hunan pen spel. 'Twt', mynte fi wedyn, ar ôl meddwl tamed, 'alla i ferwi cawl yn iawn, 'a'th dw i wedi sylwi digon ar Mari'n neud e.'

We'n i wedi meddwl mynd i hol llwyth o ithin bore 'ny, ond we digon 'da ni am ddau ddiwarnod, a we hani'n debyg i'r eira. Fe wedes wrth Dai (y gwas 'ma) bo well iddo ddachre hala i'r wirglo', a'th we hana i am iddo fod obwti'r tŷ i weld beth we'n i'n neud.

Wedyn, dyma fi'n dachre meddwl shwt we dachre gyda'r cawl. Bwiler we 'da mam yn berwi cawl, ond nethe dim byd ond cidl y tro i Mary, trw' bod i'n ffeilu ca'l crochon. A we rhaid iddi ga'l tanwent a twarch hefyd, 'a'th we hani'n cyfri bo cawl wedi ferwi ar dân bôls 'n agos gystel.

We dim i neud, ond i finne iwso'r cidl a'r tanwen a'r twarch. We digon haw' cynnu'r tân, a rhoi dŵr yn y cidl a rhoi'r ceuad pren drosto, a wedyn fe roies lwmpyn iawn o gig mochyn o'r shime yndo. Ond erbyn i fi fynd i hwilio, we dim taten wedi chrafu! Dyma fi ati, ond ar ôl dachre, a'r sudd yn tasgu i'n llyged i 'es bo fi jwst bod yn dywyll, fe weles busei'n ddouddeg o'r gloch cyn pennen i os na noblen i nw. A noblo nethum i, ond gorffod i'r cawl ga'l berwi am spel cyn bo digon da i fi, a dim ond pring digon we'n i'n cyfri we 'da fi wedyn. Ond miwn geson nw fynd.

Pan ddachreuo'r cawl ferwi 'lweth, we rhaid 'drych shwt olwg we arno, a treio, ca'l gweld a we'r tato'n ddigon. Fe weles ar unwaith bo rhwbeth mas o le. We'r cawl jwst bod yn eitha gleiw, a wrth gwrs fe gofies ta' ishe blawd we yndo. We i'n gwbod bo blawd circh a blawd barlish 'da ni, a we'n i'n gwbod le we Mari'n cadw nw, ond p'un we at roi at cawl, a faint we ishe? Fe benderfynes ta blawd barlish we fod, a fe gymysges lond phiol o flawd a dŵr yn eitha tew, a miwn ag e. Fe troies e am damed, er mwyn i'r blawd fynd ar led, a wedyn fe caues e cidl no iddo ga'l berwi am damed bach lweth, achos we'r tato ddim yn eitha digon, a we'n i'n gwbod bo ishe i'r blawd ga'l berwi hefyd.

Ond fe gofies bo ishe cennin, a mas rethum i i'r ardd. Pan we'n i mas, fe glwes Dai'n whiban nerth i ben. We'n i'n ofni bod e wedi diwel, ond pan ethum i bwlch y wirglo, fe weles ta'r llwyth we wedi mynd yn drech na Dai wrth dripo, a 'na lle we'r gisht ar ganol parc, a Dai'n twthian i dreio'i chodi ddi. Fuo ni ddim tair munud wedi fi fynd ato, ond 'mhell cyn bo ni'n ôl yn tŷ, we'n i'n clywed sent llosgi. Fe redes mor gloued a gallen i yn y nglocs, ond 'na lle we'r cawl yn berwi i'r tân, a'r lludw a'r stîm yn codi fel mwg obwti'r cidl. We hana i wedu cau ben e'n eitha clôs, achos we cwês y lletwad mas, a we'n i'n ofni bo peth o'r lludw wedi mynd i'r cidl, ond we hana i'n dishgwyl bo dim niwed. Ond we'r gwynt mwya ofnadw glwoch chi ariod yn y gegin, a we'n i'n dachre ofni hefyd na fuse'r cawl ddim eitha gystel a we'n i wedi meddwl iddo fod.

Fe dynnes y cawl lawr, a hwap fach dyma Dai'n dwad miwn gal cino. We'n i wedi rhoi'r pethe ar ford pan we'n i'n dishgwyl i'r tato ferwi, ond we'n i wedi anghofio cau drws rhwm-ford, a pan ethum i miwn â'r cawl, 'na lle we'r hen gath lwyd ar ben ford yn byta'r cig wêr. Fe godes hwnnw i ben styllen cyn i Dai weld, a wedyn fe dynnes y ceuad oddar y cidl gal codi cawl i Dai a finne, ond fues jwst cwmpo. Cawl? Allen feddwl ta bwdrwm wedd e, a hwnnw wedi llosgi'n ulw! Ond we gystel i dreio fe, sach bo Dai'n 'drych yn whyrn wrth glwed y sent.

Miwn â'r lletwad iddo, ga'l treio cal gafel ar y cig gynta, ond we dim sôn am hwnnw, ond bo rhyw lwmpyn o rwbeth we'n handlo fel jeli yn ffast yn gweilod. Fe droies 'y nghewn at Dai, a fe cesim e fyny, ond na olwg we arno! Fyny cas e fynd whiw i ben styllen o'r golwg, a d'ma fi'n trio cal pobo phioled o gawl i Dai a finne. Ond allen i ddim perswado'n hunan, sach Dai, ta cawl wedd e; wedd e mor dew, rhynt bo fi wedi rhoi gormod o flawd (a lled debyg ddim y blawd reit), a'r tato wedi berwi'n yfflon, a lot o'r cig hefyd wedi berwi iddo. A wedd e'n fryche duon bob tamed!

Fe rhois e o fla'n Dai, a fe ddrychodd hwnnw arno, ond we'n i'n gweld na we dim whant arno brofi e. Fe ysguses i bo rhaid i fi fynd mas i'r gegin at rwbeth, a pan ethum i'n ôl, 'na lle wedd Dai'n staro ar y phiol. Ond wedd e wedi brofi e, achos we'i lwy e yn i phiol, a we'i wewle fe wedi gwasgu'n dyn at i gily'. Pan we'n i'n mynd i brofi e'n hunan, d'ma Dai'n jwmpo ar i drad, heb weud un gair, a mas ag e fel bollten.

Ethum i mas i'r gegin yn ddishtaw bach ben tamed, gal gweld beth wedd e'n neud, a fe bipes mas 'da cornel y bleins bach, a 'na lle wedd e yn ochor pishtyll yn golchi ben mas. Nôl 'rethum i i'r rhwm-ford, a o'r diwedd, fe brofes inne'r cawl. We'n i wedi bod yn ame peth o ras Dai, ond nawr, sach ta i'r Eglws mae e'n mynd ar ddy' Sul, dw i'n siŵr bo Dai'n ddyn duwiol.

Sana i'n gwbod pwy flas we arno, ond ta chi'n treio meddwl am groishad o gig mochyn a blawd llosg, a twarch a mwg, a rheiny gyd wedi croishi ddwywaith, a'r cwbwl heb ddim halen (achos we'n i wedi anghofio'r halen ar y ngweitha), falle gallech chi lyfelu tebyg i beth wedd e. Dda'th Dai ddim 'nôl am hanner awr, a erbyn 'ny we'n i wedi ca'l te'n barod. Wedo Dai byth air wrth un, ond rhyntoch chi a finne, 'dw i'n meddwl ta ofni wedd e ta arno fe we'r bai'n gadel i'r gisht oddar y bache, ond 'sdim Dai'n gwbod y cwbwl.

Fuo whant arna i ofyn i Mari nosweth 'ny shwt ma' berwi cawl, ond we'n i'n ofni falle buse un o'r moch wedi marw erbyn trennoth, a thrw bo fi wedi bod trw'r pr'nawn yn cl'nhau'r cidl, we'n i'n meddwl na ddethe hi ddim i wbod dim, ond i fi fod yn ddishtaw. 'William', mynte Mari bore trennoth (Wil fydd hi'n ngalw i ond pan bo rhwbeth mas o le), 'William', mynte hi, 'beth yw'r stecs 'ma sy ar ben styllen rhwmford?'

'Na ddigon.

Y Wawr, CPC Aberystwyth, Haf 1917

T. J. Jenkin relates the ill-fated tale of preparing the customary cawl – broth – in the absence of the farmer's wife. He writes in the local dialect in the first person. Wil laments the fact that he did not heed his mother's advice to try his hand at making cawl when faced with the task of providing a meal for himself and the servant. His wife, Mari had gone to Newport, and Betsi, the maid, had been taken ill and gone home. Since he had seen the preparation umpteen times he believed the task could be accomplished with little difficulty. But, of course, nothing goes to plan. Indeed the lack of a plan is his main downfall. The ham had boiled before any potatoes had been peeled and probably the wrong type of flour had been added. No salt had been added. The leeks were still in the garden and Dai's mishap with the cart had to be dealt with. The cat helped herself to the cold meat on the table. When Dai was called in for dinner he immediately smelt there was something amiss, and one spoonful of the thick treacle like substance was enough to send him running out to vomit and wash his mouth. The farmer resisted asking his wife that evening how to boil cawl. He had spent the afternoon cleaning the utensils and believed the afternoon's escapade would go unnoticed. But Wil forgot to remove some of the remnants of the burnt ham he had placed on a plank, and as was Mari's habit when concerned she called her husband by his full Christian name – 'William what on earth is this mess on the plank?' – and all had to be divulged.

Foel Cwm Cerwyn

Dwi ishe mynd lan i ben miny
  Pan fo'r owyr yn eitha clir,
Y gwynt yn whibanu'n fy nghlustie
  A'r houl yn cusanu'r tir.

Dwi ishe mynd lan i ben miny
  Pan fo'r gwenyn yn whare'n y gwrug,
Yr ithin yn pwngo o flode
  A'r llusie duon bach yn 'u plyg.

Dwi ishe mynd lan i ben miny
  Pan fo'r defed yn bwrw ŵyn,
I weld y gwmede diniwed
  Sy'n pipo o'r cwtsh yn y brwyn.

Dwi ishe mynd lan i ben miny
  Pan fo bywyd yn grimp ac yn grach
Ga'l towlu'r hen fyd o'r ysgwydde
  I'w whalu'n yr awel iach.

Eirwyn George

✩✩✩✩

Wêdd e Dil Hafod Ddu yn dipyn o shirobin hyd yn ôd pan wêdd e'n ddim o beth. 'Na chi'r dwarnod hwnnw y dechreuodd e in r'ysgol. Gosod 'i gapan ar y peg fel pob un o'r bois erill.

Ond yn ystod y dydd wêdd un o'r bois mowr wedi gosod y capan ar beg yn uwch a phan dda'th hi'n ddiwedd y dydd wêdd mo Dil yn gallid mystyn 'i gap.

Ma' fe'n ystyried 'i bicil am damed cyn troi at Titus Lewis, y prifathro, a rhoi'r gorchymyn iddo, 'hei, hwp fi lan mynco gwd boi!'

Jac Celwi' Gole

T. E. George

Digwidd cidio in un o lifre Crwys nethum i a gweld i pishyn 'na 'Y Celwydd Golau'. Wên i wedi weld e lawer gwaith o'r bla'n a wedi cl'êd e'n ca'l 'i adrodd in i Steddfode obwti'r lle achos wêdd e'n ffafryn jogel 'da'r adroddwyr mowr 'slawer dy'. A tima'n meddwl i'n mynd nôl fel bollten at Jac Celwi Gole wê'n byw in in hochor ni 'ramser 'ny. Ma' fe wedi hen adel gwlad i ddeiar, is gwedo Wil Slâd, a'n ca'l blas wrth weud 'i storie in rwle arall nawr.

Wê tamed bach o ffarm 'dag e, beth alle 'i fod nawr, wel, lle i gadw ryw beder neu bum buwch a dou neu dri o loi, 'falle. Wêdd e'n slabyn o ddyn, isgwidde llidan, corff cryf, cewn fel sa'th, heb fod in dew na tene a bob amser in gwishgo trowser corderoi a pâr o glocs ar 'i dra'd. Wêdd e'n hen foi caredig iawn in helpu pob un wrth i gwair, ac wrth gwrs in ca'l digon o help 'nôl wedyn. Wê ddim cart na ceffyl na mashîn lladd gwair 'dag e hunan, ond wê pob un in barod i ladd a cwên 'i wair e a ca'l digon o fwyd a tablen 'na pwr'ny. Dim ond tri parced bach o wair wê 'dag e a dim ond erw'r un wê rheini, ond ma' rhaid gweud bo 'na drwch o wair indi nw. Wêdd e'n ofidus iawn pam wê'r gwair ar llawr, ofon buse hi'n dwad i'r glaw, ch'wel.

Tŷ bitw bach wê 'da nw ond wê na lofft arno, ond dim ffenestri lofft – dim ond sceilet. Tina lle wêdd e, midde'i wraig, in codi lawer gwaith in i nos amser 'ny, agor i sceilet a hwpo'i ben ma's ca'l gweld a wêdd hi'n bwrw glaw neu a wê sêrs i weld. Ond ma' rhaid cifadde, wêdd e'n lwcus gida'r gwair 'finicha bob tro.

Ond i pleser mwyaf wê ni'n ga'l wrth 'i helpu, wê cl'êd e'n gweud am i pethe rhifedd wêdd e'n weld pam wêdd e wrtho'i 'unan. 'Na'r tro 'na trennoth wedi iddo gwên, flinidde nôl nawr. Cofiwch chi, cwên gwair rhydd wên ni in bobman pwr'ny, wê ddim shwt beth â beler, elifetor na shed wair i ga'l in unman, ond pitsho â picwarchi in i parc a'r iglan. Wedyn we rhaid plwco'r rhic, i'r ochre a'r talcenni, i ga'l i gwair rhydd bant i gyd, a'i godi e finy i weitho pen caled a teidi arni. Wel, dwarnod 'ny, plwco'r rhic wê Jac pan gl'odd e rhyw sŵn mowr, a tima fe'n 'drych finy a beth wê 'na ond eroplên in dwad am i rhic wair. Digwiddiad mowr wê i ni weld eroplên ffor' hyn amser 'ny, wê ddim i 'jets' a'r Concord i ga'l pwr'ny, a'r rhei wê ga'l in hedfan in weddol ishel a ddim in glou iawn chwaith. Tima hon in hedfan mor ishel, dim ond sgemo pen i rhic, a wê Jac in gweud wêdd e'n cl'êd un dyn in gweud wrth i llall, 'Jawch, na ric dda o wair, 'achan!'

Wê 'da Jac barc bach lawr in imyl Pentre Bach, bwti dair milltir o gatre; tir beiholt wê hwnnw a hanner disen o fistechi in pori indo. Wê dyn o'r lle in cadw lligad arno nw iddo ond wêdd e'n mynd lawr nawr a lwêth i weld nw i 'unan. Lawr 'da nw wêdd e rhyw ddwarnod a tima eroplên arall in dwad heibo, un od iawn i tro hwn, dim ond bocs sgwâr fel gisht cart heb adenydd na dim. Wêdd hi'n hedfan mor ishel nes agos iddi fwrw in erbyn cornel i Ficrej a dros ben i parc lle wê'r da, a wêdd e'n cl'êd un in gweud wrth i llall lwêth, 'Tina fustechi da, 'achan!' I'r un dou foi, tebyg iawn!

Tro arall wêdd e'n helpu wrth i gwair in ffarm in agos gatre. Ar ben rhic wêdd e gida un o'i gwmdogion, a rhicwr da wêdd e 'ifyd – wê digon o bwyse indo i ddamshel ir im'le lawr in galed. Ond amser wên nw 'bwti hanner pennu cwên tima hi'n dwad i gawed o law trwste a tima'i fêt wê pen isha'r rhic in 'i baglud 'i lawr dros ir isgol a i'r glowty i gwato wedi glwchu 'dat i grwên. Ond wê Jac in aros ar 'i ben e o'r rhic in llewysh 'i grys heb ga'l dropyn o law, wê eni'n bwrw pen hwnnw'r rhic, ch'wel!

Tro arall fe a'th in sharad obwti ddrillie. Wê pob ffarmwr in cadw dryll i gadw'r brain bant o'r tato 'fwya, a un o'r bois in brago bod e wedi seithu gwningen hanner canllath o bellter bant o wrtho gida dryll twelf-bôr. Ma' un arall in gweud bod e wedi neud e mewn canllath. 'O', midde Jac, 'gweloch chi'r dryll 'na sy gida Mathias Penisha'r dre? Ma' hwnnw'n galler seithu lawer pellach na 'na. Fe'i gweles e â lliged in 'unan in seithu gwningen bwmtheg milltir o'r fan lle wêdd e'n sefyll, do ar f'ened i!'

We hinny in fwy na alle un o'r bois lwncu a tima fe'n gofyn, 'Shwt ca's e'r wningen honno, 'nôl, 'te?'

'O', midde Jac, 'a'th i ci ar 'i hôl 'i iddo'.

Wedyn cwpwl o nosweithe cyn i'r Rhifel Byd Cinta bennu fe ga's weledigeth rifedd. Fe agorodd i sceilet 'bwti ddou o'r gloch i bore, a ma's â'i ben trwyddi. Wê'n nosweth fendigedig, dim cwmwl in ir owyr, i sêrs in winco a'r llwêr in llawn a wedi reito ar gwrês i llwêr in eitha plaen wê'r gair PEACE. Cofiwch chi, cwpwl o ddwarnode ar ôl i'r rhifel bennu ceson ni'r stori honno 'dag e. Ond 'na fe, wê pob un wê â rwbeth in 'i glop e in 'i wely'n cisgu 'ramser 'ny, a galle ddim un arall fod wedi weld e wedyn!

Wês Wês – Wêth, Cyhoeddiadau'r Frenni 1978

T. E. George pens an article in the local dialect on a character renowned for his tall stories. This particular storyteller would often state that when on his own he would see an aeroplane whizzing very low and would actually hear the conversation in the cockpit. It would invariably be complements to some work Jack had accomplished, particularly at harvest time, or some favourable comments about the quality of his stock. He once boasted of a hayrick he had built was so large that a shower that drenched haymakers at one end left him completely dry at the other end. Again when the merits of a twelve bore were discussed he insisted he had seen one that could shoot a rabbit up to a distance of fifteen miles. When asked how the rabbit was then retrieved he nonchalantly replied that the dog was sent to pick her up. He also said that a few nights prior to the end of the Second World War he had popped his head out of the skylight in the middle of the night and saw the word PEACE imprinted on the moon. Though he related the story after the war was over he insisted he knew of the intention beforehand. And who could deny him his premonition since no one else would be looking at the moon at the time Jack popped his head out of the skylight.

Cyfarchion i'r Nyrs

Mawr yw y ddyled sydd arnom i Marged
Am gadw ein corpws yn iach,
Am wella insomnia a phwl o niwmonia
A rhoi clwt ar ben ôl y rhai bach;
Brenhines yw Marged ar sedd ei 'leven hundred',
Brenhines y tlodion a'r crach.

Injection yn Forlan a phils yng Nglynseithman
Ac Asbro, efalle'n Gilmŵr;
Anti-biotics i'r llu o niwrotics
Os bydd lliw bach od ar eu dŵr;
Pwl o niwreitis neu chwim bendiseitis
A'i ceidw yn fishi bid siŵr.

Os daw deiareia yng nghanol y gaea
Bydd Marged yn dreifo ar rwsh;
Bydd un yn y Goty yn gweiddi am 'pottie',
A rhetshis ar Gom yn Rosebush.
Eraill yn conan bo'u gwynie yn aflan
A'u coese nhw'n stiff fel co's brwsh.

Ond weithe chi, cofiwch, fe ddaw 'na ryw salwch
Dros Marged, y nyrs ei hun.
Mae'n troi yn ei gwely a chrynu fel jeli
A chadw yn hir ar ddi-hun.
'Mae'n unig ofnadw heb undyn i'm cadw,
Rhaid chwilio am whampyn o ddyn'.

'Yng nghanol y gaea a'r oerni rhyfedda
A'r eira yn drwch ar y llawr,
'Dyw dewis rhyw filgi yn fawr o werth ichi
I'ch cadw yn gynnes yn awr.
A wir ichi, deico, at gwal Dunlopillo
Mi fynnaf St. Bernard go fawr.'

Dyma nhw heddi yn gwpwl bach teidi,
Sef Tomos a Marged yn un;
Marged y flonden yn hynod o llawen
Yn meddu ar Samson o ddyn;
Cysgu'n Brynowen yn hynod o llawen,
Ac ambell i awr ar ddi-hun!!!

Wel bydded i'r ddeuddyn gael dyddiau o wanwyn
A heulwen o hyd ar eu taith;
Un at yr arian, a'r llall at y cwcan,
Pobun, medde nhw, at 'i waith;
Hapus gyd-gerddded i Tomos a Marged
Am amal i flwyddyn faith.

W. R. Evans Gorffennaf 1966

Cyfansoddwyd y gerdd uchod ar achlysur priodas T. L. Jones a Marged Williams, y naill yn gyfrifydd a'r llall yn nyrs, a byddid wedi ei darllen fel rhan o rialtwch y brecwast priodasol. Byddai fiw i rywun fel W.R., a fedrai lunio penillion doniol, fynychu'r un briodas heb fod ganddo ribidires o benillion wedi eu paratoi. Ganrif yng nghynt arferid cyflogi 'Gwahoddwr' i fynd o gwmpas yr ardal i wahodd y trigolion i briodas a fyddid yn ei chynnal ymhen tair wythnos, ac yna i'r wledd neu'r neithior gyda'r nos. Y ddau olaf y gwyddys iddyn nhw gael eu cyflogi at y diben oedd Daniel Crydd a dynes a adwaenid fel Martha Dew. Yn y neithiorau byddai'r pâr newydd briodi yn derbyn rhywle rhwng £20 a £40 i'w cynorthywo i gychwyn ar eu bywyd priodasol. Rhialtwch a hwyl a sbri fyddai'n nodweddu'r neithiorau gyda'r hen gymeriadau'n difyrru pawb â'u storïau. Dyma ran o'r hyn y byddai'r 'Gwahoddwr' yn ei ganu:

Dewch yno gyfeillion, yn wych ac yn wisgi;
Rhowch dri hanner coron, neu dri hanner gini;
Bydd yno delynor a ffidler, a phibydd,
A dawns, a chynghanedd er llunio llawenydd.

Cewch yno gwmpeini o'r mwyaf difyrus,
O feibion a merched i'ch gwneud yn gysurus;
Cewch yno gyflawnder o bob peth i'w fwyta –
Yn gig, caws a menyn, a mêl ar eich bara.

Cewch licer a chwrw, a chredwch yr hanes -
Mae'r ddiod yn gampus, mi wn waith mi ei profes
Os bydd hap i chwi, gyfeillion,
Yfed dipyn mwy na digon.

Dewch chwi yno i gynnal gwledd,
Cewch groeso peraidd purion.
Os na ddowch chwi'n fore,
Dewch yno'r prydnawn
A thri hanner coron –
Bydd hynny'n dda iawn.

Cofiwch y gwawdd, a chofiwch y dydd,
Mynegwch i bawb, fel bo'r gwahoddwr yn rhydd.

The initial poem above was written by W. R. Evans on the occasion of the marriage of T. L. Jones and Margaret Williams, the former an accountant and the latter a nurse, and it would have been read during the wedding breakfast. Rhymesters such as W.R. would be expected to compose fairly risque poems for such occasions. A century earlier a 'Inviter' would be employed for three weeks prior to a wedding to invite all inhabitants to the wedding and the 'neithior', the evening feast, at which they would be expected to give sums of money to the newly weds. The couple would receive a sum of between £20 and £40 to begin their married life. The last known 'Inviters' were Daniel Crydd and a woman known as Martha Dew (Fat Martha). The last lines are part of what the 'Inviter' would sing as he or she went around the district to announce the wedding.

☆☆☆

Wêdd angen garddwr newydd ar meistres er mwyn cadw'r plasdy'n flodau a llwyni lliwgar rownd y flwyddyn.

Dyma ddou ddyn wêdd yn cynnig am y swydd yn cyrraedd yr un pryd. Wêdd Dafi'n dawel iawn ac yn sicr ddim yn creu argraff dda iawn ar meistres tra wêdd Daniel yn serchog a siaradus tu hwnt.

Doedd dim llawer o amheuaeth ym meddwl meistres pwy ddylai gael y swydd nes iddi sylwi ar y forwyn wrth y drws yn pwynto at y Dafi tawedog. Am ei bod hi'n ymddiried yn y forwyn dyma hi'n dewis Dafi.

Yn ddiweddarach dyma hi'n gofyn i'r forwyn pam oedd hi'n argymell Dafi'n hytrach na Daniel.

'Wel, weda i wrthoch, wêdd patshis ar drywsus Dafi ar ei benlinie lle dwi'n lico eu gweld nhw ond wêdd patshis ar drywsus Daniel ar ei benôl.'

Dil Hafod Ddu

'Shwt ichi heno, Bois', o ben y llwyfan,
Dilwyn sy 'na, a'i wên fel heulwen lydan.
Mae'r dorf yn rowlio chwerthin wrth ei weld-e,
A phawb, waeth lle y bo, yn rhico dag-e.
Fe allech dyngu bod ei gorff e'n codi,
A'i liged fel dwy seren yn gwreichioni.
Heno, â dawn yr actor pert dan glo,
Mae'i enw'n aros ar dafodau'r fro.

Ei gofio oesau'n ôl yn gyrru'r lori la'th
O ffarm i ffarm, ni fu erioed ei fath.
Llwytho'i bib cyn dachre codi'r canne
Ac wedyn adrodd rhibidêrs o storie.
Waeth beth oedd barn y *Dairies* yn Hendy-gwyn
Roedd sgwrs â Dil yn gwneud y dydd yn wyn.

Ei gofio wedyn a bag o dan ei gesel
Yn hel insiwrans o bob twll a chornel.
Hadyn o foi yn llenwi cownt *Victoria,*
A'r oriau'n hedfan heibio wrth chwedleua.

Bu galw arno, do, drwy Gymru gyfan,
I hudo'r cannoedd gyda'i sbarc ar lwyfan,
A gwelsom fawrion gwlad yn corco chwerthin
Wrth wrando ar arabedd y dyn siwrin.
Er iddo fynd ymhell, a gwneud ei siâr,
Anghofiodd e erioed mo'i filltir sgwâr.

Ei weld 'da Hoelion Wyth yng Nghaffi Beca
Yn feistir piwr ar drin y gynulleidfa,
Cael peint neu ddau i wlychu'r whît cyn dachre
A bwrw iddi wedyn yn ei hwylie
I adrodd hen storiâu am fyd plant dynion,
A chic bob tro fel ergyd yn ei chynffon.
A'r stafell heddiw'n llawn hyd at y fil,
Mae'r lle yn eitha gwag heb gwmni Dil.

Ei weld ar ddiwedd oes mewn ward ysbyty
Yn plygu yn ei boen ar gwilt y gwely.
Gwybod, er gwaetha'r wên, a phwl o grio,
Fod angau'i hunan wrth y drws yn curo.

Ei roi i orffwys yn y fynwent dawel
Yng nghwmni gwlith y wawr, yr haul a'r awel.
Onid yw blodau'r maes, a dail y berllan,
A'r gwawn ar berthi'r rhos yn un â'i anian?
A dywed cân yr adar yn y coed
Na wnaethai unrhyw gam â neb erioed.

O! gwyn eu byd y rhai drwy bob rhyw strach
A wnaeth eu rhan i wneud y pethau bach.
A gwyn eu byd y rhai, drwy storm a heulwen,
A wnaeth i bobol eraill deimlo'n llawen.
 Dil yr Hafod bellach wedi mynd
Mae'i gwmni'n loetran yn y cof ... fel ffrind.

Eirwyn George

☆☆☆☆

Doedd dim byd yn plesio Dafi'n fwy na mynd am dro bob dydd a chael clonc gyda hwn a'r llall. Gore gyd os deuai ar draws rhywun diarth. A mewn dyddie pan na wêdd teledu na fideo i gael fe fydde'n difyrru Siân, ei wraig, gyda'r nos wrth ailadrodd sgyrsie'r dydd.

Rhyw ddwarnod daeth Dafi ar draws gŵr bonheddig wêdd in imbed o ddiddorol. Fe fu'r ddou'n sgwrsio am hydoedd am bob dim dan haul. Fe ddaeth hi'n bryd i'r ddau wahanu ac wrth i'r dieithryn ddymuno'n dda i'w gyfaill newydd dyma Dafi'n holi, 'a pwy alla i weud nawr te i chi?'

'O, 'nghyfaill annwyl i, sdim ots pwy ydw i, mwy na thebyg na welwn ni ddim o'n gily' byth 'to,' oedd yr ateb.

'Wel, ma' rhaid i fi ga'l rhyw enw. Wneiff hyn mo'r tro. Bydd Siân, y wraig, moyn gw'bod gyda pwy dwi wedi bod yn siarad,' mentrodd Dafi'n daer.

Bu'r gŵr bonheddig yn pwslo am damed.

'Wel, Dafi,' mynte fe, 'weda i wrthoch chi beth, gwedwch wrth Siân y wraig bo chi ddim wedi 'ngweld i.'

Dil Hafod Ddu

Ym 1998 enillodd Dilwyn Edwards Dlws Coffa E. Llwyd Williams yn Eisteddfod Maenclochog am gyflwyno hanesion doniol a fyddai'n addas i'w dweud mewn Noson Lawen. Am gyfnod yn dilyn hynny bu Dilwyn yn cynnal colofn *Y Jocar* ym mhapur bro'r ardal, *Clebran*. Dyma gyhoeddi detholiad o'i ffraethinebion:

Dou ddyn yn cwmpo mas tu fas i dafarn a'r ddou yn edrych lan ar y lleuad. Mynte un o'r ddou wrtha i 'a gallwch chi helpu ni fan hyn?' 'Wel, sertenli, beth i chi moyn gw'bod nawr? wedes i. 'Dwi'n gweud taw lleuad yw honco a ma Twm yn gweud ma houl yw e. A gallwch chi weud pwy sydd yn iawn?' 'Wel, mae'n ddrwg 'da fi, galla i byth a helpu chi achos dyn dierth wdw i ffor' hyn,' wedes i.

Wêdd y garddwr ma'n meddwl y byd o'i ardd. Wêdd e'n whynnu bob dydd ond wêdd na un broblem. We gwahadden yn ei boeni o hyd ac o hyd, yn twrian y pridd i gyd, yr holl ardd. Ond un diwrnod dyma'r garddwr yn ei dala yn fyw. Dyma fe'n cydio ynddi a dweud wrthi, 'wyt ti wedi bod yn fy mhoeni i ers slawer dydd, fe fydd dy ladd di'n rhy dda i ti, ma' dy foddi yn rhy dda i ti, weda i beth wna i â ti, fe gladda i di'n fyw'.

Wêdd bachgen bach yn nhŷ ei dadcu yn whare yn yr atig pan welodd Feibl mowr a pan gariodd y Beibl dyma ddwy ddalen yn cwmpo mas. Dyma'r bachgen bach yn dweud, 'Dadcu, dadcu, ma' Adda wedi gadel ei ddillad yn dy Feibl di'.

Tri crwt yn siarad â'i gilydd am eu tade ac yn bragan pa mor gloi wên nhw. Dyma un bachgen yn gweud, 'Ma' nhad i'n godro 60 o wartheg mewn awr a hanner'. Dyma'r llall yn dweud, 'Ond ma' nhad i'n codi 500 o goncrit blocs mewn tair awr'. Mynte'r trydydd, 'Ma' nhad i'n gweitho i'r cownsil. Ma' fe'n cwpla gwaith am 5 o'r gloch a ma fe getre am bedwar bob dydd'.

Dwi'n cofio'r ffarmwr 'ma'n hala ei was i Ffair Crymych blynydde nôl a gweud wrtho 'cer i'r ffair heddi i whilio am wraig i fi'. Medde'r gwas, 'wel, na beth yw jobyn, whilio am wraig i chi, a pwy oedran o fenyw i chi'n moyn?' 'Bydd rhwbeth o biti 50 yn neud y tro,' medde'r ffarmwr. 'Ond beth os na alla i ffeindio un sy'n 50?' A mynte'r ffarmwr, 'O dere nôl â dwy 25 i fi'.

Wêdd y wraig ma'n ffono'r vet am dri o'r gloch y bore yn achwyn bod y cwrcath a'r gath yn caru a gwneud sŵn rhyfedda o dan y ffenest lofft. Wêdd gwmint o sŵn 'da nhw hano hi a'i gŵr yn gallid cwsgu. Dyma'r wraig yn gofyn i'r vet 'beth allwn ni neud i rhwystro nhw?' 'Wel,' mynte'r fet, 'ewch lawr â'r ffôn a rhowch e ar ei bwys nhw, wedyn fe ffona i nhw'. 'A i chi'n meddwl bod hynny'n mynd i weitho te?' mynte'r wraig. 'Wel, ma' fe wedi gweitho fan hyn ta beth,' wêdd ateb y vet.

Wil yn gweld ei ffrind yn cerdded lawr trw'r pentre a golwg ddiflas ofnadw arno fe. Wmêd fel ceffyl da ge. Ma' Wil yn gofyn iddo 'pam wyt ti'n edrych mor ddiflas?' Atebodd Wil, 'Wedodd fy mam-yng-nghyfreth wtho i na fydde hi'n siarad â fi am dri mis'. 'Wel,' wedodd Wil, 'ma hwnna'n newyddion da, gwlei, fe gei di lonydd nawr am dri mis'. 'Ie' mynte'r ffrind, 'na'r trwbwl, ma'r tri mis yn dod i ben heno'.

Wêdd y fam 'ma wedi hala ei mab lan i'r siop i moyn pownd o salts. Medde'r siopwr wrtho, 'beth i chi moyn machgen i, epsom salts neu glauber salts?' 'Wel, beth yw'r gwahaniaeth rhwng y ddou?' holodd y crwt. 'O dwy funud,' medde'r siopwr.

Gyda llaw, odych chi'n gwbod sawl eirw buwch sy ishe i fystyn i'r lleuad? Wel, un gwlei, os yw hi'n ddigon hir.

Penlinio ar Garreg Oer

John Livingstone

What do you want to go up there for, it's all Welsh up there!' Dyna oedd ymateb y swyddog addysg wrth inni sefyll o flaen ei fap wal yn Sir Benfro yn ystod gwanwyn 1981.

Roeddem wedi mynd i hen swyddfeydd y Cyngor Sir yn St Thomas' Green i ofyn ynghylch ysgolion ar gyfer ein dau blentyn. Yn newydd i Sir Benfro, byddai ein dewis o ysgolion, fel gyda'r rhan fwyaf o rieni, yn effeithio ar le fyddem ni'n dewis byw. Roeddwn i newydd fy mhenodi yn Bennaeth yr Adran Saesneg yn Ysgol Tasker Milward, Hwlffordd, ac roedd Kathryn yn cael seibiant o ddysgu er mwyn gofalu am ein dau fab bach, Tomos a Hywel.

Roedd yr hyn y daethom ar ei draws yn swyddfeydd y sir yn rhywbeth newydd i ni ar y pryd, ond yn rhywbeth a fyddai'n raddol yn dod yn rhan ohonom ni – yr ymwybyddiaeth reddfol honno o'r gwahaniaeth rhwng de a gogledd Sir Benfro. Ymwybyddiaeth naturiol o'r modd yr oedd y 'linell lansger' yn gwahanu 'Up the Welsh' a'r 'Down Below'. Roeddem wedi dweud wrth y swyddog addysg ein bod yn ffafrio Gogledd Penfro. Yn wir, roeddem eisoes wedi edrych o amgylch Maenclochog a Llys-y-frân ac roedd yr ardal honno i'w gweld yn un ddelfrydol ar gyfer magu'r plant yn ddwyieithog.

Felly, ar ôl i'r swyddog addysg sylweddoli ein bod â'n bryd ar setlo rhyw ddeg milltir i'r gogledd o Hwlffordd, tynnodd ein sylw at yr ysgolion lleol yno, rhoddodd enwau'r prifathrawon inni a dymuno'n dda inni. Ac felly dechreuodd ein hugain mlynedd hapus wrth droed mynyddoedd y Preselau. Prynasom Clydfan yn Llys-y-frân oddi wrth filfeddyg lleol ac ymdoddi i fywyd cymdeithasol, diwylliannol ac ysbrydol yr ardal.

Gan imi gael fy ngeni ar arfordir Gogledd Ddwyrain Lloegr a symud o le i le yn ystod fy mlynyddoedd cynnar, roedd yn braf cael gosod gwreiddiau gyda fy nheulu ymhlith pobl y daethom yn agos iawn atynt, ac mewn tirwedd sy'n dal i fod yn annwyl iawn inni. Roedd yn fraint i gael bod yn rhan o'r gymuned unigryw hon ac i wasanaethu yn ei phlwyfi, yn gyntaf fel Darllenydd Lleyg ac yna fel Offeiriad.

Ac mae 'na rywbeth arbennig iawn ynglŷn â hen eglwysi hynafol troedfryniau'r Preseli. Mae 'na gysur mewn penlinio ar y garreg oer lle mae llawer un, dros y canrifoedd, wedi penlinio cynt, i deimlo presenoldeb Duw wrth i belydrau'r haul dywynnu drwy ffenestri'r canghellau neu wrth i wynt y gorllewin udo y tu fas.

Dwi'n ysgrifennu hwn ar y promenâd yn Aberystwyth. Mae'n ddiwrnod bendigedig ac mae'r môr yn pefrio ac yn dawnsio o 'mlaen i – yn las llachar a hardd. Ond mae'r galon yn ôl yn Sir Benfro ac yn ardal y Preseli yn arbennig. Mae 'na rywbeth arbennig iawn am y bobl a'r plwyfi roeddem ni'n eu hadnabod mor dda â lle y gobeithiwn ddychwelyd ryw ddydd.

John Livingstone recalls the reaction of the education officer in the old St Thomas's Green offices in the spring of 1981, on his appointment as Head of the English Department at Tasker Millward, when he said he was keen to live in the north of the county. 'What do you want to go up there for, it's all Welsh up there!' was the admonishment. Such an instinctive reaction to the differences between the north and the south of the county would soon be familiar. But as Kathryn was taking time out of teaching to rear their two boys, Tomos and Hywel, the decision had already been made that the Maenclochog area would be ideal to bring up the children bilingually.

Therefore when the education officer realised they were serious in their intention he gave them the names of the local schools and their headteachers and wished them well. Clydfan, in Llys-y-frân, was bought from a vet and there began twenty happy years in the vicinity. As John was brought up along the north eastern coast of England, and moved around as a child, he was glad of the opportunity to put down roots among people whom he came to know and in a landscape which he grew fond of. To him the opportunity to serve the community as a Lay Reader and then as a priest was a privilege.

He believes there is a special quality attached to the old churches of the Preseli hills. There is comfort and solace in kneeling on the cold stone where others over the centuries have also knelt and felt the presence of God, as the rays of the sun shine through the chancery or the west wind howls outside. John wrote these thoughts on the promenade at Aberystwyth as the sea danced and glinted but his heart was in Pembrokeshire and the Preseli hills. He believes there is a special quality attached to the people and the parishes he knew so well and he and Kathryn one day hope to return.

'Sa i'n mynd i'w angla fe 'to'

('I won't go to his funeral again')

Geoffrey Eynon

Memories are wonderful things, and we've all got a countless number of them. But when we start recollecting those memories to write them down, it's difficult to know where to start, and what to leave out. Life for me began on Sunday, July 26th 1953 at Gernant, Maenclochog. Although an ambulance had been called for, I arrived before its arrival! I've been in a rush ever since! Apparently, my Mother told someone soon after I arrived in the world that 'Geoffrey is bound to be a preacher, because he hasn't stopped bawling since he was born.'

I was born the second son to Glyn and Rose with six other children, two more boys and four girls born in the following years. The home at that time had two bedrooms and a box room with enough beds to accommodate us all until the time came to convert another bedroom over the old chemist and photography shop that by now had been vacated by Ifan and Elgan Jones. I often wonder how we coped in those days – but we did, having all the love and care that any family could receive from their parents.

Maenclochog in those days was a community where everybody knew everybody, and where the front door of any house was always open. The village police constable, headteacher and minister lived, and played a very important role in the life of the community – these were people that were respected by children, young people and adults alike. There were an abundance of businesses from a chemist shop, boot stores, butcher shop, hair dresser, watch and clock maker, 3 public houses, just to mention a few that have now sadly disappeared. Places of worship were also very prominent with Hen Gapel, Tabernacl, Horeb and St. Mary's, with the stalwarts of each denomination going their different ways on a Sunday but by Monday morning travelling to work together.

My father started selling petrol in the garage the day I was born. There was also an ironmonger shop in the family, situated where the parking bays for the MOT garage are today. Eventually the ironmonger shop moved to where the Jones brothers had their chemist shop, but is now mainly run by my sister Sarah, as a food and general shop.

I attended the local school, having to walk to school every day (by the way, it was just across the road). The headmaster at the time was the late Mr Titus Lewis, with Mrs Lewis, his wife and Miss Jones and others on the teaching staff. Although I don't remember much about those early school days, I do remember vividly the time that Mr and Mrs Lewis and Miss Jones retired, because I had grown a geranium plant each to present to them on their retirement. After Mr Titus Lewis' days the next headmaster at the school was Mr Vivian Morgan, who became a very close family friend. It is ironic that years later after Vivian and his family moved to Letterston and I moved to Wolfscastle that we should rekindle that friendship and be involved in a number of organisations together.

I was brought up in an era when the Band of Hope was very much a part of the life of the Church, and this was particularly true of Hen Gapel, my spiritual home. Every Monday night the Band of Hope met in the vestry where we as children were prepared for the children's services that were held on the Sunday. Instead of going home from school on the Monday, I went to school house where Mrs Lewis had prepared 'cawl' for the evening meal. Then off to the Band of Hope by 5:30p.m. and then back to school house for the dessert, which was always rice pudding. Many years later, after the Lewis's had moved to Newport, Mrs Lewis always related when I gave her a telling off on one Sunday morning. On seeing her sewing up the chicken after stuffing it and ready to place in the oven, I told her with a lisp on my speech – 'Mam, thays, you muthn't thew on Thunday.' How life has changed!

My grandfather, Gwilym, was quite a character in his day. But in his twilight years started to become a little bit of a 'nuisance' going out visiting neighbours, maybe twice or three times the same day. There is one story told of him calling to see Pennant Howells who had enough of his visits and told my grandfather one day – 'that's who's asking about you and said that he hasn't seen you for a long time is Jim Brook House.' To which my grandfather replied 'I've just come from Brook House!' So Pennant had to put up with my grandfather for another while.

Many people ask me why have I gone into the Ministry. It all started when I was about six years of age in the home of my grandparents who lived across the road to us. After school each night I used to go across to them, and Uncle Hugh – Mam-gu's brother used to walk down from the top of the village to spend some time with his sister and brother-in-law. On one occasion I suggested playing 'Cwrdd Gweddi' – Prayer Meeting, which we did quite often after that, with me in charge. I would start the proceedings by giving the hymn out, which always used to be 'Draw draw yn China a thiroedd Japan', Mam-gu would read from the Bible and Uncle Hugh would pray, by now Grandfather was sleeping, so we left him alone. After his death in 1961 Uncle Hugh had left a gold chain and pocket watch because I'd said at that young age that I wanted to be a 'gethwr'.

From that very young age the Hen Gapel became very important to me, attending the Sunday school with Mrs Mary Williams, Star, as our first teacher and then proceeding through the different classes. I can remember the time before the electric heaters were installed, going around the chapel on a Sunday with the late Ben Phillips, Stepin, Johnny Evans, Huanfa or Charles Herbert lighting the old gas fires that were situated on the window sills of the chapel. Many years later, after the installation of the new heaters I used to go down to the chapel after a Saturday night out (maybe a bit worse for wear) at 1:00 – 2:00 o'clock in the morning putting the switches of the electric heaters on in readiness for the Sunday morning service. I soon became old enough to play the organ in the Sunday school, and in the services, and take part in the prayer meeting, and given every encouragement by the members of the church.

On the one hand, it's sad to think that Hen Gapel with its magnificent architecture has closed as a place of worship and has now become a residential property. On the other hand it's good to know that the churches of the same denomination within the village have now united under the same ministry.

The day arrived for me to go to secondary school at Crymych. For me this was a new adventure, going on a bus over the rough and bumpy roads towards Mynachlog-ddu and on to Crymych. On that first day, I just stood outside Ysgol y Preseli looking at this huge building, but was soon put at ease when I found out that my first form teacher would be Miss Elonwy Lewis who lived opposite us in Maenclochog. The next six years flew by; gaining knowledge and wisdom from those teachers whom we respected and would not dare answer back or call by their first name. Looking back over those school years, I now realise what an important part in my life those teachers played under the headship of Mr James Nicholas.

It was during my fourth year at Ysgol y Preseli that tragedy hit us as a family when Elizabeth, our nine year old sister passed away as a result of a brain tumour. I'll never forget the day of her funeral, Good Friday 1968, being a part of the funeral procession leaving the house led by the headmaster, staff and pupils of the school who walked to Hen Gapel with the road lined by hundreds of people of all ages. The service was conducted by the Revd Llewellyn Evans and assisted by ministers from other denominations. In excess of 200 floral tributes were received and were arranged in the form of a huge cross covering the grave. I don't remember much of the service, except that one of the tributes paid to Elizabeth was by Mr Vivian Morgan, the headmaster of the school that Elizabeth attended. I was very grateful and honoured more than thirty years later to be given the script of that tribute by Vivian's widow, Gwen.

The day after Elizabeth died the funeral service of Uncle Bill, Nant-y-Mynydd our great-uncle was held in Hen Gapel. Uncle Bill had reached the good old age of 92 years and worshipped Elizabeth who had spent a lot of time in Nant-y-Mynydd with Uncle Bill and Aunty Bess, Uncle Billy, Aunty Ianwen and David.

After leaving school I was encouraged by my parents to go on to learn a trade 'in case I would fail in the Ministry.' This I did, and gained an apprenticeship with Mr William Young, the local village carpenter. I went to Neyland Technical College – full time for one year and then on day release for the next three years. It was during those three years that I spent a very happy and memorable time with Will in his village workshop. As was custom in those days, the local carpenter did everything, one day working on the bench, making windows and doors, the next roofing a house, maybe a few days later painting and decorating someone's front room. Now and again an occasional funeral would have to be arranged, making the coffin from beginning to end – measuring and cutting the bottom and lid, bending the sides, adding the mouldings, lining the inside and polishing before fitting the furnishings. It was a skill that took a few days to make from start to finish. Will used to enjoy a good funeral!

Will was a character in himself with many a story that cannot be recorded in this memoir. I can remember on one occasion going with Will up to Walton-on-Thames to stay with his sister. We reached a certain point of the journey that already had taken about eight hours, when Will had made a driving error and a rather irate woman driver shouting abuse at Will, and asking him, 'Where the hell do you think you are going?' to which he coolly replied, 'Up to see my sister – why?' and drove on as if nothing had happened.

Will had promised faithfully to a certain customer in Maenclochog that he would do some painting and decorating before Christmas. The assignment was to paint six doors (if I remember rightly), skirting boards and stairs. Christmas Eve 1973, Will decided that it would be nice to have a 'staff do', and to invite Kenvyn Morris to join us because he had helped on certain jobs during the year. New Inn was the venue; Will was the chauffeur, who was well known for his careful driving, until he had a few drinks inside him – then look out! After a delicious bar meal, and one or two (maybe three pints), Will was determined that he wanted to keep to the promise that he made to this certain customer to do the painting before Christmas, which we did – all three of us. I dread to think to this day what sort of finish was to that paintwork or if any of the Christmas wrappings got stuck to the doors.

One of the characters who lived just across the road to us was Sam Lewis or Sam Baker as he was known because of his profession. From a very young age, I used to cross the road to see Sam in the morning for him to tie my shoe laces before I went to school. There are many stories that could be told about Sam, like the one when he went to a funeral in Narberth. After the service a crowd decided to call back in the Iron Duke in Clunderwen for a drink. Sam was heard to say, 'I can't stay long, because my wife has got chips for lunch'. But after one drink leading to another and yet another, Sam decided to forget the chips and carry on socialising. A few days later Sam is reputed to have said, 'I won't go to his funeral again.'

Another story I well remember about Sam is the day we went on the back of a tractor and trailer with Gwilym Star, to Rosebush Forestry to fetch a Christmas tree to place on the Village Green. After picking the tree, which was then cut down by Ryan John, and securely placed on the trailer, we started our journey back home seated on the back of the trailer. It was rather a bumpy ride, having to cross a stream, I looked around and there was Sam flat on his backside in the stream, soaking wet, laughing too much to get up.

I now live in Wolfscastle, and have done so for more years than I ever lived in Maenclochog. I do have an opportunity to go back 'home' now and again, but in looking back over the years Maenclochog like every other community, has changed considerably. Many of the old characters are no longer with us, but I will be forever thankful for that up bringing and of the ways that a good home, chapel, a community, and even an occasional character has influenced my life, and have moulded me into what I am today.

Domi ar y Gamren

Hefin Wyn

Erbyn canol y bore roeddwn yn chwys drabŵd. Gwrandewais drosodd a throsodd ar y neges ar y peiriant ateb: 'Llongyfarchiade Hywel MacDiarmaid. Deled e lan i moyn ei stôl,' medde'r llais adnabyddus na fedrwn ddirnad p'un ai cyfarch a gorchymyn mewn llawenydd neu mewn cynddaredd a wnâi.

Roeddwn wedi dodi fy nhroed ynddi'n garlibwns gaca, gwlei.

Gwyddwn hynny pan ddywedodd Robina Elis-Gruffydd, mewn sgwrs ffôn ddiniwed yn ymwneud â mater arall, y byddwn yn sicr o gyfarfod â Hywel MacDiarmaid yn yr Eisteddfod Gŵyl Dewi yn Nhyddewi am hanner dydd. Roeddwn yn chwys drabŵd stegetsh ac yn teimlo fel sgwarnog wedi ei dal yng ngoleuni Daihatsu.

Beth fedrwn i'w wneud? Roeddwn wedi cystadlu ar y brif gystadleuaeth yn Eisteddfod Tafarn Sinc 1998 heb gydnabod yr urddas a'r cywirdeb a berthyn i un o sefydliadau sanctaidd y Cymry. Roeddwn wedi cymryd yr holl beth yn ofer ac yn awr roedd rhaid i mi gyfri'r gost a cheisio cymhenni'r annibendod gorau medrwn. Ond oedd yna frwsh cans ddigon bras at y gwaith?

Beth gwell oeddwn i o daflu'r bai ar y rhadlon Brian John Llewelyn? Doedd e ddim yn rhadlon mwyach. Roeddwn i yn y caca hyd at fy ngheilliau a neb i'w feio ond fi fy hun. Roedd fy nghydwybod yn diferu o chwys oer a fedrai fod yn ddigonol i lenwi casgen gyfan o dablen.

Ond fel y gwedws y diweddar Eirwyn Pontsian, 'os byth mewn trafferth treia ddod mas ohoni. Os nad yn gwisgo wats aur, rho'r argraff ei bod hi gen ti ym mhoced dy wasgod, yn dyfe. Pethe bach, hm, hm. Os nad yn gowir dy ffordd ceisia dwyllo dy ffordd mas ohoni.'

Tebyg mai'r cam gorau yw cyfadde'r cwbl.

Wel, fel hyn y bu.

Roeddwn i a Mr Llewelyn yn rhannu edmygedd o allu'r Gwyddel i dynnu coes ac i ddifyrru. Roeddem ill dau yn ddiaconiaid selog o raglenni radio Gay Byrne a Pat Kenny ac yn cyfnewid rhialtwch y gwrando. Os oedd hi'n 'Fore Da Iwerddon,' meddyliwn pam yffach na all hi fod yn 'Fore Da Brynberian' hefyd?

Euthum ati yn nhraddodiad y stori dal i osod magl i meilord. Gwyddwn am ei hoffter o ddiharebu'r 'fforddolion' hynny sy'n byw ar gardod a charedigrwydd y wladwriaeth a'r wlad. Ac er mwyn effeithlonrwydd roedd rhaid defnyddio'r iaith fain waeth does gan y tacle swyddogol yma fowr o grap ar y Gymraeg, a llythyr o swyddfa'r cyngor sir oedd ar y gweill. Gesum i bapur llythyru swyddogol gan gyfaill sy'n hoff o farchogaeth ceffylau a weithiai i'r Cyngor Sir. Fiw i mi ei enwi am ei fod yn dal i weithio i adran amwynder y Cyngor Sir ac ni fyddwn am iddo dderbyn y garden goch. Felly dyma osod y cosyn i ddal y wo:

Dear sir,

ACCOMMODATION

We as a county council have made arrangements to set up a permanent site for passing itinerants and New Age Travellers near Withybush.

We did hope the site would be ready by next Monday but unfortunately we have been let down by the fencing contractors and it will probably be Tuesday or Wednesday before the site will now be ready.

We had promised accommodation for one small group of New Age Travellers on the Monday night but regrettably we will not now be able to fulfill our obligation.

We have been given to understand you have a modest sized lawn on the corner of your business premises, which would be an ideal site for the weary New Age Travellers to set up camp for one evening.

We have spoken to several well-respected people in the area such as Gerwyn James and Geraint Jones who vouch for your strong Christian and humanitarian virtues. They had no hesitation in recommending you as a suitable host for the New Age Travellers.

We have forwarded maps to the Travellers explaining how to find your premises along with your various telephone numbers. They will probably make a reverse charge telephone call to advise you of their intended time of arrival or if they might require your assistance to tow their vehicles the last few miles to their destination.

We stress they will not be a burden upon yourself nor your family but will probably require the use of a little electricity and water. They would only want to borrow a generator for a short while since any rave they might decide to hold on the spur of the moment will definitely finish well before daybreak. Of this we can give a categorical watertight promise.

The water they will use sparingly probably only to quench the thirst of their innumerable dogs - sixteen at the last count. Please do not put yourself out in providing them with shower facilities etc. It would probably be a gross oversight on your behalf.

If they feel there is insufficient space to pitch their tents they will gladly take up accommodation in your garden sheds. They are not proud people and are grateful for all favours.

You will not have to worry about providing food since arrangements have already been made with the proprietors of nearby Tafarn Newydd to provide take away meals. We have also informed them, if they arrive earlier than expected, of the availability of Mr E. Evans' excellent barbecue provided at Tafarn Sinc if they feel peckish. Mr Evans has gladly offered them an invitation to take one free plateful each.

We assume you will arrange the necessary stewarding to ensure none of the Travellers misinterpret this kind offer. We are indebted to Mr Evans' generosity in providing this out of season facility without hesitation.

As for sanitation we suggest a pile of dock leaves will be adequate provision for your visitors.

Also your premises are ideally suited being close to the main trunk road with the added benefit of fuel available on site. Your visitors will probably require a few gallons of petrol to enable them to move on when they feel the time is right to do so.

Since this is the time of year they partake of their Harvest festivities it might be necessary to allow them a few days grace. Since they are always keen to reap what they sow they are not under any circumstances to be disturbed if in full flow. The quality of the karma is central to their way of life.

We appreciate your generosity on remembering that it is part and parcel of the New Age Travelers way of life not to acknowledge acts of kindness by the usual means of exchanging sterling. It is not our duty, of course, to question why.

We apologize that this letter has not been written in Welsh but unfortunately our only Welsh language typist is asleep at the moment.

For your information the small group of New Age Travellers to whom you have kindly offered accommodation consist of approximately 34 members.

Once again we are extremely grateful to you and your family for being so understanding. We hope you will derive as much pleasure from the New Age Travellers' stay as we have had in writing this letter.

Yours faithfully,

P. I. G. Sty

(Accommodation Dept.)

Yn ôl a ddeallais fe lyncodd y gŵr hirben yr abwyd yn grwn tan iddo gyrraedd diwedd y frawddeg gyntaf. Dechreuodd amau'n gryf erbyn cyrraedd y cyfeiriad at y dail tafol ac ymhell cyn cyrraedd enw'r llythyrwr gwyddai i sicrwydd fod rhywun yn ei blawdo hi i'r entrychion. Doedd dim angen iddo gysylltu ag E. Evans na neb er mwyn cadarnhau mai ffug oedd y llythyr. Ond ar yr un pryd fe ddangosodd y llythyr i rai o gwsmeriaid selog Garej Penfro gan fwydo eu hygoeledd nhw wrth ddannod biwrocratiaid Cyngor Sir Penfro.

Ond beth ddyliwn i'w ddisgwyl felly? Mae'n rhaid bod meinabs eisoes yn bwrw ati i dalu'r pwyth yn ôl. Wedi'r cyfan man a man cyfaddef ei bod hi'n stori mor gaglog nes bod sawl caglyn yn hongian oddi arni. Wel, os ei dweud hi, ei dweud hi, gwlei.

A fyddai'r llibyngu'n arllwys llwyth o ddom wrth y glwyd? A fyddai'r ciwrat yn hala tusw o ddail tafol yn y post? A fyddai'r sgolor yn anfon llythyr yr un mor swyddogol yr olwg ataf yn fy hysbysu fy mod wedi ennill gwyliau yn Nhimbyctw? Byddai'n rhaid i mi fod ar fy ngwyliadwriaeth.

Aeth misoedd heibio. Dim yn digwydd. Yna, yn sydyn, credais fy mod wedi ei gweld hi. Derbyniwyd llythyr ar gyfer sylw golygydd y papur bro *Clebran.* Y fi oedd hwnnw ar y pryd. Fe'i darllenais a chywiro ambell gamsillafiad. Gwyddwn nad oedd yna fawr o Gymraeg wedi ei ddysgu i'r disgyblion yn Ysgol Arberth erioed. Roeddwn yn argyhoeddedig mai'r mwlsyn oedd wedi ei lunio am nad oedd yna'r ffasiwn ddyn â Hywel MacDiarmaid, 17, Preseli View, Doc Penfro byth bythoedd meddyliwn. Cyhoeddwyd y llythyr ar dudalen 24 o rifyn mis Chwefror 1997.

Atgyfnerthwyd fy namcaniaeth gan sylwadau'r llythyr ar gorn honiad erthygl yn y rhifyn blaenorol yn dadlau y dylid dychwelyd cerrig gleision Côr y Cewri i lethrau'r Preselau. Roedd yna garreg hynafol wedi ei dychwelyd i'r Alban o Loegr ychydig ynghynt ac, yn unol ag arfer y Cymry o efelychu pob dim yn hytrach nag arwain, roedd rhywun wedi penderfynu y byddai dychwelyd y cerrig gleision yn gyfwerth â dychwelyd Carreg Scone.

Ac wedi'r cyfan, pwy o blith y *down belows* fyddai'n darllen *Clebran?* Ac roedd e'n mynnu yn ei lythyr ei fod yn medru gweld llechweddau'r Preselau o'i dŷ yn Noc Penfro! Wel, gwedwch y gwir. Fyddai hyd yn oed un o dditectifs yr Heddlu ddim wedi ei dwyllo gan dystiolaeth felly. Na, doedd dim angen i mi chwilio yn y cyfeiriadur ffôn am enw a chyfeiriad y Bnr MacDiarmaid, yn nag oedd?

Ac roedd yn rhaid bod rhai o sylwadau'r llythyr wedi eu hysgrifennu gyda'r tafod yn go sownd yn y boch. Roedd rhywbeth yn sgiwiff ynghylch y llythyr cyfan. Doedd Mr MacDiarmaid ddim yn cytuno â'r syniad o ddychwelyd y meini ond roedd ganddo gynnig gwreiddiol ac adeiladol, yn ei dyb e. Wel, darllenwch y llythyr drosto'ch eich hun:

Annwyl olygydd,

Roeddwn i'n falch iawn o ddarllen cymaint o erthyglau yn ymwneud â'r cerrig glas, sy'n sefyll ar hyn o bryd ar Wastadedd Salisbury, yn rhifyn mis Ionawr o Clebran.

Yn anffodus roedd dau neu dri chamgymeriad hanesyddol bach ar dudalen 23. Beth bynnag, y camgymeriad mwyaf oedd siarad am ddychwelyd y cerrig i ardal y Preseli.

Mae ymwelwyr Côr y Cewri wedi dinistrio'r ardal o'i gwmpas a chyn bo hir byddai Gors Fawr, neu ble bynnag, yn llawn o stondinau hambyrger, cŵn poeth a hufen ia gyda chestyll bownsio i'r plant a.y.b. pe deuai'r cerrig nôl.

Byddai pacedi a phapurach a thuniau coca cola yn cael eu chwythu dros y mynyddoedd heb sôn am y ceir a fyddai'n parcio pobman ym mhentref Mynachlog-ddu yn ôl pob tebyg.

Dylai'r cerrig glas aros lle maen nhw nawr. Y peth i wneud yw gofyn i'r Saeson, bob blwyddyn, am rent a chael gafael ar gyfrifydd clyfar sy'n gallu dweud i sicrwydd faint o ddyled sydd ar y Saeson ers i'r cerrig gael eu symud o lethrau'r Preseli bedair mil o flynyddoedd nôl.

Byddai'n dalp da o incwm blynyddol i'r Cyngor Sir neu'r Parc Cenedlaethol a byddai'n fodd o osgoi dioddef cannoedd o ymwelwyr yn cerdded ar hyd y llethrau.

Gallai'r arian gael ei ddefnyddio i dalu'r brodorion i beidio â chreu atyniadau i'r ymwelwyr yn union fel y mae ffermwyr yn cael eu talu i beidio â ffermio eu tiroedd.

Na, sdim ishe nhw nôl ond ma' ishe codi rhent amdanyn nhw.

Dydw i ddim yn byw yn ardal y Preseli ond rydw i'n gallu gweld y mynyddoedd o fy nhŷ yn Noc Penfro pob dydd, wel, bron pob dydd.

Wel, gŵr busnes oedd y tu ôl i hwnna reit i wala. Rhywun yn gweld cyfle i wneud ceiniog. Arallgyfeirio. Cynnig pris am ffensio'r cerrig yn y man lle ma' nhw wrth fynd draw i gasglu rhent. Cyfle i godi arwydd yn hysbysebu ei fusnes ar Wastadedd Salisbury - 'Brian Llewelyn a'i Ferched/Rocesi' i fod yn ddwyieithog. Ac roedd y cyfeiriad at gyfrifydd yn tynnu Tysul Jenkins i mewn i'r ffald dybiwn i.

Ond yr un mor sydyn fe welais inne fy nghyfle. O na, doeddwn i ddim yn mynd i gael fy nal. Cyn diwedd y mis roedd yna eisteddfod yn y Tafarn Sinc a stôl odro o waith Vernon Gibby yn wobr yn y brif gystadleuaeth. Y testun mawreddog oedd stori neu draethawd ar 'Effaith ennill y Goron Driphlyg ar ddatganoli'.

Roeddwn yn barod i'w blawdo hi am Bwyll Pendefig Dyfed a Charwyn James a'r Dr Alan Williams a Felix Aubel a Ray Gravell a Dafydd Hywel a Siân Lloyd a Tim Williams a Catatonia a Carys Pugh. Roedd rhaid anelu i fod yn ysgolheigaidd er mwyn cyrraedd y brig.

Yr enw a roddwyd yn yr amlen o dan sêl yn datgelu cyfrinach y ffugenw, wrth gwrs, oedd Hywel MacDiarmaid. Petai ymdrech 'Y Curyll Mowr' yn deilwng o glod ac anrhydedd yr Eisteddfod Fawreddog oni fyddai'n rhaid i'r gŵr bonheddig ffraeth godi ar ei draed?

Yn anffodus doeddwn i ddim yn medru bod yn bresennol yn y Steddfod. Annwyd trwm ar fys bawd fy nhroed dde os ydw i'n cofio'n iawn. Mae'n rhyfedd fel y mae salwch yn medru taro dyn yn sydyn weithie.

Wel, nawrte, 'Y Curyll Mowr' oedd yn fuddugol yn ôl y beirniad, Ainsleigh Davies. Yn ôl a ddeallaf roedd yna gryn raldibŵ. Dyfalu a holi taer a sawl cynnig yn erfyn ar Hywel MacDiarmaid i godi ar ei draed. Ond doedd yr un corn gwlad yn ddigon huawdl na'r un ddiod yn ddigon o abwyd i'w dynnu o'i wâl.

Ailgydiwyd yn y dyfalu a'r chwilota fore trannoeth. Bu'r hwlcyn tal yn olrhain y cyfenw MacDiarmaid yn y cyfeiriadur ffôn. Cyn pen dim roedd yn llongyfarch Hywel MacDiarmaid, 17 Preseli View, Doc Penfro, am ei orchest ac yn barod, yn unol â'i haelioni arferol i gludo'r stôl odro yn un o'i loriau i lawr obry petai angen.

Ond, och ac aw, roedd Mr MacDiarmaid yn gwadu'r cwbl. Doedd e ddim yn ddyn hapus. Wedi'r cyfan dyw anrhydedd ddim yn anrhydedd os nad ydych o leiaf yn ei led ddisgwyl. Does neb yn disgwyl camu i'r orsedd os nad yw wedi cyflawni rhywbeth penodol. Does neb yn disgwyl ennill y loteri os nad yw wedi talu rhywfaint o flaendal.

Efallai y byddai rhai'n dweud nad yw'n anarferol i brydydd gomisiynu cerdd neu ddwy gan fardd cydnabyddedig er mwyn eu cynnig mewn ambell steddfod nawr ac yn y man. Ond yn y cyswllt hwn doedd y buddugol ddim hyd yn oed yn gwybod ei fod wedi cystadlu!

Roedd y neges ar fy mheiriant ateb yn awgrymu fod y gath mas o'r cwd. Annibendod o'r radd flaenaf. Doedd yna ddim twll digon mowr a fedrai fy llyncu. A fyddai'n well i fi ddiengyd i Iwerddon nes bod pethe'n tawelu? Ddylwn i gyfadde'r cyfan i Adran Dwyll yr heddlu?

Ymhellach, fel mae'r sylwebyddion llenyddol yn dweud, mae gwirionedd yn rhyfeddach na ffuglen, ac roeddwn yn debygol o gyfarfod â Hywel MacDiarmaid yn ddiweddarach y bore hwnnw. Oes yna air cryfach na chyd-ddigwyddiad i ddisgrifio'r sefyllfa?

A dyna le'r oeddwn i am hanner dydd y tu fas i Glwb RAFA yn Nhyddewi yn sgwrsio'n ymddiheurol â gŵr talsyth mewn cilt a oedd heb golli ei ymarweddiad milwrol ers ei ddyddiau'n gwasanaethu fel peilot yn yr Awyrlu. A dynion shifer yw dynion y lluoedd arfog gan amlaf.

Ond trwy lwc roedd hwn yn meddu ar gyflenwad helaeth o ras ac yn awyddus i groesi'r bont o ran meistroli'r Gymraeg. Gwelais fy nghyfle a cheisiais ei ddarbwyllo fod yna draddodiad byw iawn o ran steddfodau tafarn o anfon ymgeision ar ran pobol eraill yn ddiarwybod iddyn nhw. Ac os nad oedd yna draddodiad felly roeddwn i fy hun yn prysur gredu hynny beth bynnag am Mr MacDiarmaid. Wedi'r cyfan un o reolau swyddogol Eisteddfod Tafarn Sinc oedd annog cystadleuwyr i brynu diodydd i'r arweinwyr, y gyfeilyddes a'r beirniaid!

Yn wir, roedd Hywel yn ŵr llawn hiwmor. Doedd e ddim yn un ohonyn 'nhw' sef brigâd y *stiff upper lip*. Ac oes, mae yna lythyrau o'i eiddo wedi ymddangos ar dudalennau *Clebran* ers hynny. Yn wir, mae'n aelod o Glwb Clebran. Ac ar ddiwrnod braf mae'n medru gweld copa Foel Cwm Cerwyn o'i ystafell ffrynt.

Tasg anodd ar fy rhan fore Sul oedd wynebu hyrwyddwr yr Eisteddfod ac ymddiheuro mewn sachliain a lludw am achosi'r fath annibendod. Mae'n rhyfedd fel y gwna ychydig o felltith ddiniwed droi'n gaseg eira nad oes modd ei rheoli. Hawdd y try chwarae'n chwerw. Gwneuthum gam â Mr Llewelyn ar gam.

Felly, dyna pam nad wyf wedi mentro cystadlu am y stôl odro yn Eisteddfod Tafarn Sinc ers hynny. Ond o ran hynny ni chynhaliwyd yr eisteddfod ers hynny.

The above article recounts a true story of how a little gentle leg pulling can go completely wayward. In this instance the author made a fool of himself by competing at the annual St David's Day Eisteddfod at Tafarn Sinc in 1998 under a fictitious name which he believed was a name already used fictiously by the then proprietor of the pub, Brian Llewelyn to pen a letter that had been previously published in Clebran, the local 'papur bro'. When it was announced that the winner of the milking stool was a competitor writing under the pseudonym 'Y Curyll Mowr' no one stood on his feet and there was some confusion. When it was divulged that the accompanying letter with the winning entry stated that the winner was a certain Hywel MacDiarmaid from Pembroke Dock there was further confusion. Mr MacDiarmaid was not present and neither was the author whose left toe had conveniently and suddenly caught flu earlier that evening. The name Hywel MacDiarmaid meant nothing to Brian Llewelyn. The author's cunning plan had completely backfired and he was in the proverbial dung up to his armpits. This is how it all came about.

The author knew of Mr Llewelyn's pronounced distaste of itinerants and set about to send him a fictitious letter under the guise of the county council's accommodation department. An official Pembrokeshire County Council letterhead was obtained and the recipient of the letter was told he would be hosting a contingent of New Age Travellers for a few days, on the grounds of his Garej Penfro, until an official camping site would be available for them. The letter is published in full above and Mr Llewelyn was apparently hoodwinked all the way to the end of the first sentence. The inference that a good supply of dock leaves would be sufficient as sanitary provision convinced him, long before he saw the signature, that he need not be unduly worried. But that did not prevent him from showing the letter to some of his regular customers and berating the local authority officers for their insensitivity. He saw the funny side and made his own capital from the debacle.

However the author was now forever weary that payback time was imminent. He expected a cartload of dung to be tipped on his drive. Any unusual letter received in the post was carefully scrutinised. A parcel of dock leaves sent by special delivery perhaps. But nothing happened until a few months later a letter was sent to be published in Clebran whose editor just happened to be the author. At the time the various theories regarding the transporting of the Preseli bluestones to Stonehenge was a running story nationally. Previous Clebran contributors had argued the stones should now be returned but this particular contributor insisted they should be left where they were but that an annual rent should be agreed and should be backdated. The letter was signed by a Hywel MacDiarmaid, 17 Preseli View, Pembroke Dock.

The editor/author did not verify the authenticity of the letter. He did not believe that was necessary because it was obvious this was a little bit of trickery on behalf of Mr Llewelyn. There were no Clebran readers in Pembroke Dock now were there? The slightly eccentric tone of the letter and the pronounced business acumen shown belied the fact, beyond doubt, that it was he. He would probably offer a quote for fencing Stonehenge when collecting the annual rent. He would probably erect a large hoarding attached to the bluestones advertising Garej Penfro and Tafarn Sinc. 'Brian Llewelyn a'i Ferched' would soon be known to thousands of American tourists. He intimated that an experienced accountant would be required to work out the amount of rent owed over a period of well over 2,000 years. That obviously meant that Tysul Jenkins was probably involved as well. No mention was made of the letter in resulting conversations between the editor and 'Hywel MacDiarmaid'. Neither of them broached the subject and this made the author all the more convinced that he had been hoodwinked.

In his woeful wisdom the author decided to 'use the fictitious name' as his bona fide name in the sealed envelope that is always sent with a literary entry to an eisteddfod when he entered the main competition of the forthcoming Tafarn Sinc Eisteddfod. If the entry proved successful he thought Mr Llewelyn would have to divulge that he and Hywel MacDiarmaid were the one and same person. If not successful no one would be any the wiser. Mr MacDiarmaid of course was declared the winner but he was not Mr Llewelyn's alter ego after all. A little detective work in the telephone directory on his behalf soon found the winner's telephone number and the purported address. But the real Hywel MacDiarmaid denied any knowledge regarding the matter even though Mr Llewelyn kindly offered to transport the milking chair crafted by Vernon Gibby to Pembroke Dock.

In order to prove that truth is often stranger than fiction the author was unknowingly due to meet Mr MacDiarmaid the following day at an Eisteddfod arranged for Welsh learners at St David's. Fortunately he found that the tall and erect ex-RAF pilot from Scotland possessed a sense of humour. As he apologised for the debacle the author lamely tried to explain that there was an honourable tradition of competing under other people's names when eisteddfodau were held in pubs. Or if such a tradition did not exist previously it had now been well established.

It was a very sheepish and somewhat humiliated 'winner' who called at Garej Penfro on Sunday morning to apologise for the 'annibendod' and ponder upon his misplaced sense of devilment.

Ble Ma'r Trefnwr Angladde'n Byw?

Catrin Stevens

'Steddwch fan'na bach a gewch chi lased o ddŵr 'nawr'. Dyna sut y ces i fy medyddio'n annisgwyl ar fy ymweliad cyntaf erioed â Maenclochog. Ro'n i wedi cyrraedd y pentre yn ddisymwth o gyfeiriad Efail-wen ac wedi fy swyno gan ei gynllun taclus, eglwys-ganolog â'r garej, y siop, y swyddfa bost, y capeli a'r tai yn glwstwr o'i chwmpas fel cywion dan iâr. I mewn â mi i'r Swyddfa Bost, felly, i ofyn y cwestiwn y byddwn yn ei holi'n ddiniwed bob tro wedi cyrraedd pentre newydd ar fy nheithiau, sef 'Allech chi ddweud wrtho i ble mae trefnwr angladde'r pentre'n byw, plîs?'. A'r peth nesa oedd cael fy nghymell i eistedd a chynnig glased o ddŵr pur y Preseli i'm hadfer yn fy 'ngalar'.

Fe gymerodd hi gryn amser i egluro mai diddordeb academaidd yn unig oedd gen i mewn trefnwyr angladdau, nid angen ymarferol. Wedi'r cyfan, ro'n i'n ymchwilio hen arferion marw a chladdu y Cymry yn yr Amgueddfa Werin yn Sain Ffagan ar y pryd a chyfoeth y traddodiadau yng ngogledd Penfro oedd wedi fy nenu i ardal Maenclochog. Onid ym mhlwy'r Bont-faen, dafliad carreg i ffwrdd, yr oedden nhw'n arfer chwarae'r gêm ryfeddol 'Hirwen gwd' gyda chorff yr ymadawedig yn ystod yr wylnos, noson cyn y claddu?

Gobeithiwn gwrdd â rhywun, efallai, a glywsai sôn sut y byddai bechgyn yr ardal yn dringo ar do cartre'r ymadawedig ac yn gollwng rhaff i lawr drwy'r simne fawr i'w chlymu am y corff yn y coffin; yna, ar alwad 'Hirwen gwd', ac wedi derbyn yr ateb fod y 'Chware'n barod' yn ei lusgo'n seremonïol i fyny nes bod y pen yn ymddangos trwy gorn y simne, cyn ei ollwng yn ôl i'r coffin yn barod i'w gladdu trannoeth. Ac onid yn Nhrefdraeth gerllaw yr oeddwn wedi llwyddo i recordio siaradwr a gredai'n gydwybodol iddo weld toili angladdol a chanhwyllau corff yn tramwyo godre Carn Ingli yn rhag-rybudd o farwolaeth aelod o'r gymdogaeth. Does ryfedd fod y gwaed yn cynhyrfu wrth feddwl am y cynhaea' toreithiog o arferion rhyfedd oedd yn disgwyl croniclydd cydwybodol yn y pentre anghysbell hwn ar lethrau'r Preseli.

Ymhen yr awr yr oeddwn wedi fy nghyfeirio i gartrefi dau bentrefwr a allai fy rhoi 'ar ben y ffordd'. Gan Ezer Rees, Crofft y Crydd, y clywes i hanes plât piwter tolciog a oedd yn ei feddiant fel saer gwlad, a deall mai plât i ddal halen ar frest yr ymadawedig ydoedd, ac y byddai'r halen yn cadw'r corff yn anllygredig, bur, tra'i fod e'n saernïo coffin ar ei gyfer. Roedd yr arfer hwn yn clymu wrth draddodiad y Bwytawr Pechodau, a gyflogid i fwyta bara ac yfed diod dros gorff marw, a thrwy hynny fynd yn fwch dihangol am ei gamweddau - arfer a fu mewn bri mewn sawl ardal yng Nghymru. Ond defnydd ymarferol hollol, heb arlliw o ofergoel na rhamant, oedd i'r plât piwter hwn. Felly hefyd yn y Delfan, lle roedd y cyn-saer Benjamin Rees yn byw, a chael cyfle i amsugno o'i brofiad maith o ymhel â marw a chladdu'n y fro. Gwers sobreiddiol fu honno i gyw-ymchwilydd ar drywydd cyffrogarwch 'stori dda', oherwydd fe'm tywyswyd ganddo, yn syber fanwl, heb orliwio, trwy realiti'r gwaith o drin a thrafod corff marw, crefft gywrain llunio arch o bren amrwd a phwysigrwydd cynnal urddas a threfn yn yr angladd ei hun. Doedd ganddo ddim ofergoelion i'w rhannu, ac eto, fel saer, fyddai e byth, meddai, yn ymweld â chartref claf rhag prysuro angau neu gael ei gyhuddo o chwilio am waith. Cofiai am ddefnyddio ceiniogau i gau llygaid yr ymadawedig ac mor anodd oedd hi i unioni ambell gorff, 'yn wâth yn farw nag yn fyw!' a chofiai'r arfer cymdogol o wylad y corff wrth olau cannwyll rhag i ryw amryfusedd ddigwydd iddo. Ac felly y bu, prynhawn o sgwrsio difyrrus yng nghwmni siaradwr a oedd yn adnabod ac yn gwybod ei bwnc trwy brofiad ymarfer blynyddoedd nid trwy ddarllen llyfr neu ddogfen ddi-enaid.

Yna, wedi'r recordio, neidio i'r car a gyrru ar wib nôl i'r brifddinas – Maenclochog namyn atgo pleserus, job dda wedi'i gwneud, y tapiau yn ddiogel yn y cês a'r gwaith maes ar ben am gyfnod arall.

Ond nid dyna ddiwedd y stori. Ddwy flynedd yn ddiweddarach roedd yn rhaid meddwl am ymgartrefu ym Mhenfro a chwilio am dŷ o fewn cyrraedd rhesymol i Hwlffordd ac i'r gogledd o'r landsger. Felly – a chofio argraffiadau'r prynhawn hwnnw yn 1974 – Maenclochog amdani. Bonws ychwanegol oedd cael parhau i ymchwilio a chasglu traddodiadau gwerin dan nawdd Adran Ddiwylliant Llyfrgell y Sir. Bellach, ro'n i wedi hen 'laru ar alaru erbyn hyn ac wedi pendilio at faes arall yn ymwneud â hynt bywyd dyn, sef arferion caru. Unwaith eto roedd y disgwyliadau'n uchel wrth feddwl y cawn gwrdd â rhyw gymeriad oedd wedi bod allan yn 'cnoco ffenestri' i ddeffro'i gariad, neu'n well fyth, wedi bod yn 'caru ar y gwely' yn ardal Maenclochog. Ro'n i'n gyfarwydd eisoes â'r stori lên gwerin am fam Twm Weunbwll o Glandwr yn dysgu'r grefft o 'gnoco' i'w mab di-glem ac yntau yn difetha'r wers trwy adnabod ei fam yn y ffenestr uwchben, ac ro'n i wedi cofnodi'r dywediad awgrymog mai 'yn nhrâd 'i sane ma dewish gwraig' o lyfr rhagorol y Parchedig W. Meredith Morris, *A Glossary of the Demetian Dialect in North Pembrokeshire* (1910).

Pur dawedog oedd trigolion y fro, er hynny, am eu campau carwriaethol ac roedd hi'n amlwg fod y traddodiadau y chwiliwn i amdanynt wedi hen farw o'r tir ac o'r cof erbyn saithdegau'r ganrif ddiwetha. Ond yn gwbl annisgwyl, heb holi'n uniongyrchol, y deuthum ar draws y perlau canlynol. Ro'n i wedi darllen ei bod hi'n arfer, pan fyddai pâr ifanc yn caru ar y gwely, i geisio diogelu diweirdeb y ferch trwy iddi'i harfogi'i hun â phin het, ei chlymu mewn 'sach garu' neu, fynychaf, trwy roi gobennydd mawr trwm, y bolster, i lawr canol y gwely fel wal ddiadlam. Dyn dewr fyddai'n mentro dros hwnnw. Dychmygwch fy syndod, felly, wrth imi drin a thrafod un o 'gymeriadau' yr ardal (a gwell iddo aros yn ddi-enw!) gyda'm cymdoges fwyn, Megan Howells, a mynegi'r farn 'Ma... yn dipyn o gês, ond yw e?', ei chlywed hi'n ateb yn gwbl ddi-daro, 'Hy! dodd e ddim yn gallu jwmpo dros ben bolster!'. Rwy'n brysio i egluro nad oedd Megan erioed wedi caru yn y gwely gyda'r cymeriad hwnnw ond ei bod yn defnyddio'r ymadrodd yn hollol naturiol i ddisgrifio dyn yn llawn brawl a bost am ei gampau ond nad oedd yn cyflawni'i addewid!

Ar nos Galan 1976 y dysges am arfer gwerin arall ynghlwm â charu. Cawsom ein rhybuddio y byddai criwiau o bobl ifainc y pentre yn galw heibio i'r tŷ berfeddion nos i ganu am galennig ac i ddymuno 'Blwyddyn Newydd Dda' i ni. A minnau wedi fy magu yn Llan-non, Ceredigion, fe wyddwn yn dda am hel calennig fore Calan – ond ganol nos? a pham dewis tarfu arnon ni, newydd-ddyfodiaid dieithr a diniwed? Ofer protestio y byddai well ganddon ni gael noson o gwsg nag unrhyw ddymuniadau da. Bu'n rhaid aros ar ein traed tan yr oriau mân, wrth i un criw anystywallt ar ôl y llall ddod heibio i ganu, a hynny wedi iddynt alw mewn sawl tafarn a ffermdy arall ar y ffordd. Chwisgi neu ddau yn ddiweddarach ac fe gawsom ar ddeall pam eu bod wedi'n targedu ni. Ro'n ni wedi priodi yn ystod y flwyddyn a aeth heibio a dod i ddymuno priodas ffrwythlon oedd y nod, gan adleisio defod ffrwythlonedd a oedd yn cysylltu 'mynd mâs i ganu' ar nos Galan â thraddodiadau'r canrifoedd. Ac nid yn ofer y canon nhw 'chwaith oherwydd ganwyd Mari o fewn dwy flynedd o setlo ym Maenclochog!

Y prif bwnc a aeth â'm bryd wrth weithio i'r Adran Ddiwylliant, er hynny, oedd olrhain hanes y diwydiant llechi yng ngogledd Penfro, diwydiant a fuasai, yn ei anterth, yn cyflogi rhai cannoedd o weithwyr. Yn ardal Maeclochog ei hun roedd sbwriel tomennydd cwarre Bellstone, Rosebush, y Gilfach, Teilo Vale, Llandeilo, Dandderwen, Temple Druid ac eraill yn dyst i'r gweithio a fu a'u slâts yn dal i ddiddosi sawl adeilad yn y fro. O gwar Rosebush y cafwyd slâts i ail-doi eglwys Maenclochog yn 1880 a 'randoms', slâts eilradd lleol, sy'n llechu dan y morter a'r gwyngalch ar do ambell fwthyn ar lethrau'r Preseli. Ond cael y cyfle i holi rhai o fois y cwarfeydd hyn roes fin ar y gwaith i mi.

Y tri siaradwr lleol a fu'n gymaint o gymorth oedd; Bryn Davies, Brynawel, Maenclochog, a fu'n fforman am flynyddoedd yn y Gilfach; Thomas Jones Evans, Bryn Amlwg, Llangolman, a fu'n gweithio yn y Garn a'r Gilfach, a William John Evans, Glennydd, Llangolman, a fu'n slater a naddwr crefftus yn y Gilfach, y Garn, y Tyrch a'r Llyn. Y nhw roes gnawd am esgyrn sychion hanesion adfeilion trist y chwareli anghyfannedd. Ganddynt hwy, yn bennaf, y cesglais dermau chwarelyddol neilltuol cwarre'r ardal hon: yn waelod bach a mawr (enwau am ddau nam yn y garreg wrth ei hollti); pen cwarter (chwarter cynta'r diwrnod gwaith); pirim (gaing fechan); rwstics (slab wedi'i ystaenio'n frowngoch gan ddylifiad glaw); sist (cynnyrch diwrnod o waith i'r slaters yn y Gilfach); trowsus cordyn a chot wen (y wisg swyddogol yn y Gilfach) a llawer, llawer mwy.

Y nhw soniodd am y meddyginiaethau gwerin a ddefnyddid pe ceid anaf yn y gwaith, gan roi nyth corryn, poerad o faco neu ddwst y garreg ar glwy a buan y byddai'n gwella. Nid oedd hafal i ddom da, meddid, at wella cyhyrau wedi'u streifio a chan mor aml y saethai cerrig mân i lygaid y gweithwyr, difyr oedd deall mai gorchwyl gyntaf ambell wraig gyda'r nos fyddai golchi llygaid ei gŵr â'i thafod. Cafwyd un neu ddwy ddamwain angeuol yn y cwarre hyn a'r cof amdanynt heb bylu dim. Esgeulusodd Thomas Davies, slater yn y Gilfach, chwilio am gysgod pan oedd y graig yn cael ei thanio un diwrnod yn 1929 a saethodd carreg dros gant a deg o lathenni i'w daro'n gelain ar ei war. Yn unol â thraddodiad daeth y gwaith i ben ar unwaith y diwrnod hwnnw a thrachefn roedd yr ardal i gyd yn gefn i roi angladd parchus iddo. Roedd hyn, wrth gwrs, ymhell cyn y cafodd rheolau iechyd a diogelwch eu cyflwyno.

Ond y ddwy agwedd a wnaeth fwyaf o argraff arnaf wrth holi oedd clywed am amddifadedd truenus y tridegau a sylweddoli effaith ddifrifol y dwst ar iechyd y gweithwyr. Saith swllt y dydd oedd cyflog William John fel slater medrus yn y tridegau hwyr ac er mor bitw y cyflog hwnnw anaml y câi wythnos lawn o dâl oherwydd diffyg marchnad i slâts sir Benfro neu dywydd gwael. Byw o'r llaw i'r genau oedd ceisio magu teulu i'r gweithwyr hyn yn y tridegau. Methiant fu ymgais i sefydlu undeb i geisio rhywfaint o gyfiawnder. Holltwyd y gweithwyr rhwng cefnogwyr y 'Bolshis' a'u hymlyniad at y Blaid Lafur newydd i'r fro a hen garfan geidwadol y Rhyddfrydwyr. Rhybuddiodd y perchnogion, y Brodyr Davies o Borthmadog, y byddent yn cau'r cwar ar ei union petai undebaeth yn cael troedle ym mysg y gweithwyr.

Dim ond trwy brotest uniongyrchol ar achlysur ymweliad y perchnogion o'r gogledd yn Chwefror 1938 y llwyddodd y gweithwyr i'w cael i roi chwecheiniog y dydd o godiad cyflog. Pan dorrodd y rhyfel flwyddyn yn ddiweddarach y rhai a fu'n ymhel â'r undeb oedd y cyntaf i golli'u swyddi. Mater dwys arall oedd effaith llwch y chwareli ar ysgyfaint y gweithwyr, yn enwedig y rhai hynny a fu am flynyddoedd yn gweithio mewn sied fawr yn y Gilfach, yn ddiddos rhag y gwynt a'r glaw mae'n wir, ond mewn mwrllwch o ddwst. Derbyn eu tynged yn ddi-gŵyn a wnaent – wedi'r cyfan roedd dioddef 'diffyg anal', fe gredent, yn rhan anorfod o weithio mewn cwarre slâts.

Cwta dair blynedd a hanner y buon ni fel teulu yn byw ym Maenclochog. Ond bu'n gyfnod ffurfiannol a chreadigol ar sawl cyfrif, wrth ymwneud am y tro cyntaf fel oedolyn â bywyd a chymdeithas wledig bentrefol, boed mewn cyfarfod o Ferched y Wawr, yn dysgu dosbarth o ddysgwyr, yn cynnal grŵp trafod llyfrau neu yn helpu gydag arddangosfa o hanes y pentre. Ond yr hyn a gyfoethogodd y profiad yn anad dim i mi oedd y cyfle i ddysgu a deall nad pwnc goddefol i'w astudio mewn llyfrgell neu amgueddfa yw hanes gwerin Cymru. Mae'n rhywbeth byw, llafar a deinamig sy'n rhan o wead cymdeithas ac sy'n dal i esblygu a datblygu o ddydd i ddydd. Bu'n fraint bod yn rhan fechan o'r broses o groniclo'r hanes hwnnw a'i ddiogelu ar gyfer y dyfodol.

Catrin Stevens lived in Maenclochog for only three and a half years in the 1970's, but during that short period of time she contributed immensely to the well being of the community. She researched various aspects of the folk history of the area and well remembers her first visit to the village. She was struck by the layout of the church-

centred village with the surrounding houses and buildings like chicks nestling under a mother hen. As always, in those days, whenever she arrived at a village she would enter the Post Office and ask simply, 'Where does the local undertaker live?' On this occasion she was immediately told to sit down and a glass of water was brought to fortify her in her grief. It took her quite some time to explain that her interest in the topic was purely academic as she was doing fieldwork into customs associated with death and burial in north Pembrokeshire.

Catrin was aware that the ancient custom called 'Hirwen gwd' had been practised at one time in Pont-faen, in nearby Cwm Gwaun. Men would climb onto the roof of the deceased's home and lower a rope to be tied around the body which would then be hoisted from its coffin up the chimney until the head appeared at the top! This rite would be enacted during the wake on the evening before the burial. She had also recorded an informant – in the Carn Ingli area, who sincerely believed that he had seen corpse candles and a 'toili' or two - ghostly premonitions of forthcoming funerals. She hoped therefore to find similar revelations in the Maenclochog area.

Her first interviewee was Ezer Rees, Crofft-y-Crydd, who explained how salt sprinkled on a pewter plate would be placed on the breast of the deceased to stop the body from decomposing before the funeral. This custom may have been associated with the tradition of employing a Sin Eater as a scapegoat to eat bread and drink over the deceased's body to relieve it of his sins. But for Ezer Rees the pewter plate was used merely for practical reasons. An enlightening afternoon was also spent in the company of Benjamin Rees at Delfan. He described in a matter-of-fact manner the intricacies of handling a dead body, preparing a coffin and organising a respectable funeral. He had no superstitions to reveal but he emphasised that he never visited a sick person's house lest he be accused of touting for work. He described how he used pennies to close the deceased's eyes and how difficult it was to straighten the occasional body – 'even more difficult than when they were alive'! He could also remember the custom of holding a candlelit vigil to ensure that nothing untoward would happen to the body before burial.

Catrin completed her fieldwork in Maenclochog and whizzed back to the Museum of Welsh Life with her archival tapes. But two years later, in 1976, she was back in the village house hunting and she and her husband, Terry, settled in Dol-werdd. She continued researching into folk-customs, on behalf of the County's Cultural Services now, but she turned her attention from death customs to those associated with courting. Information was not so forthcoming on this topic. The tradition of 'courting in bed' had obviously long since ceased. Then, quite unexpectedly, one afternoon when discussing the traits of a particular villager with her neighbour, Megan Howells, she heard the comment 'that he couldn't even jump over the bolster'! This was an oblique reference to the old tradition of 'courting in bed', when a bolster-pillow would be placed between the courting couple to safeguard the young maiden's virginity.

Again, on New Year's Eve Catrin and Terry found that one custom associated with courtship and marriage was still very much alive. They were kept awake most of the night by one carolling party after another calling to sing for calennig (a New Year's gift) and to partake of their hospitality. Since it was their first New Year as a married couple they were told that it was customary to call on all such new couples as an ancient fertility rite to wish them a fruitful union. And within two years, Mari had been born!

However, the main topic that interested Catrin during this period was the neglected history of the local slate-quarries - Bellstone, Rosebush, Gilfach, Teilo Vale, Llandeilo, Dandderwen, Temple Druid and others. She spent hours talking to local quarrymen such as Bryn Davies, Brynawel, Maenclochog; Thomas Jones Evans, Brynamlwg,

Llangolman and William John Evans, Glennydd, Llangolman. All three had a vast amount of practical knowledge and pride in their industry. They described the use of a spider's web, tobacco spit or slate dust to mend cuts, and cow dung was considered exceptionally good for healing strained muscles. Since stone-dust could impair a quarryman's eyesight their wives would clean out any stones from their eyes by licking them thoroughly with their tongues.

There were also some tragedies, such as the death of Thomas Davies, a slater at Gilfach quarry, who was hit on the nape of his neck by a stone, travelling a distance of over 110 yards, in 1929. He had not sought shelter, as he should have done, when the rock was being fired and he was killed instantly. Catrin was struck by the low wages paid to the quarrymen and the effect of the 'dust' on their health. By the depression of the late 1930's a full week's work was unusual either because of bad weather or a fall in demand for Pembrokeshire slates. An attempt to form a union failed as the owners, the Davies Brothers from Porthmadog, warned they would close the quarries if unionism gained a foothold. In 1938 the workers took their protest directly to Porthmadog and succeeded in getting a meagre increase of six pence a day in their wages for their efforts. When war broke out a year later those who had endeavoured to set up a union were the first to lose their jobs. Those who worked at Gilfach suffered greater respiratory problems than those in other local quarries did because they worked in an enclosed shed, with little ventilation and constantly surrounded by slate-dust. They accepted their fate without complaining and took their 'lack of breath' as the natural outcome of working in a quarry.

Apart from taking part in all aspects of village life the added bonus of researching such topics proved to Catrin that folk-history is not just a subject to be studied in a library or museum but that it is something that is alive, vibrant, oral and an essential element in the makeup of a community. For that understanding she is forever indebted to the people of Maenclochog and to the three and a half years she spent in the village.

HOK 481 a'r 507 ANY

Emyr Phillips

Ardal ddelfrydol i mi oedd pentref ac ardal Llangolman yn ystod fy magwraeth ym 50au a 60au'r ganrif ddiwethaf. Dywedwyd wrthyf yn aml fy mod yn 'reial Gymro' wrth fy mod yn ceisio siarad Saesneg gydag acen hollol Gymreig, ac roedd hynny ond yn adlewyrchu'r math o ardal oedd Llangolman yn y cyfnod hwnnw. Oedd, roedd yna Saeson o gwmpas ond bach iawn oedd fy ymwneud â nhw. Cofiaf Nyrs Jenkins yn byw yn Rhif 1 Tŷ Cownsil, a'i gŵr, Archy, a gerddai draw i fferm Dandderwen bob dydd i moyn llaeth mewn can bach enamel gwyn yn hongian wrth ddolen. Yna roedd Colonel Graves a oedd yn byw yn Dandderwen House. Ond roedd y rhain yn wahanol iawn i ni.

Roedd modd byw ein bywyd yn llwyr trwy'r Gymraeg gyda chymdeithas y capel (sef Llandeilo yn fy achos i) yn cynnig cymaint o adloniant a diwylliant a oedd ei angen ar bawb. Cofiaf y profiad o fynd i 'Benny Reading' yn ogystal â gwylnosau blwyddyn newydd yng Nghapel Rhydwilym yn y dyddiau pan oedd y gymdeithas gyfan yn troi o gwmpas y capeli a diwylliant ar ei orau. Ond am fy mod wedi gadael yr ardal nid fy lle i yw gofyn 'beth ddigwyddodd wedyn?' gan yn sicr wnes i ddim i helpu i gadw'r ardal yn Gymreig a Chymraeg wrth gefnu arni. Er diwedd y 70au lleihau a wnaeth nifer y Cymry sy'n byw yn ardal Llangolman. Bellach, estroniaid a ddaw i fyw yn y tai gweigion bron yn ddiwahân.

Pan oeddwn yn grwt roedd un chwarel lechi'n dal i weithio yn Sir Benfro, sef chwarel Y Gilfach. Ei pherchennog oedd Glyn Absalom o deulu Rhydiau Bach, sef tad Denley Absalom, perchennog garej Llangolman a garej Ganolog Maenclochog heddiw. Ers yn blentyn ifanc iawn roeddwn yn clywed hynt a helynt y chwarel gan fy nhad-cu W. J. Evans (neu Wil John fel y gelwid ef gan bawb yn yr ardal), gan ein bod fel teulu yn byw yn yr un tŷ, a fwyfwy felly pan ddaeth fy nhad, Wynfford Phillips (neu Wiff i bawb ai hadnabu) i weithio i'r Gilfach o fferm y teulu yn Blacknuck, Maenclochog. Cafodd fy nhad waith fel gyrrwr y 'nafi', fel y dywedem, sef y peiriant a oedd yn codi'r cerrig yng ngwaelod y cwar neu'n llwytho'r cerrig i'w cludo at y cwsmeriaid. Hefyd, dysgodd sut oedd trin y graig a'r llechen gan fy nhad-cu ac eraill a weithient yn Y Gilfach.

Dechreuodd fy nhad-cu ei waith fel chwarelwr pan oedd yn 14 oed yn chwarel Y Gilfach ac fe fu'n chwarelwr llechi trwy ei oes, heblaw am adeg y rhyfel pan fu'n gweithio yn chwarel Treffgarn a oedd yn cyflenwi cerrig i osod ar ffyrdd. Teithiodd ar feic bach i lawr i Dreffgarn am wythnos cyn prynu motobeic i'w gario. Yn ôl pob sôn roedd yn reidio'r motobeic yn gyflym dros ben gyda'i gap wedi ei droi gyda'r pig yn wynebu am nôl (doedd dim eisiau helmed pryd hynny). Un bore ar y ffordd i'w waith llithrodd y motobeic ar dro Twffton gan beri iddo dorri ei goes. Felly dim gwaith am dipyn wedyn. Yn ddiweddarach fe fu'n gweithio mewn nifer o'r cwarfeydd lleol gan gynnwys Cwarre'r Llyn, Cwarre

Tyrch, Cwarre Teilo Vale a Chwarre Cnwc y Deryn. Cafodd fy nhad-cu ei gydnabod fel gweithiwr caled ac yn wir dyna beth a'i lladdodd yn y diwedd, sef dwst y llechen wedi mynd ar ei ysgyfaint a'i wneud yn fyr iawn o anadl.

Cofiaf yn iawn amdanaf yn mynd draw i'r Gilfach am fy mod yn ffrindiau gyda Denley, mab y perchennog, a mynd i mewn i'r sied lle'r oedd y llechi'n cael eu trin a'u siapo. Roedd yn ddiwrnod heulog gyda'r haul yn dod i mewn trwy dwll bach yn ochr y sied sinc, ac yn y pelydryn hwnnw gwelem pa mor drwchus oedd y dwst a gawsai ei anadlu gan y gweithwyr heb unrhyw fasg nag offer o unrhyw fath i awyru'r sied. Doedd hyn ddim yn broblem pan ddechreuodd fy nhad-cu yn y chwarel yn 14 oed gan fod y cytiau'r pryd hwnnw yn rhai agored ar un ochr a'r dwst felly'n dianc i'r awyr iach.

Wynford Phillips, y chwarelwr olaf i hollti cerrig yn Sir Benfro

Wynford Phillips, the last quarryman to split slates in Pembrokeshire

Ar dro arall, draw yn sied Y Gilfach cefais gyfle i ddefnyddio'r gain wastad i hollti'r garreg dro ar ôl tro nes ei bod ond yn chwarter modfedd o drwch. Roedd y garreg yn barod wedyn i'w naddu i siâp ar y peiriant a fyddai'n cael ei droi y pryd hynny gan injan Lister ddisel. Roedd yna beiriant naddu arall yno hefyd a oedd yn cael ei bweru gan y person a'i defnyddiai trwy roi troed ar bren wrth y llawr a'i wasgu i gael yr olwyn i droi a chael y gyllell i ddod heibio. Cefais fy siarsio i beidio â chwarae gyda hwn gan ei fod yn beiriant peryglus iawn ac wedi torri pen bys aml i chwarelwr. Gyda fy nhad-cu hefyd y dysgais yr eirfa gyfoethog oedd yn rhan o fywyd y chwarelwr. Soniwyd llawer am y gyllell fach sef dau ddarn haearn a ddefnyddid i dorri'r llechen i'w siâp gyda llaw. Safai un darn mewn darn o bren oedd tua dwy droedfedd o hyd tra daliwyd y llall yn y llaw i daro'r llechen.

'Rhys' wedyn y gelwid y morthwyl pren mawr a ddefnyddiwyd i daro'r gain wastad i hollti'r garreg am nad oedd pren yn ddefnydd rhy galed ac yn gwneud niwed i'r garreg. Cofiaf fy nhad-cu a 'nhad yn gwneud y rhain, a rhai llai, o goed o'r goedwig gan osod dau gylch haearn o gwmpas bob pen. Weithiau ceid carreg wastad ardderchog gyda llinell ar ei hyd. Gelwid y llinell hon yn 'piler' ac, wrth gwrs, roedd yn gwneud y garreg yn ddi-werth at wneud llechen am y byddai'n hollti yn y fan honno. Gwisgai'r chwarelwr, fyddai'n eistedd i hollti'r garreg, ddarn o ledr wedi ei glymu ar ei goes lle pwysai'r garreg a gelwid hwn yn 'gadach'. Pan fyddid yn tyllu'r graig gelwid y twll yn 'tarrad'.

Ar ôl i fy nhad ddechrau gyrru'r 'nafi' daeth storïau di-ri adref wedyn ynglŷn â'r gwahanol beiriannau oedd yn y chwarel. Wrth reddf rhywsut roedd rhyw ddiddordeb mawr gennyf yn y rhain ac roeddwn yn adnabod pob lorri a gwybod hanes pob un ohonynt. Wedi arfer â thractorau ar y fferm cai fy nhad hi'n ddigon hawdd i ddelio â'r Fordson Chaseide, sef y 'nafi'. Eto, deuthum i adnabod pob un a fuodd yn y cwar ac roedd enw gwahanol gennyf ar bob un. Cofiaf y 'tractor coch' sef y tractor a oedd yn gyrru'r pwmp gwynt i dyllu'r graig. Deuai'r 'tractor coch' draw i'r garej i Langolman i'w drin bob hyn a hyn ac roeddwn wrth fy modd o'i weld gan ei fod yn hen iawn a chanddo olwynion haearn ar y blaen. Deallais mai International oedd yn dyddio o tua 1932.

Ces fynd gyda 'nhad droeon i gyflenwi llwythi o sbwriel neu ddeunydd llanw i'r ffermydd, sef cerrig i osod ar ffyrdd neu i lenwi i mewn, neu bryd arall cyflenwi llwyth o 'crazy paving' i ryw stad o dai modern. Dim ond un llwyth o lechi y cofiaf ei gyflenwi erioed a hynny yng nghwmni Glyn Absalom, y perchennog. Aethom â'r llwyth mewn Bedford TK GWO 858 i hen blasty ger Amwythig a oedd yn cael ei adnewyddu. Roeddwn wrth fy modd yn teithio yn y lorri gan fod pethau cynhyrfus iawn yn gallu digwydd fel mynd yn sownd ar y ffermydd a gorfod cael ein tynnu oddi yno. Cafodd fy nhad a minnau ddamwain ddifrifol hefyd mewn un lorri ar ôl gwrthdrawiad â char mini wrth ymyl bwthyn Pant-y-llyn ger Efailwen. Torrodd fy nhad ei goes o ganlyniad i'r digwyddiad.

Oedd, roedd y chwarel a gwaith fy nhad a'm tad-cu wedi gadael argraff arnaf ac wrth fynd yn hynach sylweddolaf taw fy nhad oedd yr olaf i weithio mewn chwarel lechi yn Sir Benfro. Ar ôl i Glyn Absalom werthu'r Gilfach i Ceredig Davies (gŵr a wnaeth ffortiwn yn y diwydiant canu pop) yn 1987, dirywio a wnaeth y chwarel am na wnaed dim ond codi drosodd a throsodd yr hen dipiau cerrig i chwilio am gerrig adeiladu. Diflasodd hyn fy nhad ac yn wir bu'n boen meddwl mawr iddo nes ei farwolaeth gynnar yn 62 oed. Yn sicr pan fu farw fy nhad bu farw'r gweithiwr olaf a ddysgodd y grefft o drin y llechen wyrddlwyd a oedd yn nodweddiadol o Sir Benfro.

Roedd nifer helaeth o chwareli yn ardal Llangolman ac yn aml iawn Saeson oedd eu perchnogion. Mae olion enwau'r rhain ar ôl yn yr ardal o hyd; Musscot Terrace lle'r oedd gweithwyr cwarre Dandderwen yn byw a gelwid Tŷ Dandderwen yn Dandderwen House oherwydd yno bu perchennog chwarel Dandderwen yn byw neu fel y'i gelwid Whitland Abbey, Tan y Dderwen. Lleolid y cwarfeydd ar hyd glannau afon Cleddau a'u henwau'r un ag enwau'r ffermydd megis Llwyn-yr-ebol, Clyngwyn, Fferm Llangolman, Llandeilo a Phencraig. Eraill yn gweithio mor bell yn ôl â'r 17 ganrif oedd Temple Druid, Noble Court, Teilo Vale, Lily a Chnwc y Deryn.

Rhai o'r peiriannau a ddefnyddid yng Nghwarre'r Gilfach: y 'nafi las' HOK 481 yn segur; y lorri hir yw'r DAY 688 wedi ei llwytho â 'crazy paving'; y 507 ANY oedd y math cyntaf o Trader yn dyddio o 1957 yn ôl pob tebyg a'r Austin Fach sydd wedi ei pharcio y tu fas i'r garej yn Llangolman. Rhoddwyd corff haearn Ford Thames V8 arni cyn diwedd ei hoes.

Some of the vehicles used at Gilfach Quarry: the abandoned HOK 481 used to move shale and stones on the quarry floor; the long lorry DAY 688 already loaded with crazy paving; the 507 ANY was probably the first type of Trader made around 1957 and the 'Austin Fach' is parked outside the garej at Llangolman. A Thames Ford V8 body was placed on her later before the end of her working life.

PEMBROKESHIRE
SLATE QUARRIES LTD
CLYNDERWEN
507 ANY

MICHELIN
TYRES

Pan aeth fy nhad i weithio i cwarre Gilfach yn ystod y 50au ei brif swydd oedd gyrru'r 'nafi'. Y 'nafi' a gofiaf fi oedd y Chaseside Fordson E27N, sef tractor digon cyffredin – Fforden Fawr Betrol a TVO fel y'i gelwid ar lafar gwlad – ond roedd cwmni Chaseside wedi creu fframwaith dur o'i gwmpas i'w alluogi i godi cerrig. Tebyg iddo gael ei wneud tua 1946. Cofiaf lawer o siarad hefyd gan fy nhad a'm tad-cu am beiriant cyn hwn sef Chaseside eto ond wedi cael ei osod ar dractor hynach sef y Fordson model F (y Fforden Fach ar lafar gwlad) o tua 1935. Gorffennodd ei oes waith ym Mhentywwyn ar ôl ei ddefnyddio i wastatu cerrig i greu safle parcio yn y pentref glan môr. Es i lawr i'w weld yng nghwmni fy nhad ond dim ond o bell y'i gwelais.

Felly, cafodd y 'nafi' gyntaf roedd fy nhad yn ei yrru'r enw 'yr hen nafi' oherwydd yn fuan wedyn prynwyd un arall yn union yr un peth oddi wrth Gyngor Sir Penfro a rhoddwyd yr enw 'nafi'r cownsil' ar honno. Roedd honno'n rhagori ar 'yr hen nafi' am ei bod yn gallu cyflawni mwy o dasgau. Roedd hi'n bosib rhoi jib hir arni gyda bachyn arno i godi llwyth a hynny er nad oedd erioed wedi ei defnyddio mewn cwarre. Hefyd, roedd swch arni i wthio pridd fel tarw dur ac fe welais hwn yn cael ei ddefnyddio lawer gwaith ac yn arbennig adeg yr eira mawr yn 1963. Wedyn prynwyd peiriant arall tebyg eto ond gydag injan ddisel Perkins P6 yn ei yrru. Ni fu'r injan ddisel yn llwyddiant ac er rhoi cynnig ar un arall, mynd nôl at yr injan betrol TVO a wnaed yn y diwedd. Gelwais hon yn 'nafi goch' am ei bod, wrth gwrs, wedi ei phaentio'n goch. Hon oedd yr olaf i weithio yn y cwarre er bod yna Chaseside arall wedi ei phrynu ac yn cael ei chadw ar yr iard yn Llangolman ar gyfer gorchwylion ysgafnach. Hon oedd y 'Nafi Las', eto, oherwydd ei lliw a chofiaf ei rhif sef HOK 481.

Byddai Glyn Absalom bob amser yn addasu rhywfaint ar y peiriannau hyn ar ôl eu prynu. Gosodai dwy olwyn ychwanegol yn y cefn er mwyn gwneud y peiriant yn fwy diogel a rhoddai iddo fwy o afael wrth fynd i mewn i'r cerrig i'w codi. Hefyd, gosodai gaban gwydr dros ben blaen y peiriant er hwylustod i'r gyrrwr. Aeth yr olaf o'r Chasesides o Langolman yn yr 80au sef HOK481. Mae'n debyg ei bod wedi ei gwerthu'n gyfan a'i bod yn dal ar gael yn rhywle ond eu troi'n sgrap fu hynt y peiriannau 'nafi' eraill.

Er taw'r hen beiriannau gyda 'wire ropes' yn gweithio'r sgŵp oedd fy mhennaf ddiddordeb fe ddaeth yna beiriannau mwy diweddar wedyn i'r cwarre. Chaseside eto ond nawr hydrolig oedd yn gweithio'r sgŵp ond eto wedi cael ei osod ar dractor Fordson Major disel. Buodd hwn yn gweithio am dipyn ond yn ôl fy nhad doedd e ddim mor 'tyff' â'r 'hen nafi' wrth gael ei daro yn erbyn y cerrig. Wedyn daeth y 'Bray' a oedd yn dipyn gwell peiriant ond eto gydag injan Ford disel chwe silindr. Gweithiodd hwn yn dda am flynyddoedd a deil ar glawr heddiw i lawr yn hen chwarel y Cnwc. Y peiriant olaf i weithio yn y cwarre oedd un yn fwy eto gydag injan Leyland fawr ynddo. Roedd hwn yn gwbl awtomatig yn cael ei yrru gan olew a'r un modd olew oedd yn codi'r sgŵp. Cofiaf i hwn hefyd dorri i lawr ac fe fuodd mewn llawer o ddarnau mân yn y garej yn Llangolman cyn i fy nhad, trwy ryw wyrth, ei roi yn ôl at ei gilydd a'i gael i weithio eto ar ôl dod o hyd i'r darnau cywir. Buodd hwn yn gweithio yn y Gilfach wedi i Glyn Absalom werthu'r cwarre a fy nhad oedd yr olaf i'w yrru cyn iddo fe hefyd gael ei droi'n sgrap.

Cofiaf yn gynnar iawn y siarad gan fy nhad-cu a 'nhad am y lorri frown a'r lorri trwyn sgwâr ond nid wyf yn cofio am weld yr un o'r rhain yn mynd ar y ffordd er eu bod ar yr iard yn Llangolman. Bedford oedd y ddwy yma, yr un brown yn WTH o'r 30au a'r trwyn sgwâr yn OW sef lorri a adeiladwyd ar gyfer gwaith milwrol. Bu hefyd ar un adeg yn cario llechi i Neuadd Pantycelyn, Aberystwyth. Roedd yna bedair lorri ar y ffordd yn ystod y 50au a'r 60au ac ond un yn gweithio yn y cwarre. Rhoes lorri DAY 688 Bedford 'O', o ddiwedd y 40au, wasanaeth da iawn dros y blynyddoedd a chafodd ei hatgyfodi droeon ar ôl iddi dreulio cyfnodau o segurdod. Un o'r adegau hynny oedd er mwyn cludo'r cerrig mawr o Lys-y-frân i Langolman i'w llifio pan godwyd y gronfa ddŵr.

Corff byrrach oedd gan y lorri a alwem yn 'Austin Fach' wedyn, ac roedd hi'n fwy addas ar gyfer y gwaith o gludo cerrig llanw i'r ffermydd. Hefyd, dwi'n cofio'r 'Austin Fowr', lorri chwe olwyn a ddaeth o rhyw wersyll milwrol. Ei bai mawr hi oedd na fyddai ei chorff yn codi ac felly roedd rhaid dadlwytho â llaw bob amser. Defnyddiwyd hi'n aml ar gyfer cludo 'crazy paving' a chofiaf fy nhad a Glyn Absalom yn mynd â llwyth o lechi i Lundain gan ddechrau o Langolman ar noson o aeaf tua 11 o'r gloch. Cofiwch, doedd yna ddim gwres yn y cab a'r cyflymdra uchaf oedd 35 i 40mya.

Cofiaf tair lorri Thames V8. Cyrff byr oedd ganddyn nhw. Rhoddwyd corff un o'r rhain ar yr 'Austin Fach' yn y diwedd. Petrol a yrrai'r rhain ond cyn hir daeth Thames Trader disel sef 507 ANY a brofodd yn ddefnyddiol o gwmpas yr ardal ond pan eid â hi ar deithiau pell byddai'n sicr o dorri lawr bob tro. Aed â llwyth o lechi i Peterborough yng Nghaint un tro ond daeth ANY i ben â thorri ei 'chamshaft' a bu rhaid i Landrofer ffermwr lleol ei thynnu adref. Eto, doedd yna ddim gwresogydd yn y cab. Ar ôl i ANY weld ei dyddiau gorau prynwyd Bedford S o'r 50au. Lorri corff byr oedd hon eto ac yn hon y cafodd fy nhad a minnau ddamwain ddifrifol ynddi o flaen bwthyn Pant-y-llyn ger Efailwen. Wedyn, cofiaf lorri TK GWO 858 a brynwyd yn Nhegryn. Daeth TK arall hefyd wedi hon ynghyd â Dodge a brofodd i fod yn rhy fawr i waith y cwarre ac fe'i gwerthwyd yn y man. Yr olaf a brynwyd at waith y cwarre oedd Ford o 1966. Defnyddiwyd hon hyd at 1987 pan werthwyd y cwarre i Ceredig Davies ac yn y man doedd yn ddim gwell na sgrap.

Soniais am un lorri a ddefnyddid yn y cwarre'n unig a hynny er mwyn cario'r cerrig o waelod y cwarre i'r sied waith. Am nad oedd yn teithio ar hyd y ffyrdd doedd dim llawer o barch iddi ac roedd golwg ofnadwy arni. Rheswm arall am hyn oedd bod ei gyrrwr wedi colli rheolaeth arni unwaith ac fe aeth i lawr dros y tip i Bwllcam ger Pont Hywel. Eto cofiaf am hyn yn digwydd ac fe gafodd y gyrrwr ei boeni'n ddidrugaredd yn arbennig am na chafodd ddolur. Bu'r lorri'n gweithio am flynyddoedd ar ôl hyn. Daeth draw i Langolman ar adegau i'w thrin ac ar yr iard yno y cafodd ei thynnu ar led gennyf fi a Denley cyn iddi fynd i'r sgrap ymhen rhai blynyddoedd. Morris Commercial oedd hi a bu'n eiddo i gwmni Corona, y cwmni pop yn Ne Cymru. Enw hon, felly, oedd y 'lorri gorona' a gwelid yr enw uwchben y cab. Deuai o'r 30au ac fe ddaeth i gymryd lle'r drol ar reiliau a gawsai ei thynnu gan beiriant hen lorri eto. Ni chofiaf weld hon ond mae'n debyg mai Commer ydoedd a fu ym meddiant Jones Glandy Cross. Defnyddiai e hi fel lorri bob dydd ond ar benwythnosau fe roddwyd seddi ynddi a'i defnyddio fel siarabáng. A oes rhywun rhywle yn ei chofio?

Emyr Phillips refers to the Llangolman of his childhood as an idyllic village where Welsh was the predominant language. He remembers being often described as a 'proper Welshman' when his attempts to speak English were heard. He laments the fact that cultural activities associated with the chapels have now ceased and that few properties are now bought by local people.

The area was renowned for its slate quarries and both Emyr's father and grandfather were quarrymen and Emyr took an avid interest in the engines and lorries bought by Glyn Absalom to be used for quarrying and carting rubble, stones and crazy paving from Gilfach Quarry to places as far away as Shrewsbury and London. He mentions the vocabulary that was specific to the quarryman's craft and reveals an in depth knowledge of the various lorries' strengths and weaknesses and even their whereabouts following the end of their working life.

His father, Wynford was the last working slate quarryman in Pembrokeshire. Like many of his generation who worked in the local quarries, his grandfather, W. J. Evans, succumbed to 'the dust' that entered his lungs at the airless quarry sheds and eventually shortened his breath.

☆☆☆☆

Byddai Berian bob amser yn brolian pa mor ddeallus oedd ei fochyn ac yn ei ddangos i bawb a ddeuai heibio.

'Bachan, bachan, pan aeth y tŷ ar dân y mochyn ddihunodd ni a achub ein bywyde. Wedyn, wêdd e mas yn twrio rhyw ddiwrnod a daeth ar draws ffynnon a honno sy'n ein cadw mewn dŵr nawr,' meddai Berian.

Ond fedrai'r ymwelwyr ddim peidio â sylwi ar y ffaith bod dwy goes bren gan yr hen fochyn a orweddai yn y twlc.

'Wel, odyn siŵr, ma' campau'r mochyn yn rhyfeddol, ond pam fod ganddo ddwy goes bren?' fyddai'r cwestiwn bob tro.

'Diawch, synno chi'n dishgwl i fi fyta mochyn fel 'na i gyd ar un cynnig nawr i chi,' fyddai ateb Berian.

Landranger 145 - Y Filltir Sgwâr

Terry Stevens

'In my beginning is my end, in my end is my beginning'. This opening line from T. S. Eliot's poem 'East Coker' (one of the 'Four Quartets') is probably one of the best definitions of the feelings embodied in the notion of *Y Filltir Sgwâr*. Until moving to Maenclochog in 1976 I had not encountered this deeply important Welsh expression. The importance of *Y Filltir Sgwâr* was easy to understand. It made sense of my 'hiraeth' for East Coker and for Somerset. It also made it easier to settle in Maenclochog and for it to feel like home in a very short time.

Y Filltir Sgwâr evokes emotions that clearly go beyond the extent of a physical plot of land that represents where one is from. As with so many Welsh words and phrases the English language and, hence, us Englishmen, fail to do justice to the many dimensions of meaning wrapped up in a simple word or phrase. It is impossible in English to do justice to the impact this simple yet complex concept has on those who live in Maenclochog. Suffice to say that, in the three enlightening years we lived in Maenclochog, I came close to understanding, even if I cannot adequately describe the feeling.

This inability to adequately capture the meaning of a simple Welsh phrase is rather like the failure of a map to get even close to giving its reader anything like a real picture of a place or the sense of place.

Landscape and the way we use landscape for enjoyment has been my passion since my school days. As a geographer maps are the main item in my tool box ... they create virtual pictures of places, they give clues to history, people and culture ... they provide the stranger with a way of seeing a place for the first time.

Such was my introduction to Maenclochog. *Y Filltir Sgwâr* was transferred to the actual squares that make the grid on the Ordnance Survey maps and the Landranger 145 1: 50,000 of *Cardigan and Surrounding Area – Aberteifi* became my first point of reference for Maenclochog. The map, enticingly subtitled *'The all-purpose map with public rights of way and tourist information'* gave me the ability to create a geographer's picture of where we had chosen to live.

Actually how we had decided on Maenclochog is worthy of a short diversion ... Catrin had visited the village when working at the Welsh Folk Museum. She remembered it fondly and could actually describe its main features. It sounded a good starting point in our search for a new home. On entering the village we asked the first person we saw if they knew of any houses for sale. They said yes *'theirs'!* – Dôl-werdd, Heol yr Orsaf... 30 minutes later we had an offer accepted. Oh, if everything was that easy!

Anyhow, back to the picture I had developed of Maenclochog from Landranger 145. The contours were understandable, my interpretation of the layout of the village was spot on as, too, was my reading of the way the village sits below Foel Cwmcerwyn. Pantmaenog met my expectations, as did Eithbed and the quarries at Rosebush. But, that's when it all started to fall apart and the realisation that, actually, maps tell you nothing about *Y Filltir Sgwâr*.

They give you no help to understand and appreciate the history and culture of a place ... the people, the shared emotions, the important things that give a place its character and its soul. Names on the map ... Cil-moor, Hafod Ddu, Blaen-sawd, Castell Forlan, Pantithel ... do not give the reader any help to appreciate the true sense of place and 'PH' on the map certainly does not do justice to either The Globe or Tafarn Sinc!

Yet these symbols on a map and within a grid that measure each square mile are the starting point for so many of our journeys to strange or new places. When you visit East Coker and refer to Ordnance Survey Landranger Map 183, *'Yeovil and Frome'*, reflect on the fact that Longlands Lanes, Burton, and The Withy Bed are more than just 'places' and for the Boucher, Stevens, Foot, Sainsbury and Best families, *Y Filltir Sgwâr* is for them the same as it is for you, much more than what you will see on paper. 'In my beginning is my end, in my end is my beginning'.

☆☆☆☆

Wêdd Wil a Walter newy' gwpla combeino parc mowr o lafur ac ar eu ffordd getre ar hyd feidir gul.

Yn sydyn dyma whampyn o gar mowr rhyw bobl ar eu gwylie'n dod rownd y gornel ar yffach o sbîd.

O weld y combein yn llenwi'r feidir dyma'r dreifer diarth yn troi'r Merc i osgoi damwain nes ei fod yn hedfan dros ben claw', yn troi ddwywaith yn yr awyr, ac yn glanio ar ei do yn y parc.

'Jiw, jiw, bachan, bachan, welest ti na?' medde Wil wrth Walter.

'Wel, do, glei. Ma' un peth yn shwr, ma rhywun yn drychid ar ein giole ni heddi. Dim ond dod mas o'r parc mewn pryd nethon ni.'

Canol y Bydysawd

Y Parchg Denzil James

Dyma fi yn Santiago De Campostela, Gogledd Sbaen. Mae'r gwres yn 40 gradd; mor wahanol i'r tymheredd pan gyrhaeddom ni fel teulu bach o Feidrim i Faenclochog yn Ionawr 1963. Profwyd cwlwm caled o rew ac eira, a barodd am chwe wythnos a mwy. Methodd y lorri gelfi a chyrraedd Maenteilo, heb help 'bois yr hewl'. Golygfa nas anghofir byth oedd gweld grŵp ohonynt yn ein disgwyl wrth 'Step-in' a'u gwên cyn lleted â'u rhofiau.

Ni chafwyd Sul cyflawn o oedfaon am chwe wythnos. Cofiaf weld rhai yn yr oedfaon y chwe Sul arbennig hynny na welwyd mohonynt mewn oedfa wedi i'r eira glirio! Tybed a'i rhy rwydd yw'n llwybrau ni i addoli y dyddiau yma? Pe bai mwy o her a sialens, hwyrach byddai'r ymdrech yn fwy. Mae mwy o berygl mewn cael ein hanwybyddu na chael ein herlid. Cofiwn fod 'na sôn am wraig yn cerdded yr holl ffordd o blwyf Llanllawddog (plwyf fy ngeni) i Rydwilym, i gael Cymundeb gyda'r Anghydffurfwyr cynnar (38 milltir).

Dywedwyd ei bod drwch cot yn oerach ym Maenclochog nag yn y Mot, a thrwch dwy got yn oerach yng Nghrymych. Ai gwir hynny neu beidio, un peth a wn i sicrwydd, mae cynhesrwydd calonnau pobol yr ardal yn ddiarhebol. Gwell byw mewn ardal o dymheredd cymharol isel, a chalonnau cynnes, na'r gwrthwyneb. Cymwynasgarwch fel môr di-drai: digon o laeth a wyau, tato a swêds, coed tân, ac ambell i samwn braf, na wyddwn yn y byd mowr o ble y daeth na phwy a'i daliodd, os nad ambell i ddiacon! Wrth ddod â llwyth o goed tân, gofalodd y gwas fod yna un darn o bren yn golfenni i gyd, er mwyn rhoi prawf ar amynedd a dyfalbarhad y gweinidog.

Rhaid cofio mai cyfnod chwedegau a saithdegau'r ganrif ddiwethaf y sonnir amdanynt sef cyfnod y 'Flower Power' a'r 'Beatles'. Dyma gyfnod dechrau diwedd y gymdeithas glos gymwynasgar a chymdogol. Pryd hynny roedd pawb yn stryd Rosebush yn nabod ei gilydd. O gyrraedd No. 1. byddai number 23 yn gwybod yn fuan eich bod ar eich ffordd. Na, nid ffonio ei gilydd a wnaent ond 'morse code' naturiol y trigolion.

O fewn y flwyddyn, daeth tri pherson i'r pentre; Plisman, sef Mr Islwyn Thomas; Prifathro, sef Mr Vivian Morgan, a minnau. Swyddi, os nad y personau (bob amser) a berchid yn fawr. Cefais gwmni cewri'r pulpud, Joseph James a D. J. Michael yn Llandysilio a Blaenconin, Parry Roberts yn Mynachlog-ddu, Mathias Davies yn Y Gelli a Maenclochog, Haydn Thomas yn Rhydwilym, Ben Llewellyn Evans yn Hen Gapel a Tom Hamer, y Ficer.

Un o nodweddion amlyca'r ardal yn eglwysig oedd llafar ganu'r pwnc, neu yn fwy cywir y Bennod. Diolch byth fod pobol fel Roy Saer (Hebron) o Amgueddfa Sain Ffagan wedi sicrhau fod y math yma o 'bwncio' ar gof a chadw i'r oesau a ddêl. Tybed a'i hala ofn ar y Diafol oedd bwriad y llafar ganu cyhyrog. Os felly cadw bant oedd orau i'r 'gŵr drwg' dros Ebrill a Mai.

Beth am y dafodiaith swynol? I feddwl mod i ond wedi dod dros y ffin o Sir Gaerfyrddin ac yn cael trafferth i ddeall rhai brawddegau a dywediadau. Nid oeddwn wedi deall pan ofynnwyd i mi, 'Odi'ch trwêd chi'n wêr?'. Lle mae'r gŵr? gofynnais i wraig y fferm; 'Mae fe'n y glowty', mynte hithau, a minnau heb wybod ble i droi. Yna adeg y clêr llwyd o gwmpas, ac olion rhai ohonynt ar fy nhalcen; 'pigodyn' meddent, a minnau yn credu fod rhyw afiechyd heintus arnaf.

Fel mab i fferm byddwn wrth fy modd yn yr hydref pan fyddai rhai ffermwyr yn ymddeol, ac yn cynnal arwerthiant. Cael fy ngwahodd i glercio dros y teulu, a chadw llygad am y cynigion. 'Bidio' gyda'i gwahanol gwercs. Rhai yn ysgwyd pen, codi bys, wincio, codi'r pastwn, neu gyffwrdd pig y cap, ac ati. Un tro roedd y gwenyn meirch yn poeni'r arwerthwr, ac wrth rhoi ergyd i'w herlid, dyma fe'n dweud 'Tynnu at afal melys mae' nhw', ac fel ergyd o ddryll dyma rhyw frawd yn ei ateb, 'Na, nabod afal pwdwr 'mae nhw', a chwerthin dros y lle i gyd.

Am fod Sir Benfro allan ar y fraich fel petai, yn debyg i Ben Llŷn, ac yn bell o ganol Cymru, ei bod yn naturiol groesawgar, ac yn gwerthfawrogi yn fwy o bosib, oherwydd y safle daearyddol, pan ddaw pobol i'r ardal i wasanaethu. Wrth ymadael am Rydaman yn Ebrill 1973, gofidient fy mod yn mynd i rywle oedd yn bell o bobman! Maenclochog sy'n ffurfio canol y bydysawd, gwlei. Yn ein cyfnod ni roedd yn bentref cyflawn ac yn gymuned gyfan. Gellid byw yno heb symud o'r fan. Roedd pobydd, bwtshiwr, dwy siop groser, siop offer gwaith tŷ a fferm, dwy orsaf betrol, dwy garej, cwmni bysiau, siop y crydd yn gwerthu sgidiau, 'jeweller', gweithiwr glo, trydanwyr, siop y saer, masiwn, plwmer, nyrs gymunedol, dwy syrjeri, fferyllydd, dau fanc, swyddfa bost a heddlu, lle trin gwallt, barbwr a gweinidog. Teimlad braf oedd gallu rhoi 'trimad' i'r diaconiaid. Un neu ddau ymgymerwr angladdau, tacsi, ysgol, eglwys a thri chapel. O ie, jyst anghofio – tri thafarn.

Rhaid sôn am un digwyddiad o bwys a fu'n gyfrwng i uno'r pentref mewn ffordd arbennig iawn. Mewn pwyllgor lles y pentref un noson soniwyd fod angen codi arian er mwyn sicrhau lle chwarae i'r plant. Cynigiodd y ficer, Mr Hamer ei fod yn fodlon mynd ar gefn beic o Abertawe i Faenclochog er mwyn codi arian. Yr oedd yn enwog drwy'r ardal fel un a ddefnyddiai ei feic i fynd i bob man. Os digwyddai fod yn ei gar, medde'r trigolion, 'ma rhywbeth mowr mlân da'r ficer heddi, ma fe yn ei gar'.

Dyma finnau ar awr wan iawn oedd heb fod ar feic ers blynydde yn gwirfoddoli yr awn i gyda'r ficer dim ond iddo ddechrau yn Llanelli (hanner can milltir). Felly y bu. Wythnos Pasg 1971 cefais fenthyg feic y Bedyddiwr, George, Y Siop. Rhaid oedd ymarfer am wythnosau cyn y daith. O'r diwedd llwyddais i wneud taith grwn o'r pentref i Fynachlog-ddu, Crymych, Efailwen a nôl gartref, wedi llawer seibiant, a galwyni o de, ie, te ac nid 'hômbriw'. Stori arall yw honno! Maer Llanelli am naw o'r gloch y bore yn dymuno'n dda i ni ar ein taith. Cyrraedd Maenclochog am wyth y nos a thyrfa luosog iawn yn ein croesawu. Rhaid cyfaddef nad wyf yn cofio rhyw lawer am riw Pengawse! Daliwyd sylw y cyfryngau Cymraeg a Saesneg. Nid taith feicio oedd yn denu ond y ffaith bod ficer a phregethwr yn cyd-bedlo. Casglwyd arian ar y ffordd. A chyfri'r cyfan sicrhawyd cronfa o £700 tuag at faes chwarae i'r plant sydd bellach ar y 'Green' ers blynyddoedd.

Wedi i'r cynghorydd T. L. Jones gael ei ddyrchafu'n Henadur roedd angen cynghorydd sir arall yn yr ardal. Fe'm perswadiwyd gan Mr Ioan Bowen Rees, cyfreithiwr ymgynghorol Cyngor Sir Benfro ac aelod ffyddlon yn Llandeilo, i sefyll. Gŵr a haeddai bennod iddo ei hun ynghyd â'i wraig, Margaret. Mae Gruffudd a anwyd yn Maenteilo, ei mab ieuengaf, bellach yn aelod o'r grŵp byd enwog Super Furry Animals. Profiad a gyfoethogodd fy mywyd oedd cael bod yn aelod o Gyngor Sir Benfro. Cefais gefnogaeth lwyr eglwysi fy ngofal. Wrth fy llongyfarch cyfeiriwyd at y ffaith eu bod yn falch iawn na ddefnyddiais y pwlpud i hyrwyddo fy achos. Ni fynnwn wneud am y byd. Ydi mae'r Efengyl yn wleidyddol. 'Dyro i ni heddiw ein bara beunyddiol' ond nid yn bleidiol wleidyddol. Naws debyg oedd i Gyngor Sir Benfro yr adeg honno. Er i mi glywed un wraig o gynghorydd o waelod y sir yn dweud dan ei hanadl wrth i mi basio heibio iddi i'm sedd. 'One more of those b.....ds again. Atebais, 'Thank you for your compliment'.

Mae i bob ardal a sir ei hiwmor nodweddiadol. Nid yr un yw hiwmor ardal amaethyddol, ag ardal y chwareli, neu'r gwaith glo. O dreulio amser ymhlith y coliers dyma enghraifft o'u hiwmor. Hêrs trefnwr angladdau yn mynd ar dân ond trwy lwc ar y ffordd nôl o angladd. Wedi i'r pentrefwyr ddod i wybod medde un, 'Ma 'da fe "Mobile" Crematoriwm nawr.'

Mae hiwmor ardal y Preseli yn rhywbeth i'w drysori ac un o'r enghreifftiau gore ohono oedd yr annwyl W. R. Evans, Glynsaethmaen, a Parti Bois y Frenni. Gofynnais i ffarmwr un tro, 'Sut fath o wraig y byddech chi yn dymuno ei chael i'ch unig fab?' Atebodd, 'Un a selfstarter da a low running cost'.

Mewn cyfarfod o lywodraethwyr Ysgol Maenclochog a Mynachlog-ddu y mater dan sylw oedd y perygl o orfod cau Ysgol Mynachlog-ddu. Daeth y Cyfarwyddwr Addysg ar y pryd, Mr Wynford Davies, i'r cyfarfod. Yn naturiol nid oeddem am ystyried ei chau. A dyma un brawd oedd wedi bod yn ddisgybl yn Mynachlog-ddu yn annog y Cyfarwyddwr i beidio ei chau oherwydd meddai, 'daw rhagor o blant i'r ardal eto.' 'Sut i chwi mor siŵr o hynny?' gofynnodd y Cyfarwyddwr, 'O, wy'n nabod bois Mynachlog-ddu'.

Braint oedd bod yng nghyfarfodydd ymddeol y Parchg Joseph James, ar ôl dros 50 mlynedd o weinidogaeth yn Llandysilio a Bethesda. Wrth ei gyfarch dyma'i gyfaill mynwesol D. J. Michael yn sôn am Joe yn ceisio rhoi'r gorau i smygu. 'Sut wyt ti'n gwneud?' gofynnodd D.J. 'Dim dechrau cyn ar ôl swper' medde Joe. Galwodd ei gyfaill eto ymhen rhai wythnosau, amser te, ac er syndod iddo roedd Joe yn cael mwgin. A wir i chi medde D.J., 'gydag amser roedd Joe yn cael swper amser cinio, a swper amser brecwast.' Ffordd ffein o ddweud wrth ei ffrind iddo fethu rhoi'r gore i'r arfer.

Odi wir – Y mae sain clychau'r meini
Yn nwfn ein calonnau ni.

Diolch amdanynt.

The Revd Denzil James writes his contribution from Northern Spain where the weather is in complete contrast to the heavy snow that greeted him when he arrived at Maenclochog in January 1963. Council workers had to help the furniture lorry reach Maenteilo. He can still picture the workmen greeting the lorry outside Step Inn with their smiles as wide as their shovels. Six weeks went by before a full complement of Sunday services could be held. But during those weeks some faces were seen in the intermittent services whom he never saw in a service during the rest of his ministry in the area. He muses that it is possibly too easy for some to attend services and that an element of challenge is required to stir some people. He recalls the sacrifice made by a lady from Llanllawddog (his native parish) to walk the 38 miles to Rhydwilym to take communion in the early days of Nonconformity.

He recalls the saying that Maenclochog is always a thickness of a coat colder than New Moat while Crymych is the thickness of two coats colder than Maenclochog. But at the same time he emphasises that the warmth of the inhabitants' hearts cannot be questioned as the manse was never short of milk and eggs, potatoes and swedes, firewood and the odd salmon, that he never knew where it came from nor who had caught it unless it was one of the deacons. The 60's and 70's, he says, was the beginning of the end of the closeknit community. In those days if he called at No.1 The Terrace in Rosebush then in no time No. 23 would know he was on his way. The headmaster, the policeman and the minister were respected on account of their duties, if not always personally. The Revd James felt privileged to have known some of the pulpit's finest, such as Joseph James, D. J. Michael, R. Parry-Roberts, Mathias Davies, Haydn Thomas, B. Llewellyn Evans and Tom Hamer, the vicar.

He refers to the unusual tradition of 'canu pwnc' and asks whether the coarse chant was a ruse to frighten the devil. The dialect often baffled him as well. When he asked a farmer's wife where her husband was and received the reply 'yn y glowty' he had no inkling that she meant the cowshed. And, of course, he could not escape the humour. He recalls an autumn sale on one of the farms where he acted as clerk on behalf of the family. A wasp kept circling around the auctioneer's face and he finally told the crowd that it was obviously attracted to a sweet apple where upon a wag immediately replied 'no, no, she's attracted to a rotten apple'!

When he left the area in 1973 Maenclochog was self-sufficient with a baker, butcher, two groceries, ironmonger, two garages, bus company, cobbler, jewellers, coal merchant, electricians, plumber, carpenters, builders, community nurse, two surgeries, chemist, two banks, post office, hairdresser and a barber, two funeral directors, taxi, school, church and three chapels and also three taverns. By moving to Ammanford the locals believed he would be isolated since Maenclochog was obviously the centre of the universe in their minds.

He refers to one specific occasion that unified the village when he and the Revd Tom Hamer cycled from Llanelli to Maenclochog to raise funds for a children's playground during Easter 1971. Media interest was aroused not so much because of the cycle ride itself nor the fund raising but because a vicar and a minister were the cyclists. When T. L. Jones became an Alderman the Revd James was persuaded to stand as a county councillor and he was duly elected. He prides himself that he never used the pulpit to further his cause during the campaign though he accepts that the Gospel is political but not party political. But Denzil James' lasting memories of the area is its humour. He recalls asking a farmer what sort of wife would he desire for his only son and being told 'One with a good self-starter and low running costs'!

Cwato Dan Ford

Michael Francis

Mae'r dyn dŵad yn medru dadansoddi a chynnig gweledigaeth newydd o'r gymdeithas y daw'n rhan ohoni. Gadewais innau Faenclochog ddeugain mlynedd nôl, pan oeddwn yn fy arddegau, ac felly sylwadau â chof plentyn sydd gen i bellach. Mae'r rhain wedi eu rhewi mewn amser ac o'u cymharu â'r sefyllfa heddiw gwelaf pa mor sylweddol y bu'r newidiadau yn y cyfamser. Ni chyflawnais unrhyw ymchwil penodol i sicrhau trefn gronolegol i'm hatgofion na chwaith i'w dyddio'n fanwl er mwyn dilysrwydd. Yn hytrach, wrth chwilio am hen luniau o Faenclochog sylweddolais fod pentref fy mhlentyndod mor ddieithr i brofiad plant heddiw ag oedd Maenclochog y ffotograffydd John Thomas o ran fy mhrofiad innau yn nhermau diwylliant a bywyd bob dydd.

Erbyn heddiw rwyf yn byw mewn tŷ sy'n dibynnu'n llwyr ar drydan. Does dim lle tân na simdde yn fy nghartref: y toriad trydan yw'r hunllef fwyaf. A hynny er nad oedd sôn am y Grid Cenedlaethol pan euthum i'r ysgol am y tro cyntaf. Ond roedd Maenclochog fy machgendod yn fwy arloesol na llawer o gymunedau mwy yng Nghymru a thu hwnt. Rwy'n cofio fy nhad yn mynd lawr i garej T. C. Herbert yn Nhrem-y-wawr yn achlysurol i helpu cynnau'r *generator* fyddai'n goleuo'r pentref cyfan. Yno hefyd y byddwn yn mynd â batris mawr y setiau radio anferth i'w hail-lenwi. Doedd dim transistors dim ond falfiau mawr yn methu'n rheolaidd. Rwy'n cofio'r diwrnod gwyrthiol hwnnw rhywbryd yn y 50au cynnar pan ddaeth y cyflenwad trydan go iawn, a chyfle i droi'r swîts ymlaen yn y dydd hyd yn oed, ac yn ei sgil daeth y tegell trydan, y ffwrn drydan, y peiriant golchi, ac wedyn, y teledu.

Plentyn bach oeddwn pan gyrhaeddodd y setiau cyntaf y pentref – bocsys mawr pren, gyda sgriniau bach, a rhaglenni du a gwyn yn unig. Ar brynhawn Sul, uchafbwynt yr wythnos byddai'r cyfle i minnau, fy mrawd, a David Williams, Nant-y-Mynydd, i fynd i Drem-y-Wawr i weld 'Hopalong Cassidy' neu'r 'Cisco Kid'. Un sianel, ac ychydig o oriau o raglenni bob dydd, a dim gair o Gymraeg. Yn ddiweddarach, dangoswyd cyfres o ffilmiau arswyd/ffuglen wyddonol 'Quartermass' ar y BBC. (Am fod y rhain newydd eu cyhoeddi ar DVD gwn mae 1953 oedd y dyddiad.) Cofiaf gwato o dan y ford yn Arfryn, gyda llawer o blant y pentref, a'm dwylo dros fy llygaid yn sbecian ar y sgrin bob hyn a hyn ar y digwyddiadau arswydus. Byddai haid o oedolion yn gwylio hefyd a hynny hyd yn oed pe na bai Mr a Mrs Williams gartref!

Ymhen ychydig cafwyd teledu yn ein cartref, ac ambell waith, a minnau'n llawn o barchedig ofn, byddai Titus Lewis, y prifathro, yn dod adre gyda mi i weld gêm bêl-droed ryngwladol am nad oedd teledu yn Nhŷ'r Ysgol ar y pryd. Er bod Titus Lewis a'i wraig, a oedd hefyd yn athrawes, yn bobl awdurdodol iawn ac ethos ysgol Maenclochog, fel llawer ysgol gynradd arall ar y pryd, yn hollol wahanol i'r hyn yw heddiw, byddai un ohonom ni blant weithiau'n ddigon dewr i ofyn am ganiatâd i chwarae ar gae'r ysgol gyda'r nos. Weithiau ceid ymateb ffafriol a bant â ni i chwarae criced gyda phêl galed neu bryd arall i chwarae pêl-droed.

Criced yw fy hoff gêm ac er bod fy ngallu'n dirywio ychydig o flwyddyn i flwyddyn rwy'n dal i chwarae dros Glwb Criced Aberystwyth. Y cricedwr a wnaeth fwyaf o argraff arnaf yn nyddiau plentyndod oedd Fred Bell a oedd ychydig yn hŷn na mi. Cofiaf Fred yn bwrw'r bêl ar sawl achlysur dros yr ysgol a'r iard ac allan i'r ffordd. Wn i ddim sut na thorrwyd ffenestri'r ysgol, ac roeddwn yn ddiolchgar nad oedd llawer o geir ar y ffordd. Roedd Fred yn athletwr o fri. O drwch blewyn y methodd dorri'r pedair munud am redeg milltir. Fe fyddai'r Cymro cyntaf i gyflawni'r gamp petai wedi llwyddo. O ystyried y cyfleoedd a'r hyfforddiant sydd ar gael heddiw byddai wedi llwyddo'n ddi-os.

Uchafbwynt calendr chwaraeon Maenclochog yn y 60au oedd y 'Cwpan Pêl-droed' yn yr haf. Cynhaliwyd y gornestau mewn parc ar ymyl y ffordd ger Gilmoor. Rwy'n cofio'n arbennig cyfres ffrwydrol o ornestau rhwng Maenclochog a Merlin's Bridge. Roedd yna gefnogwyr brwd a swnllyd gan y ddau dîm. Cafwyd un os nad dwy gêm gyfartal ac roedd hi'n reit ymfflamychol ar ac oddi ar y parc ymhlith y chwaraewyr a'r cefnogwyr. Dechreuodd y naill garfan a'r llall herio pob penderfyniad o eiddo'r dyfarnwr. Rhoddwyd y dyfarnwr, Mr Steadman, athro a oedd yn byw ym Maenclochog ond yn dysgu yn Hwlffordd, o dan gryn bwysau. Yn y diwedd roedd y gweiddi a'r bytheirio cynddrwg nes i Mr Steadman chwythu ei chwib a throi at y cefnogwyr gan fygwth eu gyrru o'r maes. Ni chofiaf bellach beth oedd y sgôr terfynol ond yn sicr ni thalodd y dorf fawr o sylw i rybudd y dyfarnwr!

Yn ôl i gae'r ysgol am atgof arall anghyffredin sy'n annhebyg o gael ei ail-adrodd. Eira ac oerfel yw fy atgof pennaf o aeafau'r 50au a'r 60'au cynnar. Byddai fy nhraed bob amser bron â sythu. Am fod fy modryb a'm hewythr yn cadw siop gyferbyn â'r ysgol byddwn yn mynd yno'n rheolaidd i dwymo fy nhraed ar y tân trydan tu ôl i'r cownter. Ond pan gafwyd yr eira mawr yn 1963 roeddwn yn ddisgybl yn Ysgol y Preseli. Ar ôl storm o eira a ddechreuodd ar Ddydd Gŵyl San Steffan 1962 gorchuddiwyd ceir a bysus o dan luwchfeydd ar y ffyrdd lleol, ac aeth rhai wythnosau heibio cyn ailagor y ffordd i Grymych. Ond y trychineb pennaf oedd prinder burum er mwyn galluogi Sam Lewis i bobi bara. Bu'n rhaid archebu hofrennydd er mwyn cludo burum i'r pentref. Penderfynwyd mai parc yr ysgol oedd y man glanio delfrydol a dyma osod sachau ar batrwm y llythyren H er mwyn i'r hofrennydd wybod ble i lanio. Ond gweithred hollol ddibwrpas oedd honno gan fod bron pob dyn, dynes, plentyn, ci a chath yn y pentref yn sefyll yn rhesi o gwmpas y parc.

Efallai, petai'r rheilffordd yn dal mewn defnydd fe fyddai'r broblem wedi ei datrys yn ddidrafferth ond yn ystod 1952 fe godwyd cledrau'r rheilffordd. Mi wn y dyddiad am fy mod wedi darllen llyfr John Gale ond rwy'n cofio ymlwybro yng nghwmni fy nhad i weld y cledrau'n cael eu codi. Mae'r rheilffordd, mewn ffordd ryfedd, yn cloi fy atgofion o blentyndod a llencyndod yn y pentref gan i mi fynd i'r Brifysgol yn Aberystwyth yn 1966. Yno penderfynais astudio Hanes Cymru yn ogystal â Saesneg a Hanes, a daeth y diwrnod i gael fy nghyfweld gan yr Athro. Ar ôl cyrraedd ei swyddfa fe'm hysbyswyd fy mod wedi cael anrhydedd arbennig iawn am fod y cyn Athro, a oedd newydd ymddeol, wedi dod yn ôl yn arbennig i weld bachgen o Faenclochog. Y gŵr hwnnw oedd neb llai na'r Athro David Williams, brodor o Lan-y-cefn, ac awdur *A History of Modern Wales* a *The Rebecca Riots*. Yr oedd am fy nghroesawu ac am dynnu fy sylw at y poster mawr a oedd y tu ôl i'w hen ddesg sef poster yn clodfori atyniadau'r *Maenclochog and Rosebush Railway'*.

Michael Francis, who was brought up at Llys-yr-awel in the village of Maenclochog, reminiscences about his childhood days in the 50's and 60's of the last century. He believes the Maenclochog of today is as far removed from the Maenclochog of those decades as was the Maenclochog photographed by John Thomas, at the turn of the previous century, from his own childhood experience as far as cultural milieu and every day life was concerned. He remembers how electricity and the arrival of television on a few hearths changed everybody's lives. Lights could even be switched on during daylight and kettles boiled by merely pressing a switch! Sunday afternoons were a highlight when wonderful programmes such as 'Hopalong Cassidy' or 'Cisco Kid' could be seen on television. He vividly remembers hiding under the table, along with a few others, at Arfryn when science fiction programmes were shown.

Michael was, and still is, an avid cricketer and he testifies to the prowess of Fred Bell who effortlessly hit the ball over the school building and yard on to the road, without smashing any windows. Michael well remembers the 'Summer Cup Soccer Competition' in the 60's held in a field near Gilmoor. A needle match between the home team and Merlin's Bridge proved a fiery affair and quite a handful for the man in the middle, Eddie Steadman. At one point he blew his whistle and threatened to remove all the spectators from the field, but to no avail. Another occasion well remembered by all villagers was the arrival of a helicopter during the heavy snows of 1960 on the school field. It was something of a crisis since Sam Lewis had no yeast to bake bread to feed all the villagers. Never was such a special delivery so appreciated.

On his arrival at the University of Wales, Aberystwyth, to study History, who should be there to greet him but the recently retired Professor of Welsh History, David Williams, who had returned especially to welcome a fellow native and ensure that Michael would be very much at home as he pointed to the 'Maenclochog and Rosebush Railway' poster on the study wall.

Michael is currently Head of Public Programmes at the National Library, Aberystwyth.

'Nabod y Filltir Sgwâr

Emyr Gwyn Evans

Pan symudais i bentref Y Tymbl yng Nghwm Gwendraeth yn 1990, cofiaf am yr hyn aeth drwy fy meddwl pan deithiais i lawr drwy'r enwog 'High Street' am y tro cyntaf – 'ym mhen dim amser, blwyddyn neu ddwy efallai, a byddaf yn adnabod y bobl sy'n byw yn y stryd a'r cartrefi yma!' Pymtheg mlynedd yn ddiweddarach, gyda'r holl fynd a dod sy'n digwydd heddiw, ar wahân i ryw ddwsin o aelwydydd, mae fy adnabyddiaeth o drigolion y stryd yn para bron mor ddieithr i mi heddiw â'r hyn oedd bymtheng mlynedd yn ôl.

Dywedaf hyn oherwydd gwahanol iawn oedd fy mhrofiad a'm hadnabyddiaeth o'r boblogaeth ac ardal fy nghynefin yn Llan-y-cefn, Llangolman a Maenclochog yn ystod blynyddoedd fy magwraeth a'm llencyndod yn chwe degau a saith degau'r ganrif ddiwethaf. Er bod llawer o'r llefydd wedi newid dwylo erbyn hyn, rwy'n dal i brisio'r ffaith fy mod ar un adeg wedi medru adnabod ac enwi bron yn llwyr yr holl blwyfolion, eu cartrefi a'u ffermydd yn yr ardal, a hynny o'm cartref ym Mlaensawd yr holl ffordd i Faenclochog, oddi yno i Langolman ac yn ôl adref, sef y wlad y crwydrais fwyaf yn ystod fy mlynyddoedd cynnar yn y cylch. Ac er y gellid dod i adnabod ardal yn dda trwy fyw a gweithio ynddi am gyfnod helaeth, nid oes hafal i'r profiad o adnabod ardal ar gyfrif magwraeth a chael eich codi yn yr ardal honno.

'A oes gan blant heddiw'r fath adnabyddiaeth?' gofynnaf i mi fy hun. Ac am ardal Maenclochog, sut a pham y mae gen i'r fath adnabyddiaeth? Dyna'r cwestiwn rwyf am ei ofyn a cheisio ei ateb yn yr ysgrif atgofus hon. Ac i ddod o hyd i'r ateb, rhwng gwaith, addoli a chwarae, daw llif o atgofion melys a hapus i'r meddwl wrth gofio am y gymdeithas glos gydweithredol oedd yn bodoli yn yr ardal yn ystod fy mhlentyndod.

Yn Ysgol Gynradd Maenclochog y cefais fy addysg gynnar o 1967 hyd 1973 sef cyfnod prifathrawiaeth y diweddar Vivian Morgan. Yn fy mlwyddyn olaf, cofiaf fel yr aeth aelodau'r dosbarth hynaf i gyd i Ysgol y Preseli, sef pedwar ar hugain ohonom, rhif sylweddol i ysgol gynradd wledig ar y pryd, a phawb ohonom, ar wahân i bump, yn siaradwyr Cymraeg o ran iaith gyntaf. Cofiaf y diddordeb mewn canu ac adrodd a dawnsio gwerin a blannwyd ynom trwy gystadlu yn eisteddfodau'r Urdd. Ond yr hyn a gofiaf yn bennaf yw'r diddordeb mewn pêl-droed a feithrinwyd yn gynnar ym mywydau'r bechgyn gan Vivian Morgan.

Prawf o hynny yw'r modd y gwnaeth nodi yn ofalus yn 'log book' yr ysgol y gemau pêl-droed a phêl-rwyd a chwaraewyd yn erbyn ysgolion cynradd eraill yn y sir, ynghyd â sgôr pob gêm. A'r pryd hwnnw roedd cael chwarae i dîm yr ysgol cystal pob dim â chael cap am chwarae dros eich gwlad. Yn ystod y gwanwyn a'r haf, defod nosweithiol bron o ddydd Llun i ddydd Gwener, wedi dod gartref o'r ysgol, ac wedi gwneud ein dyletswyddau ar y fferm adref, oedd cyrchu mor gyflym ac y gallem i barc yr ysgol, lle'r oedd bechgyn yr ardal yn ymgynnull i chwarae pêl-droed, ac yn chwarae tan fachlud haul a'r gwlith yn drwchus ar lawr. Ac yr oedd gennym gymhelliad dros ddisgleirio ar y maes chwarae hefyd, sef cael chwarae i dîm Aelwyd yr Urdd y pentref, yn enwedig yn nhwrnament pump bob ochr y sir, ac yn y twrnament pêl droed pump bob ochr a gynhaliwyd gyda'r hwyr ym mharc yr ysgol am wythnosau yn ystod yr haf.

Rwy'n dal i deimlo'r balchder o fod yn aelod o'r tîm buddugol yng nghanol y saith degau, pan enillodd Aelwyd Maenclochog gystadleuaeth dan do pump bob ochr y sir, y boddhad o guro Aelwyd Crymych, a minnau dipyn yn iau yn cael chwarae wrth ochr Keith Pantraser, John Arfryn, Gareth Jones a Gareth Crofft. Y pryd hynny, yn wahanol i heddiw, doedd dim gwaharddiad ar y plant i ddefnyddio parc yr ysgol, ac fe olygodd hynny fod yna gymdeithasu hapus a bondio clos a chynnes yn digwydd ym mherthynas ieuenctid yr ardal.

Rwyf hefyd yn cyfrif fy mendithion fy mod wedi fy magu ar fron Eglwys Annibynnol Llandeilo yng nghyfnod gweinidogaethau'r Parchedigion Denzil James a Gerald Jones, a hynny pan oedd toreth o blant ac ieuenctid yn perthyn i Ysgolion Sul y capeli. Ac ar ôl pob ymarfer, ar gyfer rhyw gwrdd plant neilltuol, neu gymanfa bwnc, cyn bwysiced â dim oedd y gêm bêl droed oedd yn dilyn yn y maes parcio! Cofiaf hefyd yn arbennig y partïon Nadolig yn Neuadd Llangolman, ac yn festri Llandeilo, gyda phob cenhedlaeth o'r plant lleiaf i'r oedolion hynaf yn casglu o gwmpas y byrddau, ni'r plant yn cael ein gwala i ddechrau, yna, er mawr syndod wrth edrych yn ôl heddiw, yn nhywyllwch y nos yn cael mynd allan i chwarae, gyda Siôn Corn yn cyrraedd pan roedd pawb wedi cael gwledda a'r golchi lllestri wedi ei wneud.

Ac ar ddiwedd y nos gyda'r festri fach dan ei sang, y Parchg Gerald Jones yn arwerthwr penigamp yn gwerthu'r plateidiau o fwyd oedd dros ben. Ac wedi'r Nadolig, amser i'w drysori oedd Nos Calan. Cynhelid gwylnos yn festri capel Llandeilo i groesawu'r flwyddyn newydd, ac yna fe fyddai'r ieuenctid yn eu harddegau yn mynd allan i ganu calennig, ac fel arfer yn gorffen tua phedwar o'r gloch y bore, wedi rowndio Llangolman a Rhos-fach a chanu bron ym mhob lle, cyn canu gyda Gerald a Mai Jones yn Y Rhos, Maenclochog i ddibennu. Pa ryfedd bod plant y fro yn adnabod yr ardal mor dda?

Ac yn fy arddegau y datblygwyd y dalent a'r diddordeb mewn canu sydd gennyf. Hynny, yn bennaf trwy ddylanwad yr Ysgol Sul a'r capel, a hefyd trwy ddylanwad Marilyn Lewis, Blaenllwydiarth, pan ddechreuodd gymryd ieuenctid yr ardal o dan ei hadain, gan ein hyfforddi ar gyfer cystadlu mewn eisteddfodau, ynghyd â chanu mewn oedfaon a chyngherddau dan ei harweiniad. Amser hapus oedd y cyfnod pan oeddwn yn canu a chystadlu yng nghwmni Brenda Prysg, Rhinedd Crofft, Keith Sychpant ac Ann Llwyncelyn, er mai'r adrodd oedd cryfder Ann, a chystadlu yn Eisteddfod Maenclochog, wrth gwrs, yn uchaf ar restr y flaenoriaeth.

Cyfeiries eisoes at fyd gwaith yn ogystal â byd addoli a chwarae, ac at gymdeithas gydweithredol. Pam fod gennyf y fath adnabyddiaeth o ardal fy nghynefin, adnabyddiaeth na thybiaf y caf ei thebyg byth eto yn yr oes sydd ohoni? Cyn terfynu'r ysgrif rhaid cyfeirio at amser sydd heb amheuaeth gyda'r hapusaf yn fy mywyd, sef cyfnod ac adeg y cynhaeaf gwair. Yn ystod misoedd yr haf, pan oedd hafau yn hafau, fel yn rhamant fy nghof, rwy'n dal i arogli sawr hyfryd y meysydd a chofio'r chwysu a'r cymdeithasu diddan rhwng cymdogion wrth gywain gwair o'r caeau i'r ydlan. Cymdogion yn frith yn helpu ei gilydd, pob un yn helpu'r llall yn eu tro, a phob un yn medru dibynnu ar ei gymydog am help llaw a chymorth.

Yr amser hapus yn helpu Tom ac Eluned, Cefnmwynant; Eric a Mair, Llain; Rob a Llinos, Tŷ Newydd; Dan Tirbach yn Ddolfach; Ken a Rosemary, Tirbach; Gwyn a Marilyn, Blaenllwydiarth; Vince ac Ethel, Llwydiarth; Jack a Rosie, Llandeilo a Denis a Gina, Prysg. A chofio'r gwledda, yn yr awyr agored yng nghanol y cynaeafu byddai'r basgedi'n cyrraedd a'r te i dorri syched yn Ddolfach a Blaen-sawd, y tato newydd gyda'r 'Old Oak Ham' y bara menyn a'r tomatos yn Llwydiarth, a'r gwledda o gwmpas y ford, ac wedi'r holl waith caled, ar sawl aelwyd, y cymdeithasu clos a chartrefol weithiau tan oriau mân y bore.

Ac os oedd y cynorthwyo, y cydweithio a'r cymdeithasu yma'n digwydd ar ein bancyn ni yn 'Llancewn', mae lle gennyf i gredu ei fod yn digwydd yn helaeth mewn cymdogaethau Cymraeg eraill yn y cylch hefyd. Yn y dyddiau pan roddid pris ar werthoedd a chymdeithas wâr, dyna'r atgofion sy'n sefyll, ac yn drysorau yn y cof, yn brofiadau na ellir eu prynu heddiw ag arian nac aur. Felly pa ryfedd bod gan ddyn y fath adnabyddiaeth?

Emyr Gwyn Evans, who was born at Blaen-sawd, recalls his childhood days at Llan-y-cefn and Maenclochog when everybody knew each other and helped each other. With such a background in mind he thought he would soon know all his neighbours in High Street, Tumble, when he settled there in 1990. Fifteen years later, with the exception of around a dozen families, the majority of the inhabitants are just as unfamiliar to him as when he arrived there. Yet, though he accepts that the Llan-y-cefn of his childhood has changed, he prides himself that at one time, whenever he travelled from Blaen-sawd to either Maenclochog or Llangolman, he knew all the families who lived along those roads.

He asks himself why and how he came to know the area so well. School days at Maenclochog between 1967 and 1973, when Vivian Morgan was the headteacher, were crucial in moulding his character. He was one of twenty four pupils who left to go to Ysgol y Preseli of whom only five were not first language Welsh speakers. They all took part in singing and reciting competitions as well as folk dancing in the Urdd eisteddfodau. The headmaster also nurtured an interest in soccer among the boys. It would be not unusual for Emyr to cycle all the way from Blaen-sawd to Maenclochog after school and after farm chores had been completed to play soccer until the sun went down and cycle home again. He well remembers being chosen to play with some of the older boys – Keith Pantraser, John Arfryn, Gareth Jones and Gareth Crofft – in a five-a-side Urdd competition and beating Crymych in the final.

Another character moulding experience was attending Llandeilo Chapel under the ministry of the Revd Denzil James and later the Revd Gerald Jones. A large number of children and teenagers attended Sunday School in those days and there would be frequent practices during the week, and a feature of those gatherings would be the football game in the car park before returning home. Following a New Year's Eve vigil at the chapel the teenagers would sing for calennig around the various homesteads until daybreak and the Manse would usually be the last port of call. No wonder that his generation came to know their 'square mile' so well he says. He recognises his debt to his neighbour, Marilyn Lewis for nurturing his interest in singing and he recalls the company of Brenda Prysg, Rhinedd Crofft, Keith Sychpant and Ann Llwyncelyn as they traipsed from eisteddfod to eisteddfod.

Another crucial factor in creating a sense of belonging was the camaraderie of hay gathering when neighbouring families helped each other. Emyr can still smell the sweet scent of freshly mown hay and the sweat on everybody's brow. Those interdependent families were Tom and Eluned, Cefnmwynant; Eric and Mair, Llain; Rob and Llinos, Tynewydd; Dan Tirbach at Ddolfach; Ken and Rosemary, Tirbach; Gwyn and Marilyn, Blaenllwydiarth; Vince and Ethel, Llwydiarth; Jack and Rosie, Llandeilo and Denis and Gina, Prysg. The open air picnics and the thirst quenching tea on those occasions, just as during the potato harvest, are still experiences to be savoured. Evening meals when all the harvesting had been completed were just as memorable and would often last until the early hours.

Emyr looks upon those experiences as treasured memories that cannot be bought by either gold or silver. Those were the days when emphasis was placed on values and a wholesome community and he realises that it's no wonder that he knew 'Llancewn' so well.

☆☆☆☆

Dou frawd yn crafu byw trwy brynu anifeilied wedi trigo wêdd Rheinallt a Rhys Siencyn.

Yn anffodus, fe gas Rheinallt ei ladd ar ôl i'r tractor foelyd ar ei ben un dwarnod. Wêdd rhaid i Rhys wneud y trefniade ar gyfer yr angla. Fe feddyliodd y bydde'n syniad i roi rhwbeth yn y papur a dyma fe'n ffono'r swyddfa.

'Ma' fy mrawd wedi marw. Faint gostiff hi i roi rhwbeth yn y papur?' gofynnodd.

'Wel, £20 am leiafswm o ddeuddeg gair,' medde'r groten.

'Reit, rhowch hwn lawr te; Mae Rheinallt Siencyn wedi marw.'

'Popeth yn iawn, ond fe allwch chi gael saith gair arall am yr un bris,' awgrymodd y ferch.

Dyma Rhys yn pwslo am damed cyn ateb a chan gofio bod rhaid i'r busnes barhau.

'Rhowch hwn lawr liweth 'te: Inni'n dala i brynu anifeilied wedi trigo.'

'Foreigners Cwmrâg'

Margaret Bowen Rees

Cyfnod o ryw ddeng mlynedd a gawsom ni fel teulu yng nghylch Maenclochog rhwng 1964 a 1974, cyfnod hapus iawn a da yw cael cyfle i ddiolch am y croeso a gawsom ac i gyfarch hen gyfeillion.

Symud o Gaerdydd a wnaethom ni pan benodwyd Ioan yn gyfreithiwr yn Neuadd y Sir yn Hwlffordd. Rhentu Pant y Beudy ym Mhencaer a Dafydd Rhys a Non Rhys yn bedair ac yn ddwy oed yn rhyfeddu at y morloi a'r gwylanod. Wedi tri mis, gweld yn y *Teifiside Advertiser* fod hen fans yr Annibynwyr ger Maenclochog ar werth a dyma symud i Faenteilo, ac ymhen rhyw bum mlynedd, wedi geni Gruff Rhys, i Faesteg, Llan-y-cefn.

Fel 'y foreigners sy'n siarad Cymraeg' daethom yn fuan yn rhan o fywyd prysur yr ardal. Un peth a'n trawodd oedd bod pawb o bob oed, yn fabis bach ac yn neiniau yn mynd i bob cyfarfod – cof am Dewi Pws a'r Tebot Piws yn Neuadd Maenclochog, y Cwiltiaid yn Llangolman, yr Eisteddfod, sioe Llangolman a'r rasys ceffylau peryglus ar gae serth iawn gerllaw. Roedd hi'n gyfnod cychwyn Merched y Wawr a'r Ysgol Feithrin ac yr oedd Ysgol Gynradd Maenclochog yn lle hwyliog iawn a'r plant i gyd yn mynd adre'n canu'n swynol o ddosbarthiadau Buddug Jones ac Eilyr Thomas, a Mr Morgan y prifathro yn dysgu côr brwdfrydig o fechgyn i ruo canu Fflat Huw Puw. Chawson nhw ddim gwobr yn Eisteddfod Clunderwen, ond cawsont glap mawr.

Doedden ni 'rioed wedi clywed Canu'r Pwnc cyn mynd i Gapel Llandeilo – sŵn gwych ac unigryw a mawr a chofiadwy iawn. Mawr ein braint oedd bod tan weinidogaeth y Parchedigion Denzil James a Gerald Jones a chael bod mewn dosbarth Ysgol Sul tan arweiniad Tom Evans, Plascwrt. Roedd Gwyn ac Eluned Phillips yn byw ym Mrynteilo ac yn fawr eu gofal am Landeilo.

Roedd Ioan yn selog yng nghyfarfodydd y Cwrdd Plwy hefyd a phan ysgrifennodd lyfr ar *Cymuned a Chenedl (Ysgrifau ar Ymreolaeth)* ym 1993 roedd atgofion am drafodaethau Cwrdd Plwy Llandeilo Llwydarth yn fyw iawn yn ei gof: 'Byddem yn ffôl iawn heddiw i ddiystyru posibiliadau creadigol ac economaidd balchder a hunan ddibyniaeth bro.'

Adroddiad Chief Superintendant Jock Wilson ar blwy Llandeilo Llwydarth. (Roedd sôn iddo fod yn Sir Benfro cyn yr Arwisgo ym 1969):

Gwisgais fel dyn dala gwaddod,
Rhoddais 'marwol' yn y sach,
Ynghyd â chwyddwydr a chamera
A'm llyfr nodiadau bach.

Wrth basio Pant y gwynfyd,
Gweld fod y drysau'n wyrdd,
Yr union liw a welais, syr,
Ar yr arwyddion ffyrdd.

Ac mae'r plwy yn llawn o arfau, syr –
Roedd yn ddychryn mawr i mi:
Deg cyllell mewn drâr 'da Peggy George
Ac mae cryman da Winnie'n y tŷ.

Mae gwn a gaff yng Nghwmteilo –
Yn Maenteilo, dwy fwyell rew,
Ac mae gan Marc yn Llandeilo
Wn dŵr a bwa saeth glew.

Ac wedi mynd tipyn pellach,
I lawr at Grofft y Crydd,
Yno yn glir ar ddrws y cwt moch
Roedd y geiriau 'Cymru Rydd'.

Pan ychwanegwch at hyn, syr,
Fod Cymraeg yma'n llifo'n ddi-baid,
Mae hi'n hollol amlwg i mi, syr,
Mai arestio'r holl blwyf sydd raid.

YR ALLOR

Bûm wrthi ddoe am awr a hanner hir
  Yn clirio'r domen oedd ym mhen draw'r ardd.
Gardd mans yr Annibynwyr ydyw'r tir
  Ers bron can mlynedd – tipyn llai na hardd
Yw lludw canrif o aeafau gwyn,
  Felly, eis ati i'w chwalu a chael
Yn haen ar haen y trugareddau hyn:
  Sbwriel o dlodi'r tywysogion hael
Wnaeth gartref yma dro tra'n cynnal ffydd,
  Gweinyddu'r Sacrementau, studio'r Gair,
Ymweld â'r cleifion, ac ar ddechrau'r dydd
  Tywallt ar ben y domen dorion gwair,
Lludw, hen esgid wedi gwisgo'n llwyr,
Pig tebot melyn, tegan, darn o gŵyr.

Parti pen-blwydd Non Rhys yn saith oed ym Maenteilo ym 1970.
Yn y cefn: Dafydd Rhys.
Rhes gefn: Sandra Williams, Tracy Bryan, Janice Evans. Rhes ganol: Non Rhys, Gruffudd Rhys, Beth Edwards, Fiona Atkinson.
Rhes flaen: Glenda Rees, Morwen Rees, Sharon Rowlands, Debbie Owen a Marc Owen.

Margaret Bowen Rees and her family came to the area in 1964, from Cardiff, when her husband, Ioan was appointed a solicitor with Pembrokeshire County Council. After renting a property at Pencaer for three months they bought Maenteilo, the former Llandeilo Chapel Manse, and within five years they moved to Maesteg at Llan-y-cefn. They were referred to as the 'foreigners who spoke Welsh'! There was also Dafydd Rhys and Non Rhys and when they left the area in 1974 Gruffydd Rhys was a toddler - by now he is the renowned lead singer of the rock group, Super Furry Animals. What struck Margaret about the community was the fact that all members of a family, the toddlers and grandparents, would be present at public meetings and concerts. She well remembers Y Tebot Piws performing in Maenclochog and Y Cwiltiaid at Llangolman, the annual Eisteddfod, Llangolman Show and the horse races held on a very steep field. This was the time when the local branch of Merched y Wawr was formed and the Cylch Meithrin.

She well remembers the delightful singing of the school children under the tuition of Buddug Jones and Eilyr Thomas and even the boys were taught to sing 'Fflat Huw Puw' by Vivian Morgan – but they did not win a prize at Eisteddfod Clunderwen only a resounding ovation. They were indebted as a family to the ministry of both the Rev Denzil James and the Revd D. Gerald Jones as well as the guidance of Tom Evans, Plascwrt, in the Sunday School class. She remembers Gwyn and Eluned Phillips at Brynteilo who were unswerving in their care of Llandeilo Chapel. Ioan frequented the parish council meetings and in one of his subsequent books 'Cymuned a Chenedl, – Ysgrifau ar Ymreolaeth' (Community and Nation, – Essays on Self-Governance) in 1993 he referred to those lively discussions at the Llandeilo Llwydarth Parish meetings.

Margaret taught English at Ysgol y Preseli for a period and would often put pen to paper to write poetry of all manner and distinction. The first 'poem' above is written very much tongue in cheek in the guise of top ranking policeman, Chief Sup. Jock Wilson who reputedly spent sometime investigating in the Llandeilo Llwydarth area prior to the Investiture in 1969. The second is a sonnet entitled 'The Altar' based on her experience moving into a Manse and discovering all sorts of discarded material in the garden.

✯✯✯✯

The British Legion branch meetings at Maenclochog used to be pretty lively affairs. One of the most momentous annual decisions was the destination of the branch trip. On one occasion a decision had been made to go to Barmouth where upon in walked Mr Pickard, the landlord of the Castle Hotel.

'Mr Chairman, what about the annual trip?' he enquired rather forcefully.

'Well, Mr Pickard, the decision has just been made to go to Barmouth,' said the chairman before proceeding with other business matters.

Within a few minutes the same voice was heard again. 'Mr. Chairman, what about the annual trip?'

It was again explained that a decision had been made in Mr Pickard's absence and the destination was Barmouth. Order was restored but not for long as Mr Pickard insisted on making his views known.

'Mr Chairman why go to Barmouth when the same beer is available in Pembroke Dock?'

Something in the Water

Wendy Sturgess

You've got roots,' said Kathryn Livingstone in her kitchen in Llys-y-frân around 1993, the time I bought our family home, Llwyn Celyn, from my late Auntynita's estate. Her name has to be written like that, just as it trips off the tongue, for it has always been a single word to me, and one that brings with it enveloping warmth, smells of home-baking, the security of deep love at the end of the long road 'home', and a huge sense of place. In other words all those things that roll up into what Llwyn Celyn has stood for from my earliest childhood right up to the dawn of my middle age.

Kathryn had the parish records open at her table; in them, the entry at the turn of the last century of my grandparents' marriage, and the baptism of each of their eight children. Further down, in the 1930s and 1940s, the weddings of their daughters; from the 1950s onwards, more prominent evidence of those roots – their deaths and the marriages of some of the grandchildren. Further back, in the 19th century, my grandmother's baptism, and the death of her father. Roots indeed.

John Livingstone was marvelling at how self-sufficient the village was at the turn of the last century where among the occupations listed were a cobbler, a blacksmith, a carpenter, and the postman. That was my grandfather, the postman – William Joshua Sturgess. He was married to the midwife Maggie, herself the daughter of the local doctor and chemist Jabes Jenkins of The Booth, Llys-y-frân. The family had a small-holding, and were living in The Booth where the eight Sturgess children were born between 1900 and 1914. In the early 1920s they built their bigger family house half a mile away, at Llwyn Celyn.

They were a respectable family: Granfer (as we called him) was a church-warden (his tenure lasted 57 years) and Granny was the organist. Starting at 14, she played for 84 years until a few weeks before her death aged 98, in 1974. It must be a world record for church organists. She peddled her harmonium for Wales, St Meilyr's own St Cecelia. Even after blindness afflicted her, she continued to play – knowing the services, the hymns and psalms, introits and doxologies, canticles and responses by heart.

My grandparents had six girls before the two boys came on the scene, and clearly recognised the importance of education, for each girl went on from school at Gwastad to Narberth. They were all bright children and well educated. Four of them became teachers. Gwen, the eldest, came back to teach at Gwastad before her tragic and untimely death, at just 18. Monica was a junior school teacher in Haverfordwest and then Fishguard, and lived in one of the most photographed houses in Pembrokeshire, that white-washed cottage overlooking Lower Town harbour. Theresa or Terry as we all knew her, who died in 2004 just three months shy of her 100th birthday, started as a teacher then switched to become a pharmacist later in life. The youngest daughter Linnie, the gentlest of them all, taught at St Nicholas before her marriage. Once her own children had grown, she went back to work in the baby unit in Haverfordwest hospital, alas, only part way to fulfilling her girlhood ambition of becoming a doctor.

Elsie, the second daughter, had a spectacular career in nursing. She started work at 17 in The Workhouse in Haverfordwest, then trained as a nurse and worked her way up the promotional ladder (and the Great Western Railway) to become a ward sister at Swindon and later a theatre sister at Cheltenham and a matron at Basingstoke hospitals. She finally came back to Pembrokeshire as Matron of Haverfordwest County War Memorial Hospital. Some people still refer to her as Matron, even though she died in 1980.

The two boys were Carey and Lambert. Both brainy and hard working, they both won scholarships to Fishguard school, and on to tertiary education. Carey found the sea irresistible. After studying navigation and radio communications, he became a Chief Radio Officer – in the dangerous North Atlantic convoys in war time, and on oil tankers and eventually the glamorous big ocean liners in peace time.

Lambert, my father, was the youngest, and (I suspect) the blue-eyed boy. He won a scholarship to the University College of Wales at Aberystwyth to study physics, eventually becoming a rocket scientist and ballistics expert in the Ministry of Defence. It was at university that he met his wife Winifred Williams: she fell for him at a student jazz session where he was playing the piano – he was a highly talented jazz pianist. He always claimed to be self-taught, at Granny's piano when a broken ankle from football grounded him, and he had to sit still until he could put weight on it. It was time well spent: his ability seemed effortless – though unable to read music well, he had a real ear for it, and he could recreate complex tunes with full harmonies and cross rhythms at the drop of a hat. He could out-Waller Fats Waller at stride and syncopation.

In the 1940s and 1950s he had his own jazz band – The Lead Swingers – and had to face a difficult decision to turn professional or stay with science. Science won. On one of his many trips to the US in the mid 1960s, he arrived in Los Angeles, heard someone play a melody just once, but had no access to a piano to get it played. It haunted him for the two weeks he was away. On his return home, Salisbury by now, he kissed Win hello, and promptly sat down at the piano to play it. I was at home at the time, and instantly recognised it as it had just shot into the hit parade: Tony Bennett's *I left my heart in San Francisco.* Pa had heard it just the once, yet two weeks later played it note perfect, as if he had been practicing all that time, complete with the tinkley introduction. He was thrilled to realise that I knew it, and I sang it with him.

Lambert and Win, 1942

Granny and Granfer's Golden Wedding, 1962

Anita and Lloyd, 1962

Wendy and Chris, 2002

He was undoubtedly a high achiever, as indeed, in their way, they all were. Life filled that house, always bustling with activity in my childhood. Their eight children provided my grandparents with an impressive array of grandchildren – fourteen in all – and all of us welcomed into that house where we were taught the essentials of life – playing whist, drafts, rummy or Ludo. Ah! – I can still hear the rattle of the dice around the egg cup as Granny played with us after her morning's milking, or the Maeshyfryd cousins would arrive for some summery cousin fun. I still have the Llwyn Celyn Ludo board, worn paper-thin with pushing the counters 'home'.

The one daughter who did not move into a professional life outside Llwyn Celyn was of course Margaret Anita, my Auntynita, my 'other mother' who, in her forties, married such a wonderful man Lloyd Richards, that he became 'Unclelloyd' in all one word too, and they became an even longer word 'Auntynitandunclelloyd'. Nita may have been destined to stay at home to care for her parents and help run the small-holding, but she was just as intelligent, fiercely independent and as talented as all of her siblings. Her forte, through the Women's Institute, was needlework, and above all, petit point and ecclesiastical tapestry. I still have some of her pieces, they are works of art – intricately designed and beautifully worked, much admired treasures demonstrating a rare talent.

We all learned how to do it – the tapestry. One summer she was making the cover for the kneeler at the high altar at St Davids Cathedral in one long continuous strip; she must have been up against a tight deadline, for we were all dragooned into helping – four of us if not more, all working on our own patch to help get it finished on time, chattering the while, picking up all the family and village *hanes.*

Our little family lived not in the Principality, but 250 miles away, just south of London. Nevertheless it was always to Llwyn Celyn (or Celyn to us) that we went for those long summer holidays of childhood in the late 40s and early 50s, until we moved to Aberporth in 1953. These were golden days for my sister Vivien and myself. All those Pembrokeshire cousins to play with, and those two special people Auntynitandunclelloyd waiting for us. We would creep into their feather bed as soon as we were allowed and snuggled up for a story from Unclelloyd while Auntynita went downstairs to bring up his breakfast – in bed – what luxury! And the story was pure magic. With the weft of our English school friends (including Rupert bear) and the warp of our experiences on our holiday, Unclelloyd would weave an adventure which magically came to an end on the exact day that the holiday ended (how did he do that, I wonder?) and the car had to be packed for that long journey back to England.

How I wept when that day came. On one great inconsolable sobbing occasion my grandfather took me on his knee to dry my tears saying, 'Now, now, little maid, what's the matter?'

‘I don’t want to go Granfer, I want to stay here in this house with you and Peter the dog, and the cows and chickens, and the cousins and Auntynitandunclelloyd for ever.’

‘Well, would you like to come back another time?’

‘Yes, yes, yes please!’

‘Well, that’s it then, you must go now, because if you don’t go, you won’t be able to come back’. Scraping the tears from my face, and still puzzling the logic, I was bundled into the car. I wailed all the way until we were well clear of that last poignant view of the Preseli and the county, and I knew I’d lost the cause. Even today, Celyn pulls me. I am writing this 6,000 miles away in Kazakhstan, and I cannot wait to be back – I know I shall shed a tear of joy when I arrive, and one of sorrow when I leave – as always.

What an adventure playground it was for Viv and me after our seemingly cushioned upbringing in the soft underbelly of the urban south east. In Celyn, every day had something new – cows to fetch with Peter the corgi, who only understood Welsh. Milking – Granny taught us how to hand milk, sister Viv (as usual) far better at it than me. I can still recall the sound of the milk hitting the side of the pail, smell the warm foamy sweetness of it as it frothed and filled the bucket. Then off to the cooler and into the milk churn, and helping Granny get the churn on the milk stand (why didn’t Granfer do this for her? I never asked then, and it’s too late now). There was butter to churn; eggs to find in the hedges; chickens to feed; mushrooms to gather; cockle outings at Kilpason; lava bread picking at Freshwater East.

And the joys of haymaking, and the camaraderie with other local families – the Rees’es of Parcyreithin; the Griffiths’es of The Glen; The Bowen’s of Llys-y-frân Farm; the Williams’es of Parcymarl. It was all hands to the pumps in those days – no balers to bind the hay neatly, it was all done by hand and pitch fork and rake, and brought home by tractor and trailer – and smelling oh, so sweet. How we wished that we could ride on the hay stack – but Rex, the oldest of the cousins, had fallen off as a young boy and broken his shoulder, and the decree went out that no grandchild was to ride on the hay on the way home. There was no further discussion. What Granfer said was law. Drat!

The sigh of relief when the rain had stayed away and hay came safely home was palpable. Then the party started: the whole house one big table, with everyone for supper – all the family grownups, all the friends who had helped, and who we had helped in turn, and of course, many of my cousins who came to bounce on the trailers and listen to the discussions as the twilight fell and the Tilley lamps were lit.

No, it wasn’t always sweetness and light. These were intelligent people with big personalities and a firm point of view, stubborn even. Squabbles abounded while the childless aunts competed with granny to get their own way; shows of emotional strength that did no-one any good. Sometimes they would turn on the grandchildren. Their unfair criticisms could wither the ego and deflate self-esteem. These were the rainy days. Even the whine of the car windscreen wipers on our way to the Brodog in Fishguard, to pick up some wood for my father to refit the kitchen, reflected the dreariness of it all. It was as if the sky and the atmosphere in the house were piling in on top of us. 'Plate breaking weather' is what I called it, because – during this kitchen refit, Auntynita was moving some china out of the press, and realised that it was old, chipped, didn't match and should be got rid of, but she knew she would not win the argument with granny. So she simply picked up a huge tower of these offending plates, and dropped them on the flag floor in one great resounding crash. The noise summoned granny from the other room. 'Nita Nita, what's that noise, what happened?' she asked. 'Oh Mother, these plates just dropped from my hand just like this – look!' and she did it again, opened her hands to let another great tower of ghastly crockery fall on the flags scattering shattered plates everywhere. Wonderful, unbelievable stuff –diplomats can only dream of the freedom to act like this.

Strong women, strong opinions, and interfering genes are the hallmark of the Sturgess family, especially interferring genes. Who put the 'stir' in Sturgess, we ask. My mother, who had studied classics, always thought the family motto should be *semper agitatato* – roughly translates as *keep the pot well stirred,* and undoubtedly we three of Lambert's daughters have inherited some of these interfering genes. We have also discovered the antidote: the two most important attributes in a partner for a Sturgess women is a modicum of retaliating interfering genes, along with some high quality mollifying genes; this way lies peace and harmony. So far, so good!

Unclelloyd had tons of mollifying genes. He would never enter the battle zone, but retire to smoke his pipe – a *mwgin* as he called it, often with my mother as company until the storm blew over – she was another peace lover. They would seek a quiet corner, or head for the kitchen to wash up if the fur started flying, and discuss literature or history or tell the real tales of Unclelloyd's time during the war in the Home Guard when, in his forties, with a motley selection of men, either too old or too decrepit to be called up, and armed only with half a rifle and a couple of pitch forks between them, he was entrusted with the task of guarding the whole of North Pembrokeshire against the threatened invasion and the full might of the crack troops of Third Reich. It was years later that the BBC made Dad's Army – I recognise my Unclelloyd's stories in every episode.

He and Auntynita were deeply in love, and like all good loving couples, had enough to go round other people as well. He did not drive, she did – and there's a little oak tree in the hedge about a half mile from Parcymarl where he proposed to her. Every time they drove past it, he marked the spot, touching her ear lobe and saying *wogga wogga.* How inventive. If I were driving him, he would use my ear lobe as a temporary replacement for Auntynita's. Chris, my husband, and I do it to this day just to remind us (and them if they are still listening) what love is.

She was a good cook, Auntynita – always baking scrummy bread and cakes and buns. The big *padell* would come out every other day from the press, and she would mix the flour, fat and yeast to dough, and knead it. We would all have a go. Her cakes were sublime, all hand beaten – no electric food processors in those days. She had made a big batch – perhaps cousins were coming to tea – and setting the cakes to cool in the press, she got absorbed in some other duties. A while later she opened the press and found a farm cat (not allowed in the house) in the press, guzzling her cake. The air was blue with invective as this cat's lineage was questioned. 'Diawl ariod, dammo di,' she railed: 'I'll have your guts for garters before the day's out'. She was cross, murder in those glorious blue eyes, and then she looked round and saw two little nieces (Viv and me) watching her with big brown saucery eyes. 'Oh, Auntynita, can we watch – purrlease?' Then she saw the funny side, and we made another cake.

It was no easy matter cooking in that house: the range in the sitting room had to be lit every day, and it delivered up the most wonderful feasts: raspberry or rhubarb tart (the fruit fresh grown from the garden), bread, buns, cakes: glorious lunches and dinners of delicious meat, potatoes, vegetables, *cawl to die for,* and my least favourite – cabbage. Cabbage seemed to be a daily ritual, and never tasted like my mother's. It was always boiled to blazes and back, a tough washed-out, dark green, tasteless mush. The sole enjoyment was watching it stick on Granfer's moustache as he sucked it in, like spaghetti – though he would never have eaten spaghetti – far too exotic! Years later, now an adult, I devised the Great Cabbage Competition, aided by the arrival of an electric cooker. No sooner had Auntynita switched on the ring under the cabbage, I would slink in turn it off when she wasn't looking and then wander innocently away. Auntynita would creep in and turn it back on. And so we would continue, until eventually I was allowed to show her a different way to cook it – just to appease me. I am sure she breathed a sigh of relief once I had left for the A48 and London and she could revert to her soggy cabbage ways.

The garden, of course, was Grandfer's patch – a fine organic plot which fed his family all year round. By the time I was born, he had retired, and spent every day in that garden, encouraging company but insisting that we obeyed his edict 'Never come into the garden without a hoe in your hand,' so that we could make our contribution to this patch of plenty. Apart from that wretched cabbage, it had lines of peas and French beans, cauliflowers, sprouts, potatoes by the furlong, leeks, carrots, parsnips, beetroot, apple and pear trees, plump gooseberries, forced rhubarb, black currants and raspberries (which I was only too happy to help pick). After he died in 1957, the garden was still cultivated. By this time we had moved to south west Scotland, and twice a year, we would make the long 15 hour journey to Celyn (complete with my father's cultivator, a Merry Tiller) so that the garden could be dug over, and laid out according to the Grandfer's gardening tradition. And given so many of us benefited from it, it was right that we all helped sow, dig, weed and tend it. In the early 60s, Aunty Elsie retired early to look after Granny, and though she was not an avid gardener, she ordered not one but two greenhouses which produced a cornucopia of tomatoes and cucumbers all summer long. After my own father's untimely death in 1970 aged 55, it was the cousins who continued to keep that garden fertile and productive – and continue that precious tradition of home grown vegetables: organic too, far more flavour than any shop-bought produce.

Perhaps Viv and I were the privileged ones, for we lived away, so our home-coming was all the sweeter. The Welsh dragon was draped from the windows on the day we arrived. There would be huge hugs to greet us, and non-stop chatter. When my younger sister Nicky was a child, all the soft toys would be lined up on the middle bedroom window, to await their special playmate – the fox in hunting gear, the rabbit with tartan trews – I can't remember them all; but I have keep that tradition up for Nicky's three daughters – and they look for their welcoming committee, and are disappointed if I forget. Nicky got the worst deal really: she was so much younger than the rest of us that by the time she was ready for some summery cousin fun, we had all grown and gone – to university, or to our careers. Her real friend then was Unclelloyd, who would sit for hours with her in the car in the garden – she at the wheel, he in the passenger seat pretending they were going on great trips, but in fact going no-where at all.

As a young man Unclelloyd had begun training as a doctor at one of the London hospitals, but part way through his course, he decided not to continue; instead he became a teacher. He had arrived at Llys-y-frân during the war, appointed as the Head of Gwastad school, and needed lodgings. Cupid directed him to Llwyn Celyn, and soon he and Auntynita were courting: they married in 1945. He continued to teach in Gwastad, then in Nevern, until his school was closed; and after a year of supply teaching, he took Holy Orders, following his father and his brother Geraint to become ordained into the Church in Wales. Well known as a preacher, he was a fine writer – a number of books to his name, including a novel in English – and he wrote Welsh poetry. He loved the rich inconsistency of the English language and playing with words. He and I devised a marvellous game – listing all the negative words in English for which there is no positive - like inert: you can be *inert,* but you cannot be *ert,* you can be *implacable*, but you cannot be *placable* (and my spell-check agrees!).

We played this game by post card, by letter, by telephone and of course, face to face on my visits to Llwyn Celyn until his death in 1982. He also enjoyed significant dates, especially a palindrome, and whenever the calendar threw one up, I always sent him a card to commemorate it. Similarly I always sent him a post card of the churches I saw on my travels. By now I am in my 20's, 30's and 40's, making a number of films for the BBC, travelling all over the world and all over this country. He kept those cards. And he wrote a daily diary, which I still have. I get incredible pleasure when I see that he has recorded these silly insignificant contributions to his life. It is good to be valued.

The family was always one for an outing – and first rate at picnics. Outings to the seaside were the norm, but not just a journey there and back. We would pack a primus, a frying pan or two, some sausages and bacon to cook, some cold potatoes to slice up and fry; some buns, a cake, a tart and some delicious bread, butter and cheese. We would pick up as many cousins and aunts on the way as possible. These were colossal family outings to Saundersfoot, or Tenby, Plumstone Mountain. One of my favourites was Garron Pill, on the estuary where, when the tide is up, you can swim over the road.

Well into their retirement, Auntynitandunclelloyd would set off on a fine summer's evening with a little picnic in the back of their car, meandering along the back road of the Preseli to take their supper out and enjoy seeing the sun going down. This love of an outing must run in the blood: Granny enjoyed them too. On one trip to Strumble Head lighthouse, she was walking across the little bridge connecting the car park to the lighthouse, when a breeze caught her hat and sent it spinning to the rocks below. She was very distressed to lose it – and the kindly lighthouse keeper scrambled over the rocks to retrieve it for her. She gave him a whole half crown, which these days is probably worth a fiver – it must have been her best hat.

My father had taught three of his sisters how to drive in the days before the war when you didn't need to pass a test. Some of his friends have never forgiven him for, while he was an excellent driver, not all of his sisters shared his skills. Aunty Elsie specially. She frightened my mother's brother Idwal so much as she drove on a journey from our home in England to Wales, 'Never again,' he declared on arrival, ashen faced. She has a number of bridges named after her where she forgot to slow down and turn the wheel. Instead she gently cruised into them. She truly thought the lever to pull to engage the choke was really there to hang her handbag. She had expensive tastes in cars – Wolseleys, with leather seats and a walnut dashboard. But they were disappointingly bad at negotiating the U bends in the Gwaun Valley, and often they would go backwards alarmingly out of control.

We soon realised that it would be better to sit with the parents in our car than go with Aunty Elsie. She nearly did for me on one outing. I had been over-nighting with her in the hospital, and we had arranged to rendezvous with the rest of the family at Canaston Bridge then drive in convoy to Tenby for the day. As we drove over the old bridge in Haverfordwest (now a pedestrian precinct) and past Greens Garage (now a roundabout at the bottom of Prendegast Hill), she was looking everywhere except straight ahead, and clearly did not notice the large lorry parked at the road side. She took some avoiding action, but too little and too late, and the lorry's bumper opened up the nearside of her car like a tin opener, right the way through to the passenger door and me. She did stop, just a gnat's whisker before that bumper took off my leg. My father's face when we finally turned up at Canaston Bridge with his daughter looking a little desperate, and his sister's car looking like an open tin of sardines is something that I shall always remember.

It's not just memories that make one dig deep and buy a second home an impractical 250 miles away from one's work. The house had to be sold to fulfil Auntynita's will. And I had never known such a sense of loss in material things until that time. I tried to analyse why: and my conclusion was that throughout my childhood, adolescence and adulthood, I had always known that no matter where I was in the world, no matter in what amount of trouble I was (and I led a pretty turbulent life) or how hurt I was, I could always go to Llwyn Celyn. This is a deep seated belief. Somehow get back to the UK, somehow take a train to Clarbeston Road, walk the rest of the way if need be, and soon you will round the corner at the Croft, and see that gentle curve in the road at the entrance to the Glen, and know that in a matter of moments you will be very, very safe.

No matter who was being nasty to me, *'Auntynita still loves you'* was the comforting cry. How could I pass that way again and be denied entry once it no longer belonged to us? How could I let the house be sold to total strangers who could not appreciate what a sanctuary it is? For it has been my safe haven all my life: always it was there that I turned when the love affairs ended, when my career took a nose dive, when I needed to lick my wounds and recharge my batteries. I was never asked to explain myself. It was enough just to be, and be allowed to mend. What a privilege. What draws us to these places – something in the air, something in the water, something in the soul?

Three years ago, before this stint in Kazakhstan started, Chris proposed to me in the kitchen at Llwyn Celyn. It was Saturday (and Unclelloyd would have appreciated this) the 2nd of February 2002. Chris and I lived in London, so Llys-y-frân seemed the logical place for our nuptials. Dragging his family from Cambridge and France, my family from Gloucestershire and Glamorganshire and our friends from over the country and round the world, we made our vows to each other in St Meilyr's. What a joyful occasion. What a party! Even my dead relatives were dressed overall. My mother's sparkling headstone looking spectacular in sashes and ribbons – very fitting for the mother-of-the-bride; my father, in the big family grave had a big golden bow to radiate smiles. Auntynitandunclelloyd with cheery flowers and bows on their graves: even Jabes Jenkins had a ribbon around him. I felt most sustained by our living family and friends, and my dead ones lying peacefully in the church yard. And very proud that our two names Wendy and Christopher have joined those of my dearly loved and sorely missed relatives. After all, if you've got roots, flaunt them, I say.

To her eternal shame, Wendy Sturgess is the only one of her generation of Sturgess grandchildren to be born outside of the Principality, and apart from studying at the University College of Wales in Aberystwyth, she has spent most of her life as an émigré. She worked for years in London, making documentaries and factual programmes for BBC Television including 'The Sky at Night', 'Man Alive', 'The Explorers', 'Children in Need' and 'Horizon', leaving in 1989 to pursue life as an independent television producer. She covered the run up to the 1990 Gulf War for Channel 4, and she gained the Royal Television Society award in 1992 for her programme 'As It Happens – New Year's Eve Moscow'. She has written 'How to be Happy' based on the BBC's QED programme she produced, and has contributed numerous articles to numerous journals. She is a Visiting Lecturer at the University of Brighton. In what little spare time she has she sings with a small 16 voice mixed acappella chamber choir where she met her husband, Christopher Ousey. They married at St Meilyr's Church in 2002, then went to live in Kazakhstan for three years. Fortunately, he shares her love for Pembrokeshire, and always seizes the opportunity to spend time at her family home Llwyn Celyn, Llys-y-frân.

★★★★

Public morality and the standard of living is 50 per cent better now than they have ever been before, and I attribute the improvement to the old stalwarts who have been ministering in the district, such as the Revs H. Price, Rhydwilym; W. Davies, Horeb; Rees Perkins and Rhys Williams, Hen Gapel; Ben James and D. Williams, Llandilo and Tabernacl. These were the men who left their foot prints on the sands of time.

When the village and the surrounding country were self-supporting, the old mill close by, was grinding home-grown corn day and night unceasingly from November till the middle of April. The largest farmers of the district were having their first 'pinwent' in to the mill about the middle of November, which would include about 20 sacks of corn, the second one about the end of January or early February, which would include 30 to 40 sacks, and the last one after they had finished sowing, which would be what was left after sowing.

After the 'pinwent' was brought in he would send two of his servants there to dry the corn. If it was for man's consumption every sack would be in the kiln over two hours, so they were night and day at one stretch until they had finished. So the farmers were having the kiln in turns. It was the same in the grinding department, everyone in his turn until the old mill was kept going as stated. The meal produced for man's food was then stored in old oak coffers, and was trod down so hard in them as to make it almost airtight; then it would keep good for a considerable length of time.

During the winter months there was a great gathering of mostly young people in the mill every night, and here was the Parliament of the district. At that time the inhabitants were very superstitious, and during these sessions the Old White Lady, 'Rhen Ladi Wen' and every hobgoblin of the district were discussed, until there was a belief amongst the people that they were real.

Maenclochog fairs were once the rendezvous of all the 'bloods' of Pembrokeshire and West Carmarthenshire. In the olden times they were the most popular fairs of the county and were known as 'Ffair Calan Mai' (May fair), 'Ffair Gytuno' (hiring fair) in September, 'Ffair Gwylug' in November, and 'Ffair Fwrck' or Vwrck in December. When they were established, and for a great many years afterwards, the churchyard was part of the fair grounds, and the bargains were struck over the graves of the dead. I would be delighted to know the name of the vicar who abolished this practice in the fairs.

One would be surprised to know the amount of beer that was drunk during their stay. Even as late as 70 years ago, there were not less than eight public-houses in the village with only a population of 200, and more than that there were smuggling in every house. I have a recollection of my first visit to one of these fairs. I was sent in along with other children to a house to have a cup of tea. We entered the door and there was the husband. We asked him if there was a chance for a cup of tea, and we were invited inside and placed on one side of the table near the window. We were supplied with nice tea in cups and saucers.

Those on the other side of the table were with their backs towards the window, and were supplied with tea without milk (beer) in large cups, but they were not supplied by the same waiter or from the same tea-pot as ourselves. The husband was on the move and on the watch the whole time we were there and the wife with her waitresses serving 'full pelt'. It was Tally-Ho there!

Part of an article by John Absalom published in *The Whitland, Narberth and Clynderwen Weekly News* in January 1934.

☆☆☆☆

Jiwel Fach, Mol a Ladi,
Teitws, Fenws, Samiwel, Rodi,
Roger, Trwler, Darler Bowman,
Ciwpid Bach a Ffidler Fforman

Enwau y dwsin o gŵn hela a gedwid ym Mwlch-y-clawdd – Temple Druid – nôl ar ddiwedd y ddeunawfed ganrif sydd wedi eu cofnodi yn y pennill uchod. Mae'r pennill yn rhan o gof teuluol Llinos John, Crofft-y-crydd, ac eisoes mae ei hwyrion wedi ei ddysgu ar eu cof. Ac os byth y byddwch yn dioddef o anhwylder yr eryrod, yna, gwell na'r un meddyginiaeth doctor yw'r powltis a wneir gan Llinos, yn unol â hen rysait sydd ym meddiant y teulu.

The names of the dozen hounds kept at Bwlch-y-clawdd – Temple Druid – around the end of the eighteenth century are noted in the above stanza. The stanza is part of the family lore of Llinos John, Crofft-y-crydd, and it has already been memorized by her grandchildren. And if you ever suffer from the ailment known as shingles, then better than any doctor's prescription is Llinos' poultice made according to an old recipe carefully guarded within the family.

Goodbye M25, Hello Llandeilo

Derek Webb

Perhaps it was the M25 motorway that finally drove us to West Wales. Mind you 'drove' is hardly the right word, considering that for a lot of the time it doubles as a four-lane car park around London.

So much traffic, so many people: Surrey felt like it was on the point of imploding. Not that where we lived just outside Dorking (made famous by Charles Dickens, Jane Austen and many others) didn't have its attractions. It was, in South East English terms, semi-rural. People would come to walk the hills, or walk the dog, or both. They would turn up on a Sunday morning, suitably kitted out in fine walking clothes, and for all I know, walking boots with designer labels attached. And the National Trust car park would be full to the brim with that most essential of walker's requisites, brand spanking new 4x4s. Oh, how they did multiply!

I was at this time precariously working for myself, as a freelance copywriter/scriptwriter; having left secure paid employment at an ad agency in Paddington a year or two earlier. Briony at this stage was working for the Careers Service, but I don't think my career change was instigated by her. In any case, she was growing restless, so when she spotted an ad for a careers service position in Weston-Super-Mare, it rang lots of bells. I had worked in a previous life in Penarth and networking with old friends had resulted in a growing amount of work from the Cardiff area. Somerset made sense. It was, for starters, rather less populated than Surrey. But much was much the same; including, a clincher as far as we were concerned, the high cost of housing.

It was then that we thought let's go the whole hog. I mean, if you're going to go west, GO WEST! We knew Pembrokeshire from several very happy holidays, but actually living there wasn't something we'd considered. Well now we did. Briony drew up an action plan (when you work in the Careers Service, action plans are *de rigueur* I can tell you). It went like this: By 1998 we'll have identified an area in Pembrokeshire where we'd like to live. By 1999 we'll have found a house and bought it. By 2001 we'll have moved to Pembrokeshire to live. Well, we knocked a whole two years off that plan!

Whenever I had to go to a meeting in Cardiff or Swansea I would carry on down, stay in a B&B and go househunting. Ah, happy days! Having worked in advertising for so long, I know the importance of accentuating the positive and ignoring the negatives. Estate agents of course have perfected this art. For 'a charming, compact cottage in need of some attention' read 'a soulless, broom cupboard in need of a bulldozer'. For 'a rare opportunity to acquire a property of real distinction' read 'you'll distinctly need your head examined'.

Now, by no means were all the many houses I saw like that. Most just didn't 'feel right'. It's funny how instant a decision can be when you're looking at a house. The second you're over the threshold, you *know*. And, often it's not the house itself, but the area that you can't see yourself living in. So when I was shown over Colman Bach in Llangolman, I instinctively knew that the house (although very pleasant, let me hasten to add,) wasn't for us.

But the then owner Sheila (bless you Sheila) insisted that she show me the area. 'Come on hop in,' she announced, indicating my car. And off we set down the lanes while she acted as a tour guide… 'on your right we have St Colman's church. And here we have the Steiner school, on the other side of the road there…' she said indicating a grass roofed round building that looked like it belonged to the Teletubbies, '… is the kindergarten.' Here grass grew in the middle of the road and I breathed in a huge lungful of real, honest-to-goodness Welsh air. Oh, yes, I liked this; I liked this a lot. Something about the area said 'home'.

But at this stage, we had no house to call a home. The house next door to Colman Bach appealed but it was sold, so back to Surrey clutching estate agent particulars, and hopes.

It was probably a month later that I saw it. Plastic stick-on letters peeling off a broken metal gate spelt out the name: Glanteilo. The house was gable end on to the road, (or *pine end* as we later learnt) not facing the road as so many cottages do. It was long, covered in pebble dash and forlorn. But, peering though the nearest window, it looked perfectly habitable. And while the rooms weren't enormous, they were all a good size.

Standing outside, all I could hear were the birds and the comforting sound of a river. I crossed the grass to what seemed to be a path, a possible way down to it. The slope looked easy, but if there had been a path all the way down, it had been disused for a good many years. Using broken trees as handholds, slipping and slithering, I gradually made my way down. At the bottom, the stream ran fast and clean; splashing over rocks in the dappled sunlight. An idyll or what? Now I knew I wanted this house.

The climb up was easier, spurred on by a tremendous excitement, then tempered by the thought that it couldn't possibly happen. It was going for auction, we didn't stand a chance. But we did. Amazingly we put in an offer, which was accepted, and, so long as we completed before the auction date, Glanteilo was ours. You may like to know that Briony agreed to put in the offer sight unseen, just on my say so. Psychic, trusting, or off her trolley: you decide.

We made a decision right from the start that we would learn (or at least try to learn) Welsh. It is quite remarkable and a testimony to the tenacity of the Welsh people that the language is so alive, when it has the overbearing dominance of English on its doorstep. Of course, for a language to survive and grow it must adapt: it's the English language's capacity to acquire and borrow that has helped it grow into the world language it is today. Language is a living thing which can't be preserved in aspic. It has to be used.

So, in our own miniscule way, we hope we're helping the *hen iaith* to do more than simply survive, but be right at the hearthstone of all that is so very wonderful about Wales. I suspect, for example, that the comparatively fewer words in the Welsh language, means it has to be more idiomatic and more poetic in its use of language. The natural rhythm of the language could be the reason why singing comes so naturally to the Welsh too. But then again, maybe there's a Welsh singing gene that is passed on from parents to children.

We certainly felt that when we took part in *Carnabwth,* the play based on the Rebecca riots, that was staged on Maenclochog village green in 2003. Playing loud, boorish English lords was easy (typecast? Surely not?); but singing in Welsh with musical direction in Welsh was another matter entirely. It occurred to both of us that we have no tradition in England for singing, really *singing.*

You would never get together a random group of villagers in Surrey who naturally, instinctively could sing like this group did. We can only apologise for our off-key warblings – well mine anyway. What was it that the Rev Eli Jenkins said in 'Under Milk Wood'? 'Praise the Lord! We are a musical nation!' Yes indeed, in spades.

For Matthew, our 11 year old, the prospect of being in a Welsh medium school was understandably daunting. Until we moved, his only contact with Welsh was 'Instant Welsh' tapes we'd occasionally play in the car on holiday in Pembrokeshire. And this meant conversation was limited to phrases like 'Ble mae Mam?' Yn y gegin!' True maybe, but not the stuff of witty repartee. Now, of course, his command of the language is such that he can go to Ysgol y Preseli and not be worried at the prospect. We asked Matthew what he felt about moving to Maenclochog and this is what he said:

> 'When I moved to Wales from England I was quite nervous about coming to a new school but when I got to Maenclochog I felt right at home straight away because every one was incredibly friendly to me. The only disadvantage for me was the distance from the shops because in England we lived right next to a town so I could have just walked. But overall I'm really glad that we moved to Pembrokeshire.'

We were from the start met with all three in abundance. I think, without exception, we were welcomed into the community. And warmly welcomed at that. Our first real contact with the local people were the chapelgoers over the road from the house.

'Oh, hello, you're from Surrey I hear. Into computers, is that right?' asked one when we were down on an early weekend visit.

'Well yes,' I answered, not sure I wanted to disagree and puzzled at how he knew so much so soon. The Preseli grapevine's obviously very active.

'Still got that problem with the overflow I see,' he continued, nodding towards the overflow drip-dripping down to a green patch of wall and ground at the bottom of the steps leading to the back door.

'It's the hot water tank.' I said.

'I know. You'll have to replace it. It's very old, corroded. Nothing else to be done.' And, of course, he was right. The cylinder had to be replaced shortly after. Left much longer and we would have had a miniature Niagara down the back stairs.

'And if I were you I'd have that rendering off.' He continued, nodding upwards again at the gable (sorry, *pine)* end. 'It keeps the damp in, see. Best to hack it off. All those cracks, that's where the water's trying to get out.'

'Oh, right.' I felt I should be annoyed at him taking so much interest in Glanteilo, but his obvious knowledge surprised me.

'My father used to live here you know. Many years ago.' Ah, that explains it, I thought and made a mental note to invite him in once we had managed to transform the house in the way we wanted. In fact, a constant delight was (still is) the fact that people are genuinely interested in us, not nosy, but simply wanting to be helpful.

One of the other remarkable things about Maenclochog is the self-sufficiency of the community, with shops such as Siop Sarah seeming to have an inexhaustible supply of the most obscure household. As newcomers, however, this inherent self-sufficiency did leave us somewhat at a disadvantage. If we needed a plumber, for instance, our first resort would be Yellow Pages or similar; whereas people in Maenclochog *know* who does plumbing, or hedge cutting, or baby-sitting, or sheep dipping. And, we felt out of the loop. That said, we only had to *ask*. Every one it seems is willing to help everyone else. With our unpractised English eyes, we might well be missing undercurrents of friction, but if there is any, it surely doesn't compare with the norm elsewhere.

This remarkable community feeling continues through every aspect of daily life and we feel privileged to be included in it. We have tried to involve ourselves as much as time permits (never enough of course). When we can, we take part in local projects and initiatives. Briony's very proud of helping make the Green Dragon community bus a reality for instance. And we'd like to do more, because although we've lived here for only a few short years, we truly feel we belong. It's like we've finally come *home*.

Llwyd Williams Knew My Father

Siwsan Shelley Morris

We followed the music to the village of Maenclochog through our love of singing and coming to where we knew the Spirit of this would be the strongest. By coming here we not only realised the fruition of a long personal dream of returning to my roots with my own family, but it unlocked long buried memories that have unfolded since we moved to live here.

I returned to live in Wales along with my Irish husband Luke and our daughter Fionnuala, after working and living in London for 20 years. We made the conscious decision to come and live in Pembrokeshire so that our daughter would grow up in a Welsh community, speaking Welsh and also living close to her Irish roots.

Twenty years before I made the choice to leave Pembrokeshire to live in London (as part of the wider Welsh Diaspora) with my 10 year old son, Teifion who was home educated. I wanted to give him the opportunity to grow up in a multi-cultural society and its benefits. It was also a chance for me to pursue a career as a professional musician and also qualify as a Youth and Community Arts worker, working with marginalized groups such as Bangladeshi Women, Gypsy Travellers and Disabled People.

I yearned to return and live in Wales sometime in the future, but you must remember that in the 1970's it was not cool being Welsh, I have experienced at first hand the discrimination Welsh people face living in other parts of the UK.

We moved to live in Maenclochog in 2002 after living in various places around Pembrokeshire on both sides of the Landsker Line. However, it is only when we came to live here that we realised that this village is unique in every aspect from its Stand Alone spirit, epitomised by Waldo's stand against the proposal to site military activities here, to its rich musical heritage of which our daughter is reaping the benefits, with her involvement with Côr Newyddion Da.

My connections with Maenclochog and surrounding area are inextricably linked to my childhood memories and family roots, that extend back in these parts for centuries. My mother was born in Llanfallteg and her father, John Evans came from the Rhondda and moved here as a train driver. He met my grandmother, Anne Scourfield Evans (originally from Llan-y-cefn) on the platform in Whitland and they fell in love at first sight. It gives me a great sense of pride to know that he drove trains through Maenclochog. I can remember my mother putting me on the Cardi Bach in the early 1950's and getting off at Llanfallteg to stay with my grandparents.

My mother, Cressida and her sister, Megan Evans sang in Chapel Eisteddfoddau when they were young and my Aunty Megan clearly remembers competing here in Maenclochog. Coincidently, eighty years later in 2005, my own daughter has sung in the very same chapels, this reinforces my own personal unique musical connections with Maenclochog.

My father, William James Morris was born in Herbrandston, and he also had connections with this area. I can recall him telling us stories about the Rebecca Riots, stories handed down to him by his grandfather who was there at the time. More recently, I bought my sister Daphne a copy of the book *Hanes Eisteddfod Maenclochog* by Eirwyn George, and she reminded me that Llwyd Williams was in fact my father's cousin and he bears an uncanny resemblance to my father.

Of all the villages and hamlets in Sir Benfro, Maenclochog is the most precious jewel of all, with its sense of pride, community spirit and its unique Welsh culture. Our hopes for the future are that the village can retain its unique character and continue to grow and develop as an area renowned for its poetry, music and outstanding natural beauty.

The shape of the Preseli Hills and the many standing stones have always inspired me. As a child I would see its shape off in the distance and now I live beneath its slopes, with its moody weather, changing landscapes and dramatic lighting. I have in the past worked through the medium of wood (pyrography) and now I make use of local wool to create felted textiles and artworks. This invokes my creative spirit to form pieces of art, write music and poetry.

☆☆☆☆

Dou o gryts Rosebush yn whare ar y llyn un gaea pan wêdd hwnnw wedi rhewi'n gorn. Fe geson afel ar gi Labrador mowr cas a'i hwpo mas i'r pond o ran hwyl.

Ma'r ci'n dechre scrabino nôl i'r lan yn sgyrnygu 'i ddanne.

Fe rewodd un o'r bois yn y fan mewn ofan tra dringodd y llall i ben coeden gan weiddi ar i bartner, 'Fe ddwai lawr o fan hyn pan fydd e wedi beni â ti'.

Passing Through

Jim Ashe

Twenty years ago my partner and I came to live in Maenclochog. I was born in Dublin and left Ireland at the age of ten when my parents moved to England in search of a better life. Wales was just a place we passed through on our way to Birmingham. Fishguard, in West Wales and Holyhead, in North Wales are places that thousands of Irish immigrants passed through on their way to Birmingham, Manchester, London etc. Passing through and never getting the time to know Wales, its people or its culture. But for me personally all this was to change when twenty years later I came to Wales to visit my son Jamie, who was then living in Newport. I only intended to stay for a few weeks, then catch the ferry at Fishguard and go home to Ireland.

But this visit was a big turning point in my life, as it was here in Pembrokeshire that I met a nurse who had moved down from London to work at Withybush Hospital. We both loved the area around Newport and wanted to buy a house together and settle down there. I was playing rugby for Newport Rugby club and we both were actively involved in the local music scene around the pubs in Newport and Nevern. But this was not to be, as we could not get onto the housing ladder, as in the Newport area house prices are out of the reach of the majority of young people, I was soon to find out that Newport house prices are among the highest in the UK. I remember thinking at that time, I'm working and my partner is working, and we cannot raise a mortgage to buy a house in this area, what must it be like for a young Welsh couple born and bred in this community. I started talking to my mates in the rugby team and began to realise that there was a lot of anger and resentment about this situation.

Because of this situation we began to look outside of the Newport area, and after a long search we discovered the 'Fferm' in Maenclochog, and it was here that we proudly set up home with our new baby daughter, Rebecca. Many of our friends both English and Welsh expressed surprise that we had moved to Maenclochog, some common comments were 'Maenclochog is very Welsh.' 'Maenclochog people don't like outsiders'. 'Maenclochog people are very insular'

Also at this time the owner of 'Tafarn Newydd' (New Inn) had paid someone to burn the pub down, and make it look like an arson attack by local Welsh people opposed to the influx of English people into Wales. He did this by painting on the gable end of the pub the popular Welsh saying, *Cymru am byth,* his motive for this was purely a financial gain from a big insurance claim, but his only gain was a prison sentence, as his arsonist had got the Welsh spelling wrong, and it was clear to all that this was not the work of some local Welsh Nationalists!

So this was the backdrop to us moving into Maenclochog, all very dramatic stuff!

I fell in love with the simple magic of the landscape, and fully understand how many well-known artists are attracted to this area. We had moved into a close-knit kindly community of hard working people, who had an intense love of their neighbourhood, their traditions, their strong Christian values and culture. I found the Maenclochog people to be fiercely independent with great strength of character and full of vitality. Even today twenty years on I find the basic Christian spirit of the people transcends all community divides. Also twenty years ago the local economy was quite stagnant, there was not much economic development in the local area, but it seemed to me that the strong spiritual values of the people helped them conquer their material difficulties.

Yes, it was true that 'Maenclochog is very Welsh'. The majority of the children in the local village school came from Welsh speaking homes, and Welsh was the spoken language of the people in the local pub, The Globe. From my garden I could hear the people in Siop-y-sgwâr carrying out their everyday commercial business in Welsh. I could hear the people in 'Hen Gapel' singing in Welsh, and chanting the haunting 'pwnc.' The simple magic of the landscape and the language seemed to be connected, in a way that I had not noticed before, and it was a natural process of osmosis that my three children began to speak this language.

The two main places that I came into contact with the language were in the Globe and in Gordon Bowen's hardware shop. It was in the Globe that I came into contact with many of the local personalities of the area, great story tellers and singers, people who had a simple philosophy of life and characters who could take a simple incident that had happened in the area, and weave it into a complex story with many twists and turns. Some of these stories could go on all night. Robert Edwards who farms Cefnmwynant would be a master exponent of this story telling art. The Globe has made an invaluable contribution to the oral story telling tradition of this area, and the late Terry Percival, the landlord of The Globe, could tell us all some great stories if he was till with us.

Another great centre of storytelling was Maenclochog Hardware Centre run by Gordon Bowen. I first encountered Gordon when I went into his shop to buy some plumbing bits. I explained to Gordon what I wanted, and he pointed to some shelves at the back of the shop, and said. 'It's in there somewhere'. Twenty minutes later I was till searching, but by now the shop was full of people, mainly farmers from the local area or outlying areas, all speaking Welsh, and having the same problem that I was having, trying to find what they wanted. When they found what they wanted it was *bwco i lawr*, a phrase I quickly picked up, as it was often useful in The Globe! Then Gordon would search though his many books on the counter and enter their names down alongside their purchases. One of these friendly farmers helped me find what I was looking for and Gordon then carefully explained to me how I should connect the pipes.

This was the beginning of a good friendship, that has lasted over twenty years, and long may it continue. On my next visit to the shop I brought with me a small filing cabinet with index cards, and suggested to Gordon that this would be a better system, than the many books piled up on his counter. Gordon nodded in agreement and took my filing system, and put it behind the counter, where it stayed for the next twenty years, never to be used. Gordon was 'Old School' and nobody was going to change that. It was Gordon's ways and Gordon's laws in his Hardware Centre.

I remember calling in one day to pick up a load of lime, only to encounter a group of farmers huddled around the counter, with Gordon holding court, and debating the merits of the preachers sermon in chapel the previous Sunday. Gordon was a lead mover in this discussion, but suddenly the whole place was in uproar with laughter as Gordon leaned over the counter and announced that 'The preacher's book tells us how to live but my books tell us how you do live'. I'm sure that everyone who encountered Gordon's Hardware Centre will have a tale or two to tell!

When it came to education, many of our friends, both English and Welsh expressed the view that sending our children to Welsh speaking schools would affect their educational development. However, we took the opposite view, and this was confirmed by the warm reception our children received, when Penny took them to the local pre-school play group, 'Ysgol Feithrin.' Penny became actively involved with 'Ysgol Feithrin', and to my great surprise, she became the secretary, and later the chairwoman and she began to learn Welsh.

Our three children, Rebecca, Ceri and Martyn, had many happy years in Ysgol Feithrin, and they naturally developed into bilingual children, expressing themselves confidently in Welsh or English, depending on who was talking to them. My daughter Ceri was elected Deputy Head girl in Ysgol y Preseli, and studied Welsh as one of her chosen 'A' level subjects. So from Ysgol Feithrin it was a natural progression into the village school, and later Ysgol y Preseli.

At this time there was a small but very organised articulated group of people, who set up an organisation called 'Education First' who were opposed to the development of bilingual education at Preseli school, calling it 'racist' and 'anti English'. I was shocked and angered about this development, as it went against my own experience. I found myself in open conflict with these people, as I saw them as part of the problem, not part of the solution in developing a healthy educational system in Wales.

Schools that give wholesome, cultural experiences in their younger years, through play, singing, poetry, music and drama produce children who are less likely to be influenced by antisocial behaviour later on in life. I personally feel that Maenclochog school, under the various head teachers over the years, has given children a strong educational and cultural start in life.

On the cultural front Maenclochog has produced a generation of children who can get up and sing, dance, or recite poetry until the cows come home! All this is due to the hard work of people like Marilyn Lewis with Côr Newyddion Da, the local branch of the YFC, the local Urdd, people like Heather Jenkins, Llinos Edwards and the whole local Eisteddfod organisation. Also people like Eirwyn George, who's home is always open to young people who need assistance in their own poetry writing, or understanding of local history. The names of local people who give up their time to help on the cultural front are endless.

Living in Maenclochog for the past twenty years has made me realise that Welsh culture is not the possession of any one section of the community. It is not confined to the chapel or the eisteddfods, or to S4C, but it's the culture of all Welsh people, and all those who wish to embrace it. It has its exponents in the spontaneous eisteddfodau in The Globe and Tafarn Sinc, the famous story tellers like the late Dilwyn Edwards, who could bring an Eisteddfod into complete uproar with laughter, due to his sharp wit and local knowledge of his community. The wise old man of nature, my late neighbour Dan Lewis, with his many talents as butcher, farmer, gardener, dry stone waller, etc., who always had a tale or two to tell. The language and the music of the people in chapel, church or the pub are an expression of the people and their environment.

Today, Maenclochog is a community in transformation, its culture, and ethnic make up is changing. Even higher property prices in St Davids, Mathry, Newport etc are making Maenclochog and the outlying area a more desirable place to live. After a long period of little development, house prices are rising in the area, and local people can suddenly find that part of their garden or land is now worth £60-£70,000 as development land. Many of the old cottages and barns have become assets, and local people are willing to sell them to the highest bidder.

Development is good, and change is something we cannot stop. It's good to see local people and their families benefiting from this good fortune. But what concerns me is that development and change that takes place quickly, and purely for the open market will adversely effect our community in the long term, and our children's future, and our grandchildren. Our unique identity in the Preseli hills will disappear, and the cultural life of the people will be undermined.

I urge my community, its elected and un-elected people to be aware of the coming change, and rise up to the issues with an open and honest debate as to our long-term future.

Maenclochog, Maenclochog

Ni yw plant Maenclochog,
Ni yw plant Maenclochog,
Ni sy'n gweud wes wes, clatsho bant a thrwste,
Gesum i, pentigily a chewynne.

O gopa Fwêl Cwm Cerwyn
Draw i'r Witwg a chlos Trefelen
O Rosebush i Land'ilo,
Llanycewn a Llangolman.
Nôl a mlân fel shinglingloffan.

Ni yw plant Maenclochog,
Ni yw plant Maenclochog,
Ni sy'n gweud imbed imbed, hwtran a iete,
Synnon ni, wilibowan a siwrneie.

Dewch am dro i ben y mini,
Lawr i'r allt, ar hyd y feidir,
Ar draws y perci'n whys diferu.
Eithin our a'r gwrug in bwnge
Bacse'r brain a chlatsh y cŵn in heide.

Ni yw plant Maenclochog,
Ni yw plant Maenclochog,
Ni sy'n gweud wêr wêr, bwarâch a swche,
Hanon ni, wnifeintodd ac wmede.

Dewch i gl'wed y pwnc in ca'l i ganu,
Dewch i weld y garreg las in ca'l i chodi,
Dou ryfeddod, tawn i'n borcyn
Hwyl a sbri ddaw ddigon wedyn
Waldo, Llwyd, W.R. a Dilwyn.

Ni yw plant Maenclochog,
Ni yw plant Maenclochog,
Ni sy'n gweud wes wes, clatsho bant a thrwste
Gesum i, pentigily a chewynne.

Cân ysgafn a gyfansoddwyd gan Hefin Wyn a Seimon Morris fel arwyddgân i blant Maenclochog a'r ardal ar achlysur dathliadau'r milflwyddiant.

The Ballad of Beca

Way back in eighteen thirty nine
The riots first began,
Poor local folk were victimised
And met to make a plan.

Rebecca and her daughters bold,
All men with faces black,
With hearts of oak and arms of steel,
But dresses on their back.

All roads were rough and hard to pass
With almost no repair;
Toll gates set up at every turn –
A system most unfair

With signs put up the price was set
Too high for some to pay;
The law so weak, complaints ignored –
Revolt the only way

Gates were destroyed at dead of night:
The first at Efailwen;
It was not right but had to be
To lift the hearts of men

Toll houses too soon tumbled down
And often set to burn,
But always at a different place
And time, each in its turn.

Police were called, then soldiers came,
Some daughters went to jail;
A few transported overseas
To serve a distant isle.

In time the legislation changed,
A fairer law was passed;
Though battles failed, the war was won
And peace returned at last.

But still the watchful dragon lives
Within these hills and dales,
To make sure the Assembly will
Still serve the needs of Wales.

Keith Skipper

The above ballad won second prize for Keith Skipper in a Bro Beca competition hosted by Narberth based PLANED (Pembrokeshire Local Action Network For Enterprise And Development).

✭✭✭✭

Wêdd criw o ymwelwyr wedi treulio'r dwarnod yn cered ar hyd crib y Preselau ac yn cyrraedd Fwêl Cwm Cerwyn wrth i'r houl fachlud. Pwy welon nhw fan ni'n gorwe ar wastad ei gewn yn y gwrug ond hen fugel. Ma' nhw'n tynnu sgwrs gan nodi dwarnod mor braf wêdd hi wedi bod a chanmol yr olygfa o ben y Fwêl. 'Mae'n siŵr eich bod chi'n gallu gweld am filltiroedd o fan hyn,' medde un o'r dieithried.

'O, odyn , odyn, ar ddwarnod braf allwch chi weld mor bell ag Arberth i un cyfeiriad, Llangrannog a Chroesgoch a Chynwyl Elfed wedyn ni i'r cyfeiriade erill,' medde'r bugel ac ynte'n dal i orwe ar ei gewn.

'Wel wir, dyna dda,' medde un o'r ymwelwyr gan fentro 'to, 'a mae'n siŵr ar ddiwrnod arbennig o braf eich bod chi'n gallu gweld mor bell â Llunden,' meddai gan winco ar y lleill.

'O dim trwbwl o gwbl, 'mhellach lawer na Llunden,' medde'r bugel ac ynte'n dal yn ei hyd.

'O, wir', medde'r ymwelwyr gan feddwl y gellid parhau i dynnu coes yr hen gono, 'a mae'n siŵr ar ôl gweld bwa'r ach eich bod chi'n gallu gweld mor bell ag Efrog Newydd draw ffor'na i'r gorllewin?'

'O odyn, odyn, dim trafferth o gwbl, golygfeydd bendigedig,' medde fe gan godi ar ei gwman.

Cyn i'r ymwelwyr fentro 'mhellach dyma'r bugel yn codi ar ei draed, yn mystyn i'w lawn hyd ac yn bwrw ei flinder cyn ei hanelu hi am y godre. Wrth fynd dyma fe'n troi nôl ac yn cyhoeddi: 'ac os nad y'ch chi'n fy nghredu, dim ond i chi ishte fan hyn nawr am awr neu ddwy ac os clirith y cwmwle fe welwch chi cyn belled â'r llouad'.

Croeso Nôl

Croeso'n ôl o lwybrau'r byd,
Croeso i'n henfro hefyd.
I fro'r grug a'r bryniau llwyd
Dewch adre i'r hen aelwyd,
Henfro'r ŵyn a'r clogwyni,
Tir ein hiaith yw'n pentre ni.
Pentre a'i freichiau ar led,
Mae'r croeso'n imbed imbed.

Hen glychau iard yr ysgol
Sydd o hyd yn galw'n ôl,
Eich galw yn dorf eilwaith
Tua'r lle bu dechrau'r daith.
Onid clych dyddiau mebyd
Sy'n y gwynt yn gân i gyd?

Bu newid yma weithion,
Nid yr un yw'r ardal hon
Â phan oeddech chi'n blantos.
Ond yr un yw sêr y nos,
Yr un yw Foel Cwm Cerwyn,
Glas yw'r ddôl, mae'r eira'n wyn
Pan ddaw ar gefn y gaeaf,
Yr un yw gwres dyddiau'r haf,
A'r un yw gwres y galon
Sy'n curo'n yr henfro hon.
Darn o aur yw dod yn ôl
I freichiau'r fro gymdogol.

Clywsoch, yn nyddiau'r bore,
Grawc y brain o goed Pen-dre,
Gweld y cnau yn glymau man
Ar gangau allt y Forlan,
Gweld y graig ar Garn Afar,
Gweld egin ar rynnau'r âr,
A gweld llwyn dan dresi aur
Yn fedalau melynaur.

A chof y munudau mân
Yw'r cof sy'n cydio'r cyfan.

Bu rhai yma dros gyfnod,
Rhan o lanw'r mynd a'r dod,
Ond mae rhywbeth sy'n aros
Yng ngwead cymdeithas glòs,
Er canu'n iach i'r ardal,
Cryf iawn yw'r maglau sy'n dal.
A pha fron nas deil yn gaeth
Weithiau dan don o hiraeth?

Do, fe godwyd enwogion
Ar dir y gymdogaeth hon,
Aeth rhai hyd eitha'r ddaear,
Mae rhai yn y filltir sgwâr.
Sêr y fro, waeth ble fo'u hynt,
Brigau o'r un gwraidd ydynt.

Dewch yn dorf gylch y byrddau
Lle mae gwledd i'ch bywiocáu
Dewch am saib, am ysbaid bêr,
Wrth fwrdd y glonc a'r cleber.
Onid gwledd o sbri enfawr
Ydyw gwledd Merched y Wawr?
Dewch yn iach i freichiau'r fro,
Heddiw, mae yma groeso.

Eirwyn George

Cyfansoddwyd ar gyfer y seremoni Maenclochog a'r Byd 2000